朱绍侯文集(续集)

朱绍侯 著

河南大学出版社
·郑州·

图书在版编目(CIP)数据

朱绍侯文集:续集/朱绍侯著. —郑州:河南大学出版社,2015.9
ISBN 978-7-5649-2181-1

Ⅰ.①朱… Ⅱ.①朱… Ⅲ.①史学—文集 Ⅳ.①K0-53

中国版本图书馆 CIP 数据核字(2015)第 233282 号

责任编辑　龚留柱
责任校对　龙　田
封面设计　翟淼淼

出　版	河南大学出版社			
	地址:郑州市郑东新区商务外环中华大厦2401号　邮编:450046			
	电话:0371－86059735　　　　　　　网址:www.hupress.com			
排　版	郑州市今日文教印制有限公司			
印　刷	河南省瑞光印务股份有限公司			
版　次	2015年10月第1版	印　次	2015年10月第1次印刷	
开　本	710mm×1000mm　1/16	印　张	41.25	
字　数	555千字	定　价	98.00元	

(本书如有印装质量问题,请与河南大学出版社营销部联系调换)

朱绍侯先生近照

目　录

先秦史研究

炎黄阪泉之战质疑 …………………………………………（3）
嫘祖故里试探 ………………………………………………（9）
炎黄二帝杂谈 ………………………………………………（20）
夏都老丘是古都开封的第一代都城 ………………………（25）
论"周召之业"与"周召之治"
　　——兼谈召公在周初的历史地位 ……………………（28）
论范蠡的成功之道 …………………………………………（41）
漫谈范蠡三事 ………………………………………………（51）
关于《史记·商君列传》中两条律文句读的商榷 …………（55）

秦汉史研究

汉初"三杰"综论
　　——兼论张良的自全之道 ……………………………（63）
酂侯萧何封地考 ……………………………………………（84）
关于"萧何定律"的评价 ……………………………………（91）
两汉屯田制研究 ……………………………………………（95）
略论两汉屯田的军事战略意义 ……………………………（125）
两汉屯田制中的三个问题 …………………………………（134）

两汉对匈奴西域西羌战争的军事战略研究 …………………（142）
永城在汉史研究中的地位 ………………………………………（226）

军功爵制研究

军功爵制探源 ……………………………………………………（231）
对刘劭《爵制》的评议 …………………………………………（238）
《秦汉时期的"赐民爵"及"小爵"》读后
　　——兼论汉代爵制与妇女的关系 …………………………（251）
从居延汉简看汉代民爵八级的政治地位 ………………………（264）
《奏谳书》新郪信案例爵制释疑 ………………………………（284）
王粲《爵论》评议
　　——兼论历史上军功爵制的废除 …………………………（288）
曹魏至唐赐民爵资料汇编及几点说明 …………………………（300）

魏晋南北朝史研究

官渡之战与赤壁之战双方胜败原因试探 ………………………（313）
曹操与曹操墓 ……………………………………………………（335）
曹操高陵考古发现的历史学意义 ………………………………（348）
对曹操高陵石牌"猎"字的解释不能以偏概全 ………………（352）
论曹魏政权的历史地位 …………………………………………（356）
试析《隆中对》兼论关羽之失 …………………………………（371）
对诸葛亮南征北伐的评价 ………………………………………（385）
竹林七贤拙论 ……………………………………………………（395）
对"将无同"的真义探讨 ………………………………………（414）
东晋南朝王谢袁萧四大郡望兴衰试探 …………………………（420）
嵩山道士寇谦之对北方道教的改革 ……………………………（443）

姓氏文化研究

对《张姓祖根在濮阳的质疑》答辩 ……………………………（459）

柳姓始祖柳下惠 …………………………………… (480)
沈诸梁传 …………………………………………… (492)
蔡邕《南阳叶氏大成宗谱源流序》辨伪 ………… (498)
《蔡序》确是赝品 ………………………………… (506)
《丰湖杂记》客家形成说解读 …………………… (510)
在"孙氏族谱暨孙膑故里研讨会"上的发言摘要 … (518)

杂论与杂谈

河南区域文化的特点和亮点 ……………………… (525)
伦理文化浅议 ……………………………………… (531)
全面建成小康社会要立足于实干 ………………… (544)
对优先选择文化传承问题的探讨 ………………… (546)
谈河洛文化 ………………………………………… (553)
河洛文化的性质及研究的意义 …………………… (556)
商·商丘·商人 ……………………………………… (561)
回忆与展望
——为《史学月刊》六十华诞而作 …………… (564)
天时·地利·人和
——《南都学坛》"汉文化研究"栏目长盛不衰的原因 …… (569)
庄子一生主要活动在东明（之一）………………… (572)
庄子一生主要活动在东明（之二）………………… (574)
河大学报与河大史学研究的互动关系
——为祝贺《河大学报》创刊 70 周年而作 …… (577)
河南大学与甲骨学研究 …………………………… (582)

书评与书序

研究五帝历史必须改变思路
——《五帝时代研究》读后感 ………………… (589)
《河南通史》评议 ………………………………… (597)

《述善集·伯颜宗道传》补正 …………………………………（608）
一部新"两汉书"面世
　　——略谈《汉碑全集》的史学价值 …………………………（610）
《世界叶氏总谱》序 ……………………………………………（615）
《嫘祖文化研究》序 ……………………………………………（619）
《老子仙乡漫话》序 ……………………………………………（624）
《诗经异读》序 …………………………………………………（631）
《何均地诗词集》序 ……………………………………………（633）
《中华上古十二帝》序 …………………………………………（638）
《东京梦华》序 …………………………………………………（642）
《秦相国吕不韦》序 ……………………………………………（644）
《洛阳十三朝》序 ………………………………………………（651）
《客家与开封》序 ………………………………………………（654）

先秦史研究

炎黄阪泉之战质疑

一般中国古史都记有炎帝、黄帝阪泉大战之事。战争结果,黄帝胜利,征服了炎帝部落。对于这一传统说法,我很早就有些疑惑不解。一,炎、黄两大族群都是从少典部落分离出来的。他们如有冲突,战争也只能在炎、黄两部落的结合点上去打,即在新郑附近或姬水流域、姜水流域去打,为什么要跑到河北涿鹿附近的阪泉去打呢?要知道阪泉是蚩尤的势力范围。《路史·后纪四》有"阪泉氏蚩尤"的记载,明确说蚩尤是阪泉的主宰者。炎黄二帝跑到蚩尤控制下的阪泉去打仗,实在是令人费解。二,黄帝与蚩尤涿鹿之战后,两者成为死对头,为什么黄帝与炎帝阪泉之战后,就没留下一点仇恨的痕迹呢?相反后世的华人都承认自己是炎黄子孙,而不说是蚩黄子孙呢?最近读《绎史·黄帝纪》,从中受到启发,似乎解决了以上两点疑问。马骕写《绎史》集中很多史书资料,写《黄帝纪》也是如此。马骕把众多的史书资料排列在一起,便于读者对比研究。《绎书·黄帝纪》引《新书》曰:"炎帝者,黄帝同母异父兄弟也,各有天下之半,黄帝行道,而炎帝不听,故战于涿鹿之野,血流漂杵。"马骕评论说:"史注引作同父母弟。《国语》云:少典生炎帝、黄帝,成而异德,用师以相济也。贾谊《新书》盖本此。然炎帝传世,至末帝榆罔而亡,岂犹有兄弟黄帝存哉?此说未详。"从马骕的评论看,对炎、黄二帝为兄弟之说,已予以否定。其理由是炎帝传八世至榆罔已有几百年,怎么可能与黄帝是兄弟呢?马骕的评论无疑是正确的,但如果我们用历史唯物主义观点去分析,说炎、黄两大族群是从少典部落中分离出来的,是可以讲得通的。

马骕《绎史》又引《归藏》曰:"黄帝与炎帝争斗涿鹿之野,将战,筮于巫咸。巫咸曰:'果哉,而有咎。'"意思是说可以战胜,但也要有祸灾。马骕对此评论说:"史称克炎帝于阪泉,擒蚩尤于涿鹿,本两事也,而诸书多言战炎帝涿鹿之野,当是舛误,或云蚩尤亦自号炎帝。"在这里马骕更正了《新书》、《归藏》所记"黄帝与炎帝争斗涿鹿之野"或"战于涿鹿之野"的错误,明确指出黄帝"克炎帝于阪泉"和黄帝"擒蚩尤于涿鹿"是两回事,也就是说炎黄二帝是战于阪泉,而不是战于涿鹿,战于涿鹿的是黄帝与蚩尤。在这段评论中最值得注意的是最后一句话:"或云蚩尤亦号炎帝。"这就又透露一个信息,说明马骕认为与黄帝战于涿鹿(实是阪泉)之野的有可能是冒称炎帝的蚩尤。由此就给人一个启发,说明黄帝与炎帝并没有发生过战争,在阪泉与黄帝作战的是蚩尤而不是炎帝。对此,马骕在引《周书》文字时,表述得更为明确。

> 昔天之初,□作二后,乃设建典,命赤(炎)帝分正二卿,命蚩尤宇于少昊,以临四海,司□□上天葚成之庆,蚩尤乃逐帝,争于涿鹿之阿,九隅无遗,赤帝大慑,乃说于黄帝,执蚩尤,杀之于中冀,以甲兵释乱,用大正顺天……天用大成,至于今不乱。

上引《周书》文字,由于有两处佚文,其真意已无法全部了解,但马骕画龙点睛式的评论,却很能说明问题。"此说炎帝命蚩尤居少昊,而蚩尤攻逐炎帝,黄帝乃执蚩尤杀之,复别命少昊也。"有此评论再细读《周书》原文,炎帝、黄帝、蚩尤三者的关系就明白无误了。即在炎帝当政时,曾命蚩尤镇守少昊之地。蚩尤不用命,反而驱逐炎帝。炎帝异常恐惧,于是就求救于黄帝。炎帝与黄帝联兵在涿鹿(阪泉)打败了蚩尤,平定了蚩尤之乱,由此炎帝自知已无力号令诸侯,遂让位黄帝。黄帝遂代炎帝而为天子。这与《史记》所记"诸侯咸尊轩辕为天子,代神农,是为黄帝"的情况相符合。根据以上情况,可以肯定地说炎黄二帝并没有打过仗,是炎帝请出黄帝共同战胜蚩尤,故炎黄二帝并没有结仇,他们共同的敌人是蚩尤。只有这样的解释,才能合情合理地说明炎帝、黄帝、蚩尤三者之间的关系。

现在我们再回头来谈谈炎黄二帝阪泉之战的问题。这个问题最早见于《史记·五帝本纪》。先引原文,再作必要的解释。

> 轩辕之时,神农氏世衰。诸侯相侵伐,暴虐百姓,而神农氏弗能征。于是轩辕乃习用干戈,以征不享,诸侯咸来宾从。而蚩尤最为暴,莫能伐。炎帝欲侵凌诸侯,诸侯咸归轩辕。轩辕乃修德振兵,治五气,蓺五种,抚万民,度四方,教熊罴貔貅貙虎,以与炎帝战于阪泉之野。三战,然后得其志。蚩尤作乱,不用帝命。于是黄帝乃征师诸侯,与蚩尤战于涿鹿之野,遂擒杀蚩尤。而诸侯咸尊轩辕为天子,代神农氏,是为黄帝。

以上所引用的炎黄二帝阪泉之战的资料,是见于正史的最早的第一手资料,以后有些史书如《通鉴外纪》几乎是全文照录,遂使炎黄二帝阪泉之战被传述下来。如果根据上引资料作出判断,可以说炎黄二帝阪泉之战比黄帝、蚩尤的涿鹿之战打得还要凶恶、激烈。黄帝动员了熊、罴、貔、貅、貙、虎六兽(实为六个部落的图腾名)来助战,而且是"三战而后得其志"。但细读《史记》原文,就会发现其中颇有矛盾之处。如第一段讲"神农氏世衰,诸侯相侵伐,暴虐百姓,而神农氏弗能征",说明炎帝神农氏已经衰弱,无力征伐互相侵害的诸侯。第二段讲"轩辕氏乃用干戈,以征不享,诸侯咸来宾从,而蚩尤最为暴,莫能伐",说明黄帝代神农氏而兴起,用武力征服了诸侯,但对于为暴最甚的蚩尤,也无力征伐。这两段文字衔接紧密,顺理成章,然而到第三段却突然来了个"炎帝欲侵凌诸侯,诸侯咸归轩辕,轩辕乃修德振兵……以与炎帝战于阪泉之野,三战然后得其志"。这是从何说起?前已讲过"神农氏世衰,诸侯相侵伐,暴虐百姓,神农氏弗能征",说明炎帝已处于自顾不暇的境地,怎么又突然又来一个"炎帝欲侵凌诸侯",并引出与黄帝的阪泉之战?况且当时炎帝处于"天子"的地位,对诸侯作战也应称作"征伐"、"诛伐",而不应叫"侵凌"。很显然这里的"炎帝"实际是蚩尤,即驱逐炎帝之后而冒用"炎帝"称号的蚩尤。如果能这样解读阪泉之战中的"炎帝",所有的疑问就可以迎刃而解了。接下来第四段讲"蚩尤作乱,不用帝命,于是黄帝乃征师诸侯,与蚩尤战于涿鹿之野,遂擒杀蚩尤"。这是黄帝与蚩尤的最后决战,黄帝大获全胜。这次胜利炎帝也有一份功劳,因为是炎黄二帝联合战胜蚩尤,当然是以黄帝为主,于是第五段就讲"诸侯咸尊轩辕为天子,代神农氏,是为黄帝"。从此历史就由三皇末期炎帝神农氏,转入五帝时代开始的黄帝时期。

关于上引《史记·五帝本纪》一段文字,有人可能这样认为,《史记》是把神农氏与炎帝视为二人,这样看也就不存在矛盾了。但是《太平御览》卷七十七引皇甫谧《帝王世纪》曰:"黄帝于是乃扰驯猛兽,与神农战于阪泉之野。"这里把《史记》上的"乃与炎帝战于阪泉之野",改为"与神农氏战于阪泉之野",可见把《史记》上的神农氏与炎帝理解为一人,并非笔者个人之管见,乃是古已有之。其实就是退一步讲,神农氏与炎帝并非一人,《史记·五帝本纪》那段文字也讲不通,因为炎帝既然称为"帝",就是"天下共主",他与神农氏有什么关系?既然是"天下共主",炎帝又怎么可能"侵凌诸侯"?只有把"侵凌诸侯"的炎帝,解释为冒称炎帝的蚩尤,才能一通百通。

关于炎帝(蚩尤)黄帝阪泉之战,有的史书记载在涿鹿,产生这种分歧的原因,我认为是由于阪泉与涿鹿地理位置相近所造成的结果。据《晋太康土地记》记载:"涿鹿之东一里有阪泉,上有黄帝祠。"《魏土地记》也说:"下洛城六十里有涿鹿城,城东一里有阪泉。"这就说明阪泉与涿鹿相距只有一里地,黄帝与蚩尤战于阪泉,不可能不波及涿鹿,所以非常把容易把阪泉之战混淆为涿鹿之战。

最后必须说明,对炎黄二帝阪泉之战持怀疑态度的并不始自今日,而是古已有之。南朝著名史学家沈约在《宋书·符瑞志上》中,就把《史记·五帝本纪》所记黄帝教熊、罴、貔、貅、䝙、虎以与炎帝战于阪泉之事,就认为是黄帝战蚩尤。说"应龙攻蚩尤,战虎、豹、熊、罴,四兽之力"。把阪泉之战的"六兽",说成是"四兽",可能是因传说的不同所致,但其所指是黄帝战蚩尤应无疑问。《路史·后纪四》也提到蚩尤逐炎帝的事。他说:"帝榆罔立,诸侯携贰,胥伐虐弱。分二正二卿,命蚩尤宇于小颢(少昊),以临西(四)方,司百工,德不能驭蚩尤。产乱出洋水,登九淖以伐空桑,逐帝而居于涿鹿,兴封禅,号炎帝。"以上引文由于文简意涩,难以通释其全文,但对其主要内容还是可以把握的。文中所说的帝榆罔,乃是八世炎帝的名号。榆罔继承炎帝之位后,诸侯互相侵伐,社会混乱,炎帝榆罔想整顿社会秩序,乃分设二正二卿,司百工,还命蚩尤驻守少昊之地,以临四方。但榆罔德薄,不能驾驭蚩尤。蚩尤不仅不遵命,反而起兵驱逐榆罔,自居涿鹿,兴封禅,而自号炎帝。这段文字最主要之点,是说明蚩尤不听炎帝调遣,反而驱逐八世炎帝榆罔,自居涿鹿,冒称炎帝。由此可以推断,在阪泉与黄帝作战的是蚩尤而不是炎帝。对此罗苹关于这段文字的注文说得更为清楚。现先引其注文,再略作分析。

> 《史记》言炎帝欲侵凌诸侯,《大戴礼》言黄帝与炎帝战于阪泉之野,《后周书》云炎帝为黄帝所灭,《文子》亦谓赤帝为火灾,故黄帝禽之,皆谓蚩尤。而书传举以为榆罔,失之。《集仙录》云黄帝克榆罡(罔)于阪泉,黄帝非与榆罡战也。至《世纪》(指皇甫谧《帝王世纪》)遂谓黄帝与神农战,而炎帝克蚩尤,非也。陆德明云:"神农后第八帝曰榆罡。时蚩尤强,与罡争王,逐榆罡,罡与黄帝合谋击杀蚩尤,此得之。"

罗苹在注文里批判了《史记》、《大戴礼》、《后周书》、《文子》、《集仙录》、《帝王世纪》等古籍关于"黄帝与炎帝战于阪泉之野"或以蚩尤为榆罔(八世炎帝)的错误说法,唯独对陆德明说的"罡(榆罔)与黄帝合谋击杀蚩尤",予以肯定,而说"此得之"。罗苹的意见值得重视。

已故著名史学家孙作云教授于1989年第1期《民间文学论坛》上发表的《蚩尤考》一文中,引焦赣《易林》"战于阪兆,蚩尤败走"句,认为"战于阪兆",即史书所谓"战于阪泉之野"。又据崔述《古史考信录》言"炎帝在黄帝之后,未尝与黄帝有战事"。故孙作云先生得出结论说:"可见黄帝教六兽以伐炎帝之事乃为伐蚩尤之讹传。"我认为孙作云先生的这个结论是正确的。

以上论证了炎黄阪泉之战乃是黄帝与蚩尤战阪泉之误传。为了把问题说清楚,我准备把我论证过的问题,再概括地重述一遍,以便加深印象。

炎帝和黄帝是由少典部落分离出来的两个族群。炎帝族靠农业经济的稳定发展,首先强大起来,成为中原各族群的领袖,包括黄帝族、蚩尤族在内的各族群都要听从炎帝的号令。炎帝族的领袖共传了八世,到末帝榆罔时逐渐衰落下去,与此同时黄帝族、蚩尤族发展强大起来,特别是蚩尤族凶暴侵凌诸侯,炎帝不能制。炎帝欲派遣蚩尤去驻守少昊之地。蚩尤不仅不服从调遣,反而起兵驱逐炎帝,而占据涿鹿,并冒称炎帝,或称阪泉氏蚩尤,雄踞北方。炎帝斗不过蚩尤,就求助于黄帝。此时黄帝"修兵振旅,诸侯宾从",势力强大,就接受了炎帝的求援。于是炎黄二帝就联合起来,在阪泉打败了冒称炎帝的蚩尤,这就是阪泉之战的真相。不久,蚩尤再次作乱,炎黄二帝又联合起来大败蚩尤于涿鹿。这两次对蚩尤的战争,都是以黄帝为主力。炎帝自知实力微弱,已不能再号令诸侯,于是就把"天子"之位让给黄帝。黄帝遂成为中原各族的共主。由于炎黄二族同出于少典部落,又联合起来两次大败蚩尤,并且炎黄二帝都担任过中原各族的共主,故深受中原华夏各族的敬重,以后并逐渐演变为中华民族的人文始祖。

嫘祖故里试探

嫘祖,亦书作雷祖、傫祖、累祖、纍祖。由于是传说时代人物,是靠传说保留下来的历史,故字虽不同其音则同,都是力追反,音 léi。嫘祖乃西陵之女,她的一生最令后人怀念、敬重的有三个原因。

(一)嫘祖是黄帝正妃,生有二子,其子后皆有天下,因此后世炎黄子孙都尊奉她为"人文女祖"。

《世本·三皇世系》:"黄帝有熊氏,娶于西陵氏之子,谓之嫘祖,产青阳及昌意。"《史记·五帝本纪》:"黄帝居轩辕之丘,而娶于西陵之女,是为嫘祖。嫘祖为黄帝正妃,生二子,其后皆有天下:其一曰玄嚣,是为青阳(其孙为帝喾),青阳降居江水。其二曰昌意(其子为颛顼),降居若水。"

以上两条是最典型、最权威的历史资料,以后其他各种史书也有类似的记载,但多源于《世本》、《史记》,故不一一备引。嫘祖既是黄帝正妃,所生二子其后又皆有天下,因此,嫘祖被尊为"人文女祖"也是理所当然的了。

(二)嫘祖是养蚕缫丝、制作衣裳的创始人,故能享受"先蚕之祀"。

《路史·后妃五》:"黄帝元妃西陵氏曰傫祖,以其始蚕,故又祀为先蚕。"《通鉴前编外纪》:"西陵氏之女嫘祖,为黄帝元妃,治丝养蚕,供衣服,后世祀为先蚕。"《隋书·礼仪志二》:"后周制,皇后乘翠辂、率三妃、三妪、御媛、御婉、三公夫人、三孤内子至蚕所,以一太牢亲祭,进奠先蚕西陵氏神。"《农政全书》卷三一引王桢《先蚕坛序》:"先蚕,犹先酒、先饭,祀其始造者。坛筑土为祭所地。黄帝元妃西陵氏始蚕,即先蚕也。"《农政全书》卷三一引王祯《蚕缫编》:"淮南王《蚕经》云:黄帝元妃西陵氏始蚕,盖黄帝制作衣裳因此始也。"

以上所引五条资料都提到"先蚕",并对先蚕有明确的解释,即指最先发明养蚕的人,具体所指就是嫘祖。后世把"先蚕"奉之为神,故上自后妃,下至民女蚕妇都祭先蚕。《易经·系辞下》说:"(黄帝)垂衣裳而天下治。"《史记正义》曰:"垂衣裳者,以前衣皮,其制短小,今衣丝麻布帛,所作衣裳其制长大,故云垂衣裳也。"其实《史记正义》的解释并不准确。上古之人在发明衣裳之前,冬穿兽皮,夏穿树叶,并无长短可言。自从嫘祖养蚕缫丝,发明衣裳之后,人类的穿着才有了"质"的提高,人类的生活水平才有了飞跃的进步。需要说明的是,所谓嫘祖发明养蚕缫丝,发明衣裳,实际是群众智慧的结晶,嫘祖只是群众智慧的代表人物而已。

(三)嫘祖是"道神"、"行神",祭祀她是为求道路之福。

《宋书·律历志中》引崔寔《四民月令》曰:"祖者,道神。黄帝之子(妻)曰嫘祖,好远游,死道路,故祀以为道神。"

《汉书·临江王荣传》注引师古曰:"黄帝之子纍祖好远游,而死于道,故后人以为行神也。"

以上两条资料都说嫘祖好远游,而且死于旅游的途中。清人李远度重修《南岳志》引《湘衡稽古》则说:雷祖从(黄)帝南游,死于衡山,遂葬。今岣嵝山有雷祖峰,上有雷祖之墓。这是中国古代为旅游而牺牲的第一位旅游家,故被尊为"道神"、"行神",而受到后人的祭祀,以乞求旅游的平安、愉快。现在旅游事业大发展,追认嫘祖为旅游神也是名正言顺的。

根据以上所举三项事例来看,嫘祖的贡献是巨大的。但具有如此巨大贡献的"人文女祖",她的原籍、故里又在什么地方呢?中国古代文献记载只说她是"西陵氏女"。《史记正义》说"西陵,国名也",而西陵国实际是一个族团,又在什么地方呢?据学者不很准确的统计,从古到今在中国境内叫西陵的地方计有十四处之多。如四川的茂县、盐亭、乐山，湖北的宜昌、黄州、安陆、浠水，河南的西平、开封、荥阳，浙江的萧山、杭州，山东的费县，山西的夏县等地都有嫘祖的传说和遗迹，都说本地是嫘祖的故里。在以上十四处嫘祖故里传说中，以四川、湖北、河南几处最为活跃，且又颇为自信。这里着重探讨一下四川、湖北、河南几处所谓的嫘祖故里，其他如山东、浙江、山西等地的"嫘祖故里"，或缺乏文献记载，或遗迹较少，暂且从略，容掌握充分资料后，再作探讨。

一、四川茂县、盐亭嫘祖故里说

汉代蜀郡有个蚕陵县，①其地在今四川茂县叠溪，包括王国维《水经注校》②在内的一些版本的《水经注》，在《江水》条下，误把蚕陵县刻为西陵县，于是这就成了茂县叠溪是嫘祖故里的文献根据。但国学基本丛书本《水经注》对此已有更正："《益州记》曰：'自白岭回行二十余里至龙涸（按：'十'近刻讹作'千'），又八十里至蚕陵县（按：'蚕'近刻讹作'西'）。"③国学基本丛书本《水经注》的更正是正确的，以误刻本《水经注》为据，认为茂县是嫘祖故里的说法是靠不住的。还有人要在"蜀"字上作文章，为茂县是嫘祖故里找根据。按《说文解字》对"蜀"字的解释是："蜀，葵中蚕也，从虫，上目象头形。中（谓勹）象其身，《诗》曰：'蜎蜎者蜀。'"特别是《尔雅释文》把"葵中虫"解释为"桑中虫"，把蜀解释为蚕，使持茂县说者更有了深一层的依据，进而又把蜀与古代传说中的帝王蚕丛联系起来，认为蜀国的得名就是由于当地人最早养蚕的缘故。其实在中国古代"蜀"与"蚕"是有本质区别的，而且常常作为形似而实不同的比喻。《韩非子·说林下》曰："鳝似蛇，蚕似

---

① 《汉书》卷二八上《地理志上》。
② 王国维《水经注校》，上海人民出版社，1984年版。
③ 国学基本丛书《水经注·江水》，商务印书馆，1958年版。

蠋,人见蛇则惊骇,见蠋则毛起。渔者持鳝,妇人拾蚕,利之所在,皆为贲诸。"又《淮南子·说林训》:"今鳝之与蛇,蚕之与蠋,状相类,而爱憎异。"根据《韩非子》、《淮南子》以及《说文解字》的解释,都说明蜀并不是蚕,而是"葵中虫",是一种令人厌恶的虫子。由此可见,"蜀"字同样证明不了茂县叠溪就是嫘祖故里。

四川盐亭县境内有西陵山、西陵村,故盐亭县也自称是嫘祖故里。特别是在20世纪90年代于该县金鸡镇嫘祖山发现了赵蕤于唐开元二十一年(公元733年)所撰写的《嫘祖圣地碑》后,其为嫘祖故里的呼声更高。《嫘祖圣地碑》云:"女中圣贤王凤,黄帝元妃嫘祖,生于本邑嫘祖山,殁于叠溪场,遵嘱葬青龙之首。"①细读碑文颇有令人辞不达意之感。第一,碑文所记嫘祖姓王名凤,这是任何中国古籍都没有提到过的嫘祖姓名,据说在盐亭有王凤穴、王凤坡、王凤井、王凤沟、王凤岩、王风桥、王风垭等地名,说明在唐代盐亭县确有王凤其人,因精于养蚕缫丝而得到嫘祖的称号,但这个嫘祖却不是黄帝元妃那个嫘祖。第二,碑文说王凤"生于本邑嫘祖山",说明在王凤出生之前,盐亭就有一座嫘祖山,这就更说明王凤并不是黄帝元妃嫘祖。第三,碑文说王凤"生于本邑嫘祖山,殁于叠溪,遵嘱葬青龙之首",又与茂县叠溪的嫘祖故里联系起来了。但它却透露出一个信息,王凤一生都没有离开过四川,因此她也不可能是黄帝元妃那个嫘祖了。有的学者根据碑文内容辞不达意的缺点,怀疑《嫘祖圣地碑》是伪作,我倒认为它是真品,是一个文化水准不高的真品。它说明在四川盐亭确实有一位效法嫘祖的女子,在养蚕缫丝方面有过重大贡献,对当地人民的生活提高产生了巨大影响,因此才受到当地人民尊重祭祀,对这样的事实我们不能否定。

以上所举两例,一是四川茂县,一是四川盐亭县,两地都说是嫘祖故里。但是,《史记·五帝本纪》记载黄帝的活动范围是:"东至于海,登丸山及岱宗,西至于空桐,登鸡头;南至于江,登熊湘;北逐荤粥,合

---

① 李德书《炎黄嫘祖研究文稿》,四川省大禹研究会,2002年12月。

符釜山,而邑于涿鹿之阿。"按丸山在今山东临朐县东南,岱宗即今山东泰山,空桐即崆桐山,与鸡头山同属一座山,在今宁夏隆德县东南。熊,即熊山,应在湖南境内,具体位置待考。湘,即湘山,即今湖南岳阳市西君山、釜山在今河北怀来县北(一说在河北徐水县西)。涿鹿在今河北涿鹿县东南。总之,黄帝的活动区域并没有达到四川,而四川的嫘祖王凤又没出过四川,所以王凤与黄帝就没有结婚的可能,当然王凤也不可能是黄帝的元妃嫘祖,而盐亭也就不可能是嫘祖故里。

二、关于湖北的几处嫘祖故里

据《汉书·地理志上》记载,江夏郡有西陵县,在今湖北境内,《中国历史地名辞典》认为"西汉置,治所在今湖北新州西"。此外又指出三国吴还置过两个西陵县,一在今湖北浠水县西南,一在今湖北宜昌市东南。这就是说从历史上考查,仅湖北就有过三个西陵县。事实上在战国时期,在湖北还有个西陵邑。据《史记·楚世家》记载,楚顷襄王二十年,"秦将自起拔我西陵。二十一年,秦将白起遂拔我郢,烧先王墓夷陵"。《史记正义》引《括地志》曰:"西陵故域在黄州黄山西二里。"《战国策·秦策四》:"顷襄王二十年,秦白起拔楚西陵,或拔鄢、郢、夷陵,烧先王之墓。"按《战国策》所记载秦拔楚西陵县西陵邑,与《史记》所记是同一件事,但许啸天注《战国策》则认为此楚西陵是在今湖北宜昌县。① 根据《史记》、《汉书》、《战国策》记载说明,从战国到西汉、三国吴,在湖北确实有过西陵邑、西陵县,但具体地点各家说法都不一致。

现在湖北有五个市县,即宜昌县、远安县、黄州市、安陆市、浠水县都在争嫘祖故里。对这五个市县可分为两个区域来谈,即以宜昌为代表的西区和以安陆、黄州市为代表的东区。

---

① 许啸天《白话考注战国策·奇特策四考》:"西陵是楚国的地方,现在湖北宜昌县地方。"上海群学书社,1926年版。

(一) 西区宜昌、远安说

西区宜昌说的主要根据就是《史记·楚世家》和《战国策·秦策四》所记载顷襄王二十年（公元前 279 年），秦将白起攻取楚西陵、鄢、郢及火烧夷陵王墓之事。此处所说的西陵，尽管有的注释家认为应在宜昌，而且谭其骧的《中国历史地图集》和《中国历史地名辞典》也都说是在宜昌，但我还是相信《括地志》的说法，"西陵故城在黄州黄山西二里"。因为宜昌的西陵地名出现较晚，三国吴在黄武元年（公元 222 年），才把夷陵县改为西陵县，西晋太康元年（公元 280 年）又改名为夷陵县，这说明宜昌的西陵，先叫夷陵后改为西陵，最后又恢复旧名夷陵。至于说战国时西陵邑，从白起先攻占西陵，一年后又攻占夷陵的战况分析，西陵、夷陵是两个地名，而不是一个县。夷陵在今宜昌，西陵在今黄州市，据此足以证明宜昌不是嫘祖故里。

在宜昌附近有个远安县，当地也有一些嫘祖传说，还有嫘祖庙会，庙会塑有嫘祖汉白玉雕像。远安县还办有"远安嫘祖文化网"，录制了音乐艺术片《嫘祖蚕娘》等等，但由于缺少文献记载，故其嫘祖故里说也难以成立。

(二) 东区安陆、黄州、浠水说

东区是《汉书·地理志》所记汉江夏郡西陵县所在地，在这一地区自称是嫘祖故里的有安陆、黄州、浠水三市、县。《三国志·吴书·甘宁传》说甘宁因对抗关羽有功，"拜西陵太守"，治所就在浠水县西南，说明浠水曾设过西陵郡。故在浠水也有关于嫘祖的传说，但浠水的西陵郡设置太晚，不可能是嫘祖故里。

安陆嫘祖故里说的根据是《路史·国名记》："西陵，黄帝元妃嫘姓国，作儽同（应为嫘与'儽'同），今江夏安陆，故吴以安陵（陆）为西陵，有嫘氏、西陵氏。"罗泌认为嫘祖故里在安陆，因为安陆有嫘氏、西陵氏。但此说晚出，又无其他历史文献予以印证，难以成立。

湖北还有一个黄州说。此说也本于《史记·楚世家》。《正义》引

《括地志》说:"西陵故城在黄州黄山西二里。"此说与《汉书·地理志》所记江夏郡西陵县的地理位置正相吻合,也是史书所见最早的西陵,所以我最早倾向于嫘祖故里在黄州的说法。后来见到《武威汉简》记载,在汉成帝时汝南郡有西陵县,又考虑到汝南郡西陵县距黄帝故里新郑较近,同属于仰韶文化区。而黄州的西陵县距黄帝故里新郑较远,在当时的交通条件下,黄帝到千里之外的黄州向嫘祖求婚的可能性不大,故改从汝南郡西陵为嫘祖故里说。

三、河南西平、开封、荥阳说

《汉书·地理志》不见河南有西陵县的记载,但《武威汉简》提供了第一手权威资料,证明西汉成帝时汝南郡有一个西陵县,现引其简文再略作分析。

> 河平元年,汝南西陵县昌里,先,年七十受王杖。颍部游徼吴赏使从者殴击先,用诉,地大守上谳,廷尉报,罪名明白,赏当弃市。①

这是一件违反国家尊老敬老政策的案件。一个颍部游徼吴赏,因指使部下殴打七十岁已受王杖名叫先的老人,则被判处死刑。这说明汉政权严肃认真地执行了尊老敬老政策。这条资料可贵之处就是这位老人居住在汝南郡西陵县昌里,说明在汉成帝河平元年(公元前28年)以前汝南郡确实有个西陵县。查《汉书·地理志》在汝南郡下只有西平县而无西陵县,令人不解。《水经注·㵳水》的记载说明了汝南郡的西平县与西陵县的关系。下面就先引《水经注·㵳水》的一段文字,然而再稍作说明。

> (㵳水)又东过西平县北,县故柏国也。《春秋左传》所谓江、黄、道、柏方睦于齐也。汉曰西平。其西吕墟,即西陵亭也。西陵

---

① 《武威新出王杖诏令册》载《汉简研究文集》,甘肃人民出版社,1984年版。

平易,故曰西平。汉宣帝甘露三年,封丞相于定国为侯国。王莽更之曰新亭。①

上引资料文字不多,而信息量不少,但有的历史事件与本文无关,故暂且不论。在这里首先要解决的问题是:汉宣帝甘露三年(公元前51年)封于定国为西平侯,②与《武威汉简》所记成帝河平元年(公元28年)汝南郡有个西陵县相矛盾。请想:在公元前51年汉宣帝就封于定国为西平侯,而于定国的西平侯国后来为其子孙所继承,直到更始元年(公元23年)才被撤销,③怎么会在于定国封为西平侯之后的23年,在汝南郡又出现一个西陵县呢?这只能有一个解释:即在汉宣帝甘露三年以后直到更始元年,西陵县与西平国共存,说明于定国的西平国是从西陵县分割出去的,东汉建国后才把西陵县与西平国合二为一,改称西平县。因为在西汉时是汝南郡下西陵县与西平国长期并存,才影响到三国时曹魏政权也出现类似情况,魏明帝封功臣西平人和洽为西陵乡侯,④说明曹魏时在汝南郡也出现过西平县与西陵乡国并存的局面。西晋建国又把西平县与西陵乡国合二为一,仍称西平县。应该承认,以上所说是有推测成分,但我认为这是合理的推论,说明西陵在西平县有长期深远的影响。

下面再谈一下《水经注·潕水》所说的"西陵平夷,故曰西平"的问题。这句话涉及西陵与西平的关系。一般人都认为这说明西平源于西陵,但细读《潕水》下文,接着就说汉宣帝封于定国为西平侯,而西平侯国是从西陵县分割出来的。由此可知,在汉宣帝以前就已有西陵县,但前到什么时候,因史无明文不敢妄断。

---

① 《左传·僖公五年》:"楚斗谷於菟平弦,弦子奔黄,于是江、黄、道、柏方睦于齐,皆弦姻也。"

② 《汉书》卷七一《于定国传》:汉宣帝时,"代黄霸为丞相,封西平侯"。

③ 《汉书》卷一八《外戚恩泽侯表》记载于定国子孙四代嗣西平侯位,至"更始元年绝"。

④ 《三国志》卷二二《和洽传》:"明帝即位,进封(和洽)为西陵乡侯,邑二百户。"

现在该探讨一下西平县的古西陵县是不是嫘祖故里的问题了。《水经注·潕水》对此也提供了一些信息。《水经注·潕水》云：西平"故伯国也"，又云"其西吕墟，即西陵亭也"。文中提到"柏国"、"吕墟"、"西陵亭"。按柏国是柏皇氏的封国，是炎帝的后裔。吕墟，即吕国的故地，或是吕国的废墟，而吕国也是炎帝之后。西陵亭则是西陵氏居住地无疑。嫘祖是西陵氏之女，也是雷氏，方雷氏之女，是炎帝的后裔。我们把西平的古地名、古姓氏串连起来研究，就会发现西平县境是炎帝族系的聚居区。柏国、吕国、西陵县、西陵亭前后名称虽有变化，其居民都是炎帝后裔没有变。柏氏、吕氏、西陵氏、方雷氏、雷氏等姓氏虽有变化，但他们都是炎帝之后没有变化。我们知道炎帝后裔姜、吕、申、许、西陵和黄帝后裔姬、卫、管、蔡直到春秋、战国时期还保持着互婚的关系，在远古时代炎黄二族之间属于互相通婚的婚姻集团。所以黄帝与西陵氏嫘祖通婚，并成为黄帝的元妃是非常自然的事情。据杨守敬《水经注图》中所标明的吕墟和西陵亭的位置，就在今河南西平县西27.5公里处的"师灵岗"。当地人早就有一种说法："师灵"乃"西陵"的音转，师灵即西陵，如此说来，西陵氏嫘祖故里所在地就是西平县的师灵岗。

研究嫘祖故里离不开与黄帝故里的关系。《史记·五帝本纪》曰："黄帝者，少典之子，姓公孙，名轩辕。"注引谯周曰："有熊国君少典之子也。"又引皇甫谧曰："有熊今河南新郑是也。"《世本·帝系》曰："黄帝居轩辕之丘，娶于西陵之女，谓之嫘祖。"《史记·五帝本纪》所记即本于此。关于轩辕丘的地望，历代古籍都认为在今河南新郑。如明天顺五年《大明一统志·古迹》："轩辕丘，在新郑县境，古有熊氏之国，轩辕皇帝出生于此，故名。"清乾隆二十九年《大清一统志》："轩辕丘，在新郑县西北故城。"明、清《一统志》可以说是中国方志集大成之作，具有很高的权威性，都说轩辕丘在新郑，当无疑义。最近几年新郑市接连几次召开黄帝故里学术研讨会，并出版了《黄帝故里故都历代文献汇典》，①收录了有关黄帝故里的历史文献和与会专家的论文，充分印证和论证了有熊国在新郑，轩辕丘在新郑，黄帝故里在新郑。

确定黄帝故里的地望，对研究嫘祖故里非常重要。前已讲过，全国有那么多的所谓嫘祖故里，而且各有所据，我们就不能不认真考虑哪个是真哪个是假。在当时信息不灵、交通不便的情况下，居住在中原的黄帝跑到千里或数千里以外的湖北、四川去选妃子几乎是不可能的，而河南西平县距河南新郑仅有 120 公里，属于炎帝族团的吕、雷、方雷、西陵等族与黄帝族团又是互婚族群，因此，居住在新郑的黄帝与居住在西平的嫘祖结为夫妻，是完全可能的，据此判定西平是嫘祖故里也是顺理成章的。当然要单从距离讲，开封、荥阳比西平距离新郑还近一些，但开封说仅有孤证，只有《轩辕本纪》说"帝娶西陵氏于大梁，曰嫘祖为元妃"。开封学者王宴春先生在开封市范围内作过长期调查访问，找不到嫘祖的遗迹和传说，现在他已放弃开封说。至于荥阳距离新郑最近，由于嫘祖是黄帝元妃，长期住在新郑，在其附近的荥阳确实有很多嫘祖的传说和遗迹，但认定荥阳为嫘祖故里则缺乏文献依据，故荥阳说也难于成立。2006 年 10 月中旬，在西平召开"全国嫘祖文化研讨会"，新郑市炎黄文化研究会已到西平去"认亲"，这就是说在河南对嫘祖故里在西平的认识，已趋于一致。

对西平是嫘祖故里说还有一个有利的旁证，就是在西平县吕店乡董桥村发现了东西约 800 米，南北约 600 米，面积达 48 万平方米的仰韶文化遗址。这个遗址虽未正式发掘，但在地面上发现了很多的陶器残片、石器工具。考古专家根据所拾陶器、石器的形状及制作技术来判断，董桥遗址属于仰韶文化的中晚段，距今约有 5000 年至 6000 年，与黄帝、嫘祖活动时期相吻合，这就为西平县嫘祖故里说又增加一条有利的证据。

西平还有一个有利的条件，就是其地自古适宜于种桑养蚕，丝织业非常发达，在当地有很多嫘祖首倡养蚕植桑的传说。当地有蜘蛛

---

① 中国文联出版社，2005 年版。

山,据传是嫘祖受蜘蛛吐丝织网的启发,而养蚕抽丝并首创丝织业。在当地还有多座嫘祖庙和纪念嫘祖等活动,说明嫘祖在当地有着深远的影响。本来在所有自称是嫘祖故里的地方,都有关于嫘祖传说和遗迹,但这一情况在西平与史书记载相结合就更有说服力。

根据以上所述情况,我认为嫘祖故里在河南省西平县,但作为试探性的学术研究,也不能把话说得很绝对,因为嫘祖毕竟是上古传说时代的历史人物,其事迹是靠传说流传下来的,故史书追记其事迹时就难免互有出入,站在不同角度,使用不同资料,自然会得出不同的结论。所以我认为研究上古传说时代的历史人物时最好不要有排他性的绝对化的思想,应该有兼听并蓄的精神,特别是对尊为"行神"、"道神"的嫘祖这样传说时代的历史人物,她一生游览过很多地方,所到之处自然要留下一些传说和遗迹。在中国古代还有一个人走则地名迁的习惯。如在商代有南亳、北亳、西亳等地名,其实当时都叫亳,因为商人走到哪里,就把亳的地名带到哪里,后人为了区分亳所在地的不同地点,就在亳上加了个"北"、"南"、"西"的方位词以示区别。再如夏的斟寻、斟灌其地也非一处,也与人走地名迁有关。全国叫西陵的地方有多处,是否与西陵氏迁徙、嫘祖出游有关,值得考虑。然而学术研究与旅游开发既有联系又有区别。为了充分利用旅游资源,只要有嫘祖传说和遗迹的地方,都可以发展旅游业,从开发旅游的角度讲,也是一件好事,说明嫘祖贡献大、影响大,所以各地人民才纪念她,祭祀她。我认为各地嫘祖故里可以联合起来共同开发嫘祖旅游线,让游人既学到历史知识又能参观各地风光,何乐而不为呢?但话又要说回来,作为学术研究只能确定一处嫘祖故里,不能处处都是嫘祖故里,然而究竟何处是嫘祖故里,还是需要继续深入研究,最终要有一个科学结论。不过,那不是现在而是将来。

炎黄二帝杂谈

怎样认识炎黄二帝

《国语·晋语四》说:"昔少典娶有娇氏,生黄帝、炎帝。黄帝以姬水成,炎帝以姜水成,成而异德,故黄帝为姬,炎帝为姜。"以后很多古籍都承袭这一说法,认为炎黄二帝都是少典之子,是亲兄弟。其实这种说法是经不起史实验证的。据《帝王世纪》和《春秋命历序》记载,炎帝"凡八世",或曰"传八世","合五百二十岁",才为黄帝所继承,炎黄二帝之间相差五百多年,他们怎么可能是亲兄弟呢?如果说炎黄二帝都是从少典部落分离出来的两个子部落,那倒是有可能的。但自古中华民族都自称是炎黄子孙,都承认炎黄是中华民族的人文始祖,又当怎样理解呢?我认为只有对炎黄二帝有了全面的正确的认识之后,才有可能解决以上的疑难问题。

对炎黄二帝的认识应从三个方面着眼:一要认识到炎黄二帝是部族名称。即距今五六千年之前,在中原地区有两个部落。炎帝族在北,居姜水流域,即在今新郑市华阳寨一带;黄帝族在南,居姬水流域,即在今新郑市溱水一带。(马世之:《黄帝故里志》,中州古籍出版社,2007年版)这两个部族首领,前者称炎帝,后者称黄帝。这两个部族都是从少典族分离出来的。一开始炎帝族比较强大,包括黄帝在内的周边各族都要听炎帝族的号令。炎帝族对农业和医药很有贡献,故称神农氏。后来黄帝族发展起来,炎帝族衰落下去,在黄帝族战胜蚩尤族之后,就代替炎帝族而号令天下。二要认识到炎黄二帝又是时代名称。上文说到炎黄二帝是两个部族,其领袖一称炎帝,一称黄帝,都是世代传袭。据《帝王世纪》记载:"炎帝神农氏在位百二十年崩,葬长沙。凡八世,帝承、帝临、帝明、帝直、帝来、帝哀、帝榆罔。"《通鉴外纪》记载:"神农在位百四十年,帝承六十年,帝明四十九年,帝直四十五年,帝来四十八年,帝哀四十二年,帝榆罔五十五年。"合计六百一十九年。《春秋命历序》记载:"炎帝号曰大庭氏,传八世,合五百二十岁。"以上三书所记,都说炎帝传八世,这是一致的,但八帝的顺序及在位时间却不一致,这也是可以理解的。因为传说时代的历史,靠口耳相传,难免有误听误传,等到有文字记载时,各家所记当然会出现不一致之处。如果按人生的限度来分析,说炎帝传八世共有五六百年,显然不大合理。如果按后世帝王传袭年代的约数来分析,每世以三十年计算,炎帝传八世,总计也不过二百四五十年。关于黄帝的世系传承,史无明确记载,据《通鉴外纪》引《春秋命历序》称:"黄帝传十世,一千五百二十岁。"这里说黄帝传十世是可能的,但没有记载十世帝王名号,大概是名号已失传,不能妄补,然而说十世共有一千五百二十岁,则太离谱了。如果一世仍以三十年计算,十世也就三百年左右,这正与《大戴礼记·五帝德篇》宰我问孔子:"黄帝者人邪,抑非人邪?何以至于三百年乎!"其年正相符。说明在春秋时期就有黄帝活了三百年的传说,因此引起黄帝是人还是神的疑问。如果孔子以黄帝传十世共三百年作答,就毫无问题了,谁知孔老夫子是强不知以为知,而答复曰:"黄帝……生而民得其利百年,死而民畏其神百年,亡而民用其数百年,故曰三百年。"往轻里说这是勉为其解,往重里说这是欺骗学生。究其实是因为孔老夫子在当时并不知道黄帝有传十世这样的传说。用现在的眼光看,炎帝传八世,黄帝传十世,合起来就是炎黄时代。三要认识到炎黄二帝也是人名的专称。前已说过,炎黄二帝是部族名,部族的领袖就称炎帝、黄帝,因此它们也就成为人名的专称。故司马贞在补《史记·三皇本纪》时,对炎帝就是当做人物介绍的:"炎帝神农氏姜姓,母曰女登,有娲氏之女,为少典妃,感神龙而生炎帝,人身牛首,长于姜水,因以为姓。"同样,司马迁在《史记·五帝本纪》中,对黄帝也是当人物记述的:"黄帝者少典之子,姓公孙,名曰轩辕,生而神灵,弱而能言,幼而徇齐,长而敦敏,成而聪明。"尽管司马贞、司马迁对炎黄二帝有神化和荒诞不经的记述,但毫无疑义他们是人而不是神。但炎帝有八代,黄帝有十传,二司马所记述的究竟是哪一代炎帝、黄帝呢?我认为他们所介绍的是创业时代的炎帝和黄帝,然而也不排除有后世炎黄二帝的影子,特别是对炎帝传位给黄帝的记述,显然是指八代炎帝榆罔了。

现在都承认炎黄二帝是中华民族的人文始祖,又怎么理解呢?我认为这是从文化角度说起的,而不是指血统。因为民族的融合首先是文化的融合,而不是血统的融合。毫无疑问,现在中国的56个民族中,炎黄血统占有绝对多数,但要说56个民族都是炎黄血统,有些民族就不会认同,而从文化角度讲,说中华民族传统文化,56个民族就会认同。因为中华民族传统文化就是炎黄文化发展来的,在中国远古时代有很多部族,其中以炎黄文化最先进。在炎黄时期发明了农业,创造了历法,发明了弓箭、舟车、衣服、文字,出现了冶金,修筑了城墙,建立了礼仪制度,炎黄部族文化最先进、最辉煌,以后为华夏族、汉族所继承,发展为汉文化、华夏文化,以后又为各民族所认同、继承,就发展为中华民族文化。饮水思源,文化寻根就一定要追溯到炎黄时期,于是炎黄二帝就顺理成章地被尊为中华民族的人文始祖。

炎黄二帝阪泉之战质疑

《史记·五帝本纪》有关于炎黄二帝阪泉之战的记述。战争结果,黄帝大胜,炎帝战败,黄帝族统一了炎帝族。对于这一记述我很早就持怀疑态度,理由有二:一,炎黄二帝都是从少典部落分离出来的,即使有纷争,战争也只能在炎黄两个部族的结合点上进行,为什么要跑到蚩尤控制下的阪泉去打?据《晋太康土地记》和《魏土地记》记载,阪泉距蚩尤老巢涿鹿仅一里，炎黄二帝在蚩尤卧榻之旁进行大战，蚩尤能袖手旁观不加干预吗？二，黄帝与蚩尤战后，两个部族结下了深仇大恨，而炎黄二帝战后却亲密无间，并被后人尊奉为人文始祖，这是为什么？

据马骕《绎史》引《周书》记载，在八世炎帝榆罔当政时，"命蚩尤宇于少昊，以临四海"。蚩尤不仅不接受炎帝命令，反而起兵驱逐炎帝，而自己冒称炎帝。炎帝战败后，就求助于黄帝，于是炎黄二帝就联合起来征讨蚩尤，有的史书（包括《史记》）就记载成炎黄阪泉大战，其实是炎黄二帝大战蚩尤。之后又发生了炎黄二帝与蚩尤的涿鹿大会战，在打败蚩尤之后，炎帝自知他已无力号令天下，就把"天子"之位让给黄帝，于是历史就从炎帝时代进入黄帝时代。

我在研究炎黄二帝过程中，查阅了很多文献资料和论文，发现对炎黄二帝阪泉之战持否定态度的并不始自今。早在南朝的历史学家沈约，他在《宋书·符瑞志上》记载阪泉之战时，记载有黄帝战蚩尤。此外，罗苹在为《路史·后纪四》阪泉之战一段文字作注时，批评了《史记》《大戴礼记》等古籍有关炎黄之战说。还有现代已故历史学家孙作云教授在1989年第一期《民间文学论坛》上发表的《蚩尤考》中，经过详细考证，得出结论："可见黄帝教六兽以伐炎帝之事乃为伐蚩尤之讹传。"我认为孙作云先生这个结论是完全正确的。

溱洧二水与黄帝故都

从历史文献记载来看，黄帝故都在新郑是比较清楚的。如《史记·五帝本纪》记载说："黄帝者少典之子，姓公孙，名轩辕。"《集解》引谯周曰："有熊国君，少典之子也。"皇甫谧曰："有熊，今河南新郑是也。"《通典·州郡典七》曰："新郑，汉旧县，春秋时郑国，至韩哀侯灭郑，自平阳徒都之，有溱洧二水，祝融之虚，黄帝都于有熊，亦在此也。"顾祖禹《读史方舆纪要》云："新郑……古有熊也，黄帝都焉。周封黄帝后于此，为郐国。春秋时，为郑武公之国，曰新郑，以别于京兆之郑也。"以上所引几种历史地理文献,都是具有权威性的名著,它们都肯定新郑是有熊国、郐国、郑国的国都,实际也是黄帝的国都,地处溱洧之间。类似的古文献记载还有一些,不必一一备引。总之,从历史文献记载来看,黄帝故都新郑说占绝对优势。但不能不令人考虑的是,黄帝故都"有溱洧二水"的问题。这涉及黄帝故都的地理位置的坐标问题,必须搞清楚。因此我在新郑参加黄帝学术研讨会时,曾问新郑博物馆一位同志:"溱洧二水的交汇处在哪里?"得到的答复是含混不清的。后来我又去新密市参加学术研讨会,在参观古城寨龙山文化古城遗址时,顺便看了溱洧二水交汇处,才知道溱洧二水汇流后名为双洎河,向东南流入新郑市。这就说明溱洧二水现在属于新密市管辖。但这里距新郑市较近,只有 10 公里,而距新密市较远,约有 30 多公里。至此我才恍然大悟,明白了新郑和新密关于黄帝故都的争议,是由历代政治区划变迁引起的。早在春秋时期,溱洧二水属于新郑(郑国),这有《诗经·郑风·溱洧》可以证明。直到汉代建立密县以前,连密邑(古密国)也属新郑。密县(今称新密市)建立后,溱洧二水也并未划归密县,所以宋代的《元丰九域志》仍在"新郑"条目下记载溱洧二水属新郑。现在可以确认溱洧二水汇流处已归新密市管辖,但史籍记载黄帝故里"有溱洧二水",并非专指溱洧汇流处。这"溱洧二水"究竟在何处?是在新郑还是在新密,还需要认真考证。对此具体问题只有新郑市与新密市才有资格有办法解决,历史学家都难解决这样的具体问题。因此,我建议新郑市和新密市都要放弃成见,不要认为我这里有轩辕丘,黄帝故都就一定在我这里;也不要认为我这里有溱洧二水,黄帝故都就应该在我这里。两市要联合组成一个专业性研究队伍,共同搞清古今政治区划演变情况。我听说在我国边境地区有一家庭院跨两国地界的情况。溱洧二水流经区域很宽,黄帝故都占地面积很广,一都跨两市的可能是有的。据我所知,在新郑市和新密市都有很多黄帝遗迹,说明两市与黄帝都有密切联系,如果两市能联合起来,共同解决黄帝故都、故里问题,共同建立一个黄帝旅游区,供炎黄子孙游乐观赏,特别是可以避免海外华人、华裔寻根谒祖时,产生不必要的疑虑和误解。

夏都老丘是古都开封的第一代都城

过去讲古都开封的历史,都说开封是七朝古都,即指战国时魏都大梁,五代时梁、晋、汉、周四国的东都和东京,北宋的东京开封府及金朝的汴京。其实这种提法是有缺憾的,因为它排除了开封第一个古都夏代的老丘。

过去夏都老丘被排除在开封古都之外,也是情有可原的。因为中国一贯号称有5000年文明史,其实对这种提法史学界是有争议的,特别是国外史学界并不认可。在甲骨文被发现以前,有的史学家只承认西周是有真实的历史,夏商被列为传说时代。自甲骨文被发现之后,商代的历史已得了实证,故商代历史已被承认,而夏代仍列为传说时代。但自"夏商周断代工程"完成后,夏代的历史也得到实证,因此夏朝已被列入正史,而五帝时期仍属于传说时代。现在"中国文明探源工程"正在进行,五帝时期的历史也将会被肯定,中国5000年文明史也终将被落实。

如果说当夏朝被列为传说时代时,不把夏都老丘记入古都开封史,还情有可原的话,那么,"夏商周断代工程"完成后,夏代已被列入正史,还不承认夏都老丘是开封第一古都的话,就说不过去了。

夏朝自禹、启开国之后,经过了坎坷的历程。夏启在即位之初还是一位有作为的帝王。他曾亲帅六卿讨伐旧势力的代表有扈氏,在甘地与有扈氏发生了激烈的战斗,灭掉了有扈氏而巩固的新政权。但到启的晚年,喜欢乐舞,沉湎酒色,生活淫逸放纵,政治开始腐败。到了启子太康时,骄奢更甚,引起民众的不满。当时有一位东夷族领袖后羿,是一位能征善战的将领,尤其擅长射箭,多次为民除害,取得夏民的信任,史称他"因夏民以代夏政"(《左传·襄公四年》)。他乘夏民反对太康之机,赶走了太康,而取得夏政权,这就是所谓的"太康失国"。

后羿在夺取夏政权后,也逐渐腐朽起来,整天以游猎为乐,而不理民事。把政权委托给被伯明氏放逐的"谗慝子弟"寒浞管理。寒浞乘机培植自己的势力,趁后羿外出打猎之机,而把后羿杀害,夺取了夏政权,并占有后羿的妻室。

在太康失国之后,夏族中一部分人逃至今天的山东避难。不久太康逝世,其弟仲康及仲康子相先后继位,在东方发展势力,欲夺回夏政权。在帝相时,与同姓诸侯斟寻氏联合,先后攻击淮夷、风夷、黄夷,并取得胜利。寒浞为防止相东山再起,遂派其子浇率军灭掉了相及其同盟者斟灌氏、斟寻氏。在帝相死时,其妻缗正怀有身孕,遂逃回其娘家有仍氏,而生下了遗腹子少康。少康长大后担任有仍氏的牧正。浇听说夏有遗腹子少康,就派兵捉拿少康,于是少康又从有仍氏逃至有虞氏(河南虞城)。有虞氏首领就把两个女儿嫁给少康,并把纶邑封给少康作采邑,纶邑遂成为少康的复兴基地。此时统治夏政的寒浞已日益昏庸残暴,夏的民众和官吏纷纷投奔纶邑,少康的势力逐渐强大,遂在有虞氏及其他各族的协助下灭掉了寒浞,夺回了夏政权,史称"少康中兴"。少康死后,其子帝杼(又作帝宁、帝予)即位。帝杼为防止善射的东夷的西侵,遂将都城由原(河南济源)迁至老丘(开封城东)。《古本竹书纪年》云:"帝杼居原,自迁于老丘。"《绎史·少康中兴》引《纪年》说得更明确:"帝杼元年己巳,帝即位居原,五年,自原迁于老丘。"按帝杼在位17年逝世,他在老丘作了12年。

帝杼是夏王朝最有作为的一位帝王。《国语·鲁语上》说:"杼能帅禹者也,夏后氏报焉。"《绎史·少康中兴》引《纪年》"帅"字作"师",文意较明确,意思是说帝杼是能继承大禹政治的,故能受夏王朝历代帝王报祭。按报祭是古代最隆重的祭典,帝杼享受报祭,说明夏人对帝杼的尊重。另外,帝杼还是一位最有发明创造才干的人。《世本·

作篇》(秦嘉谟补辑本)云"杼作甲","杼作矛"。甲是防止御装备,矛是进攻武器。这两种发明创造,对抗击善射的东夷族来说,是最有效的进攻和自卫的武器装备。所以在杼与东夷的战争中,屡次获胜,夏王朝的势力扩展至东海。故在其子帝芬(一作帝槐)即位后,才有"九夷来御(进献)"的盛况。所谓九夷,即畎夷、于夷、方夷、黄夷、白夷、赤夷、玄夷、风夷、阳夷的总称。有这么多夷人前来进贡,这当然是杼征东海的胜利结果。

帝杼在位17年,有12年都于老丘,其后子孙有五世都以老丘为都城,前后共有226年。即帝芬(帝槐)44年,帝芒55年,帝泄35年,帝不降59年,帝扃18年(此为《绎史》据《纪年》统计)。至帝廑(胤甲)即位后,才由老丘迁至西河(山西永济)。据《竹书纪年》统计,"自禹至桀十七世,有王与无王(指后羿、寒浞时期)用岁四百七十一年"。据"夏商周断代工程"统计,夏朝大约从公元前2070年起,至公元前1600年止,共470年,与《竹书纪年》基本相符。在这470年中间,夏王朝共迁都约有12次,其建都地如下:一高密(河南新安),二阳城(河南登封),三阳翟(河南禹州),四晋阳(山西太原西南),五安邑(山西夏县禹王城),六斟寻(河南偃师),七斟灌(河南濮阳),八纶邑(河南虞城境),九夏邑(河南夏邑),十原(河南济源),十一老丘(河南开封),十二西河(山西永济)。以上所举夏朝十二都,除老丘具有200多年都城历史外,没有一都达到百年者。而且在以老丘为都的200多年的期间内,是夏代发展最平稳时期,也是最兴盛时期。所以谈古都开封,而不提夏都老丘,应视为最大的失误。

论"周召之业"与"周召之治"

——兼谈召公在周初的历史地位

如果萧何、韩信、张良可以称为汉初"三杰"的话,那么太公望、周公旦、召公奭就可以称为周初"三圣"。太公望在周文王、武王时期,执掌军政大权,在武王伐纣时是军事总指挥,在灭商战争中立下了赫赫战功,官至太师,被武王尊为尚父,是周初政局中的第一号人物①。但太公望被封为齐侯之后,离开中央政府,周公旦继续任为太师,执掌周初的军政大权。周公旦乃武王之弟,是武王的得力助手,在灭商战争中任太傅,周军进入朝歌时,"周公把大钺,召公把小钺,以夹(护卫)武王"②,显示出周公的特殊地位。灭商之后,特别是在太公望离开中央政府之后,周公旦晋升为太师,遂成为周政府中第一号人物。武王去世,成王年幼即位,周公"践阼,代成王摄行政当国"③以后东征平叛,创建成周,制礼作乐,功勋显赫,可以说周代的政治制度都是由周公建立的。正因周公有此功勋,才成为孔子最崇拜的偶像,甚至连做梦也想梦见周公④,也可以说周公制礼作乐就成为儒家思想的渊源。但周

---

① 太公望,即吕尚,俗称姜太公、姜子牙,其事迹载于《史记》卷32《齐太公世家》。又据《史记》卷4《周本纪》记载:"武王即位,太公望为师,周公旦为辅,召公、毕公之徒左右王师,修文王绪业",说明太公望是周初的第一号人物。

② 《史记》卷33《鲁周公世家》作"召公把小钺",但《史记》卷4《周本纪》作"毕公把小钺",从"召公、毕公左右王师"来看,可能把小钺者为召公、毕公二人。

③ 《史记》卷33《鲁周公世家》。

④ 《论语·述而》:"子曰,甚矣,吾衰也久矣,吾不复梦见周公。"

公的成就都是与召公的鼎力协助分不开的。故春秋时人在讲周初的业绩时,则称之为"周召之业"①、"周召之迹"②、"周召之治"③,说明周初的业绩是周公、召公共同创建的。

召公名奭,是文王的庶子④。因文王时封之于召,故称召公⑤。在武王伐纣时,召公与毕公同把小钺,处于夹铺武王的地位。在庆祝胜殷大会上,"召公奭赞采,师尚父牵牲",会后奉武王之命,"释箕子之囚"⑥,说明召公是武王决策圈中重要人物之一。灭商后,武王按功分封亲戚功臣,召公被封于北燕,但召公并没有去封地,而是留在中央协助周公主持朝政。武王驾崩,成王即位,周公进位太师,召公进位太保,"相成王为左右"⑦,召公就成为周王朝中的第二号人物,协助周公,为稳定周初政局做出了突出的贡献,下面就分别谈谈"周召之业"与"周召之治"的具体业绩。

---

① 《史记》卷47《孔子世家》:"昭王将书社地七百里封孔子,楚令尹子西曰:'今孔丘述三王之法,明周召之业,王若用之,则楚安得世世堂堂方数千里乎!'"
② 《庄子·天运》:"孔子谓老聃曰:'丘治《诗》、《书》、《礼》、《乐》、《易》、《春秋》六经,自以为久矣,以奸七十二君,论先王之道而明周召之迹,一君无所钩用,甚矣夫,人之难说也,道之难明邪!'"
③ 《礼记·乐记》:"子曰:'夫乐者,象成者也。摁干而立,武王之事也。发扬蹈厉,太公之志也。《武》乱皆坐,周召之治也。'"
④ 皇甫谧《帝王世纪》:"邵公为文王之庶子。"按召公与周王室的关系还有"周之支族"之说(《史记·集解》引谯周语)。笔者从召公在周政权中所处的重要地位来分析,而采用"文王庶子"说。
⑤ 《史记》卷34《燕召公世家》索隐曰:"召者,畿内采地,奭始封于召故曰召公。或者说以为文王受命,取周故墟周、召地公爵二公,故《诗》有周、召二南,言皆在岐山之阳,故言南也。"
⑥ 《史记》卷4《周本纪》。
⑦ 《尚书·君奭·序》。

一、周召分陕而治与甘棠遗爱

武王伐纣是以"小邦周"灭掉"大邑商",战后不仅商人不服,蠢蠢欲动有复辟的企图,就是原来商的属国也不甘心接受周的统治,而周人内部对能否巩固胜利成果,也是信心不足。面对如此复杂而又危机四伏的局势,周统治者就采取了"分陕而治"①的重大措施,即以陕县为界,将周国分为两大政区,"自陕而东者,周公主之,自陕而西者,召公主之"②。自陕而东是周灭商后新开辟的统治区域,事繁任重,由周公主管。自陕而西是周人的老根据地,治理较易,由召公主管。但是,只有老根据地稳定、巩固,才能支援东方的新开辟统治区。召公治陕以西不仅政绩突出,而且还协助周公东征平叛,创建成周新据点,替周公分担了治陕以东的重任。

召公治理西方,能深入基层,了解下情,解决人民疾苦,平审狱讼,深受时人的拥护,得到历史学家的赞扬。《史记·燕召公世家》记载:

> 召公之治西方,甚得兆民和。召公巡行乡邑,有棠树,决狱政事其下,自侯伯至庶人各得其所,无失职者。召公卒,而人民思召公之政,怀棠树不敢伐。歌咏之,作《甘棠》之诗。

《说苑·贵德》:

> 圣人之于天下百姓也,其犹赤子乎!
>
> 饥者则食之,寒者则衣之,将之养之,育之长之,唯恐其不至于大也。《诗》曰:"蔽芾甘棠,勿剪勿伐,召伯所茇。"
>
> 召公述职,当蚕桑之时,不欲变民事,故不入邑中,舍于甘棠之下,而听断焉。陕间之人,皆得其所,是故后世思而歌咏之。善

---

① 对于"分陕而治"还有另一种说法,认为"陕"乃"郏"之误,即"分郏而治"。郏地在洛阳,录此以备一说。

② 见《公羊传·隐公五年》。又《史记·燕召公世家》云:"其在成王时,召公为三公,自陕以西,召公主之,自陕以东,周公主之。"

> 之故言之。言之不足,故嗟叹之。嗟叹之不足,故歌咏之。夫思然后积,积然后满,满然后发,发由其道,而致其位焉。百姓叹其美,而致其敬。甘棠之不伐也,政教恶乎不行?孔子曰:"吾于甘棠,见宗庙之敬也。甚尊其人,必敬其位。顺安万物,古圣之道,几哉:仁人之教也。"

以上所引《史记》、《说苑》两条资料,都说明召公爱百姓如爱赤子。饥者食之,寒者衣之。召公在巡行乡邑了解民情时,怕影响人民生产,而住宿于棠树下听政、办公,而且不论是处理政事或听讼断狱,都能使上自侯伯下至百姓感到满意,所以人民为了怀念和感激召公,而感叹之、歌咏之,对于召公栖息过的棠梨树不忍砍伐,并作《甘棠》之诗,以表示对召公之政的真情怀念,甚至感动了孔子,称赞召公之政,为"仁人之教也"。

召公之政不仅使人民怀感念之情,而且也激发人民热情生产、改善生活的积极性。请看以下记载:

《韩诗外传》卷1:

> 昔者,周道之盛,召伯在朝,有司请营召以居。召伯曰:"嗟!以吾一身而劳百姓,此非吾先君文王之志也。"于是出就蒸庶于陌陇之间,而听断焉。召伯暴处远野,庐于树下,百姓大悦,耕桑者倍力以劝,于是岁大稔,民给家足……于是诗人见召伯之所休息树下,美而歌之。《诗》曰"蔽芾甘棠,勿剪勿伐,召伯所茇",此之谓也。

以上引文说明召公一心为民、不顾私利的可贵精神。故当主管部门要给召公营建住室时,才能说出"以吾一身而劳百姓,此非吾先君文王之志也"的话。百姓看到召公"就蒸庶于陌陇之间","暴处远野,庐于树下"而听讼断狱、处理政事的勤苦情况,无不感动,加倍努力耕桑,连年获得大丰收,达到"民给家足"的温饱生活。召公所以如此勤苦治理西土,是因为他心目中有一个要与圣人看齐的目标,要像圣人那样尽职尽责。召公"常战栗恐惧,故舍于树下而听断焉,劳身苦体,然后乃与圣人齐"①。有了召公这样一心为民、不怕劳苦的西方长官,当然会得到周老根据地人民的热情拥护。《诗经·召南》所有的诗都是颂扬召公的赞歌。《毛诗·召南·甘棠序》说"《甘棠》美召公也,召公之教明于南国"。郑笺曰,"召伯听男女之讼,不重烦劳百姓,止舍小棠之下而听断焉,国人被其德,说其化,思其人,敬其树"。《毛诗·召南·摽有梅序》曰:"召南之国,被文王之化,男女得以及时也。"《毛诗·召南·羔羊序》则说:"召南之国,化文王之政,在位皆节俭正直,德如羔羊也。"《毛诗·召南·殷其雷序》说:"召南之国,大夫远行从政,不惶宁处,其室家能同其勤劳,劝以义也。"《毛诗·召南·行露序》说:"衰乱之俗微,贞信之教兴,强暴之男,不能侵陵贞女也。"不仅《诗经·召南》歌颂召公,就是孔子也同样颂扬召公,上海博物馆楚简《孔子诗论》对召公也充满敬重之情。如:

《甘棠》之保(报)敬召公也。

《甘棠》思其人,敬爱亓(其)树,亓(其)保(报)厚矣,《甘棠》之爱,以邵公【所芨也】。

吾以《甘棠》得宗庙之敬,民眚(性)古(固)然。甚贵亓(其)人,必敬亓(其)立(位),悦亓(其)人,必好亓(其)所为,亚(恶)亓(其)人者亦然。

上引《孔子诗论》可以说是集《诗经》赞美召公之大成,并因为是出自孔子的论述,其分量当然又重于《诗经》。太史公司马迁又从史学家的角度来赞颂召公:

召公可谓仁矣,甘棠且思之,况其人乎。燕北迫蛮貉,内错齐恶,崎岖强国之间,最为弱小,几灭者数矣,然社稷血食者八九百年,于姬姓独后亡,岂非召公之烈也。②

司马迁把燕国国运绵长也归功于召公的余烈,可见太史公对召公业绩的尊重。

---

① 徐坚等:《初学记》卷17《贤》第二。
② 《史记》卷四十三《燕召公世家》太史公曰。

综上所述，人们对召公的怀念都集中在棠梨树下决狱行政，"故召公卒，而民人思召公之政，怀棠树之不敢伐，歌咏之，作《甘棠》之诗"①，后人称之为"甘棠遗爱"。爱屋及乌，由怀念召公之政，而不肯伐棠树，可见召公治理西方是非常成功的，受到了人民的爱戴，所以周政权就有了社会稳定、经济发展的西方根据地，就有了充足的人力物力支援周公对东土的经营。

二、协助周公东征平叛

武王灭商后，封纣子武庚于殷，统率殷商遗民，以弟管叔、蔡叔、霍叔领兵驻守在殷都周围，就近监视，号称"三监"，以防殷人叛乱复辟。灭商后三年武王逝世，子姬诵年幼即位，是为成王，"周公恐天下闻武王崩而畔，周公乃践阼，代成王摄行政当国"，于是就引起了管叔、蔡叔及群弟的不满，并散布"周公将不利于成王"的流言。武庚见有机可乘，便拉拢管叔、蔡叔，又联合东方的徐、奄、盈、薄姑等部起兵反周。面对严峻的叛乱形势，周公首先向太公望、召公奭进行解释，说明自己没有篡位野心。召公最初对周公"当国践阼"也有怀疑，故"不说（悦）周公"。学术界对"召公疑之"、"不说周公"共有三种解释：一是认为是指对周公"当国摄政"的怀疑和不满；二是认为是指召公对周公还政给成王后，又退居臣位表示怀疑和不满；三是认为召公与周公关系密切，所谓召公怀疑和不满，是战国和秦汉人强加的意见。对以上三种意见，我还是同意第一种说法，是指召公对周公"摄政当国"的怀疑和不满，否则周公就不会对召公说以下这段话了。周公说："我闻在昔成汤既受命，时则有伊尹格于皇天；在太甲，时则有若保衡；在太戊，时则有若伊陟、臣扈格于上帝，巫咸乂王家；在祖己，时则有若巫贤，在武丁，

---

① 《尚书·君奭》。《史记》卷34《燕召公世家》有相似的记载，只是文字稍有不同。

时则有甘般,率维兹有陈,保义有殷,故殷礼陟配天,多历年所。"①周公这段话的中心意思是在说明殷商的几代国王中,都是靠几位贤臣才保证了政权的延续,特别是其中的伊尹有"放太甲"②,巫咸有"乂王家"③的先例,与周公"摄政当国"有相同之处,很有说服力,所以才收到"于是召公乃说"的效果。对于第二种意见,我认为是没有道理的。周公还政于成王而退居臣位是合情合理的事,表明周公确实没有篡位的野心,召公还会有什么怀疑和不满? 如果还政于成王后不退居臣位而离开政坛,周公就要以周王的名义载入史册,周公篡位之说岂不成为事实? 至于第三种意见,认为"召公疑之"、"不说周公",是战国秦汉人强加的说法,恐怕是对周召的"亲密关系"太绝对化了。周公"践阼当国",群弟皆疑,召公就一点不疑,大概也不合情理。有怀疑、不悦,经过周公的解释,能够谅解,并协助周公东征平叛,就已经是难能可贵的了。

  周初东方叛乱的规模相当大,除武庚、禄父及管、蔡、霍三监之外,徐、奄、薄姑、熊、盈等部也都卷了进来,而且奄、薄姑还是叛乱的积极鼓吹者,他们对武庚说:"武王既死矣,今王尚幼,周公见疑矣,此百世之时也,请举事。"④于是东方一时俱反。为了平叛,"周公、召公内弭父兄,外抚诸侯"⑤,即先做好内外的安抚稳定工作,然后率师东征。

  据《尚书大传》记载,周公、召公东征平叛共用了三年时间。即"一年救乱,二年伐殷,三年践奄"。所谓"一年救乱",就是首先消除父兄的怀疑、不满,安抚未参加叛乱的诸侯;第二年即讨伐武庚及三监的叛

---

  ① 《尚书·君奭》。《史记》卷34《燕召公世家》有相似的记载,只是文字稍有不同。

  ② 《史记》卷3《殷本纪》:"帝太甲既立,三年不明,暴虐不遵汤法乱德,于是伊尹放之于桐宫,三年伊尹摄行政当国,以朝诸侯。"

  ③ 巫咸乂王家,《史记·燕召公世家》作"巫咸治王家"。

  ④ 晁福林:《上博简〈甘棠〉之论与召公奭史事探析》,《南都学坛》2003年第5期。

  ⑤ 伏生弟子:《尚书大传》,上海古籍出版社1999年版。

乱;第三年翦灭了奄国。在东征的过程中,周公派召公去齐国,赐给太公望在东方有征讨叛乱的大权,即"命太公曰:'东至海,西至河,南至穆陵(淮南故穆陵门,旧楚地),北至无棣(河北卢龙县南),五侯九伯,实得征之'"①。周公、召公所采取的这一措施非常有效。以太公望灭商的军威,获得在东方的征讨的特权,是很有威力的,使东方诸国不敢轻举妄动,有利于周公东征平叛的军事活动。这一威力直到春秋时期还起作用。齐桓公南征伐楚,还以此征讨权责问楚国"苞茅不入"之罪。楚成王虽然蛮横,也不得不承认"贡之不入,寡人之罪也"。②

周公东征的战绩远远超过武王伐纣。武王伐纣,仅仅打到朝歌(河南淇县),灭商而还。而周公东征,则是"临卫征殷,殷大震溃,降辟三叔,王子禄父(武庚)北奔,管叔经而卒,乃囚蔡叔于郭凌,凡所征熊、盈族十有七国,俘维九邑"③。《孟子·滕文公下》所记战绩为"灭国者五十",当非夸大之词。自此之后,周的统治势力才真正达到东方,在周政权统辖范围内才出现一个稳定的社会环境,为周政权的巩固和社会经济发展奠定了稳固的基础。

对于这次东征,人们都习惯地称之为"周公东征"。其实这次东征是成王的"御驾亲征",而且召公也参与其事。当然,由于成王年幼,实际指挥权则由周公执掌,召公乃是副手。《尚书·蔡仲之命》云:"成王东伐淮夷,遂践奄。"又云:"成王既践奄,将迁其君于蒲姑。"《尚书·多方》则说:"成王归自奄,在宗周……惟五月丁亥,王来自奄,至于宗周。"都说明成王参加了东征之役,而且直到灭奄之后才回到镐京(陕西西安西北丰镐村)。关于召公参与东征事,也是史有明文。《史记·周本纪》曰:"召公为保,周公为师,东伐淮夷、残(践)奄,迁其君蒲姑。"《史记·太史公自序》则说:"武王克纣天下未协,成王既幼,天下疑之,淮夷叛之,于是召公率德,安集王室,以宁东土。"这些记载都说明在周召"分陕而治"之后,召公不仅对西方尽心治理,而且还协助周公东征

---

①② 《史记》卷32《齐太公世家》,中华书局1959年版。
③ 《逸周书·作雒解》,清武英殿刻本。

平叛,在"以宁东土"方面也做出了杰出的贡献。所以《礼记·乐记》说在《武》乐演奏完之后,乐队都坐下来,象征着"周召之治"(《武》乱皆坐,周召之治也),是符合周公、召公对周初的杰出贡献的。

三、周公、召公共建成周

武王灭商之后,周的统治范围向东大大扩展,周的国都在镐京偏在西方,对于控制东方的殷商旧统治区,颇有鞭长莫及之忧。因此武王灭商后回到豳(陕西郇邑县东北)登上小土山,"以望商邑",心里很是不安,故回到镐京,"自夜不寐"。周公问武王:"曷为不寐?"武王答"未定天保,何暇寐"(国家的安定还没有保障,我哪有时间睡觉)。接着武王又说,为了"定天保"(确定天之保安,即保证国家的安全),他要在"自洛汭延于伊汭,居易毋圆其有夏之居,我南望三涂,北望岳鄙,顾詹有河,粤詹雒伊,毋远天室"的地方"营周居于雒"。简明地说,武王是要在伊洛二水附近,在夏朝的故都,即在南望三涂(河南嵩县西南),北望黄河,离天室(伊洛二水北)不远的洛阳建立新都。可惜武王没有实现他的愿望,便与世长辞。到成王时,才由周公、召公完成武王的遗愿。

据《史记·周本纪》记载:"成王在丰,使召公营洛邑,如武王之意。周公复卜申视卒营筑,居九鼎焉。曰此天下之中,四方入贡道里均。"这就是说成王是按武王的遗意,派召公去营筑洛邑(实际是先行考察地形),然后周公又经过占卜,才决定营筑洛邑。为说明新建洛邑的重要性,把象征国家政权的九鼎也移至洛阳,并说洛阳居天下之中,四方诸侯进贡路程远近均衡,其实这是便于控制东方的冠冕堂皇的说法。以上就是成王命周公、召公营筑洛邑的大概情况。

《尚书》中的《召诰》、《洛诰》还有对周公、召公营建洛邑较为详细的记载。《召诰》说:"成王在丰,欲宅洛邑,使召公先相宅。"过了一段时间,"周公朝至于洛,则达观于新邑营"。这就是说,召公先至洛阳考察地形,然后周公才到洛邑全面考察形势。《洛诰》则说"召公既相室,周公往营成周,使来告卜"。

周公的占卜结果是"涧水东,瀍水西,惟洛食"。周公占卜一次不行,又占卜一次,结果是"瀍水东,亦惟洛食"。这就是说两次占卜说明,在涧水以东,在瀍水的东西两岸及洛水之滨建立新都大吉。于是周公就依据占卜的方位,规划城郭、郊庙、朝堂的位置,还画出建置图,并把建置图和卜兆呈送给成王,成王批准后,才动用殷遗民兴建新邑成周。

关于成周的规模,《逸周书·作雒解》有明确的记载:"城方千七百二十丈,郭方七百里(为七十里之误或作十七里),南系于洛水,北因于郏山(北邙山),以为天下之凑。"周召二公所建的新都,城方1720丈,约合今4.5里,外城方70里,其规模是相当大的。此后新邑成周就成了天下荟萃的大都邑,也就成为周的另一个政治中心。

对于成王时周公、召公营建成周之事,1963年在陕西宝鸡出土的何尊铭文也有记载:"惟王初期相宅于成周,复禀武王礼福自天……惟武王既克大邑商,则廷告于天曰:'余其宅兹中国,自之义民。'"《何尊铭》所记内容与《尚书》、《史记》相吻合,都说是成王遵照武王的遗意而营建成周。《何尊铭》文末所署年代为"惟王五祀",与《尚书大传》所记"五年营成周"完全一致,说明《史记》所记成王七年营洛说可能有误。

据《永乐大典》本《河南志·周城古迹》记载:周公所建之成周乃是两城,"《书》谓周公、召公卜涧水东,瀍水西,惟洛食者,所筑乃周王城……处瀍水东,亦惟洛食者,所筑乃成周下都,周处殷民,两城相去四十里。"惟周王城在今洛阳王城公园一带,成周下都在洛阳汉魏故城。

成周建成后,使周朝又增加一个军事指挥中心,形成了宗周(镐京)、成周(洛阳)两大军事据点。从军事部署来看,成周重于宗周。在成周驻有八师军队,每师2500人,称"成周八师";在宗周驻有六师军队,称"西六师"。"成周八师"的任务是镇抚东方诸侯国和监控殷商遗民,这就大大加强了周对东方的统治,使西周和平发展有了可靠的保证。此后周公经常住在成周,周公制礼作乐都是在洛阳完成的。成周已成为西周政治、军事、经济、文化的新中心,其重要性已超过宗周。

四、教导成王、康王艰苦创业

周公的官职先为太傅,后任太师,召公则始终担任太保职务。按周代官制,太师、太傅、太保都有辅导、教育周王的职责。陆贾在《新书》中说:"昔者,成王年幼,在襁褓之中,召公为太保,周公为太傅。保,保其(天子)身体;傅,傅之德义;师,道之教训,此三公之职也。"《明堂之位》曰:"笃仁而好学,多闻而道慎,天子疑则问,应而不穷者谓之道。道者导天子以道者也。常立于前,是周公也。诚立而敢断,辅善而向义者谓之辅。辅者,辅天子之意者也,常立于左,是太公也。洁廉而切直,匡过而谏邪者谓之拂。拂者,拂天子之过者也,常立于右,是召公也。"①以上引文说明,太公望、周公旦、召公奭在辅成王时都尽了太师、太傅、太保应尽的职责。后来太公望赴齐就职,教育、辅导成王的职责,就落到周公、召公的身上了。

事实上召公在武王时就已经尽到了训导的职责。如武王灭商后国威大振,西夷献獒犬表示敬意,召公"乃作旅獒,用训于王"。召公在《旅獒》中告诫武王说:"人不易物,惟德其物……玩人丧德,玩物丧志……不作无益害有益,功乃成;不贵异物贱用物,民乃足……不宝远物,则远人格。所宝惟贤,则迩人安……不矜细行,终累大德。"②召公对武王的告诫,可以说句句是金玉良言,劝告武王要重德重贤,不要重异物而贱用物,要重视人民生活,不要玩物丧志,最后警告武王,不要"为山九仞,功亏一篑"。意思是说不要在完成灭商大业之后,因细小行为不当而导致失败。武王是明德贤君,对召公的忠告当然是言听计从。

成王所幼即位,周公"恐其逸豫",故作《无逸》以教育成王。在《尚书·无逸》中,周公总结了殷商的亡国教训,告诫成王,殷商所以亡国,

---

① 马骕:《绎史》卷22,中华书局2002年版。
② 《尚书·旅獒》,阮刻《十三经注疏》本。

就是因为殷王"生则逸,不知稼穑之艰难,不闻小人之劳,惟耽乐是从"。同时周公还总结了周国兴盛的原因,指出周先王太王、王季"克自抑畏",文王亲自参加劳动,"卑服即康功田功",并勤于政事,"自朝至于日中昃,不遑暇时,用和尤民","不敢盘于游田",用文王艰苦创业精神,劝导成王不要好逸恶劳,要"先知稼穑之艰难","则知小人之依"①,以便得到人民的拥护,保证周国的兴盛和发展。

召公为教育成王则作《卷阿》。《卷阿序》对此说得很明白:"《卷阿》,召康公戒成王也,言求贤用吉士也。"②召公劝告成王要任用"有孝有德"的贤臣为羽翼,这样的"岂弟君子,四方为则",要任用"如圭如璋",而有善声人望的贤人为辅佐,这样的"岂弟君子,四方为纲"。由于召公的教导,成王在位期间,佞人没有掌权,始终是贤人当政。

成王晚年,周公已逝世,召公、毕公执政。召公虽仍任太保,实际已上升为周政府中第一号人物,其责任更重。成王病危时,"惧太子钊之不任,乃命召公、毕公率诸侯以相太子而立"③。这是成王对召公的最大的信任。《尚书·顾命》则明言"成王将崩,命召公、毕公率诸侯相康王"。召公、毕公严格遵照成王的遗嘱,在成王驾崩之后,即"率诸侯以太子钊见于先王庙,申告以文王、武王之所以为王业之不易,务在节俭,毋多欲,以笃信临之"。这是召公给康王上的第一堂课,内容和意义与周公在《无逸》中告诫成王的基本相同。康王也接受了召公、毕公的告诫,并遵照执行,所以在康王告庙大典之后,就"遍告诸侯,宣告以文武之业以申之,作《康诰》"④。即宣告以文王、武王的创业精神发展周的大业。

以成王、康王本身素质而论,也只能是个守成之君,但在周公、召公教导和辅佐之下,却取得了东征的胜利。因而扩大了疆域,创建成

---

① 《尚书·无逸》,阮刻《十三经注疏》本。
② 《诗经·大雅·卷阿》。召康公:召公奭的谥号。《谥法》:合民安乐、富而教之谥康。
③④ 《史记》卷4《周本纪》,中华书局1959年版。

周,镇抚东土,制礼作乐,建立了各种典章制度,政绩显赫,史称"成康之际,天下安宁,刑措四十年不用"①,号称"成康之治"。其实所谓"成康之治",就是"周召之治",或者称之为"周召之业"、"周召之迹"。

最后要说明一点,从历史实际情况看,周公在周初的历史地位和作用,都超过召公。但我写这篇文章则有意向召公倾斜,这是因为研究、颂扬周公的论著相当多,而介绍、赞颂召公的论著则相对较少,所以我就来个"矫枉过正"的写法。我不仅对周公、召公相提并论,还有意压缩一些周公的业绩,而尽量把召公的业绩写全(实际也并未写全),并把题目定为《论"周召之业"与"周召之治"》,还加一个副标题《兼谈召公在周初的历史地位》,目的就是有意突出召公。其实对周公、召公相提并论,称为"周召之治"、"周召之业",并不是我的发明创造,孔子就是这样宣传周召二公的。但究其实,孔子最崇拜的偶像是周公,而不是召公。我就是在孔子这种思想启发下,才写这篇文章的。研究"周召之业"与"周召之治",是要说明周初很多业绩都是周召二公共同完成的,突出召公,是要给召公一个应有的历史地位。我的真实观点是:突出召公,但更尊重周公,只是本文对周公的业绩表述得不够充分而已。

---

① 《史记》卷4《周本纪》,中华书局1959年版。

论范蠡的成功之道

范蠡是中国历史上著名的政治家、杰出的军事家、高瞻远瞩的谋略家,也是中国商人尊奉的始祖商圣。范蠡的一生可分为三个历史阶段:前二十年在家乡养望以待时;中间二十余年从政;后二十余年经商。他从政,灭吴霸越,在客观上还挽救了处于危亡中的楚国;他经商,三致千金而散给贫苦亲友。范蠡一生功业显赫,正如他自己所说的,"居家则致千金,居官则至卿相,此布衣之极也"①。那么,范蠡的成功之道是什么呢?或者说范蠡为什么能取得如此显赫的功业呢?概括起来说,有以下四点:

一、有先见之明

范蠡凭着自己的智慧和学识,能预知战争的胜败、政局的变化和商机的得失。如越王勾践即位三年就要伐吴,范蠡认为"天时不作,而先为人客;人事不起,而创为之始。此逆于天,而不和于人,王若行之,将妨于国家"②。意思是说,现在吴国既无天灾,又无人祸,形势稳定,在此情况下发动攻吴战争,既逆天时,又违人和,必败无疑。范蠡原话说得虽很委婉,而对形势的分析非常透彻。但勾践一意孤行,不听范

---

① 《史记》卷四一《越王勾践世家》。
② 《国语·越语下》。

蠡的谏阻,结果落得国败家亡身为奴虏,幸赖范蠡的假降策略,才使越国得到了复兴的机会。勾践被吴王夫差赦免回国后,奋发图强,卧薪尝胆,轻徭薄赋,与民休息,国势日强。与此同时,吴王夫差却日趋腐败,且刚愎自用,任用伯嚭为太宰,排斥忠臣伍员,国势虽强而暗藏危机。在此形势下,勾践又犯了急性病,急欲伐吴雪耻。在勾践回国的第四年(即公元前486年)就和范蠡商量伐吴之事。范蠡在认真分析形势之后,对勾践说"人事至矣,天应未也,王姑待之"。这次勾践吸取了上次伐吴失败的教训,接受了范蠡的意见。过了一年,吴王夫差杀忠臣伍子胥,勾践认为时机已到,又召范蠡问伐吴之事。范蠡说"逆节萌生,天地未行,而先为之征,其事是以不成","王姑待之"。又过一年,吴国遭受自然灾害,"其稻蟹不遗种",勾践又召范蠡问伐吴之事。范蠡答复是"天应至矣,人事未尽也,王姑待之"。这回勾践可恼了,质问范蠡说"吾与子言人事,子应我以天时,今天应至矣,子应我以人事",这是为什么? 这不是妄言欺骗我吗? 范蠡答复说:"王姑勿怪,夫人事,必将与天地相参,然后可以成功"。意思是说必须等天、地、人三种祸患合在一起,伐吴大事才可以成功,并解释说吴国"君臣上下皆知其资才不足以支长久也",必"同其力"以御敌,所以暂时还不能致吴国于死地。这次勾践虽然动肝火发了脾气,还是接受了范蠡暂不出兵的战略。直到鲁哀公13年(公元前482年),吴王夫差率精兵北上争霸,命太子率老弱留守姑苏,国内空虚,勾践认为时机已到,又召范蠡商讨伐吴之事。这次范蠡的答复非常爽快,说君王你不召我,我也要见你,出兵伐吴"犹救火追亡人也,蹶而趋之,唯恐弗及"①。于是越国决定兴师伐吴,结果大败吴军,杀吴太子,并攻入吴都。此时夫差正在黄池(河南封丘西南)与诸侯会盟,闻讯立即率军回援。此时勾践、范蠡都知道不能马上灭吴,遂答应吴国求和而撤兵。其后四年,越复伐吴,大破吴军,但对姑苏则围而不攻,以瓦解吴人斗志。历经三年,吴

---

① 《国语·越语下》。

人投降,夫差自杀,越国取得了"不伤越民,遂灭吴"①的辉煌胜利。

越灭吴使政局发生了巨大的变化,越国由原来吴国的附庸,而变为诸侯的霸主。对此巨变,越国臣民无不欢欣雀跃,但勾践却面无喜色,而忧心忡忡。范蠡马上就想到"高鸟已散,良弓将藏,狡兔已尽,良犬就烹"的古训,并预见到勾践"可以共患难,而不可共安乐;可与履危,不可与安"的特性,知道自己的处境非常危险,所以毅然决定立即离开,另谋发展途径。临走时还给文种一封信,劝告文种也迅速离开,以免招来杀身之祸。文种不听劝告,最后还是被勾践所猜疑,被迫自杀。

范蠡"去越入齐"②,想在齐国找到发展机会。范蠡到齐国改变姓名,自谓鸱夷子皮。开始时,父子苦身戮力耕于海畔,不久即"致产数十万,齐人闻其贤,以为相",但范蠡以"久受尊名不祥"为由,"乃归相印,尽散其财,以分与知友乡党,而怀其重宝,间行以去,止于陶"③。关于范蠡辞相职,离开齐都临淄而去定陶这段历史,可以说记载得不明不白。但究其真正原因,和他离开越国有相同的背景,即他预见到如果不马上离开就会有杀身之祸。对此可从一些古籍中找出蛛丝马迹。请看如下的古书记载:

《韩非子·说林上》:"鸱夷子皮事田成子。田成子去齐,走而之燕,鸱夷子皮负传而从。"《墨子·非儒下》:"孔某乃恚,怒于景公与晏子,乃树鸱夷子皮于田常之门。"

《说苑·子武》:"田成子与宰争,宰夜伏卒将以攻田成子,鸱夷子皮闻之,告田成子。"《淮南子·氾论训》:"昔者齐简公释其国家之柄,而专任其大臣,将相摄威擅势,私门成党,而公道不行,故使陈成田常、鸱夷子皮得成其难,使吕氏绝祀而陈氏有国者,此柔懦所生也。"

对于上引四条资料,明眼人很容易看出其中有与史实不符之处。

---

① 《国语·越语下》。
② 《越绝书》卷一五。
③ 《史记》卷四一《越王勾践世家》。

如齐简公在公元前481年已被田常所杀,而范蠡是在公元前473年以后才进入齐国,而《淮南子》却说"齐简公释其国之柄……故使陈成田常、鸱夷子皮得成其难",显然是一大失误。又如孔子死于公元前479年,范蠡入齐时,孔子已去世六年,而《墨子》却说"孔某(指孔子)乃恚,怒于景公与晏子,乃树鸱夷子皮于田常之门",这是绝对不可能的。范蠡是在齐平公时来到齐国,他也不可能见到齐景公、晏婴。但我们也不能认为上引四种古籍的记载都是子虚乌有、空穴来风。因为范蠡到齐国的时候,田常已经掌握齐国大权。范蠡既在齐国当官,又位致齐相,就不可能与田常没有交往;说范蠡"事田成子",密报宰"夜伏卒将以攻田成子",也不是不可能的。旧史家认为田氏在齐国夺权是篡逆行为,出于为贤者讳的考虑,不想证实范蠡助田成子篡逆之事。现在新史学观点认为田氏代齐,是新兴势力向腐朽势力的革命斗争,是进步行为,就不必有所忌讳了。但是,范蠡又为什么要交还相印而去定陶呢?这是由于范蠡预见到田常决不会容忍他久掌相印,为求平安,只能另谋新的发展。

范蠡到陶地经商,也是靠预见商机而发财致富。他观察气象演变的规律,"知六岁穰,六岁旱,十二岁一大饥",丰年则购粮而卖珠玉,歉年则购珠玉而卖粮。他还掌握"时用则知物"的原则,"旱则资舟,水则资车"①,以待时用。他是利用丰、歉、水、旱的时间差"买贱卖贵",这不仅使范蠡从中谋取利润,而且也利以调节平衡物价。

二、能屈能伸

范蠡的一生总的来说是成功的,但也经历了曲折和坎坷。得势时,他奋发有为;不利时,则能韬光养晦。他不仅自己能屈能伸,而且也能让越王勾践从失败中再重新振作起来。

勾践第一次伐吴失败后,情绪异常低落,先是想"杀妻子,燔宝器,

---

① 《史记》卷一二九《货殖列传》。

触战以死"。① 在接受范蠡的假投降意见后，又认为将"往而不返，客死敌国"。文种、范蠡则鼓励勾践说："闻古人曰：居不幽，志不广，形不愁，思不远，圣王贤主皆遇困厄之难，蒙不赦之耻，身居而名尊，躯辱而声荣，卑而不以为恶，居危而不以为薄……夫吉者凶之门，福者祸之根，今大王虽在危困之际，孰知其非畅达之兆哉？"②讲的都是韬光养晦、能屈能伸、转祸为福的道理。于是，勾践夫妇决定入吴，身为奴虏以侍候吴王夫差。

勾践是带着范蠡入吴的，所以范蠡在吴国的处境比勾践更为艰难。勾践夫妇是吴王夫差的奴仆，而范蠡除了是夫差的奴仆之外，还要坚守君臣之道，甘当勾践的奴仆，而成为奴下之奴。当夫差看到范蠡对勾践毕恭毕敬的态度，很受感动，就想拉拢范蠡弃越归吴。夫差对范蠡说："贞妇不嫁破亡之家，仁贤不官灭绝之国。今越王无道，国已将亡，社稷崩溃，身死世绝为天下笑，而子及主俱为奴仆，来归于吴，岂不鄙乎？吾欲赦子之罪，子能改心自新，弃越归吴乎？"③这对势利小人来说是多么难得的机会，但却被忠君爱国的范蠡婉言谢绝。

范蠡在吴国不仅甘当奴下奴，还要为勾践出谋划策以应付夫差。劝勾践卑躬屈膝侍候夫差，还要口不出怨言，面不带怒色，以取得夫差的信任。有一次夫差有病，范蠡知道是小病，用不了几天就会痊愈。于是范蠡就建议勾践去吴宫问疾，并以尝夫差粪便的苦计，祝贺夫差病情很快就会痊愈。夫差对勾践尝粪便一事深受感动，病愈之后，"心念其忠，临政之后，大纵酒于文台"，④得以褒奖勾践的"忠信"，并决定赦免勾践，使其归国主政。勾践、范蠡在吴国三年，过的是牛马不如的生活，他们君臣的韬晦精神与实践，可以说达到了历史上的极至。但十年以后的范蠡则变成了另一个人，奴颜婢膝的形象一扫而光，而变

---

① 《史记》卷四一《越王勾践世家》。
② 《吴越春秋》卷四。
③ 《吴越春秋》卷四。
④ 《吴越春秋》卷六。

成了手握强兵英姿焕发的统帅。

越王勾践于公元前490年被赦归国,在范蠡、文种等贤臣的辅佐下,经过"十年生聚,十年教训",已是国富兵强。于是勾践就于公元前482年、公元前473年两次命范蠡率军伐吴,吴军连连大败。最后,夫差退保姑胥之山,派使臣向越求和,并想以当年越向吴求和的条件,夫差"愿长为臣妾",向越投降。"勾践不忍其言,将许之成",即勾践发了恻隐之心,想要答应吴国求和,但范蠡坚决不同意,并对勾践说:"会稽之事,天以越赐吴,吴不取;今天以吴赐越,越可逆命乎?且君王早朝晏罢,切齿铭骨谋之二十余年,岂不缘一朝之事耶,今日得而弃之,其计可乎?天欲不取,还受其咎,君何忘会稽之厄乎?"①勾践对范蠡的话虽然赞同,但仍存有不忍之心,说:"吾欲勿许,而难对其使者,子其对之。"于是范蠡当机立断,"乃左提鼓,右援枹"②,对吴使者说,大王已委托我处理此事,你快走吧,不然我可要得罪你了。吴使者走后,范蠡并没向勾践汇报,马上就"击鼓兴师"进攻姑苏,最后夫差自杀,吴国灭亡,一劳永逸地消除了夫差复国复仇的隐患。

从以上所述吴越敌对的过程来看,充分体现了范蠡能屈能伸的坚忍不拔精神。当其"屈"时,五体投地,甘为奴仆;当其"伸"时,居高临下,决不妥协。无论是屈还是伸,其目的都是为了事业的成功,范蠡达到了他的目的。

三、取其所长,勇挑重担

范蠡可以说是一位有多方面才干的全能型人才。但是,他自己颇有自知之明,知其所长所短,故总是扬长避短,干其所能胜任的工作。如勾践入吴为虏之前,想让范蠡留守治理越国,应该说这是勾践对范蠡最大的信任。留守既有权又安适,这是求之不得的高贵职务,而范

---

① 《国语·越语下》。
② 《国语·越语下》。

蠡从国家最高利益考虑,却坚决辞让。他对勾践说:"四封之内,百姓之事,蠡不如种也;四封之外,敌国之制,立断之事,种亦不如蠡也"①。意思是说治理国家、管理百姓的才能我不如文种;而对付敌国,当机立断,文种不如我范蠡。于是勾践决定让范蠡随行入吴,让文种留守治理越国。要知道入吴为奴下奴,不知要遇到多少风险,说明范蠡具有不顾安危、勇挑重担、大无畏的爱国献身精神。

勾践、范蠡在吴三年被赦回国。勾践在归国途中就开始考虑振兴越国的大计,对范蠡说:"不谷(国王的谦称)之国家,蠡之国家也,蠡其图之。"意思是说我的国家,就是你的国家,你看怎么办吧!言外之意是把治理越国的重任交给了范蠡。范蠡明白勾践的目的是让他总理国政,遂辞让说:"四封之内,百姓之事,时节三乐(三时之务,使人勤事乐业),不乱民功,不逆天时,五谷睦熟,民乃蕃滋,君臣上下,交得其志,蠡不如种也;四封之外,敌国之制,立断之事,因阴阳之恒,顺天地之常,柔而不屈,强而不刚,德虐之行(德指怀柔奖赏,虐指斩伐刑罚),因以为常……是故战胜而不报(不遭报复),取地而不反(不返回),兵胜于外,福生于内,用力甚少,而名声章明,种亦不如蠡也。"②他这次婉拒的理由,与入吴前所谈基本一致,但增加了文种能促进生产、增殖人口、君臣和谐等长处;范蠡自己则增加了外柔内刚,善于管理刑赏、指挥军事等才能。勾践听范蠡所谈入情合理,就接受了他的意见,让文种总理国政,封范蠡为上将军。其实范蠡并没有就任上将军,而是选择离开越国以避祸,遨游四海、另谋发展的途径。

从范蠡择己所长、勇挑重担的一生作为来看,他确实是一位不图名,不图利,不贪权位,一心为国,具有高尚品德的人。文种与范蠡相比较,则有贪权恋位之嫌。所以文种的结局,也有咎由自取的因素。我这样说,绝对不是要为勾践解脱杀戮功臣的罪责。

---

① 《史记·越王勾践世家》。
② 贾思勰:《齐民要术·养鱼第六十一》。

四、生财有道,富而能仁

范蠡被奉为商人之祖,被后世尊为商圣,并不是因为他有赚钱的本领和招数,是因为他能见利忘义,重视商业道德,关心民众疾苦,是诚信商人的楷模。

一般人都知道范蠡离开越国是"弃官经商"。其实,范蠡初到齐国是"耕于海畔"①。我们对于"耕于海畔",不能单纯理解为仅是从事农业生产,也可能是从事渔业,或农业、渔业并作。因为身在海畔,最有条件从事渔业,另外从陶朱公《养鱼经》(或名《范蠡养鱼经》)来看,养鱼最容易发家致富。"朱公曰:夫治生之法有五,水畜第一。水畜者,所谓鱼池也。以六亩地为池,池中有九洲,求怀子鲤鱼长三尺者二十头,牡(公)鲤鱼四头,以二月上庚日内池中……至来年二月,得鲤鱼长一尺者十万五千枚,三尺者四万五千枚,二尺者万枚,枚值五十,得钱一百二十五万。至明年,得长一尺者十万枚,长二尺者五万枚,长三尺者五万枚,长四尺者四万枚。留长二尺者二千作种,所余皆货(卖),取钱五百一十五万。候至明年,不可胜计也。"范蠡如果没有亲身养鱼经历,不可能有此《养鱼经》传世。贾思勰写作《齐民要术》是重视事实根据的,他在书中所引的《养鱼经》的可靠性是毋庸怀疑的。那么范蠡在什么时候、什么地方养过鱼呢?那只能是初到齐国"耕于海畔"之时。《史记·越王勾践世家》说范蠡父子治产,苦身戮力,"居无几何,致产数十万"。如果范蠡父子是单纯从事农业生产,他们不论多么劳苦经营,在短期内也不可能"致产数十万"的。由此也可反证,范蠡父子在海畔是靠经营渔业致富。经营渔业如果是自产自销,和商业自然也就挂上了钩。

范蠡在海滨时,是耕渔起家,到陶地后是以经商为主兼营家畜。

---

① 《齐民要术·序》。又《齐民要术·养牛马驴骡第五十六》也有类似记载。五牸:指牛、马、猪、羊、驴。

关于范蠡经营家畜之事,也是从《齐民要术》中透漏出来的信息。鲁国有一贫士名猗顿,向陶朱公请教致富之术。范蠡答:"欲速富,畜五牸"。于是猗顿"乃畜牛羊,子息万计"①。范蠡既然能向猗顿传授致富之本,他本人必然有畜养家畜的经历。范蠡在什么地方、什么时候养过家畜呢?在海滨时环境适合养鱼,不适合畜牧,只有到陶地后才可能饲养家畜。

陶是"诸侯四通,货物所交易"之地,处于"天下之中"②,最适合商业的发展。范蠡在陶除养家畜外,主要是经营商业。所经营的项目有粮食和珠玉,可能还兼搞运输业。范蠡经商最重视商业道德,决不见利忘义,祸国殃民。范蠡掌握"时用则知物"的原则,"旱则资舟,水则资车",以待时用。丰年则购粮,而卖珠玉,歉年则购珠玉,而卖粮。买贱卖贵,从贵贱的时间差中谋取利润,但决不囤积居奇,抬高物价。他"贵出如粪土,贱取如珠玉"。意思是说在粮价贵时,把粮食如粪土一样推向市场;在丰年粮价贱时,像珍惜珠玉一样收购粮食,使财物畅通,以调节物价,有利于民生。

范蠡还强调"农末俱利"的原则。他知道"石二十则伤农,九十则病末。农伤则草木不辟,末病则货不出"。即粮价太低对农民不利,粮价太高对工商(也含老百姓)不利。对工商不利则财货不流通,对农民不利就没有人种地了。所以范蠡认为粮价要"高不过八十,下不过三十,则农末俱利矣"③。范蠡认为"农末俱利",就是"平粜齐物,关市不乏,治国之道也"④,同时也是"积蓄之道",亦即经商之道。范蠡就是根据这样的经商之道,"十九年之中,三致千金"。他在致富之后,又把其财富"再分散与贫交疏昆弟",因此,史书称颂他"富好行其德者也"。

---

① 《史记·货殖列传》。

② 《越绝书》卷四。按这段话本出自计倪之口。计倪即计然,有的学者认为计然是范蠡所写文章名,有的学者认为计然是范蠡的老师。不论二说谁对谁错,这段话均可视为范蠡的经商之道。

③ 《史记·货殖列传》。

④ 《史记·货殖列传》。

后世尊称范蠡为商圣,可谓当之无愧了。

　　以上通过四个方面论述了范蠡的成功之道。当然,这并不是范蠡成功之道的全部,如范蠡从政、经商的理论,应该是范蠡成功之道中不可缺少的组成部分。但范蠡的理论有精华也有糟粕,不作专题研究就难以说清问题,故本文避而未论。仅此四个方面就足以教育后人,要想事业成功,必须有足够的智慧和付出艰辛的代价。其中最值得我们学习的,是范蠡那种不为名、不为利,而勇挑重担为国献身的精神和生财有道、富而能仁的高尚品德。

漫谈范蠡三事

范蠡是中国历史上著名的政治家,杰出的军事家,高瞻远瞩的谋略家,也是商人所尊奉的商圣。他一生虽然经过许多曲折而坎坷的道路,但功业显赫,成就斐然。从政时,灭吴霸越,挽救了处在危亡中的楚国;经商时,三致千金,而散给贫苦中的亲朋。范蠡的事业轰轰烈烈,几乎尽人皆知。但也有两件事确属范蠡的亲身经历,而没引起人们的重视,还有一件事可以说是家喻户晓,而实际却不存在。本文所要谈的就是这三件事。

一、范蠡与田成子的关系

据《史记·越王勾践世家》记载,范蠡离越至齐,改名为鸱夷子皮,"治产至数千万,齐闻其贤以为相。蠡叹曰:'居家则致千金,居官则至卿相,此布衣之极也,久受尊名不祥。'乃尽散其财,间行以去,止于陶。"据上引文字说明,范蠡到齐国不仅发家致富,而且被任命为相,因他感到"久受尊名不祥",于是乃弃官而潜行去陶(山东定陶)。其实这是遁词,而其真实目的是为躲避一场政治灾难。按范蠡至齐时,田成子正在掌权,所谓"齐闻其贤以为相",只能是田成子闻其贤而任命他为相。这说明范蠡到齐国后,就参与了田成子集团的政治活动。对此《史记》、《国语·越语》、《越绝书》、《吴越春秋》虽无明确记载,但从其他古籍中却可以找到一些蛛丝马迹和有益的线索。

  《墨子·非儒下》:"孔某(孔子)乃志,怒于景公与晏子,乃树鸱夷子皮于田常之门。"

  《韩非子·说林上》:"鸱夷子皮事田成子。田成子去齐,走而之燕,鸱夷子皮负传而从。"

  《说苑·指武》:"田成子与宰我争。宰我夜伏卒将以攻田成子,鸱夷子皮闻之,告田成子。"

  《淮南子·汜训论》:"昔者齐简公释其国家之柄,而专任其大臣,将相摄威擅势,私门成党,而公道不行,故使陈成田常、鸱夷子皮得成其难,使吕氏绝祀而陈氏有国者,此柔懦所生也。"

关于上引四条资料,研究中国古代史的人一看便知有两条与史实不符。因为范蠡于公元前473年入齐,而齐简公早在公元前481年已被田常所杀,而孔子在公元前479年已逝世,故《墨子》和《淮南子》中所讲的范蠡与孔子、齐简公之事,纯属虚构,并非史实,是很容易辨别清楚。但《韩非子》和《说苑》所讲的范蠡与田成子的关系,就不好排除了。所以关于范蠡与田常的关系问题,还有必要进行深入研究,将来考古新发现也有可能揭开这个谜底。现在话还要说回来,田常既已任用范蠡为相,范蠡为什么还要放弃相职而间行去陶呢?这可能与范蠡离越去齐有相同的原因。田常为了专权,连齐简公都敢杀。范蠡身为齐相,时间长了难免与田常发生权力冲突,范蠡不走其后果可想而知。况且范蠡又是一位不恋权势之人,他一走就可以摆脱政争的漩涡,当然出走就成为他必然的选择。过去认为田氏代齐为大逆不道,范蠡进入田氏集团是一大污点。现在认为田氏代齐是新兴地主集团向旧贵族的夺权斗争,范蠡为齐相是帮助田常进行政治改革,是进步行为,可以大书一笔了。

二、范蠡致富不单靠经商

  一般人都知道范蠡致富是靠经商,因此被尊为商圣。其实不然,范蠡除经商外,还经营过渔业和饲养业,而且能把养鱼和饲养牲畜的经验和技术,无条件、无代价地传授给别人,希望与大家同富,并因此而传为佳话。

据《史记·越世家》记载,范蠡初到齐国,"耕于海畔,苦身戮力,父子治产,居无几何,致产数千万"。说明范蠡初到齐国时,是靠父子艰苦努力"耕于海畔"而致富的。但我们对"耕于海畔",不能理解为是单纯从事农耕,更可能是经营渔业,或农、渔兼营。《齐民要术·养鱼》记载有范蠡的养鱼经验。"朱公曰:'夫治生之法有五,水畜第一。水畜者,所谓鱼池也。以六亩地为池,池中有九洲,求怀子鲤鱼三尺者二十头,牡(公)鲤鱼长三尺者四头。以二月上庚日内池中,令水无声,鱼必生……至明二月,得鲤鱼长一尺者十万五千枚,三尺者四万五千枚,二尺者万枚,枚值五十(文),得钱一百二十五万。至明年,得长一尺者十万枚,长二尺者五万枚,长三尺者五万枚,长四尺者四万枚,留长二尺者二千作种,所余者皆货(卖),取钱五百一十五万,候至明年,不可胜计也。'"以上所介绍的是范蠡养鱼经验的总结。但这些实践经验是在什么地方获得的呢?我认为在"耕于海畔"的可能性最大。辽阔的海畔,是养鱼的最佳场所。

《齐民要术·序》记载有一位鲁国贫士猗顿,曾向范蠡请教致富之术,范蠡说:"欲速富,畜五牸。"又说:"畜五牸,子息万计。"所谓"畜五牸",就是饲养牛、马、猪、羊、驴,后来猗顿就以此致富。《史记·货殖列传》说猗顿以盐起家,但注引《孔丛子》却说在猗顿请教陶朱公致富之术后,"乃适河西,大畜牛羊于猗氏之南,十年之间,其息不可计,赀拟王公,驰名天下"。这说明猗顿确实是以饲五牸致富。范蠡精通饲养之术,也应是他实践经验的总结,那么范蠡在什么地方经营过饲养业呢?最大的可能是在陶。陶有平原沃野适宜饲养业的发展,与经营粮业并举,产销问题都容易解决。

以上情况说明,范蠡是一位生财有道的多面手,能经商、养鱼、饲养牲畜,尤为可贵的是他有个善良愿望,愿意别人和他共同致富,而且致富之后,能分散财产济困扶贫,故司马迁赞颂范蠡是"富好行其德者也"。生财有道,富而能仁,获得"商圣"的尊称,就是理所当然的了。

三、范蠡与西施的关系

　　范蠡与西施的爱情故事，在中国可谓家喻户晓，尽人皆知。但在历史文献中却找不到踪迹。专记越史的《国语·越语》、《越绝书》、《史记·越世家》以及《吴越春秋》、《史记·货殖列传》均不见范蠡与西施的恋爱关系。从史实考察，范蠡故里在楚国三户（河南南阳境内），西施家住越国诸暨罗村，年轻时范蠡与西施都没离开过家乡，不可能有见面的机会，更不能成为情侣。范蠡入越后，身居高官，也不可能去诸暨去见浣纱女西施。勾践为了腐化吴王夫差献美女西施、郑旦于吴，此时范蠡有见到西施的机会，但范蠡也不会从中插上一脚，去和西施谈恋爱。关于是谁把西施献给夫差的，史书记载不一。《越绝书》说是文种送去的，范蠡就成了局外人。《吴越春秋》说是范蠡送去的，在此国难当头之际，范蠡只会敬佩西施为国献身精神，哪里还有心思去和西施谈恋爱。但小说戏剧为什么把范蠡与西施的关系描绘得那样情意绵绵，温情脉脉，难舍难分，甚至还说范蠡离越后，携带西施遨游四海。我认为这主要是文学家们对西施的同情，想给西施找一个理想的归宿，而这个理想的归宿，则非范蠡莫属，但这只能是个美好的愿望而已。据史书记载范蠡确实有一位夫人，生了三个男孩，但这位夫人决不是西施，尽管我们在感情上希望她就是西施。基于同样感情，我希望戏剧中范蠡与西施的情侣关系，永远演下去，小说中的范蠡与西施的爱情，永远传下去。

　　臧励龢的《中国人名大辞典》设有"西施"条目，说"越王勾践败于会稽，范蠡取西施献于吴王夫差。吴亡，复归范蠡，从游五湖。或云吴亡，沉西施于江，以报鸱夷。未知孰是。"这是根据传说而采取存疑态度。其实由于史书没有明确记载，西施的归宿也只好千古存疑了。

关于《史记·商君列传》中两条律文句读的商榷

《史记·商君列传》中有两条律文,中华书局校勘本标点如下:

> 有军功者,各以率受上爵;为私斗者,各以轻重被刑大小。僇力本业,耕织致粟帛多者复其身。事末利及怠而贫者,举以为收孥。

> 宗室非有军功论,不得为属籍。明尊卑爵秩等级,各以差次名田宅,臣妾衣服以家次。有功者显荣,无功者虽富无所芬华。

由于中华书局校勘本《史记》,直到目前仍是最好、最具权威性的版本,所以学者在引用《史记·商君列传》以上两条律文时,多以上述标点为准。但上述两条律文的标点,实际颇有商榷的余地。因为上引两条律文均与军功爵制有关,故笔者想从军功爵制研究的角度,提出商榷意见。

先谈第一条律文。律文的第一句"有军功者,各以率受上爵"和最后一句"事末利及怠而贫者,举以为收孥",其标点没有问题。可商榷之处,在于"为私斗者,各以轻重被刑大小。僇力本业,耕织致粟帛多者复其身"。笔者认为如此标点,从语义上就讲不通。因为刑罚只有轻重之分,而无大小之名,戏剧、小说有"用大刑侍候"或"动大刑"之语,但从没有听说有"用小刑侍候"和"动小刑"之说。况且本文前已说明"为私斗者,各以轻重被刑","大小"在此句中就成为词废,因此笔者认为"大小"二字必须下读,即读为"大小僇力本业,耕织致粟帛多者复其身"。这样句读才使"僇力本业"有了主语,才显得文通字顺,语义清楚。但这样读,必须对"大小"的含义有清楚的了解。在此处"大小"是指劳动者,即指具有全劳动力者和半劳动力者。即指大男、大女和小男、小女。根据秦汉名籍制度研究,知道当时人是按劳动力状况写入名籍的。年龄在 15 岁以上的男女,称为"大男、大女";年龄在 14 岁以下的男女,称为"小男、小女"。而小男、小女又分为两个年龄段。7 岁以上至 14 岁,称为"使男"、"使女"(即指具有半劳动力的男女),6 岁以下,则称为"未使男"、"未使女"(即指没有劳动力的男女),这在《居延汉简甲乙编》(中国社会科学院考古研究所编,中华书局,1980 年版)中有明确记载,现举例如下:

《居延汉简甲乙编》二九.二简文

          妻大女昭武万岁里□□,年册二
永光四年正月己酉   子大男辅,年十九岁
橐佗吞胡燧长张彭祖符 子小男广宗,年十二岁
          子小女女足,年九岁
          辅妻南来,年十五岁 皆黑色

《居延汉简甲乙编》一六一·一简文

        妻大女君以,年廿八。用谷二石一斗六升大
执胡燧卒富凤   子使女始,年七。用谷一石六斗六升大
        子未使女寄,年三。用谷一石一斗六升大
          凡用谷五石

《居延汉简甲乙编》二七·四简文

        妻大女止氏,年廿六。用谷二石一斗六升大
制虏燧卒周贤   子使女捐之,年八。用谷一石六斗六升大
        子使男并,年七。用谷二石一斗六升大
          凡用谷六石

《居延汉简甲乙编》二八六·六简文

|（燧卒名缺）|☐父大男贤,年六十二。用谷三石
☐弟大男宣,年廿二。用谷三石
☐子使女阿,年十三。用谷一石六斗六升大
　　凡用谷七石六斗六升大|

《居延汉简甲乙编》三一七·二简文

|☐惊虏燧卒徐☐|妻大女商弟,年廿八。用谷二石一斗六升大
子未使男益有,年四。用谷一石六斗六升大
子☐☐,年一。用谷一斗
　　凡用谷四石六☐|

类似的简文还有很多,不能一一备引。在上引5例简文中,第一例是燧长名籍,其家属可以不参加劳动,故按年龄段计算,而只称大男、大女,小男、小女。其后四例,都是燧卒名籍,其家属必须参加劳动,故按劳动力计算,而有使男、使女、未使男、未使女的称呼。这称呼实际都是从秦延续下来的。《史记·商君列传》中所谓的"大小",即指全劳动力的大男、大女和半劳动力的小男、小女(7岁至14岁的男女)。明确了"大小"是指劳动力而言,对《商君列传》中这条律文的断句问题,也就比较容易解决了。我认为这条律文,应作如下标点:

有军功者,各以率受上爵;为私斗者,各以轻重被刑。大小谬力本业,耕织致粟帛多者复其身。事末利及怠而贫者,举以为收孥。

现在再谈第二条律文。第二条律文除最后一句"有功者显荣,无功者虽富无所芬华"外,其他各句的标点均值得商榷。如第一句"宗室非有军功论,不得为属籍",其中的"论"上读,就令人难于理解。"论"字作何解释,也难以说清。因此笔者认为"论"字必须下读,或用逗号(,)将"论"字隔开,才能讲通。这涉及有关军功爵制颁发的程序问题,不搞清军功爵制的颁发程序,就很难断定"论"字应上读、下读的问题。

《睡虎地秦墓竹简·军爵律》记载了军功爵制的颁发程序,即"劳、论及赐"三道程序,也就是三个步骤。第一个程序是"劳"。因为军功爵制的建立目的是为奖励农战,所以对农民来说首先要呈报劳绩成果,对军人来说要呈报建立了什么军功,这是必备的前提条件。第二个程序就是"论"(评议)。评议呈报劳绩和军功的人应授予什么爵位。这个"论"的程序还包括调查、核实。经过调查、核实后才能授爵.如果不属实还要惩罚。所以这第二道程序的"论",包括调查、核实和奖励、惩罚两个方面。第二道程序通过了,才进入第三"赐"的程序。赐什么爵由军队决定,赐田宅则由地方官府兑现。关于军功爵颁发程序问题,笔者在《颁赐军功爵赏的程序及管理机构》(载《军功爵制考论》,商务印书馆,2008年版,第53~64页)一文中有较为详细的论述,可参阅。

明白了"论"的真正的含意,知道"论"是军功爵颁发的第二道程序,对上引"宗室非有军功论"的标点法.就会提出异议了。如标点为"宗室非有军功,论.不得为属籍",就显出"论"字的重要了。这说明宗室没有军功者,并不是默不作声地取消了他的属籍,而是经过评议(论),说明他一无建树,才不准他入属籍。如他以后立了军功,经过"论",还可以获得宗室属籍,享受宗室特权。

下面是"明尊卑爵秩等级……"的断句问题。笔者认为在"等级"处断开,"各以差次"下读,是不通顺的。而"各以差次名田宅,臣妾衣服以家次",也有点不明所指。以什么差次名田宅?臣妾衣服是以什么家次?让人不知所云。其实不论是战国时商鞅所建立的十七级军功爵制,还是秦汉时二十级军功爵制,都是有等级差次的。如秦代以七级以上为高爵,六级以下为低爵,汉初把二十级爵分为侯级爵、卿级爵、大夫级爵、士级爵四大等级,以后又把八级以下划为民爵,九级以上划为官爵,都是等级差次的表现,"家次"是随差次而来的。《史记·商君列传》"索隐"曰:"谓各随其家爵秩之班次,亦不使僭侈逾等。"说的就是家次与差次的关系。据上所述.笔者认为这段律文应作如下标点:

明尊卑爵秩等级各以差次,名田宅、臣妾、衣服以家次。

其实以上的标点、断句并不是笔者的发明,日本学者泷川资言的《史记会注考证》在《商君列传》中就是这样标点的。我在读研究生时,导师陈连庆先生也是教我们这样读的。因为中华书局校勘本《史记·商君列传》对这两条律文作了新的标点,并有众多学者追随其后,我才写此短文,略作辨析。

秦汉史研究

汉初"三杰"综论

——兼论张良的自全之道

汉五年(前202年)刘邦消灭项羽即皇帝位,在洛阳南宫庆祝胜利。刘邦一时高兴,就让群臣直言无隐地总结战胜项羽的原因。高起、王陵说:"陛下慢而侮人,项羽仁而爱人。然陛下使人攻城略地,所降下者因以予之,与天下同利也。项羽妒贤嫉能,有功者害之,贤者贬之,战胜而不予人功,得地而不予人利,此所以失天下也。"刘邦并不同意高、王二人的意见,而说:"公知其一,未知其二。夫运筹帷幄之中,决胜于千里之外,吾不如子房;镇国家,抚百姓,给馈饷,不绝粮道,吾不如萧何;连百万之军,战必胜,攻必取,吾不如韩信。此三者,皆人杰也,吾能用之,此吾所以取天下也。项羽有一范增而不能用,此其所以为我擒也。"①刘邦这一番话非常真诚坦率,承认他是在张良、萧何、韩信的辅佐下才战胜了项羽,取得天下。尤其难得的是,他对"三杰"的特长有明确的认识,而且使他们各得其所。刘邦讲出了"三不如",并没有降低他的威信,相反却说明刘邦有驾驭人才为己所用的本领,但汉初三杰虽然辅佐刘邦打天下各立奇功,而其结局则各不相同,这就有必要深入探讨汉三杰是怎样辅佐刘邦打天下,立了什么样的功劳,其结局又为什么不同?

---

① 《史记》卷八《高祖本纪》。

一、张良运筹帷幄,决胜千里

张良,字子房,城父(今河南郏县)人,出身于韩国旧贵族。其祖父张开地相韩昭侯、韩宣惠王、韩哀王,父张平相韩釐王、韩悼惠王,故称"五世相韩"。韩为秦所灭,时张良年少,尚未出仕任官,但对韩国却有深厚的感情,立誓要为韩国报仇。他弟死不葬,卖掉全部家产以收买刺客刺杀秦始皇,真可谓是破家为国了。公元前218年,始皇东游博浪沙(今河南原阳东南),张良与刺客刺杀秦始皇,"误中副车"。① 秦始皇大怒,为捉拿刺客,"令天下大索十日"。② 张良逃离博浪沙后,为避祸隐居下邳(今江苏邳州)。在下邳遇到黄石公,授给他《太公兵法》,熟读之后,才能大增。在陈胜、吴广起义后,张良听说楚贵族景驹自立为楚假王,就决定去投奔景驹,在留县(今江苏沛县东南)遇到刘邦,拜他为厩将。张良给刘邦讲《太公兵法》,刘邦不仅能听懂,而且还能在战争中应用,故张良称"沛公殆天授"。③ 但张良此时并没有下决心跟随刘邦,仍在幻想恢复韩国。不久,刘邦、张良在薛县(今山东滕县南皇殿岗)见到项梁。时项梁已立熊心为楚怀王,张良遂劝说项梁立韩诸公子成为韩王。韩王成于是任张良为司徒。张良又随韩王成率千余人攻略韩地数城,不久就被秦军夺回,因此张良只能随韩王成在颍川一带打游击。到此为止张良仍是封建割据势力的拥护者,拥护韩王成复建韩国,因此他也就不可能取得什么大的成就。

公元前208年后九月,楚怀王在彭城召开军事会议,决定入关灭秦,与诸将约定:"先入定关中者王之。"④会后刘邦率兵西进,张良引兵随刘邦攻下韩地十余城,并大破秦主力杨熊军。刘邦命韩王成留守

---

① 《史记》卷五五《留侯世家》。
② 《史记》卷六《秦始皇本纪》。
③ 《汉书》卷四十《张良传》。
④ 《资治通鉴》卷八《二世皇帝二年》。

阳翟(今河南禹州),而让张良随他南下,此举说明刘邦已看到张良的超级才华,以备顾问。刘邦南攻,下宛城(今河南南阳),入武关,欲以二万大军强攻秦峣下军。张良对刘邦说:"秦兵尚强,未可击。"并献计让刘邦虚张声势,威慑秦军,然后派郦食其"手持重宝"收买秦将。秦将降服,并想与刘邦共同西攻咸阳。刘邦同意。张良又献计说,秦将叛降,秦军未必服从,不如因其懈怠而攻之。刘邦遂引兵攻秦军,大破之。进至蓝田又破秦军,顺利地攻占咸阳,秦王子婴投降。在西进灭秦的战争中,张良运筹帷幄,献计献策起了重要作用,但这对张良来说,仅是牛刀小试,初露锋芒,其重要贡献还在后面。

刘邦进入咸阳,见"秦宫室帷帐、狗马重宝、妇女以千数",就想留住宫中以享欢乐。樊哙以为不可,就问刘邦:"沛公欲有天下邪,将欲为富家翁邪?"沛公曰:"吾欲有天下。"哙曰:"今臣得入秦宫,所观宫室帷帐、珠玉重宝、钟鼓之饰,奇物不可胜极。入其后宫,美人妇女以千数,此皆为秦所以亡天下也。愿沛公急还霸上,无留宫中。"①樊哙的话很有道理,但刘邦不肯接受。张良只好出面劝说刘邦:"夫秦为无道,故沛公得至此。夫为天下除残贼,宜缟素为资,今始入秦,即安其乐,此所谓助桀为虐。且忠言逆耳利于行,苦口良药利于病,愿沛公听樊哙言。"②张良的威望高于樊哙,所讲的道理也比较深刻,故刘邦听张良之劝说而还军霸上,这也说明刘邦对张良的重视。关于刘邦不住秦宫而还军霸上,看似小事,其影响重大,这等于让刘邦作一次反腐防腐的示范,给关中人民留下非常好的印象,这也成为关中人民唯恐刘邦"不王关中"的主要原因之一,为刘邦以后入主关中、还定三秦奠定了良好基础。

刘邦于公元前206年十月入关,项羽于同年十一月攻破函谷关,驻军鸿门(今陕西临潼东北),听说刘邦欲为关中王而大怒,遂整军想消灭刘邦。时项羽有军四十万,刘邦有军十万,双方军力相差悬殊,战

---

① 《史记》卷五五《留侯世家》集解引徐广曰。
② 《汉书》卷四十《张良传》。

争真正打起来,刘邦必败无疑。故刘邦听从张良之计,亲自到鸿门向项羽谢罪,项羽遂设宴招待刘邦,这就是中国历史上有名的鸿门宴。在宴会上,项羽的谋士范增欲令项庄以舞剑为名刺杀刘邦。所谓"项庄舞剑意在沛公"的典故即起于此。若不是张良事先与其好友项羽的季父项伯约好解救刘邦,刘邦则难脱此难。在宴会中刘邦以入厕为名逃归霸上,留下张良冒着生命危险收拾残局,才解除了刘邦陷于灭亡的命运。

鸿门宴后无人再敢与项羽抗衡,项羽遂自立为西楚霸王,并分封十八王以奖赏灭秦有功的将领。刘邦被封为汉王,王巴蜀之地。张良又通过项伯为刘邦争得汉中,扩大了刘邦的实力。在一切就绪之后,张良遂告别刘邦归侍韩王成。临别前张良劝刘邦烧绝栈道,以示无东顾之心,以麻痹项羽。

公元前206年四月,项羽东归彭城,六月田荣在山东叛变,自立为齐王。项羽入齐平叛,八月刘邦出陈仓(今陕西宝鸡东渭水北岸),平定三秦。此举引起项羽的重视,准备发兵反击刘邦,张良在韩地闻讯后,立即给项羽写信,替刘邦解释说:"汉王失职,欲得关中,如约即止,不敢东。"①项羽自知违反义帝"先入关者王之"的约束而理亏,又兼田荣反于齐地,于是就放弃了西击刘邦的打算,"而北击齐",使刘邦得以在关中站稳脚跟,并成为自己巩固的根据地。这是张良又一次为刘邦解除危机。

张良归韩后,本想帮助韩王成恢复韩国,成就一番事业。但项羽以张良曾追随刘邦为由,而不肯遣韩王成回国,并降爵为侯,最后又杀之于彭城,张良遂"间行归汉"。刘邦封其为成信侯,使随自己东征,可惜他们在彭城被项羽打败,汉军损失惨重,狼狈退至下邑(今安徽砀山东)。刘邦对张良说,我要放弃关东地盘以争取同盟军,谁可以与我共成灭楚大业?张良说:"九江王英布楚枭将,与项羽有隙,彭越与齐王田荣(结盟)反梁地(今河南商丘一带),此二人可急使。而汉王之将独

---

① 《汉书》卷四十《张良传》。

韩信可属大事当一面,即欲捐之,捐此三人,楚可破也。"①刘邦听从张良的计谋,乃遣随何游说英布,又派人联系彭越,共同抗击项羽,以后又命韩信出奇兵击赵、破燕、伐齐,为最后战胜项羽奠定了基础。史称"卒破楚者,此三人之力也"。② 张良此计对刘邦转败为胜,起到了关键作用。

汉三年(前204年),项羽围刘邦于荥阳,形势危急,刘邦恐慌万分,与郦食其谋划阻挠楚国攻势的办法。郦食其建议刘邦广封六国后裔,扩大同盟,增强汉军势力,认为这样办,"陛下南乡称霸,楚必敛衽而朝汉"。③ 刘邦接受郦食其的建议,急命刻印,准备行封。正当此时张良从外地归来,刘邦即将郦食其的建议告诉张良。张良大惊,对刘邦说此计若行,"陛下事去矣",并提出"八不可"予以论证。在此"八不可"中,我认为最关键的是第一点和第八点。一是说此计不能"制项籍之死命";八是说"今复六国,立韩、魏、燕、赵、齐、楚之后,天下游士各归事其主,从其亲戚,反其故旧坟墓,陛下与谁取天下乎?"④刘邦听后"辍食吐哺,曰'几败乃公事',令趣销印"。张良阻止分封六国事,不仅解决了刘邦的潜在危机,也说明张良立场的彻底转变。他对恢复韩国已不抱幻想,转而坚决拥护刘邦的统一,这对刘邦最后实现统一大业是关键的一步。

汉四年,刘邦与项羽相峙荥阳正处于紧张阶段,韩信大军已攻占齐地,并遣使对刘邦说,"齐伪诈多变,反覆之国也,南边楚,不为假王无以镇之,其势不定,愿为假王便"。刘邦一听大怒,骂曰,"吾困于此,旦暮望若来佐我,乃欲自立为王……"张良、陈平在旁忙踩了一下刘邦的脚,并小声说:"汉方不利,宁能禁信之王乎?不如因而立,善遇之,使自为守,不然变生。"刘邦这时也醒悟过来了,又骂曰:"大丈夫定诸侯即为真王耳,何以假为?"⑤于是派张良去齐,立韩信为齐王,这更坚

---

①② 《汉书》卷四十《张良传》。
③④ 《史记》卷五五《留侯世家》。
⑤ 《史记》卷九二《淮阴侯列传》。

定了韩信助汉灭楚之志。在关键时刻,张良又为刘邦化解一次危机。

汉四年九月,项羽在韩信、彭越、英布的大军威慑下,被迫与刘邦讲和,约定以鸿沟为界,以西属汉,以东属楚。和约签订后,项羽即撤军东归。刘邦也想撤军,但张良、陈平却提出了不同意见,对刘邦说:"今汉有天下大半,而诸侯皆附,楚兵罢食尽,此天亡之时,不因其机而取之,此养虎自遗患也。"①刘邦接受张良、陈平的意见,率兵追击项羽,至阳夏(河南太康)南,通知韩信、彭越会兵固陵(太康南)合击项羽,但韩、彭均未如约会兵,汉军反被楚军打败,刘邦遂深沟高垒不敢再战。刘邦问计于张良:"诸侯不从奈何?"张良说:"楚军且破,(韩信、彭越)未有分地,其不至固宜。"如果你能把"睢阳以北至谷城,皆以王彭越;从陈以东傅海与齐王信,信家在楚,其意欲复得故邑。能出捐此地以许两人,使各自为战,则楚易破也。"②于是刘邦派使臣将上述决定通知韩、彭。韩信、彭越果然率军合击项羽,在垓下(今安徽灵璧东南沱河北岸)一战消灭楚军,使刘邦终于完成统一大业。

刘邦战胜项羽后,就对帮助他打天下的文臣武将予以封赏,但仅封了萧何、曹参、张良、陈平等二十余人之后,就以诸将争功为名,停止封侯,而诸将争功不已,群起议论,心不自安。一日刘邦在南宫复道(天桥)上看到诸将三五成群窃窃私语,就问张良:他们在议论什么?张良答:"谋反耳。"刘邦说现在天下安定,为什么还要谋反?张良答:"陛下起布衣,与此属取天下,今陛下已为天子,而所封皆萧、曹故人所亲爱,而所诛者皆平生仇怨,今军吏计功,天下不足以遍封,此属畏陛下不能尽封,又恐见疑过失及诛,故相聚谋反耳。"刘邦一听甚感忧虑,问张良应该怎么办?张良建议找一位你平生憎恨的将领,又为群臣所知,先封了他,大家也就安心了。刘邦说雍齿多次窘辱我,因为他功多,想杀而未忍心杀。张良说就先封雍齿吧。于是刘邦就设宴会集群臣,宣布封雍齿为什方侯。群臣都高兴地说,雍齿都能封侯,"我属无

---

① 《汉书》卷一上《高帝本纪上》。
② 《汉书》卷一下《高帝本纪下》。

患矣"。① 就这样,张良又帮助刘邦消除了一场内乱。

刘邦战胜项羽后,即皇帝位于定陶(今属山东),后移都于洛阳。齐人娄敬认为建都洛阳不如建都长安。他对刘邦说:"秦地被山带河,四塞以为固,卒然有疾,百万之众可具。因秦之故资甚美膏腴之地,此所谓天府,陛下入关而都之,山东虽乱,秦故地可全而有也。夫与人斗,不搤其亢,拊其背未能全胜。今陛下入关而都,按秦之故,此亦搤天下之亢,而拊其背也。"② 娄敬说的虽然很有道理,但因他是山东戍卒,还不足以取信于刘邦,特别是刘邦的部下多山东人,故劝说刘邦仍都洛阳。他们认为"雒阳东有成皋,西有殽黾,背河向雒,其固亦足恃"。但张良同意娄敬的意见,认为"雒阳虽有此固,其中小不过数百里,地薄四面受敌,此非用武之国。夫关中左殽函,右陇蜀,沃野千里,南有巴蜀之饶,北有胡苑之利,阻三面而固守,独以一面东致诸侯。诸侯安定,河渭漕輓天下,西给京师。诸侯有变,顺流而下足以委输,此所谓金城千里,天府之国,娄敬说是也。"刘邦听到张良也赞同娄敬的意见,而且道理说得更充分,于是决定"即日驾西都关中"。③ 由此可见,刘邦对张良是言听计从,信任有加。从当时的情况分析,长安建都的条件确比洛阳优越,这从楚汉战争中已得到充分证明。

诸侯已得封赏,又西都长安,政局稳定,刘邦应该心满意足了。但刘邦还有一个心病未能解决,他认为太子刘盈仁弱难以继承大业,而宠姬戚夫人之子如意性格与已相似,故欲废刘盈而立刘如意为太子,却遭到大臣们的反对,吕后也惊恐不安。于是吕后就找到张良想办法以稳定太子刘盈的地位。张良遂建议吕后聘请"商山四皓"东园公、角里先生、绮里季、夏黄公辅佐太子。"商山四皓"是刘邦多次下诏聘请而请不到的人,如果四皓肯来辅佐太子,太子的地位就稳定了。果然

---

① 《汉书》卷四十《张良传》。
② 《汉书》卷四三《娄敬传》。
③ 《汉书》卷四十《张良传》。

刘邦看到四皓常在太子左右,就认为太子"羽翼已成,难动矣"①,遂放弃废除太子刘盈的想法。这是张良对稳定汉初政局的又一个贡献。

综上所述,从刘邦入关灭秦,到楚汉战争,再到西汉建国,在每一个重要关头,张良都给刘邦出谋献策,解决了一个又一个难题,使刘邦摆脱困境而走向胜利。在辅佐刘邦的过程中,张良自身也得到改造,即从一个拥护分裂割据的狭隘爱国分子,改变为拥护统一中央集权制国家的贡献者。但张良对自己的巨大贡献从未矜功自伐,而是谦恭自退。张良在追随刘邦的过程中除了被封过有名无实的成信侯外,从未担任过有实权的官职。汉六年刘邦开始封侯,因张良有运筹策之功,让张良"自择齐三万户"以封侯。但张良说:"始起下邳,与上会留,此天以臣赐陛下。陛下用臣计,幸而时中,臣愿封留足矣,不敢当三万户。"②于是乃封张良为留侯。在刘邦定元功十八侯位次时,其中并无留侯,张良也坦然处之。后他又以疾病为借口,"闭门不出",不参与朝政。刘邦为教育太子,任命张良为太子少傅,位在太子太傅叔孙通下,张良仍不计较。史称"良从上击代,出奇计下马邑,及立萧相国,所与从容言天下事甚众,非天下所以存亡,故不著"。③ 这就说明张良为刘邦出谋划策之事不胜枚举,因有些不关天下存亡大事,故没有一一记载。张良最大的优点是随遇而安,对自己所处的地位非常满意。他说:"家世相韩,及韩灭不爱万金之资,为韩报仇强秦,天下震动。今以三寸舌为帝者师,封万户,位列侯,此布衣之极,于良足矣,愿弃人间事,欲从赤松子游耳。"④由于张良与世无争,不谋权位,深得刘邦、吕后之信任,故得以善终。

二、萧何镇国家,抚百姓,给馈饷不绝粮道

萧何,沛郡丰县(今属江苏)人。秦时为沛郡主吏掾(功曹掾),干练吏事,号称"文无害"。刘邦为布衣时,多次受到萧何的救助,后为泗

---

①②③④ 《汉书》卷四十《张良传》。

水亭长,又经常得到萧何的护佑。刘邦以吏事去咸阳出差,郡吏都以三百钱送行,萧何独送钱五百,说明萧何对刘邦有特殊的关照。由于萧何办事有方略,受到秦监郡御史的重视,欲调萧何到中央任职。萧何看到局势将乱,坚辞不行。刘邦起义后自立为沛公,任萧何为丞督事,总监庶务。从此萧何一直是刘邦的大管家、大总管,成为刘邦最信任的宠臣。

刘邦在萧何、张良辅佐下,是第一个率军入关灭秦的领袖。刘邦军攻入咸阳后,"诸将皆争走金帛财物之府分之,(萧)何独先入收秦丞相、御史(大夫)律令、图书藏之"。这对以后刘邦"具知天下扼塞、户口多少、强弱之处、民所疾苦者"①非常有利,也为以后萧何定律准备了有利条件。

义帝在彭城召开军事会议时,曾决定两路分兵西进灭秦,"先入关破秦者,王其地"。刘邦先入关本应为关中王,但项羽依仗优势兵力,自立为西楚霸王,并主持分封,共封了十八个王。刘邦被封为汉王,王巴蜀、汉中。刘邦对此愤愤不平,"欲谋攻项羽",诸将劝阻不听。萧何非常冷静地对刘邦说:"虽王汉中之恶,不犹愈于死乎?"刘邦说:"何为乃死也?"萧何说:"今众弗如,百战百败,不死何为?""夫能诎于一人之下,而信于万乘之上者,汤、武是也。臣愿大王王汉中,养其民以致贤人,收用巴蜀,还定三秦,天下可图也。"②萧何的一番话,为刘邦指明了前途。于是刘邦率军就国,都南郑(今陕西汉中),任命萧何为丞相,积极准备还定三秦,东向以争天下。此时刘邦手下虽人才济济,谋士如云,但缺少一位总理战略的军事统帅。萧何通过接触,知道韩信具有帅才,遂连上三本推荐韩信。但刘邦认为韩信出身微贱,不肯重用,韩信一怒不辞而别。萧何闻讯,不顾千辛万苦,"月下赶韩信"。追回韩信后,刘邦仍不能重用,萧何就向刘邦披肝沥胆地说:"王必欲长王汉中,无所事信;必欲争天下,非信无可计事者,顾王策安所

---

① 《史记》卷五三《萧相国世家》。
② 《资治通鉴》卷九《汉纪一·高帝元年》。

决耳!"刘邦说:"吾亦欲东耳,安能郁郁久居此乎?"萧何说:"计必欲东,能用信,信即留;不能用信,终亡耳。"①后刘邦还是接受了萧何的意见,登台拜将,任韩信为大将军。萧何举荐韩信,说明萧何慧眼识珠。刘邦重用韩信,使汉军如虎添翼,为战胜项羽有了可靠的保证。这说明萧何是一位有远见卓识的政治家。

刘邦东征还定三秦,萧何以丞相留守关中,"收巴蜀租,给军粮食"。刘邦以栎阳为国都,萧何在栎阳辅佐太子刘盈,"为法令约束,立宗庙社稷、宫室县邑"。② 这说明萧何镇守关中时就着手制定法令及各种制度、礼仪,为汉统一全国作了准备工作。汉二年(前205年)刘邦东征节节胜利,一直攻入项羽首都彭城。此时项羽正在山东攻伐田荣,闻彭城失守,立即向刘邦反击。刘邦大败,损失惨重,萧何"常兴关中卒辄补缺",使汉军复振。汉三年,刘邦与项羽相峙京、索间,军事异常紧张,但刘邦却多次遣使慰劳萧何。这引起了萧何下属鲍生的警觉,他对萧何说:"王暴衣露盖,数使劳苦君者,有疑君心也。为君计,莫若遣君子孙昆弟能胜兵者,悉诣军所,上必益信君。"于是萧何接受鲍生的建议,把子孙昆弟能从军者全部送上前线,"汉王大说(悦)",③使刘邦更无后顾之忧。

汉五年(前202年)刘邦消灭项羽后,在定陶即皇帝位,不久移都洛阳,要论功行赏,大封功臣。他对于萧何镇守关中,多次补充兵员粮饷,使汉军衰而复振,非常重视,故封萧何为酂侯(封地在今河南永城),食邑八千户。群臣不服,都说:"臣等披坚执锐,多者百余战,少者数十合,攻城略地,大小各有差。今萧何未尝有汗马之劳,徒文墨议论,不战,顾反居臣上何也?"刘邦的答复非常坦率,说:"诸君知猎乎?"群臣答:"知之。"刘邦又问:"知猎狗乎?"群臣答:"知之。"刘邦又说:"夫猎追杀兽兔者狗也,而发踪指示兽处者人也。今诸君徒能得走兽耳,功狗也;至如萧何发踪指示,功人也。且诸君独以身随我,多

---

① 《资治通鉴》卷九《汉纪一·高帝元年》。
②③ 《史记》卷五三《萧相国世家》。

者两三人,今萧何举宗数十人皆随我,功不可忘也。"①其实刘邦以功狗、功人作比喻,肯定萧何的功劳,并不很贴切,因为萧何从未上过前线,没有机会"发踪指示兽处"。但刘邦说一不二,群臣不敢强辩。不过要说萧何镇守关中之功,高于群臣战斗之功也是有道理的,特别是萧何举宗数十人随刘邦战斗在前线,确实比只身或一二人追随刘邦的风险大得多。况且萧何受封八千户并不是最多,而是在曹参、张良受封万户之下,不应受到责难。

  刘邦在分封列侯之后,还要排列诸侯的位次。群臣都说"平阳侯曹参身被七十创,攻城略地功最多,宜第一"。按刘邦的本意是想让萧何位列第一,因在封萧何为酂侯的时候,已驳斥过群臣,现在就不便再多说了,而关内侯鄂千秋却说了刘邦想说而没有说的话。鄂千秋说:"群臣议皆误。夫曹参虽有野战略地之功,此特一时之事。夫上与楚相距五岁,失军亡众,逃身遁者数矣。然萧何常从关中遣军补其处,非上所诏令召,而数万众会上之乏绝者数矣。夫汉之与楚相守荥阳数年,军无现粮,萧何转漕关中,给食不乏。陛下虽数亡山东,萧何常全关中以待陛下,此万世之功也。今虽亡曹参等百数何缺于汉,汉得之不必带以全,奈何欲以一旦之功,而加万世之功哉。萧何第一,曹参次之。"②鄂千秋的话显然是袒护萧何,但他所说的萧何乃"万世之功",远比刘邦说的"人功"、"狗功"的比喻更有说服力,也符合刘邦的意图。于是决定萧何位次第一,并赐萧何"带剑履上殿,入朝不趋"的荣誉。"是日悉封何父子兄弟十余人,皆有食邑,乃益封何二千户"③,以报答当年刘邦出差咸阳时,萧何多送二百钱的情谊。

  汉十二年,刘邦又以萧何助吕后诛韩信之功,使萧何由丞相进位为相国,益封五千户,令卒五百人、一都尉为相国守卫。以上情况虽说明刘邦对萧何增官晋爵爱护有加,但这其中也暗藏隐机。历代君王都有个最大的顾忌,就是最怕权臣"功高震主"而篡夺君权,刘邦也不例外。一方面刘邦知道萧何忠心不二,功高应赏;另一方面刘邦也怕萧

---

①②③ 《史记》卷五三《萧相国世家》。

何官高势大,有篡权的野心。故在晋升萧何为相国的同时,又派卒五百和一都尉以"保卫"相国。这其中的隐情,萧何并没有发觉,而召平却提出了警告。召平对萧何说:"祸自此始矣。上暴露于外,而君守于内,非被矢石之难,而益君封置卫者,以今者淮阴侯新反于中,疑君心矣。置卫卫君非以宠君也,愿君让封勿受,悉以家私财佐军,则上心说(悦)。"相国从其计。① 召平的计策,使萧何躲过了一次潜在的危机。

汉十二年秋,英布反,刘邦亲自领兵出征。在军旅中,刘邦多次遣使问萧何在干什么?萧何仍按老办法,"乃拊循勉力百姓,悉以所有佐军"。萧何的一位食客则发现刘邦的奥秘,对萧何说:"君灭族不久矣。夫君位为相国,功第一,何可复加哉!然君初入关中,得百姓心十余年矣,皆附君,常附孳孳得民和,上所为数问君者,畏君倾动关中。今君胡不多买田地,贱贳贷以自污,上心乃安。"萧何照计而行,以贱价强买民田,引起关中人民不满。刘邦平定黥布后回长安,关中百姓遮道状告萧何强买民田宅数千万,刘邦反而非常高兴,就将状子交给萧何自行处理。萧何处理自己"强买"田宅问题时,发现长安地少人多,就向刘邦提出:长安地狭,上林苑有很多弃地,让百姓入上林苑耕种,不收稿税。刘邦一听认为萧何仍在收买人心,于是大怒,说:"相国多受贾人财物,乃为请吾苑。"就让廷尉给萧何带上刑具打入监狱。后来由于王卫尉的劝说,刘邦才把萧何放出来。萧何被放后,诚惶诚恐光着脚来向刘邦谢罪。刘邦说相国算了吧,你为民请苑,我不许,不过证明我是桀、纣之主,而相国为贤相。我所以把你投入监狱,"欲令百姓闻吾过也"。② 刘邦这番话有两层意思,一是认错,说明关押萧何不对;二是警告萧何你不要再收买人心。此后刘邦知萧何并无野心,信任如初,使萧何成为终身宰相。

根据以上所介绍的情况,如萧何封侯及排位次等,所谈及的都是萧何镇守关中补充兵员、粮饷等功绩,其实萧何一生的贡献不仅于此。萧何作为汉初第一任宰相,对于稳定社会秩序,恢复生产,发展经济,

---

①② 《史记》卷五三《萧相国世家》。

建立各种制度,特别是对王朝法制建设,都作出了重大贡献。

刘邦入关后,在萧何的帮助下制定了"约法三章":"杀人者死,伤人及盗抵罪。"得到了人民的拥护,对稳定当时混乱的局势起到了重要作用。但"约法三章"只是临时约法,不可能保证汉政权的长治久安。有鉴于此,萧何在楚汉战争时期,就利用镇守关中辅佐太子刘盈治栎阳的机会,开始"为法令约束",这可以说是萧何为汉统一后制定律法的准备工作。刘邦灭项羽,国家重新统一。萧何为适应国家长期法律建设的需要,于是"捃摭秦法,取其宜于时者,作律九章"。① 萧何制定的《九章律》,是在《秦法经》的基础上增补而成,而《秦法经》六篇又是在李悝《法经》六篇的基础上改造而成。据《晋书·刑法志》记载:"(李)悝撰次诸国法,著《法经》。以为王者之政,莫急于盗、贼,故其律始于《盗》、《贼》。盗、贼须劾捕,故著《网(囚)》、《捕》二篇。其轻狡、越城、假借、不廉、淫侈、逾制以为《杂律》。又以《具律》具其加减,是所著六篇而已,然皆罪名之制也。"按"盗",指偷盗,强盗;"贼",指伤害、杀人。"捕",即逮捕。"杂",包括诈骗、赌博、贪污、违反制度等各种犯罪行为。"具",是根据犯罪的表现,或加刑或减刑,相当于现在的刑法总则,故曹魏改名《刑名》,列为《法经》篇首。商鞅变法继承了李悝《法经》六篇,用来治理秦国。但商鞅继承李悝《法经》并不是照搬照用,而是有所改革。首先改"六法"为"六律",并创立了收司连坐、告奸匿奸、私斗被刑、怠贪收孥等补助法。1975 年在湖北云梦县发现的《睡虎地秦墓竹简》,其中有秦律二十七种,有的可以包括在商鞅的六律之中,有的超出商鞅六律之外,可能是商鞅颁布的补助法或追加法。总之,商鞅以六律治秦收到了显著效果。《新论·随时》说:"行之三年,人富兵强,国以大治,威服诸侯"。萧何"做律九章",就是在商鞅六律之外,又加《兴》、《厩》、《户》三章,合为《九章律》。这就是保证汉初社会稳定,使各项工作走向正规的基本大法。尽管汉武帝及其以后又颁布过很多律令,但多属于补助法或只适用于某种情况的特定法,《九章律》

---

① 《汉书》卷二二《刑法志》。

作为基本大法的地位和作用没有改变。《九章律》对汉初的社会稳定，政治、经济、文化正常发展起到保障作用。从中国法制史角度讲，萧何定律还起到了承上启下的重要作用。即上承李悝的《法经》和《秦六律》，下启魏晋南北朝隋唐的法制建设，如《唐律疏义》，对中国律令法制体系的形成和发展，具有不可或缺的重要地位和作用。因此萧何定律也是属于"万世之功"。

综观萧何的一生，他对刘邦，对汉帝国是一贯忠诚。尽管受到怀疑，甚至下过监狱，仍然忠贞不二，因此终于得到刘邦和吕后的信任。他不仅生前封侯位列第一，死后又得到"文终侯"的佳谥。按《谥法》的规定，"经天纬地"为文，"道德博文"为文，"慈惠爱民"为文，"愍民惠礼"为文，"文"是相当崇高的谥号。"终"，应指善始善终，这在西汉只有萧何能当此佳谥。

三、韩信连百万之众，战必胜，攻必取

韩信，淮阴（今属江苏）人，家贫无善行，不得推择为吏，又不能治生经商，经常寄食于人，人甚厌之。在南昌亭长家寄食，受到亭长妻子的慢待。在淮河边钓鱼，有一漂母（漂洗衣帛的老妇人）见韩信饥饿，以饭相济，数十日不断。韩信非常感激，对漂母说："吾必有以重报。"漂母大怒说：大丈夫不能自食，我可怜你，才给你吃的，谁指望你报答？韩信虽穷到这种地步，但仍剑不离身，习武不辍。有一天韩信遇到一群淮中屠者少年混混，有一人指着韩信说：别看你身体高大，好带刀剑，实际很怯懦。你有本事就刺死我，不能，就从我胯下爬过去。韩信抬头细看少年一眼，就从少年胯下爬过去，引起混混们一阵哄笑，众人认为韩信确实怯懦。

公元前209年九月，项梁起兵于江东，渡淮北上发展势力，韩信仗剑投靠项梁，却不被重用。项梁战死，他归属项羽，被任为郎中，曾多次向项羽献策，也不被采纳。刘邦入蜀，韩信亡楚归汉，官居连敖，因犯罪当斩。临刑时韩信大呼："上不欲就天下乎？何为斩壮士？"监斩

官夏侯婴"奇其言,壮其貌,释而不斩"。与韩信交谈,夏侯婴很欣赏韩信的才干,于是向刘邦汇报,韩信被任命为治粟都尉,但刘邦仍未发现他是军事奇才。后韩信与萧何相识。萧何慧眼识珠,发现韩信是一位"奇士",于是多次奏本,请刘邦重用韩信,刘邦不听。韩信一怒逃离汉中而东归,又被萧何追回。萧何再一次向刘邦进言:"诸将易得耳,至如信者,国士无双。王必欲长王汉中,无所事信;必欲争天下,非信无所计事者,顾大王策安所决耳。"萧何的忠言终于打动了刘邦,遂拜韩信为大将军。在登台拜将之后,刘邦立即向韩信请教争夺天下的谋略。韩信反问刘邦:"今东乡(向)争权天下,岂非项羽邪?"刘邦答:"然。"韩信又问:"大王自料,勇悍仁强,孰与项王?"刘邦沉默很久,答曰:"不如也。"韩信很高兴地说:"惟信亦以为大王不如也。"接着韩信就说我当过项王的部下,我知道他的为人:"项王喑恶叱咤,千人皆废;然不能任属贤将,此特匹夫之勇耳。项王见人,恭敬慈爱,言语呕呕,人有疾病,涕泣分食饮,至使人有功当封爵者,印刓弊,忍不能予,此所谓妇人之仁也。项王虽霸天下而臣诸侯,不居关中而都彭城。又背义帝之约,而以亲爱王,诸侯不平。诸侯之见项王迁逐义帝置江南,亦皆归逐其主而自王善地。项王所过无不残灭者,天下多怨,百姓不亲附,特劫于威强耳。名虽为霸,实失天下心。故曰其强易弱。今大王诚能反其道,任天下武勇,何所不诛!以天下城邑封功臣,何所不服!以义兵从思东归之士,何所不散!且三秦王为秦将,将秦子弟数岁矣,所杀亡不可胜计,又欺其众降诸侯,至新安,项王诈坑秦降卒二十余万,唯独邯、欣、翳得脱。秦父兄怨此三人,痛入骨髓。今楚强以威王此三人,秦民莫爱也。大王之入武关,秋毫无所害,除秦苛法,与秦民约法三章,秦民无不欲得大王王秦者。于诸侯之约,大王当王关中,关中民咸知之。大王失职入汉中,秦民无不恨者。今大王举而东,三秦可传檄而定也。"①韩信对刘邦讲的话,可谓披肝沥胆,对当时形势的分析可谓了如指掌,大大鼓舞了刘邦战胜项羽的信心,刘邦大有相见恨晚

---

① 《资治通鉴》卷九《汉纪一高帝元年》。

之憾。于是刘邦听从了韩信的战略设计,部署东征,拉开了楚汉战争的序幕。在楚汉战争中,韩信充分发挥了军事家的才智,战无不克,攻无不胜,都是在关键的时刻扭转战局,使刘邦转败为胜,并最后消灭项羽,实现国家统一。

汉元年(前206年)八月,刘邦按照韩信的计策,"明修栈道,暗度陈仓"①。即表面上大张旗鼓地抢修已烧毁的褒斜栈道,以吸引雍王章邯的兵力,暗中却调动军队突袭陈仓,使章邯军措手不及。此计非常成功。由于韩信指挥正确,一举打垮章邯军,使其固守废丘不敢出战。汉又乘胜招降了塞王司马欣和翟王董翳,仅用两个月时间就攻占三秦,并将国都由南郑迁至栎阳(陕西临潼东北),使关中成为稳固的根据地。

刘邦在攻占三秦后,稍事休整,即率军东征,很快就拿下洛阳,河南王申阳投降。接着又大败韩王郑昌于阳城(河南登封东),郑昌投降。在刘邦节节胜利之时,项羽正在山东与齐王田荣激战,无暇西顾。刘邦利用此难得的时机,攻占了山西南部,河南中西部广大地区,魏王豹、殷王司马卬投降,中原又成为刘邦东进的基地。于是刘邦就联合常山王张耳、河南王申阳、韩王郑昌、魏王豹、殷王司马卬等五诸侯,帅五六十万大军沿黄河南岸向东进攻。在外黄彭越主动加盟,军威更猛。一路上势如破竹,长驱直入攻占项羽的首都彭城。此时刘邦已被胜利冲昏了头脑,进入彭城后,不知设防,大肆掠夺宝货美女,"日饮酒高会"。项羽得知刘邦占领彭城,立即率精兵三万发起反攻,大破汉军。汉军败退,"相随入谷、泗水,死者十余万人。(项羽)又在灵壁东睢水上,大败汉军。汉军十余万人,皆入睢水,水为之不流。"刘邦仅率数十骑狼狈逃走,其妻吕雉,其父太公皆被楚军俘获,诸侯皆背汉降楚。刘邦一路败退,经下邑、砀、虞县而至荥阳,失散的士卒逐渐汇合。

---

① 元·尚仲贤《气英布》第一折:"孤家用韩信之计,明修栈道,暗度陈仓,攻完三秦,劫取五国。"

韩信也发兵与刘邦相会,在京、索间大败楚军,"以故楚兵不能西"。①是韩信挡住了西进楚军形成双方相峙局面。

刘邦为巩固荥阳阵地,必解决后顾之忧。一是拔掉据守废丘(今陕西兴平)的雍王章邯的据点,汉军以水灌城,迫使章邯自杀,关中完全控制在刘邦之手。二是占领河东,控制黄河以北广大地区。时河东是魏王豹占领地区,刘邦先派郦食其劝说魏王豹叛楚归汉,不成。乃派韩信率兵进攻魏地。韩信采取声东击西战术,陈船临晋以吸引魏军,而伏兵从夏阳(今陕西韩城南)以木罂渡河,袭击安邑、虏魏王豹,河东也归入汉的辖区。在韩信平定河东后,刘邦的后方更为巩固,但此时楚汉战争也正处于胶着状态。从战场形势看,楚军仍占优势。韩信审时度势,认为必须开辟新战场才能给项羽以沉重打击,于是向刘邦提出"愿益兵三万人,臣请以北举燕、赵,东击齐,南绝楚之粮道,西与大王会于荥阳"。② 刘邦同意韩信的战略构想,拨给韩信三万人马,命张耳为副手,共同北伐、东征。韩信于汉二年后九月,向代国进攻,在阏与(今山西和顺)大败代军,生擒代相夏说,军威大振。刘邦收其精兵,"诣荥阳以拒楚"。仍让韩信继续率军北伐。韩信、张耳率数万大军进攻赵国,赵王歇和成安君陈余闻讯,集二十万大军拒守要塞井陉口(今属河北)。韩信采用背水阵大破赵军,斩陈余于泜水上,擒赵王歇,之后韩信采纳李左车的建议,派使臣说服燕国降汉。韩信下赵、燕之后,对楚军威胁极大。项羽多次派奇兵击赵,韩信往来救赵,终于稳定了河北的局势。但此时楚汉的正面战场,楚军仍占优势。项羽多次大败刘邦,刘邦向项羽求和,欲以鸿沟为界中分天下,项羽不允,而围荥阳更急。赖纪信冒充汉王假降,刘邦才得以从荥阳脱险,退回关中。稍事休整后,他又出军宛、叶间,以缓解项羽对荥阳的攻势。项羽中计,率军南下击刘邦。刘邦又转回成皋,项羽回军再围成皋。刘邦与夏侯婴从成皋逃走过黄河,刘邦冒充汉使者,突入韩信、张耳军营,夺取二人兵符印信,命令张耳守赵,任韩信为相国,率赵军未发者击

---

①② 《汉书》卷三四《韩信传》。

齐。此时项羽已攻占成皋。刘邦得韩信军后,军势复振,于巩县阻击楚军,使项羽不得西进,双方在广武又形成相峙之势。此时郦食其自告奋勇,出使齐国劝说齐王田广属汉。郦生见到田广,纵论天下大势,分析楚弱汉强的实质,说"(齐)先下汉王,齐国社稷可得而保也;不下汉王,危亡可立而待也"。① 田广听从了郦食其的劝说,遂解除历下的兵守战备。郦食其凭三寸不烂之舌而下齐七十余城,韩信愤愤不平,乃夜攻平原,袭击齐王。田广以为被郦食其所卖,乃烹郦生,引兵败走。韩信遂占领齐地,并派使者要求刘邦封他为"假齐王"。刘邦听从张良、陈平的意见封韩信为"真齐王"。

韩信占领齐地,等于抄了楚军的后路,再加上彭越、黥布在梁、陈一带打游击,经常切断楚军粮道。这使项羽再也无力和刘邦在广武打持久战,所以主动提出与刘邦讲和,以鸿沟为界,中分天下,以东归项羽,以西归刘邦。讲和之后,项羽立即撤军东归,刘邦接受张良、陈平意见,不仅不撤军,反而率军东进追击项羽。汉五年十月,刘邦追击项羽至固陵(河南太康县南),通知韩信、彭越会兵击楚。但韩、彭都未出兵,刘邦反为项羽所败,汉军深壁高垒不敢再战。刘邦问计于张良,韩、彭不来怎么办?张良建议,取睢阳以北之地封给彭越,从陈以东至海封给韩信,"使各自为战,则楚易破也"。刘邦照办,韩信,彭越果然来会,在垓下大败楚军,最后霸王自刎乌江。战胜项羽后,刘邦还至定陶,驰入齐王韩信军营,夺其军,改封韩信为楚王,王淮北,都下邳,使韩信的兵力权势大大被削弱。对此刘邦仍不放心,以后又用陈平计,伪游云梦,捉拿韩信,带回洛阳后,又改封淮阴侯。汉十年,又以与陈豨谋反为由,吕后与萧何合谋,斩韩信于长乐钟室,使一代英杰落此悲惨下场。

关于处死韩信的原因,学术界向来就有争议,我认为基本是设计周密的冤假错案。《史记》、《汉书》所记载的韩信和陈豨在庭院散步时所说的谋反一段话,可能是根据政府档案写的,但这也是一面之词。

---

① 《汉书》卷四三《郦食其传》。

请想韩、陈二人的谈话,并没有第三人在场,以后又没有两人的供词,汉政府是怎么知道的,除了编造别无来源。至于家奴告密,那是随便就可以得到的证据。韩信被降为淮阴侯后被困守长安,已在刘邦、吕后的控制之下。从萧何升相国后,刘邦"令卒五百,一都尉为相国卫"的情况来分析,韩信的卫队也肯定由刘邦来派遣。所谓"卫",实际是监控。在此情况下要找一个家奴告密,岂不是信手拈来之事。韩信是位大军事家,代国远在河北,他被控制在长安又没有任何官职,他怎么能释放囚徒、里应外合推翻汉政权?韩信能干这种一点把握都没有的蠢事吗?再从韩信对刘邦的一贯态度来看,他也不可能谋反。在楚汉战争时,韩信手握强兵,权高位重,项羽曾派人拉拢韩信,希望韩信叛离刘邦,与楚联合,形成三分天下。结果被韩信拒绝,并对楚使者说:"臣得事项王数年,官不过郎中,位不过执戟,言不听,画策不用,故背楚归汉。汉王授我上将军印、数万之众,解衣衣我,推食食我,言听计用,吾得至于此。夫人亲信我,我背之不祥。"在当时谋士蒯彻也劝说韩信,说"当今两主之命悬于足下。足下为汉则汉胜,与楚则楚胜。臣愿披腹心,输肝胆,效愚计,恐足下不用也。诚能听臣之计,莫若两利而俱存之,三分天下,鼎足而居"。韩信则说:"汉王遇我甚厚,吾岂可乡利倍义乎?"蒯彻又进一步以张耳、陈余最初为刎颈之交,终反目成仇及文种"存亡越、霸勾践,立功成名而身死亡"的事例劝说韩信,说明以为"汉王之不危,已亦误矣"①。信仍不听,"不肯倍汉"。还有韩信在破魏、下赵、占齐之后,刘邦三次收夺韩信兵权,韩信皆无怨言,继续领兵作战,而无谋反之心,岂能在坐困长安之时再来谋反?刘邦、吕后杀韩信最大的原因就是因为韩信的军事能量太强。有这样的人睡在身边,刘邦就有一万个不放心,必除之而后快。另外,从消除诸侯割据势力来讲,这也是刘邦必须完成的统一大业。从韩信方面来讲,他也有咎由自取之处。他的权位思想很重。在占领齐地之后,就自立为假王,实际就是逼迫刘邦封他为齐王。刘邦追项羽至固陵,召韩信、彭越

---

① 《汉书》卷四五《蒯通传》。

合兵共击项羽,他却不肯出兵,后得许诺封地他才来会。这些事都使刘邦耿耿于怀。韩信的称王,是想成为汉统一中央集权制政权下的封国,而不是叛汉独立,但这也是逆历史潮流而动,其灭亡也是历史的必然。

  以上分别阐述了张良、萧何、韩信的功业及其结局。汉初三杰对刘邦来说,确实是左膀右臂。三人各尽其职,成就了刘邦的统一大业。他们的分工犹如天造地设。张良长于筹策,成为刘邦的最高参谋,使刘邦能摆脱种种困境,从一个胜利走向另一个胜利。萧何善于管理,成为刘邦镇守关中、支援前线的得力助手,使刘邦多次衰而复振,转弱为强,打下最后胜利基础。韩信精于军事,百战不殆,成为刘邦战胜项羽最具威力的总指挥。但三人的结局各不相同。张良淡泊名利,从不要求权位。他虽屡建奇功,却从未担任过有权势的官职。刘邦为酬谢他的功绩,让他在齐地任选三万户为封邑,他却谦退拒绝,而愿封为留侯,不肯超越萧、曹重臣。所以他是刘邦、吕后信任不疑的心腹之臣,而得以善终。萧何对刘邦一贯忠心不二,尽职尽责,全力以赴,但他却手握重权,镇守关中,深得民心。刘邦深知萧何的职务无所代替,故礼遇有加,又心怀疑虑,所以在军事最紧急的时候,也要派人去慰问萧何。在提升萧何为相国之时,更以五百卒、一都尉为相国守卫,实是监督,甚至还要投入监狱加以考验。而萧何一秉忠诚,毫无怨言,才得到刘邦、吕后的信任,成为终身宰相。韩信对刘邦也算是忠心耿耿,知恩报恩,但他的权、位欲望太强。攻占齐地,就要自立称王,不给封地就不出兵灭楚,这当然都是犯刘邦的大忌。故在灭项羽之后,刘邦即驰入韩信军营,夺取韩信兵权,改封为楚王,后又降为淮阴侯。在被监控的情况下,仍不肯收敛,不愿与樊哙为伍,羞与绛、灌同列,在和刘邦谈话时仍逞强好胜,说刘邦只能将兵十万,他则是"多多益办"。① 这当然更会引起刘邦的恐惧。韩信对天下大事了如指掌,对自己的处境却

---

  ① 《汉书》卷三四《韩信传》。

看不清楚,真可谓是"明足以察秋毫之末,而不见舆薪",①其悲惨的结局就无可避免了。

汉初三杰是时势造英雄和英雄造时势最典型的事例。没有秦末混乱的形势,萧何有可能当上个小官,但绝对当不上丞相、相国;张良只能隐居终身,默默无闻;韩信则只能潦倒一生,无所作为。有了秦末战乱的历史平台,汉初三杰有了用武之地,各显身手,建立了丰功丰业,成为传颂千古的大英雄。

---

① 《孟子·梁惠王上》。

酂侯萧何封地考

萧何为汉初三杰之首(另二人为张良、韩信),是刘邦建汉后第一任丞相和相国,因功封为酂侯。按汉代有两个酂县,一个是南阳郡酂县(在今湖北老河口市),一个是沛郡酂县(在今河南永城市)。据《汉书·地理志》记载,在南阳郡酂县下云"侯国",而在沛郡酂县下则没说是侯国。据此有的史学家认为萧何所封的酂国应在南阳郡的酂县,而不在沛郡的酂县。对此我颇有疑问。人所共知萧何是沛郡沛县人,在当时有衣锦还乡的习俗,项羽就说过:"富贵不归故乡,如锦衣夜行,谁知之者。"[①]所以项羽宁肯自封西楚霸王回老家彭城(江苏徐州市),而不肯留在关中当关中王。再如韩信为淮阴人,故被封为淮阴侯。张良家在下邳(江苏沛县东南),在留县(江苏沛县东南)遇到刘邦,故自请封为留侯。汉初三杰中的其他二杰都封在了自己的家乡,为什么萧何家在沛县却不封在沛郡的酂县,而要封在远离家乡的南阳郡的酂县呢?令人百思不得其解。另外,永城有座萧何造律台,这是萧何为汉朝制定法律的遗迹,如果萧何封在南阳郡的酂县,怎么会在沛都的酂县制定法律呢?还有,汉初彭越为梁王,都定陶(今属山东),如果把萧何封在沛郡酂县,对彭越还可以起到监督作用,刘邦何乐而不为呢?我就是带着这些疑问和猜想来探讨萧何封地问题的。查阅资料的结果,说明在唐代以前就有确凿的证据,证明萧何的封地就是在沛郡的

---

① 《史记》卷七《项羽本纪》。

酂县,吕后二年才把萧何的封地改封在南阳郡的酂县。

在汉代虽然有两个酂县,但在读音上却各不相同。南阳郡的酂,音赞(zan);沛郡的酂,音(cuo),而且在字形上原来也不相同。沛郡之酂原作"酇",音嵯(cuo),后来改作酂,仍读为嵯(cuo)。对此许慎《说文解字》及段玉裁注说得很清楚。如在《说文·邑部》下"酇"字条曰:"沛国县,从邑,虘声,今酂县。"段玉裁注曰:"《前志》(指《前汉书·地理志》)沛郡酂,《后志》(指《后汉书·郡国志》)沛国酂。陈胜攻铚、酂、苦、谯,谓此酂也。今河南归德府永城县西南有故酂县城。"又曰:"谓本为酇县,今为酂县,古今字异也。班固《泗水亭长碑》曰:'文昌四友,汉有萧何,序功第一,受封于酇。'正作酇。"从许慎《说文解字》及段玉裁的注文可知,沛郡的酂县,原作酇县,古今字虽不相同,但其读音则相同,都读作嵯(cuo),并且以班固《泗水亭长碑》文为据,证明萧何受封于酇,这就是说永城的酂城确实是萧何的封国所在地。

许慎《说文解字·邑部》"酂"字条下云:"从邑,赞声,南阳有酂县。"段玉裁注曰:"《汉地理志》南阳郡酂,侯国。"孟康曰:"音赞。"按南阳县作酂,沛郡县作酇。许(慎)二字画不相乱也。在沛者后亦作酂,直由莽曰赞治而乱。南阳酂意赞,沛酇及改作酂字皆音嵯,音亦本不相乱。萧何始封之酂。《茂陵书》、文颖、臣瓒、颜师古、杜佑皆云在南阳,江统、戴规、姚察、李吉甫、今钱氏大昕皆云在沛,在沛说是也。始封于酇,高后乃封之南阳之酂与筑阳,文帝至(王)莽之酂侯,皆在南阳,故《地理志》于南阳云:酂,侯国。而沛郡酂下不云侯国,为在沛者不久也。诸家所传班固作《泗水亭高祖碑》云:"文昌四友,汉有萧何,序功第一,受封于酇。"以韵求之,可以不惑。①

《说文解字》对"酇"字、"酂"字的解释及段玉裁的注文,对汉代的两个酂县的阐释非常明白。说明南阳的酂,音赞,沛郡的酂,音嵯。许慎对这两个字分得很清楚,不相混乱。后因王莽把沛郡的酇县改为赞治,东汉时就把沛郡的酇改为酂,但酂仍读为嵯,在读音上与南阳的酂

---

① 《说文解字注》,上海古籍出版社1984年版。

并不混淆。段注还指出对萧何初封地有两种不同的看法:《茂陵书》、文颖、臣瓒、颜师古、杜佑都认为在南阳,江统、戴规、姚察、李吉甫、钱大昕都主张在沛郡。段玉裁的观点很明确,认为"在沛说是也",并进一步说明萧何始封在酂,即在永城的酂,吕后时才改封在南阳之酂与筑阳。因此,由文帝至王莽时的酂侯都在南阳,故《汉书·地理志》才在南阳郡酂之下说明是"侯国",而在沛郡的酂县之下不说是"侯国",是因为萧何的封国在沛郡酂县的时间不长。最后段玉裁还引用班固的《泗水亭高祖碑》的碑文:"文昌四友,汉有萧何,序功第一,受封于酂。"来说明萧何的封国在沛郡酂县的史实。

《中华大字典》申集"邑部"对"酂"、"酇"两字的解释与《说文解字》大同小异,现转引如下。

"酂"《汉地理志》:南阳郡酂,侯国。孟康曰:音赞。按:南阳县作酂,沛郡作酇。许(慎)二字画然不相乱也。在沛者,后亦作酂。

"酂",才何切,音嵯,歌韵,酇或字(酇为酂的异体字)。酇,《说文》:沛国县,萧何初封邑,或从酂。

以上是对"酂"的解释,下面是对"酇"的解释。

"酇",才何切,音醝,歌韵,沛国县,今酂县,见《说文通训定声》:今河南归德府永城县西南有故城,后汉改为酂,与南阳之酂同字异音。萧何始封酇县,不久高后又封何于酂县。①

上引《中华大字典》对"酂"、"酇"二字的解释,由于与《说文解字》及段注基本相同,故不必赘言重叙,但其观点简单明确,即认为沛郡之酇,后改为酂,是萧何的始封地。吕后时把萧何(实为萧何夫人)改封在南阳郡的酂县,这一认识与历史的真实性是相符的。

为证实萧何的初封地,我查阅了李吉甫的《元和郡县图志》,其"酂县"条云:"秦汉("汉"为衍字)旧县,②属砀郡,汉属沛郡。萧何封酂侯,即此邑也。"《元和郡县图志》为唐代历史地理名著,有很高的学术

---

① 《中华大字典》(缩印本全二册),中华书局1981年版。
② 秦汉旧县:"汉"为衍字。其原文应是:"秦旧县,属砀郡,汉属沛郡。"

价值。它对"酂县"的解释,文字虽不多,但非常明白、准确。贺次君的《校勘记》尤为重要,现转引如下:

"萧何封酂侯,即此邑也"。考证:按《汉书》萧何封酂侯,地属南阳郡,班固曰:"侯国"是也,本音赞。《御批通监辑览》:"今湖北襄阳府光化县北酂县故城,萧何所封。"又《地理志》:沛郡有酂,读嵯,《说文》作"酇"。钱坫《地理志补注》云:班固《泗水亭碑》以此作为萧何所封。又江统《徂淮赋》云:"庚酇城而倚轩,实萧公之故国。"此《志》之所本。段玉裁曰:"始封于酇,高后乃封之南阳之酂与筑阳。文帝、王莽之酂侯,皆在南阳。"①

贺次君的考证是相当客观的。他首先介绍了萧何封地南阳酂县说,然后又介绍了钱坫《地理志补注》引用的班固《泗水亭碑》和江统《徂淮赋》,用以证明沛郡酂县是萧何的初封地,并说明这就是李吉甫《元和郡县图志》的立论根据。最后又引用段玉裁的话作为结论:萧何"始对于酇,高后乃封之南阳之酂与筑阳。文帝至王莽之酂侯,皆在南阳"。以上结论与《汉书·萧何传》及《百官公卿表》所记萧何及其子孙封侯的经历基本相符:萧何于汉五年(公元前202年)被封为酂侯,食邑八千户,其封地当在沛郡酂县(河南永城市)。师古、文颖认为在南阳郡酂县,误)。惠帝二年(公元前193年)萧何逝世,追谥为文终侯,其子萧禄嗣爵。惠帝六年(公元前189年)萧禄死,无子,酂侯爵位空悬。吕后二年(公元前186年)封萧何夫人同为酂侯,封国移至南阳郡酂县,又封萧何小儿子萧延为筑阳侯,封国在湖北谷城北。可以说吕后二年是酂候封地转折点。萧何及其子萧禄时(公元前202年至公元前186年),封地是在沛郡酂县(河南永城)。前后不足十六年时间,此后萧何夫人同就被吕后改封在南阳郡酂县(湖北老河口)。文帝元年(公元前179年),文帝免去萧何夫人同的侯爵,改封其子延为酂侯,筑阳也随之合并于酂国,仍属南阳郡。此后萧何的孙辈侯爵几度中断,几度续封,但除其孙萧嘉改封为武阳侯(封国今址不详)外,其他孙辈则

---

① 《元和郡县图志》贺次君校点本,卷七,中华书局1983年版。

均继封为酇侯,直至王莽败亡,萧何后人的酇侯爵位才随之灭绝。由吕后二年,即公元前186年,到王莽地皇二年,即公元23年,断断续续前后约有二百一十年之久,酇国封地均在南阳郡,故《汉书·地理志》记载南阳郡酇为"侯国"也是有充分根据的。

通过以上的考证和论述,我们所要证实的仅仅是萧何、萧禄父子有十六年时间其封地是在沛郡酇县。但这十六年在汉初是非常重要的,是汉国初建百废待兴,是萧何忙于为汉政权制定政治制度、法律条文时期,对于证明永城为汉兴之地尤为重要。它说明萧何制定律令与永城有密切关系,萧何造律台的存在是其明证。

从《说文解字》及段注,从《元和郡县图志》及贺次君的《校勘记》所提供的资料来看,证明沛郡酇县是萧何的初封地,应该说是证据确凿,有很强的说服力。但颜师古、文颖、臣瓒等史学注释家却否认《说文解字》、《元和郡县图志》所提供的证据,而认为萧何所封的酇国,始终是在南阳郡酇国。其中以颜师古的意见最坚决,也最有代表性。

文颖是后汉著名经学家,是《汉书》最早的注释者。臣瓒是晋人,史失其姓,是《汉书》主要注释之一。但文颖和臣瓒对萧何封地酇县的注释,多属表态性的判断文字,仅说明萧何封地在南阳郡酇县,没有提供什么理由和论据。颜师古是唐初的经学家、史学家,他对《史记》、《汉书》的注释颇具权威性,但智者千虑也有一失,他对萧何封地的注释虽然也下了一些考证功夫,然而其结论却不能令人信服。下面先引师古具有代表性的注文,然后再作必要的分析和评说。

  臣瓒曰:《茂陵书》:何封国在南阳酇,音赞。师古曰:瓒说是也。而或云:何封沛郡酇,音才何反,非也。《地理志》:南阳酇县为侯国,沛郡不云侯国也。又南阳酇县者……城西有萧何庙,彼土又有筑水,水之阳古曰筑阳县,与酇侧近连接,据何本传,何薨之后,子禄无嗣,高后封何夫人同为酇侯,小子延为筑阳侯,孝文罢同,更封延为酇侯,是知何封酇国兼得筑阳,此明验也。但酇字别有鄌音,是以沛之鄌县《史记》、《汉书》作酇字,明其音同也。班固《洒(泗)水亭碑》以萧何相国所封,与何同韵,于义无爽,然其封邑实在南阳,非沛县(郡)也。且《地理志》云:王莽改沛酇曰赞治,然则沛酇亦有赞音。郦、酇相乱,无所取信也。说者又引江统《徂淮赋》以为证,此乃统之疏谬,不可考覈。①

上引注文,师古除了赞同臣瓒所说的萧何封邑在南阳外,还正面说出沛酇不是萧何的封国,并举出五点理由和根据,其一是《汉书·地理志》记载,南阳酇县是侯国,而沛郡酇县"不云侯国也",其实这是对《汉书·地理志》的误解。其二是根据南阳酇县有座萧何庙,就认为萧何封国必在南阳。因为萧何封国后来改封在南阳,时间达二百年之久,有座萧何庙何足为据,永城的萧何造律台比萧何庙更有说服力。其三是以高后封萧何夫人为酇侯,封小子萧延为筑阳侯为据,来证明萧何封地在南阳酇县而兼得筑阳,并且加强语气说"此明验也"。其实这是把萧何以后的事往前拉,强安在萧何头上,违背了实事求是的历史主义科学精神。其四是玩弄文字游戏,以酇、郦同赞音,使酇、郦相乱,又以王莽改沛郡酇县为赞治,说明沛郦亦有赞音,使酇、郦相乱,"无所取信也"。其实这是师古不信沛郡酇县而强词夺理。其五是最没有道理的,师古竟然以《汉书·地理志》不记沛郡酇县为侯国,而否定班固在《泗水亭碑》中认为萧何初封地在沛郡酇县的意见。他更以"此乃统之疏谬,不可考覈"为由,而否定江统在《徂淮赋》中的正确观点,而咬定了萧何的封国不在沛郡酇县而在南阳郡酇县。

以上介绍了关于萧何封地两派不同意见的争论,其实争论的焦点,仅在萧何初封酇侯及其子萧禄继位酇侯的十六年间,他们父子的封地究竟在何地的问题。主张沛郡酇县说者,认为这十六年萧何父子的封地在沛郡酇县,自吕后二年至王莽灭亡,萧何夫人同及其子孙的封地均在南阳郡酇县。主张南阳郡酇县说者,认为萧何初封的酇国及其子孙继承的酇国,始终都在南阳郡酇县。对于两派之争,归纳起来可以得出以下结论:主张沛郡说者,并不反对自吕后二年以后的酇国在南阳郡;主张南阳郡说者,却不承认萧何初封地在沛郡。但是,由于

---

① 此为《汉书·高祖本纪下》:"相国酇侯下诸侯王"之注文。

《说文解字》、《元和郡县图志》和班固的《泗水亭长碑》(或称《泗水亭高祖碑》《泗水亭碑》)、江统《徂淮赋》所提供的证据真实而可靠,使主张南阳郡说者无力反驳,故只能是强词夺理,用"于义无爽"、"不可考核"为遁词予以否定。但班固的《泗水亭长碑》和江统的《徂淮赋》是否定不了的。班固是东汉的著名历史学家,是《汉书》的作者,对汉代历史了如指掌,对萧何初封地的确认具有无可争辩的权威性。为了证实班固《泗水亭长碑》的可靠性,我查阅了《全后汉文》,在第二十六卷中查到了班固所作的《十八侯铭》,其中的《酂侯萧何》云:"耽耽相国,宏策不追,御国维纲,秉统枢机。文昌四友,汉有萧何。序功第一,受封于酂。"①本铭中的后四句,与《泗水亭高祖碑》文完全相同,但却增强了碑文的权威性、可靠性,说明班固至少在两篇文章中提到了萧何"受封于酂",②这一结论生在唐代的颜师古是不可能推翻的。江统是西晋的政论家和历史学家,他的《徂淮赋》现在仍保存在《全晋文》一百零六卷中,并常为学者所引用。江统所说的"戾酂城而倚轩,实萧公之故国",是有所据而云然,决非"疏谬"之语,并不像颜师古所说"不可考核",而是很容易核实的,这也是唐代学者颜师古无力推翻的结论。

用了很多笔墨来考证萧何初封酂国的所在地问题,考证后得出的结论非常简单。就是萧何初封时的酂国在沛郡酂县(今河南永城市),其后,于吕后二年,萧何夫人同及其子孙的酂国移至南阳郡酂县(今湖北老河口市)。这个考证结论虽然很简单,但它恢复了历史的真实面目。

---

① 载严可均《全上古三代秦汉三国六朝文》,中华书局1985年版。江统《徂淮赋》也载此书。

② 《酂侯萧何铭》作"受封于酂",《泗水亭长碑》作"受封于酂"。按班固为经古文学家,爱用古字,应以"受封于酂"为是,"受封于酂"乃后人所改。

关于"萧何定律"的评价

所谓"萧何定律",是指萧何制定的《九章律》,是汉政府治理社会的基本大法。但《九章律》不能涵盖所有社会领域,故叔孙通又制《旁章》十八篇,张汤定《越宫律》二十七篇,赵禹作《朝律》六篇,作为补充法。另外,还有由皇帝和各级政府下达的具有法律效应的各种"令",共同形成了汉代律令的法制体系,是汉帝国维护社会秩序的主要手段,其中以《九章律》最为重要,对后世影响也最大。

萧何的《九章律》是在《秦法经》的基础上增补而成,而《秦法经》六篇又是在李悝《法经》六篇的基础上改造而成。据《晋书·刑法志》记载,"(李)悝撰次诸国法著《法经》。以为王者之政莫急于盗、贼,故其律始于《盗》、《贼》。盗、贼须劾捕,故著《网(囚)》、《捕》二篇。其轻狡、越城、博戏、假借、不廉、淫侈、逾制以为《杂律》。又以《具律》具其加减,是所著六篇而已,然皆罪名之制也。"按"盗"是指偷盗、强盗。"贼"指伤害、杀人。"囚"指拘禁、断狱。"捕"即逮捕。"杂"包括诈骗、赌博、贪污、违反制度等各种犯罪行为。"具"是根据罪犯的表现或加刑或减刑,相当于现代的刑法总则,故曹魏改为《刑名》,列为篇首。商鞅继承了李悝的《法经》,并用来治理秦国,但商鞅并不是照搬照用,而是有所改革。首先是改六法为六律,并创立了收司连坐、告奸匿奸、私斗被刑、怠贫收孥等补助法。1975年在湖北云梦县发现的《睡虎地秦墓竹简》,其中有秦律二十七种,有的可以包括在商鞅的六律之中,有的则不在商鞅六律范围之内,可能是商鞅颁的补助法,或是商鞅之后颁布的追加法。总之,商鞅以六法治秦收到了显著的功效。《新论·随时》说:"行之三年,人富兵强,国以大治,威服诸侯。"但是,商鞅以后的秦统治者过于迷信法治,施行严刑峻法,特别是秦始皇统一六国后,被胜利冲昏了头脑,为所欲为,横征暴敛,人民陷入了苦难的深渊。刑罚苛刻,人民稍有触及,就遭到残酷的镇压。一人犯法,罪及三族,一家违法,邻里连坐,造成了如《史记·李斯列传》所说的"刑者相伴于道,而死人日成积于市"的惨状。人民忍无可忍,终于爆发了秦末农民大起义,并最终推翻了残暴的秦政权。

在反秦战争中刘邦首先率军攻入咸阳,秦王子婴投降,秦朝灭亡。刘邦军进入咸阳后,诸将皆争夺金帛财物,惟独萧何"收丞相、御史律令图书藏之"。对于萧何此举的作用,史书多强调刘邦因此得知"天下阨塞,户口多少,强弱之处,民所疾苦者",其实还有一个重要作用,就是为萧何定律准备了必要的条件。

在刘邦集团中,知道重视法制建设的唯有萧何。刘邦入关后,在萧何的帮助下制定了"约法三章":"杀人者死。伤人及盗抵罪。"得到了人民的拥护,对稳定当时的混乱局势起到了重要作用。但"约法三章"是临时性的"约法",不可能保证汉政权的长治久安。有鉴于此,萧何就在楚汉战争时,利用留守关中的机会,"侍太子治栎阳,为法令约束",这可以说是萧何定律的准备工作。刘邦灭项羽,国家重新统一。萧何为适应国家长期法制建设的需要,于是"捃摭秦法,取其宜于时者,作律九章"。《晋书·刑法志》说:"汉承秦制,萧何定律,除参夷连坐之法,增部主见知之条,益事律《兴》、《厩》、《户》三篇,合为九篇。"这段话的中心意思是说:萧何定律是在秦六律的基础上,增加《兴》、《厩》、《户》三律,形成汉的《九章律》。这就是保证社会稳定,使各项事业走上正常的基本大法。尽管在汉武帝及其以后又颁布了很多新的律令,但多数属于补助法,或只适用于某种情况下的特定法,《九章律》基本大法的地位和作用,直到东汉也没有改变。

以上是讲萧何的《九章律》通用于西汉东汉四百余年,对两汉的社会稳定,政治、经济、文化的正常发展起到了保障作用。不仅如此,从中国法制史的角度讲,萧何定律还起到了承上启下的重要作用。所谓"承上",即上承李悝的《法经》和《秦六经》;所谓"启下",就是下启魏晋南北朝隋唐的法制建设,对中国律令法制体系的形成和发展,具有不可或缺的中间环节的重要地位和作用。

在中国历史上,每个朝代新政权的建立,都要进行法制建设和改革,魏晋南北朝隋唐当然也不例外。如曹魏篡汉后,就命陈群、刘劭等"旁采汉律,定为魏法,制新律十八篇"。据《晋书·刑法志》记载,继曹魏之后的西晋政权也进行了法制改革,"就汉九章,增十一篇",合为二十篇。东晋沿用西晋律制,没有什么变动。其后刘宋、萧齐王朝,除了颁布过一些补助律令外,没有什么大的举措。至梁朝,武帝萧衍曾"命沈约、范云定律二十篇"。在陈朝,武帝陈霸先命范泉"参定律令","制律三十卷,令律四十卷","自余篇目纲,轻重繁简,一用梁法",说明陈律基本沿用梁律,两者区别不大。在北方,北魏、北齐、北周都有法制建设。北魏以落后的鲜卑族入主中原,经过从无律到有律的过程,孝文帝以前法多而刑重。孝文改制,留心刑法,力主宽刑,然不见具体的完整的律制建设。但《魏书·刑法志》记有《盗律》、《贼律》、《法例律》、《赦律》、《斗律》等律名,并依律断狱,说明北魏已经建立起一套法律制度。北周"定大律凡二十五篇",北齐"建新律十二篇",说明北方政权的法制建设也没有中断。隋统一全国后,对法制建设尤为重视,先后三次颁布律法。杨坚建隋之初,颁律十篇,"多采后齐之制,颇有损益",很显然这是过渡性措施。不久就命苏威、牛弘制定新律十二篇,"自是刑网简要,疏而不失"。至大业三年又定新律十八篇,总的精神是刑罚"并轻于旧"。由此可知,自秦汉至隋的法制建设和改革,都是以萧何《九章律》为基础进行的,故《旧唐书·刑法志》说:"自汉迄隋,世有损益。"这就充分说明萧何《九章律》在中国法制发展史中承前启后的重要作用。在唐代,《律》、《令》、《格》、《式》的新法制已经形成,中国的律令体系已进入发达的新阶段。尽管如此,在唐律中仍保留了《九章律》的主要内容。然而《九章律》的影响不延及隋唐以后。宋代学者王应麟的《汉制考》,汉律就是其主要内容之一。在清末康有为变法前后,也曾一度掀起汉律研究热潮,如杜贵墀的《汉律辑证》、程树德的《汉律考》、沈家本的《汉律摭遗》等汉律研究专著。都是这次热潮中的产物。清末汉律研究热潮的出现,一方面说明汉律,主要是《九章律》,在中国法制史中的重要地位和作用,另一方面也是为清末变法制造舆论氛围。在方兴未艾的两汉文化研究中,对以萧何《九章律》为代表的汉代法律文化,确实不应忽视,有予以重视的必要。

两汉屯田制研究

一、西汉屯田

1. 屯田制的缘起

屯田制是西汉时出现的新制度,也是一种新的农业生产方式。它是由秦的更戍制、汉初的"募民实边"及北方的假田制演化、发展而来的。秦时,北方的匈奴族经常侵扰边境,故政府派更卒戍边,一岁一更。汉初依秦制,"循而未改"。更戍制最大的缺点是戍卒戍边一年一换,还没有掌握匈奴兵的活动情况和活动规律就调换了,很难应对、反击匈奴的侵袭。在此情况下,晁错向汉文帝提出了"募民实边"的建议:

> 陛下幸忧边境,遣将吏发卒以治塞,甚大惠也。然令远方之卒,守塞一岁而更,不知胡人之能,不如选长居者,家室田作,且以备之,以便为之高城深堑,具蔺石,布渠答,复为一城,其内城间百五十步,要害之处,通川之道,调立城邑,毋下千家,为中周虎落。先为室屋,具田器,乃募罪人及免奴复作令居之,不足,募以丁奴婢赎罪及输奴婢欲以拜爵者,不足,乃募民之欲往者,皆赐高爵复

其家,予冬夏衣廪食,能自给而止①。

晁错建议募民实边的条件相当优厚,不论是罪人、免徒复作、奴隶和贫民,都让他们建立城邑及发给防卫器具,提供房屋、土地,供应冬夏衣服和粮食,不收租税,直到能自给而止,目的是让他们边生产边防守边疆。为了便于管理及发挥对敌作战能力,晁错还建议在实边民众中建立伍、里、连、邑组织,还要教以应敌射击等军事知识,使实边民众"夜战声相知,则足以相救,昼战目相见,则足以相识"②。这实际与中国古代"寓兵于农"政策很相似。文帝接受晁错的建议,开始召募罪徒、奴隶及贫民实边,实际也是汉代边境屯田的滥觞,只是当时还没有屯田这一名称。但是以后在北方边境出现的北假田官,就是晁错募民实边的延续,以后就发展成为边境屯田。

其实不仅更戍制始于秦代,就是募民实边也始于秦代。如秦始皇三十二年(公元前 215 年),命将军蒙恬攻取河南地,"因河为塞,筑四十四县城临河,徙適(谪)戍以充之"③。"適戍"就是犯罪而被遣送至边疆戍边的人。河南地在今内蒙古河套地区,因是秦新占领的地区,故当时称"新秦",或称"新秦中"④。但秦时徙罪徒于河南地实边,并没有像晁错考虑得那么周全,没有建立寓兵于农的组织,故秦末天下大乱,那些实边的罪徒都散归故里了,因此至汉文帝时又再次募民实边。实边的地区就在河套附近。按晁错的建议,在实边民众能自给之后,政府就要收租税了,于是就出现了北假田官的问题。《汉书·元帝纪》注引李斐曰:"主假赁见官田与民,收其假税也,故置田农之官。"北假在什么地方?《汉书补注》引齐召南曰:"按《河水注》云:自高阙以

---

① 缩印百衲本《汉书·晁错传》,商务印书馆 1958 年版,第 620~621、622 页。

② 缩印百衲本《汉书·晁错传》,商务印书馆 1958 年版,第 620~621、622 页。

③ 《汉书·匈奴传》,第 110 页。

④ 新秦中在今内蒙古河套以南、宁夏清水河流域、甘肃环县、陕西吴旗县一带。见魏嵩山《中国历史地名大辞典》,广东教育出版社 1995 年版,第 1195 页。

东,夹山带河,阳山以西,皆曰北假也。"高阙在今内蒙古杭锦后旗东北,阳山在河套以南,也就是说北假地区完全涵盖了河南地(新秦)区域,所谓在北假置田官,也就是在河南地置田官。那么北假田官是什么时候开始设置的呢?《汉书·王莽传》说:"五原、北假,膏壤殖谷,异时常置田官。""异时"应指汉武帝元朔二年(公元前127年)以后。因为在文帝及景帝前期,汉与匈奴尚维持和亲关系,武帝即位,财富有余,士马强盛,再也不能忍受屈辱的和亲政策了,于是就发动了规模浩大的反击匈奴战争。元朔二年春,派卫青、李息出云中北伐匈奴,收复河南地,置朔方、五原郡(今内蒙古包头市西北),"夏募民徙朔方十万口"①。这就是说,汉政府已把原河南地的屯戍地纳入郡县编制,此后,并置田官进行管理,但其生产、守边任务并没改变。元狩三年(公元前120年)冬,"徙贫民于关以西及充朔方以南秦中,七十余万口,衣食皆仰给县官,数岁假予产业"②。太始元年(公元前96年),又在"上郡、朔方、西河、河西开田官斥塞卒六十万戍田之"③。这些史料说明,汉在河南地的屯戍区不断扩大,人数超过百万,而且派田官来管理。田官的任务,是把官田租赁给戍边民众,然后收取租税。这样,政府与戍边民众就产生了租佃关系,从汉政府把原河南地称为北假来分析,汉政府在北部边区也实行了假田制,但比内地假田制多了一项戍边任务。汉武帝以后,除徙贫民至北方屯戍外,也派戍卒至北方戍边,北方的假田区就变成屯田区。《汉书·王莽传》中就明言"发戍卒屯田北假,以助军粮"。北假也就成为汉在北方乃至全国最大的屯田区。以后汉政府北伐匈奴,往往就从北假、高阙出发④,北假又成为汉在北方的军事基地。但汉在北边的屯田由于王莽对匈奴的无端挑衅而遭到

---

① 《汉书·武帝纪》,第58页。
② 《资治通鉴》卷十九,武帝元狩三年,中华书局1992年版,第635~636页。
③ 《汉书·食货志》,第264页。
④ 《汉书·武帝纪》:"(元朔)五年春,大将军卫青将六将军,兵十余万人,出朔方、高阙,获首虏万五千级。"第58页。

破坏,史称"北边自宣帝以来,数世不见烟火之警,人民炽盛,牛马布野,及王莽挠乱匈奴,与之构难,边民死亡系获,数年之间,北边空虚,野有暴骨矣"①,屯田区也随之而废除。

2. 西汉在西域的屯田

汉通西域,最初目的是为切断匈奴的右臂,因匈奴曾设置僮仆校尉控制西域,对汉构成极大威胁。在打通西域的过程中,要为军队供应粮草,还要保护商路,监护西域各国的动向,为此必须在西域驻军,并大规模实行屯田。汉在西域屯田,从其发展历程来看,可分两个历史阶段。

第一阶段是汉武帝时期。汉武帝即位后,经过卫青、霍去病几次大的打击,匈奴势力渐趋衰弱,至元狩二年(公元前121年),浑邪王降汉,汉置五属国安置浑邪王部众,匈奴势力向西方转移,"漠南无王庭",汉的军力也向西方发展。汉遂在令居以西置酒泉郡,"稍发徙民以充实之"②。以后又由酒泉郡分出武威郡,再从酒泉、武威二郡分出敦煌、张掖二郡,这就是所谓"河西四郡"。河西四郡的设置目的有二:一是为向西域进军建立基地;二是割断羌族与匈奴的联系。可以说这两个目的都达到了,而汉之屯田也向西域和羌族地区展开了。

汉武帝时,"自贰师将军伐大宛之后,西域震惧,多遣使者来贡献,汉使西域者益得职,于是自敦煌西至盐泽(今新疆罗布泊),往往起亭,而轮台(今新疆轮台县西)、渠犁(今新疆尉犁县西)皆有屯田卒数百人,置使者校尉领护,以给使外国者",师古曰:"收其所种五谷以供之。"③这是通西域路线上的屯田,目的是"以给使外国者",其实汉在西域大规模屯田,主要是解决驻军军粮问题,有时还要参与军事行动。对此不仅《史记》、《汉书》有所记载,而且《水经注》也有所涉及:

枝河又东径莎车国(今新疆莎车县)南,治莎车城,西南去蒲

---

① 《资治通鉴》卷二七,王莽始建国三年,第1193页。
② 《资治通鉴》卷二〇,武帝元鼎二年,第658页。
③ 《汉书·西域传上》,第1156页。

犁(今新疆莎车县西南)七百四十里,汉武帝开西域,屯田于此,有铁山,出青玉。

川水又东南流,径于轮台(今新疆轮台县东)之东也。昔汉武帝初通西域,置校尉屯田于此,搜粟都尉桑弘羊奏言,故轮台以东,地广饶水草,可溉田五千顷以上,其处温和,田美,可益通沟渠,种五谷,收获与中国同。

其水又东南流,右会西川枝水。水有二源,俱受西川,东流径龟兹(今新疆库车县东郊)城南,合为一水,水间有故城,盖屯校所守也。

东川水又东南径乌垒国南,治乌垒城(今新疆轮台东北),西去龟兹三百五十里,东去玉门、阳关二千七百三十八里,与渠犁田官相近,土地肥沃,于西域为中,故都护治焉。

敦薨之水,自西海径尉犁国,国治尉犁城(今新疆焉耆西南紫泥泉),西去都护治所三百里,北去焉耆百里。其水又西出沙山铁关谷,又西南流径连城别注,裂以为田。桑弘羊曰臣愚以为连城以西可遣屯田,以威西国,即此处也。

西有大河即斯水也。又东南流径渠犁国,治渠犁城,西北去乌垒三百三十里,汉武帝通西域,屯渠犁,即此处也。

河水又东径楼兰城(今新疆尉犁县东罗布泊西北孔雀河北岸)南而东注,盖发田士所屯,故城禅国名耳[①]。

仅据《水经注》记载,汉武帝就在西域建立七个屯田区,据上述引文,依次为西汉在莎车的屯田区、西域轮台屯田区、龟兹屯田区、乌垒屯田区、连城(今地待考)屯田区、渠犁屯田区、楼兰屯田区,这是西汉屯田事业大发展时期。这一发展到武帝晚年曾一度收缩,其原因是由于武帝长期进行对外战争,"海内虚耗",人民因不堪重负,已出现小规模暴动。征和四年(公元前89年)桑弘羊建议扩大在轮台屯田。他

---

① 以上七段引文分别见国学丛书本《水经注·河水二》,中华书局1958年版,第21～23页。

说:"故轮台以东捷枝、渠犁皆故国,地广饶水草,有溉田五千顷以上,处温和田美,可益通沟渠,种五谷与中国同……臣愚以为可遣屯田卒,诣故轮台以东,置校尉三人分护……田一岁有积谷,募民壮健有累重敢徙者,诣田所,就畜积为本业,益垦溉田,稍筑列亭,连城而西,以威西国,辅乌孙为便。"桑弘羊的建议有理有据,只是时机不对,故没被武帝采纳,反而下了《罢轮台屯田诏》,表示"深陈既往之悔","当今务在禁苛暴,止擅赋,力本农,修马复令,以补缺,毋乏武备而已",还表示"由是不复出军"①。武帝《罢轮台屯田诏》是战略性的后退,归纳起来可有四点积极意义:其一,解决了由对外战争引起的各种社会矛盾;其二,禁止暴政,不再乱收赋税,积极发展农业生产,这是人民向往已久的政策,深得民心;其三,修复养马免除徭役赋税的政令,以补救战马的损失,不要荒废战备,为以后重建骑兵创造条件;其四,罢轮台屯田并不是罢西域所有屯田,至少由令居到盐泽的屯田仍然保留,给昭宣时期在西域继续屯田留了后路。由此可见,汉武帝在轮台的暂时后退,为昭宣二帝以后的前进创造了有利的条件。

  第二阶段是昭宣时期在西域的屯田。武帝逝世后昭帝即位,大将军霍光辅政,轻徭薄赋,与民休息,社会经济又得到恢复和发展,于是对外也由守势转为攻势,屯田问题又提到日程上来了。首先在西河、张掖开始屯田。后元二年(公元前87年)冬"匈奴入朔方,杀略吏民,发军屯西河"②。昭帝始元二年(公元前85年)冬,"发习战射士诣朔方,调故吏将屯田张掖郡"③。以上两条资料是昭帝在西域开展屯田的前奏。

  昭帝元凤元年(公元前80年),匈奴发左、右部二万骑入侵汉边,汉军反击,斩获九千人,生得瓯脱王,"发人民屯瓯脱"④。这是昭帝新

---

  ① 《汉书·西域传下》,第1171~1172页。
  ② 《汉书·昭帝纪》,第70页。
  ③ 《汉书·昭帝纪》,第71页。
  ④ 《资治通鉴》卷二三,昭帝元凤元年,第766页。

开辟的瓯脱(今地待考)屯田区。

昭帝元凤四年(公元前77年),大将军霍光根据桑弘羊以前屯田轮台的建议,"以赖丹为校尉,将军田轮台"①,恢复在轮台的屯田。以后赖丹虽被龟兹所杀,但龟兹人反对的是赖丹,并非反对轮台屯田。

西域楼兰王依靠匈奴反汉,元凤四年六月,大将军霍光派平乐监傅介子至楼兰,刺杀楼兰王,立尉屠耆为王,改其国名为鄯善。尉屠耆怕匈奴报复,提出请求说:"国中有伊循城,其地肥美,愿汉遣一将屯田积谷,令臣得依威重。"汉接受了他的建议,"遣司马一人,吏士四十人,田伊循以填(镇)抚之"②。伊循屯田开始时规模较小,以后更设都尉,规模扩大,《汉书·匈奴传》称"伊循官置,始此矣"。这说明昭帝在伊循(今新疆若羌县东北米兰城)又开辟一个屯田区。

宣帝地节三年(公元前67年),侍郎郑吉与校尉司马憙将免刑罪徒在渠犁屯田、积谷,时车师与匈奴联姻反汉。郑吉与司马憙乃发城郭诸国兵万余,与所谓田士千五百人,共击车师,破之。车师王请降,"郑吉始使吏卒三百人往田车师地以实之"③。汉又把屯田区扩大至车师(今新疆吐鲁番市西北雅尔湖附近)。匈奴认为车师地肥美,近匈奴,使汉得之,多田积谷,必害国人,不可不争,于是发兵反击。郑吉将渠犁田卒七千余人救之,为匈奴所围。郑吉向汉政府求援,时汉政府内部不稳,没能出兵。郑吉遂徙车师国民使居渠犁,把车师故地让与匈奴。此后郑吉改任卫司马,使护鄯善以西南道,说明此时匈奴在西域势力尚很强盛,所以汉采取了守势。此后匈奴内讧,五单于争立,势力衰落,汉乘势加强对西域的控制。宣帝神爵二年(公元前60年),命郑吉为首任西域都护,治乌垒城,增加保护北道的任务,匈奴在西域设

---

① 《资治通鉴》卷二三,昭帝元凤四年,第771页。
② 《资治通鉴》卷二三,昭帝元凤四年,第773页。"遣一将",《汉书·西域传上》作"遣二将"。
③ 《资治通鉴》卷二五,第816页。

置的僮仆校尉被废除,从此"匈奴益弱,不敢争西域"①。于是郑吉将车师屯田移至北胥鞬(今新疆莎车附近),地近莎车,与渠犁官田也很近,土地肥沃,适于农耕,遂成为汉在西域的政治、经济中心,从此屯田校尉也隶属西域都护。元帝初元元年(公元前48年),置戊己校尉,并恢复在车师前王庭的屯田,此后汉在西域的屯田成平稳发展状态。但至王莽建立新朝后,"西域诸国以莽积失恩信,焉耆先叛,杀都护但钦,西域遂瓦解"②。至此,汉朝在北边、在西域的屯田全部遭到破坏。

3. 为防羌乱的河湟屯田

羌族自古居住在甘肃、青海一带,在西汉设立河西四郡之前,匈奴常与羌族联合抗汉。河西四郡建立后,切断了匈奴与羌族的联系,汉并设置护羌校尉统领羌族,羌族多退至湟中(今青海湟水西岸),以避免接受汉政权的统治,有时还要发动武力反抗。宣帝元康四年(公元前62年),以先零羌为首的羌人起兵围攻金城,宣帝遂派后将军赵充国率军六万平定羌乱。羌人看到汉军强盛,就退入山谷,并不断偷袭骚扰。赵充国知道平定羌乱很难速战速决,故主张屯田养兵以逸待劳,"遂上屯田奏曰:'臣所将吏士、马牛食所用粮谷、荄藁,调度甚广,难久不解,徭役不息,恐生他变……计度临羌东至浩亹,羌虏故田及公田,民所未垦,可二千顷以上,其间邮亭多败坏者。臣前部士人山,伐林木六万余枚,在水次。臣愿罢骑兵,留步兵万二百八十一人,分屯要害处,冰解漕下,缮乡亭,浚沟渠,治湟狭以西道桥七十所,令可至鲜水左右。田事出,赋人三十亩(一作二十亩);至四月草生,发郡骑及属国胡骑各千,就草为田者游兵,以充入金城郡,益积畜,省大费。'"③赵充国对屯田的考虑相当周密具体,首先是罢骑兵,留步兵万二百八十一人屯田,每人要分配三十亩土地,并派骑兵流动保护屯田,这样可以增加粮草积畜,节省费用。汉宣帝批准屯田计划,又追问什么时候才能

---

① 《资治通鉴》卷二六,第859~860页。
② 《资治通鉴》卷三七,王莽始建国五年,第1200页。
③ 此据《资治通鉴》卷二六,第851页。比《汉书·赵充国传》略有删节。

消灭羌患。赵充国感到宣帝对屯田效果还是有疑虑,故又上《屯田十二便》奏议,以稳定宣帝对屯田的信心:

> 步兵九校吏士万人留屯,以为武备。因田致谷,威德并行,一也;又因排折羌虏,令不得归肥饶之地,贫破其众,以成羌虏相畔之渐,二也;居民得并田作,不失农业,三也;军马一月之食,度支田士一岁,罢骑兵以省大费,四也;至春,省甲士卒,循河、湟漕谷至临羌,以示羌虏,扬威武,传世折冲之具,五也;以闲暇时,下先所伐材,缮治邮亭,充入金城,六也;兵出,乘危缴幸,不出,令反畔之虏,窜于风寒之地,离霜露、疾疫、瘴饐之患,坐得必胜之道,七也;无经阻远追,死伤之害,八也;内不损威武之重,外不令虏得乘间之势,九也;又亡惊动河南大开使生它变之忧,十也;治湟狭中道桥,令可至鲜水以制西域,伸威千里,从枕席上过师,十一也;大费既省,徭役豫息,以戒不虞,十二也。留屯田得十二便,出兵失十二利,唯明诏采择①。

赵充国的《屯田十二便》充分总结了屯田的有利之处,得到宣帝及大臣的充分肯定,河湟屯田被确定下来。由于赵充国河湟屯田的明显功效,在西汉使羌患并没出现不可收拾的局面。

元帝永光二年(公元前42年)七月,陇西羌乡姐旁种反,右将军冯奉世率六万大军前去镇压,大败羌人,斩首数千,余皆出塞,汉政府"颇留屯田,备要害处"②。这是汉的陇西屯田。

综上所述,西汉曾在河南地、北假施行屯田以防匈奴,是以民屯为主,后也有士卒参加,规模巨大,前后屯田军、民百万以上。在西域则有屯田区十多处,以开发西域,防止匈奴的侵扰,主要是军屯,也有民屯;除从事农业生产外,也参加军事行动。在河湟地区也有大规模屯田,以防羌族变乱。还有前文中未曾提到的辽东屯田。元凤五年(公元前76年),时乌桓兴起于辽东,经常骚扰汉的边境。汉于该年六月,

---

① 《资治通鉴》,第852~853页。《汉书·赵充国传》与此大同小异。
② 《汉书·冯奉世传》,第958页。

"发三辅及郡国恶少,吏有告劾亡者,屯辽东"①,即在辽东也开辟一个屯田区。以上情况说明,西汉时期已积累了丰富的屯田经验,效果显著。但至西汉末,由于王莽乱政,挑动边衅,各地屯田相继瓦解,唯有居延和敦煌屯田延续下来,直到东汉仍是重要屯田区。

二、东汉屯田

1. 内地屯田

西汉屯田多在边境,内地并没有屯田。东汉的屯田却首先是在内地展开的,这与当时的社会背景有绝对关系。东汉政权是在王莽末年农民大起义及以后的群雄割据战争中逐渐成长壮大起来的,连年不断的战争导致人口大量死亡,社会经济遭到严重破坏,政府靠税收不可能供养大量军队。所以有识之士早已看出靠屯田才能解决军队粮饷问题,以减轻人民负担,使之各安其业。如更始二年(24年),鲍永奉命行大将军事安集北方。冯衍曾向鲍永建议:"将军所仗,必须良材,宜改易非任,更选贤能……然后简精锐之卒,发屯守之士,三军既整,甲兵已具,相其土地之饶,观其水泉之利,制屯田之术,习战射之教,则威风远畅,人安其业矣。"②冯衍建议的核心就是军事屯田,但鲍永并未采纳。而刘秀深知屯田的重要性,故在建立政权之初,尽管战事非常频繁,仍然让他的军队施行屯田。

刘秀的军事屯田是从建武四年(28年)开始的。是年任命刘隆为诛虏将军讨伐董宪,董宪平定后,"遣隆屯田武当"③。武当在今湖北,是刘秀的大后方,通过屯田可以稳定后方局势。

建武五年(29年),刘秀又命张纯在南阳屯田。时张纯任太中大

---

① 《汉书·昭帝纪》,第74页。
② 吴树平:《东观汉记校注·冯衍传》,中州古籍出版社1987年版,第539页。
③ 缩印百衲本《后汉书·刘隆传》,商务印书馆1958年版,第338页。

夫,受命"将颍川突骑安辑荆、徐、扬部,督委输,监诸将营,后又将兵屯田南阳"①。南阳是刘秀龙兴之地,张纯在南阳屯田,具有稳定基地的战略意义。

同年,马援离开隗嚣投奔刘秀,并带来很多宾客,无力豢养。他看到"三辅地旷土沃,而所将宾客猥多,乃上书求屯田上林苑中,帝许之"②。马援在上林苑屯田,并不属于军屯,但马援的宾客是马援的追随者,具有准军事性质。他们的屯田可以粮饷自给,节省政府的一项巨大开支。

建武六年(30年),刘秀命讨虏将军王霸"屯田新安,八年屯田函谷关"③。新安在洛阳之西,函谷关也在新安境内。函谷关屯田实际是新安屯田的扩大。在新安、函谷关建立屯田区,对保卫首都安全,保证农产品的供应都有很大作用,这是具有战略意义的措施。

建武六年夏,刘秀的亲信李通"领破虏将军侯进、捕虏将军王霸等十营,击汉中贼,公孙述遣兵赴救,通等与战于西城,破之,还屯顺阳"④。顺阳在今河南淅川县,距南阳很近,有山有水,土地肥沃,是驻军屯田的好地方。这对保卫南阳、洛阳,为南都、首都提供物资供应较为便利。这是刘秀所采取的又一重要战略措施。

经过几年的屯田,东汉财政状况有所改善,农业生产也有所恢复和发展,因此东汉政府于建武六年十二月癸巳诏书中宣布恢复"三十税一"的旧制:"顷者师旅未解,用度不足,故行什一之税,今军士屯田,粮储差积,其令郡国收见田租三十税一,如旧制。"⑤从癸巳诏书来看,是突出了军屯的效果,但司马光在《资治通鉴》中引用癸巳诏书时,却删去了"今军士屯田"五个字⑥。大概司马光是不相信仅二三年的屯

---

① 《后汉书·张纯传》,第523页。
② 《后汉书·马援传》,第362页。
③ 《后汉书·王霸传》,第318页。
④ 《后汉书·李通传》,第248页。
⑤ 《后汉书·光武帝纪下》,第36页。
⑥ 《资治通鉴》卷四二,第1347页。

田就能收到"粮储差积"的效果。司马光的考虑是有道理的,但也不能说癸巳诏书言之无据,它只是夸大了屯田的作用,而忽略其他方面的积极因素。

2. 北边屯田

东汉北边屯田,其目的也是为防备匈奴入侵,但其地域范围则有变化。西汉在北边的屯田,基本是以河南地、北假、朔方(此三地范围互有交差)一带为主。东汉初年,由于内乱未平,故对匈奴采取退让政策,先后裁撤朔方、定襄、五原等北边诸郡,北方屯田区逐步内移。建武七年(31年),命杜茂"引兵北屯田晋阳(今山西太原市)、广武(今山西代县),以备胡寇"①。这是东汉最早的北方屯田。以后随着国力增强,东汉在北方屯田也逐渐增加,屯田区也逐渐北移。建武九年(33年)"令朱祐屯常山(今河北元氏县),王常屯涿郡(今河北涿县),侯进屯渔阳(今北京密云县),玺书拜霸上谷(今河北怀来县)太守,领屯兵如故"②。

建武九年,命朱祐"屯南行唐(今河北行唐县),拒匈奴"③。

建武十三年(37年),命马武"将兵屯下曲阳(今河北晋县西),拒匈奴"④。

建武十三年,"是时卢芳与匈奴、乌桓连兵寇盗,尤数缘边愁苦,诏霸将弛刑徒六千余人,与杜茂治飞狐道(在今河北蔚县、涞源县界),堆石布土筑起亭障,自代至平城三百余里,凡与匈奴、乌桓大小数十百战,颇识边事"⑤。这是东汉在北方构筑的最坚固的防线,文中虽然未提屯田事,但筑起亭障,而六千余弛刑徒,必然要留下来屯田,并与汉军共同抗击匈奴、乌桓,直到南匈奴降汉后,北边才得到安宁。

---

① 《后汉书·杜茂传》,第336页。
② 《后汉书·王霸传》,第318页。
③ 《后汉书·朱祐传》,第334页。
④ 《后汉书·马武传》,第341页。又《后汉书·光武帝纪下》记建武十三年二月"遣捕虏将军马武屯滹沱河,以备匈奴",与《马武传》所记是一回事。
⑤ 《后汉书·王霸传》,第320页。

建武十四年(38年),命马成"屯常山(今河北元氏县)、中山(今河北定县),以备北边"。①

以上所举几条例证,都是说遣某某屯某地。按说"屯"字并非专指屯田,军队驻扎也可以称屯。但从李恂在章帝时出使幽州后的奏折来分析,上述所引的"屯",所指却是屯田。

李恂"后拜侍御吏,持节使幽州(治所在今北京),宣布恩泽,慰抚北狄,所过皆图写山川,屯田聚落百余卷,悉封奏上,肃宗嘉之"②。

李恂出使幽州的路线,应该是出洛阳,过黄河,走河内、魏郡到幽州。这条路线正好经过常山、中山、行唐、涿郡、渔阳、下曲阳等地。李恂所记的"屯田聚落",也应指王常、马武等的屯田组织。这说明东汉的北方屯田区域也很广,聚点也很多,在防备匈奴侵扰方面也起到很大作用。

3. 西域屯田

东汉在西域的屯田,基本是走西汉的老路,也是配合军事行动的需要开展屯田。但东汉对西域的经营,远不如西汉积极。刘秀时,"以天下初定,未遑外事"③为由,不肯派西域都护。到明帝时,匈奴胁迫西域诸国攻掠河西郡县,永平十六年(73年),明帝派窦固、耿忠北征匈奴,"取伊吾卢地(今新疆哈密市),置宜禾都尉,以屯田"④。这是自王莽乱政,中原与西域断绝关系65年之后,第一次与西域复通。明年,东汉政府在西域设置都护和戊己校尉,管理西域的机构也得到恢复。永平十八年(75年),明帝逝世,焉耆、龟兹攻杀都护陈睦,匈奴、车师围攻戊己校尉,新即位的章帝,"不欲疲敝中国以事夷狄,乃迎还戊己校尉,不复遣都护。(建初)二年,复罢屯田伊吾"⑤。当东汉政府撤退戊己校尉,放弃伊吾屯田的时候,班超并没有回国。他以"不入虎穴,焉得虎子"的精神,依靠西域疏勒、于阗诸国亲汉力量,先后击败焉耆、龟

---

① 《后汉书·马成传》,第338页。
② 《后汉书·李恂传》,第748页。
③④⑤ 《后汉书·西域传》,第1308页。

兹、姑墨等国。但此时班超仍然觉得势力单薄,遂上书章帝请求支援。章帝遂于建初五年(80年)以徐干为假司马,"将弛刑及义从千人,就超"①。徐干所带领的人数并不多,而且还不是正规军队,但这对班超也是极大的鼓舞,在西域的活动更加积极,西域诸国先后降服,并打退月氏的入侵。和帝永元三年(91年)十二月,任命班超为西域都护,复置戊己校尉,在伊吾、柳中(今新疆鄯善县西南鲁克沁)的屯田也得恢复。此后直到永元十四年(102年)班超回洛阳,西域虽有小的摩擦,总的形势是稳定的。但自任尚接任西域都护后,他放弃了班超"宽小过,总大纲"的宽松政策②,处处苛察,引起西域诸国的不满,遂皆背叛,并多次围攻西域都护。朝廷"以为西域阻远,数有背叛,吏士屯田其费无已,永初元年遂罢都护"③。史称西域二绝。同时伊吾卢和柳中的屯田吏士也全部撤退。

东汉政府从西域撤退后,北匈奴在西域遂又得势,并联合车师扰乱汉的边境。此时汉政府正在讨论保护西域的利弊问题,班超之子班勇力排众议,坚决主张保护西域。延光二年(123年),任班勇为西域长史,"将兵五百人,出屯柳中"④。西域又通。班勇在西域屡败匈奴,于是车师六国悉平。班勇后与敦煌太守张朗相约攻焉耆元孟时,他因后至被下狱免职。班勇离开西域后,汉政府在西域节节后退,西域屯田也随之放弃。

东汉在西域的屯田,是与汉对西域的"三绝三通"相并行的,凡"通"时,屯田即恢复;凡"绝"时,屯田即放弃。另外,从东汉有关屯田资料来看,好像东汉只在伊吾卢、柳中屯过田,其他地方并无屯田,其实不然。如班超在考察莎车、疏勒时就说过:"臣见莎车、疏勒,田地肥

---

① 《后汉书·班超传》,第696页。
② 《后汉书·班超传》,第702页。
③ 《后汉书·班超传》,第705页。
④ 《后汉书·班超传》附《班勇传》,第705页。

广，草木饶衍，不比敦煌、鄯善间也。兵可不费中国，而粮食自足。"①班超在西域任都护十七年，不在莎车、疏勒屯田是不可能的。另外，西汉在西域开垦的屯田遗址，东汉也有可能予以利用，但史无明文记载，不敢妄自推断。不过，从总的形势来看，东汉在西域的屯田，远逊于西汉，这是可以肯定的。

4. 湟陇屯田

东汉的湟陇屯田，也是为应对羌变而展开的，它虽不如西汉赵充国湟河屯田的效果好，但也发挥了一定的作用。

东汉的羌族暴动，主要以烧当羌为主。章帝元和三年（86年），烧当羌与诸种羌人叛乱，攻击陇西郡界，被陇西太守张纡所镇压，烧当羌退守归义城（今青海西宁市西南）。永元元年（89年），烧当羌欲归故地，护羌校尉邓训发湟中（今青海湟水两岸一带）六千兵掩击，羌人大败，损失惨重，余众西徙千余里。邓训撤兵，"唯置弛刑徒二千余人，分以屯田，修理坞壁而已"②。这是东汉在湟陇地区最早的屯田。永元四年（92年）十月，护羌校尉邓训病故，聂尚继任，欲召烧当羌回归大、小榆谷（今青海贵德县东黄河南岸一带），烧当羌遂反，围攻金城塞。聂尚因挑起羌变而被免官，贯友继任，发兵反击，烧当羌战败远徙。但此后几年，烧当羌不断起兵攻击陇西、湟中，均被汉军打败，部分羌人降汉，于是大臣曹凤建议复置西海郡（今青海海晏县），并说"大、小榆谷，土地肥美，有西海鱼盐之利……广设屯田，隔塞羌、胡交关之路，遏绝狂狡窥欲之源，又殖谷富边，省委输之役，国家可以无西方之忧"。和帝接受了曹凤的建议，并任命曹凤为金城西部都尉，驻屯龙耆（今青海海晏县）。曹凤到任后，"增广屯田，列屯夹河，合三十四部"③。这是一次大规模屯田，效果也很好，但到永和羌变时，西海屯田被迫放弃。

---

① 《后汉书·班超传》，第696页。
② 《资治通鉴》卷四七，第1519页。
③ 《资治通鉴》卷四八，第1552～1553页。

永初四年(110年),先零羌攻褒中(今陕西汉中市西北),大败汉军,死者三千余人。汉政府为避羌人锋芒,下令内徙金城郡于襄武(今甘肃陇县东南)。明年,先零羌又攻河东、河内,安帝下诏"魏郡、赵国、常山、中山,缮作坞候六百一十所"①,以备羌人攻击。在强迫各郡人民内迁时,"百姓恋土,不乐去旧",东汉政府遂采取野蛮手段,"刈其禾稼,发彻室屋,夷营壁,破积聚"②,引起汉人的反对,遂与羌人联合起来反汉。汉遂派护羌校尉侯霸、骑都尉马贤率军镇压,又"遣兵屯河内通谷冲要三十六所,皆作坞壁,设鸣鼓,以备羌寇"③。汉后来以名将马贤为护羌校尉,以能臣虞诩为武都太守,多次大败羌人。虞诩"乃占相地势,筑营壁百八十所,招还流亡,假赈贫人,郡遂以安"④。虞诩所采取的"筑营壁"及其他人的"作坞壁",实际都是让老百姓边生产,边防守的屯田措施,它与内地的假田制也有相同之处。由于东汉加强了湟陇屯田措施及马贤等讨羌战争的节节胜利,羌患逐渐减弱,社会出现稍安局面。永建四年(129年),时任尚书仆射的虞诩提出了内迁的安定、北地、上郡三郡回归故土的建议。顺帝接受了虞诩建议,恢复三郡,于是谒者郭璜"督促徙者,各归旧县,缮城郭,置候驿,既而激河浚渠为屯田,省内郡费,岁一亿计"⑤。可见屯田对防守边境,节省政府开支确有重要意义。阳嘉元年(132年),护羌校尉韩皓提出把湟中屯田由五部增加至十部的建议,并"因转湟中屯田置两河间,以逼群羌",引起羌族的反抗,汉政府只得"上移屯田还湟中,羌意乃安"⑥。本来是一触即发的矛盾总算是和平解决了。

东汉还在武都塞(今甘肃成县)设过屯田区,以防白马羌。永和元年(136年),白马羌攻破屯田区,后被汉军打退。此后羌族势力衰弱,

---

① 《资治通鉴》卷四九,第1557页。
② 《资治通鉴》卷四九,第1587页。
③ 《资治通鉴》卷四九,第1590页。
④ 《后汉书·虞诩传》,第831页。
⑤⑥ 《后汉书·西羌传》,第1302页。

虽仍有变乱,但败多胜少,影响不了大局,而东汉政府也是内部矛盾重重,宦官乱政,党锢祸起,随后又引起黄巾军大起义,对于屯田之事,也只好相继放弃。中平二年(185年),边章、韩遂在关西起兵,汉政府无力讨伐,乃派傅燮为汉阳(今甘肃天水市)太守,"广开屯田,列置四十余营"[①],以为防守之势。中平四年(187年),韩遂发兵攻汉阳,傅燮兵败被杀,东汉末年在武都最后的屯田,也随之瓦解。

5. 玄菟屯田

西汉曾在辽东屯田,目的是应对乌桓。东汉在玄菟郡屯田,目的是应对日渐壮大的高句丽。

玄菟郡是西汉武帝征服朝鲜后所设立的四郡之一,在朝鲜四郡中,是靠近辽东边境最近的一郡,共辖六县。据《后汉书·顺帝纪》记载,阳嘉元年(132年)十二月"复置玄菟郡屯田六郡"。《集解》引陈景云曰:"六郡当作六部。玄菟郡属县六,每县置屯田一部也。"钱大昭曰:"《东夷传》作六部。"东汉政府在玄菟郡每县都置屯田一部,说明它对屯田事业的重视,但玄菟郡屯田在汉的政治混乱、战争不断的情况下,也都自消自灭了。

三、两汉对屯田的管理

1. 屯田的组织与领导

两汉的屯田由于是从秦的更戍制和汉的募民实边及假田制演化而来,故在组织与领导机制上,前后有很大的变化。汉文帝时晁错建议施行的募民实边制,代替了秦的更戍制,其组织机构,吸收了中国古代寓兵于农的伍、里、连、邑的建制,即"使五家为伍,伍有长;十长一里,里有假士,四里一连,连有假五百(伍佰);十连一邑,邑有假候"。伍长、假士、假伍佰、假候等领导职务,"皆择其邑之贤才,习地形知民

---

① 《后汉书·傅燮传》,第835页。

心者"担任①。然而这种伍、里、连、邑的组织、领导制度只适用于募民实边的早期。因为在早期,汉政府对实边人民有个优惠政策,即"先为室屋,具田器","并予冬夏衣,廪食"。但这种优惠并不是长期不变的,而是在实边人民的生产所得能够维持自己的生活时而终止。那么这种优惠能有多长时间呢?估计至少也要五年以上。因为实边人民至少也要五年以后才能自给,自给以后,国家就不再提供农具、种子、食粮、衣服等生产、生活用品。不过,也不可能马上就收租税,估计要有一个不收税的过渡期,此后就是由北假田官来收假税。于是原来实边的人,就转变成租种假田的农民。

据《史记·匈奴列传》记载,秦始皇三十三年(公元前214年),蒙恬率十万大军北攻匈奴,收复河南地,"又渡河,据阳山、北假中"。好像秦时已有北假这个地名。其实这是司马迁以汉代笼统的地名来概括蒙恬所达到的地方。北假是在汉代施行假田制之后,派田官去北边管理假田收假税后,才出现的新名词。北假,在今内蒙古河套以北、阴山以南夹山带河的广大地区,它涵盖了汉文帝募民实边的区域,因此我推断那些实边人民也进入北假范围。对于北假,《史记·匈奴列传》"集解"也有个解释:"北假,北方田官,主以田假与贫人"。其实"集解"讲的不是地名,而是北假田官的职务。《汉书·元帝纪》在"北假田官"文下,师古注引李斐曰:"主假赁见官田与民,收其假税也,故置田农之官。"李斐注把北假的性质和任务都说清楚了。

北假田官大概是在汉武帝时期确立的。元朔二年(公元前127年),卫青率大军北伐匈奴,收复河南地,置朔方、五原郡,"募民徙朔方十万口"②,设立郡县并徙民充实北方。元狩四年(公元前119年),山东被水灾,民多饥乏,"乃徙贫民于关以西,及充朔方以南新秦中七十余万口,衣食皆仰给于县官。数岁,贷与产业"③。从这条资料看,徙

---

① 《汉书·晁错传》,第622页。
② 《汉书·武帝纪》,第58页。
③ 《汉书·食货志》,第260~261页。《汉书·武帝纪》所记与此稍异。

朔方以南新秦中的贫民,其待遇与文帝时募民实边的情况基本相同,但其管理已归郡县系统,并派有田官。据《汉书·匈奴传》记载,元狩四年朔方郡已置田官,"自朔方以西至令居,通渠置田官,吏卒五六万人",文帝时实边的人民当然也在田官的管理之下。

文帝时的募民实边及武帝时北假田官都不是屯田,但其与屯田有相同之处:其一,他们的组织均是军事编制;其二,他们都是"且耕且守";其三,都有参加战斗的任务,而内地的编户齐民和假田农民都没有以上的三个特点,因此实边者和假田农民转变为屯田户是很自然的。

据现在所知,在汉代以田官命名的地区共有四个,除北假田官外,还有"驿马田官"①和"渠犁田官"②、"日勒田官"③。田官应属行政系统,主管假田和民屯。田官并不是某一官职的专称,而是指管理假田和民屯的各级官职的总称。郡一级的最高田官为农都尉。《汉书·百官公卿表》说"农都尉,属国都尉,皆武帝初置"。《后汉书·百官志》说"边郡置农都尉,主屯田殖谷"。农都尉之下还有丞为副手,还有劝农掾劝导农业生产。县级的最高田官为农令,如"驿马农令"④,就是县级的田官。在农令之下也有丞一级的辅佐。比县管屯田区小一级的屯田长官是别田令史⑤,在推广代田法的屯田区长官为代田长⑥。据居延汉简记载,管理屯田的官吏还有左农左长、右农后长等农部官职。柳春藩先生认为,"农部长负责各屯田区第一线的生产,直接管理监督

---

① 谢桂华、李均明、朱国炤:《居延汉简释文合校》下册,文物出版社1987年版,第497页。
② 《汉书·西域传》,第1157页。
③ 谢桂华、李均明、朱国炤:《居延汉简释文合校》下册,第438页。
④ 谢桂华、李均明、朱国炤:《居延汉简释文合校》上册,第31页。
⑤ 谢桂华、李均明、朱国炤:《居延汉简释文合校》下册,第506页。
⑥ 谢桂华、李均明、朱国炤:《居延汉简释文合校》下册,第644页。

戍田卒劳动。各农长的地位与乡官差不多"①。另据《汉书。郑吉传》记载,侍郎外任时也管理过屯田。以上所记的各级田官主要任务是管理民屯,但在两汉,军屯、民屯很难绝对分开。如元狩四年,朔方、令居田官所管理的五六万戍卒,元鼎六年,上郡、朔方、西河田官所管理的"斥塞卒六十万戍田之",很显然是军屯。但是它很可能是由假田农民和民屯转化而为军屯的。另外,关于敦煌、居延的屯田,从汉简简文来看既有军屯也有民屯。从当时管理机构来说,应该是很清楚的,但让后人来看,就难于分辨清楚了。

军屯,当按军事编制组织生产,一般称部或称营。《后汉书·百官志》称:将军"其领军皆有部曲,大将军营五部,部校尉一人,比二千石,军司马一人,比千石。部下有曲,曲有军候一人,比六百石。曲下有屯,屯长一人,比二百石。其不置校尉部,但军司马一人。又有军假司马、假候,皆为副贰。其别营领属为别部司马,其兵多少,各随时宜。门有门候。其余将军,置以征伐,无员职,亦有部曲、司马、军候以领兵。其职吏部集各一人,总知营事。兵曹掾史主兵事器械,禀假掾史主禀假,禁司又置外刺、刺奸主罪法"。② 从以上所引文字来看,其军事编制是相当严密的,各级军队都有正副长官,独立营设有别部司马,营门设有门候专管守卫,营部设有行政总管,兵曹掾史主管武器装备,禀假掾史主管粮草供应,禁司(特务机构)主管对敌侦察,刺奸主管军法,这类机构也应适用屯田部队。西域屯田更有专门机构。西域都护原来不管屯田,元帝以后,西域设屯田三校尉,即西域副校尉、戊校尉、己校尉统归西域都护领导,西域都护便成为西域屯田总管。在屯田三校尉之下有丞、司马、候、千人等官职,也专管屯田。在《汉书·王莽传中》还记有戊己校尉史,《后汉书·赵孝传》记有田乐将军,《后汉书·西域传》记有宜乐都尉,在汉简中还记有护田校尉,均主管屯田。总

---

① 柳春藩:《秦汉魏晋经济制度研究》,黑龙江人民出版社1993年版,第75页。

② 《后汉书·百官志二》,第3564页。

之,两汉的军屯组织管理机构是相当严密的,可以做到生产、战斗两不误。

2. 屯田的劳动者与劳动成果的分配

关于屯田的劳动者,军屯中的正规称呼叫田卒,这在历史文献和汉简中都有明确记载。汉简中的田卒,多数都有从一级公士到八级公乘的爵位头衔,没爵位的则写为士伍,这说明田卒多出身于编户齐民。在屯田劳动者中还有"斥塞卒",即指开发边疆的士兵。斥塞卒的组成比较复杂,有贫民、奴隶和弛刑徒,他们可能是从募民实边的群体中转化出来的。其中的弛刑徒,是指遇赦而去掉刑具的罪犯,他们被召募后,有的直接参军成为士兵,有的成为屯田的劳动者。在屯田劳动者中还有个佣工问题,其实这种佣工是指应征戍边者本人不去戍边,而雇佣他人代行。如"田卒大河郡平富西里公士昭遂年卅九,庸举里严德年卅九"①,"张掖居延库卒弘农郡陆浑河阳里大夫成更年廿四,庸同县阳里大夫赵勋年廿九。贾二万九千"②。这是汉代戍边政策允许的行为,佣工代替佣主戍边,他们只与佣主发生雇佣关系,与屯田组织则没有雇佣关系。

屯田劳动者参加生产是有定额的,但这种定额因地区不同而多少不一。如赵充国在河湟屯田则规定"农事出,赋人三十亩"(一说二十亩),即一个屯田劳动者一年要种二三十亩地。在玉门的定额比这要高一倍左右。"令玉门屯田史高禀班田七顷,给刑徒十七人"③,平均每人合四十一亩多,在另一处则"率人田卅四亩"④。可见各地对屯田耕种额规定相差悬殊。我认为没有必要讨论各地不同定额问题,因为定多少是由各地不同因素确定的,我们已无法恢复本来面目,只知道

---

① 谢桂华、李均明、朱国炤:《居延汉简释文合校》下册,第497页。
② 谢桂华、李均明、朱国炤:《居延汉简释文合校》上册,第271页。
③ 林梅村、李均明:《疏勒河流域出土汉简》,文物出版社1984年版,第95页。
④ 薛英群等:《居延新简释粹》,兰州大学出版社1988年版,第88页。

各地屯田对劳动者有不同定额要求就可以了。

各地屯田不仅对劳动者有不同的耕种亩数定额,而且对每天的劳动也有定额要求,这在《吏卒日迹簿》中有明确的记载,兹举例如下:

十一月丁巳卒廿四人
其一人作长　右解除七人　定作十七人,
三人养　　　　　　　伐苐五百□
率人伐卅
一人病　　　　　　　与此五千五百廿束
二人积苐①

八月甲辰卒廿九人　　　□□　□□□四人□□
其一人作长　　　二人伐木
三人卒养　　　　六人积茭
十四人运茭四千六十
率人二百九十□
定作廿五人　　　二人缀络具
□□□功②

壬辰卒十八人
其二人养　　　九人绳得□百廿丈率奇八十丈
一人病　　　　六人□□得五十八束率人九束有奇
定作十五人　　与□□卅束率人五束③

　　□□□鄣卒十人

---

① 谢桂华、李均明、朱国炤:《居延汉简释文合校》上册,第223页。
② 谢桂华、李均明、朱国炤:《居延汉简释文合校》上册,第47页。
③ 甘肃省文物考古研究所等编:《居延新简》,文物出版社1990年版,第316页。

一人守园　　　　一人吏养

一人助园　　　　二人马下

一人治计　　　　一人削工

一人取狗湛①

上引四条资料,其内容记载有劳动月日,每天劳动的总人数,劳动项目和劳动量。由于古今语言、词汇的不同,有些词语如马上、卒养、削工、缀组具等已难考证其真实含义,但有些劳动项目还是清楚的,如"取狗湛",就是拾狗屎,"治计",就是记账,"作长",就是劳动小组长,其他如运荥、伐苇、伐木、搓绳等不解自明。总之,《吏卒日记簿》对屯田劳动者每日的劳动情况记载得一清二楚,而且还记有劳动定额,如伐苇每人每天三十束,伐蒲八束,运荥二百七十束,搓绳八十丈,对于有病不能上工的也要记录在案。必须说明的是,《吏卒日迹簿》对戍卒、障卒的活动情况也要记,而专以劳动为业的田卒,当然要求更严。另外,每人每天记载劳动量并不是劳动定额,但它与劳动定额有同样的约束力。如别人每天伐苇三十束,你伐苇二十束,能说得过去吗?再如你昨天伐蒲八束,今天只伐蒲五束能行吗?所以工作量记录,会成为屯田劳动者的沉重负担。

关于屯田的劳动成果分配问题,军屯、民屯各有不同。军屯的田卒、斥塞卒其衣、食、住都由官方解决,这在汉简中可以得到证明:

"戍田卒七十人,月食百五十九石六斗六升少,为小石二百六十六石一斗五升"②。

"出麦五百八十石八斗八升,以食田卒剧作六十六人,五月尽八月"③。

以上两例说明田卒的伙食是由官方供给的。前一条是对一般田

---

① 谢桂华、李均明、朱国炤:《居延汉简释文合校》上册,第449页。
② 甘肃省文物考古研究所等编:《居延新简》,文物出版社1990年版,第308页。
③ 谢桂华、李均明、朱国炤:《居延汉简释文合校》下册,第498页。

卒的供应标准,后一条是对重劳动者的供应标准。

"出盐二石一斗三升,给食戍卒七十一人,二月戊午☐☐☐☐"①。

"官卒十一人,盐三斗三升"②。

供盐是伙食标准之内,戍卒、官卒与田卒的标准相同。

"田卒淮阳郡长平平里公士李行年廿九,袭一领,犬练一两,绔一两,私练二两,自取"③。

"田卒昌邑国邼成里公士☐叨之年廿四。袍一领,枲履一两,单衣一领,绔一两"④。

这两条资料说明田卒的衣服、鞋袜都由公家供给,此外别无报酬。有时也能领到一点钱,那是他们超期服役钱,或先领了佣钱才来服役的,也等于卖命钱。而军屯的各级领导,如将军、都护、护羌校尉、屯田三校尉、长史、司马,下至屯田吏士,都是军队各级官吏,拿国家俸禄。汉简对军官俸禄虽无记载,但《汉书·百官公卿表》、《后汉书·百官志》都有说明可以检阅,不必赘述。这里需要着重说明的是,这些屯田军官远离故土,驻守边疆,深入敌后,或在西域,或在辽东,或战死沙场,对保卫国防、开疆拓土都做出了应有的贡献。

关于民屯劳动者倒没有军屯那么复杂,没有什么耕种定额和劳动定量。他们租种国家多少土地就交多少租税,收成除了交租外都归自己。当然他们要承担一些防守任务,遇到敌人袭击时也要参加战斗,他们的生活也不轻松。

民屯劳动者的构成有贫民、弛刑徒和随军家属,他们到边疆屯田一般都住在坞堡,目的是防止敌人的袭击,便于防守。对于这些前文

---

① 谢桂华、李均明、朱国炤:《居延汉简释文合校》上册,第230页。
② 甘肃省文物考古研究所等编:《居延新简》,文物出版社1990年版,第290页。
③ 谢桂华、李均明、朱国炤:《居延汉简释文合校》下册,第498页。
④ 谢桂华、李均明、朱国炤:《居延汉简释文合校》下册,第499页。

已有资料引述,此处就不再重复。

汉简中保留田租资料不多,而且只有两条能推算出每亩田租的数量,现转引如下:

"右第二长官处田六十五亩租廿六石"①。

"右家五田六十五亩一租大石廿一石八斗"②。

根据林甘泉的推算,前一条资料"平均每亩收租四斗",后一条资料"平均每亩收租三斗三升"③。就以粮食产量"亩收一石"计算,租也只占产量的40%和33%,这虽然比对内地农民收"三十税一"要高,但比"或耕豪民之田见税十五"和假田制下的"对分制"要低。笔者认为这是汉政府对边区民屯的关照,没有这一点关照,谁肯到边疆去屯田呢?

民屯则由行政系统的田官来管理,汉简对郡县级田官的奉禄倒有所记载:

居延都尉　奉谷月六十石

居延都尉丞　奉谷月三十石

居延令　奉谷月卅石

居延丞　奉谷月十五石

居延左右尉　奉谷月十五石④

想不到郡、县级行政官正副手的月奉谷竟相差一倍之多。这里所记仅是谷俸,没有钱俸,但郡县级以下的田官则有钱俸的记载:

☐☐章　九月奉用钱六百

候史孟明　八月奉钱六百

候史邢延寿　月奉钱六百

---

① 谢桂华、李均明、朱国炤:《居延汉简释文合校》下册,第496页。
② 谢桂华、李均明、朱国炤:《居延汉简释文合校》下册,第498页。
③ 林甘泉主编:《中国封建土地制度史》第一卷,中国社会科学出版社1990年版,第278页。
④ 甘肃省文物考古研究所等编:《居延新简》,第482页。

☐十月　奉钱六百
　　☐十月　奉钱三千
　士吏石彊　八月奉钱千二百①

上引资料除"奉钱三千"是高级田官的钱奉外,其余都是下级田官的奉钱,但却没有记载奉谷。据《后汉书·百官志》记载,"凡诸受奉,皆半钱半谷",边区的田官也应如此。但边区的田官要比内地官吏辛苦,有时还要代管军屯,遇有外敌袭击,还要指挥战斗,他们对保卫边疆,开发边疆也有一定贡献。

四、结束语

中国的屯田制是从西汉开始的。它是从秦朝的更戍制、汉初的"募民实边"和"北假田官"发展、演变而来的。西汉只有边区屯田,到东汉才出现内地屯田。在两汉时期有没有民屯？史学界是有争议的。林甘泉先生在其主编的《中国封建土地制度史》中主张有民屯;柳春藩先生在其所著《秦汉魏晋经济制度研究》中认为没有民屯。我是倾向于汉代军屯、民屯并存的。因为在两汉对屯田的管理体制中,明显存在两大系统:一是以将军、都护、校尉、长史为主的军官管理系统;一是以大司农、郡农都尉、县农令、丞为主的田官管理系统。军官系统管理军屯,田官系统管理民屯,这应该是很清楚的。再从历史资料分析,也可以看出汉代是有民屯的。据《后汉书·邓寇列传》附《邓训传》记载,邓训在平定烧当羌后,"遂罢屯兵,各令归郡,唯置弛刑徒二千余人,分以屯田,为贫人耕种,修理城郭坞壁而已"。邓训罢除军屯后,由弛刑徒、贫民组成的屯田队伍是民屯当无疑问。但这是东汉的事情,西汉的如何呢？在西汉的历史文献中没有找到民屯的记录,但在汉简中却找到了一点线索:"马长吏即有吏卒民屯士亡者具署郡县里名姓年长

---

① 甘肃省文物考古研究所等编:《居延新简》,第157～158页。

物色所衣服赍操初亡年月日人数白。"①"马长吏",应是驿马长吏。这是一种让驿马长吏上报驿马田官屯田劳动者逃亡者的姓名人数、逃亡日期以及逃亡者郡县里的住址线索等的公函。文中的"吏卒民屯士亡者",不论怎样断句、解读,都不能排除有民屯劳动者的存在,由此可以推断驿马是一处军屯、民屯并存的屯田区。另外再从西汉屯田体制中军官、田官两大管理系统的存在,也足以说明西汉是有民屯的,但要具体落实哪是军屯,哪是民屯也确有困难。于是我就"大胆假设"一种辨别方法:凡是由军官系统管理,由田卒、斥塞卒耕种,收成归公的都是军屯;凡是由田官系统管理,农民租种,收成归私就是民屯。但我仔细一想觉得上述的想法只适用西域屯田和河湟屯田,对居延屯田区就不适用。根据居延汉简考察,在居延屯田区,耕种以田卒为主,民耕较少;管理却以田官为主,军官较少(仅见有护田校尉、司马、千人)。据此我认为居延是军屯、民屯并存,田官、军官共管的屯田区。因为居延是汉代存在时间最长的屯田区,是军队久驻的基地,军人又允许携带家属,军队与地方联系非常密切,于是汉政府就建立了以田官为主,军官为辅的共管的屯田区,而北方屯田区和敦煌屯田区也应属于这种类型。

另外,对汉代屯田农业生产力水平也想谈点意见。我认为不应低估汉代屯田农业生产水平,汉代农业生产已广泛使用铁犁牛耕,而且为了提高翻土效率,犁铧已装上壁耳(犁镜)。在农耕技术上已发明了"一亩三甽岁代处"②的代田法。这些新农具和新农耕技术在屯田中都已应用。在汉简中虽然没有发现铁犁的资料,但在军队中要打制铁犁是不会有困难的,而且汉简中发现的《铁器出入集簿》③中也应该包括有铁犁。关于牛耕,汉简中是有迹可寻的。如"出茭八十束以食官

---

① 谢桂华、李均明、朱国炤:《居延汉简释文合校》下册,第497页。
② 《汉书·食货志》,第254页。
③ 谢桂华、李均明、朱国炤:《居延汉简释文合校》下册,第506页。

牛"①、"积廿九人养牛"②。用80束荄喂牛,用29人养牛,说明有大量牛群的存在。官家养牛并不是为了吃肉,而是为了耕田。关于应用代田法的问题,汉简中所记的"代田长"和"代田仓"③就足以说明问题。另外,屯田劳动力众多,有利于修筑水利灌溉工程。如平帝元始二年,调"戍田卒千五百人为驿马田官穿泾渠"④,就是实证。由于屯田区采用先进的生产工具和先进的生产技术,有很好的水利设施,又选在肥田沃土地区,所以粮食产量是很高的,除供应官员谷奉、驻军及屯田劳动者食用之外,还有结余,这在汉简中也有所记载:

今余谷万二千四百七十三石三斗⑤。

"受四月余谷万一千六百五十二石二斗三升少"⑥。

屯田组织对余粮的记载如此清楚,甚至记载到斗升以下,说明屯田官吏的清廉和高度负责精神。从"今余谷"、"受四月余谷"的记载来看,知道这仅是某一个粮库某一个月的余粮,如果把所有仓库和全年的余粮统计起来,其数量是巨大的。

最后再谈一谈两汉屯田的作用和意义。屯田的目的,是为满足军事行动的需要,如战争必须保证军队的粮草供应。其实屯田满足军需供应是最容易实现的,只要有人、有地、再加上必要的管理,就会生产出粮食满足军队的需要。因此,我们讲屯田的作用和意义并不在此,而是从宏观的角度进行考察。

其一,屯田是保卫边区、开疆拓土的保证。保卫边区、开疆拓土本来是军队的任务,但有了屯田才能保证军队任务的完成。我就是从这个角度,才肯定军屯和民屯领导人员的贡献。在这里我要补充的是,真正出力卖命的还是处于屯田第一线的田卒和屯田农民,他们的功绩

---

① 《居延汉简释文合校》上册,第348页。
② 谢桂华、李均明、朱国炤:《居延汉简释文合校》下册,第620页。
③ 谢桂华、李均明、朱国炤:《居延汉简释文合校》下册,第654页。
④ 谢桂华、李均明、朱国炤:《居延汉简释文合校》下册,第497页。
⑤ 《居延汉简释文合校》上册,第181页。
⑥ 《居延汉简释文合校》上册,第182页。

大于管理屯田的官员。

其二,屯田加强了民族融合。屯田劳动者活动在边疆和西域,和匈奴人、羌族、西域各族人民接触较多,自然会在生活、生产和文化活动中互相交流,加速各族人民间的理解和融合,对中华民族大家庭的形成起促进作用。

其三,屯田有利于对边疆的开发。边疆各少数民族在生产方面处于相对后进状态,屯田的汉族人民带去了先进生产工具和先进生产技术,如铁犁牛耕、代田法、打井修渠等灌溉新技艺,这对边疆开发是非常有益的。

其四,屯田免除运输中的劳苦和浪费。在秦代和汉初施行更戍制时,戍卒在边疆,粮草由内地输送,运输成为人民最沉重的力役负担,对国家来说也是一项极大的人力浪费。《汉书·晁错传》说,在更戍制的条件下,"戍者死于边,输者偾于道,秦民见行,如往弃市",这是多么悲惨的景象。不仅如此,往边疆运粮也是最大的浪费,所运粮饷绝大部分被运输者在途中耗费掉。《汉书·主父偃传》说:"负海之郡,转输北河,率三十钟而致一石。"师古注曰:"六斛四斗为钟,计其道路所费,凡用百九十二斛,乃得一石。"主父偃所讲显然过于夸张,但数千里运粮,运输者在路上要吃、要住、要喝,路上一切花费都要从运输的粮饷中扣除,到达目的地时,当然就所剩无几了。屯田制施行后,不仅免去了人民运输之苦,也节省了国家的大量粮饷。

其五,减轻了人民的租税负担。在战争中一切开销最终都要转嫁到人民身上。屯田不仅解决了军队粮饷,免去人民运输之劳,而且还增加了财政收入,这就有条件减少人民的租税负担。最明显的事例,就是东汉光武帝刘秀在建武六年十二月宣布,因屯田的成功,令郡国改田租由"什一之税"为"三十税一"。刘秀此次减税可能夸大了屯田的作用,但不可否认,刘秀减税确与屯田的成功有一定关系。

其六,屯田给失地贫民与灾民找到生活、生产出路。由于两汉土地兼并日趋激烈,贫民失地者日渐增多,仅关东就有近百万失地贫民,又由于政治腐败,水利失修,水旱灾害频繁,人民流离失所也有几十万人。这些贫民和灾民如果全靠救济,政府是无力承担的。而边疆屯田和境外屯田,恰好可以安置众多的贫民和灾民,使他们能够回到土地上从事生产,既有利于国家,也给贫民、灾民找到生活、生产出路,他们"且耕且守",是对国家和人民两得其利的好办法。

略论两汉屯田的军事战略意义

屯田制兴起于西汉,它是由秦的更戍制,汉初的募民实边及北方的假田制演化而来的,东汉继承下来。一般研究屯田制多注重研究屯田的土地所有制,是民屯还是军屯;屯田的管理制度;屯田劳动者的阶级属性;屯田的产量;屯田的剥削量,等等。对这些屯田制内容的研究并没有错,它确实属于土地制度中的一种,但如果进一步深入考虑,屯田制的推行是与军事行动相联系的,没有战争,大概就不会有屯田制。古语说:"兵马未动,粮草先行。"兵马再多,粮草供应不上,也只有败退或投降。在西汉初年及秦以前,对军队的粮草供应,全靠内地人民的运输,这就成为国家和人民最沉重的负担。据晁错说在秦更戍制的条件下,"戍者死于边,输者偾于道,秦民见行,如往弃世。"①运输粮草给人民造成的苦难是多么严重。不仅如此,运输粮草也造成极大的浪费,据《汉书·主父偃传》记载:"负海之郡,转输北河,率三十钟而致一石。"师古注曰:"六斛四斗为钟,计其道路所费,凡用百九十二斛,乃得一石。"②师古注统计的浪费数字可能有夸大之嫌,但在运输途中,运输者要吃饭、住宿及其他消费支出,一定很多,是不可避免的,这些支出表面是由政府负担,归根到底还要落在人民的头上。为了解决由内地往边区运输粮草及军需物资的困难,晁错在西汉初期,在武帝对匈

---

① 缩印百衲本《汉书》四九《晁错传》,商务印书馆 1958 年版,621 页。
② 缩印百衲本《汉书》六四上《主父偃传》,商务印书馆 1958 年版,786 页。

奴开战之前，就向朝廷提出"募民实边"的建议，指出以前的更戍制，让戍卒守边，一年一换。戍卒还没了解匈奴的敌情就撤换了，不利于对敌作战，"不如选长居者，家室田作，且以备之"，即募民长居北方，使其从事生产，同时防备边患。募民的条件："先为室屋，具田器，乃募罪人及免奴复作令居之，不足，乃募民之欲往者，皆赐高爵复其家，予冬夏衣廪食，能自给而止。"①这说明"募民实边"的条件是相当优厚的，即由国家先提供住房、农具及粮食、衣服，还要赐给"高爵"，免除租税，这对罪犯和免奴复作者来说，是难得的机会，所募之民到边区后，边耕作，边防守。以后汉政府就把募民所耕种之田租给他们，称作"假田"，收其"假税"，即租田之税，并设田官来管理。在武帝对匈奴开战之前，军队已进驻边区，为指挥上的方便，把假田户改为屯田户，仍由田官管理。为保证军需粮草的需要，武帝在元狩三年（前120年），"徙贫民于关以西及朔方以南新秦中，七十余万口，衣食皆仰给县官，数岁假予田产"。② 即先按募民条件，然后再转为假田户。太始元年（前96年），武帝又在"上郡（陕西榆林县）、朔方（内蒙古杭锦旗黄河南岸）、西河（山西离石县）、河西（甘肃、青海二省黄河以西、湟水流域）开田官斥塞卒六十万戍田之。"③这时边区的假田制已转化为屯田制，而且屯田区已向湟水流域发展，目的是预防西羌与匈奴的联系共同向汉进攻。这时仅北方的屯田区就有一百万屯田人口，对于西汉北伐匈奴，保证粮草供应是没有问题的。《汉书·王莽传》就明言："发戍卒屯田北假，以助军粮。"④事实上西汉屯田区的发展，已超过单纯供应粮草的范围，已成为汉军后勤基地，军队驻屯基地，汉军北伐匈奴出发基地。武帝

---

① 缩印百本《汉书》四九《晁错传》，商务印书馆1958年版，625页。文中的"赐高爵"，是指秦汉二十级的军功爵制。这种爵制凡立有军功、事功的人，包括老百姓皆可获得。

② 《资治通鉴》十九，中华书局1992年版，635～636页。文中的"新秦中"，在今内蒙古河套以南宁夏清水河流域，甘肃环县，陕西县旗县一带。

③ 缩印百衲本《汉书》二四《食货志》，商务印书馆1958年版，264页。

④ 缩印百衲本《汉书》九九中《王莽传中》，商务印书馆1958年版，1248页。

时北伐匈奴,有几次都是从北假、高阙出发的。屯田并不是一般的土地制度,而是与军事行动有密切联系的举措,它应属于军事战略的组成部分。故《太平御览》卷三三三把屯田列入《兵部》是有充分理由的。

西汉在与匈奴战争夺西域时,就在河西走廊设置酒泉、武威、敦煌、张掖四郡,并在四郡广泛屯田,作为进入西域军队供应粮草和后勤基地。在军队进入西域后,又在轮台(今属新疆)、渠犁(新疆尉犁县西)、柳中(新疆鄯善县)、莎车(今属新疆)、龟兹(新疆库车县)、乌垒城(新疆轮台县东北)、楼兰(新疆若羌县)、车师(新疆吐鲁番)等地屯田。西汉大军在西域的战争,主要是靠各地屯田区的支援。其实关于屯田的军事战略意义,匈奴也有明确认识,如在宣帝时,侍郎郑吉率军占领了车师屯田区,匈奴单于和大臣都说:"车师地肥美,近匈奴,使汉得之,多田积谷,必害国人,不可不争也。"① 所以匈奴倾全力与汉争夺车师屯田区,并一度占领了车师,后又被郑吉夺回。郑吉因功出任西域都护,管理西域,匈奴在西域设置的僮仆校尉被废除,"汉之号令班(颁)西域矣"。② 西域进入了汉的政治版图。从此"匈奴益弱,不敢争西域"。③

西汉在平定西羌之乱时,后将军赵充国在湟中地区进行屯田。当时朝中大臣多数主张用武力镇压羌变,对赵充国提出的"屯田养兵,以逸待劳"的战略表示反对,赵充国为了说明"屯田养兵,以逸待劳"的战略优越性,特向宣帝提出"屯田十二便"奏疏,他在奏疏中说:

> 臣闻帝王之兵,以全取胜,是以贵谋而贱战……而明主班师罢兵,万人留田,顺天时,因地利,以待可胜之虏,虽未即伏辜,兵决可期月而望。……此坐支解羌虏之具也。臣谨条不出兵留田便宜十二事:步兵九校、吏士万人留屯,以为武备,因田致谷,威德并行,一也;又因排折羌虏,令不得归肥饶之地,贫破其众,以成羌

---

① 缩印百衲本《汉书》九四上《匈奴传上》,商务印书馆1958年版,1173页。
② 《资治通鉴》二六,中华书局1992年版,859页。
③ 《资治通鉴》二六,中华书局1992年版,860页。

房相畔(叛)之渐,二也;居民得并田作,不失农业,三也;军马一月之食,度支田士一岁,罢骑兵以省大费,四也;至春省甲士卒,循河,湟漕谷至临羌(青海湟源县),以示羌虏,扬威武,传世折冲之具,五也;以闲暇时,下先所伐材,缮治邮亭,充入金城,六也;兵出,乘危徼幸,不出,令反畔之虏窜于风寒之地,离(罹)霜露。疾疫、瘃堕之患,坐得必胜之道,七也;无经阻,远追、死伤之害,八也;内不损威武之重,外不令虏得乘间之势,九也;又亡(无)惊动河南大开使生他变之忧,十也;治湟狭中道桥,令可至鲜水(陕西靖边县红柳河支流)以制西域,伸威千里,从枕席过师,十一也;大费既省,繇役豫息,以戒不虞,十二也。留屯田得十二便,出兵失十二利,唯明诏采择。①

赵充国的"屯田十二便"奏疏把屯田战略的优越性说得非常深刻全面,但宣帝看后还是半信半疑。于是他就采取双管齐下的手段,一方面批准了赵充国的屯田计划;另一方面他又派主战派将领出兵镇压羌乱。结果羌军对汉军进行了激烈的反抗,故汉军收效甚微。而对赵充国的"屯田养兵,以逸待劳"的战略,羌人却主动投降。事实证明屯田养兵战略有效,宣帝也放弃了镇压手段,所以在西汉,羌变并没有发展到不可收拾的局面。

东汉基本上继承了西汉的屯田战略,而且在不同形势下既有发展也有后退。如在东汉初年,由于经过农民战争和军阀混战,人口大量死亡,社会经济遭到严重破坏,政府靠税收难以供养大量军队,所以有识之士就想出要以屯田解决军队粮饷问题,以减轻人民负担。早在更始二年(24年),鲍永以尚书仆射行大将军事安辑北方时,冯衍就曾向鲍永建议:"将军所仗必须良才,宜改易非任,更选贤能……然后简精税之卒,发屯守之士,三军既整,甲兵已具,相其土地之饶,观其水泉之

---

① 《资治通鉴》二六,中华书局1992年版,852页~853页。原文出自《汉书·赵充国传》,因文字较长,司马光有所删节。

利,制屯田之术,习战射之教,则威风远畅,人安其业。"①对于冯衍的建议,鲍永并未采纳,而刘秀则深知屯田的重要性,故在东汉建立之初,就开展在内地屯田。如命刘隆在武当(湖北均县)屯田;命张纯在南阳屯田,马援在上林苑(陕西西安、周至、户县境内)屯田,王霸在新安、函谷关屯田,李通在顺阳(河南淅川县)屯田。以上屯田均属军屯,这是刘秀在统一战争时期所采取的战略措施之一,而且取得了成功,改善了东汉的经济状况。所以在建武六年(30年)十二月刘秀颁布癸巳诏书,宣布:"顷者师旅未解,用度不足,故行什一之税,今军士屯田,粮储差积,其令郡国收见(现)田租三十税一,如旧制。"②说明屯田既解决了军需供应,又减轻了人民负担,是一项成功的战略举措。但在东汉初期,对北方边境屯田则有后退的趋势。当时由于国家尚未统一,内战频繁,光武帝刘秀对匈奴则采取避战后退政策,把边区郡县向后撤退,对西汉在朔方(内蒙古杭锦旗黄河南岸)、河南地(河套以南)、新秦中等地所建立的屯田区完全放弃,而撤退至常山(河北元氏县)、中山(河北定县)、涿郡(河北涿县)、渔阳(北京市密西县)建立屯田区。这种后退虽有不得已的社会背景,但毕竟是消极的战略,它给人民带来灾难性的迁徙。

东汉在经营西域时,也配合军事行动进行屯田,基本走的是西汉老路,但远没有西汉积极。如东汉初年,西域有些国家因受不了匈奴的剥削、压迫,主动请求东汉政府派都护予以保护,刘秀则以"天下未定,未遑外事"③为理由予以拒绝。直到明帝永平十六年(73年),窦固、耿光北伐匈奴取得大胜,占领伊吾卢(新疆哈密县),才"置宜禾都尉以屯田"。④ 这是自王莽篡汉与西域断绝关系65年之后,第一次与

---

① 缩印百衲本《后汉书》十八上《冯衍传》,商务印书馆1958年版,424页。《东观汉记》十四《冯衍传》所记与此略同。
② 缩印百衲本《后汉书》二《光武皇帝纪》,商务印书馆1958年版,36页。
③ 缩印百衲本《后汉书》八八《西域传》,商务印书馆1958年版,1308页。
④ 缩印百衲本《后汉书》八八《西域传》,商务印书馆1958年版,1308页。

西域复通。明年,东汉政府在西域设置都护和戊己校尉,管理西域的机构和在西域的屯田,都得以恢复。永平十八年(75年),汉明帝逝世,焉耆、龟兹以中国有大丧乘机攻杀西域都护陈睦,匈奴、车师则围攻戊己校尉,新即位的章帝"不欲疲敝中国以事夷狄,乃迎还戊己校尉,不复遣都护。建初二年(77年),复罢屯田伊吾"。① 就这样,东汉政府轻易地放弃了西域和伊吾屯田。但东汉政府放弃西域时,班超并未回国。他以"不入虎穴,不得虎子"②的大无畏精神,依靠西域的疏勒、于阗诸国的亲汉力量,先后击败焉耆、龟兹、姑墨等国,而班超仍感到军力单薄,遂上书章帝请求支援。章帝于建初五年(80年),"派假(代理)司马徐幹将弛刑徒及义从千人,就超。"③章帝的支援纯属象征性的,徐幹所率领人数仅一千,而且还不是正规军,是由罪犯、义从(自愿随军者)组成的杂牌军,但这对班超也是很大的鼓舞,在西域的活动更加积极,西域诸国先后降服。和帝永元三年(91年)十二月,任命班超为西域都护,复置戊己校尉,在伊吾、柳中(新疆鄯善县西南克鲁沁)及莎车、疏勒等地的屯田也都得到恢复,达到了"兵可不费中国,而粮食自足"④的战略目的。班超在西域三十多年,直到永元十四年(102年),才回到洛阳。班超在西域时,虽然也有小的摩擦,而总的形势是稳定的。但在班超离开西域后,任尚接任西域都护,他放弃了班超的"宽小过,总大纲"的宽容政策,处处苛察,引起西域诸国的不满,遂皆背叛,并多次围攻西域都护。东汉政府遂以"西域阻远,数有背叛,吏士屯田其费无已"⑤为理由,于永初元年(107年)遂罢都护,在西域的屯田也完全放弃,史称"西域二绝"。东汉政府的放弃、退缩政策,说明东汉君臣对西域地位的重要性和对屯田的战略作用认识不足。

---

① 缩印百衲本《后汉书》八八《西域传》,商务印书馆1958年版,1308页。
② 缩印百衲本《后汉书》四七《班超传》,693~694页。
③ 缩印百衲本《后汉书》四七《班超传》,696页。
④ 缩印百衲本《后汉书》四七《班超传》,696页。
⑤ 《资治通鉴》四九,中华书局1992年版,1570页。

东汉自西域撤退后,北匈奴在西域又重新得势,并联合车师等国侵扰汉的边境,遂引起东汉政府的忧虑与重视,于是让群臣讨论对西域政策。多数公卿仍然主张放弃西域。班超之子班勇力排众议,坚决主张保护西域。经过多次辩论,朝廷终于接受班勇的意见,于延光二年(123年),任命班勇为西域长史,"将兵五百,出屯柳中"。① 西域又通,班勇在西域屡败匈奴,西域车师等六国复被平定。后在与敦煌太守张朗共攻焉耆时,张朗因抢功,先期出击,班勇后至,皆违背共同进军的约定,故在打败焉耆后,朝廷以张朗、班勇皆犯违约罪,先下狱,后免职。这种不分是非"各打四十大板"的处置方式,使东汉政府失去一位良将。在班勇离开西域后,东汉在西域节节后退,同时又遭到匈奴的攻击。西域发生内乱,东汉政府也无力处置,直到桓帝元嘉二年(152年),长史王敬为于寘所杀,而不能讨伐。永兴元年(153年),车师后王阿罗多攻围屯田,杀伤吏士。阿罗多怕汉军报复,一度逃入北匈奴,敦煌太守宋亮遂立卑君为王。后阿罗多又从匈奴回来与卑君争王位,戊校尉严详"虑其招引北虏,将乱西域,乃开信告示,许复为王"。② 东汉政府对"攻围屯田,杀伤吏士"的阿罗多都不敢声讨,又允许他复为车师后王,说明东汉对管理西域已无能为力,故《后汉书·西域传》说:"自此浸以疏慢矣。"③意思是说,东汉对西域的统治日渐疏远、衰落。

东汉政府为平定羌变,也在湟水流域屯田,虽然也起过一定作用,其效果远不如西汉赵充国在湟中的屯田。章帝元和三年(86年),烧当羌与诸种羌人叛变,共攻陇西郡(甘肃临洮县)界,被陇西太守张纡所镇压,烧当羌退居归义城(青海西宁市)。永元元年(89年),烧当羌欲

---

① 缩印百衲本《后汉书》四七《班超传》附《班勇传》。商务印书馆1958年版,704页。

② 《资治通鉴》五三,中华书局1992年版,1730页。胡注:"开信者,开以丹青之信。"

③ 缩印百衲本《后汉书》八八《西域传》,商务印书馆1958年版,1311页。

归故地湟中(青海湟水两岸一带),护羌校尉邓训遂发湟中六千人掩击,羌军大败,损失惨重,余众西徙千余里。邓训撤军后,"唯置弛刑徒二千余人,分以屯田",①以防羌人侵扰。这是东汉最早的湟中屯田。永元四年(92年),新接任的护羌校尉聂尚欲召烧当羌回大、小榆谷(青海贵德县西北湟水南岸一带),引起羌人的反对而围攻金城塞。朝廷因聂尚挑起羌变而免其职,命接任的贯友发兵反击,烧当羌虽被打败,以后却不断攻击陇西、湟中。汉军虽胜,但军费浩大。大臣曹凤建议恢复西海郡(青海海晏县),并开辟屯田。他说:"大、小榆谷,土地肥美,有西海鱼盐之利……广设屯田,隔塞羌、胡(匈奴)交关之路,遏绝狂狡窥欲之源,又殖谷富边,省委输之役,国家可以无西顾之忧。"和帝接受了曹凤的建议,并任命曹凤为金城西域都尉,驻屯龙耆(青海海晏县)。曹凤到任后,"广增屯田,列屯夹河,合三十四部"。② 这是东汉一次大规模屯田,效果也很好,但到永和羌变时,西海屯田被放弃。

永初四年(110年)以后,羌变日盛,东汉政府采取边区郡县内迁以避羌患政策,引起边区人民的不满,并与羌人共同战斗以反抗东汉政权。汉政府派护羌校尉侯霸、骑都尉马贤率军镇压,同时又遣兵"屯河内通谷冲要三十六所,皆作坞壁,设鸣鼓,以备羌寇"。③ 东汉所采取的镇压与屯田相结合的战略,取得了很好的效果。后来名将马贤升任护羌校尉,能臣虞诩为武都太守,多次大败羌军。虞诩"乃占相地势,筑营壁百八十所,招还流亡,假赈贫人,郡遂以安"。④ 永建四年(129年),已升任尚书仆射的虞诩提出把内迁的安定、北地、上郡迁回故土,顺帝接受意见,于是派谒者郭璜"督促徙者,备归旧县,缮城郭,置候驿,既而激河浚渠为屯田,省内郡费、岁一亿计。"⑤可见屯田对防守边

---

① 缩印百衲本《后汉书》十六《邓禹传》附《邓训传》,商务印书馆1958年版,260页。
② 《资治通鉴》四八,中华书局1992年版,1552～1553页。
③ 《资治通鉴》四九,中华书局1992年版,1590页。
④ 缩印百衲本《后汉书》五八《虞诩传》,商务印书馆1958年版,831页。
⑤ 缩印百衲本《后汉书》五八《西羌传》,商务印书馆1958年版,1302页。

疆、节省军费确有重要意义。但屯田战略也不能搞过了头,如阳嘉元年(132年),护羌校尉韩皓提出把湟中屯田由五部增加到十部,并把湟中屯田转移到两河间,以逼群羌。这就具有明显挑衅的含意,遂引起羌人的反抗,东汉政府只好"上移屯田还湟中,羌意乃安"。① 一触即发的矛盾终于和平解决了。

到了东汉晚期,由力主镇压的将领段颎任护羌校尉,他忽视屯田和招抚的战略作用,认为镇压羌变"是奉大汉之威,建长久之策,欲绝其本根,不使能殖"。② 意思是说对于羌变,必须镇压,而且要斩尽杀绝,使其不能繁殖,结果羌变是被残酷镇压下去了,而所耗费的巨大军费,却把东汉政府拖入了衰亡的深渊。

综观两汉在对匈奴、西域、西羌的战争中,都施行过屯田,并把屯田作为军事战略的重要组成部分,对保证战争胜利起了关键性作用。但从两汉军事形势分析,西汉开创了屯田制,在执行时非常坚决、积极。东汉继承了西汉的屯田制,并开创了内地军事屯田,也取得了颇有成效的结果,但对边境及西域、西羌的屯田,却不如西汉积极,有时后撤,有时放弃。所以在对匈奴、西域、西羌的战争中,屯田产生的效果并不理想。总的来说,应该承认屯田是与战争有联系的,包括以后曹魏在内地施行的屯田制,不论是军屯和民屯,都与战争环境有关,都是为军事行动服务的,是军事战略的组成部分。故在西晋统一三国后,除在边区保留一部分屯田外,内地屯田全部取消而改行占制,其主要原因,是蜀、吴已被消灭,不再有割据战争,就不把屯田视为军事战略的组成部分,屯田也就没有存在的必要。故研究两汉屯田制,如不把它视为战略的组成部分,就是没有了解屯田的真实意义。

---

① 缩印百衲本《后汉书》五八《西羌传》,商务印书馆1958年版,1302页。
② 缩印百衲本《后汉书》六五《段颎传》,商务印书馆1958年版,959页。

两汉屯田制中的三个问题

一、两汉屯田制的由来

屯田制是西汉时出现的新制度,也是一种新的农业生产方式。它是由秦的更戍制、汉初的募民实边及北方的假田制演化、发展而来的一种新制度。秦时,北方的匈奴族经常侵扰边境,故政府派戍卒戍边,一岁一更,汉初依秦制,"循而未改"。① 但更戍制有个最大缺点,就是戍卒戍边一年一换时间太短,人还没有熟悉边境情况,没掌握匈奴的活动规律就调换了,不利于反击匈奴。到汉文帝时晁错就提出"募民实边"的建议,要以逸待劳,应对匈奴的骚扰和侵袭。晁错说:

> 陛下幸忧边境,遣将吏发卒以治塞,甚大惠也。然令远方之卒守塞,一岁而更,不知胡人之能,不如选常居者,家室田作,且以备之。以便为之高城深堑,具蔺石(雷石),布渠答(铁蒺藜),复为一城其内,城间百五十步。要害之处,通川之道,调立城邑,毋下千家,为中周虎落(用竹篾连接的障碍物)。先为室屋,具田器,乃募罪人及免徒复作令居之;不足,募以丁奴婢赎罪及输奴婢欲以拜爵者;不足,乃募民之欲往者。皆赐高爵,复其家。予冬夏衣,

---

① 《汉书·食货志》。

廪食，能自给而止。①

晁错建议募民实边的条件相当优厚，不论是罪人、免徒复作、奴隶和贫民，都让他们建立城邑并发给防卫器具，提供房屋、土地，供给冬夏衣服和粮食，不收租税，直到能自给而止，目的是让他们边生产边守卫边疆。为了便于管理及发挥对敌作战的能力，晁错还建议在实边的民众中建立伍、里、连、邑组织，还要教以应敌射击等军事知识，使实边民众"夜战声相知，足以相救，昼战目相见，足以相识"。② 这实际与中国古代"寓兵于农"的政策很相似。汉文帝接受了晁错的建议，开始招募罪徒、奴隶及贫民实边，实际也是西汉边境屯田的滥觞，只是当时还没有屯田这一名称。但是在北方边境出现的"北假田官"，则是晁错募民实边政策的延续，以后就发展成为边境的屯田。由此可见，屯田制是由更戍制、募民实边、假田制逐渐演变、发展而来的，以后随着西汉的军事扩张，屯田也向少数民族地区和境外延伸。

其实不仅更戍制始于秦代，就是募民实边在秦代也已经开始。如秦始皇三十二年（前215），命大将蒙恬攻取河南地，"因河为塞，筑四十四县城临河，徙适戍以充之"。③ 河南地在今内蒙古河套地区，因是秦新占领区域，故称"新秦"，或称"新秦中"。④ 不过，秦时徙罪徒于河南地实边，并没有像晁错想得那么周全，没有建立"寓兵于农"的里伍组织，故秦末天下大乱，那些实边的罪徒都散归故里了。匈奴乘乱又占领河南地，对汉的威胁更为严重，因此至汉文帝时才又接受晁错的建议，再次募民实边。实边的具体地区，是靠近河南地的北方。按晁错的意见，实边民众初至边境时，由政府提供房屋、土地、农具、衣服、粮食等等，直至能自给时而止。但在戍边民众能自给以后又怎么办呢？汉政府当然要收租税了，于是就出现了"北假田官"的问题。《汉书》卷

---

①② 《汉书·晁错传》。

③ 《汉书·匈奴传上》。

④ 新秦中：在今内蒙古河套以南、宁夏清水河流域、甘肃环县、陕西吴旗县一带。见魏嵩山《中国历史地名大辞典》。

九《元帝纪》记有"北假田官",注引李斐曰:"主假赁现官田与民,收其假税也,故置田农之官。"北假在什么地方?《汉书补注》引齐召南曰:"自高阙以东,夹山带河,阳山以西,皆曰北假也。"高阙在今内蒙古杭锦后旗东北,阳山在河套以南,也就是说北假地区完全涵盖了河南地(新秦)及其附近地区。所谓在北假置田官,也就是在河南地及其附近置田官。那么北假田官是什么时候开始设置的呢?《汉书》卷九九《王莽传》说:"五原、北假,膏壤殖谷,异时常置田官。"《王莽传》所说的"异时",是指什么时候?笔者根据史料分析,应指汉武帝元朔二年(前127)以后。因为在文景时期,汉与匈奴尚维持和亲关系,匈奴虽有侵扰,尚无大战,汉政府对边境政策不必作大的变动。自秦末蒙恬的三十万大军从长城一线撤离后,匈奴又重新占领河套以北的河南地,长城以内的河南地仍归汉政府管辖,汉政府与匈奴都愿意维持这种局面。故汉文帝在后元二年(前162)给匈奴单于的信中说:"先帝制,长城以北引弓之国受令单于,长城以内冠带之室朕亦制之,使万民耕织射猎衣食父子无离,臣主相安,俱无暴逆。"① 但这种维持现状政策至景帝中元二年(前148)有了些微的变化。史称这一年"匈奴入燕,遂不和亲"。② 本来匈奴边和亲、边侵扰本属常事,此次入燕也不显得有多严重,竟引起景帝放弃和亲政策,说明汉政府综合国力有所增强,再也不能忍受屈辱的和亲政策了。武帝即位时,财富有余,士马强盛,已具备反击匈奴的实力,于是就发动了浩大的反击匈奴战争。元朔二年(前127)春,派卫青、李息出云中北伐匈奴,收复河南地,置朔方、五原郡(内蒙古包头市西北),"募民徙朔方十万口"。③ 这就是说汉政府已把原河南地的屯戍地纳入郡县制的编制中,但其生产、守边任务并未改变。元狩三年(前120)冬,"又徙迁贫民于关以西及充朔方以南新秦

---

① 《史记·匈奴传》。
② 《史记·孝景本纪》。
③ 《汉书·武帝纪》。

中,七十余万口,衣食皆仰给县官。数岁假予产业"。① 太始元年(前96),又在"上郡、朔方、西河、河西开田官斥塞卒戍田之"。② 这些史料说明,汉在河南地的屯戍区不断扩大,人数超过百万,而且又派田官来管理,边防的实力已大大增强。《史记》卷一一〇《匈奴传》说,匈奴经过几次大战的打击,内部产生分裂,浑邪王降汉,"则陇西、北地、河西益少胡寇,徙关东贫民,处所夺匈奴河南、新秦中以实之,而减北地以西戍卒半"。又说"是后匈奴远遁,而幕南无王庭。汉度河,自朔方以西至令居(甘肃永登县),往往通渠置田官。吏卒五六万人,稍蚕食地接匈奴以北"。以上资料说明,汉在北方的屯戍区随着对匈奴战争的胜利,越来越扩大,人数也逐渐增多,作用也显得非常重要,而其性质也逐步改变。最初戍边民众的生活、生产费用由政府全包,直到能自给而止。大约在元朔二年以后,政府派田官来管理。田官的任务,是把官田租赁给戍边民众,然后收取租税,这样汉政府与戍边民众就产生了租佃关系。从汉政府把原河南地称为北假来分析,汉政府在北方边区已施行假田制,但比内地假田制多了一项戍边任务。以后除继续徙贫民至北方屯戍外,也派戍卒到北方戍边,使北方的假田区,逐渐变成屯田区。《汉书》卷九九中《王莽传》就明言,"发戍卒屯田北假,以助军粮"。③ 于是北假也就成为汉在北方乃至全国最大的屯田区。以后汉北伐匈奴,往往就从北假、高阙出发,北假又成为汉在北方的军事基地。但汉在北假的屯田,由于王莽对匈奴的无端挑衅而遭到破坏。史称"北边自宣帝以来,数世不见烟火之警,人民炽盛,牛马布野,及王莽挠乱匈奴,与之构难,边民死亡系获,数年之间,北边空虚,野有暴骨矣"。④

关于西汉什么时候开始屯田及"募民实边"的性质,史学界还是有

---

① 《资治通鉴》卷十九武帝元狩三年。
② 《汉书·匈奴传上》。
③ 《汉书·王莽传》。
④ 《汉书·匈奴传下》。

不同意见的。多数学者认为汉文帝募民实边,就是屯田的开始,而柳春藩先生不同意这一观点,他在《西汉徙民实边屯田说质疑》一文中以为:"很难得出徙民实边是屯田(民屯)的结论。"①笔者认为,说募民实边不是屯田制是正确的,但它与屯田制有渊源关系。募民实边上承秦代的更戍制,往下演变为北方假田制,但到汉武帝元狩四年,自朔方以西至令居,通渠置田官,让吏卒五六万人屯田,就是正式屯田了。以后又把屯田延伸至西域,使之成为军粮供应的有效保证。

二、两汉有无民屯

两汉有没有民屯?这也是一个有争议的问题。林甘泉先生认为两汉有民屯,②柳春藩先生则认为两汉没有民屯。③ 笔者倾向于两汉军屯、民屯并存说。因为在两汉屯田管理体制中,明显地存在两大系统:一是以将军、都护、校尉、长史为主的军官管理系统;一是以大司农、郡农都尉、县农令、丞为主的田官管理系统。军官管理系统管军屯,田官管理系统管民屯,这是很清楚的。再从历史文献资料分析,也可以找到根据,证明汉代有民屯。据《后汉书》卷十六《邓禹传》附《邓训传》记载:邓训在平定烧当羌之后,"遂罢屯兵,各令归郡,唯置弛刑徒二千余人,分以屯田,为贫人耕种,修理城郭坞壁而已"。邓训罢除军屯后,由弛刑徒、贫民组成的屯田队伍,应属民屯当无疑问。但这是东汉时的事情,西汉又如何呢?在西汉的史书中,我们没有看到有民屯的资料,但在居延汉简中却发现了一点线索。"马长吏即有吏卒民屯士亡者具署郡县里名姓年长物色所衣服赍操初亡年月日人数白"。

---

① 详见《中国史研究》1988年第2期。
② 详见林甘泉主编《中国封建土地制度史》第一卷之"边郡屯田及其剥削形态"一节,中国社会科学出版社,1990年版。
③ 详见柳春藩著《秦汉魏晋经济制度研究》第82—83页,黑龙江人民出版社,1993年版。

(303·15)①"马长吏",应是驿马长吏。这是一件让驿马长吏上报驿马田官属下屯田劳动者逃亡的人数、姓名、逃亡日期以及逃亡者郡、县、里住址线索等的公函。文中的"吏卒民屯士亡者",不论怎样断句、解读,都不能排除有民屯劳动者的存在,由此可以推断出驿马是一处军屯、民屯并存的屯田区。另外,再从西汉屯田体制中军官、田官两大管理系统的存在,也足以说明西汉是有民屯的,但要具体落实哪是军屯、哪是民屯也确有困难。于是我就设想出一种辨别方法:凡是由军官系统管理,由田卒、斥塞卒耕种,收成归公的都是军屯;凡是由田官系统管理,农民租种,收成归私的就是民屯。但我仔细一想,我这种辨别方法,顶多也只能适用西域屯田和河湟屯田,东汉初年内地军队屯田也可适用,而对居延屯田区就不适用。根据居延汉简考察,在居延屯田区,耕种以田卒为主,民耕较少,管理则以田官为主,军官较少(仅见有护田校尉、司马、千人),据此我认为居延是军屯、民屯并存,军官、田官共管的屯田区,其实敦煌屯田区、北方屯田区,也都属于这种类型。存在这种类型的屯田区的原因,是由于这几个地方,都是在两汉时期存在时间最长的屯田区,是军队久驻的基地,军人又允许携带家属,本地人又多是外地徙民,军队与地方联系非常密切,汉政府又早已派有田官管理屯田,军队在这些地区开展屯田后,汉政府就建立了以田官为主、军官为辅的共管屯田区。我这种解释,虽然有某些推论的成分,但我认为这是有理有据的推论,是合乎逻辑的推论。

三、两汉屯田的作用和意义

西汉赵充国讲的"屯田十二便",就是说明屯田的作用和意义。不过,他仅是就事论事,专讲河湟屯田对羌族战争的作用和意义。我们可以放开一些,从两汉的全局来谈屯田的作用和意义。

两汉屯田的目的,是为了满足军事的需要,如战争必须满足军队

---

① 《居延汉简释文合校》第 497 页,文物出版社 1987 年版。

的粮饷供给,否则,即使打了胜仗,也会转胜为败,或者被迫撤军。三国时诸葛亮北伐,就吃了粮草供给不上的亏,等他明白过来要在渭滨屯田时,已为时太晚,在他死后只好全军撤退。其实屯田满足军需供应是最容易实现的,只要有人、有地再加上必要的管理,就会生产出粮食供应军队的需要。因此,我们讲两汉屯田的作用和意义并不在此,而是从宏观的角度讲它的作用和意义。

1. 两汉屯田是保卫边疆、开疆拓土的保证。保卫边疆、开疆拓土本来是军队的任务,但有了屯田才能保证军队任务的完成。我就是从这个角度,才肯定军屯和民屯的领导人员的贡献。在这里我要着重说明的是,在屯田事业中,真正出力卖命的还是那些处于第一线的田卒和屯田农民,他们的功绩大于管理屯田的官员。

2. 屯田加速了民族融合。田卒和屯田农民处于生产第一线,和匈奴人、羌人、西域各族人民接触较多,自然会在生活、生产和文化活动中互相交流,加速各族人民间的理解和融合,对中华民族大家庭的形成起到促进作用。

3. 屯田有利于对边疆的开发。边疆各少数民族在生产和文化方面处于相对后进状态。屯田的汉族人民带去了先进的生产工具和先进的生产技术,如铁犁牛耕、代田法、打井修渠等灌溉新技术,这对提高各族人民的生产力水平,对边疆的开发都是非常有益的。

4. 屯田可免除粮草运输中的劳苦与浪费。在秦代和汉代施行更戍制时,戍卒戍边,粮饷由内地输送,运输粮饷成为人民最沉重的负担,对国家来讲也是一项最大的浪费。《汉书·晁错传》说,在更戍制的情况下,"戍者死于边,输者偾(僵死)于道,秦民见行,如往弃市",这是多么悲惨的景象。不仅如此,往边疆运粮也是最大的浪费,所运粮饷绝大部分都被运输者在途中耗费掉。《汉书》卷六四上《主父偃传》说:"负海之郡,转输北河,率三十钟而致一石。"师古注曰:"六斛四斗为钟,计其道路所费,凡用百九十二斛,乃得一石"。按汉代量器十斗一斛,十斛一石,斛与石相等,"凡用百九十二斛,乃得一石",所得是192分之一,其耗费之大实在是骇人听闻。其中主父偃显然是有过于夸张之处。但数千里运粮,运输者在路上要吃、要喝、要住,一切费用都要从运输的粮饷中扣除,到达的目地时,当然也就所剩无几了。屯田制施行后,不仅免除了人民运输之苦,也避免了国家大量的物资浪费。

5. 减轻人民的租税负担。在战争中一切负担最终都要转嫁到人民的身上。屯田不仅解决了军队的粮草问题,免除人民运输中的劳苦,而且还增加了政府的财政收入,这就有条件减轻人民的租税负担。最明显的事例就是东汉光武帝刘秀在建武六年十二月宣布:"顷者师旅未解,用度不足,故行什一之税。今军士屯田,粮储差积,其令郡国收见田租三十税一如旧制"。① 刘秀此次减租可能夸大了屯田作用,但不可否认,刘秀减租确与屯田的成功有一定联系。

6. 屯田给失地贫民和灾民找到生活出路。由于两汉时期土地兼并日趋激烈,贫民失地者日渐增多,仅关东就有百多万失地贫民。又由于政治腐败、水利失修、灾害频发,人民流离失所也有几十万人。这些贫民和灾民如果全靠政府救济,也使政府难以承受,而边疆和境外兴起的屯田,恰好可以安置众多的贫民和灾民,使他们可以回到土地上从事生产,也给贫民、灾民找到生活、生产的出路,这是对国家和人民两得其利的好办法。

---

① 《后汉书·光武帝纪下》。

两汉对匈奴西域西羌战争的军事战略研究

两汉与周边各族都发生过战争,本文为什么单选择汉对匈奴、西域、西羌的战争战略问题进行研究? 这是因为匈奴、西域、西羌在反汉问题上是三位一体的,西域和西羌都是匈奴的"右臂"。所以,两汉对匈奴、西域、西羌的战争,是既分步骤又作为统一战略来考虑的,至于汉对闽越、南越、西南夷、乌桓、鲜卑的战争,因对方国小势弱,都可以单独解决,故不在本文考虑范围之内。

一、西汉对匈奴的战争与战略

匈奴是中国古代居于北方的游牧民族,三代以前有山戎、猃狁、荤粥、胡、狄等称谓,在春秋战国时,是秦、赵、燕在北方的强敌,所以三国都筑长城以防匈奴的侵扰。秦统一六国后,派三十万大军北伐匈奴,收复了河南地,把匈奴赶至河套以北寒冷沙漠之地。秦末农民大起义之后,秦撤走三十万长城军去镇压农民军,匈奴乘机越过河套,进驻河南地,并利用楚汉战争之机,进一步扩展其国力,成为实力雄厚的强国。

匈奴在秦末汉初,国力虽然强盛,但仍处于奴隶制社会阶段,以游牧为主,靠掠夺为生。"逐水草迁徙,毋城郭常处耕田之业,然亦各有分地。毋文书,以言语为约束,儿能骑羊引弓射鸟鼠,少长则射狐兔用为食。士力能弯弓,尽为甲骑。其俗宽则随畜,因射猎禽兽为生业,急则人习战攻以侵伐,其天性也。其长兵则弓矢,短兵则刀铤。利则进,不利则退,不羞遁走,苟利所在不知礼义,自君王以下咸食畜肉,衣其皮革被旃裘。壮者食肥美,老者食其余,贵健壮,贱老弱。父死妻其后母,兄弟死皆取其妻妻之。"①从生活习俗讲,它是一个落后民族,从其军力来讲,则是一个善骑射、战斗力很强的群体。

在秦汉之际,匈奴已进入国家的初期阶段。其最高统治者为单于,相当于中国的皇帝。其下设左、右贤王,左、右谷蠡王,左、右大将,左、右大都尉,左、右大当户,左、右骨都侯,凡二十四长。二十四长之下,各设千长、百长、什长及裨小王、相、都尉、当户、且渠等职。按匈奴的习俗,以左为大,故左贤王多由太子担任。匈奴把其统治区划分为左、中、右三部:左方诸王将居东方,辖区由上谷(今河北怀来县东南)以东至秽貊、朝鲜;右方诸王将居西方,辖区在上郡(今陕西榆林县东南)以西,接月氏、氐、羌;单于居中,王庭正对着中原王朝的代(今河北蔚县西南)、云中(今内蒙古托克托旗东北)二郡,以便指挥全局。每年正月,诸王、长小会单于庭进行祭祀;五月,大会龙城(今蒙古人民共和国和硕柴达林湖附近),祭祀祖先、天地、鬼神;八月,秋马肥,大会蹛林(今地不详),课校人畜数量。"其法,拔刃尺者死,坐盗者没入其家,有罪,小者轧(击踝骨),大者死。狱久者不过十日,一国之囚不过数人。"②从以上的情况来分析,匈奴的官制及管理相对来说还是比较严密的。其法律虽然比较简单,但目的是防止内斗和内盗,以便团结起来一致对外。在西汉初年,冒顿单于统治时期,其国力已发展到顶峰,西控制西羌、西域,东征服秽貊、朝鲜,还经常侵扰汉的边境,是西汉在北方最大的祸患。

汉高帝六年(公元前 201 年)秋,匈奴冒顿单于围韩王信于马邑(今山西朔州市朔城区),韩王信投降匈奴,冒顿遂引兵至晋阳(今山西

---

① 《史记·匈奴列传》,缩印百衲本,商务印书馆 1958 年版,第 1029~1130 页。

② 《史记·匈奴列传》,第 1034 页。

太原市)。同年十月,刘邦率大军讨伐韩王信。韩王信败入匈奴,与冒顿合谋共击汉军。刘邦也想乘胜消灭匈奴,遂率三十二万步兵追击至平城(今山西大同市)。匈奴军隐藏其精锐,露其羸弱,把汉军诱至白登(今山西大同市东北),以四十余万骑兵围困汉军七日,使汉军里外不得相救。后赖陈平秘计,汉厚赂匈奴阏氏(皇后),始得脱险,直至吕后当政,只能和亲,不敢言战。尽管如此屈服,冒顿单于还要发信污辱吕后。其信曰:"孤偾之君,生于沮泽之中,长于平野牛马之域,数至边境,愿游中国。陛下独立,孤偾独居,两主不乐,无以自虞,愿以所有,易其所无。"接信后,吕后大怒,遂召集丞相及樊哙、季布等商讨对策。樊哙说:"臣愿得十万众,横行匈奴。"季布说:"哙可斩也。前陈豨反于代①,汉兵三十二万,哙为上将军,时匈奴围高帝于平城,哙不能解围,天下歌之曰:'平城之下亦诚苦,七日不食,不能彀弩。'今歌吟之声未绝,伤痍者甫起,而哙欲动摇天下,妄言以十万众横行匈奴,是面谩也。且夷狄譬如禽兽,得其善言不足喜,恶言不足怒也。"季布的两句话给吕后解了围。匈奴既如禽兽,何必与他计较呢?于是就让张泽给冒顿写了封回信,说:"单于不忘敝邑,赐之以书。敝邑恐惧,退日自图,年老气衰,发齿堕落,行步失度,单于过听,不足以自污。敝邑无罪,宜在见赦。窃有御车二乘,马二驷,以奉常驾。"②一向飞扬跋扈的吕后,为什么这样谦恭自卑?就是因为汉初的国力不如匈奴,若真打起仗来,必败无疑,故只好与匈奴屈辱和亲。汉遣宗室翁主冒充公主嫁给匈奴单于,约为兄弟,并向匈奴赠送絮缯酒食等物以求边境和平。匈奴虽接受和亲及絮缯等物,但侵扰如故,边境仍得不到安宁。

至文景时期,行黄老之政"无为而治",轻徭薄赋,与民休息,国力

---

① 王先谦:《汉书补注·匈奴传》注引齐召南曰:"案韩王信反,诱匈奴攻汉而围于平城,高祖七年事也。若陈豨反于代,事在十年,与平城之围已不相涉,季布面折樊哙不应误记后事为前事,疑陈豨二字为传写之误。"中华书局 1983 年版,第 1568 页。

② 《汉书·匈奴传上》,缩印百衲本,商务印书馆 1958 年版,第 1110 页。

逐渐充实,对匈奴虽仍然继续和亲,但也积极防守,并准备反击。文帝三年(公元前177年)五月,匈奴右贤王入居河南地为寇,"捕杀吏卒,驱侵上郡"①。文帝就向匈奴提出抗议,并派丞相灌婴率车骑八万,把右贤王驱逐出塞外。匈奴单于对文帝的抗议回答说:右贤王侵边事,并未向我汇报,"故罚右贤王,使至西方,求月氏击之,以天之福,吏卒良马力强,以灭夷月氏,尽斩杀降下定之。楼兰、乌孙、呼揭及其旁二十六国,皆已为匈奴,诸引弓之民并为一家,北州以定,愿寝兵休士,养马,除前事,复故约以安边民"②。这一回答,并没认错,实际是向汉示威,说明匈奴已灭月氏,征服西域,在北州平定后,休兵养马,再处理侵边之事,恢复故约。特别是回信中最后一句:"皇帝既不愿匈奴近塞,则且诏吏民远舍。"意思是说,你既然不想让匈奴接近边塞,那你就下令让你的吏民搬远一点好了。这简直是胡搅蛮缠,毫不讲理。文帝接到匈奴单于回信后,就让群臣讨论对策,大臣们认为匈奴刚灭掉月氏,威力正盛,还是以和亲为上。不久冒顿单于逝世,其子老上单于继立,汉仍遣宗室翁主为单于阏氏,而匈奴仍不断侵犯边境,杀掠人民。

文帝十四年(公元前166年)冬,"老上单于十四万骑入朝那(今宁夏固原市东南)、萧关(今宁夏固原市东南),杀北地都尉印,虏人民畜产甚多"③,并派骑兵火烧回中宫(今陕西陇县西北),候骑至雍(今陕西凤翔县)、甘泉(今陕西淳化县西北),直接威胁汉首都长安(今陕西西安市)。文帝以周舍、张武为将军,率骑兵十万驻长安城旁,以备匈奴。又派卢卿为上郡将军、魏遬为北地将军、周灶为陇西将军,屯守三郡。又派张相如为大将军,董赤、栾布为将军,出击匈奴。匈奴在塞内留驻月余而退,汉军追至塞外而回,不能有所杀伤,实际是汉军无力与匈奴决战,故出塞即回。此后匈奴连年入侵,杀掠人民,掠夺畜产,文帝没办法抵御,只好再与匈奴和亲。

---

① 《汉书·匈奴传上》,缩印百衲本,商务印书馆1958年版,第1114页。
② 《汉书·匈奴传上》,缩印百衲本,商务印书馆1958年版,第1114页。
③ 《资治通鉴》卷一五,中华书局1992年版,第497页。

文帝后元六年（公元前158年）冬，匈奴三万骑入上郡，三万骑入云中，所杀掠甚众，烽火达于甘泉、长安。为自卫，文帝派令免为车骑将军屯飞狐（今河北蔚县东南），以苏意为将军屯句注（今山西代县西北），将军张武屯北地，将军周亚夫屯细柳（今陕西咸阳市西南），将军刘礼屯霸上（今陕西西安白鹿原处），将军徐厉屯棘门（今陕西咸阳市东北），以防备匈奴袭击首都。这一次匈奴入侵，对汉威胁极大，故文帝采取大范围的全面布防。一个月后汉军布防到位，匈奴亦退走，汉军也没有追击，结果是虚惊一场。翌年，文帝驾崩。文帝时期，为反击匈奴积累了一定的经济基础和防守、反击的经验。

景帝即位后，对匈奴仍采取和亲政策，而匈奴仍不断入侵。中元二年（公元前148年）二月，"匈奴入燕"，中元六年（公元前144年）六月，"匈奴入雁门，至武泉，入上郡，取苑马，吏卒战死者二千人"。上郡太守李广率数百骑兵外出，遇匈奴数千骑兵，李广诈为"诱敌"，才得以脱险。后元二年（公元前142年）三月，"匈奴入雁门"，太守冯敬战死。景帝"发车骑、材官屯雁门"①。雁门成为重点防御的要地。

从以上所介绍的文景时期汉对匈奴的和战情况来分析，文景二帝虽然仍坚持对匈奴的和亲政策，但由于西汉国力逐渐充实，匈奴入侵次数和规模逐渐减少、减弱，西汉的防守与反击力量也在增强。不仅如此，西汉的精英人物如贾谊、晁错、冯唐、董仲舒等正在思考反击匈奴的战术、战略问题，其中以晁错的考虑最为全面、最有价值，故摘要介绍如下。

其一，地形地势与战术的关系。晁错说："今匈奴地形、技艺与中国异，上下山阪，出入溪涧，中国之马弗与也；险道倾仄，且驰且射，中国之骑弗与也；风雨罢劳，饥渴不困，中国之人弗与也；此匈奴之长技也。若夫平原、易地，轻车、突骑，则匈奴之众易桡乱也；劲弩、长戟，射疏、及远，则匈奴之弓弗能格也；坚甲、利刃，长短相杂，游弩往来，什伍俱前，则匈奴之兵弗能当也；材官驺发，矢道同的，则匈奴之革笥、木荐

---

① 《资治通鉴》卷一六，第544页。

弗能支也;下马地斗,剑戟相接,去就相薄,则匈奴之足弗能给也;此中国之长技也。以此观之:匈奴之长技三,中国之长技五。"①晁错认为,根据不同的地形,动用不同的兵种,对士兵进行严格的训练,战胜匈奴是有把握的。

其二,建立后勤根据地;保证军需供应。晁错提出的策略是解决军需供应,减少运输劳役,在边境屯田,建立后勤基地。他对文帝说:"陛下幸忧边境,遣将吏发卒以治塞,甚大惠也。然令远方之卒守塞,一岁而更,不知胡人之能。不如选常居者家室田作,且以备之,以便为之高城深堑。要害之处,通川之道,调立城邑,毋下千家,先为室屋,具田器,乃募民,免罪、拜爵,复其家,予冬夏衣、廪食,能自给而止……其民如是,则邑里相救助,赴胡不避死,非以德上也,欲全亲戚而利其财也。此与东方之戍卒不习地势而心畏胡者功相万也。以陛下之时,徙民实边,使远方无屯戍之事,塞下之民,父子相保,无系虏之患,利施后世,名称圣明,其与秦之行怨民,相去远矣。"晁错又说:"臣闻古之徙民者,相其阴阳之和,尝其水泉之味,然后营邑、立城、制里、割宅,先为筑室家,置器物焉。民至有所居,作有所用。此民所以轻去故乡而劝之新邑也。为置医、巫以救疾病,以修祭祀,男女有昏,生死相恤,坟墓相从,种树畜长,室屋完安。此所以使民乐其处,而有长居之心也。"②晁错建议文帝募民实边屯田,其目的就是让募民长居边地,从事农业生产,除自给自足之外,还要供野战军的粮草,以免运输中的劳苦和浪费。据《汉书·主父偃传》记载,自"负海之郡,转输北河,率三十钟而致一石",其浪费及劳苦十分严重。晁错的募民实边屯田建议,一举而三得,文帝当然乐于接受。而武帝、宣帝以后在对匈奴、西域、西羌的战争中,广泛推广屯田措施,取得巨大成效。一般的秦汉史论著,都把屯田放在经济项目下,殊不知屯田在军事中处于重大战略地位。故

---

① 《资治通鉴》卷一五,第486~487页。
② 《资治通鉴》卷一五,第488~490页。原文出自《汉书·晁错传》,文长且不易懂,故用《资治通鉴》改写之文。

《太平御览》把屯田收在"兵部"之中,是有充分道理的。

其三,建议寓军于民。晁错对文帝说:"臣又闻古之制边县以备敌也,使五家为伍,伍有长;十长一里,里有假士;四里一连,连有假五百;十连一邑,邑有假候,皆择其邑之贤材有护、习地形、知民心者。居则习民于射法,出则教民于应敌。故卒伍成于内,则军政定于外。服习以成,勿令迁徙,幼则同游,长则共事。夜战声相知,则足以相救;昼战目相见,则足以相识;欢爱之心,足以相死。如此而劝以厚赏,威以重罚,则前死不还踵矣。"①晁错此项建议,实际是管仲"寓兵于农"的翻版,但晁错最后加上一句,即这样"寓军于民"的组织,"不得良吏,犹亡功也"。这句话非常重要。

其四,建议以夷制夷。即联合四夷以制服匈奴。晁错说:"帝王之道,出于万全。今降胡、义渠、蛮夷之属来归谊者,其众数千,饮食、长技与匈奴同。赐之坚甲、絮衣、劲弓、利矢,益以边郡之良骑,令明将能知其习俗,和辑其心者,以陛下之明约将之。即有险阻,以此当之;平地通道,则轻车、材官制之;两军相为表里,各用其长技,衡加之以众,此万全之术也。"②此建议看似简单,其实也是非常重要的战略。汉在对匈奴、西域、西羌的战争中,拉呼韩邪制郅支,联合乌孙、康居制匈奴,利用罕羌、儿库羌打击先零羌,都是以夷制夷策略的体现。

其五,扩建骑兵。晁错给文帝的建议中,多次提到骑兵的重要性。汉初与匈奴战争,吃亏的就是汉以步兵对匈奴的骑兵。刘邦与匈奴的白登之战,双方兵力基本相等,就是因汉是步兵才败给了匈奴。汉初贫困缺马,"自天子不能具醇驷,而将相或乘牛车"③,根本就没条件扩建骑兵,到文帝时国力逐渐充实,晁错就建议文帝"令民有车骑马一匹

---

① 《资治通鉴》卷一五,第 490 页。此引文与《汉书·晁错传》同。
② 《资治通鉴》卷一五,第 487 页。文中"两军相为表里",《晁错传》"相为"作"相当"。
③ 《汉书·食货志上》,第 250 页。

者,复卒三人。车骑者天下武备也,故为复卒"①。文帝接受晁错的建议,颁布了"马复令"②。景帝二年(公元前 155 年),"始造苑马以广用","苑马,谓为苑以牧马"。又《汉书补注》引钱大昭曰:"边郡有六牧师苑,养马三十万匹。"③这说明养马问题已引起汉政府的重视,故汉武帝征匈奴时,动辄出骑兵几万、十几万,可以实现绝漠远征,这些都与晁错建议养马,文景二帝下"马复令",扩建养马苑有密切关系。

其六,重视选将、练兵。晁错根据兵法提出"有必胜之将,无必胜之民"的观点,并由此得出结论:"安边境,立功名,在于良将,不可不择也。"同时他提出四项兵家最重视的要点:"器械不利,以其卒予敌也;卒不可用,以其将予敌也;将不知兵,以其主予敌也;君不择将,以其国予敌也。四者兵之至要也。"笔者认为在"四要"中,从君主角度讲,择将是最重要的。只要选好良将,士兵和兵器问题都可以解决。但从将的角度讲,严格操练士兵又是最主要的。晁错说:"士不选练,卒不服习,起居不精,动静不集,趋利不及,避难不毕,前击后懈,与金鼓之旨相失,此不习勒兵之过也,百不当十。兵不完利,与空手同;甲不坚密,与袒裼同;弩不可以及远,与短兵同;射不能中,与无矢同;中不能入,与无镞同;此将不省兵之祸也,五不当一。"④其大意是说,士兵不经过严格训练,不服军规,起居不一致,动作不整齐,有利时机掌握不好,避难不尽,前面奋击,后部懈怠,进退不合指挥,这都是将领不会训练士兵的过错。这样的军队,百不当十。至于武器装备不管用,这是将领不重视军备器械的祸患,这样装备的军队五不当一。晁错把有关选将练兵的重点,都放在选将之上,有了良将战争才有胜利的把握。

---

① 《汉书·食货志上》,第 252 页。
② 徐天麟:《西汉会要·马政》:"案晁错疏:民有车骑马一匹者,复卒三人,此即《马复令》也。"中华书局 1957 年版,第 593 页。
③ 王先谦:《汉书补注·食货志上》,第 512 页。又《汉书·景帝纪》注引如淳曰:"太仆牧师诸苑三十六所,分布北边、西边,以郎为苑监,官奴婢一万人,养马三十万头。"
④ 以上所引之文,均见《汉书·晁错传》,第 619~620 页。

汉武帝即位时，国内诸王动乱已经平定，中央集权制已经加强，经济发展，国力雄厚，边防日趋巩固，骑兵逐渐扩大，反击匈奴的条件已经具备。元光二年（公元前133年），匈奴骑兵入侵代郡、雁门一带，武帝采纳大行王恢的建议，引诱匈奴深入马邑，准备以三十万大军打歼灭战。匈奴入境后发现了汉的阴谋而遁走。汉的马邑之谋虽以失败告终，但从此汉与匈奴就开始了正面战争。

汉武帝对匈奴的反击战，从元光二年开始，至元狩四年（公元前119年），先后共出征十余次，其中具有决定性的大战共有三次。第一次大战发生在元朔二年（公元前127年）冬。匈奴入侵上谷、渔阳（今北京密云县西南），杀掠吏民千余人。武帝派卫青、李息出云中以西至陇西，大败匈奴的楼烦、白羊王于河套以南，得首虏数千，牛羊百余万，收复河南地，解除了匈奴对汉首都长安的正面威胁。西汉在此设朔方郡和五原郡，并下诏募民屯田，建立了反击匈奴的后勤基地。

第二次大战发生在元狩元年（公元前122年）。匈奴万余骑兵攻入上谷，杀数百人。翌年三月，武帝派霍去病将万骑出陇西，转战六日，过焉支山（今甘肃山丹县胭脂山）千余里，执浑邪王子及相国、都尉，获首虏八千九百余级，缴获休屠王祭天金人。同年夏，霍去病与公孙敖率数万骑兵出陇西、北地两千里，过居延攻祁连山，得匈奴首虏三万余级，裨小王以下十余人。汉的两次出征，对匈奴的打击极大。匈奴人哀歌曰："亡我祁连山，使我六畜不蕃息，失我焉支山，使我妇女无颜色。"①祁连山是匈奴畜牧要地，失去后，对匈奴畜牧经济有重大损失；焉支山出产胭脂，失去后，影响妇女化妆。"无颜色"是双关语，有连妇女也觉得不光彩之意。

匈奴西部一年内连受两次沉重打击，匈奴单于责怪西方统帅浑邪王、休屠王无能，并欲给予处罚，引起西方二王的不满。二王决定降汉，后休屠王反悔。浑邪王遂杀休屠王，率四万骑兵投降。汉政府遂

---

① 泷川资言：《史记会注考证附校补·匈奴列传》注引《西河故事》，上海古籍出版社1986年版，第1799页。

把匈奴降人安置在陇西、北地、上郡、朔方、云中等五郡,号称"五属国",而在浑邪王原统治地区,先后设置武威、酒泉、张掖、敦煌"河西四郡",此后,"金城、河西并南山(祁连山)至盐泽(罗布泊),空无匈奴。匈奴时有候者,到而希矣"①。河西四郡建立后,就切断了匈奴与西羌的联系,打通了汉通西域的道路,为汉经营西域奠定了基础。由于浑邪王降汉,"陇西、北地、上郡益少胡寇,诏减三郡戍卒之半,以宽天下之徭"②。可见,第二次关键性大战役,对汉与匈奴双方的影响是多么巨大。

第三次关键性大战是在元狩四年。匈奴军虽遭多次沉重打击,仍未停止南下掠夺。元狩三年(公元前120年)秋,侵入右北平(今河北平泉县)、定襄(今内蒙古和林格尔县)各数万骑,杀掠千余人。武帝决定反击,重创匈奴。出征前,武帝召集群臣商讨进攻策略。根据匈奴以为汉军不能深入漠北的估计,决定这次一定进军漠北,给匈奴一次致命打击。于是命大将军卫青、骠骑将军霍去病各率五万骑兵及私从马四万匹,步兵和后勤运输者数十万人,进攻匈奴。霍去病出代郡,卫青出定襄,两路分击匈奴。匈奴谋士赵信听说汉军要绝漠远征后,对单于说:"汉兵既度幕(沙漠),人马罢(疲),匈奴可坐收虏耳。"③于是匈奴军就把辎重撤往沙漠以北,以精兵留在沙漠以南准备与汉军决战。

卫青出塞千余里,进入沙漠区,见匈奴单于陈兵以待,遂环兵车以为营,以五千骑兵冲向匈奴军。匈奴则以上万骑兵迎战,战至天黑大风骤起,沙砾击面,两军互不能见。汉军从左、右翼绕击匈奴。匈奴单于见汉兵众多,士马尚强,知道不能取胜,遂率数百精兵向西北逃去。汉军知单于已逃走,遂派轻骑追杀二百余里,不见单于而收兵。这次战役,汉军捕斩首虏一万九千余级,军至寘颜山赵信城而还。

---

① 《汉书·张骞传》,第750页。
② 《资治通鉴》卷一九,第636页。
③ 《资治通鉴》卷一九,第641页。

霍去病率军出代郡、右北平二千余里,越过大沙漠,遇到匈奴左贤王东方面军。接战后,匈奴军大败,汉兵俘屯头王、韩王等三人及将军、相国、当户、都尉八十三人,掠获胡虏七万四百四十三级,封狼居胥山,禅姑衍,临翰海而还。经过此次远征,"是后匈奴远遁,而幕南无王庭"①。

卫青、霍去病的绝漠远征,虽然取得了重大胜利,但汉军的损失亦很严重。汉军战死者数万人,战马损失十余万匹。匈奴虽已远遁,而汉军也无力大规模远征了,所以自此之后,汉与匈奴再也没有发生过大规模战争。匈奴把注意力转向西域,企图控制西域,借西域的人力、物力来抗衡西汉。汉政府也注意经营西域以应对匈奴。从总的战局来看,汉武帝对匈奴的战争取得了基本胜利,解除了匈奴对汉的直接威胁,为昭、宣以后进一步打击匈奴,迫使匈奴分裂奠定了基础,为开发西域创造了条件。当然也要看到,汉武帝所以能在对匈奴战争中取得胜利,主要也是靠汉初六七十年间的经济积累,国力充实,靠文、景时期的战略准备,靠全军将士的勇猛冲杀,但也不能忽视汉武帝所采取的英明决策和战略措施。笔者认为武帝在对匈奴战争中有如下功绩。

第一,有目的有步骤的战略进攻。武帝对匈奴发动过十多次进攻,而这些进攻,并不是"兵来将挡,水来土屯"式的被动应战,而是有目的有步骤的战略进攻。特别是从三次关键性的大战役来看,第一次元朔二年的大战役,目的是收复河南地,解除匈奴对首都长安的正面威胁;第二次元狩二年(公元前 121 年)的大战役,目的是占领河西走廊,切断匈奴右臂,即切断匈奴与西羌的联系,打开经营西域的通道,削弱匈奴的实力;第三次元狩四年的绝漠远征,是为把匈奴赶至漠北,使匈奴远遁,使汉王朝的北方边境得到基本稳定。

第二,建立后勤基地。这是继承晁错的战略思想,接受文、景二帝巩固边防、减少运输劳苦的重要措施,并有新的发挥。如在第一次大

---

① 《史记·匈奴列传》,第 1042 页。

战打败匈奴之后,主父偃建议:"朔方地肥饶,外阻河、蒙恬城以逐匈奴,内省转输戍漕,广中国灭胡之本也。"①武帝召集群臣议论主父偃的建议,"皆言不便",但武帝力排众议,采纳主父偃意见,设立朔方郡,筑朔方城,并募民十万口,以实朔方,巩固北方后勤基地。再如第二次关键战役后,"汉度河,自朔方以西至令居(今甘肃永登县西北),往往通渠,置田官,吏卒五六万人,稍蚕食地接匈奴以北"②。汉武帝采取通渠屯田的战略措施很高明,既解决了后勤供应问题,也解决了战略防御问题,也可用蚕食的办法,逐渐扩展疆域。

第三,选良将,练精兵问题。武帝对匈奴战争次数频繁,动用兵力动辄几万或十几万,而且是多兵种协同作战,如果没有多谋善战的良将和严格训练的精兵,面对强敌匈奴,是很难打胜仗的。古语云:"千军易得,一将难求。"在武帝对匈奴、西域的战争中,有很多将军参战,如李广、李陵、苏建、李息、公孙敖、李沮、郭昌、路博德、李广利等,他们都立过战功,得过封赏,但他们也都犯有过失,重者被处死,轻者或降职,或免为庶人而后再参战。这些人都不具备统率全军的资历和能力。其中如李广勇冠三军,最被古今人所同情。史称李广"结发(青年)与匈奴大小七十余战"③,作战勇猛,经验丰富,被匈奴称"飞将军",后随大将军卫青出征匈奴,因迷路失期而自杀,令人惋惜。其实李广不能封侯挂帅是由他的个人素质决定的。他出身将门,是秦将李信之后,自幼善骑射,骁勇过人,临敌不惧,尤喜以少胜多。他热爱士卒,遇饥渴时,必士卒饮食后,他才饮食,深得士卒的拥护。但他最大的缺点是不重视军纪,"广行无部曲行阵,就善水草,顿舍人人自便,不击刁斗自卫,莫府省文书,然亦远斥候,未尝遇害"④。像这样不讲军纪,"人人自便"的军队是不可能万无一失的。事实上,在李广以卫尉

---

① 《汉书·主父偃传》,第 787 页。
② 《史记·匈奴列传》,第 1042 页。
③ 《汉书·李广传》,第 674 页。
④ 《汉书·李广传》,第 671～672 页。

为将军出雁门击匈奴时,就被匈奴所生擒,因装死而得脱。故武帝深知李广的冒险性,不敢把军事实权交给他。元狩四年卫青、霍去病绝漠远征时,李广要求参战,武帝不许,后经李广坚持,才让他以前将军的身份出征,但武帝又告诉卫青:"李广数奇,毋令当单于,恐不得所欲。"①所以在出征后,卫青就把前将军李广与右将军赵食其合为一军出东道击匈奴。李广很气愤,提出反对,卫青不听。李广怒形于色而别,后因东路军迷路而失期(未能按时会师),卫青欲追查原因,李广不愿意面对刀笔之吏,遂引刀自尽。李广自杀令人惋惜,但也是他任性的结果。

汉武帝对李广的弱点洞若观火,故即使李广立战功,也不肯把重要军权交付给他,对其他将领也采取相同的态度。但武帝一旦发现杰出人才,就及时予以提拔重用,如对卫青、霍去病的重用,就体现了武帝的远见卓识。

卫青字仲卿,其父郑季,河东平阳(今山西临汾市)人,以县吏给事武帝姐平阳长公主家。"季与主家僮卫媪通,生青"②,所以卫青自称为"人奴之生"。卫青的同父异母兄弟,"皆奴畜之,不以为兄弟数"。卫青幼年放过羊,年长后曾为平阳公主的骑兵护卫,后又给事建章宫,被武帝提升为建章监,再升为大中大夫。后拜为车骑将军,与公孙贺、公孙敖、李广等共击匈奴。卫青率军至龙城,斩首虏数百级而还,公孙敖却损失七千余骑兵,李广被俘后逃归,这显示出卫青独有的战绩,更引起武帝的重视。后卫青三次出征匈奴,均获胜。元朔五年(公元前124年),卫青第四次大败匈奴,武帝派使臣于军中拜卫青为大将军,并授予大将军印。卫青从一个公主家奴,提升为建章宫监,再破格提为

---

① 《汉书·李广传》,第 674 页。文中"数奇",孟康、师古所注之"奇,只不耦也","广命复不耦也",文意难明。一般辞书多解释为"命运不好,遇事多不利"。敝意以为"数奇",为多次运用奇兵,以侥幸取胜。这种解释虽有望文生义之嫌,但可能符合武帝本意。

② 《汉书·卫青霍去病传》,第 682 页。

车骑将军,再于军中拜为大将军,成为全军统帅。这样的提拔需要多大魄力,除汉武帝外,其他帝王是很难做到的。武帝对霍去病的重用、提拔也是如此。

霍去病,其父霍仲孺为平阳县吏,"给事平阳侯家,与(卫)青姊卫少儿私通,生霍去病"①。去病是卫皇后姐姐少儿的儿子,十八岁为侍中,善骑射,两次随大将军出征匈奴,任票姚校尉。因作战勇敢,斩首捕虏二千二十八级,得相国、当户,斩单于大父,捕其姑父,被武帝封为冠军侯。元狩二年,霍去病为骠骑将军两次出征匈奴,均大获全胜,武帝更加重视,"由此骠骑日以亲贵,比大将军"②。元狩四年,卫青、霍去病绝漠远征,霍去病战绩超群,武帝决定增设大司马官职,使"大将军、骠骑将军皆为大司马。定令:令骠骑将军秩禄与大将军等"③。这就使霍去病和卫青同为汉军大统帅。武帝见霍去病战功卓著,就想给霍去病修建宅第,霍去病说:"匈奴不灭,无以家为也。"④没有真正爱国热情的人,是不可能说出这样的豪言壮语的。武帝对霍去病的提拔、重用,也是不同凡响的。从元朔六年(公元前123年)霍去病以票姚校尉从卫青征匈奴,至元狩四年提升为大司马,前后不足四年,其提升的速度亘古少见。武帝对卫青、霍去病不拘一格的重用,使他们充分发挥了自身的军事智慧和才能,取得了对匈奴战争的辉煌胜利。如果把军事指挥大权交到李广、公孙敖等人手里,任其不按军规,不守军纪,出奇冒险,对匈奴战争的结局就难以想象了。因此,战时选择将帅,是属于战略上的大事,有良将才能练出精兵,这是战争中不变的真理。

武帝是对国家责任心极强的皇帝。他即位后,就念念不忘"高皇

---

① 《资治通鉴》卷一九,第620页。
② 《史记·卫将军骠骑将军列传》,第1051页。
③ 《史记·卫将军骠骑将军列传》,第1053页。
④ 《汉书·卫青霍去病传》,第688页。

帝遗朕平城之忧,高后时单于书绝悖逆"之恨①,决意为国家报此大仇,而反击匈奴。但汉武帝也是好大喜功、穷奢极欲的皇帝。他不仅外事四夷,而且也内侈宫室,战争打得民贫财困,已出现小规模农民起义。他看到国内危机严重,战争不能再打下去了,为了替自己所作所为辩解,对卫青说:"汉家庶事草创,加四夷侵陵中国,朕不变更制度,后世无法;不出师征伐,天下不安;为此者不得不劳民。若后世又如朕所为,是袭亡秦之迹也。"②汉武帝与卫青的谈话,除了有为自己解脱的含意外,也说明他的头脑是非常清醒的,表明他的改革和对外战争都有不得已的因素,现在已是民穷财尽,谁要再像他一样干下去,就是亡秦之迹了。其时桑弘羊正好建议要在西域轮台扩大屯田,武帝借此机会表示"悔征伐之事"③,并于征和四年(公元前89年)下《罢轮台屯田诏》,说"扰劳天下,非所以忧民也,今朕不忍闻",并明确指出:"当今务在禁苛暴,止擅赋,力本农,修马复令,以补缺,毋乏武备而已。"④他宣称此后不再出兵,封丞相田千秋为富民侯,目的是"以明休息,思富养民"。又以赵过为搜粟都尉,以推广代田法,"其耕耘田器皆有便巧,以教民,用力少而得谷多,民皆便之"⑤。从此西汉的经济、政治又走上平稳发展的道路。

司马光对汉武帝改变政策,急流勇退,有一段评语:"天下信未尝无士也!武帝好四夷之功,而勇锐轻死之士充满朝廷,辟土广地,无不如意。及后息民重农,而赵过之俦教民耕耘,民亦被其利。此一君之身趣好殊别,而士辄应之,诚使武帝兼三王之量以兴商、周之治,其无三代之臣乎!"⑥司马光这段评语,是从"士"的角度评价汉武帝的领导作用。他还有一段评语,是专评汉武帝一生功过的。他说:"孝武穷奢

---

① 《史记·匈奴列传》,第1044页。
② 《资治通鉴》卷二二,第726页。
③ 《汉书·食货志上》,第254页。
④ 《汉书·西域传下》,第1172页。
⑤ 《资治通鉴》卷二二,第742页。
⑥ 《资治通鉴》卷二二,第742页。

极欲,繁刑重敛,内侈宫室,外事四夷,信惑神怪,巡游无度,使百姓疲敝,起为盗贼,其所以异于秦始皇无几矣。然秦以之亡,汉以之兴者,孝武能尊先王之道,知所统守,受忠直之言,恶人欺蔽,好贤不倦,诛赏严明,晚而改过,顾托得人,此其所以有亡秦之失而免亡秦之祸乎!"①司马光是宋代史学家,所以敢写汉武帝的缺点,但总的来说,他对武帝还是肯定的。他颂扬武帝能遵先王之道,好贤不倦,诛赏严明,晚年改过,故有亡秦之失而无亡秦之祸,说明武帝是一位有魄力、英明果断的皇帝。

班固在《汉书·武帝纪》后有个"赞曰",也颇值得回味:"汉承百王之弊,高祖拨乱反正,文、景务在养民,至于稽古礼文之事,犹多阙焉。孝武初立,卓然罢黜百家,表章六经,遂畴咨海内,举其俊茂,与之立功,兴太学,修郊祀,改正朔,定历数,协音律,作诗乐,建封禅,礼百神,绍周后,号令文章,焕然可述,后嗣得遵洪业而有三代之风。如武帝之雄才大略,不改文、景之恭俭以济斯民,虽《诗》、《书》所称何有加焉!"②班固的赞语,如果从字面上看,对武帝是全面肯定的,并没有提武帝的缺点,但颜师古注文则说:"美其雄材大略,而非其不恭俭。"师古是从"赞曰"的全面肯定中,领悟出武帝的缺点。我非常赞同师古的点评,这可能反映出班固想说而不敢说的真意,也非常赞同对武帝"雄材大略"的评语。武帝一生中,特别是在对匈奴战争中,该打的时候就打,该停的时候就停;对将帅的选择,该用时就用,该废的时候就废,无此雄才大略,是难以办到的。雄才大略是对武帝的千古定评,无人可以否定。

汉武帝逝世,昭帝、宣帝相继即位,皆由大将军霍光辅政,继续推行武帝遗策,发展生产,轻徭薄赋,与民休息,于是出现了"昭宣中兴"的局面。所谓"中兴",不仅包括经济发展,政治稳定,而且包括军事方面的重大成就。关于昭宣时期及其以后的对匈奴战争,因基本已转入

---

① 《资治通鉴》卷二二,第747~748页。
② 《汉书·武帝纪》,第69~70页。

汉与匈奴对西域的争夺战。为了避免本文中不必要的重复,故将昭宣及其以后汉对匈奴的战争,转入"西汉对西域战争"节目下进行叙述。

二、西汉对西域的战争与战略

西汉时期的西域有狭义、广义之分。狭义的西域,是指阳关、玉门关以西,葱岭(帕米尔高原)以东的广大区域;广义的西域,则包括葱岭以西,中亚、西亚、南亚和欧洲东部地区。这里一般使用的是狭义。西域在汉武帝时有三十六国,到哀帝、平帝时则分为五十五国,皆在匈奴之西。西域地势,南北有大山(即阿尔泰山、天山、昆仑山),中央有河。河有二源:一出葱岭,一出于阗(今新疆和田)。于阗北流与葱岭河汇合,东注蒲昌海(今新疆罗布泊),距玉门关三百余里。西域有南北两道,从鄯善(今新疆若羌县东米兰)沿塔里木盆地南沿西行有鄯善、于阗、莎车(今属新疆)等国,称为"南道诸国";自塔里木盆地北沿西行,有焉耆、龟兹、疏勒等国,称为"北道诸国"。西域诸国,大者有十几万人,小者有一两千人,都是土著居民,有城郭、田畜,生产技术比较落后。西汉初年,匈奴冒顿单于当政时,其西部的日逐王征服了西域,并设僮仆校尉主管西域,役使西域诸国以与汉帝国抗衡。

汉武帝时,匈奴降者说:"月氏故居敦煌、祁连间,为强国,匈奴冒顿攻破之。老上单于杀月氏王,以其头为饮器。余众遁逃远去,怨匈奴,无与共击之。"①汉武帝正想找个盟友共同打击匈奴,听到此消息后,马上下诏招募能去西域寻找月氏下落的联系人,以便共击匈奴。汉中人张骞"以郎应募"②。建元三年(公元前138年),武帝派一百余人出使月氏。当时河西走廊尚被匈奴占领,张骞等出陇西(今甘肃临洮),途经匈奴统治区时,被匈奴捕获,扣留十余年,后乘机逃出,越过葱岭,经大宛、康居(今咸海与巴尔喀什湖之间)到达大月氏。但大月

---

① 《资治通鉴》卷一八,第610页。
② 《汉书·张骞传》,第749页。

氏已占领大夏一部分土地,安居乐业,不愿东归。张骞在大月氏住了一年多时间,不得要领,只好回国。途经匈奴时,又被扣留一年多,后乘匈奴内乱始逃回国。元朔二年(公元前127年),张骞只与堂邑父二人回到长安。张骞出使大月氏的目的虽未达到,但他沿途了解西域诸国地形地貌、物产和风俗,为他第二次出使西域奠定了基础。张骞是开辟西域交通的第一人,故称他出使西域为"凿空"。

  自元狩四年(公元前119年)卫青、霍去病绝漠远征之后,匈奴败退,其势力转向西域,欲借西域诸国的人力、物力与汉争雄。因此,武帝决定要切断匈奴右臂的问题也提上议事日程。张骞建议:"今诚以此时厚币赂乌孙,招以益东,居故浑邪之地,与汉结昆弟,其势宜听,听则是断匈奴右臂也。既连乌孙,自其西大夏之属皆可招来而为外臣。"①张骞的建议完全符合以夷制夷战略。武帝遂于元鼎二年(公元前115年)拜张骞"为中郎将,将三百人,马各二匹,牛羊以万数,赍金币帛直数千巨万,多持节副使,道可,便遣之旁国"②。张骞第二次出使,联合乌孙虽未成功,但其副使则分别到了大宛、康居、大月氏、大夏、安息、身毒、于阗等国,并都派使者随汉副使来到长安,窥探汉朝的虚实情况。史称"于是西域始通于汉矣"③。汉通西域扩大了汉的影响,促进了汉与西域的经济、文化交流。此后"使者相望于道,一辈大者数百,少者百余人……汉率一岁中,使者多者十余,少者五六辈,远者八九岁,近者数岁而反"④。"自是之后,明珠、文甲、通犀、翠羽之珍,盈于后宫;蒲梢、龙文、鱼目、汗血之马,充于黄门;巨象、师子、猛犬、大雀之群、食于外囿;殊方异物,四面而至。"⑤从此西域的物产源源进入内地,中原先进的生产技术及土特产也不断输入西域。

---

① 《资治通鉴》卷一八,第656页。
② 《汉书·张骞传》,第751页。
③ 《资治通鉴》卷二〇,第657页。
④ 《汉书·张骞传》,第751页。
⑤ 《汉书·西域传下》,第1177~1178页。

张骞第二次出使西域后，使者和冒充使者的商人往来不断，西域诸国有的拒绝供给食物，有的劫掠汉使、汉商，匈奴更乘机遮击。武帝为打通西域的道路，于元朔六年(公元前 123 年)派浮沮将军公孙贺率一万五千骑兵，出五原(今内蒙古包头市西北)二千余里至浮沮井(今地不详)；派匈河将军赵破奴率万余骑兵出令居数千里至匈河，"以斥逐匈奴，不使遮汉使"①。这次汉出兵的主要打击对象仍是匈奴。元封三年(公元前 108 年)，武帝派赵破奴出击车师(今新疆吐鲁番)，虏楼兰王，破车师，并在酒泉玉门关设立亭障，建立通西域的物资供应基地。

张骞第二次出使西域后，很多国家派使者来长安，看见汉地非常富厚，皆归报其国王，西域各国"后乃益重汉"②。匈奴知道乌孙等国与汉通好后，大怒，欲击乌孙。乌孙恐惧，于是就向汉提出愿意建立和亲关系以求得保护。汉政府经过研究，决定派江都王的女儿细君为公主，嫁与乌孙昆莫(国王)为左夫人。昆莫年老，语言不通，公主悲愁思归。昆莫就让其孙岑娶(一作陬)尚公主。公主不听，上报武帝。武帝"报曰：从其国俗，欲与乌孙共灭胡"③。公主以国事为重，遂遵命嫁岑娶。从此汉与乌孙建立同盟关系，体现了武帝以夷制夷的战略思想。汉与乌孙和亲后，西域仍有些国家与匈奴亲近，他们畏惧匈奴，对待匈奴使者，优于对汉使者。

元封六年(公元前 105 年)，匈奴乌维单于逝世，子乌师庐立，年少，号"儿单于"。因惧汉军攻击，匈奴势力更加向西北方向迁移，其左方兵力面对云中(今内蒙古托克托县)，右方兵力则面对酒泉、敦煌，与西域更加接近。

汉使去过西域的人说："宛有善马，在贰师城(今吉尔吉斯南部马尔哈马特)，匿不与汉使。"武帝遂派使者去大宛，"持千金及金马以请

---

① 《资治通鉴》卷二〇，第 675 页。
② 《汉书·西域传下》，第 1167 页。
③ 《汉书·西域传下》，第 1167 页。

宛王贰师城善马"①。宛王不仅不给善马,而且杀汉使夺去财物,武帝大怒,决定讨伐大宛。他听说大宛兵弱,以两千兵力就可以攻克大宛,于是就让其宠姬李夫人的哥哥李广利为贰师将军,率六千骑兵及郡国恶少数万人,于太初元年(公元前104年)去讨伐大宛。汉军沿途受到西域各国的抵制,皆坚壁清野,不供应粮草。汉军不得食,死者甚多,"比至郁成,士财(才)有数千"②,皆疲饥不堪,攻郁成不下,又被杀伤甚众。李广利无奈,只好引兵而归,及至敦煌,余众不过十之二三。武帝听说李广利大败而归,大怒,派使者遮住玉门关曰:"军有敢入者辄斩之!"③李广利恐惧,只好暂驻敦煌待命。此时朝廷有人主张可以罢兵,不攻大宛。武帝认为连大宛都攻不下,恐为外国耻笑,而在西域的汉使也会更不好过。于是决定派兵六万,私从者不计其数,牛十万,马三万匹,其他牲畜以万数,自带军粮,增加弩兵,命李广利再征大宛。李广利这次征大宛,因兵多将广,粮草充足,所至小国莫不出迎,出食给军。军至轮台,轮台不下,则屠灭之。军至宛城,兵力三万,遂围其城。攻城四十多日,宛贵人恐惧,共杀其王而投降,并让汉军取善马数十匹,中马以下牝牡三千余匹。汉立宛人昧蔡为王,与之结盟而归。

一般史书都认为,武帝喜欢汗血马才劳师远征,笔者认为恐怕其理由并不这样简单。从深层次来观察,原因可能有二:其一,远征大宛,是以武力威震西域诸国,使其脱离匈奴的控制,与汉和好;其二,是想获得善马种,以繁殖善马,提高汉王朝骑兵的战斗力,这从汉军选中马以下牝牡三千马种可证。

在贰师将军二次远征大宛时,匈奴军想要中途拦击汉军,后看到汉军势盛而中止,又转与楼兰联系,欲截击汉的后路军。汉军得到消息后,就逮捕了楼兰王,并送至京师。武帝责问他为什么要拦击汉军?

---

① 《史记·大宛列传》,第1143~1144页。
② 《汉书·李广利传》,第753页。
③ 《资治通鉴》卷二一,第702页。

楼兰王说:"小国在大国间,不两属无以自安,愿徙国入居汉地。"①武帝认为回答直率,就送他回国,从此匈奴对楼兰也不再信任。

汉军在征服大宛后,就与匈奴在西域展开了正面对抗。汉军为了应对匈奴,就在敦煌、居延、轮台、渠犁等地进行屯田,"皆有田卒数百人,置使者、校尉领护,以给使外国者"②。其实汉军屯田的目的,主要是供应军队粮草需要,这也是一项战略性措施,以后汉与匈奴在西域争夺屯田区域,也是一项重要的斗争内容。

太初四年(公元前101年),匈奴呴犁湖单于逝世,其弟且鞮侯单于立。武帝欲乘征服大宛之威,一举消灭匈奴。且鞮侯单于恐惧,放言:"我儿子,安敢望汉天子。汉天子,我丈人行。"③并释放了汉出使匈奴不降者路充国归汉。武帝感到匈奴单于言行可嘉,遂派中郎将苏武、张胜等护送匈奴留汉使者,并厚赏单于礼品,以答其善意。谁知苏武等到匈奴后,单于非常傲慢,先抓捕张胜,后逼苏武投降。苏武拒绝,匈奴就把苏武流放到无人居住且荒凉寒冷的北海去放羊。苏武受尽折磨,忠贞不屈,直到昭帝始元六年(公元前81年)才返回汉朝。

武帝知匈奴单于嚣张傲慢,遂加强防御,发戍卒屯田五原(今内蒙古包头市西北),防备匈奴入侵。天汉三年(公元前98年)夏五月,武帝派李广利率三万骑兵,出酒泉,击匈奴右贤王于天山,被匈奴军包围。虽斩获匈奴首虏万余级,但汉军因乏食而死伤甚多,后赖赵充国率百余勇士突围,李广利引军相随,才得脱险,但汉军战死者什之六七。

在李广利奉命击匈奴时,武帝派李陵管理后勤。李陵争强好胜,不愿管后勤,请求独当一面。武帝遂给他五千步兵,出河西击匈奴。李陵出居延北行三十日至浚稽山,被匈奴八万骑兵包围,一日数十战,杀匈奴军五六千人,后五十万矢全部用尽而投降匈奴。李陵和他祖父

---

① 《汉书·西域传下》,第1158页。
② 《资治通鉴》卷二一,第708页。
③ 《汉书·匈奴传上》,第1121页。

李广一样,任性自负,好以少胜多,以险取胜,最后都落个失败的下场。这样的将领不足为训。

天汉二年(公元前99年),武帝派因杅将军公孙敖、强弩都尉路博德出击匈奴,均无功而返。同年,汉军还联合楼兰共击车师,因匈奴数万骑兵解救,汉军撤退。天汉三年秋,匈奴军入侵雁门,太守因逗留不战而弃市。

天汉四年(公元前97年)春,武帝派李广利率骑兵六万,步兵七万出朔方,派强弩都尉路博德率万余弩军与李广利会师;派游击将军韩说率步兵三万出五原,因杅将军公孙敖将骑兵一万、步兵三万出雁门,大举讨伐匈奴。匈奴单于得到消息后,把辎重撤到余吾水北,将十万骑兵于水南,与汉军接战,汉军不利而归①。征和二年(公元前91年)秋,匈奴入侵上谷(今河北怀来县东南)、五原,杀掠吏民。明年春,匈奴入侵五原、酒泉,杀两都尉。同年三月,武帝派李广利将七万人出五原,商丘成率二万人出西河,马通将四万骑兵出酒泉击匈奴。匈奴闻讯,将辎重移于郅居水北,单于自将精兵渡姑且水以迎击汉军。商丘成军至,无所见而还。此时李广利夫人在长安因涉及立昌邑王案而入狱。李广利闻讯后欲在战场立功以赎罪,在汉军不利的情况下,仍恋战不退,结果战败投降匈奴。后被卫律害死于匈奴。

从以上介绍的情况来看,在天汉至征和年间,汉在对匈奴争夺西域的战争中,实际处于不利的状况。笔者认为其原因有四:一是卫青、霍去病过早地去世,汉朝军队失去最好的统帅;二是太子刘据蒙冤被害,使武帝心绪不宁,分散了其对外战争的部署精力;三是长期对四夷的战争,已打得民穷财困,后勤供应不足;四是匈奴借助西域的人力、物力,元气有所恢复。武帝感觉到战争实在打不下去了,于是他当机立断,于征和四年(公元前89年)下了《罢轮台屯田诏》,表示悔征伐之事,此后不复出军。就是匈奴有小规模侵扰,也仅派军屯守。如后元二年(公元前87年),匈奴入侵朔方,杀掠吏民,武帝也仅派军屯河西,

---

① 《史记·李广利列传》谓李广利在此战役中投降,误。

并未出击。同年武帝驾崩,昭帝即位,由霍光辅政,继续坚持与民休息政策,国力逐渐恢复。此时的匈奴,因狐鹿姑单于与母亲颛渠阏氏在立继承人问题上产生意见分歧,内部不和。单于死,颛渠阏氏匿其丧,矫单于令,立其子左谷蠡王为壶衍鞮单于。左贤王与右谷蠡王不服,不肯参加龙城大会,匈奴自此衰弱。壶衍鞮单于因国内乖离,怕汉兵袭击,欲与汉和亲,为表示诚意,把困在匈奴多年的苏武释放回国。汉的国力明显占上风,但匈奴仍时有入侵。元凤元年(公元前80年),匈奴右、左部发二万骑兵分四路入边为寇,汉派兵追击,斩首虏八千人,生擒瓯脱王,汉军无一损失。从此匈奴即向西北远逃,不敢南逐水草。汉军发动人民在瓯脱(今地不详)屯田,建立后勤粮草供应基地。

元凤三年(公元前78年),匈奴右贤王、犁汙王率四千骑兵分三队,入侵日勒(今甘肃永昌县西)、屋兰(今甘肃山丹县西北)、番和(今甘肃永昌县)。汉张掖太守、属国都尉发兵阻击,大获全胜,匈奴逃脱者仅有数百人,其犁汙王被属国义渠王射死。自此之后,匈奴军再不敢入侵张掖。同年,汉听匈奴降者说,乌桓曾掘匈奴的祖坟,匈奴怨恨,遂发二万骑兵出击乌桓。霍光遂派度辽将军范明友率二万骑兵出辽东击匈奴。匈奴闻汉军至遂引去。范明友遵照霍光"兵不空出,即后匈奴,遂击乌桓"①的指示,大败乌桓军,斩首六千级,获三王之首。"匈奴由是恐(惧),不能复出兵。"②此后匈奴又把主力转向西域,于是汉与匈奴又在西域展开了争夺战,争夺的主体是屯田基地。因为谁得到土地肥沃地区施行屯田,就会获得粮草供应,就会兵强马壮,拥有战争优势,这属于战略的大问题,汉、匈双方都在拼力争夺。

元凤四年(公元前77年),大将军霍光根据以前桑弘羊的建议③,

---

① 《汉书·匈奴传上》,第1125页。
② 《资治通鉴》卷二三,第770页。
③ 桑弘羊轮台屯田建议:"轮台东有溉田五千顷以上,可遣屯田卒,置三校尉分护,益种五谷;张掖、酒泉遣骑假司马为斥候,募民健壮敢徙者诣田所,益垦溉田,稍筑列亭,连城而西,以威西国,辅乌孙。"《资治通鉴》卷二二,第738~739页。《汉书·西域传》记桑弘羊轮台屯田奏言,较此详细。

恢复轮台屯田,遂以扜弥国太子"赖丹为校尉,将军田轮台"①。龟兹国贵人姑翼对其王说:"赖丹本臣属吾国,今佩汉印绶来,迫吾国而田,必为害。"②龟兹国王遂即杀了赖丹,并向汉朝谢罪。这说明龟兹国恨的是赖丹,但并不反对汉的屯田。同年,楼兰王死,匈奴立其子为王,让楼兰与匈奴共同反汉。大将军霍光闻讯后,派傅介子出使楼兰诱杀楼兰王,立其弟尉屠耆为王,改其国名为鄯善。新王怕匈奴报复,主动献出其国伊循城(今新疆若羌县米兰城)肥沃土地,请求"汉遣一将屯田积谷,令臣得依其威重"。汉遂"遣司马一人、吏士四十人田伊循以填抚之"③。伊循屯田,开始时规模比较小,以后改由都尉管理,规模扩大。《汉书·西域传》说:"伊循官置,始此矣。"④说明昭帝时在伊循又开辟一个屯田区,汉军实力更加强盛。

昭帝末年,匈奴与车师联系侵袭乌孙,乌孙公主上书求救,说:"匈奴发骑田车师。车师与匈奴为一,共侵乌孙,唯天子幸救之。"⑤汉收到乌孙公主上书后,就准备出兵讨伐匈奴,但因昭帝逝世停了下来。宣帝即位后,公主与昆弥又上书,说匈奴连发大军侵袭乌孙,并表示如果汉出兵救乌孙,乌孙愿发精兵五万,尽力击匈奴。于是汉在本始二年(公元前72年),遣祁连将军田广明率四万骑兵出西河,度辽将军范明友率三万余骑兵出张掖,前将军韩增率三万余骑兵出云中,蒲类将军赵充国率三万余骑兵出酒泉,虎牙将军田顺率三万余骑兵出五原,约定各路军都出两千里而还。另派常惠监护乌孙五万精兵共击匈奴。匈奴听说汉军大举出征,遂率老弱及畜产远遁,故五将军皆少所得,也未能出塞达两千里而还。唯乌孙五万骑兵追匈奴至右谷蠡王庭,俘获单于父行及名王以下四万级,马牛羊骆驼七十余万头。匈奴损失极

---

① 《资治通鉴》卷二三,第771页。
② 《资治通鉴》卷二三,第771页。
③ 《资治通鉴》卷二三,第773页。胡注:"填,读曰镇。"
④ 《汉书·匈奴传上》,第1158页。
⑤ 《汉书·西域传下》,第1167~1168页。

重,其民众负伤而亡及畜产死伤,不可胜数,"于是匈奴遂衰耗,怨乌孙"①。汉政府为表彰常惠,封常惠为长罗侯,并派常惠至乌孙,赏赐乌孙对匈奴作战的有功将士。同时为报龟兹国杀害赖丹之仇,汉发动西域诸国兵四万人,从三面进攻龟兹。龟兹王在大兵压境下表示谢罪,并把杀害赖丹的贵人斩首,常惠才罢兵返回长安。

本始三年(公元前71年)冬,匈奴单于为报被乌孙战败之仇,遂亲率数万骑兵袭击乌孙,俘获一些老弱人等,但在撤退时,天气突变,猛降大雪,一日深丈余,军人、牲畜冻死者十有六七,匈奴更弱。丁令、乌桓、乌孙从三面进攻,杀伤数万级,掠获战马数万匹,牛羊无数,再加上饥荒,人民死者十之有三,畜产死者十之有五,匈奴更加虚弱,其在西域的盟国皆瓦解。不久汉又派遣三千骑兵,分三路进攻匈奴,捕虏数千人。匈奴不敢还击,从此边境安定少事。

地节二年(公元前68年),匈奴壶衍鞮单于逝世,其弟左贤王被立为虚闾权渠单于。他想利用汉"罢塞外诸城以休百姓"②的机会,派左大且渠与呼庐訾王各率一万骑兵,潜至汉边境准备偷袭。由于有三个骑兵降汉泄露了消息,汉遂派四位将领各率五千骑兵,分三队,出塞数百里迎击匈奴,各捕获数千人而还。同年,匈奴地区又闹饥荒,人畜死亡什之六七。其秋,匈奴居住在东方的西嗕种人,在其君长率领下,有数千人驱赶畜产西行,"与瓯脱战,所战杀伤甚众,遂南降汉"③。这对匈奴又是一次严重打击,其国势更加衰弱。

昭帝时,匈奴曾派四千骑兵屯田车师。汉五将军征匈奴时,赶走了匈奴在车师的屯田兵,车师复通于汉。后车师太子乌贵为王,与匈奴和亲,教匈奴截击汉通乌孙的使者。地节三年(公元前67年),侍郎郑吉、校尉司马憙,派免刑徒田渠犁(今新疆尉犁)积谷,发城郭诸国兵

---

① 《资治通鉴》卷二四,第800页。
② 《资治通鉴》卷二四,第807页。
③ 《汉书·匈奴传上》,第1126页。文中"所战杀伤甚众",《汉书补注》王先谦曰:"战"为衍文。

万余人,与所将屯田吏士一千五百人共击车师。车师王战败投降。匈奴准备发兵攻车师,见汉军势盛,撤走。郑吉只留少数兵力保卫车师王,引兵归渠犁。车师王恐匈奴复至而见杀,乃轻骑奔乌孙。匈奴遂立原车师王昆弟兜莫为车师王,收其余民东迁。郑吉后又派吏卒三百人在车师屯田。这是一次为争夺车师屯田的战争,以汉军大胜而结束,但匈奴对丧失车师屯田区,并不甘心。"单于、大臣皆曰:车师地肥美,近匈奴,使汉得之,多田积谷,必害人国,不可不争也。"①因此,以后匈奴曾多次击车师。有一次郑吉率渠犁屯田吏士七千人往救之,被匈奴军包围。郑吉遂上书求救,他说:"车师去渠犁千余里,间以河山,北近匈奴,汉兵在渠犁者势不能相救,愿益田卒。"②宣帝接到上书后,让大臣廷议。赵破奴等认为,应乘匈奴势弱之时,消灭匈奴。魏相不同意赵破奴等人的意见,说什么匈奴已有善意,所得汉人已经送回,又不曾犯边,"虽争田车师,不足致意"③。这是不懂屯田战略意义的谰言,但竟被宣帝采纳,反派兵往车师接郑吉及屯田吏士回渠犁,而把车师让给匈奴,这是最大的失策。郑吉回渠犁后,朝廷任郑吉为卫司马,使护鄯善以西南道诸国。

匈奴虽占据了车师屯田区,但其实力大不如前,西域诸国并不听从匈奴支配,乌孙仍听命于汉,丁令甚至不断骚扰匈奴,匈奴反击也无所得。在此情况下,匈奴就想联合西羌对抗汉国,对此下文在西羌的节目下再作论述。

神爵二年(公元前60年),虚闾权渠单于病故,匈奴发生内乱,出现五单于争斗,经过一段厮杀之后,形成呼韩邪单于与郅支单于南北对立之势。不久呼韩邪单于降汉;郅支单于退至漠北,控制西域,与汉对抗。

在匈奴内乱之际,汉使臣郑吉在西域的势力得到发展,首先发诸

---

① 《汉书·西域传下》,第1175页。
② 《汉书·西域传下》,第1175页。
③ 《汉书·魏相传》,第900页。

国兵攻破车师。此时,匈奴日逐王先贤掸在内乱中欲降汉,郑吉又发渠犁、龟兹诸国兵五万人,迎接日逐王所率领的一万二千人,小王将十二人。由此郑吉"威震西域"①。朝廷又命他护车师以西的北道诸国,号称"都护"。西域都护设置自郑吉始,从此屯田校尉也归都护管辖,西域都护统一了西域军事、政治、经济的大权,成为汉的地方行政单位。郑吉因功劳卓著,被封为安远侯,立莫府,治乌垒城(今新疆轮台县东北小野云沟),自此"汉之号令班西域矣"②。匈奴在西域设置的僮仆校尉被废除,但匈奴有时还与西域的小国勾结共同反汉,不过,对汉的威胁也微乎其微了。

甘露元年(公元前53年),呼韩邪单于为向汉示好,即遣铢娄渠堂入侍为质,以示诚意。由此汉边塞无事,减少戍卒十分之二。

呼韩邪单于与郅支单于本是兄弟,但为争夺单于之位而反目成仇。郅支单于攻击呼韩邪。呼韩邪战败,郅支遂占据了单于庭。左伊秩訾王向呼韩邪建议:"称臣,入朝事汉,从汉求助,如此匈奴乃定。"③呼韩邪授受了左伊秩訾王的建议,引兵靠近五原塞,派其子右贤王铢娄渠堂入侍,并向汉表示,每三年入朝一次。汉朝同意,给予呼韩邪单于位在诸侯王以上的礼遇。郅至单于看到呼韩邪降汉受到优待,也遣子右大将驹于利受入侍,但汉对郅支单于侍子表示冷淡。汉对呼韩邪和郅支的侍子采取区别对待的政策,是符合以夷制夷的战略原则的,目的是使两匈奴之间产生矛盾。

甘露三年(公元前51年)正月,呼韩邪单于朝汉,自称藩臣,宣帝优礼有加,赏赐甚厚。二月,汉欲送呼韩邪回国。呼韩邪自请:"愿留居幕南光禄塞下,有急,保汉受降城。"④汉政府婉拒,仍遣使隆重送单于回国。汉这一举动影响很大。原来"自乌孙以西至安息诸国近匈奴

---

① 《汉书·郑吉传》,第855页。
② 《汉书·郑吉传》,第856页。
③ 《汉书·匈奴传下》,第1129页。
④ 《资治通鉴》卷二七,第887~888页。

者,皆畏匈奴而轻汉,及呼韩邪朝汉后,咸尊汉矣"①。汉在西域占了绝对优势。

汉元帝初即位,就于初元元年(公元前 48 年),初置戊己校尉,派人于车师故地屯田,显示了元帝经营西域的决心。

匈奴郅支单于怨恨汉朝袒护呼韩邪,而要求其质子回国,汉遣卫司马谷吉护送。至匈奴,郅支不仅不感谢,竟一怒杀了谷吉。郅支怕汉朝报复,欲远走避祸,而此时西域的康居国因常被乌孙所困扰,就想联合郅支而击乌孙。郅支早就怨恨乌孙,故两者一拍即合,郅支可依康居,康居可借匈奴兵力共击乌孙。初元五年(公元前 44 年),康居借匈奴兵力攻击乌孙,"深入至赤谷城(乌孙国都),杀掠人民,驱畜产去,乌孙不敢追,西边空虚不居五千里"②。

郅支单于自与康居联合战胜乌孙后,又以大国自居,乘胜骄纵,但康居对他并不尊重,郅支遂向康居贵人及人民示威,又征发民众筑城,并向西域诸国征税,引起西域人民的反对。汉派使者质问谷吉的死因,郅支困辱汉使者而不肯答复。建昭二年(公元前 37 年),西域都护甘延寿、副校尉陈汤共同谋划,认为西域本属匈奴,现在郅支威名远闻,侵凌乌孙和大宛,如不及早征服,后必为患。陈汤说:如此时出兵讨伐,"千载之功,可一朝而成也"③。甘延寿同意陈汤的意见,但主张先奏请朝廷,然后再出兵。陈汤认为如果先奏朝廷,拖延时间反而不利。时甘延寿久病,不能视事,陈汤遂矫制发城郭诸国兵及车师戊己校尉屯田吏士,准备出击郅支。甘延寿知道后急起阻拦。陈汤按剑对甘延寿说:"大众已集会,竖子欲沮众邪!"④甘延寿只好听从陈汤的部

---

① 《资治通鉴》卷二七,第 888 页。
② 《资治通鉴》卷二八,第 909 页。胡三省注:《西域传》云:"乌孙国,治赤谷城,西至康居蕃地五千里,若云空虚者五千里,则自赤谷以西皆不居矣。此已抵其国都,不得云其西边也。"《陈汤传》作"且千里",当从之。当郅支入康居时,呼韩邪的势力得到发展,不久北归龙城,其国遂得到安定。
③ 《汉书·陈汤传》,第 857 页。
④ 《汉书·陈汤传》,第 857 页。

署。陈汤合汉、胡共四万余人,分别由六校尉统领①,分两路进攻郅支。至单于城,四面围攻。单于城是康居让出一片土地而新建的城市,外城是木城,内城是土城,土城内是大内(单于的宫殿区)。汉军用火攻木城,郅支在城楼上顽抗,被箭射中鼻孔,退入土城。汉军钲鼓声动地,追入土城,郅支又退入大内,中剑而亡。此战共斩阏氏、太子、名王以下一千五百一十八级,生房一百四十五人,降房千余人,郅支单于在西域的势力全部被消灭。但立此大功的陈汤、甘延寿因矫制灭郅支,朝中权臣许嘉、王商等人主张不仅不能封赏,而且还要追治矫诏之罪,幸赖宗正刘向秉公直言,认为甘延寿和陈汤诛灭郅支是"立千载之功,建万世之安,群臣之勋莫大焉"②。元帝采纳刘向的意见,封甘延寿为文成侯,陈汤为关内侯,食邑各三百户,加赐黄金百斤。但成帝即位后,还有人追究甘延寿、陈汤的矫制之罪。时甘延寿已死,无人责问,陈汤则一次被夺爵为士伍,再次免为庶人。陈汤死后,才被追谥为"破胡壮侯"。立大功的人,终归还是被承认的。

　　郅支单于被消灭后,呼韩邪单于且喜且惧。喜的是对手已亡,不再有内部斗争;惧的是郅支亡后,汉会对他加强控制。于是在建昭四年(公元前35年)上书朝廷,愿入朝晋见。竟宁元年(公元前33年)春正月,呼韩邪来朝,"自言愿婿汉氏以自亲。帝以后宫良家子王嫱字昭君赐单于"。呼韩邪非常高兴,又上书"愿保塞上谷以西至敦煌,传之无穷,请罢边备塞吏卒,以休天子人民"③。元帝让群臣廷议呼韩邪的上书,皆以为便,唯郎中侯应提出"罢边备塞吏卒十不可"的意见。元帝接受了侯应"十不可"④意见,并下诏"勿议罢边塞事",遂让车骑将军许嘉把意见传达给呼韩邪单于,并解释说:"中国四方皆有关梁障

---

　　① 六校尉:据《通鉴》注,指阳威、白虎、合骑三校尉及副校尉、戊校尉、己校尉。
　　② 《汉书·陈汤传》,第860页。
　　③ 《资治通鉴》卷二九,第942页。
　　④ 十不可:载《汉书·匈奴传》和《通鉴》,因原文过长,不录。

塞,非独以备塞外也。"①呼韩邪表示理解,仍与汉保塞和亲。

王昭君入匈奴后,被立为宁胡阏氏,生一男,名伊奢智牙师,后为日逐王,坚持与汉和亲。建始二年(公元前31年),呼韩邪病故,复株累单于立。按匈奴习俗,新单于复妻王昭君,生二女,长为须卜居次(公主),次为当于居次。匈奴与汉仍坚持友好而臣属的关系,直至王莽当政前都没有改变。

回顾汉与匈奴、西域的关系,至此已起了根本的变化。在高帝、惠帝、吕后和文、景时期,汉对匈奴是屈辱和亲时期。汉以公主嫁匈奴单于,还要陪送大量金帛财物,而匈奴仍侵边杀掠不止,甚至写信污辱吕后,汉都是逆来顺受。自呼韩邪单于降汉后,汉与匈奴仍保持和亲关系,但双方的地位则发生了质的变化:一,前期和亲,汉必须以公主或以翁主冒充公主嫁给单于,现以后宫良家子即可;二,汉与匈奴已不是昆弟之国,而是臣属关系;三,汉初和亲之后,匈奴照旧侵边杀掠,而现在和亲后其自愿保塞安民;四,汉初文帝时,是汉向匈奴提出:"先帝制,长城以北,引弓之国,受令单于;长城以内,冠带之室,朕亦制之。"②这是汉向匈奴提出愿以长城为界,但匈奴不予理睬。自呼韩邪降汉,是匈奴向汉提出:"孝宣、孝元皇帝哀怜,为作约束,自长城以南,天子有之,长城以北,单于有之。"③这是汉国势盛,不再承认以长城为界,匈奴想恢复旧约,汉也不予理睬。但匈奴并没有因此与汉闹翻,仍保持与汉友好和睦关系。

汉在西域的战争,主要还是对匈奴的战争。因为西域原本在匈奴的控制下,设有僮仆校尉统辖西域,并想利用西域的人力、物力与汉抗衡。汉要进入西域,与匈奴自然要发生战争。由于匈奴的实力逐渐衰弱,故汉对匈奴问题的解决比对西域还要早。宣帝神爵二年(公元前60年)在西域设置都护,废除匈奴的僮仆校尉,已基本把匈奴赶出西

---

① 《资治通鉴》卷二九,第944页。
② 《汉书·匈奴传上》,第1116、1137页。
③ 《汉书·匈奴传上》,第1116、1137页。

域。西域已进入汉的管辖版图。后来郅支单于想恢复匈奴在西域的势力,终因势弱而未得逞,反被西域都护甘延寿、副校尉陈汤所消灭,匈奴在西域的势力彻底被排除。

在汉与匈奴争夺西域期间,归服汉的乌孙国曾发生权位之争,解忧公主的侍者冯嫽(冯夫人)有才干,宣帝命她去调解乌孙的内争。冯夫人遂在乌孙设立大、小两昆弥(国王)以平衡两大势力的斗争,但两昆弥之间的矛盾,直到元、成、哀三帝时仍存在,使"汉用忧劳,且无宁岁"①。但两昆弥都亲附西域都护段会宗,故未酿成大患。哀帝元寿二年(公元前1年)春正月,"匈奴单于及乌孙大昆弥伊秩糜皆来朝,汉以为荣。时西域凡五十国,自译长至将、相、侯、王皆佩汉印绶,凡三百七十六人"②。这说明西域诸国已承认汉的宗主国地位,汉在西域大获全胜。

三、西汉对羌族的战争与战略

羌族是中国最古老的民族之一,因其最早活动于中国西部四川、甘肃、青海一带,故称西羌,亦称西戎。早在夏、商、周时期,西羌就与中原有密切关系。《史记·六国年表》说:"禹兴于西羌。"说明夏与西羌有一定的渊源联系。据《竹书纪年》记载,羌与夏的关系是时叛时降,即在夏兴盛时期就降服,在衰弱时期就叛离。在商朝,情况大体也是如此。《诗经·商颂·殷武》说:"昔有成汤,自彼氐羌,莫敢不来享,莫敢不来王。"③这说明羌已为商的附庸。后来商国势力中衰,诸戎叛乱,羌族也在其中。武丁时国势强盛,又征服了西戎。至西周,武王伐纣,羌族是周的同盟军,并成为周的婚姻之国。西周末年,幽王昏庸,四夷交侵,申与西戎联合,杀幽王于骊山之下。平王东迁洛邑,西戎的

---

① 《汉书·西域传下》,第1170页。
② 《资治通鉴》卷三五,第1123页。
③ 《十三经注疏》,中华书局1979年版,第627页。

势力扩大,"渭首有狄、䝠、邽、冀之戎,泾北有义渠之戎,洛川有大荔之戎,渭南有骊戎,伊洛间有杨拒、泉皋之戎,颍首以西有蛮氏之戎"①。春秋时期五霸兴起,进入中原之戎族,多被晋、齐、楚、秦所兼并,如秦穆公得戎人由余而霸西戎,开地千里;晋悼公使魏绛和戎而"复修霸业"。至战国,在中原活动的戎族,几乎全被"七雄"所灭。如周赧王四十三年(公元前272年),秦灭义渠之戎,在其地设陇西、北地、上郡,并入秦国版图。

羌族本是逐水草而居的游牧民族,其习俗与匈奴相同,"父没则妻后母,兄亡则纳釐嫂"。勇于战斗,"以战死为吉利,病终为不祥"。"杀人偿死,无它禁令。""种类繁炽,不立君臣,无相长一,强则分种为酋豪,弱则为人附落。"各种姓之间,"更相抄暴,以力为雄"②。唯与外族相斗时,羌族之间则"解仇结盟",一致对外。秦统一六国时,"兵不西行,故种人得以繁息"③。西汉初年,匈奴冒顿兵强,"破东胡,走月氏,威震百蛮,臣服诸羌",羌族成为匈奴的附庸,并共同袭击汉的西疆。汉景帝时,研种羌人留何率族人求守陇西塞,"于是徙留何等于狄道、安故(今甘肃临洮县西),至临洮、氐道、羌道县(今甘肃宕昌县西南)"④。从此羌族发展于甘南地区。

汉武帝在对匈奴战争中,占领了匈奴右谷蠡王的河西地区后,"列置四郡,通道玉门,隔绝羌、胡,使南北不得交关"⑤。即切断了西羌与匈奴的联系,打开汉通西域的道路,这是汉的一项重要战略措施。汉的这一举措,引起羌族的恐慌,于是先零羌牵头与封养羌、牢姐羌"解仇结盟",并与匈奴兵联合,共十余万,于元鼎五年(公元前112年),进攻令居(今甘肃永登县西北)、安故(今甘肃临洮县南),并围枹罕(今甘

---

① 《后汉书·西羌传》,缩印百衲本,商务印书馆1958年版,第1288页。
② 《后汉书·西羌传》,缩印百衲本,商务印书馆1958年版,第1286页。
③ 《后汉书·西羌传》,缩印百衲本,商务印书馆1958年版,第1290页。
④ 《后汉书·西羌传》,缩印百衲本,商务印书馆1958年版,第1290页。
⑤ 《后汉书·西羌传》,第1290页上。列置四郡:即指酒泉、武威、敦煌、张掖。

肃临夏县西南)。汉派李息、徐自为将兵十万平定了羌乱,并置护羌校尉管辖西羌。羌族乃退至湟中(今青海湟水西岸),依西海盐池(今甘肃酒泉之北,一说在甘肃临羌县)一带活动。汉在河西因山为塞,实行募民屯田的战略以防羌族骚扰,直至宣帝前双方相安无事。

宣帝即位后,派光禄大夫义渠安国(义渠羌之后)视察羌族,先零羌首领对安国说:"愿时渡湟水北,逐民所不田处畜牧。"①其实羌族的目的是想到湟水以北好与匈奴联系。安国不明其真意,表示赞同。但赵充国识破羌族的阴谋,劾奏"安国奉使不敬",但没引起宣帝的重视。羌族遂以安国同意为据而贸然渡过湟水,郡县不能制止。

先零羌到达湟水以北后,就与诸种羌豪二百余人,"解仇结盟",准备进攻汉河西地区。宣帝闻讯后,就问赵充国如何应对。赵充国说:"羌人所以易制者,以其种自有豪,数相攻击,势不一也。往三十余岁西羌反时,亦先解仇合约攻令居,与汉相拒,五六年乃定。匈奴数诱羌人,欲与之共击张掖、酒泉地,使羌居之。间者匈奴困于西方,疑其更遣使至羌中与相结。臣恐羌变未止此,且复结联他种,宜及未然为之备。"②意即在羌族未结盟前做好准备。一个月后,羌侯狼何果遣使至匈奴借兵,欲击鄯善、敦煌以断绝汉通西域的道路。赵充国知道后对宣帝说:"狼何势不能独造此计,疑匈奴使已至羌中,先零、罕、开乃解仇作约。到秋马肥,变必起矣。宜遣使者行边兵,豫为备敕,视诸羌毋令解仇,以发觉其谋。"③谁知丞相府和御史府仍遣义渠安国行视诸羌,以别善恶。安国到羌中后,召集诸羌豪三十余人,对桀骜不驯者全部杀死,又纵兵击其种人,斩千余级,遂引起降羌及归义羌侯杨玉的不满,背叛犯塞,攻城邑,杀官吏。安国以骑都尉率三千骑兵至浩亹(今甘肃永登县大通河东岸)以备羌乱,结果被羌兵打败。安国引兵退至

---

① 《资治通鉴》卷二五,第836页。
② 《资治通鉴》卷二五,第837页。《汉书·赵充国传》所记较为详细,但文字大同小异。
③ 《资治通鉴》卷二五,第838页。

令居向朝廷报告,引起朝廷恐慌。宣帝让御史大夫丙吉问赵充国,谁可镇压此羌乱?充国当时已七十多岁,仍敢勇挑重担,答曰:"无逾于老臣者矣。"于是就在神爵元年(公元前61年),宣帝任赵充国为将,发大兵讨伐西羌。①

赵充国字翁孙,原为陇西上邽(今甘肃天水市)人,后迁于令居。史称赵充国"为人沈勇有大略,少好将帅之节,而学兵法,通知四夷事"②。充国23岁参军,初为骑士,后任假司马。天汉二年(公元前99年),曾随贰师将军李广利征匈奴,大军被围,赵充国率勇士百余人突围,救出全军,而自身被重创二十余处,受到武帝的接见与赞赏,是武帝给宣帝留下的最可信赖的将领。

赵充国至金城,率一万骑兵欲渡河,怕被羌兵阻击,改在夜间遣三校尉率兵衔枚先渡,到天亮以前全军均已过河扎营,至夜又引兵占领落都山(今青海乐都县)制高点,准备袭击羌军。赵充国治军非常谨慎:"行必为战备,止必坚营壁,尤能持重,爱士卒,先计而后战。遂西至西部都尉府,日飨军士,士皆欲为用"③。羌兵多次挑战,充国坚守不战,后来捕获一个羌兵,说羌豪之间互相责问:我说不反叛,你不听,现在朝廷派来一位赵将军,他虽年已八九十了,但善用兵,今想一战而死,也不能了。这说明赵充国先声夺人,使敌人丧胆,也说明赵充国坚守不战的战术是正确的。

原先罕、幵豪酋靡当儿使他弟弟雕库来告密,说先零羌欲反,过几天先零羌果然反了。雕库的种人有很多在先零羌中,有人就主张扣留雕库当人质。充国以为雕库无罪,不应扣留,应释放,并对雕库说,你回去后对羌人说,大军专诛有罪之人,要明白自别,不要一并取死。又说,天子告诉羌人,犯法者如能捕斩反者,不仅无罪,还要以功劳大小

---

① 《资治通鉴》卷二八,第845页。《赵充国传》"无"作"亡",意同。
② 《汉书·赵充国传》,第843页。
③ 《资治通鉴》卷二八,第846页。

不同,给予不同的奖钱。以其所获妻子、财物皆给立功者①。赵充国的目的,是以此瓦解敌人的斗志,等羌人疲惫后,再进攻。

赵充国采取分化瓦解政策,准备在秋、冬季进攻先零羌。这时,宣帝急于求成,已调六万大军准备进攻西羌。此时酒泉太守辛武贤上书反对赵充国的战略措施,反对对诸羌分别对待的策略,主张先攻击开、䍐羌,主张"不如以七月上旬,赍三十日粮,分兵出张掖、酒泉,合击䍐、开在鲜水(今青海湖)上者,虽不能尽诛,但掠畜产,房其妻子,复引兵还,冬复击之"。宣帝把辛武贤的奏书转给赵充国。充国认为:"一马自负三十日食,为米二斛四斗,麦八斛,又有衣装、兵器,难以追逐。虏见大军,必然撤退,深入山林,据险陁守,以绝粮道。"武贤说的夺其畜产,房其妻子,全是贻笑千古的空话。赵充国表示:"故臣愚册,欲捐䍐、开暗昧之过,隐而勿章,先行先零之诛以震动之,宜悔过反善,因赦其罪,选择良吏知其俗者,拊循和辑,此全师保胜安边之册。"②宣帝不仅不听赵充国的意见,反命许延寿为强弩将军,辛武贤为破羌将军,七月出兵击羌,并责备赵充国不念国家之费,欲行以数岁而胜的策略,还命令赵充国也随辛武贤共同出兵击羌。充国接到宣帝诏令后,并未盲目服从,而是冒抗诏之险,再上书陈述自己的意见:先零羌是叛乱之首,而䍐羌未有所犯,现在把先零羌放在一边,而先击䍐羌,是"释有罪,诛无辜",这不是陛下本意。我的策略,是先诛先零之后,则䍐、开羌之属不烦兵而服矣。如䍐、开之羌不服,到正月再行征讨,这既得之于理,又合其时。现在就进兵,诚不见其利。

赵充国六月戊申(廿八日)上书,七月甲寅(初五)宣帝就批准了赵充国的作战计划,其时速是惊人的。

赵充国接到批准的诏令后,即率军进攻先零羌。先零屯聚已久,

---

① 关于奖钱问题,《汉书·赵充国传》说:"斩大豪有罪者,一人钱四十万,中豪十五万,下豪二万,大男三千,女子及老小千钱。"似数量过大。《资治通鉴》改"赐钱有差",虽含混,但可信。

② 《资治通鉴》卷二六,第847~848页。文中"册",同"策";"章",同"彰"。

麻痹懈怠,见大军突至,即弃辎重,欲渡湟水逃走。赵充国令大军急追,以免羌军作困兽之斗,结果羌兵落水而死者数百人,投降及被斩首者五百余人。汉军掠得马牛羊十余万头,车四千余辆。然后汉军至罕羌驻地,则纪律严明,不许燔烧聚落。罕羌喜曰:"汉果不击我矣。"罕羌果然不烦用兵而降。

在赵充国取得对先零羌初步胜利之后,揣度先零羌不久就会崩溃,于是就想撤退骑兵,设置屯田,以待其敝。但还没有来得及上奏屯田之策,赵充国就接到宣帝诏令,命破羌、强弩二将军十二月与充国合,进击先零羌。赵充国接到诏令后就要上书力陈进兵先零羌之弊,他的儿子中郎将赵卬劝他不要抗旨,以免有杀身之祸。赵充国叹息而批评儿子说:"是何言之不忠也。"我一定以死坚持我的意见,明主是可以接受忠言的,于是遂上《屯田奏》,曰:

> 臣所将吏士、马牛食所用粮谷、茭藁,调度甚广,难久不解,徭役不息,恐生他变,为明主忧,诚非素定庙胜之册。且羌易以计破,难用兵碎也,故臣愚心以为击之不便!计度临羌东至浩亹,羌虏故田及公田,民所未垦,可二千顷以上,其间邮亭多坏败者,臣前部士入山,伐林木六万余枚,在水次。臣愿罢骑兵,留步兵万二百八十一人,分屯要害处,冰解漕下,缮乡亭,浚沟渠,治湟狭以西道桥七十所,令可至鲜水左右。田事出,赋人三十亩;至四月草生,发郡骑及属国胡骑各千,就草为田者游兵,以充入金城郡,省大费。今大司农所转谷至者,足支万人一岁食,谨上田处及器用簿①。

赵充国所上《屯田奏》计算精准,又有屯田地图和器用簿备查,不容宣帝不信。但宣帝急于求成,仍问如按赵充国的计划,什么时候可以解决羌乱。赵充国复奏曰:

> 臣谨条不出兵留田便宜十二事:步兵九校、吏士万人留屯,以

---

① 《资治通鉴》卷二六,第851页。文中"赋人三十亩",《汉书·赵充国传》作"赋人二十亩"。

为武备,因田致谷,威德并行,一也。又因排折羌虏,令不归肥饶之地,贫破其众,以成羌虏相叛之渐,二也。居民得并田作,不失农业,三也。军马一月之食,度支田士一岁,罢骑兵以省大费,四也。至春,省甲士卒,循河、湟漕谷至临羌,以示羌虏,扬威武,传世折冲之具,五也。以闲暇时,下先所伐材,缮治邮亭,充入金城,六也。兵出,乘危徼幸;不出,令反叛之虏窜于风寒之地,离(罹)霜露、疾疫、瘃堕之患,坐得必胜之道,七也。无经阻、远追、死伤之害,八也。内不失威武之重,外不令虏得乘间之势,九也。又亡惊动河南大开使生他变之忧,十也。治湟狭中道桥,令可至鲜水以制西域,伸威千里,从枕席上过师,十一也。大费既省,徭役豫息,以戒不虞,十二也。留屯田得十二便,出兵失十二利,唯明诏采择!①

赵充国根据战争形势,总结出"屯田十二便",虽然讲得非常清楚明白,但宣帝还有疑问。问充国屯田取胜是否指今年?屯田罢兵,羌虏知道后,出兵骚扰、杀掠人民,怎么制止?希望赵充国再考虑!赵充国再上奏曰:

臣闻兵以计为本,故多算胜少算。先零羌精兵,今余不过七八千人,失地远客分散,饥冻畔还者不绝。臣愚以为虏破坏可日月冀,远在来春,故曰兵决可期月而望。窃见北边自敦煌至辽东万一千五百余里,乘塞列地有吏卒数千人,虏数以大众攻之而不能害。今骑兵虽罢,虏见屯田之士精兵万人,从今尽三月,虏马羸瘦,必不敢捐其妻子于他种中,远涉河山而来为寇;亦不敢将其累重,还归故地,是臣之愚计所以度虏且必瓦解其处,不战而自破之册(策)也。……又大兵一出,还不可复留,湟中亦未可空,如是,徭役复更发也。臣愚以为不便。臣窃自惟念:奉诏出塞,引军远去,穷天子之精兵,散车甲于山野,虽亡尺寸之功,媮得避嫌之便,

---

① 《资治通鉴》卷二六,第852~853页。这段引文出自《汉书·赵充国传》,司马光有所删节。《通鉴》对其他引文,也有类似情况。

*而亡后咎余责,此人臣不忠之利,非明主社稷之福也!*①

赵充国的几次上书,都要经过朝臣的讨论,开始同意充国意见的只有十分之三;再次讨论,同意者占十分之五;最后同意者有十分之八。于是宣帝给赵充国下诏,表示"嘉纳"他的意见,但同时宣帝又给破羌将军、强弩将军及中郎将赵卬下令,让他们率军击羌。宣帝可能认为他采取的"两便"举措,是最得意的,其实还是对赵充国的"屯田破敌"的战略不信任。攻羌的结果,强弩将军仅得降羌四千余人;破羌将军斩虏二千余级;中郎将亦斩虏首二千级,而赵充国屯田所得降羌却有五千人。事实教育了宣帝,出兵击羌,劳民伤财,不如屯田坐以待敌管用。于是宣帝下诏罢兵,独留充国屯田。

神爵二年(公元前60年)五月,赵充国认为羌人已不能再发动大规模叛乱,没必要再在湟中屯田,于是就上《罢屯田奏书》,指出:"羌本可五万人军,凡斩首七千六百级,降者三万一千二百人,溺河、湟、饿死者五六千人,定计遣脱与煎巩、黄羝俱亡者不过四千人。羌靡忘等自诡必得,请罢屯兵!"②宣帝批准了请罢屯田奏书,赵充国遂"振旅而还"。同年秋,羌若零、离留、且种、儿库共斩先零羌大豪犹非、杨玉向汉投降。羌人首领弟泽、阳雕、良儿、靡忘等率煎巩、黄羝之属四千余人降汉。汉封若零、弟泽二人为帅众王,其余羌豪皆封为侯、君,并置金城属国让羌人居住,由护羌校尉管理。汉第一次对羌战争取得胜利。

宣帝时期对西羌战争所以能取得胜利,其原因有二:一是用人得当。宣帝对赵充国虽始有疑虑,但终于信任,所以赵充国可以充分发挥自己的智慧,坚持屯田战略,对羌人软硬兼施,剿抚并用,才平定了羌乱。若依辛武贤辈一味用兵镇压,其结果必将引起大乱,其后果不堪设想。二是坚持屯田战略,不仅解决了军需供应问题,减少徭役负

---

① 《资治通鉴》卷二六,第853～854页。
② 《资治通鉴》卷二六,第855页。文中"羌靡忘等自诡必得"句,意为余下来的羌人,已投降的羌豪靡忘等自然能管理好。

担,而且还可以攻守并利。战,有田兵驻在第一线;守,不仅可以自守,而且可以保护当地居民,可以稳定军心民心,处战不惊。选将、屯田,是武帝传下来的两大战略原则,宣帝用起来虽不如武帝得心应手,但还是坚持下来,取得了对西羌战争的胜利。

元帝永光二年(公元前 42 年)七月,发生了第二次羌变。陇西羌彡姐旁种反,元帝命丞相韦玄成等议论对策。群臣都因连年灾害,收成不好,现在又遇到羌变,感到没办法,故都漠然不对,唯有右将军冯奉世说:"羌虏近在竟内背畔,不以时诛,亡以威制远蛮,臣愿帅师讨之。"①元帝问应用多少兵,奉世说,按常规,羌人有兵三万,须要六万大军才能迅速取胜,实际羌兵弓矛不犀利,战斗力不强,用四万人,一个月就可解决。但丞相和御史大夫认为,现在正值秋收,抽不出那么多兵力,只能给兵一万人。经过冯奉世一再争取,元帝又给增加二千人。冯奉世就率领一万二千人去征西羌。到陇西后,分屯三处,与羌人争地利,而羌兵盛多,三处屯兵皆被打败,并有两校尉被杀。冯奉世马上上书告急,并请求再增兵三万六千人。一向优柔寡断的汉元帝,这次果断地增兵六万余人,并增派奋武将军任千秋辅助冯奉世讨伐羌变。十月,大军集中陇西,十一月开始进攻,大败羌军,斩首数千级,余皆逃出塞外。在战争胜负未决时,朝廷又招募万人,由建威将军韩安国率领讨伐羌军。尚未出发,听说羌军已败,元帝叫停,但说:"羌虏破散,创艾亡逃出塞,其罢吏士,颇留屯田,备要害处。"②冯奉世因功升任左将军,赐爵关内侯。

已故史学前辈吕思勉先生说:"汉自昭帝以后,用兵于四夷,远不如武帝时之烈,然其成功,转较武帝为大,则时会为之也。"③这其实是指汉武帝征四夷,为昭、宣二帝的胜利奠定了基础。据《汉书·卫青霍去病传》统计:"大将军(卫)青,凡七出击匈奴,斩捕首虏五万余级。"

---

① 《汉书·冯奉世传》,第 958 页。文中"畔"同"叛"。
② 《汉书·冯奉世传》,第 959 页。
③ 吕思勉:《秦汉史》,上海古籍出版社 1983 年版,第 161 页。

"票骑将军(霍)去病,凡六出击匈奴。其四出以将军、斩首虏十一万余级。"说明仅卫、霍二人就十三次出击匈奴(其中有重合),共斩捕首虏十六万余级,获其畜产数百万头,解除了匈奴对北方、西方的严重威胁。武帝征伐四夷,主要的强敌就是匈奴。匈奴的实力被削弱,西域、西羌的问题,就比较容易解决了。另外,更主要的是武帝留下了宝贵的战略战术成果,如战争进行步骤的先后问题,屯田积谷的后勤供应问题,剿抚并用、联合各族共对强敌问题,选择良将问题,设置西域都护、护匈奴校尉、护乌桓校尉、护羌校尉,对降服的各族进行管理问题,都被昭、宣以后各帝所继承,并且坐收成果,而达到开疆拓土、四夷向汉、边境安定的境地。但这些宝贵成果,都被权欲极重、滥改旧章的王莽所破坏,把汉武帝以来对边疆各族所建立的和睦关系和秩序,一扫而光,全部摧毁。

王莽是靠外戚身份掌权的。他姑母王政君是元帝的皇后。元帝死后成帝即位,尊其母为皇太后,以其舅王凤为大司马大将军,领尚书事,执掌汉中央的军政大权,从此汉政权就落入外戚王氏之手。外戚王氏先后封侯者有九人,太守、刺史多出其门。王氏得势后,都奢侈腐化,唯独王莽折节下士,辞让封爵,并疏散家财,赡养儒生,深得社会的好评。绥和元年(公元前8年),王根辞退,王莽继任为大司马大将军,执掌政权一年多,成帝逝世,哀帝即位。为避免和哀帝外戚丁、傅两家争权,王莽主动辞退。元寿二年(公元前1年),哀帝病故。平帝九岁即位,因其年幼,太皇太后王政君临朝执政,遂把王莽召回,继续任大司马大将军、录尚书事,重新掌权。在王莽重新掌权后,与以前判若两人,特别是他由大司马大将军晋位到安汉公、假皇帝及篡汉建新当了真皇帝之后,一反常态,已陷入自以为是、唯我独尊的狂想之中。如果说他对内政改革还有一点点社会背景可依的话,他对四夷的举措,则是胡思乱想、为所欲为。如他想到中国人的名字多是一个字(他名"莽"就是一个字),而夷狄人的名字都是四五个字,甚至更多。他便派使者去见匈奴单于囊知牙斯,劝他改为一个字的名字。囊知牙斯就改名为"知",得到厚赏。王莽又想,他已北化匈奴,东至海外,南怀黄支,唯独在西方没什么表示。他就派使者去西羌劝他们献出鲜水海。羌人献出后，他就改设西海郡，以后他又把西海郡定为罪犯的流放地，引起羌人的怨恨，遂在西海郡发动叛乱。王莽篡汉后，把汉的诸王皆降为侯，而四夷封王者，也一律降为侯。王莽认为仅此还不能显示新朝的权威，又下令将汉朝所颁发的印绶，全都作废，收回，改换新朝印绶。文字也要改变，如匈奴旧印的文字是"匈奴单于玺"，新印则改为"新匈奴单于章"。改"玺"为"章"，也引起匈奴的不满。当王莽让使者去换印时，又把旧印砸破，"以绝祸根"①。再如王莽对匈奴单于的称号也感到不顺，先改为"降奴服于"，后又改为"恭奴善于"。对高句丽的族名，王莽也感到有威胁性，而改为"下句丽"。对西域乌孙大、小昆莫的地位，他也随便改动。在大、小昆莫派使臣朝见时，王莽让小昆莫的使臣居上位，大昆莫的使臣居下位，乱了君臣的礼仪。由于王莽对四夷乱改国名、族名、人名，滥发诏令，无事生非，引起各族不满，爆发了种种骚乱。史称"北边自宣帝以来，数世不见烟火之警，人民炽盛，牛马布野；及莽扰乱匈奴，与之构难，边民死亡系获。数年之间，北边虚空，野有暴骨矣"②。"西域诸国，以莽积失恩信，焉耆先叛、杀都护但钦"，"西域自此绝"③。其他各地也相继叛变。西汉自武、昭、宣等各帝所创造的和平、安宁景象，被王莽乱政全部破坏。

四、东汉对匈奴的战争与战略

匈奴在西汉宣帝时，呼韩邪单于就已降服，成为西汉防御边陲的属国。但王莽篡汉，与边陲各族失和，匈奴乘机独立，并利用赤眉、绿林起义及以后军阀混战之机，其实力得到恢复和发展，尽占汉初匈奴北方故地，并不断侵袭汉的边境。更始帝为笼络匈奴，于更始二年（24

---

① 《汉书·匈奴传下》，第1158页。
② 《资治通鉴》卷三七，第1193页。
③ 《汉书·王莽传中》，第1251、1256页。

年)冬,以汉政府名义,派侯飒、陈遵出使匈奴,授予匈奴单于汉制印绶,表示愿与匈奴恢复旧的关系。匈奴单于舆非常狂妄地说:"匈奴本与汉为兄弟;匈奴中乱,孝宣皇帝辅立呼韩邪单于,故称臣以尊汉。今汉亦大乱,为王莽所篡,匈奴亦出兵击莽,空其边境,令天下骚动思汉。莽卒以败而汉复兴,亦我力也,当复尊我!"①匈奴单于的意思是说,因为我帮助汉朝平定王莽之乱,汉就应当尊重匈奴为宗主国,成为我的属国。匈奴非常坚持己见,所以更始帝刘玄的使者与匈奴的谈判,就不欢而散。匈奴对汉边境的侵扰仍然不断。

刘秀建立东汉政权后,匈奴仍不断侵扰边境。尤为严重的是,割据北方的卢芳,于建武元年(25年),据安定(今甘肃镇原县)投降匈奴。第二年,占据渔阳的彭宠也独立称燕王,并与匈奴相勾结。建武五年(29年),彭宠被其家奴杀害后,匈奴与卢芳的勾结更加紧密,把卢芳送回汉地称王,都九原县(今内蒙古包头市西北),据有五原、朔方、云中、定襄、雁门五郡,成为匈奴的傀儡政权。但在卢芳立脚未稳之时,汉政府派大军发动进攻,卢芳被迫退回匈奴。后卢芳曾一度降汉,被封为代王,因其内怀忧惧,不久又叛,卢芳留居匈奴十余年,病死于匈奴。其余众遂瓦解,或归降于东汉,解除了东汉的心头之患。

卢芳虽亡,东汉因建国不久,国内尚未统一,对匈奴也采取退让政策,并不断派使者去匈奴"赂遗金币,以通旧好"②。但匈奴单于态度傲慢,其国势转盛,"钞暴日增",汉政府无力对抗,遂将幽、并二郡居民迁入居庸关、常山关以东。匈奴仍进一步逼迫,其势力曾达到上党(今山西长治市)、扶风(今陕西兴平市)、天水(今甘肃通渭县)、上谷(今河北怀来县)、中山(今河北定州市)等广大区域,"杀略钞掠甚众,北边无

---

① 《资治通鉴》卷三九,第1270~1271页。又《后汉书·卢芳传》记载,匈奴单于舆对卢芳使者说:"匈奴本与汉约为兄弟,后匈奴中衰,呼韩邪单于归汉,汉为发兵拥护,世世称臣。今汉亦中绝,刘氏来归我,本当立之,令尊事我。"单于遂立芳为汉帝(因卢芳诈称汉武帝曾孙)。单于谈话的对象虽不同,但其含意则完全一致。

② 《后汉书·南匈奴传》,第1324页。

复宁岁"①。东汉政府对边区人民所遭受的苦难也无力救护,只有一再忍让。

正当匈奴凶残暴虐不可一世之时,其内部出现了单于权位之争。当匈奴单于舆在位之时,就封其侄比为右薁鞬日逐王,管理南边八部及乌桓族事务,有众四五万人。但比自恃为呼韩邪之孙、乌珠留若鞮单于之子,对单于舆并不服气,很少参与单于庭会议。单于舆对比也并不信任,派遣左、右两骨都侯监察比所领部兵。建武二十二年(46年),单于舆死,日逐王比认为应继位为单于,结果舆之子左贤王乌达鞮侯立为单于,不久新单于又死,其弟左贤王蒲奴又立为单于。比非常气愤,就下决心争夺单于宝座。正当此时,匈奴地区出现了自然灾害,"连年旱蝗,赤地数千里,草木尽枯,人畜饥疫,死耗太半"②。匈奴蒲奴单于怕汉军在此危机之时进攻匈奴,于是就主动提出要与汉和亲,恢复旧的关系。但日逐王比则抢先一步,密派使者向汉献出匈奴地图,并请求内附。原被单于派来监视日逐王比的两位骨都侯,就向单于汇报了比献地图、内附的活动,并建议除掉日逐王比。比的弟弟获此消息后,立即通报给比。比遂决定公开与蒲奴单于决裂。建武二十四年(48年)春,八部大人共推日逐王比为呼韩邪单于,并派使臣向东汉表示:"愿永为蕃蔽,扞御北虏。"③光武帝刘秀接受了呼韩邪单于的降附。匈奴从此分为南北两部。

南匈奴附汉后,为表示对汉的忠诚,于建武二十五年(49年),发兵万余击北匈奴,生擒北单于弟薁鞬左贤王,"得其众合万余人,马七千匹,牛羊万头"④。北匈奴受到沉重打击,"却地千里"。另有北匈奴三万余人,在薁鞬骨都侯和右骨都侯率领下归附南匈奴。南匈奴胜利后,遣使者至京师洛阳表示忠心:"奉藩称臣,献国珍宝,求使者监护,

---

① 《后汉书·南匈奴传》,第1325页。
② 《后汉书·南匈奴传》,第1325页。
③ 《后汉书·南匈奴传》,第1326页。文中"蕃"同"藩"。
④ 《后汉书·南匈奴传》,第1326页。

遣侍子,修旧约。"①汉政府遂派中郎将段郴监护南匈奴,并帮助南匈奴在五原设庭帐管理所统辖的部众,不久又把其部众安置在北地(今宁夏吴忠市)、五原、云中、定襄、雁门、西河等边缘诸郡,这有利于民族融合及经济、文化交流。南匈奴也按旧制遣子入侍,每三年一朝觐。东汉政府对南匈奴的礼仪非常高,相当于诸侯王,并经常赏赐给南匈奴金帛珠宝及粮食牛羊等物,据统计,此项费用每年达"一亿九十余万"②,以换取南匈奴的安边守塞作用。因此,东汉中期以前,南匈奴与汉政府保持了稳定的臣属关系,这对汉、匈双方都是有利的。

匈奴自分裂为南、北两部之后,南匈奴依托东汉为后盾,曾多次出击北匈奴,迫使北匈奴退居漠北。北匈奴实力削弱,经济萎缩,故也想与汉建立"和亲"、"互市"关系,并多次派使者表达这种愿望。但东汉政府有两种顾虑:一怕接纳北匈奴,会引起南匈奴的猜忌;二怕接纳北匈奴后,南、北匈奴合好,共同抗汉。考虑的结果,还是坚持"以夷制夷"政策为上,不让两匈奴有正面接触机会。故对北匈奴提出的"互市",则明确表示同意;对"和亲",则表示冷淡。尽管如此,当南匈奴发现汉政府与北匈奴的关系缓和之后,还是引起不满,南匈奴贵族须卜骨都侯等就联合北匈奴共同反汉。汉政府在发现此动态后,就决定在五原郡曼柏县(今内蒙古准格尔与美稷县一带)设度辽营,并派骑都尉秦彭率兵驻屯美稷(今内蒙古准格尔旗),以阻止南、北匈奴的联系,挫败了这次叛乱阴谋。但叛乱的匈奴贵族仍不甘心,继续进攻河西诸郡。烧杀掠夺使河西城门昼闭,北匈奴又胁迫西域诸国共同反汉,入侵至云中、云阳(今陕西淳化县),对汉形成极大威胁。东汉如不把匈奴赶出北、西边境,将永无宁日。

由于北匈奴不断侵袭北部边境,永平十五年(72年),谒者仆射耿秉就多次请击北匈奴。明帝接受了耿秉建议,派"明识边事"的显亲侯窦固和耿秉等率兵出屯凉州,为征讨北匈奴作准备。第二年二月,明

---

① 《后汉书·南匈奴传》,第1326页。
② 《后汉书·袁安传》,第670页。

帝派太仆祭肜与度辽将军吴棠率河东、西河羌、胡及南单于兵一万一千骑出高阙塞（今内蒙古乌拉特中旗）；窦固、耿忠率酒泉、敦煌、张掖甲卒及卢水胡、羌一万二千骑出酒泉塞；耿秉、秦彭率武威、陇西、天水募士及羌、胡万骑出居延塞；骑都尉来苗、护乌桓校尉文穆将太原、雁门、代郡、上谷、渔阳、右北平、定襄等郡兵及乌桓、鲜卑万一千骑兵出平城塞（今山西大同市），兵分四路北伐匈奴。窦固、耿忠军至天山，击呼衍王，斩首千余级，追至蒲类海（今新疆巴里坤湖），取伊吾庐（今新疆哈密市），置宜禾都尉，留吏士屯田而还。其他三路大军因北匈奴闻讯远遁，均无斩获。窦固在征伐北匈奴过程中，派班超等三十六人去经营西域，下文在与西域战争的项目下将详为叙述，此处不赘。

永平十六年（73年），北匈奴曾入侵云中，被云中太守廉范用突袭战术战败。此后北匈奴不敢侵扰云中。

永平十七年（74年）十二月，窦固、耿秉、刘张率一万四千骑兵出敦煌昆仑塞击西域，大败白山虏于蒲类海，然后进击车师。车师前、后王相继投降。窦固以陈睦为西域都护，司马耿恭为戊校尉，谒者关宠为己校尉，在金蒲城、柳中各留数百人屯田而还。第二年春二月，北匈奴为报复车师之败，争夺金蒲、柳中屯田区，发二万骑兵攻车师。耿恭以毒箭射杀匈奴兵，并扬言说："汉家箭神，其中疮者，必有异。"北匈奴兵中箭者皆有疮毒腐烂，都惊恐地说："汉兵神，真可畏也。"①遂解围而去。耿恭认为车师城不如疏勒城坚固，傍涧水可以防守，遂引兵进入疏勒城。秋七月，匈奴兵又来攻疏勒城，并切断汉军水源，致使汉军缺水而饮马尿。耿恭下令挖井，至十五丈而水出。城外的北匈奴兵正等待汉兵渴死，耿恭遂让汉军把井水外扬，敌军以为汉军神明而撤退。同年八月，明帝驾崩，章帝即位，汉无暇西顾，焉耆、龟兹乘机进攻，攻杀西域都护陈睦，而北匈奴兵围攻关宠于柳中城，汉援军不至，车师又

---

① 《后汉书·耿弇传》附《耿恭传》，第311页。王先谦《后汉书集解》注引惠栋曰，"箭神"《东观记》作"神箭"。"疮"作"创"（中华书局1984年版，第265页）。

叛。耿恭鼓励汉军抗击北匈奴兵,数月粮尽,乃煮铠弩,食其筋革。汉中央大臣对是否救援耿恭有不同意见,最后司徒鲍昱坚持救援,才派酒泉太守殷彭率军七千人去柳中,北匈奴惊走,车师复降。此时柳中守将关宠已战死,汉军中有人主张不管在疏勒被围困的耿恭军而撤回京师。由于耿恭原部下军吏范羌坚持救援,诸将不得已乃分二千兵由范羌率领去救耿恭。范军到疏勒时,城中汉军只剩下二十六人,见范军到,皆呼万岁,见面后皆相抱而泣,翌日即撤出疏勒。北匈奴发兵追击,汉军且战且走,耿恭的二十六名战士,随路死没,及至玉门关仅剩十三人,皆"形容枯槁"①。这些为国为民、坚贞不屈的战士不知受了多少苦难,而耿恭以"单兵守孤城,当匈奴数万之众,连月逾年,心力困尽,凿山为井,煮弩为粮,前后杀伤丑房数百千计,卒全忠勇,不为大汉耻"②。耿恭的忠勇,令人敬佩,而那些不顾耿恭被困之危,主张班师回朝者,应永远被钉在历史的耻辱柱上。

建初二年(77年)三月,汉罢伊吾庐屯兵,北匈奴复遣兵守其地。这实际上是放弃了西域,这又是东汉政府在战略上的一大失策。

东汉政府放弃西域,专注内政,也有休养生息之意,使政权得以稳固,这也给北匈奴一个发展实力的机会。但北匈奴并未掌握好这一时机,其内部不断分裂。建初八年(83年)六月,北匈奴三木楼訾大人稽留斯等率三万人至五原降汉。元和二年(85年)春,北匈奴大人车利涿兵等逃亡入塞,投降者七十三批。北匈奴内部经过多次叛逃,实力已大大削弱。史称:"时北虏衰耗,党众离叛,南部攻其前,丁零寇其后,鲜卑击其左,西域侵其右,不复自立,乃远引而去。"③章和元年(87年)九月,北匈奴大乱,屈兰储等五十八部二十八万人至云中、五原、朔方、北地等郡降汉,北匈奴的实力更加削弱。当时东汉执政大臣外戚窦

---

① 《后汉书·耿弇传》附《耿恭传》,第313页。
② 《资治通鉴》卷四六,第1474～1475页。《后汉书·耿恭传》所记与此大同小异。
③ 《资治通鉴》卷四七,第1502页。

宪,就想乘北匈奴衰弱之机,出征北匈奴以立功。此时南匈奴单于也上言:"宜及北虏分争,出兵讨伐,破北成南,并为一国,令汉家长无北念。"①南匈奴单于上言的目的是想借东汉的实力以统一匈奴,其狼子野心昭然若揭。朝中大臣对窦宪和南匈奴单于的意见,均表示反对,认为"匈奴不犯边塞,而无故劳师远涉,损费国用,徼功万里,非社稷之计"②。窦太后不接受群臣意见,决定让窦宪率军北伐匈奴。遂于永元元年(89年)六月,派窦宪、耿秉出朔方鸡鹿塞,南匈奴出满夷谷(今内蒙古准格尔旗西北),度辽将军邓鸿出稒阳塞(今内蒙古包头市)。三路大军都要在涿邪山会合。窦宪分遣副校尉阎盘、司马耿夔率南匈奴万余精骑,与北匈奴战于稽落山(俄罗斯恰克图东北),大获全胜。北单于逃走,汉军追至私渠北鞮海(今地不详),"斩名王已下万三千级,获生口甚众,杂畜百余万头,诸裨小王率众降者,前后八十一部二十余万人。宪、秉出塞三千余里,登燕然山(今杭爱山),命中护军班固刻石勒功,纪汉威德而还"③。窦宪由于立此大功,由车骑将军提升为大将军,位在三公上,权势更重。窦宪看到北匈奴实力更弱,就决定出兵消灭北匈奴。遂于永元三年(91年)二月,派左校尉耿夔、司马任尚率军出居延塞,围北单于于金微山(今阿尔泰山),大败北匈奴军,"获其母阏氏,名王已下五千余级,北单于逃走,不知所在。(汉军)出塞五千余里而还,自汉出师所未尝至也"④。窦宪此次远征,彻底解决了北匈奴对汉和西域的侵扰。文中所谓"北单于逃走,不知所在",实际是北单于率余众逃往欧洲,引起欧洲和世界格局的大变动。

说北单于率余众逃往欧洲,并不是说北单于把北匈奴余众全部带走,而是还留下一部分北匈奴人。这一部分人有的后来与鲜卑人相融

---

① 《后汉书·南匈奴传》,第1332页。
② 《资治通鉴》卷四七,第1519页。
③ 《资治通鉴》卷四七,第1521~1522页。《后汉书·南匈奴传》记有班固刻石勒功碑全文,可参阅。
④ 《资治通鉴》卷四七,第1527页,此段记载比《后汉书·窦宪传》所记稍详。

合,有的归附于南匈奴,有的独立发展。如北单于的弟弟右谷蠡王於除鞬就自立为单于,率众千人止于蒲类海,并遣使与窦宪联系,要求承认他的单于地位。窦宪竟然承认了於除鞬为单于,并派中郎将予以领护,如对南匈奴故事。安帝让公卿讨论此事,多数大臣因惧怕窦宪权势而表示赞同,唯有袁安、任隗坚决反对。他们说:"光武招怀南虏,非谓可永安内地,正以权时之算,可得扞御北狄故也。今朔漠既定,宜令南单于返其北庭,并领降众,无缘复更立阿佟(於除鞬)以增国费。"①袁安还单独向和帝上书,说明立於除鞬之害,并在廷议时,当面与窦宪争论,反对立於除鞬为单于。但和帝不听袁安的忠言,而接受了窦宪立於除鞬为单于的决定。其实昏庸的和帝完全是自找麻烦。本来北匈奴已被赶走,南匈奴早已降服,自西汉初年以来,对汉具有严重威胁的大敌已基本解决,何必再立一个北匈奴单于与南匈奴对立呢?这不是无事生非吗?果然在立於除鞬为单于之后,匈奴之间就出现了动乱。首先於除鞬被立为单于后,心里并不踏实,认为汉朝对他并没真正接纳,特别是其后台外戚窦宪在永元四年(92年)被宦官迫令自杀后,第二年於除鞬便公然反叛,率众北归。和帝派将兵长史王辅率千余兵追讨,斩之,破灭其众,但窦宪所造成的后患并未结束。永元六年(94年),已降服的北匈奴人,乘南匈奴单于新立之机,发动叛变,夜袭左贤王师子。此次叛变虽被汉军所镇压,但惊动北匈奴降众十五部二十余万人叛变,并立薁鞬日逐王逢侯为单于,"杀略吏人,燔烧邮亭"②。汉派度辽将军朱徽率四万精兵镇压,前后斩首一万七千余级,逢侯遂率军出塞,汉军不敢追击而还。南匈奴看到汉政权日趋腐朽,也不断发动叛变。永元八年(96年)五月,永初三年(109年)九月,永初四年(110年)三月,永和五年(140年)二月,汉安元年(142年)八月,延熹元年(158年)十二月,前后六十年间,共发生南匈奴叛变六次。特

---

① 《后汉书·袁安传》,第669页。
② 《后汉书·南匈奴传》,第1334页。

别是延熹元年的叛变,是"南单于诸部并畔,遂与乌桓、鲜卑寇缘边九郡"①,形势显得非常严重。但这些大小不同的叛变,有的被武力镇压,有的以暗杀手段刺杀其叛乱领袖,使之群龙无首而溃散,有的用招抚手段予以安置,最后都被平定下去,未酿成大患。东汉末年少帝时,为解决宦官专权乱政问题,大将军何进力主召并州牧董卓进京。董卓的部下,羌、胡(匈奴)兵是主力之一,也随之进入洛阳,后又迁回长安。董卓在长安被王允、吕布所杀,随后就引起军阀混战,董卓的羌、胡兵失去节制,和其他羌、胡兵结合在一起,在中原烧杀掠夺,无所不为。蔡文姬在《悲愤诗》中说:"平土人脆弱,来兵皆胡羌。猎野围城邑,所向悉破亡,斩截无孑遗,尸骸相撑(撑)拒,马边悬男头,马后载妇女。"②诗中描写了羌胡乱华的真实情况,蔡文姬也就在此时被匈奴掠至塞北。胡羌乱华情况,直到汉末曹操统一北方后才得到控制,蔡文姬才被曹操由匈奴赎回到中原,匈奴与汉政权才恢复了正常的臣属关系。从这个角度讲,曹操统一北方的历史作用,还是应该肯定的。

五、东汉对西域的战争与战略

西汉末年,王莽篡汉建立新朝。为了显示新朝的权威,王莽对周边各族乱下诏令,改名、降爵、换印等不一而足。王莽这种无端挑衅,破坏了平静的民族关系,引起各族人民的极端不满。由是西域怨叛而役属匈奴,但匈奴对西域的"敛税重刻,诸国不堪命"③,西域于是就想归附东汉。当时西域诸国中,以莎车(今属新疆)、鄯善(今新疆若羌县东米兰)、龟兹(今新疆库车县)、于阗(今新疆和田县)、车师(今新疆吐鲁番市)等国实力发展较快,其中尤以莎车实力最强。莎车国王在西汉时曾以侍子居住长安,及匈奴略有西域,唯莎车国王延不服,并对诸

---

① 《后汉书·南匈奴传》,第1339页。
② 《后汉书·列女传·董祀妻传》,第1255页。
③ 《后汉书·西域传》,第1308页。

子说:"当世奉汉家,不可负也。"①延亡后,子康立,率领旁国抗拒匈奴,并保护西汉留在西域的都护吏士、家属千余口,还发檄书给河西大将军窦融询问中国情况,自陈思慕汉家。窦融遂以河西大将军名义,奉命(承制)立康为汉莎车建功怀德王、西域大都督,统领西域五十五国,但实际莎王无力统领西域。建武十三年(37年),莎车王贤、鄯善王安遣使奉献,皆言:"西域苦匈奴重敛,皆愿属汉。"请求复设都护,刘秀以"中国初定,未遑外事"②为由而未允许。建武十七年(41年),莎车王贤又遣使奉献,请设都护。刘秀最初决定让莎车王当都护,并赐给他都护印绶,但敦煌太守裴遵不同意,认为"夷狄不可假以大权"③。于是刘秀又把都护印绶收回来,更赐大将军印绶,引起莎车王贤的愤恨,他在西域仍诈称大都护以欺骗西域诸国。从此莎车王贤,"浸以骄横,欲兼并西域,数攻诸国,重求赋税,诸国愁惧"④,而东汉仍不管不问。建武二十一年(45年)冬,车师前王、鄯善、焉耆(今属新疆)等十八国遣子入侍,献其珍宝,请派都护。刘秀以"中国初定,北边未服"⑤为由没有答应。在对诸国厚加赏赐后,皆送还各国侍子,西域各国非常忧恐。遂给敦煌太守发一檄书,建议汉政府发一诏令,伪称愿留侍子,不久就会派出都护,莎车知道此信息后,就会自动休兵。汉政府同意照办。过一段时间,莎车王贤见汉并未派都护,遂出兵破车师,攻杀龟兹王。鄯善王安感到非常惶恐,遂再给汉廷上书:"愿复遣子入侍,更请都护,都护不出,诚迫于匈奴。"光武帝接到上书后,给鄯善王回信说:"今使者、大兵未能得出,如诸国力不从心,东西南北自在也。"⑥刘秀这封回信,伤透了西域诸国对汉朝期待之心,说明汉已绝对不会出

---

① 《后汉书·西域传》,第1316页。
② 《后汉书·光武帝下》,第46页。
③ 《后汉书·西域传》,第1316页。
④ 《资治通鉴》卷四三,第1401页。
⑤ 《资治通鉴》卷四三,第1401页。文中"十八国",《后汉书·光武帝纪下》作"十六国"。
⑥ 《后汉书·西域传》,第1317页。

兵,也不可能派遣都护,让西域诸国自谋出路。鄯善国王接到刘秀的回信后,就与车师国王共同归附匈奴,此后西域诸国就陷入纷争的混乱局面。于阗王广德于永平三年(60年)擒杀莎车王贤,于阗国势强盛。与此同时,匈奴也乘机扩充势力,西域的战局也更加混乱,给以后东汉经营西域增添了一些麻烦。东汉不仅要平衡西域各国的关系,也要对付匈奴的侵扰,这就需要西域经营者的智慧、勇敢和战略、战术的正确运用了。

东汉经营西域,是从永平十六年(73年)开始的,当时窦固北伐匈奴,在胜利的过程中,派班超、郭恂等三十六人出使西域。窦固这一决定很有战略眼光,他是想乘大胜匈奴之威,来镇服西域。其实班超到西域所遇到的问题,远比窦固所想象的要困难得多,全靠班超的智慧和三十六人的勇敢才能打开局面。

班超,字仲升,扶风平陵(今陕西咸阳)人,是《汉书》作者班固之弟。永平五年(62年),班固被召入京任校书郎,班超与母同至洛阳,因家贫曾为官家抄书以奉养其母。抄书很劳苦,班超尝投笔叹曰:"大丈夫无它智略,犹当效傅介子、张骞立功异域,以取封侯,安能久事笔研间乎!"左右皆笑之。超曰:"小子安知壮士志哉。"①班超于是投笔从戎。永平十六年,随窦固远征匈奴。班超任假司马,领兵别击伊吾庐,战于蒲类海,斩敌首甚多,受到窦固的表扬,认为班超有能力独当一面,遂派班超与郭恂等三十六人出使西域。

班超等三十六人,首先到鄯善。鄯善王初见班超等,"礼敬甚备",过不几天就变为冷淡。班超估计一定是有匈奴使者来了,使鄯善王广改变了态度。他诈问鄯善侍者:"匈奴使来数日,今安在乎?"侍者惊恐地说:"到已三日,去此三十里。"②班超遂召集三十六人共同饮酒,并激昂地说:我们都在绝域,欲立大功,以求富贵。现在匈奴才来数日,鄯善王广就改变态度,如果他把我们抓起来送给匈奴,我们的骸骨就

---

① 《后汉书·班超传》,第693页。
② 《资治通鉴》卷四五,第1460页。

成了豺狼的食物了,我们该怎么办?吏士都说愿听班司马的。班超说:"不入虎穴,不得虎子。"①当今之计,只有于夜间采取火攻,令敌人不知我们的虚实,才能一举消灭敌人。于是班超趁黑夜用火攻,消灭匈奴使者一百多人。当鄯善人得知此事,"一国震怖"。班超等遂慰抚鄯善国王及其民众,并接纳鄯善侍子,使鄯善国归服东汉。明帝据此功劳,升任班超为军司马,命他遍召西域南道诸国一一归服。以后班超又去了于阗。于阗国王广德听说班超在鄯善的作为,也杀掉匈奴使者而归服东汉,之后西域诸国纷纷遣子入侍。东汉也终于在永平十七年(74年)恢复了在西域的政治建制,以陈睦为西域都护,以耿恭为戊校尉,屯田金蒲城,以关宠为己校尉②,屯田柳中。汉与西域断绝三十六年的关系,至此复通。

当初龟兹王建为匈奴所立,依仗匈奴威力,据有西域北道,攻杀疏勒王,而立龟兹人兜题为疏勒王。班超听说后即从便道赶赴疏勒,在距九十里时,先派属吏田虑去劝兜题降汉,兜题不听。田虑遂乘其无备而劫缚之。班超遂亲至疏勒城,宣布由于龟兹人无道,而立疏勒老王的兄子忠为王,得到疏勒人的拥护,然后又释放了兜题,以示宽容。

永平十八年(75年),北匈奴看到汉已恢复在西域的机构建制,非常恼火,于是就发起反攻,派遣左鹿蠡王率二万骑兵击车师,戊校尉耿恭遣司马将兵三百人救之,全军覆没。北匈奴在攻杀车师后王安得后,又进攻耿恭驻守的金蒲城。耿恭先以毒箭击退匈奴兵,在转移至疏勒城再战时,损失惨重。耿恭上书向中央求援,汉中央因明帝刚死,章帝新立,不肯发兵救援。焉耆、龟兹又乘机攻杀都护陈睦,北匈奴发兵围攻己校尉关宠于柳中,关宠战死。车师复叛,与北匈奴共攻耿恭,西域情况已是一团糟。后经司徒鲍昱的坚持,朝廷才同意派张掖、酒泉、敦煌三郡兵及鄯善兵七千余人,救回耿恭的残兵,凄惨之情令人酸

---

① 《后汉书·班超传》,第693~694页。

② 戊己校尉:有时两职,即戊校尉和己校尉;有时是一职,即称戊己校尉。其官职的分合,由工作需要决定。

鼻。此事在与匈奴战争一节中已有较详的记述,此处不赘。

东汉中央政府在决定放弃西域的同时,也命令班超回国。班超知道如果撤退,西域必然沦落到北匈奴的铁蹄下,但君命不可违,他必须奉命回国。但当班超决定由疏勒撤退时,疏勒举国忧恐,其都尉黎弇说:"汉使弃我,我必复为龟兹所灭耳,诚不忍见汉使去。"说罢遂拔刀自尽。班超撤至于寘时,于寘王侯以下皆号泣曰:"依汉使如父母,诚不可去。"①并抱马腿不肯放行。班超被疏勒人、于寘人的真情实意所感动,又感到自己壮志未遂,于是决定违朝廷之命而留在西域,遂返回疏勒。但疏勒人在班超走后,又有人投降龟兹。班超遂捕斩降者六百余人,疏勒复安。

建初二年(77年)三月,东汉中央决定罢伊吾庐屯兵,北匈奴复派兵守其地,这是汉政府的又一大失策,把一处良好的后勤基地让与匈奴。但班超在西域仍采取进攻战略。明年闰四月,班超率疏勒、康居(今新疆巴尔喀什湖与咸海之间)、于寘、拘弥等国兵一万余人,进攻姑墨(今新疆阿克苏市)、石城(今地不详),破之,斩首七百级。遂有平定西域之志,于是上书中央请求派兵支援。其书曰:"以夷狄攻夷狄,计之善者也。臣见莎车、疏勒田地肥广,草牧饶衍,不比敦煌、鄯善间也。兵可不费中国,而粮食自足,且姑墨、温宿(今新疆乌什县)二王特为龟兹所置,既非其种,更相厌苦,其势必有降反,若二国来降,则龟兹自破。愿下臣章,参考行事,诚有万分,死复何恨。"②班超在上书中,提出"以夷制夷"、就地屯田两大制胜战略,使章帝也见到了希望,故见到上书后,认为"其功可成"③。遂派假司马徐幹率弛刑徒及义从千人去支援班超。从章帝所派的人选和人数,就可知章帝仍是信心不足、虚与委蛇、敷衍其事。仅派一千非正式军人,能打硬仗吗? 但班超对徐幹的到来很振奋,得到心理上的鼓舞。原来莎车国认为东汉不可能出

---

① 《后汉书·班超传》,第695页。
② 《后汉书·班超传》,第696页。
③ 《后汉书·班超传》,第696页。

兵,遂降于龟兹,而疏勒都尉番辰也已叛变。徐幹到来后,班超遂与徐幹合力大破番辰军,斩首千余级,并策划联合乌孙共攻龟兹。为此班超又上书章帝,请章帝遣使慰抚乌孙。章帝接到班超上书后,首先提升班超为将兵长史,徐幹为军司马,然后又派遣卫候李邑护送乌孙使者回国,赐给大、小昆弥以下人等锦、帛等物。李邑行至于阗,正赶上龟兹进攻疏勒,这个胆小鬼就恐惧不敢前进。他为了掩盖自己不敢前进的过失,反而上书给章帝,诬蔑班超在西域"拥爱妻,抱爱子,安乐国外,无内顾心……西域之功不可成"。章帝并没听信李邑的谗言,而且予以反驳,并命令李邑要速见班超,听班超节度。班超遂让李邑护送乌孙质子回京师。徐幹说:李邑诬陷你,你怎么还让他护送乌孙质子回京师?班超回答说:"是何言之陋也!以邑毁超,故今遣之,内省不疚,何恤人言,快意留之,非忠臣也。"①班超心胸之宽广,令人钦敬。

元和元年(84年)十二月,章帝派假司马和恭等率领八百人支援班超。班超又发疏勒、于阗兵共击莎车。莎车贿赂疏勒王忠反汉,西保乌即城(今地不详)。班超乃更立其府丞成大为疏勒王,而发不反者进击疏勒前王忠,并遣使者说服康居王逮捕忠,以归其国,乌即城遂降。这是又一次"以夷攻夷"的战略胜利。

元和三年(86年),疏勒王忠从康居王借得精兵据守损中(今地不详),遣使向班超诈降。班超知其奸诈而假意应允。忠遂以轻骑见超,被班超所杀,因大败其众,南道遂通。明年(章和元年),班超共发于阗诸国兵二万五千人攻击莎车。龟兹王发温宿、姑墨、尉头共五万兵救援。班超与于阗王共设伪撤兵之计,以分散敌人兵力。龟兹王得知班超要撤兵后,就亲率一万骑兵去西界阻击班超,别让温宿王率八千骑兵去东界拦击于阗王。班超等待两国大军已经出击,遂勒兵急驰莎车营,敌兵大乱,慌忙奔走。班超兵追斩敌兵五千余级,莎车遂降,龟兹等国兵也皆溃散。此后班超威震西域。

月氏王虽未涉及西域之事,但他曾遣使通过班超求尚汉的公主,

---

① 《后汉书·班超传》,第697页。

遭到班超拒绝，并送回其使者，月氏王因此痛恨班超。永元二年（90年），月氏王派其副王谢，率七万大军越过葱岭（帕米尔）攻击班超。汉军较少，皆大惊恐。班超为稳定军心对军士们说："月氏兵虽多，然数千里越葱岭来，非有运输，何足忧邪！但当收谷坚守，彼饥穷自降，不过数十日决矣！"①月氏副王谢仗着军势强盛，向汉军猛烈进攻。班超坚壁清野守而不战。月氏军抄掠又无所得。班超估计月氏军粮尽，必然派使者向龟兹求助，于是就派兵数百于东道截击，尽杀其使者，并将其使者首级亮出让月氏副王看。谢大惊，遂遣使请罪，愿得生归。班超遂放他们回国。由是月氏震恐，年年向东汉进贡。

永元三年（91年），窦宪大败北匈奴后，龟兹、姑墨、温宿请降。汉遂恢复西域都护、骑都尉、戊己校尉等官职，以班超为都护，徐幹为长史，统辖西域，并废除反汉的龟兹王尤利多，另立其侍子白霸为龟兹王。当时唯焉耆、危须、尉犁三国因攻杀过前都护陈睦而心有余悸，犹怀二心。班超遂以软硬兼施、攻抚并用的战略，分化三国。首先发兵攻下焉耆，杀掉焉耆王广，另立元孟为焉耆王。班超为安抚焉耆人民，在焉耆住了半年，缓解了与焉耆的矛盾，取得了很好的效果。"于是西域五十余国，悉皆纳质内属焉。"②班超因定西域功，被封为定远侯，食邑千户。

班超在西域活动三十余年，年老思乡，故上书给和帝，提出回乡的要求。其上书曰：

> 臣闻太公封齐，五世葬周。狐死首丘，代马依风。夫周、齐同在中土千里之间，况于远处绝域，小臣能无依风、首丘之思哉！蛮夷之俗，畏壮侮老。臣超犬马齿歼，常恐年衰，奄忽僵仆，孤魂弃捐，昔苏武留匈奴中尚十九年，今臣幸得奉节带金银护西域，如自以寿终屯部，诚无所恨，然恐后世或名臣为没西域。臣不敢望到酒泉郡，但愿生入玉门关。臣老病衰困，冒死瞽言。谨遣子勇，随

---

① 《后汉书·班超传》，第698页。
② 《后汉书·班超传》，第699页。

献物入塞。及臣生在,令勇目见中土。①

班超的上书,不仅考虑思乡问题,还考虑"蛮夷畏壮侮老",一旦自己年老智昏,办事失误,会给国家造成重大损失,更怕后人说自己为贪图富贵而老死在西域。这些话都是班超"义不营私"的肺腑之言,读来令人同情。但班超上书后,不见朝廷的反应,班超的妹妹班昭也为她哥哥回乡事而着急,于是也给安帝上书,替班超说情:

> 妾同产兄西域都护超,捐躯为国,以功自效,赖陛下神灵,得待罪沙漠,至今积三十年矣。骨肉妻子,生不复相识,时人士众,皆已死亡。超年至七十,衰老被病,扶杖而行,虽以竭尽其力,以报大恩,迫于岁暮,犬马齿尽。蛮夷之性,悖逆侮老,恐开奸宄之源,而公卿大夫咸怀一切,而莫肯远虑,如有卒暴,超之气力不能从心,即恐上失国家累世之功,下弃忠臣竭力之用,以荣为辱,诚可痛也。故超万里归诚,自陈苦急,延颈逾望,三年于兹。超有书与妾生决,恐不复相见。妾诚伤超以壮年竭力忠孝于沙漠,罢老则使捐弃于旷野,诚可哀怜。如不蒙救护,超后有一旦之变,冀幸超家得蒙赵母、卫姬先请之贷。②

班昭上书也是谈两件事:一是说班超年老思乡要回国,二是说"蛮夷悖逆侮老"。班超年老力衰,一旦发生变乱,有损国家利益,希望能得到赵括之母和齐桓公之卫姬先请免罪的待遇。和帝看到班昭上书后很受感动,遂下诏征还班超。班超在西域三十一年,于永元十四年

---

① 《后汉书·班超传》,第700页。《后汉纪·孝和皇帝纪下》载此文。在"孤魂弃捐"句下,有"臣义不营私"四字,可补上。又此文中"随献物入塞"句,并非指班超的献物,据《东观汉记·班超传》记载,乃是指安息国贡献的大爵(雀)、狮子等物。又文中"带金银护西域",指带金印紫绶护守西域。

② 周天游:《后汉纪校注·孝和皇帝纪》,天津古籍出版社1987年版,第405页。班昭上书原文较长,故采用《后汉纪》压缩文字,如有愿读原文者,请看《后汉书·班超传》。

(102年)八月回到洛阳,改任射声校尉,因病,于"九月卒"①。

班超离开西域后,朝廷以戊己校尉任尚为西域都护。在班超离开西域前,任尚貌似谦虚地对班超说:"君侯在外国三十余年,而小人(任尚谦称)猥承君后,任重虑浅,宜有以诲之。"班超说你数当大任,班超所不及,你要我谈经验,我就略进愚言:"塞外吏士,本非孝子顺孙,皆以过补屯部,蛮夷兽心,难养易动。今君性严急,水清无大鱼,将军宜宽小过,总大纲而已。"班超所言,可谓对症下药,是针对任尚性格特点进行忠告。班超劝他根据西域特殊情况,对部下、对西域诸国不能要求过严,只要部下能尽力于职守,西域诸国能归服汉国,其他小过,就不必过于计较。任尚对班超"宽小过,总大纲"的忠告很不以为然。他对亲信说:"我以班君当赠以奇策,今所云平平耳。"②任尚不听班超的金玉良言,任性而为,数年后,西域就出现叛乱。延平元年(106年)九月,西域诸国皆反,攻都护任于疏勒。任尚上书求援,朝廷派新任西域副都护梁慬率河西四郡羌、胡兵五千骑驰援。梁慬兵未至任尚已解围,任尚遂被朝廷免去都护之职,另派段禧为西域都护,赵博为骑都尉共守它乾城(今新疆新和大望库木旧城)。梁慬又劝说龟兹王白霸入保其城,合军有八九千人。龟兹国人反对其王与汉合军,遂与温宿、姑墨二国合兵数万人,围攻梁慬,连战数月,胡兵败走。汉兵追击,斩首万余级,获生口数千人,"龟兹乃定"③。

段禧、梁慬等虽平定龟兹,但与中原道路堵塞,檄书不通。朝廷公卿会议认为:"西域阻远,数有背叛,吏士屯田,其费无已。"④遂决定于元初元年(114年)撤除西域都护,派骑都尉王弘发关中兵迎还段禧、梁

---

① 《后汉书·班超传》,第701页。袁宏《后汉纪·孝和皇帝纪》所记与此不同,称"超到(洛阳),拜射声校尉,数月,薨"。

② 周天游:《后汉纪校注·孝和皇帝纪》,第406页。《后汉书·班超传》所载此文不太通顺,故改用《后汉纪》文。又《后汉书·班超传》认为此文是班超与任尚交结时说的话,《后汉记》认为是班超答复任尚信中说的话。

③ 《资治通鉴》卷四九,第1567页。

④ 《后汉书·梁慬传》,第705页。

懂、赵博及屯田吏士。后西域绝无汉吏十余年,北匈奴又恢复对西域的控制,并与西域诸国共同侵掠汉边境十几年。元初六年(119年),敦煌太守曹宗为防止北匈奴的侵扰,派长史索班率千人屯田伊吾以招抚西域诸国。于是,车师前王及鄯善王皆来投降。永宁元年(120年),北匈奴联合车师后王军就攻杀后部司马及敦煌长史索班等,又击走其前王,略有北道。鄯善王告急,求救于敦煌太守,曹宗遂请求朝廷发兵五千击匈奴,以报索班之仇,并顺势收复西域。事下公卿廷议,胆小的公卿们主张"宜闭玉门关遂弃西域"①。这次掌权的邓太后并没有听从公卿的谬论,听说班超之子军司马班勇久在西域,颇有父风,遂把班勇召至朝堂,听听他的意见。班勇也主张马上出兵。他说,首先应恢复敦煌三百人营兵,再设置西域副校尉驻在敦煌,然后再派西域长史率五百人去楼兰屯田,如此则可以"西当焉耆、龟兹径路,南强鄯善、于阗心胆,北扞匈奴,东近敦煌,如此诚便"②。朝廷接受了班勇的意见,恢复敦煌三百营兵,置西域副校尉居敦煌,但未接受在楼兰屯田的建议。失去了羁縻西域的基地,说明东汉政府对屯田的战略价值仍认识不足。故北匈奴与车师仍继续入侵,河西大受其害。时任敦煌太守的张珰对匈奴入侵河西非常关注,上书中央对放弃西域提出三点意见,他说:

> 臣在京师,亦以为西域宜弃。今亲践其土地,乃知弃西域则河西不能自存。谨陈西域三策:北房呼衍王常展转蒲类、秦海(今新疆博斯腾湖)之间,专制西域,共为寇钞。今以酒泉属国吏士二千余人集昆仑塞,先击呼衍王,绝其根本,因发鄯善兵五千人胁车师后部,此上计也。若不能出兵,可置军司马,将士五百人,四郡供其犁牛、谷食,出据柳中,此中计也。如又不能,则宜弃交河城,

---

① 《后汉书·班超传》附《班勇传》,第702页。
② 《后汉书·班超传》附《班勇传》,第703页。

收鄯善等悉使入塞,此下计也。①

对张珰的上书,安帝让群臣议论。尚书陈忠又上书提出更有说服力的意见:

> 西域内附日久,区区东望扣关者数矣,此其不乐匈奴、慕汉之效也。今北虏已破车师,势必南攻鄯善,弃而不救,则诸国从矣(从匈奴)。若然,则虏财贿益增,胆势益殖,威临南羌,与之交通,如此,河西四郡危矣。河西既危,不可不救,则百倍之役兴,不訾之费发矣。议者但念西域绝远,恤之烦费,不见孝武苦心勤劳之意也。方今敦煌孤危,远来告急;复不辅助,内无以慰劳吏民,外无以威示百蛮,蹙国减土,非良计也。臣以为敦煌宜置校尉,按旧增四郡屯兵,以西抚诸国。②

班勇的建议及张珰、陈忠的上书,说服了安帝,遂任命班勇为西域长史,率兵五百屯田柳中。延光三年(124年)正月,班勇至楼兰,因鄯善已归服,特加赐三绶③,而龟兹王白英仍自疑,不肯归服。班勇则以恩信相待,白英乃率姑墨、温宿二王自缚来见班勇,可见绥抚策略威力之大,可不战而胜。于是班勇遂发龟兹、姑墨、温宿三国万余步兵、骑兵到车师前王庭,击走匈奴伊蠡王,收得车师前部五千余人,班勇胜利而归。"自建武至延光,西域三绝三通。"④延光四年(125年)七月,班勇征发敦煌、张掖、酒泉六千骑兵及鄯善、疏勒、车师前部兵,攻击车师后部王军就,大胜,获首虏八千余人,生擒军就及匈奴持节使者,为报索班之仇而斩之,更立加特奴为王,又遣使杀了东且弥王,更立其本国人为王,得到两国人的拥护,于是车师等六国全部平定,自此西域诸国皆服于汉,唯焉耆元孟未降。永建二年(127年),班勇奏请讨伐焉耆,

---

① 《资治通鉴》卷五〇,第1625~1626页。《后汉书·班勇传》、《后汉纪·孝安皇帝纪》对此文均有记载,但均不如《通鉴》所记通顺。

② 《资治通鉴》卷五〇,第1626页。关于陈忠上书,《后汉书·西域传》、《后汉纪·孝安皇帝纪》皆有全文记载,但其文长且有错字,不如《通鉴》删节文通顺。

③ 三绶:《资治通鉴》卷五〇引胡注:"三绶"疑当作"王绶"。

④ 《后汉书·西域传》,第1310页。

朝廷遂调发敦煌太守张朗率河西四郡兵三千人,配合班勇讨伐焉耆。班勇征发诸国兵四万余人,分两路进攻,约定期限合击焉耆。张朗争功,先期到达,开战后获首虏二千余人,元孟投降,张朗受降而归。对张朗先期违规,免诛,班勇因"后期"下狱,免死,"卒于家"①。张朗想害人,也害了自己,班勇被免职后,西域大势去矣。此后,北匈奴呼衍王势力嚣张一时,对河西四郡构成了威胁。时任敦煌太守的裴岑于顺帝永和二年(137年)八月,率三千郡兵进行反击,大获全胜。正史对此次战役并无记载,赖《裴岑纪功碑》才得以公之于世。该碑曰:"唯汉永和二年八月,敦煌太守云中裴岑将郡兵三千人,杀呼衍王等,斩馘部众,克敌全师,除西域之灾,蠲四郡之害,边竟(境)艾安,振威到此,立海祠以表万世。"②从《裴岑纪功碑》来看,裴岑仅用三千郡兵就能大败匈奴呼衍王而取得全胜,说明匈奴实力也很薄弱。但此时东汉朝政混乱,社会不安,东汉政府无力外顾,对西域的统治更是力不从心,只能忍让、后退,不敢强行处置。

东汉末年,外戚、宦官相继专权,政局混乱,西羌叛乱越演越烈,而西域内乱又起,汉政府也无力顾及。如永建四年(129年),于阗王放前杀拘弥王兴,立其子为拘弥王,汉政府无力处理。永建六年(131年),顺帝认为伊吾庐是膏腴之地,傍近西域,匈奴经常掠夺,下令开设屯田,置司马一人管理,但常受匈奴的攻击。阳嘉四年(135年),北匈奴呼衍王侵犯车师后王部,顺帝命敦煌太守发兵救护,结果出战不利而不了了之。元嘉元年(151年),北匈奴呼衍王攻击伊吾城,败伊吾司马毛恺,诏命敦煌太守马达率军救援,兵至蒲类海,呼衍王退走,汉军无功而返。明年,于阗反叛,攻杀西域长史王敬,敦煌太守马达欲率郡兵击于阗,为王敬报仇。顺帝不许,而以宋亮代马达为敦煌太守,宋亮对于阗则不敢讨伐。永兴元年(153年),车师后部王阿罗多与戊部候严

---

① 《后汉书·班超传》附《班勇传》,第705页。《后汉纪·孝顺皇帝纪》记载说:"汉以两将不和,皆征免,故勇不论。"
② 高文:《汉碑集释》,河南大学出版社1997年版。第59页。

皓不和,"攻围屯田,杀伤吏士"①,投奔北匈奴,宋亮乃立故王军就质子卑君为王,后阿罗多又从匈奴回国,汉政府又复立阿罗多为王,才结束此乱。以上事实说明,东汉政府对西域的乱事已一筹莫展,此后东汉对西域的统治就逐渐衰落下去。

总结东汉对西域的征服与经营,最活跃、最兴盛的还是班超在西域开展三十余年活动的时期。班超在西域所以能取得辉煌的成就,笔者认为有以下三点原因。

其一,班超之所以能以三十六人横行西域,主要是有东汉强大的军事后盾。如果没有祖国强大的政治、经济、军事实力,班超等三十六人即使都是八臂哪吒,也难免被西域最弱小的国家一窝端,死无葬身之地。

其二,是西汉的政治影响。回想当初西汉与西域交往时,是困难多端。西域诸国都不知道西汉帝国的虚实大小,没有一国肯归服西汉。各国派使者到长安各地,看到汉帝国的强大、富庶之后,才知道西汉是大国、强国,特别是在西汉征服大宛之后,对西域震动很大。以后汉又多次大败匈奴,废除匈奴在西域设置的僮仆校尉,又设置西域都护,即废除匈奴奴隶制改用新兴的封建制管辖,减轻了西域人民的负担。西汉又在西域各地屯田,军需可以自理,也得到西域人民的理解和支持。有些西域小国怕匈奴威胁而采取两属政策也得到西汉的谅解。以上这些情况,都深深印在西域人民的脑海中。所以东汉建国初,就有西域各国愿意主动投靠汉国的请求,这是西汉初年所没有的事情。故班超三十六人初到西域,西域诸国就知道他们是大国、强国的使者,就敢于归服汉国而反对匈奴。如果没有西汉留下的政治基础和影响力,班超就不可能得到那样优厚的待遇。

其三,是班超的智慧、勇敢与战略。班超初到鄯善,当他知道匈奴使者有一百多人已到鄯善之后,如果他露出半点恐惧心理,就会成为鄯善王与匈奴使者的刀下之鬼。班超不仅没有恐惧,反而以"不入虎

---

① 《资治通鉴》卷五〇,第1730页。

穴,不得虎子"的大无畏精神,鼓励其部下为国家建功立业,以火攻战术,一夜之间全部消灭匈奴使者,使鄯善王改变态度而归服汉朝。及至明帝驾崩,章帝新立,汉政府决定放弃西域并令班超回国时,班超在疏勒、于阗官民的真诚挽留下,并没有盲目地执行朝廷命令,而决定留在西域。在与国内完全失去联系的情况下,班超运用智慧,采用以夷制夷的战略,即用归服汉朝的西域诸国的兵力,攻打叛逆的西域诸国,并用坚壁清野战略,逼降大月氏。当他知道莎车、疏勒"田地肥广,草木饶衍"时,就决定采取屯田战略,以解决军需供应问题。当西域有些国家在汉与匈奴之间持犹豫态度时,就采取软硬兼施、攻抚并用的战略,使之归服汉国。东汉在西域始终没有投入太多的兵力,也没有投入很多的军需供应,几乎全靠班超、徐幹等中下级军官的智慧与灵活战术,利用西域的人力、物力,打退北匈奴对西域的侵扰。对西域的战争,实际也是对匈奴战争的延伸,保住西域也是保护东汉自身的安宁。一些东汉浅见、自私的公卿们,一有风吹草动,就要主动放弃西域,说起来真是令人痛心,而班超等人的爱国热情则令人肃然起敬。

另外,班超还有一项重大贡献,也应予以说明。即班超在西域时,进一步开发了与西方的通商之路(后世称为丝绸之路),当时已是"驰命走驿不绝于时月,商胡贩客,日款于塞下"①。这说明东汉时,与西方的民间贸易已相当频繁。为了打开与西方的通商之路,班超曾派其属下甘英出使大秦。大秦,史书也称犁鞬、犛靬,是古代中国对古罗马的称谓,因其位在海西,也称海西国。据《后汉书·西域传·大秦国》的记载:"(大秦国)地方数千里,有四百余城……有松柏诸木百草,人俗力田作,多种树蚕桑……土多金银奇宝,有夜光璧、明月珠、骇鸡犀、珊瑚、虎魄、琉璃、琅玕……火浣布"等珍宝奇物。与安息、天竺交市于海中,利有十倍②。班超听说大秦国物产丰富,就想与大秦国建立直接贸易关系,遂于永元九年(97年)派甘英等出使大秦。甘英等行至安

---

① 《后汉书·西域传》,第1322页。
② 《后汉书·西域传》,第1314页。

息西界,临大海(波斯湾)欲渡,船家对甘英说:"海水广大,往来者逢善(顺)风,三月乃得度,若遇迟(逆)风,亦有两岁(乃得渡)者,故入海人皆赍三岁粮。海中善使人思土恋慕,数有死亡者。"①这是安息船人编的瞎话,不想让汉人与大秦直接贸易,以影响安息转输的中间利益。甘英信以为真,故临海而回。甘英此次出使大秦虽未成功,但至桓帝延熹九年(166年),大秦国安敦王遣使从日南(今属越南广治省)徼外"献象牙、犀角、玳瑁,始乃一通焉"②,东汉与大秦终于建立了直接贸易关系。

甘英出使大秦虽未成功,但所到之地,"穷西海,皆前世所不至"③,也就是说甘英所到达的地方超过西汉,超过张骞。但张骞通西域,史称"凿空",是开辟"丝绸之路"的第一人。历史从来都是尊重开创者,后继之人成效再大,也只能屈居开创者之后,这就是我们应该尊重的历史主义观点。

六、东汉对西羌的战争与战略

西羌在西汉宣帝时,已被赵充国攻抚并用的战略所征服,并接受护羌校尉的管理,同时设置金城属国(今甘肃兰州西)接纳归服羌人。但王莽篡汉后,对周边各族乱下诏令,引起各族的不满,接连发生叛乱,又有大批羌人不断迁入塞内。在更始、赤眉相继进入长安之际,隗嚣拥兵天水,号河西大将军,西羌不断侵扰金城、陇西,隗嚣不能制。建武九年(33年)九月,隗嚣病故,陇西危在旦夕,司徒掾班彪建议应对羌乱问题。他说:"今凉州部皆有降羌……与汉人杂处,习俗既异,言语不通,数与(为)小吏、黠人,所见侵夺,穷恚无聊,故致反叛。"④他建

---

① 《后汉书·西域传》,第1313页。
② 《后汉书·西域传》,第1314页。
③ 《资治通鉴》卷四八,第1548页。
④ 《后汉书·西羌传》,第1291页。

议恢复护羌校尉进行管理。光武帝刘秀同意班彪的建议,以牛邯为护羌校尉。不久牛邯病故,护羌校尉遂被取消。建武十年(34年)至十二年(36年)间,先零羌豪与诸种羌人连续寇掠金城、临洮等郡。东汉中央派中郎将来歙、陇西太守马援率军征服羌变,并把羌人安置在天水、陇西、扶风三郡。但此后羌人仍然攻掠各郡县。当时有些朝臣认为金城、破羌(今青海乐都县东南)以西,途远多寇,主张放弃。马援反对说:"破羌以西,城多完牢,易可依固,其田土肥壤,灌溉流通。如令羌在湟中,则为害不休,不可弃也。"刘秀听从了马援的意见,马援遂奏置长吏,"缮城郭,起坞候,开导水田,劝以耕牧,郡中乐业"①。塞外羌人归服,汉政府恢复其原有王侯君长职务,这是一个不战而胜的战略,此后二十年间,羌人不曾有大乱。建武中元二年(57年),羌族内部发生了战乱,烧当羌豪滇良攻夺先零羌的大榆中居地,从此烧当羌转盛。滇良死,子滇吾立,率众攻掠陇西。陇西太守刘盱战败,于是守塞诸羌皆叛,后被中郎将窦固、捕虏将军马武率四万大军讨平,徙七千羌人于三辅,以窦林为护羌校尉。窦林以恩信招抚羌人,羌人降服。明帝永平二年(59年),窦林以贪赃罪被处死,窦融一家权势从此衰落,但羌人仍安然如故。章帝建初二年(77年),安夷县(今青海乐都县西)吏强夺羌族民妇,县吏被其夫所杀。安夷县长宗延追捕羌妇之夫,羌人遂杀宗延,勒姐、吾良及烧当羌共反,大败金城太守郝崇。朝廷任命傅育为护羌校尉,自安夷县徙临羌县(今青海湟源县),烧当羌豪迷吾与封养种豪布桥等率五万余人共攻陇西、汉阳(今甘肃甘谷县)、临洮。朝廷派车骑将军马防、长水校尉耿恭率北军五校兵及诸郡射士三万人击之,斩首虏四万,其众大部分投降,唯布桥等二万余人屯望曲谷(今甘肃岷县西)不降。翌年春,马防大败布桥,又有万余人投降。马防被调回京,留耿恭击未降者,斩首虏千余人,勒姐、烧何等十三种羌投降,此次羌变遂平。

元和三年(86年),烧当羌豪迷吾与其弟号吾及诸种羌又反。号吾

---

① 《后汉书·马援传》。第364页。

因轻入陇西界,被汉军擒获。将斩,号吾说,你们斩我一人,与羌族无损,如果放我回去,羌族必然罢兵,不再犯塞。陇西太守遂放了号吾,羌兵果然解散,号吾遂退居河北归义城(今青海西宁西南),此次羌变又平。章和元年(87年),护羌校尉傅育贪功,想无故讨伐烧当羌。因烧当羌新降,找不到开战理由,就挑拨羌人内斗。羌人不肯,遂叛逃出塞,投奔烧当羌迷吾。傅育遂发诸郡兵数万,于三月共击羌人。诸郡兵未及会合,傅育独率精骑三千向羌族进攻。烧当羌豪迷吾得到消息后逃跑,傅育率军追击,至三兜谷(今甘肃陇南市武都区)受到羌军袭击,攻杀傅育及吏士八百八十余人。及诸郡兵赶到时,羌军已引去。朝廷遂以张纡为护羌校尉,将万人屯临羌县。同年六月,烧当羌豪迷吾与诸种羌人联合攻金城塞,张纡遣从事司马马防会战木乘谷(今地不详),迷吾羌军败走,通过译使请降。张纡假意应许,请迷吾等羌豪在临羌开陈兵大会,在宴会中,张纡用毒酒毒死羌豪迷吾八百余人,斩羌军数千人。迷吾之子迷唐为给其父及其他人报仇,遂与诸羌种"解仇结盟",据大、小榆谷(今青海贵德县东黄河南岸一带)叛变,种族炽盛,张纡不能制。这次羌变完全是傅育无端挑衅引起的,傅育败死,是咎由自取。张纡设宴投毒,杀害羌众激起兵变,因此而免职。虽然罪不相抵,也算是一种报应。此后汉廷以邓训为护羌校尉,采取绥抚政策,使汉与羌族的矛盾有所缓和。

当羌族受到严重打击之时,迷唐率一万骑兵来至塞下,未敢先攻邓训,而去威胁小月氏。邓训护卫小月氏,令其不得战。汉官有人认为:"羌、胡相攻,县官之利,不宜禁护。"邓训则说:"张纡失信,众羌大动,凉州吏民,命县(悬)丝发,原诸胡所以难得意者,皆恩信不厚耳!今因迫急,以德怀之,庶能有用。"遂令开城,把群胡的妻儿皆收入城中,严兵守卫,予以保护。于是湟中诸胡都说:"皆言汉家常欲斗我曹,今邓使君待我以恩信,开门内我妻子,乃是得父母也。"①遂表示愿意

---

① 此段文字是采用《资治通鉴》卷四七与《后汉书·邓禹传》附《邓训传》综合写成。

听命。于是邓训抚养羌族少年数百人,以为义从,并让羌人互相招诱,迷唐叔父号吾遂率其母及种人八百户自塞外来降。邓训遂发湟中羌、胡四千人出塞掩击迷唐于写谷①,迷唐大败,逃离大、小榆谷。邓训发湟中六千人,令长史任尚率领,缝革为船,渡河掩击迷唐,斩首虏一千八百余级,获生口二千余人。迷唐收其余众二千余人,西徙千余里,其所附小部落皆投降汉朝。烧当豪帅东号也归附,余皆至塞纳质。邓训绥接归附,威信大行,遂罢屯田,令各归本郡,以备军用。永元四年(92年),邓训病逝,"吏、人(民)、羌、胡爱惜,旦夕临者,日数千人……莫不吼号,或以刀自割,又刺杀其犬马牛羊,曰:'邓使君已死,我曹亦俱死耳。'"②这说明邓训对羌族的安抚政策大得民心,也说明羌族对汉政权也并非无故仇视,对其有恩德的官吏和将领,他们是无限感激和怀念的。

邓训死后,聂尚继任护羌校尉。他一反邓训的安抚政策,强迫羌人迁回大、小榆谷,引起迷唐羌的反抗,发兵攻击金城塞。汉中央遂免去聂尚官职,任命贯友为护羌校尉。贯友以财货分化羌族的联合,羌族的联盟遂告解散。贯友发兵进攻迷唐于大、小榆谷,获首虏八百余人,收麦数万斛,遂在逢留大河(今青海贵德县、尖扎县之间)两岸修城坞,作大航,造河桥,欲渡河攻迷唐羌。迷唐羌遂率部远徙,依赐支河曲(今青海海南藏族自治州黄河南段)居住。永元八年(96年),贯友死,以史充为护羌校尉。史充一上任,就发湟中羌、胡出塞击迷唐羌,被迷唐羌战败,死数百人。史充被免职,又以吴祉为护羌校尉。翌年,烧当羌、迷唐羌率八千兵进攻陇西,又胁迫塞内诸羌三万人助战,大败陇西军,杀大夏县长。汉又派征西将军刘尚、越骑校尉赵世协助吴祉,同率汉、胡、羌等兵共三万人讨伐迷唐羌。迷唐羌恐惧,弃老少逃奔至临洮南,汉军追至高山(今四川盐亭县西),斩首虏千余人。迷唐败走,

---

① 写谷:《资治通鉴》卷四七引李贤注:"《东观记》曰:'写'作'雁'。"今地不详。

② 《后汉书·邓禹传》附《邓训传》,第260页。

汉兵死伤亦很多，不敢追击而还。刘尚、赵世因畏懦不追而下狱、免职。遂以谒者王信代刘尚，屯枹罕（今甘肃临夏县西南）。谒者耿谭代赵世，屯白石（今甘肃临夏县）。耿谭利用奖赏手段招纳羌人，以分化羌兵，迷唐羌恐惧，遂来投降。王信、耿谭受降后而罢兵。迷唐羌与诸种羌豪遂入朝贡献。时烧当羌已不满二千人，饥饿窘迫，不能自立，入居金城。和帝命令羌人迁回大、小榆谷。迷唐羌知道大、小榆谷已被汉军控制，不可复居，遂以种人饥饿，不肯远出为理由，拒绝回大、小榆谷。护羌校尉吴祉遂以多赐给迷唐羌金帛购买粮食为诱饵，迫使羌人出塞。羌人猜疑，遂又叛变，并胁使湟中诸羌攻掠而去，王信、耿谭、吴祉等因此而被免职。迷唐羌在回归赐支河曲之后，又派兵向塞内攻掠。汉派新任护羌校尉周鲔与金城太守侯霸率三万大军去镇压羌变，大败羌军。羌人瓦解，降者六千余人，分别安置在汉阳、陇西、安定等郡。迷唐羌从此更弱，远离赐支河曲而去投靠发羌①。以后迷唐病死，其子降汉，户不满数十。永元十四年（102年）春，安定降羌烧何又反，被郡兵所消灭。从此"西海及大、小榆谷左右无复羌寇"②。东汉前期羌乱，至此暂告一段落。隃糜相曹凤为了总结经验，断绝羌乱，特上书提出对策。他说：

  自建武以来，西羌犯法者，常从烧当种起，所以然者，以其居大、小榆谷，土地肥美，有西海鱼盐之利，阻大河以为固。又，近塞内诸种，易以为非，难以攻伐，故能强大，常雄诸种，恃其拳（权）勇，招诱羌、胡。今者衰困，党援坏沮，亡逃栖窜，远依发羌。臣愚以为宜及此时建复西海郡县，规固二榆，广设屯田，隔塞羌、胡交关之路，遏绝狂狡窥欲之源。又殖谷富边，省委输之役，国家可以

---

① 发羌：《资治通鉴》卷四八胡注："发羌，羌之别种。或曰：唐之吐蕃即其后也。"当时居住地不详。

② 《资治通鉴》卷四八，第1552页。

无西方之忧①。

曹凤所说的西羌叛乱原因虽不准确,但所说广设屯田,断绝羌、胡交关之路的对策,却是正确、有益的。和帝接受了曹凤的建议,修缮西海郡,任命曹凤为金城西部都尉,广开屯田三十四处都很见功效。但在其功垂成的时候,由于曹凤所忽视的引起羌乱的原因,永初羌变就开始了,曹凤的建议遂成泡影。此后在东汉就接连发生三次大的羌变,把日趋腐朽的东汉政权进一步拖入衰亡的深渊。

第一次,永初羌变(107~118年)。

当时羌人多数已迁居内地,分布在边缘各郡县,受到汉族官僚、地主的压迫和剥削,使羌人"积以仇怨",深感不满。永初元年(107年),汉政府征发金城、陇西、汉阳的羌族数千骑兵远征西域。郡县驱迫,十分紧急。被征羌人怕远征不归,行至酒泉纷纷逃散。郡县遂发兵堵截,或毁灭羌人村落。羌人被迫反抗。当时羌人归服已久,并无武器,"或持竹竿木枝以代戈矛,或负板案以为盾,或执铜镜以象兵,郡县畏懦不能制"②。东汉政府遂派车骑将军邓骘、征西校尉任尚率五万大军前往镇压,被羌军多次战败。第二年正月,梁慬由西域率军回到敦煌,诏书命梁慬镇压羌军,羌军大败,羌豪有三百余人投降。梁慬抚慰降羌,遣回故地。同年冬,邓骘使任尚等率诸郡兵与羌豪滇零等数万人战于平襄(今甘肃通渭县),汉军大败,死者八千余人,羌众转盛,滇零自称天子。上郡、陇西诸种羌人切断陇道,攻掠三辅,南入益州,杀汉中太守董炳。梁慬听说羌军攻掠三辅,即引兵反攻,大战于武功(今陕西眉县)、美阳(今陕西武功县)间,梁军又胜,羌军稍有退散。永初三年(109年)正月,朝廷派骑都尉任仁救援三辅,屡战不利,而当煎、勒姐等羌军又攻下破羌县,钟羌又攻下临洮县,活捉陇西南部都尉,叛羌军势又振。

---

① 《资治通鉴》卷四八,第1552~1553页。《后汉书》卷八七《西羌传》所记原文校长,大同小异。

② 《后汉书·西羌传》,第1296页。

在汉军屡败,边郡垂危的情况下,谒者庞参提出放弃边郡,入居三辅的建议,当时主政的大将军邓骘同意此建议。郎中虞诩对太尉张禹说,大将军的决策有三不可。笔者认为所谓"三不可",其中的一、二不可并不重要,而第三不可,则恰中要害。虞诩说:"烈士武臣,多出凉州,士风壮猛,便习兵事。今羌、胡所以不敢入据三辅为心腹之害者,以凉州在后故也。凉州士民所以推锋执锐,蒙矢石于行阵,父死于前,子战于后,无反顾之心者,为臣属于汉故也。今推而捐之,割而弃之,民庶安土重迁,必引领而怨曰:'中国弃我于夷狄!'虽赴义从善之人,不能无恨。如卒(猝)然起谋,因天下之饥敝,乘海内之虚弱,豪雄相聚,量材立帅,驱氐、羌以为前锋,席卷而东,虽(孟)贲、(夏)育为卒,太公为将,犹恐不足当御;如此,则函谷以西,园陵旧京非复汉有,此不可三也。"①张禹将虞诩的意见反映给邓骘,飞扬跋扈的邓骘不仅不接受虞诩的意见,反而把虞诩调出中央,出任朝歌县长。同年,先零羌攻击褒中(今陕西汉中市褒城东),杀官军三千余人。护羌校尉侯霸被迫将治所由临羌县迁至张掖。永初五年正月,先零羌攻河东,至河内,百姓惊恐,多南奔渡河,以避羌患,郡县相继内迁。陇西迁襄武(今甘肃陇西县东南),安定迁美阳,北地迁池阳(今陕西泾阳县),上郡迁衙县(今陕西白水县)。有些百姓恋土,不愿迁徙,官府"乃刈其禾稼,发彻室屋,夷营壁,破积聚,时连旱蝗饥荒,而驱蹙劫掠,流离分散,随道死亡,或弃捐老弱,或为人仆妾,丧其太半"②。为内迁,人民备受苦难,纷纷起来反抗。同年九月,汉阳汉人杜琦自称复汉将军,与其弟季贡、同郡人王信等与羌人联合,聚众于上邽城(今甘肃天水市),反抗汉军。汉政府采取暗杀手段,利用刺客杀死了杜琦。杜季贡、王信等据樗泉营继续战斗。汉派御史唐喜领诸郡兵大败杜季贡的汉羌联军,王信等六百余人战死,杜季贡被迫投奔滇零。滇零死,其子年幼,众推杜季贡为

---

① 《资治通鉴》卷四九,第1582页。文中的"太尉张禹",《后汉书·虞诩传》作"李修"。《后汉纪·孝安皇帝纪》亦作"太尉张禹"。
② 《资治通鉴》卷四九,第1587页。

将军,别居丁溪城(今宁夏灵吾县)。汉军加强攻势,派护羌校尉侯霸、骑都尉马贤击先零羌别部牢羌于安定,获首虏千余人,又派兵于河内要冲设坞壁三十六所,以备羌患。元初元年(114年)九月,羌豪号多与诸种羌攻掠武都、汉中,被巴郡(今重庆市)板楯蛮和汉中郡兵打败,号多退走,断陇道,与零昌会合,又被侯霸、马贤战败于枹罕。十月,凉州刺史皮杨击羌军于狄道,失败,官军死伤八百余人。这一年,汉、羌战争双方互有胜负。

元初二年(115年)春,新任护羌校尉庞参,以恩信招诱诸羌,号多率所部羌军投降,赐号多侯印。庞参遂把治所迁回令居(今甘肃古浪县),河西道遂通,但羌零昌仍分兵攻益州。同年八月,诏书命屯骑校尉班雄驻屯三辅,以左冯翊司马钧代理征西将军,督关中诸郡兵八千余人。庞参率羌、胡军七千余人,与司马钧分道并击零昌。庞参军至勇士县东(今甘肃榆中县东北),皆为杜季贡军所战败。司马钧军独进,攻下了丁溪城(今宁夏灵武县),杜季贡率军伪逃,司马钧命令右扶风仲光先收割羌族的禾稼。光等违令,率兵深入,羌军设伏截击,光军大败。司马钧在城中怒而不救,仲光军全部覆没,死者三千余人。战后,庞参、梁懂均被判刑,后被免职,司马钧自杀。朝廷遂令马贤代领护羌校尉,任尚为中郎将。怀县令虞诩总结这次战败教训,对任尚说:"今虏皆马骑,日行数百里,来如风雨,去如绝弦,以步追之,势不相及,所以虽屯兵二十余万,旷日而无功也。"①虞诩建议任尚速建骑兵,用一万骑兵,打败数千羌军,"便人利事,大功立矣"②。任尚接受了虞诩的建议,用骑兵大败杜季贡于丁溪城。邓太后听说虞诩有将帅之才,遂任命他为武都太守,虞诩立即上任。当时武都兵不满三千,而羌军有一万多人,围攻赤亭已有数十日。虞诩到任后,故意向羌军示弱,以小弩射敌。羌军用全军兵力急攻,虞诩改用强弩射敌,射无不中。羌

---

① 《资治通鉴》卷四九,第1593页。《后汉书·西羌传》所记,与此大同小异。

② 《后汉书·西羌传》,第1299页。

兵惊恐,暂时撤退。翌日,虞诩陈其兵众,从东门出,北门入。每次出入,必改换服装。周转数次,使羌军不知其人数多少而撤军,虞诩遂派五百官军,于途中伏击,斩获甚众,羌兵败散。虞诩修筑营壁一百八十所,招还流民,开通水运,谷价由一石千钱三年后降至八十,民增至四万余户,人给家足,一郡遂安。

元初三年(116年),汉军三次进攻羌军,羌军皆败。特别是十二月最后一次进攻,任尚击零昌于北地,杀其妻子,烧其庐舍,斩首七百余级。他与虞诩的宽容政策相比,形成鲜明的反差。

元初四年(117年)二月、九月,汉、羌族领袖杜季贡、零昌,相继被护羌校尉任尚派人暗杀,汉羌联军群龙无首,战斗力减弱。十一月,任尚与骑都尉马贤共击先零羌狼莫部,战于富平河(今宁夏吴忠市黄河东岸)上,羌军大败,战死者五千人,狼莫逃走,西河虔人种羌一万余人投降,陇西平定。元初五年(118年)八月,度辽将军邓遵招募羌人雕何暗杀狼莫,封雕何为羌侯,永初羌变遂平。东汉用于平羌的军费,十余年间共用二百四十余亿,国库为之空虚,边民及内郡民死者不可胜数,并、凉二州遂至虚耗。零昌及狼莫死后,诸羌瓦解,三辅、益州无复寇警。邓遵因平羌有功封为武阳侯,食邑三千户。任尚因与邓遵争功,又坐诈增首级及贪赃千万以上罪,弃市,并没入财物。这是任尚一生应得的下场。

第二次,永和羌变(140年~145年)。

自永初羌变平定后,至永和羌变,相隔有二十一年。其间虽然发生过几次羌乱,但很快就被平定,无伤大局。至永和五年(140年),因凉州刺史刘秉为政苛暴,侵扰羌民,且冻、傅难等诸羌种遂反,攻金城、三辅,杀害长吏。朝廷遂免去并州刺史来机、凉州刺史刘秉等人的官职,而以马贤为征西将军,骑都尉耿叔为副手,率左、右羽林五校士及诸州郡兵十万人,屯居汉阳,并令扶风、汉阳筑陇道、坞壁驻兵把守。东汉政府如此兴师动众,说明此次羌变来势凶猛。同年九月,且冻羌攻武都,烧陇关(今陕西陇县西陇山东坡),令汉廷震动。顺帝命马贤讨伐西羌。武都人马融、安定人皇甫规都知道马贤惜命爱财,又不恤军事，出征必败，建议换将，顺帝不听。结果马贤与且冻战于射姑山（在今甘肃宁县、陕西吴旗县、宁夏吴忠市之间），汉军大败，马贤及其二子战死，东、西羌会合①，声势大振。同年闰正月，巩唐羌攻陇西，至三辅，烧园陵，杀掠吏民，直接威胁到东汉的西方防线。翌年三月，武都太守赵冲反击巩唐羌，得胜，斩首四百余级，二千余人投降。诏令赵冲节度河西四郡，以备羌患。

在永和羌变初发之际，安定上计掾皇甫规曾上书自荐，愿平羌乱。他说：

> 夫羌戎溃叛，不由承平，皆因边将失于绥御，乘常守安则加侵暴，苟兢小利，则致大害。微胜则虚张首级，军败则隐匿不言。军士劳怨，困于猾吏，进不得快战以徼功，退不得温饱以全命，饿死沟渠，暴骨中原，徒见王师之出，不闻振旅之声，酋豪泣血，惊惧生变，是以安不能久，败则经年，臣所以搏手扣心而增叹者也！愿假臣两营二郡屯列坐食之兵五千，出其不意，与护羌校尉赵冲共相首尾。土地山谷，臣所晓习，兵势巧便，臣已更之，可不烦方寸之印、尺帛之赐，高可以涤患，下可以纳降。若谓臣年少官轻，不足用者，凡诸败将，非官爵之不高，年齿之不迈。臣不胜至诚，没死自陈②。

皇甫规在上书中所说的边将侵暴、军士劳怨，导致羌变及讨伐之失败，全是他洞察局势之后的实言，说他自己有讨羌之策，也并非虚言。但胸无大略的顺帝不能知人善用，不肯用他为将。

永和六年（141年）夏，巩唐羌③攻北地，太守贾福反击，不利。九

---

① 东、西羌：羌族原居西方，故皆称西羌，所以《后汉书》只有《西羌传》，而无《东羌传》。但东汉时，有一大批羌人东迁，故羌族遂分为东、西两部。据《资治通鉴》卷五二胡注考证："羌居安定、北地、上郡、西河者，谓之东羌；居陇西、汉阳、延及金城塞外者，谓之西羌。"

② 《后汉书·皇甫规传》，第946页。

③ 巩唐羌：《后汉书·西羌传》作"罕种羌"，《后汉书·顺帝纪》作"巩唐羌"。《资治通鉴》卷五二《考异》曰："《西羌传》作'罕种羌'，今从《帝纪》。"

月,诸羌又攻武威,凉州震恐,遂迁安定居扶风,北地居冯翊,以张乔代理车骑将军,统兵一万五千人屯三辅。这种以后撤郡县、派兵防守的举措,实际是被动的战略,从而鼓励了羌军的进攻。汉安二年(143年)十月,罕羌有五千余户向赵冲投降,唯烧何种羌据参䜌(今甘肃庆阳市西北)不降。明年四月,护羌校尉赵冲与汉阳太守张贡击烧何羌于参䜌,得胜。建康元年(144年),护羌从事马玄被羌族所收买,率羌众逃出塞外。新任护羌校尉卫琚追击马玄等①,斩首八百余级,得马牛羊二十余万头。赵冲复追击叛羌至建威鹯阴河(今甘肃永登县境内)。渡河后,遇羌族伏兵战死,但羌军也损失严重,遂趋于衰耗。永嘉元年(145年)二月,左冯翊梁并以恩信招诱叛羌,离滇、狐奴等羌人五万余户投降,陇右复平。羌族叛乱四五年,政府所用军费八十余亿。"诸将多断盗牢稟(军需供应),私自润入,皆以珍宝货赂左右。上下放纵,不恤军事,士卒不得其死者,白骨相望于野。"②说明在平定第二次羌变过程中,官僚和将领贪污受贿、盗取粮饷、不恤军事,致士卒枉死,白骨相望于道;人民负担加重,无以为生。汉政权虽把羌变镇压下去,但府库皆空,民穷财困,各地农民起义不断爆发,东汉进一步走向没落。

第三次,延熹羌变(159年~169年)。

永和羌变被镇压下去后,羌族实力严重削弱,故出现一段相对稳定时期,中间有几次小规模动乱,很快就被平定。但东汉政局日趋混乱,桓帝即位后,先是外戚梁冀专权,后是宦官专政,党锢祸起,政治更加腐败,第三次羌变也随之爆发。

延熹二年(159年)十二月,烧当、烧何、当煎、勒姐等八种羌人共攻陇西金城塞,护羌校尉段颎率军大败羌兵,"追至罗亭,斩其酋豪以下

---

① 卫琚:《后汉书·西羌传》作"卫瑶",《后汉书·顺帝纪》作"卫琚"。《资治通鉴》卷五二亦作"卫琚"。
② 《资治通鉴》卷五二,第1702页。《后汉书·西羌传》所记与此大同小异。

二千级,获生口万余人"①。明年闰正月,西羌余众与烧何大豪进攻张掖,早晨接近护羌校尉段颎军。段颎下马大战,至午间刀折矢尽仍然坚持战斗,羌军撤退,段颎率军追击,且战且行,昼夜相攻,割肉食雪,大战四十余日,遂至积石山(在今青海东南部),出塞二千余里,斩烧何大帅,羌众皆降。同年七月,勒姐、零吾种羌围允街(今甘肃永登县庄浪河西岸),又被段颎军打败。延熹四年(161年)六月,零吾羌与先零羌又反,攻三辅。同年十月,先零羌、沈氏羌又攻并州、凉州,段颎率湟中义从讨伐羌军,凉州刺史郭闳贪功,阻碍段颎进军,义从服役已久,思乡盼归,郭闳归罪段颎。段颎免职下狱,罚作左校服劳役,遂以济南相胡闳代为护羌校尉。胡闳素无威略,羌军更加活跃,攻陷营坞,转相招结,气势转盛。泰山太守皇甫规上书请缨,愿意放弃太守一职而去讨伐羌乱。桓帝接受了皇甫规的意见,任命他为中郎将,持节监关西军讨零吾等。于十一月,皇甫规即出兵大败羌军,斩首八百级,先零诸羌久慕皇甫规威名,相劝而降者十余万。延熹五年(162年)三月,沈氏羌攻张掖、酒泉。皇甫规发先零诸种羌,共同讨伐沈氏羌,而道路阻隔,军中又患大疫,死者十之三四。皇甫规亲至庵庐慰劳,巡视将士,三军感动,东羌遂遣使投降,凉州复通。皇甫规进入安定后,侦知太守孙㑺贪污狼藉,属国都尉李翕、督军御史张禀多杀降羌,凉州刺史郭闳、汉阳太守赵熹并老弱不任职,而皆依仗权贵,不遵法度,遂上奏桓帝,或处死,或免职。羌人听说皇甫规的善政,翕然放弃反抗,沈氏大豪滇昌、饥恬等遂率十余万口向皇甫规投降。延熹五年五月,鸟吾羌攻汉阳、陇西、金城,被诸郡兵打败。十一月,滇那羌攻武威、张掖、酒泉,被陇西太守孙羌率郡兵打败。自皇甫规监关西军以来,取得多次胜利,但他"恶绝宦官,不与交通"②。宦官就想办法,打击皇甫规,于

---

① 《资治通鉴》卷五四,第1752页。《东观汉记·威宗孝桓皇帝》作"追至积石山",《后汉书·桓帝纪》作"追击至罗亭"。注引李贤曰:"《东观记》:'追到积石山,与罗亭相近,在今鄯州也。'"罗亭,在青海积石山附近。

② 《后汉书·皇甫规传》,第948页。

是就造出谣言,说皇甫规"货赂群羌,令其文降(假降)"。桓帝轻信谣言,责问皇甫规,皇甫规上疏自辩"今臣但费千万,以服叛羌",而国家"所省之费,一亿以上"。又说臣所到之郡县,诛除赃官及小吏,"复有百余"。他们的后人造出谣言,说臣"私报诸羌,雠(收)以钱货,若臣以私财,则家无担石"是难以理解的①。皇甫规以事实说服了桓帝,不予追究,但还是把皇甫规调回中央,任为议郎。论功本应封侯,宦官徐璜、左倌索贿,皇甫规拒绝,而宦官就再次诬陷皇甫规贪赃而下狱,并输左校服役。这一错误的判决,引起中国历史上第一次学潮,有太学生三百余人上书为皇甫规诉冤。朝廷遂赦免皇甫规回家,但为平羌变,朝廷又任皇甫规为度辽将军领导平乱。当初,张奂因是梁冀故吏而免官禁锢,亲戚朋友无人敢为张奂说情,唯独皇甫规敢替他说话,张奂被任武威太守。及皇甫规被任为度辽将军后,又上书推荐张奂,说他"才略廉优,宜正元帅,以从众望"②,而自己愿作张奂副手。桓帝接受了他的意见,任张奂为度辽将军,以皇甫规为使匈奴中郎将。这种自愿为人下属的风格,实属少见。

当时,滇那诸羌种在段颎被免职后,攻势益炽,凉州几乎要覆亡。凉州吏民至宫阙外为段颎诉冤。桓帝遂恢复段颎的护羌校尉的职务。段颎上任后,连续出击当煎羌、勒姐羌,均获胜。延熹八年(165年)闰五月,段颎出击西羌,进兵穷追,辗转山谷间,自春及秋,无月不战,西羌败散,凡斩首二万三千级,获生口数万人,降者万余落。段颎因功封都乡侯。翌年春,张奂被征为大司农,复以皇甫规为度辽将军。皇甫规以为自己连在大位,请求退让,朝廷不许。永康元年(167年),东羌先零围攻祋祤,掠云阳县(皆在今陕西西安境内),当煎诸种羌皆反,段颎大败诸羌于鸾鸟(今甘肃武威南),西羌遂告平定。同年四月,先零羌攻三辅,连下两营,杀千余人。十月,先零羌又攻三辅,张奂遣司马

---

① 皇甫规的答词,《后汉书·皇甫规传》所记文字太长又难理解,故笔者又据《资治通鉴》卷五四文字综合、压缩而写成。

② 《后汉书·皇甫规传》,第9s0页。文中"廉优",疑为"兼优"之误。

尹端、董卓反击,大胜,斩其酋豪,首虏万余人。幽、并、凉三州清定,张奂论功当封侯,因宦官反对,仅许他内迁弘农(今河南灵宝市)。董卓升为郎中,稍露头角。

永康元年,段颎在平定西羌后,东羌先零等种仍未降附,桓帝下诏问段颎:"先零东羌造恶反逆,而皇甫规、张奂各拥强众,不时辑定,欲令颎移兵东讨,未识其宜,可参思术略。"段颎上书答复说:"臣伏见先零东羌虽数叛逆,而降于皇甫规者,已二万许落,善恶既分,余寇无几,今张奂踌躇久不进者,当虑外离内合,兵往必惊。且自冬践春,屯结不散,人畜疲羸,有自亡之势,欲更招降,坐制强敌耳。"①段颎虽然替张奂说明了"久不进兵"的理由,但他却不同意张奂的以恩招降的政策。认为羌族是狼子野心,难以恩纳,必须以长矛挟胁,白刃加颈,以武力才能剿平。所以他请求给他骑兵五千,步兵一万,兵车三千辆,用三冬二夏时间,完全可平定东羌,并使匈奴长服。桓帝接受了段颎的意见,让他率兵一万余人,带十五日粮食,从彭阳(今甘肃镇原县东)直指高平(今宁夏固原市),与先零羌诸种战于逢义山(今宁夏固原市北),羌军势盛,汉军惊恐。段颎命令军中备"长镞利刃,长矛三重,挟以强弩,列轻骑为左右翼"②,并动员将士说:"今去家数千里,进者事成,走必尽死,努力共功名。"士兵皆高呼回应,遂发动突击,羌军大败。斩首八千余级。汉军追击,出桥门(今陕西子长县),晨夜兼行,又战于奢延泽(今内蒙古乌审旗红柳河以西)、落川(今陕西靖边县)、令鲜水(今陕西靖边县红柳河支流)上,羌军大败,再战于灵武谷(今宁夏银川市北),羌军又败,余众四千余落,全部退入汉阳县山谷中。

当时,护匈奴中郎将张奂得知段颎获胜消息,估计段颎对羌族必欲斩尽杀绝,遂上书朝廷,说:"东羌虽破,余种难尽,颎性轻果,虑负败

---

① 《资治通鉴》卷五六,第1803页。
② 《资治通鉴》卷五六,第1804页。文中"长矛三重",《后汉书·段颎传》作"张矛三重"。

难常,宜且以恩降,可无后悔。"①张奂在对羌变问题上,属于招抚派,与主张镇压的段颎很早就有意见分歧。桓帝把张奂的上书转给段颎,段颎当然不接受张奂的意见。他认为镇压羌族,是因"上天震怒",他的镇压是"假手行诛"。他还批评张奂职为汉吏,身为武职,"驻军二年,不能平寇,虚欲修文戢戈,招降犷敌",全是空话,并无实效,"是犹种棘于良田,并虺蛇于室内也"。他主张镇压,"是奉大汉之威,建长久之策,欲绝其本根,不使能殖"②。从段颎的上书中就可以体会到,他的战略就是对羌族要斩尽杀绝,不能使他们再繁殖。灵帝(时桓帝已死)竟同意段颎的镇压战略。

建宁二年(169年)五月,灵帝下诏令谒者冯禅说降汉阳散羌。段颎认为春天正是农耕时期,百姓布野,羌人虽暂时降服,而政府无粮救济,必然复为盗贼,不如乘春耕之时纵兵袭击,势必殄灭。于是段颎就亲率大军进驻距羌族所屯居地四五十里的凡亭山,派骑司马田晏、假司马夏育率兵五千,对羌人发动袭击。羌人溃散东奔,复聚集于射虎谷(今甘肃天水市西),分兵拒守谷口上下门。段颎要一举消灭羌人,不让羌人再次散走,遂派一千军人于西县(今甘肃天水市西南)结木为栅,广二十步,长四十五里,以防羌人遁逃,又分遣田晏、夏育等率七千大军,衔枚夜上西山;又遣司马张恺率三千人上东山,同时发动袭击,斩其渠帅以下一万九千余级。冯禅等又招降四千余羌人,分别安置在安定、汉阳、陇西三郡,东羌全被平定。段颎与羌族共一百八十余战,斩三万八千余级,获牲畜四十二万七千余头。所耗军费四十四亿,军士死者四百余人。段颎因功被封为新丰县侯,食邑万户。真是一将成名万骨枯!

第三次羌变被平定之后,一部分羌人被董卓招募为兵,成为他主力军的组成部分。一部分羌人入居内地,在东汉末年政局大乱、军阀混战之际,乘机与匈奴共同攻杀掠夺,中原大地惨遭其祸。蔡文姬在

---

① 《后汉书·段颎传》,第958页。
② 《后汉书·段颎传》,第959页。

《悲愤诗》中说:"平土人脆弱,来兵皆胡、羌。"①指的就是匈奴与羌兵在内地的杀掠情况。这种混乱情况,直至曹操统一北方后,才稳定下来。

总结东汉羌变的大势,可以以安帝为界,划分两大阶段。安帝以前,东汉政府对羌变采取剿抚并用、以抚为主的战略,故虽有多起羌变,但时间不长就被招抚了,所以双方损失都不很大。安帝以后的羌变,东汉政府多采取镇压战略,而羌族的反抗也更加激烈。中间虽有几位主张招抚的官员和将领,但均不得势,镇压派遂成为主流。如镇压羌变最得力的将领段颎,就坚决反对招抚,主张严厉镇压,所以对双方的损害都很大。就战略而言,笔者认为宋代著名史学家司马光的评论基本是正确的。他说:

夫蛮夷戎狄,气类虽殊,其就利避害,乐生恶死,亦与人同耳。御之得其道则附顺服从,失其道则离叛侵扰,固其宜也。是以先王之政,叛则讨之,服则怀之,处之四裔,不使乱礼义之邦而已。若乃视之如草木禽兽,不分臧否,不辨去来,悉艾杀之,岂作民父母之意哉!且夫羌之所以叛者,为郡县所侵冤故也;叛而不即诛者,将帅非其人故也。苟使良将驱而出之塞外,择良吏而牧之,则疆场之臣也,岂得专以多杀为快邪!夫御之不得其道,虽华夏之民,亦将蜂起而为寇,又可尽诛邪! 然则段纪明(段颎)之为将,虽克捷有功,君子所不与也。②

司马光以上的评论,虽然具有大汉族主义思想,但他对东汉政府镇压羌族战略的批评是正确的。从总体上说,东汉在对匈奴、西域、西羌的战争战略中,以对羌族最为失败。

东汉政府的战略错误,还包括动辄后撤、放弃的战略,这在对匈奴、对西域、对西羌的战争中都施行过。对边区郡县向后撤退,放弃西域,放弃战争军需供应基地屯田区域,对东汉的政治、经济、军事损害

---

① 《后汉书·列女传·董祀妻传》,第1255页。
② 《资治通鉴》卷五六"臣光曰",第1817页。

极大。东汉政论家王符对于羌变之后,朝廷不积极备战而轻易放弃边界之害,论证非常深刻。他说:"地无边,无边亡国。是故失凉州,则三辅为边;三辅内入,则弘农为边;弘农内入,则洛阳为边。推此以相况,虽尽东海,犹有边也。今不厉武以诛虏,选材以全境,而云边不可守,欲先自割,示懦寇敌,不亦惑乎!"①王符把弃边后撤提高到"无边亡国"的高度,不能不引人重视。再如放弃西域,使之"三绝",也都是怯懦的东汉中央政府造成的恶果。当时窦固北伐匈奴余威尚在,就因为明帝死,章帝新立就放弃西域,实属滥政。在东汉政府放弃西域之后,班超等三十六人尚能用"以夷制夷"的战略横行西域,就足以证明东汉中央的失策。其实就是西域三通之时,东汉政府也没对西域投过多少兵力,却时时想再次放弃西域。屯田是西汉时早已确定的战略措施,既保证军需供应,又减少运输和人民的负担,而东汉的公卿们硬说屯田耗费巨大,在对匈奴、西域、西羌的战争中都放弃过屯田。然后就是主张撤退,这些坐享厚禄的公卿们,就知坐享清福,而不管人民、士卒的苦难,说起来令人愤恨。

最后再探讨一下汉与羌族战争的性质问题。在中国古籍中,一般都称为"羌乱",即指羌族的背叛和叛乱。这是一个否定词,完全否定羌族反抗的正义性。新中国建立后,中国史书又称羌族反抗两汉战争为起义。这是肯定词,完全肯定羌族战争的正义性。笔者在本文中经常用的是"羌变",就是《后汉书·虞诩传》中所指的羌族"非常之变"。属于中义词。笔者所以用"羌变"一词,是因为羌族战争具有其特殊的复杂性。在一般情况下应属于官逼民反,"皆因边将失去绥御,乘常守安,则加侵暴"②所造成的。如果羌族反汉战争完全是因为边将、官吏的剥削压迫引起的,当然可以称为起义。但另一种情况,也应该引起足够的注意,即西羌长期为匈奴的右臂,经常与匈奴联合侵扰汉边。

---

① 王符著,汪继培笺,彭铎校正:《潜夫论笺校正》,中华书局1985年版,第258页。

② 《后汉书·皇甫规传》,第946页。

还有羌族社会尚处于奴隶制阶段,对外掠夺是其特性,每次羌变都杀害吏民,掠夺财物,因此羌族反汉战争的性质就变了。特别是东汉末年,中央政权瓦解,社会混乱,羌、胡入侵中原,烧杀劫掠,民不聊生,羌族对汉的战争,就成了罪恶的不义战争。笔者自知,所用"羌变"一词会引起争议,但我愿意倾听不同意见,希望方家正之。

七、两汉对匈奴、西域、西羌战争战略之比较

两汉共有四百余年,其间绝大多数时间,两汉政府都把战争注意力放在匈奴、西域、西羌三个方面。但两汉所运用的战略战术则有所同有所不同。从相同方面讲,如屯田战略,扩展骑兵战略,以夷制夷战略,切断匈奴与西域、西羌联合战略等等,都是西汉创立之后,东汉有所继承。因此在上述几种战争战略中,两汉的相同点比较多,对其功效也比较容易认识,所以笔者就不在此多费笔墨。其实两汉在战争战略中的不同之处也是相当多的,其优劣成败,对战争的影响非常重要,所以笔者想在其不同点上作些简要阐述。

其一,两汉君臣对进攻、防守战略的运用不同。一般来说西汉是始终坚持进攻战略的,就是在西汉初期,也是在刘邦进攻匈奴失败之后,知道确实打不过匈奴,才暂时采取忍辱和亲政策,但马上又采取防守、备战措施,以防止匈奴的进攻。武帝即位以后,国力充实,遂采取全面进攻战略,有时虽然仍坚持和亲政策,但那都是以西汉国家利益为转移的,有利者(如对乌孙)就和亲,不利者(如对匈奴)就拒绝。和亲的性质也有转变,特别是在宣帝时与匈奴呼韩邪单于的和亲,已从忍辱和亲,转化为与从属国的和亲,研究中国古代史的工作者应该注意到这种转折。雄才大略的汉武帝在与匈奴、西域战争时,也下过罢轮台屯田之诏,应属于防守性的撤退,但笔者认为这是以退为进的战略。它说明汉武帝英明果断,知道该打时就打,该停时就停。国力充实时就反击,打到民穷财尽时就撤退、防守。武帝在下《罢轮台屯田诏》时,特别提到"修马复令,以补缺,毋乏武备",就是让官民扩大养

马、补充骑兵,不要忘记武备。昭、宣二帝及其辅臣霍光,充分理解武帝的意图,在经济恢复之后,继续武帝未完成的事业,直到把匈奴、西域、西羌征服为止。东汉的君臣却没有西汉君臣那种进攻战略的气魄。东汉虽然也有主动的进攻,并且取得了很大的胜利,但他们经常想的是如何防守、退却。从东汉第一位皇帝刘秀开始,就开创了撤退防守的先例。如东汉初期,汉军在北边与匈奴对峙,并没有与匈奴直接较量,匈奴军也并没有威胁到东汉的安全,刘秀就下令让边疆郡县向内地撤退。西域诸国几次请求刘秀派西域都护,以对抗匈奴,都被刘秀拒绝。刘秀考虑的就是国内统一和安宁,本来可以做到的事也完全不顾,留下很恶劣的影响。以后汉军在对匈奴、西域、西羌的战争中,多次出现该战时不战,不该撤时而撤,给匈奴、西域诸国和西羌一个缓冲和重振军势的机会,并给东汉边民造成颠沛流离的苦难,懦弱的东汉皇帝和公卿难辞其咎。

其二,两汉对军事战略研究的不同。两汉由于对内对外战事频繁,故都出现了对军事战略的研究者。但其研究的深度和效果都各不相同。在西汉有张良、韩信、晁错、刘安(指《淮南子》)、贾谊、董仲舒等。张良、韩信对兵法的研究,既全面又深入,在孙武、孙膑、黄石公等前辈研究的基础上有所发挥。其中的后起之秀是晁错。他对战略、战术的研究及其深入细致的程度,在当时达到了无以复加的地步,成为西汉对匈奴、西域、西羌战争最实用的指导原则。在东汉也出现过对军事战略的研究者,如马援、耿秉、班固、班超、虞诩、桓谭、王符、宗意等,都是著名的代表人物。马援、耿秉、耿恭、班固、班超既有军事战略理论,又有实践经验,是难得的军事人才;桓谭、虞诩、王符、宗意等对军事战略的研究则颇有实用价值。如宗意的《不许南单于北徙疏》[①],是一项具有针对性的建议。不过,从总的成果看,东汉对军事战略、战

---

① 《后汉纪校注》,天津古籍出版社1987年版,第355页。"宗意"《后汉书》作"宋意",故《后汉书》有《宋均传》附《宋意传》。而《后汉书集解》引惠栋考证,据宗意孙《司空宗俱碑》可证,应以"宗意"为是,《校注》失考。

术研究,其深度和广度都远不如西汉,特别是即便有好的战略建议,东汉的皇帝和掌权的外戚、宦官大部分都不肯接受,这就更使东汉军事战略研究的成果大打折扣。

其三,对屯田战略重视程度的不同。秦和汉初对边区的军需供应都靠从内地运输来解决,而所运输的粮草,也是人民所交纳的田租和藁税,在运输途中的耗费量很大,成本很高,由内地运至边区,"率三十钟而致一石"①。所以晁错建议由屯田来解决问题,从此西汉政府把屯田当作一项重大战略措施。如要对匈奴开战,首先在朔方、新秦中屯田;为切断匈奴右臂,隔绝西羌与匈奴的联系,开辟进入西域的途径,就设置河西四郡,在敦煌、武威等地屯田;在进入西域后,又在渠犁、轮台、柳中等地屯田;为平定羌变,则在湟中屯田。屯田既解决了军需供应,又建立了后勤基地,还减少了人民的负担,一举而三得,实效重大。赵充国在《屯田十二便》中,已把屯田的优点说得非常充分,不须赘述。

在东汉,本已知道屯田对保持军事优势的重要性,所以在统一战争时期,大力发展内地屯田,但对边区和西域的屯田则不够重视,有时甚至考虑撤退和放弃。如东汉初年,与匈奴在北方对峙,并未遇到重大挫折,就轻易放弃了北方屯田。以后在对西域、西羌的战争中,一遇到敌方的激烈反抗或国内出现政治事件,就主张放弃屯田,放弃边区郡县,放弃西域。如窦固北伐匈奴之后,军威大振,但在与匈奴争夺柳中屯区时,就因为明帝死,章帝新立,就不肯出兵增援汉军,而主张放弃屯田、放弃西域,使汉军惨败,而匈奴则得到军事重振的良机。一般秦汉史研究者,包括笔者在内,都把屯田作为单纯的土地制度来研究,研究它的建制,屯田人员的成分,是军屯还是民屯(其实民屯也是为军事服务),其产量、剥削量等等。这些是应该研究的,但细思量,屯田与军事有不可分的关系,把屯田作为军事战略来研究,可能更确切一些。

其四,对以夷制夷的战略执行程度不同。两汉对敌都执行以夷制

---

① 《汉书·主父偃传》,第786页。

夷战略,但执行的情况不同。西汉是成功的。如在匈奴分裂后,对降汉的呼韩邪单于和抗汉的郅支单于就采取不同的策略,不使两者有联系、合作的机会。使南、北两单于的矛盾越来越深。对西域诸国与郅支单于的关系,也采取分化瓦解的战略,使郅支单于陷于孤立,最后为汉军所消灭。东汉基本上也执行西汉的以夷制夷战略,分化南、北匈奴也是成功的,但是执行得不彻底。如东汉大军把北匈奴主力军赶入欧洲后,匈奴对汉和西域的威胁已基本解决,而当权的外戚窦宪却节外生枝,为显示他的权威,又另立一个於除鞬为单于,引起了已降服的南、北匈奴的叛乱,使东汉政府无法收拾残局。

其五,对敌主攻战略方向选择的不同。西汉的对敌主攻方向很明确,主要是对准匈奴,就是在西域,主要打击对象也是匈奴,既用强攻也用分化瓦解,直至消灭。对西域和西羌并没作为主攻对象,而是以削弱匈奴势力为战略目的的打击和招降,故西域和西羌并没给西汉造成多大损失。东汉早期本来也是以匈奴为主攻对象,但匈奴在西汉已被严重削弱,并没遇到如冒顿单于那样的强敌,所以东汉对匈奴战争并没有投入太多的兵力,就收到比西汉还大的效果,把北匈奴赶到了欧洲,之后东汉就认为西羌是主要威胁,把西羌作为主攻对象,投入很大的兵力和物力去镇压,结果虽然把羌变镇压下去了,东汉也被拖垮。东汉把西羌作为主攻对象,是东汉政府最大的失策。

其六,练兵和选将标准的不同。晁错认为军队行动步调不一致,就是军官不会练兵之过,那样的士兵五不当一。对于不重视练兵的将领,即使他个人能征善战,勇冠三军,也不能重用,李广就是一个典型。西汉对于选择主将不拘一格,一旦发现某人确是军事人才,就予以提拔重用,所以才能培养出如卫青、霍去病、赵充国那样有勇有谋的将领和统帅,保证了对匈奴、西域、西羌战争的胜利。在东汉,不见有重视军事训练的实例。一旦遇有战事,就临时从中央和地方或从少数民族中调兵参战,其中包括很多并没有受过军事训练的弛刑徒和义从,其战斗力可想而知。东汉对于将领和统帅的选择,多以外戚为主。在将领中虽有耿恭、耿秉、班超、皇甫规等颇有军事谋略的人才,但都属于中下级军官,对于决策起不了多大作用,即使立了大功,也得不到应有的提拔和奖赏。如班超在西域立了绝顶的功劳,而只能以西域都护退休。皇甫规对招抚西羌功劳卓著,因不肯向宦官行贿而不能封侯。所以东汉培养不出像卫青、霍去病那样的年轻将领、伟大的军事家。

以上所举六项不同,都是东汉不如西汉之处。但尽管东汉在战略上有某些失误,最终它还是取得了对匈奴、西域、西羌的战争胜利,有的战果甚至超过了西汉。但我们必须认识到,东汉所以取得战争的胜利,是在西汉付出巨大牺牲严重削弱匈奴之后,是在继承西汉成功战略的基础上,再加上武器装备优于匈奴而取得的。忽视西汉的贡献,就是割断历史,就违背了历史主义原则。

永城在汉史研究中的地位

一、永城地位是它的地形、地貌和地位决定的。永城是豫东唯一的山区。在秦属砀郡(治所今夏邑东南),与沛郡为邻(治所在今安徽濉溪),与刘邦老家沛县(今属江苏)很近,离陈胜起义的大泽乡(在今安徽省宿县)也不远,是战乱时期周围地区人民隐蔽的好地方,可称得上是藏龙卧虎之地。

二、永城是汉代圣地,刘邦发迹于此,起义于此(京剧《萧何月下赶韩信》就说,"吾祖爷起义在芒砀,拔剑斩蛇天下扬")。刘邦送徒郦山,徒多道亡(《史记·高祖本纪》),刘邦释放刑徒后而隐蔽于芒砀山,并有十余人跟随,可以说是参加起义前的准备。刘邦斩白蛇也不是子虚乌有,当然不像传说那样神秘,但至少可以证明他的勇气,可以令跟随的人服气。刘邦斩蛇剑在王莽时仍存国库之中。由于永城是刘邦起义发迹之地,所以汉文帝在芒砀山为刘邦立庙,故称永城为汉兴之圣地并不为过。

三、永城是陈胜在大泽乡起义后最早占领的地区。据《史记·陈涉世家》记载:陈胜大泽乡起义后,乃令符离人葛婴将兵徇蕲以东,攻铚(宿县南)、酂(永城西)、苦(鹿邑)、柘(柘城)、谯(亳县),永城可以说是农民军老根据地。陈胜牺牲后,刘邦驻军砀郡,背后依靠的也是永城芒砀山。后来刘邦把陈胜葬于芒砀山,为隐王,并派三十户守冢。这说明刘邦承认陈胜灭秦首义之功,也承认自己继承陈胜的事业。这就使芒砀这一圣地更壮声色。

四、考古发掘证明，芒砀山有铁矿，还有冶铁作坊，在梁王墓发掘出大量的铜铁器具和武器，计有铁剑32把，铁矛5支，铁铍38件，铜剑1把，铜弩22张，铜镞490个。其中特别是铁戟、铁铍是能劈、能刺、能钩多功能的先进武器，铜弩机则是远射程威力强大的自动武器。《史记·梁孝王世家》说："梁多作兵器弩弓矛数十万。"在此得到实物证据，而且还说明梁国的很多武器，就产在永城的芒砀山区。另外，在梁王墓中还出土有铁锄、铁铍、铁镰等农具，这从一个侧面反映了梁国农业生产的发展水平。

五、证明梁是西汉最强盛的诸侯王之一。梁孝王刘武是汉景帝的同母弟，是窦太后最宠爱的儿子。所以景帝对刘武的封赠特别优厚，使他"居天下膏腴地，北界泰山，西至高阳四十余城，多大县"（《汉书·文三王传》）。而且"赏赐不可胜道"，还赏赐他千乘万骑，甚至赠给他"天子旌旗"，让他"出称警，入言跸，拟于天子"。刘武就凭这优厚财力物力，"招延四方豪杰，自山东游士莫不至"（同上）。因此梁国就成为西汉政治、经济、文化、军事最强的大国，史称梁国"府库金钱且有巨万，珠玉宝器多于京师"。这些情况在芒砀山梁王墓中都得到反映。据《昭明文选》载《陈孔璋为袁绍檄豫州》注引《曹瞒传》："操破梁孝王棺取金宝。"可据《曹操传》记载："操引兵入砀，发梁孝王冢，破棺收金宝数万斤"，解决了曹操军费恐慌的大问题。其他梁王墓经过历史上的多次盗掘，几乎是十墓九空。尽管如此，从中还发现金缕玉衣、少量金银器皿，一万余斤铜币和大量的陶器。特别是从各个梁王墓的建筑规模来看，梁国如果没有雄厚的人力、物力、财力，是不可能建筑如此庞大、庄重而奢华的陵墓的。

六、在永城芒砀山梁王墓所反映的陵墓建筑水平、丧葬制度、艺术、工艺、冶炼技术、各种谷物、货币制度……等等，都有很高研究价值，都能反映出永城在汉史研究中的重要地位。

七、余论。永城有个酂城，还有个萧何造律台，我想这可能与萧何有关。酂城在秦属沛郡，称酂县。萧何是沛县人，在汉因功封酂侯。据《史记·萧相国世家》注，认为萧何封地是在南阳的酂（音赞）县（今湖北光化县西北），而不是沛郡的酂（音嵯）县。我对此颇有疑问。按当时人都有衣锦还乡的习俗，故项羽不愿在关中，而愿称西楚霸王而都彭城（江苏徐州）。汉初三杰，韩信家淮阴而封淮阴侯。张良家下邳（在今江苏沛县东南），在留县遇刘邦而封留侯。为什么要把家在沛县的萧何封在南阳的酂县呢？所以我猜想，萧何初封时可能在沛郡酂县，当时还有监视梁王彭越的目的。至公元前196年彭越被杀，立刘恢为梁王，萧何再在沛郡酂县立国就不合适了，于是就改封在南阳郡的酂县。我这种猜测，有异想天开之嫌，很难为名家所接受。但我的猜想还有旁证，就是永城的萧何造律台。萧何要没在酂住过，为什么要在酂城附近修个萧何造律台呢？那不成了"无源之水，无本之木"了吗？如果永城的酂城能与萧何、萧何造律台联系起来。那么永城在汉史研究中的地位就更重要了。如有机会，我将对此作进一步深入研究。

军功爵制研究

军功爵制探源

军功爵制是继西周五等爵制之后出现的新军政制度。它萌芽于春秋,确立于战国,在秦汉的历史舞台上,曾起过极其重要的政治作用。但在西汉中期以后逐渐趋于轻滥,至东汉短暂复兴之后而趋于衰亡。这就是说,春秋、战国时代各国曾普遍建立过军功爵制,对军功爵制的探源应该从春秋开始,但由于秦统一后其他各国档案都被销毁,因此各国军功爵制的来龙去脉已无法考稽。秦汉时期传袭下来的军功爵制是商鞅变法时建立的,故本文的探源也只能从商鞅变法时谈起。

研究秦汉史的学者,大概都知道秦汉二十级的军功爵制是商鞅变法时确立的。这种认识也对,也不对。说它对,因为二十级军功爵制确实渊源于商鞅变法;说它不对,因为商鞅变法所建立的军功爵制是十八级,而不是二十级。对此问题的认识并不是笔者现在发现的,而是1700年前,三国时曹魏学者刘劭早就发现了。刘劭在其所著《爵制》中说:"《春秋传》有庶长鲍,商君为政,备其法品为十八级,合关内侯、列侯为二十等,其制因古义。"[①]刘劭在文中所说的《春秋传》是指《春秋左传》。按《左传》襄公十一年记有"秦庶长鲍、庶长武帅师伐晋

[①] 《后汉书》志二十八《百官志五》刘昭注引,北京:中华书局,1965年,第3631页。

以救郑"①之事,据此刘劭认为,秦在春秋时已有军功爵制,但至商鞅变法时才"定其法品",确立为十八级爵制,加上后来出现的关内侯、列侯,合为"二十等"。

应该承认,刘劭对军功爵的研究相当深入,从《左传》"庶长鲍"的记载中,他敏锐地发现秦在春秋时已行军功爵制,到战国商鞅变法才确立十八等级的军功爵制,这一认识是难能可贵的。但仔细分析,刘劭对十八级爵制的认识与现实情况也略有出入。按刘劭的理解,商鞅所确立的十八级爵制,与以后秦汉时期的二十等爵制的区别,只差关内侯、列侯两级,其实并非如此。查商鞅变法所建立的十八级军功爵制,载于《商君书·境内篇》,笔者在《商鞅变法与秦朝早期军功爵制》②一文中,对《商君书·境内篇》有关十八级爵制问题,进行了认真研究,发现商鞅把十八级爵制分为两个层次:一级公士以下还有小夫一级,这是赐给军队中勤杂人员的爵位,这是一个层次;另一个层次是二级上造以上至十七级大良造,这是赐给军队中正规人员的爵位,两个层次相加共十八级。为了避免与已发表的文章有过多的重复,此处只简单介绍一下二级上造以上十六级爵名及二十等爵所设有的待遇问题,有关考证细节一概省略。

二级以上的爵称简介如下:二级上造、三级簪袅、四级不更、五级大夫、六级官大夫、七级公大夫、八级公乘、九级五大夫、十级客卿(左庶长)、十一级正卿(右庶长)、十二级大庶长、十三级左更、十四级中更、十五级右更、十六级少上造、十七级大良造(大上造)。从以上所排列的爵级和爵名来看,一级公士到十一级右庶长,与秦汉二十级爵制基本一致。唯独十二级大庶长,在秦汉二十级爵制中为十八级,相差六级,但从左庶长、右庶长之后为大庶长,也是顺理成章的。以下左更、中更、右更、少上造、大良造(大上造)与二十级爵制的爵名基本相

---

① 杨伯峻编著:《春秋左传注》第3册,北京:中华书局,1981年,第994页。
② 朱绍侯:《军功爵制考论》下编,北京:商务印书馆,2008年,第175~189页。

同,但各上提一级。在十八级爵制中没有驷车庶长、关内侯和列侯(彻侯)。

秦国早期爵制中为什么没有驷车庶长？其原因尚不清楚,有待于进一步考证。但对没有关内侯和彻侯是比较容易理解的,因为在商鞅变法时,秦国的国君秦孝公还是公爵,公与侯属于同级,所以商鞅变法不可能设有侯爵。① 据考证,秦国在惠王时(前337—311年在位)才开始设侯爵,当时也只封其子通国为蜀侯。《史记》卷5《秦本纪》有"公子通封于蜀","蜀相壮杀蜀侯来降"的记载。②《华阳国志》卷3亦载："周赧王元年,秦惠王封子通国为蜀侯,以陈壮为相。"③但这不是功臣侯而是宗亲侯。秦国在昭襄王四十一年(前266年)封范雎为应侯。《史记》卷79《范雎蔡泽列传》载："秦封范雎以应,号为应侯。当是时,秦昭王四十一年也。"④这是封功臣侯的开始。关内侯的设置要晚于列侯,直到秦始皇二十八年(前219年)琅玡台刻石题名中还没有关内侯爵名。该刻石题名是,"列侯武成侯王离、⑤列侯通武侯王贲、伦侯

---

① 需要强调,《史记·秦本纪》载:秦孝公"二十二年,卫鞅击魏,虏魏公子卬。封鞅为列侯,号商君。"据此可以说商鞅是封过侯的,但是既然商鞅已被封为列侯,为什么被称为商君的同时又被称为商侯呢？司马迁的这一记载与他同时所作《史记·商君列传》的记载有所不同。《史记·商君列传》载："卫鞅破魏还,封之於商十五邑,号为商君。"而绝不言封侯之事。同时考查战国时期其它国家的封爵制度,此时也无封侯的先例。人所共知的战国四公子,即楚之春申君黄歇、魏之信陵君无忌、赵之平原君赵胜、齐之孟尝君田文,在本国都主持过政务,但他们也只是被封为君号而不是侯,这说明战国中的其它国家也都没有侯爵。故笔者认为《商君列传》所记是准确的,商鞅并未被封列侯。参见笔者著：《军功爵制考论》下编。
② 《史记》卷5《秦本纪》,北京：中华书局,1959年,第207页。
③ 常璩：《华阳国志》卷3《蜀志》,上海：商务印书馆.1939年,第29页。
④ 《史记》卷79《范雎蔡泽列传》,北京：中华书局,1959年,第2412页。
⑤ 郭沫若在《吕不韦与秦王政批判》一文中考证:此处的王离乃王翦之误。见郭沫若：《吕不韦与秦王政批判》,《十批判书》,北京：人民出版社,1954年,第400页。

建成侯赵亥、伦侯昌武侯成、伦侯武信侯冯毋择、丞相隗林(状)、丞相王绾、卿李斯、卿王戊、五大夫赵婴、五大夫杨樛从、与议于海上"。①从琅玡刻石可以看出,秦代有爵重于官的特点,列侯、伦侯皆在丞相之前。琅玡刻石上的伦侯,不在二十级爵制之内,令人费解。《史记·秦始皇本纪》的《索隐》对伦侯有个解释:"卑于列侯,无封邑者。伦,类也,亦列侯之类。"②《索隐》的解释实际是自相矛盾。前边说"卑于列侯",是正确的,后边又说"亦列侯之类"就错了。既然"卑于列侯",又怎么能是"亦列侯之类"呢?《秦会要订补》"伦侯"条下引刘氏师培曰:"索隐说甚允。说文云:伦,辈也。礼记既夕记:伦如朝服。郑注云,伦,比也。盖同列于侯曰列,拟于侯,曰伦。伦侯之伦,犹汉之比二千石,后世之仪同三司也。"③刘师培虽然说《索隐》说"甚允",实际是说伦侯徒有虚名,而无其实,而说"犹汉之比二千石,后世之仪同三司"的比喻倒很恰当。《通典·职官》引刘昭曰伦侯"但有封名,而无食邑。"④这与颜师古对关内侯的解释"言有侯号而居京畿,无国邑也"⑤的精神相一致,因此我曾推断"伦侯很可能是关内侯在秦代的别称或正称"。⑥ 最近看到《里耶秦简》有一条简文"内侯为轮侯",内侯应指关内侯,轮侯即伦侯。如果这一理解不错,就为我的推断找到了考古根据。

但从秦始皇二十八年琅玡刻石上仍用伦侯而不用关内侯的爵名来看,说明直到秦始皇二十八年,二十级的军功爵制仍未确立。那么

---

① 《史记》卷6《秦始皇本纪》,北京:中华书局,1959年,第246页。

② 《史记》卷6《秦始皇本纪》,第247页。

③ 孙楷著,徐复订补:《秦会要订补》卷15《职官下》,北京:中华书局,1959年,第236页。

④ 杜佑:《通典》(一)卷31《职官十三》刘昭注引,王永舆点校、王文锦覆校,北京:中华书局,1988年校点本,第854页。

⑤ 杜佑:《通典》(一)卷31《职官十三》颜师古注引,王永舆点校、王文锦覆校,北京:中华书局,1988年校点本,第854页。

⑥ 朱绍侯:《军功爵制考论》上编,北京:商务印书馆,2008年,第51页。

二十级军功爵制是什么时候确立的呢？笔者认为是在秦始皇二十八年之后，至秦始皇逝世之前。因为秦二世即位之后，就被赵高所控制，他不可能有补建军功爵制的设想。赵高执政忙于消灭异己，更不会考虑什么制度建设问题。刘邦建汉所继承的就是二十级军功爵制，所以二十级爵制也绝不可能是刘邦所建。只有秦始皇二十八年（前219年）后，至三十七年（前210年）秦始皇逝世前，在这九年时间内，有可能完成建立二十级军功爵制的任务。其中最大的可能，是在秦始皇三十四年讨论确立郡县制之时，也确立了二十级军功爵制。但由于司马迁不重视军功爵制，故意删而不记，这从《史记》中不明言有二十级军功爵制可以得到反证，致使后人不了解军功爵制的缘起。对此，司马迁难辞其咎。

关于在商鞅变法时所建立的十八级军功爵制中规定的一些权力和待遇，在秦汉二十级爵制中已有所改变，主要有以下三项：

一、不受限制地逐级晋爵制。商鞅所建立的秦国早期军功爵制，从一级公士至十七级大良造可以逐级晋升，就如《韩非子·定法》所说的："商君之法曰：'斩一首者，爵一级；欲为官者，为五十石之官。斩首二者，爵二级。欲为官者，为百石之官。官爵之迁，与斩首之功相称也。'"①这与《商君书·境内》记载的"故爵公士也，就为上造也；故爵上造，就为簪袅，……故大庶长，就为左更。故四更也，就为大良造"②的精神是完全一致的。但到汉代的二十级军功爵制中，就有了吏爵、民爵之分，规定赐民爵超过八级爵公乘者"得移与子若同产、同产子"。③不仅赐民爵有勿过公乘的限制，就是在战争中因军功拜爵，也有"毋过

---

① 朱经农、王云五主编，唐敬杲选注：《韩非子·定法》，上海：商务印书馆，1935年，第81页。

② 商鞅等著：《商君书》第5卷《境内第十九》，章诗同注，上海：上海人民出版社，1974年，第64页。

③ 范晔：《后汉书》卷2，李贤等注，北京：中华书局，1965年，第96页。

左庶长""毋过五大夫"①的限制,说明既得利益集团再也不肯让平头百姓有进入统治集团的机会了。

二、低级爵的树墓制。《商君书·境内》曰:"小夫死,以上至大夫,其官级一等,其墓树,级一树。"②朱师辙注曰:"此树墓礼也。自小夫以至于大夫死,得立墓树。以官级大小为差等。"③小夫即一级公士以下的爵位,是十八级爵制的最低级。如小夫死后墓上可以栽一棵树,至大夫就可以栽六棵树,这是对低级爵位获得者一种荣誉待遇,但在秦汉二十级爵制中,这种荣誉待遇也被取消了。

三、乞庶子制。《商君书·境内》曰:"其有爵者乞无爵者以为庶子。级乞一人。其无役事也,其庶子役其大夫月六日。其役事也,随而养之。"④说明有军功爵位的人,有权力要求无爵位的庶民给他当庶子,一级乞一人,二级乞二人,之下以此类推。在没有战事时,庶子每月要给其主人服6天劳役;有战事时,庶子要随主人从军打仗,这是典型封建依附关系,所以称有爵位的人为军功地主是恰如其分的。特别是达到五大夫爵位的人,因为拥有"税邑三百家"或"税役六百家"者,已成为军功大地主,大概就不需要庶子了,所以庶子制只是对低爵位者的一种待遇。但至汉代,对低爵位者的庶子待遇也取消了,而高爵的食邑制却保留下来。

从以上三项情况可知,二十等爵制的改变趋势是,对低级爵的待遇越来越低,乃至于取消某些待遇,以保护高爵的权势。

在汉代,军功爵制还有一项重大变化,就是把二十级军功爵制分化为官爵和民爵两大等级。即一级爵公士至八级爵公乘,称为"民爵",这是庶民和小吏的爵位。得爵如果超过八级,必须把超过的爵位

---

① 大通上孙家寨汉简整理小组:《大通上孙家寨汉简释文》,《文物》1981年第2期。

② 商鞅等著:《商君书》第5卷《境内第十九》,章诗同注,第65页。

③ 朱师辙:《商君书解诂定本》,北京:古籍出版社,1956年,第74页。

④ 商鞅等著:《商君书》第5卷《境内第十九》,章诗同注,第63页。

转给兄弟子侄。从此民爵就成为荣誉头衔，没有什么实际价值。九级五大夫至二十级列侯，称为"官爵"，随其级别的高低不同，可以享受不同的优待和特权。民爵八级制的出现，说明汉代既得利益集团，再也不肯让平民百姓有机会进入统治阶层，而民爵八级也就成为官僚、贵族、帝王祝贺喜庆大事的点缀品，一次可以赐民爵一级、二级甚至三级，以示与民同乐。这种赐民爵制度，在曹操于建安二十年（215年）改革爵制时也没废除，一直延续至唐朝初年才取消。至于高爵，在东汉除了关内侯、列侯以外，其他高爵也形同虚设，军功爵制趋于消亡。

对刘劭《爵制》的评议

三国时曹魏学者刘劭①所著《爵制》②可以说是保存到现在最早的研究军功爵制的论著。笔者过去认为刘劭是以西周的五等爵制附会军功爵制,故未引起重视。后来由于秦汉简牍的不断发现,刘劭在《爵制》中所提出的论点,都可以在秦汉简牍和《商君书》中得到印证,由此才认识到刘劭《爵制》对军功爵制研究的重要价值,于是就想对刘劭《爵制》作一评论,以就教于方家。

刘劭《爵制》约 640 余字,现在看来是短篇,但在古代也算得上是长篇大论了,故笔者准备分段、分专题予以介绍并加以评议。

一、提出"商君为政备其法品十八级"说

刘劭《爵制》第一段文字说:

《春秋传》有庶长鲍。商君为政,备其法品为十八级,合关内侯、列侯凡二十等。其制因古义,古者天子寄军政于六卿,居则以田,警则以战,所谓入使治之,出使长之,素信者与众相得也。故启伐有扈,乃召六卿、大夫之在军为将者也。及周之六卿,亦以居

---

① 刘劭:字孔才,广平邯郸(河北邯郸市)人,仕魏,官至散骑常侍,赐爵关内侯,卒赠光禄勋。撰《法论》、《人物志》等百余篇,《三国志》卷 21 有传。

② 范晔:《后汉书·百官志》。商务印书馆缩印百衲本,1958 年版。

军,在国也则以比长、闾胥、族师、党正、州长、乡大夫为称。其在军也,则以卒伍、司马、将军为号,所以异在国之名也。

上段引文第一句说的"《春秋传》有庶长鲍",是指《左传·襄公十一年》所记"秦庶长鲍、庶长武,率兵伐晋以救郑"的事。在这里刘劭是以此为据,说明秦在春秋时已有军功爵制。接下来说战国时"商鞅为政",建立了军功爵制十八级,与后来设立的关内侯、列侯合为二十等。对于商鞅变法所建立的军功爵制有这样认识的,刘劭是第一个人,而且也是唯一的一个人。对刘劭的这一认识,在《商君书·境内篇》和《睡虎地秦墓竹简》中得到印证。

《商君书·境内篇》在讲到军功爵制时,首先说:"军爵,自一级已下至小夫,命曰校、徒、操。"①笔者在《商鞅变法与秦国早期军功爵制》②一文中,对这句话的解释说:"小夫是爵名,而校、徒、操则是职务称号……"按照这一解释顺理成章的结论应是"在一级公士爵位之下还有小夫一个爵位"。但笔者在当时把校、徒、操各当一级爵位,而说"在一级公士之下还有三级爵位",这是错误的,应予更正。

《商君书·境内篇》在讲到爵位晋升顺序时,有如下一段描述:

> 故爵公士也,就为上造也。故爵上造,就为簪袅。故爵簪袅,就为不更。(故爵不更),就为大夫。爵吏而为县尉,则加赐虏六,加五千六百。爵大夫而为国治,就为(官)大夫。故爵(官)大夫,就为公大夫。(故爵公大夫),就为公乘。(故爵公乘),就为五大夫,则税役三百家。故爵五大夫,有赐税三百家者,受客(卿)……故客卿相论盈,就正卿。(故爵正卿),就为大庶长。故爵大庶长,就为左更。故四更也,就为大良造。

以上一段文字,各种版本的《商君书》均略有出入。笔者是根据朱师辙《商君书解诂定本》加上自己的理解而厘定的。括弧中的文字,是

---

① 朱师辙:《商君书解诂定本·境内篇》。北京古籍出版社1957年版。
② 朱绍侯:《商鞅变法与秦国早期军功爵制》,《零陵学院学报》2004年第5期。

笔者根据上下文意而增补的。对于这段文字，笔者在《商鞅变法与秦国早期军功爵制》一文中做过较为详细的考证，本文不再重复，只想将考证的结果做一简略概述。

根据上述引文所表述的军功爵制晋升的顺序，其爵位共有十七级。即一级公士，二级上造，三级簪袅，四级不更，五级大夫，六级官大夫，七级公大夫①，八级公乘，九级五大夫，十级客卿（左庶长），十一级正卿（右庶长），十二级大庶长，十三级左更，十四级中更，十五级右更，十六级少上造，十七级大上造，加上一级公士以下的小夫爵，合为十八级。

《商君书·境内篇》所反映的秦国早期十八级军功爵制，与秦汉时期的二十等军功爵制既有渊源关系，也有明显的差别。说它们有渊源关系，是因为两者绝大多数爵名相同，而且在十一级以前的爵位顺序也是相同的；说它们有明显的差别，是因为与十二级爵位的顺序不一致，而且是缺头多尾。即头缺驷车庶长、关内侯、列侯三级；多尾即多出一级以下的小夫爵。下面准备重点谈谈两个爵制的差别问题。

关于商鞅变法所建立的十八级军功爵制没有关内侯、列侯是容易理解的，因为当时秦国的国君尚且称公。按西周五等爵制，公、侯属于同一个等级，因此秦孝公没有资格封其大臣为侯，只有在秦国国君称王之后，才有资格封侯。据考证秦在惠王时期才开始封侯，即封他儿子通国为蜀侯。至于在十八级爵制中为什么没有驷车庶长和什么时候补上了驷车庶长，已难以考证清楚了。

由于商鞅所建立的十八级军功爵制没有关内侯、列侯，所以大良造就成为爵位的最高级，这从商鞅本人所得的爵位就可以得到证明。商鞅主持变法，是政府首脑，其地位在一人之下，万人之上，相当于后世的丞相，但商鞅的最高爵位也就是大良造。这由传世的大良造商鞅量、大良造商鞅戈可以得到证明。如果有侯爵，当然非商鞅莫属。在

---

① 《二年律令》对公大夫、官大夫的排列顺序与《汉书·百官公卿表》、刘劭《爵制》等古籍不同，一般古籍都是六官大夫、七公大夫。

这里有一个问题必须澄清。《史记·秦本纪》有一条资料说：秦孝公二十二年（公元前340年），"卫鞅击魏，虏公子卬，封鞅为列侯，号商君"，据此可以认为商鞅是封过侯的。其实这条资料自相矛盾而不可信。商鞅既已封侯，为什么不称商侯而称商君呢？同是一件事，《史记·商君列传》与此不同。《商君列传》说："卫鞅破魏还，封之於、商十五邑，号为商君。"而绝不言封侯事，笔者认为《史记·商君列传》所记是准确的，《秦本纪》所记有误。

商鞅所建立的十八级军功爵制与秦汉二十等军功爵制第二个差异，就是大庶长的前后品级不同。在十八品爵制中大庶长为十二级；在二十级爵制中大庶长为十八级，故有人提出异议。《商君书解诂定本》引杜注曰："庶长秦爵。秦爵十级左庶长，十一级右庶长，大庶长乃十八级，在大上造之上，故知其误。"杜注是以二十级爵制为据，校正十八级爵制，当然会得出"故知其误"的结论。其实这正是两个爵制的不同之处。十八级爵制在左庶长、右庶长之后为大庶长，这是合乎逻辑的，只是后来增加一个十七级驷车庶长，大庶长应在所有庶长之上，故才提为十八级，这也是合情合理的。

十八级军功爵制与二十等爵制第三个差异，就是十八级爵制在一级公士之下还有个小夫爵，这是赐给军队中勤杂人员的爵位。这一制度在《睡虎地秦墓竹简》中得到证实。如《游士律》说："有为秦人出，削籍。上造以上为鬼薪，公士以下刑为城旦。"① 这里说的"上造以上"、"公士以下"，显然是指十八级爵制，因为二十级爵制没有小夫爵，根本不存在"公士以下""上造以上"的划分法。

刘劭《爵制》在本段文字中，从"其制因古义"至"所以在国之名也"的一大段议论，全是以夏、周古制附会军功爵制。这种附会不仅忽视了夏、周军制与军功爵制本质的不同，就是对夏、周军制来讲，也并不完全符合其原来本意，且与本文研究内容关系不大，故略而不论。

---

① 《睡虎地秦墓竹简》，文物出版社1978年版。

二、提出二十级军功爵制四大等级说

刘劭《爵制》第二段文字有如下内容:

> 秦依古制,其在军赐爵为等级,其帅人皆更卒也。有功赐爵则在军吏之列。自一爵以上至不更四等,皆士也;大夫以上至五大夫五等,比大夫也;九等依九命之义也。自左庶长以上至大庶长,九卿之义也;关内侯者,依古圻内子男之义也。秦都山西,以关内为王畿,故曰关内侯也;列侯者,依古列国诸侯之义也。然则卿大夫士下之品,皆放古,比朝之制而异其名,亦所以殊军国也。

上引刘劭《爵制》第二段文字第一句话就是"秦依古制",意思是说秦的军功爵制是依照古制而制定的。他接着就把秦的各级军功爵位与西周的卿、大夫、士及子男、列国诸侯之制相比附,以混淆军功爵制与西周世袭的五等爵制的本质区别。但他把二十等的军功爵制划分为四大等级:即一级公士至四级为士级爵;五级大夫至九级五大夫为大夫级爵;十级左庶长至十八级大庶长为卿级爵;以十九级关内侯、二十级列侯为侯级爵。对于刘劭把二十级军功爵制划分为四大等级,笔者曾认为是无聊的比附,但在看到《张家山汉墓竹简·二年律令》①简文之后,才认识到二十级军功爵制中确实存在四大等级的划分,而且与刘劭《爵制》中所提出的四大等级划分,除了第四等级的名称不同外,则完全一致。据此对刘劭《爵制》就不能等闲视之了,不能简单地视之为比附之作了。

关于对二十级军功爵制的四大等级划分,笔者在《西汉初年军功爵制的等级划分》②一文中有较详细的论证,于此不再重复,仅举两例以明之。

---

① 《张家山汉墓竹简二四七号墓》,文物出版社2001年版。
② 朱绍侯:《西汉初年军功爵制的等级划分》,《河南大学学报》2004年第5期。

在《二年律令》中关于二十等军功爵制划分为四大等级的简文较多,如《户律》中所载受田、受宅律文,就明显地含有四大等级的精神。如受宅律文规定:"宅之大方卅步。彻侯受百五宅,关内侯九十五宅;大庶长九十宅,驷车庶长八十八宅,大上造八十六宅,少上造八十四宅,右更八十二宅,中更八十宅,左更七十八宅,右庶长七十六宅,左庶长七十四宅;五大夫廿五宅,公乘廿宅,公大夫九宅,官大夫七宅,大夫五宅;不更四宅,簪褭三宅,上造二宅,公士一宅半宅。"关于受田律文,除彻侯因有封国不受田外,其他爵位的受田数与受宅数字完全相同,故不赘引。在这里想要说明一下为什么说《户律》中的受田受宅律文体现了四大等级的划分精神,现以受宅为例略作分析。彻侯受百五宅,关内侯受九十五宅,相差十宅,这是第一个等次;大庶长至左庶长每级各降二宅。大庶长受九十宅,至左庶长还受七十四宅,这是第二个等次;五大夫则陡降至受廿五宅,除公乘降五宅受二十宅外,公大夫受九宅,以下每级各降二宅,至大夫则受五宅,这是第三个等次,不更受四宅,以下各降一宅,至上造则受二宅。公士不能再降一宅了,再降一宅就与庶民相同了,故只降半宅,受一宅半宅,以示与庶民的区别,这是第四个等次。以上的分析笔者认为体现了汉初政府对军功爵制划分四大等级的精神。

《二年律令·赐律》中有如下一条律文,也含有四大等级的内容:

> 赐不为吏及宦皇帝者,关内侯以上比二千石,卿比千石,五大夫比八百石,公乘比六百石,公大夫、官大夫比五百石,大夫比三百石,不更比有秩,簪褭比斗食,上造、公士比佐史。

这段律文讲的爵位与官秩的对比关系,文中的关内侯以上,自然是包括了彻侯,这是侯爵的等级。下文的"卿比千石",好像没有说明卿是什么爵,其实它包括大庶长、驷车庶长、大上造、少上造、右更、中更、左更、右庶长、左庶长等九个爵名,即所谓"九卿之义也",是卿爵的总称。在《二年律令》中凡用"卿"来表述的,都是泛指大庶长至左庶长九级爵位,这几乎成为定式。在"卿比千石"之下,从"五大夫比八百石"至"大夫比三百石",讲的是大夫等级的爵位,其特点是每级爵位都有官秩可比。接下来的"不更比有秩"至"公士比佐史",这就是笔者认为的小爵等级。从目前学术界对军功爵制的研究情况来看,大概对二十级军功爵制中划分有四大等级,基本上是同意的,但对笔者所提出的以小爵作为不更至公士四级低爵的总称,尚有不同意见。

笔者把公士至不更四级爵位总称为小爵,主要是根据《二年律令·傅律》中如下律文:

> 不更以下子年廿岁,大夫以上至五大夫子及小爵不更以下至上造年廿二岁,卿以上子及小爵大夫以上廿四岁,皆傅之。(下略)

上引律文其大意是有爵者之子傅籍的年龄问题。有爵位者爵级越高,其子的傅籍年龄越晚,有爵位者的爵级越低,其子的傅籍年龄越早,也就意味着服役的年龄越早,但由于简文错乱令人难以理解。于是笔者就斗胆对这条律文进行删节,对其文字顺序重新调整。删节、调整的文字如下:

> 小爵不更以下至上造子年廿岁,大夫以上至五大夫子年廿二岁,卿以上子年廿四岁,皆傅之。(下略)

一般来说,勿论是"增字解经",还是"改字解经",或是"减字解经",都容易引起争议。如果经文错乱,不增字、不改字、不减字,就不可理解的话,那只好"增、改、减"了。清代考据学家在注释诸子时,就经常用此方法,当然也就引发了争议。所以刘敏先生在其大作《张家山汉简臆释》①中对笔者"减字解经"提出异议也就不足为奇,是可以理解的。

刘敏先生为说明小爵本意,旁征博引进行了非常认真的考证,并得出了如下的结论:

> 综上,小爵是有严格年龄或身高规定的傅籍法律条文中的特殊名词,它不是二十等爵中一至四等爵的总称,而是未傅籍成人者占有的爵位,其存在与汉代的傅籍制度、力役制度、封爵制度和

---

① 刘敏:《张家山汉简臆释》,《中国史研究》2004年第4期。

继承制度有关。那么,本文开头引的《二年律令·傅籍》关于傅籍年龄的规定是:具有四等不更以下爵者之子,二十岁傅籍,具有五等大夫至九等五大夫爵者之子,以及本人具有小爵以下至二等上造的未成人,二十二岁傅籍,具有卿以上爵者之子,以及本人具有小爵大夫以上的未成年人,二十四岁傅籍。

刘敏先生花费很大精力,对小爵认真考证的精神令人钦佩,但所得出来的结论却难以令人信服。其一,说"小爵是有严格年龄或身高规定的傅籍法律条文中的特殊名词",是讲不通的。因为如果按刘先生的说法,那么,"小爵不更"、"小爵大夫",只能解释为"小年龄不更"、"小年龄大夫"或"小个子不更"、"小个子大夫"。如果是这样解释,有个"小"字就够了,何必再加上一个"爵"字。如果把"小爵"作为爵名来解释,那就成为"小年龄爵不更"、"小个子爵不更"和"小年龄爵大夫"、"小个子爵大夫",那就更不通顺。如果把小爵与小男、小女的年龄联系起来,那就更难说清问题。查居延汉简大男、大女的最低年龄为15岁,小男、小女的最高年龄为13岁,请想十三四岁以下的小孩怎么能得到不更、大夫爵位呢?就是赐民爵,也只赐成年男子而不赐小男孩。赐"为父后者"倒有可能赐男孩,但那是为立太子而设的专项赐爵,哪有在十年左右时间内立四五次太子之理?至于说把小爵身高联系起来,那就更是匪夷所思,爵名怎能以个头高低为前提?况且在赐爵的评议(论)中,都是以军功大小为前提,从来没涉及过年龄和身高的问题。

其二,在刘先生的结论中提到:"以及本人具有小爵不更以下至二等上造的未成年人"和"以及本人具有小爵大夫以上的未成年人",其实这是"增字解经"。在《傅律》原文中并没"以及本人"四个字,大概是因为"小爵不更以下至上造"和"及小爵大夫以上"之后没有"子"字,才加上去的。即使如此,这段文字还是不通。第一,说有大夫以上爵位的人还是未成年人,令人难以理解;第二,按军功赐爵制的原则,没有军功是不能赐爵的,而未傅籍的人,也就是没有服兵役、徭役的人,他们也就没有得爵的机会,除非他们是《二年律令·置后律》中所说的原有爵位人的"后子",才有得爵的条件,但这与前引《傅律》中的"不更以

245

下子"、"卿以上子"的提法相矛盾;第三,小爵并非独立存在的爵名,在小爵之后必须附有"不更"、"大夫"等爵名,故与四姓小侯、侍祠侯、猥诸侯不能相提并论。总之,笔者认为刘先生的结论不能令人信服,倒觉得董仲舒在《春秋繁露·爵国》中所说的"其功德大者受大爵土,功德小者受小爵土",比较符合小爵的本意。这里所说的"大爵土",是指高爵及高爵所应得的封地;所谓的"小爵土",是指低爵和低爵所应得的土地。"大爵"、"小爵"都是名词,"土"是指大爵、小爵所应得的土地。但刘先生以其为"先秦史事"而不肯信从,并把"大爵土"、"小爵土"视为名词,解释为"大的封爵封土"、"小的封爵封土"。要知道董仲舒的言论往往是借古喻今,指秦说汉,即使先秦的名词,为汉所用也不足为奇。对刘先生的不同理解,笔者只能说是见仁见智各有不同吧!

由于刘敏先生对小爵的结论不能令人信服,故笔者暂时仍坚持旧说,待以后有了令人信服的解释,一定改正。

三、对二十级爵制爵名的解释

刘劭《爵制》第三大段文字是对二十等爵制爵名的解释,现引原文如下:

> 古者以车战,兵车一乘,步卒七十二人,分翼左右。车大夫在左,御者处中,勇士居右,凡七十五人。一爵曰公士者,步卒之有爵为公士者。二爵曰上造。造,成也,古者成士升于司徒曰造士,虽依此名,皆步卒也。三爵曰簪褭,御驷马者要褭古之名马也。驾驷马者其形似簪,故曰簪褭也。四爵曰不更。不更者,为车右,不复与凡更卒同也。五爵曰大夫。大夫者,在车左者也。六爵为官大夫,七爵为公大夫,八爵为公乘,九爵为五大夫,皆军吏也。吏民爵不得过公乘者,得贳与子若同产,然则公乘者,军吏爵之最高者也,虽非临战,得(乘)公卒车,故曰公乘也。十爵为左庶长,十一爵为右庶长,十二爵为右更,十三爵为中更,十四爵为右更,十五爵为少上造,十六爵为大上造,十七爵为驷车庶长,十八爵为

大庶长,十九爵为关内侯,二十爵为列侯。自左庶长已上至大庶长,皆卿大夫,皆军将也,所将皆庶人、更卒也,故以庶更为名。大庶长即大将军也,左右庶长即左右偏裨将军也。

上引刘劭《爵制》对二十级爵名的解释,都是从军事编制的角度出发,对各个爵位在军队中的地位予以说明,故开头就说"古者以战车,兵车一乘,步卒七十二人,分翼左右,车大夫在右,御者处中,勇士居右,凡七十五人"。这个说明就给下面各个爵位的解释提供了前提条件,这是其他军功爵制的注释者所没有注意到的问题。据笔者所知,最早对二十级爵位作出解释者是《汉官旧仪》的作者东汉学者卫宏,还有晚于刘劭《爵制》的唐代学者颜师古,师古在注《汉书·百官公卿表》时,对二十级爵的爵名也作出解释。笔者想把卫宏、刘劭、颜师古三大家对二十级爵名的解释作一对比研究,以考察其优劣。

(一)对公士的解释。卫宏曰:"公士一爵。赐爵一级为公士,谓为国君列士也。"①师古曰:"言有爵命、异于士卒,故称公士也。"②刘劭曰:"一爵为公士者,步卒之有爵为公士者。"三者对比来看,卫宏的解释似乎有些拔高,师古与刘劭的解释近似,但师古说"异于士卒",不如刘劭说"步卒之有爵者"更为准确。

(二)对上造的解释。卫宏曰:"上造二爵,赐爵二级为上造,上造乘兵车也。"师古曰:"造,成也.言有成命于上也。"刘劭曰:"二爵曰上造。造,成也。古者成士升于司徒曰造士,虽依此名,皆步卒也。"综观三位学者的解释,卫宏说"上造乘兵车",恐不准确,而师古的解释与刘劭较为接近,但师古说"有成命于上"较为笼统,不如刘劭说"成士升于司徒"和"皆步卒也",显得具体而准确。

(三)对簪褭的解释。卫宏曰:"簪褭三爵,赐爵三级为簪褭。"师古曰:"以组带马曰簪褭。簪褭者,言饰此马也。"刘劭曰:"三爵曰簪褭,御驷马者,要褭古之名马也。驾驷马者.其形似簪,故曰簪褭也。"

---

① 卫宏:《汉官旧仪》,"汉官六种"本,中华书局1990年版。
② 班固:《汉书·百官公卿表》。商务印书馆缩印百衲本,1958年版。

对于簪褭,卫宏未加解释,师古只说褭是以丝绸装饰马匹,刘劭则以"驾驷马者",以"要褭,古名马也",以"驾驷马者,其形似簪",形象地解释簪褭,并说明它在军中的地位,是驾驷马者。

(四)对不更的解释。卫宏曰:"不更主一车四马。"师古曰:"言不豫更卒之事也。"刘劭曰:"不更者为车右,不复与凡卒同也。"以上三位学者对不更的解释,卫宏稍嫌笼统,师古只言不豫更卒之事,刘劭则包括了卫宏、师古二人的解释,而且明言不更为车右,即兵车中居右的勇士,准确性方面为卫、颜所不及。

(五)对大夫的解释。卫宏曰:"大夫主一车,属三十六人。"师古曰:"列位从大夫。"刘劭曰:"大夫者,在车左者也。"卫宏说"大夫主一车",可能属实,因为在兵车上数大夫的爵位最高,为一辆兵车之主.另外领导车左的36个步卒。按一辆兵车配备72个步卒.分左右两翼,车右的36个步卒,当由车右不更领导。师古对大夫等于没作解释。刘劭说"大夫者在车右者也",只说明大夫在兵车中的位置,没有说明大夫的职务,这是他的缺欠。

(六)对官大夫、公大夫、公乘、五大夫的解释。因从官大夫到五大夫四级爵位,有的分别解释,有的综合解释,为了作对比研究,故从综合解释。卫宏曰,官大夫"领车马",公大夫"领行兵伍",公乘"与国君同车",五大夫"以上次年德者,为官长、将率"①。师古曰:"加官、公者,示稍尊也。"公乘"言得乘公家之车也"。五大夫"大夫之尊也"。刘劭曰:官大夫、公大夫、公乘、五大夫"皆军吏也。言吏民爵不得过公乘者,军吏之爵最高者也,虽非临战,得(乘)公卒车"。以上三大家对官大夫至五大夫四级爵位的解释,以卫宏为优。卫宏说官大夫领车兵,公大夫领步兵,可能与实际相符,但说公乘"与国君同车",未免拔高了公乘的地位。说五大夫"以上次年德为官长、将率",从秦昭王命"五大

---

① 按原文,卫宏说"为官长、将率"之后,尚有"秦别爵等生以禄位,死以为号谥"14字。注者认为"应为总结之文,错简于此",故不录。

夫陵攻赵邯郸"①的情况看,卫宏所言不虚。师古对官大夫、公大夫、五大夫的解释,没有什么实际意义,只是说公乘"言得乘公家之车也",尚得其实。刘劭说官大夫、公大夫、公乘、五大夫"皆军吏也",并不完全准确.因为五大夫可以为"官长、将率",已超出军吏的官级。刘劭下面又讲"公乘者,军吏之爵最高者也",就说明他认为五大夫是军吏的认识有误。但是,他说公乘"虽非临战,得乘公卒车"的观点.是最为准确的解释。

（七）对自左庶长至列侯的解释。卫宏对自左庶长至列侯,只列爵名,未作解释。刘劭是先列左庶长至列侯的爵名,然后解释说:"自左庶长已上至大庶长,皆卿大夫,皆军将也。所将皆庶人、更卒,故以庶、更为名。大庶长即大将军,左右庶长即左右偏裨将军也。"刘劭仍是从爵位与军职相联系的角度进行解释的,所言虽不一定完全准确,但说左庶长以上至大庶长"皆军将也",作为笼统性的判断是不会有错的。师古则是逐级、分类对爵名作解释的,在"十左庶长、十一右庶长"之后,师古曰:"庶长,言为众列之长也。"在"十二左更、十三中更、十四右更"之后,师古曰:"更,言主领更率,部其役使也。"在"十五少上造、十六大上造"之后,师古曰:"皆主上造之事也。"对"十七驷车庶长".师古曰:"言乘驷马之车而为众长也。"对"大庶长",师古曰:"又更尊也。"对"十九关内侯",师古曰:"言有侯号,而居就畿,无国邑。"对"二十彻侯",师古曰:"言其爵位上通于天子。"师古虽然对左庶长以上的爵名逐个进行了解释,但多属望文生义,不能说明问题。如"庶长,言为众列之长也"."更,言主领更卒,部其役使也","皆主上造之事也","言乘驷马之车而为众长也","言更尊也"等等,说了等于没说,原来不清楚的,解释后还是不明白。只有对关内侯的解释,"言有侯号,而居京畿,无国邑"②,说明了关内侯的特点。对彻侯则说,"言其爵位上通于天

---

① 司马迁:《史记·秦本纪》。商务印书馆缩印百衲本,1958年版,
② 关内侯无国邑,是秦时之事,汉初关内侯已可食邑,但无封国。

子",点明了彻侯的重要地位,如果再加上一句"有封国",那就更准确了。①

以上探讨了卫宏、师古、刘劭三大名家对二十级军功爵制的爵名解释。分开来评论,三家各有优劣。但综合而论,刘劭的解释稍优于卫宏、师古,因为刘劭的解释较合实际,能说明各级爵位在军队中的地位和作用。不过刘劭《爵制》的主要贡献,不在于对爵名的解释,而在于他提出了"商鞅为政,备其法品为十八级"说,在于他提出了二十级爵制划分为四大等级说。但刘劭《爵制》也有很大缺点,就是以夏周旧制附会军功爵制,混淆了军功爵制与五等爵制的本质区别。

最后还要说明一点,卫宏、刘劭、颜师古对二十级爵制爵名的解释,都适用于秦和汉初,当赐民爵八级(即非军功赐爵)形成定制和卖爵之风盛行之后,就完全与三家的解释对不上号了。

---

① 师古未说明彻侯有封国,可能因为师古在解释关内侯时说"无国邑",就意味着彻侯有封国,故省。秦时彻侯亦无封国。

《秦汉时期的"赐民爵"及"小爵"》读后
——兼论汉代爵制与妇女的关系

一、关于"小爵"

刘敏的大作《秦汉时期的"赐民爵"及"小爵"》,我先睹为快。在这篇论文中,刘敏根据《里耶发掘报告》和《长沙走马楼三国吴简》的资料,解决了"小爵"是未成年人所获得爵位的总称及身高与大男、小男、大女、小女身份有关的问题,论证有理有据,很有说服力。因此,我宣布放弃以往认为小爵是二十级爵制中第四等级(公士至不更)总代称的意见。但还有两点说明:一是我放弃小爵是二十级爵制中第四等级总代称的意见,而仍保留在军功爵中有四大等级划分的意见,因为在刘劭的《爵制》及《张家山汉墓竹简·二年律令》中都有资料证明爵制四大等级的存在。至于第四等级(公士至不更)的总称,是否如刘劭所说被称为"士爵",还有待进一步的研究或新资料的发现。二是说小爵是未成年人得爵的总称,但不能证明两汉每次赐民爵时,未成年人都有机会获得爵位。两汉赐民爵既复杂又具体,大体有三种情况。

(1) 赐天下男子爵一级(或二级、三级)时,大概未成年人也有份,但并不是从一开始就如此。军功爵制初建时,只有建立军功、事功的人才能获得爵位。商鞅时规定:"宗室非有军功,论,不得为属籍。"[①]

---

① 《史记·商君列传》,中华书局1959年版。

司马贞《索隐》："谓宗室若无军功，不得入属籍……不及爵秩也。"连秦国王族无军功都不得爵位，一般人特别是孩童没有立军功的机会，其不能得爵位也是不言而喻。只有在非军功赐爵制出现后，军功爵制逐渐轻滥，未成年人才有得爵的可能。但在初期，未成年人也未必就能得到爵位，这就是为什么在《居延汉简》《居延新简》的家族名籍中，不见记录有未成年人爵称的原因。刘敏所举 8 条未成年人得爵的简文，没有一条属于过硬的资料。其中 15.5 号简文，如果"年十二"三字可靠，当然能证明未成年人也拥有爵位，但因有"年廿二"、"年十五"和"年□"的不同解释，其可靠性就要打折扣。即使退一步讲"年十二"无争议，他也不一定就是从皇帝"赐天下男子爵"中得到的爵位（理由见下文）。至于其他 7 条简文，因其年龄都超过了 15 岁，属于成年期的"大男"，有资格得到爵位，不须论证。研究军功爵制要考虑它的发展和演变，未成年人得爵和"小爵"一词，大概是在秦末及汉中期以后爵制轻滥才出现的。若找到汉代早期的家族名籍，如《里耶发掘报告》《长沙走马楼三国吴简》那样的简文，关于未成年人在非军功赐爵制初期就能普遍得爵的问题就迎刃而解了。

（2）"赐民爵户一级"，虽然没有明言赐给户主（家长），但在一户中户主优先也是不言而喻的。所以汉惠帝五年九月"长安城成，赐民爵户一级"，师古注："家长受也。"①我认为此注不错。也许有人认为这是赐给一户之中（男子）每人一级，这种解释过于牵强。

（3）"赐民为父后者爵一级"，是朝廷为庆贺立皇太子或皇太子加冕时所颁布的赐爵诏令。关于这一类的赐民爵，只要是户主的继承人（为父后者），不论其年龄大小都有权得爵，儿童当然也包括在内。所以'我认为在非军功赐爵制的早期，在家族的名籍中，如果有未成年人拥有爵位的话，多半是"赐为父后者爵"的结果。至于像《里耶发掘报告》《长沙走马楼三国吴简》那样，出现未成年人超过其父（户主）爵位的情况，只有在赐爵轻滥之后才有可能。因为这时未成年人得爵的门

---

① 《汉书·惠帝纪》及注，中华书局 1959 年版。

径较多,"赐天下民爵"有份,"赐为父后者爵"也有份,还可从伯父、叔父、兄长处传承爵位,这样未成年人的爵位级别超过其父也就不奇怪了。

二、关于"吏爵"与"民爵"

刘敏还提到吏爵、民爵的问题,认为汉代不存在吏爵与民爵的区分。对此,我认为说服力不强,暂时还不能同意。我的理由是汉代已形成"赐民爵八级制",而且明确规定民得爵不得超过公乘(八级爵),超过者必须转让给兄弟子侄。"赐民爵八级制"是与"赐吏爵"相对称的,两者如无区别,何必规定得爵超过公乘者得转让与兄弟子侄呢?不错,在秦至汉初是没有"民爵"与"吏爵"界限的,凡立军功、事功者可依次递升。刘邦在汉五年(前202年)五月的诏书中还明确指出,"七大夫、公乘以上皆高爵也";"七大夫以上,皆令食邑"①。原来七级公大夫、八级公乘皆属高爵,并享有食邑特权。但在"赐民爵八级制"出现后,则把这两级都划入民爵范围,刘邦汉五年五月诏书的原规定就作废了。虽然他在提到"吏民爵不得过公乘"时,也说"然则公乘者,军吏之爵最高者也"②的话,但这与刘邦原来说的"七大夫以上,皆令食邑"的含义已完全不同。此时的七大夫、公乘已是荣誉头衔,没有实际价值。赐民爵八级中所包含的吏,是指小吏,而小吏的地位在两汉逐渐降低,以后遂成为"差役"的代名词。如:

上曰……今列侯多居长安,邑远,吏卒给输费苦。③

今汉家铸钱及诸铁官,皆置吏、徒、卒,攻山取铜铁,一岁功十万人以上。④

---

① 《汉书·高帝纪下》。
② 《后汉书·百官志》注引刘劭《爵制》,中华书局1965年版。
③ 《史记·孝文本纪》。
④ 《汉书·贡禹传》。

"父仲孺,河东平阳人。以县吏给事平阳侯家,与侍者卫少儿私通而生去病。仲孺吏毕归家。"师古注曰:"县遣吏于侯供事也。"①

至新莽及东汉时,吏的地位更趋低下。如王莽时魏氏"宾客放从,(虞)延率吏卒突入其家捕之"②；安帝延光三年春二月,凤凰集于台县,"赐台长帛五十匹,丞二十匹,尉半之,吏卒人三匹"③。进入魏晋南北朝,吏的地位甚至低于民而入专门"吏籍",成为主要的服役者。我过去提过"官与吏"对称和"长吏与小吏"对称的问题,表明小吏地位并不高。随着历史发展,又出现了"吏与徒、卒"并称的问题。吏的地位日趋低下。与"赐民爵八级制"的出现几乎同步。在此历史背景下,把吏(不是长吏)划入赐民爵的对象,应不难理解,它与"吏爵"中五大夫以上的长吏,已不可同日而语。

主张吏爵、民爵不存在区分的学者,或认为吏爵、民爵不是名词,应读为赐民以爵、赐吏以爵。我认为有些时候可以这样解读. 有时则不能。如王充说"赐民爵八级何法"④,要硬读为"赐民以爵八级何法"就显得牵强。有人认为把王充这句话的"民"与"爵"中间加上"、"号就"顺理成章"了,请问"民"与"爵"并非同义并列词,中间怎能加顿号？从古到今不见有如此读法。即使退一步,赐民以爵、赐吏以爵的读法可以成立,仍然避不开"民爵"、"吏爵"这两个词。事实上主张"赐民以爵"、"赐吏以爵"读法的学者,在文章的行文中,自觉不自觉地也还在使用"民爵"、"吏爵"的词。这可能是积习难改,也可能是词本身就可表达赐爵的本意,不必每一次都说"赐民以爵"、"赐吏以爵"。

刘敏为证明民爵、吏爵没有区分,还举出两个最有说服力的例证：

---

① 《汉书·霍光传》。
② 《后汉书·虞延传》。
③ 《后汉书·安帝纪》。
④ 王充：《论衡·谢短篇》,吉林大学出版社影印《汉魏丛书》本1992年版.第814页。

赐中二千石以下至吏民爵各有差……

赐中二千石以下及天下民爵……

她认为这两条简文应解读为"赐予二千石以下至吏民每个人以不等的爵位"、"赐予中二千石以下及天下编户民以爵",认为这样读"显然非常顺畅"。但这样把民爵八级制读没有了,把民得爵不能过公乘的精神读没有了,两汉三令五申的政策,怎么这两次诏书就不遵守了呢?

我认为对这两条史料不是读法而是理解、认识的问题。按我的理解与认识,这是说"赐予中二千石以下至吏、民爵各有不同的等差";"赐予中二千石以下及天下民爵(各有差)"。第一条诏令"吏民爵"中间应加顿号"、","各有差"是指吏爵、民爵各有差等,而差等的关键就是民爵不能过八级。第二条令文中的"及"字非常重要。"赐中二千石以下"虽然没有"吏"字,实质是指六百石以上的长吏,否则中间何必加一"及"字呢?"及"就是把中二千石以下至六百石吏与天下民分开了。我认为这样的读法才是很顺畅。所以,我认为列这两条资料不是读法问题,而是理解问题,不同的理解和认识就有不同的读法。

要理解吏爵与民爵的区分.首先应该从"赐民爵八级制"入手。自"赐民爵八级制"产生后,就与非军功赐爵中五大夫以上的吏爵有了不可逾越的鸿沟。这说明既得利益集团不肯让低级吏民轻易爬上高位。不仅非军功赐爵有"赐民爵不得超过八级"的规定,而且通过解读《大通上孙家寨汉简》可知,就是战场上的军功赐爵,也有"爵毋过五大夫"、"爵毋过右庶长"等规定[1],而且还改变了秦和汉初"斩首一级,赐爵一级"、"斩首二级,赐爵二级"、"官爵之迁,与斩首之功相称也"[2]的政策,而改为斩捕首虏二级赐爵一级、斩捕首虏五级赐爵二级、斩捕首虏八级赐爵三级。总之,军功爵制在发展过程中是不断演变的,其演

---

[1] 《大通上孙家寨汉简释文》,《文物》1982年第2期。

[2] 《韩非子·定法》,缩印浙江书局汇刻本《二十二子》,上海古籍出版社1986年版。

变的趋势,是对得爵的级别限制越来越严,使一般士兵和吏民不可能获得高爵。其中,对"赐民爵八级制"的控制尤为严格,并且使之逐渐从军功爵制中游离出去,形成为一种独立的制度。三国以后,军功爵制已废除,除王侯级爵位仍保留外,五大夫至大庶长等高级爵位已被取消,而"赐民爵八级制"却被长期保留。根据笔者对《三国志》《晋书》《宋书》《南齐书》《梁书》《陈书》《魏书》《北齐书》《周书》《隋书》和新旧《唐书》中《本纪》的考察,从三国至唐初各代政权仍在施行"赐民爵八级制"。计曹魏赐民爵五次、西晋两次、刘宋六次、萧齐五次、梁十九次、陈十四次、北魏(孝文帝改制后)十五次、北齐三次、北周一次、隋末一次、唐初一次。"赐民爵八级制"自西汉中期后已经逐渐演变为徒具虚名的荣誉头衔,为什么还能够延续至唐初,这是值得我们认真研究的问题。独立存在的"赐民爵八级制"在汉以后竟传承了四百多年,而不承认赐民爵与赐吏爵之间的区别,这是令人难以理解的。

有的学者不承认民爵与吏爵的区分,以买爵可以超过五大夫为由,认为民爵也可以超过八级。其实"买爵"和"赐民爵"两者性质不同,我从来没说过买爵不能超过八级,也没说过买爵属于民爵范围这样的话。其实买爵岂止五大夫,甚至可以买至关内侯,这都是史书明载的,无人提出异议,也无人把买爵与赐民爵等同看待。到东汉末,高级爵也失去应有价值,无人肯买,于是就卖官,甚至公卿都可以买。所以把买爵与赐民爵等同起来,转而否认赐民爵不可超越八级的史实,这是一种"偷换项"的法术,不必多谈。不承认民爵与吏爵有区分的学者还认为,民爵可以赐给吏,吏爵可以赐给民,"所谓汉代'民爵、吏爵界限森严不可逾越'说,不符合汉代历史实际"①。这种观点既不合逻辑,也于史无据,查遍史书也不见有吏爵赐民、民爵赐吏这样逆向赐爵的实例。即使可以笼统解读的"赐天下吏民爵",在具体执行时还是吏爵赐给吏、民爵赐给民,否则就难免造成混乱。比如说民爵可以赐给吏,而民爵(姑且称为赐民以爵)有不能超过八级的规定,把公乘以下

---

① 杨际平:《再论汉无民爵、吏爵之分》,《厦门大学学报》1985年第4期。

爵位赐给吏(长吏)会有什么激励作用？再如吏爵(姑且称为赐吏以爵)可以赐给民,其起点是五大夫和吏六百石,把如此高的爵位赐给民,那么赐民以爵而不能超过八级的规定还算不算数？

三、妇女与封爵

刘敏在其大作中还提到妇女与军功爵制的关系问题,与我的意见没有什么分歧。但我觉得自己以往对这个问题谈得还不充分和不准确,有必要再做补充。

我在《从〈二年律令〉看与军功爵制有关的三个问题》一文中,曾说:"在古代,战争是男人的事业,故军功爵与女人无缘,本属情理中事。"①事实上刘邦在十二年诏书中就说:"列侯皆令自至吏,得赋敛;女子、公主为列侯食邑者,佩之印,赐大第室。"②这里明确提到女子、公主可以封侯。后来事实上证明汉公主只食邑不封侯,但享受列侯的待遇;而女子之封侯事却兑现了。汉初有三位女子封侯,一是刘邦封其嫂子为阴安侯③;二是惠帝六年(前189年)封吕后妹、樊哙妻吕媭为临先侯④;三是吕后封萧何夫人同(史失其姓)为酇侯⑤。以上虽说是特例,但也不能抹煞。另外东汉明帝时,东海王刘彊因无子而请封三个女儿为小国侯,则东汉女子也有封侯例。

两汉女子封侯属特例,但女子封"君"则是常规,需要我们进一步论证之。

封"君"在战国本是男子的最高封爵,在各国很普遍。秦国有商君卫鞅、泾阳君芈悝、华阳君芈戎、严君樗里疾、武安君白起、武信君张

---

① 朱绍侯:《军功爵制考论》第260页,商务印书馆2008年版。
② 《汉书·高帝纪下》。
③ 《汉书·文帝纪》。
④ 《汉书·文帝纪》。
⑤ 《汉书·樊哙传》。

仪、刚成君蔡泽及不知姓名的长安君、昌平君、昌文君等；齐国有靖郭君田婴、孟尝君田文、安平君田单等；楚国有春申君黄歇、阳陵君庄辛及不知姓名的鄂君、鄢陵君、寿陵君、临武君等；赵国有信平君廉颇、奉阳君赵成、平阳君赵豹、华阳君冯亭、武阳君郑安平、武襄君乐乘、武安君李牧、武安君苏秦、平都君田单、代成君伯鲁之子周、马服君赵奢、望诸君乐毅、平原君赵胜及不知姓名的建信君、安阳君等；魏国有信陵君魏无忌、宁陵君魏咎及不知姓名的信安君、隐陵君、中山君等；燕国有昌国君乐间、奉阳君李兑、成安君公孙操等。

当时封"君"的待遇又有所不同。据《七国考·秦职官》："战国封君有二：一以封地为号，如秦之华阳、泾阳、新城、阳泉；齐之安平；楚之彭城、襄城；魏之平都、中山之类是也。一特立名号，如秦之刚成、武信，齐之孟尝，楚之春申，赵之马服、信平、武襄、长安之类是也。"按董说本意，是说在君号前冠以地名者，有封邑，可以衣食租税；君号前不冠以地名者，即无封邑，不能衣食租税。考诸史实也不尽然。如"靖郭君"田婴的封号就不是地名，但他却有封邑在薛，故称"薛公"。又如说著名的"四公子"皆无封邑也不可信。不过大体来说，董说的说法还是对的，而具体到个人，食邑或不食邑，则需要进一步研究。

《文献通考·封建考六》对封君还有一种说法，谓封君是在"封爵之外，别加美号也"，是在某人得到某爵位后的"重封"。这至少在秦、楚两国可以被证实。秦国商鞅在得到左庶长爵位之后，其食邑在商於之地，号曰商君①；白起则在获得大良造爵位之后，"迁为武安君"②。在楚国，虽还找不到战国的证据，但刘邦在起兵后直至汉五年之前，施行的是楚的爵制，其封爵如曹参在得到执帛之后号"建成君"③，樊哙

---

① 《史记·商君列传》。
② 《史记·白起王翦列传》。
③ 《史记·曹参世家》。

在得到卿爵之后号"贤成君"①,灌婴在获得执帛之后号"宣陵君"②。对这些将领之名号,在刘邦改行秦的爵制之后,一律由封君改封为列侯,从此既得爵位又赐君号的"重封制"被完全取消。但取消了"重封",并不是说"君"的封号就退出了历史舞台,而是把原来封赐给男子的"君"号转赐给妇女。在两汉凡是食汤沐邑的妇女,皆赐给"君"的封号。载诸史籍的西汉妇女封君者约有以下诸人:

武帝"尊太后臧儿为平原君"③。

武帝赐王皇后前夫女金氏"汤沐邑.号修成君"④。

宣帝地节四年(前66年)."赐外祖母号为博平君,以博平、蠡吾两县户万一千为汤沐邑"⑤。

平帝元始四年(公元4年).赐公太夫人(王莽母)号曰功显君.食邑二千户.黄金印.赤绂⑥。

平帝元始元年(公元1年)二月,"赐帝女弟四人,号皆曰君.食邑各二千户"⑦。按《汉书·外戚·中山卫姬传》曰:"赐帝三妹谒臣号修义君、哉皮为修礼君、鬲子为尊德君.食邑各二千户。"所记与前不同.应以《卫姬传》为准。

元始三年(公元3年),"尊太后姊妹君侠为广恩君、君力为广惠君、君弟为广施君.皆食汤沐邑"⑧。

东汉时妇女封君者,史籍有以下诸例:

安帝永初元年(107年)六月戊申."爵皇太后母阴氏为新野

---

① 《史记·樊哙列传》。
② 《史记·灌婴列传》。
③ 《汉书·外戚·孝景王皇后传》。
④ 《汉书·外戚·孝景王皇后传》。
⑤ 《汉书·外戚·史孙王夫人传》;《汉书·宣帝纪》。
⑥ 《汉书·王莽传上》。
⑦ 《汉书·平帝纪》。
⑧ 《汉书·元后传》。

君"①。

安帝乳母野王君王圣。②

延光元年(122年),"追尊阎皇后母宗为荥阳君"。③

顺帝阳嘉二年(133年)四月,"爵号阿母宋娥为山阳君,邑五千户"④。追号(皇后)母为开封君。⑤

桓帝永兴(153~154年))中,"以(邓皇)后母宣为长安君",后改封"宣为昆阳君"⑥。

永初元年(107年),爵号大夫人为新野君,万户,供汤沐邑。⑦

建宁二年(169年),"是岁,爵号乳母赵娆为平氏君"⑧。

灵帝封何皇后母兴为舞阳君。⑨

梁冀为大将军,宰宣上言:"大将军有周公之功,今既封其诸子.其妻宜为邑君。"诏遂封冀妻孙寿为襄城君.兼食阳翟租,岁入五千万.加赐赤绂,比长公主。冀一门夫人、女食邑称君者七人。⑩

这说明,在两汉妇女能得到高级爵位的名称就是"君",凡"君"即可得到封邑而衣食租税。《后汉书·安思阎皇后传》注引《续汉志》:"妇女封君,仪比公主。"君实际享受了列侯待遇。当然,获"君"号者,皆皇后母、皇帝乳母及权臣的母、妻、女之类,不涉一般妇女。

一般妇女能否得到低级爵位呢? 在非军功赐爵的诏令中,不见有

---

① 《后汉书·安帝纪》。
② 《后汉书·来歙传》附《来历传》。
③ 《后汉书·安帝阎皇后传》。
④ 《后汉书·左雄传》;《后汉书·五行志四》。
⑤ 《后汉书·五行志五》。
⑥ 《后汉书·桓帝邓皇后传》。
⑦ 《后汉书·和熹邓皇后传》。
⑧ 袁宏:《后汉纪·孝灵皇帝纪上》。
⑨ 《后汉书·灵思何皇后传》。
⑩ 《后汉书·梁冀传》。

政府授予妇女爵位的条文,但新发现的简牍资料中却有妇女继承丈夫爵位的多处记载。刘敏引证张家山汉简的一条简文云:

□□□为县官有为也,以其故若伤二旬中死,皆为死事者,令男子袭其爵。毋爵者,其后为公士。毋子男以女,毋女以父,毋父以母,毋母以男同产,毋男同产以女同产,毋女同产以妻。

这里汉代爵位继承的顺序是清楚的,即子男—女儿—父亲—母亲—兄弟—姐妹—妻。在这七个梯次的顺序继承人中,有四个层级显示妇女有权继承爵位。以前我认为所谓妇女继承男人的爵位,主要还是继承待遇,不一定就有爵位的头衔。现在看到刘敏所引《长沙走马楼三国吴简》号码为8500、10796的两条简文后,才知道在户籍中是记载有妇女所得爵位的。妻子被排顺序第七,看似不合理,但因为有"妇人无爵,从夫之爵"①的规定,故妻是否能继承夫爵,对妻的实际利益影响不大。

四、关于东汉三十二功臣的排序

最后,我想附带更正一项自己的错误,就是我在《东汉时期军功爵制的恢复与没落》一文中②,把东汉三十二功臣(含"云台二十八将")的爵位次序排错了。此错虽不肇始于我,是《后汉书》就排错了的,而我却延袭下来。宋人徐天麟在《东汉会要》中,把三十二功臣分列为两排,上排十六人,下排十六人,如按读古书竖排竖读的惯例,其结果是错的;如果竖排横读则是对的。司马光在《资治通鉴》中仍沿袭《后汉书》的错读,但元人胡三省在注文中做了正确的提示。中华本《后汉书》恢复了上下两排的方式,并在"校勘记"中作了正确说明。根据胡三省及中华本"校勘记"的意见,现将我对东汉三十二功臣的排列次序更正如下:

---

① 《礼记·郊特牲》,中华书局1980年版《十三经注疏》影印本。
② 朱绍侯:《军功爵制考论》第157页,商务印书馆2008年版。

太傅高密侯邓禹,食邑四县。
大司马广平侯吴汉,食四县。
左将军胶东侯贾复,食六县。
建威大将军好畤侯耿弇,食二县。
执金吾雍奴侯寇恂,食邑万户。
征南大将军舞阳侯岑彭,食邑户数不详。
征西大将军夏阳侯冯异,食邑户数不详。
建义大将军鬲侯朱祐,食邑七千二百户。
征虏将军颍阳侯祭遵,食邑户数不详。
骠骑大将军栎阳侯景丹,食邑万户。
虎牙大将军安平侯盖延,食邑万户。
卫尉安成侯姚期,食邑千户。
东郡太守东光侯耿纯,食邑户数不详。
城门校尉朗陵侯臧宫,食邑户数不详。
捕虏将军杨虚侯马武,食邑九千八百户。
骠骑将军慎侯刘隆,食邑户数不详(以上为上排)。
中山太守全椒侯马成,食邑户数不详。
河南尹阜城侯王梁,食邑户数不详。
琅玡太守祝阿侯陈俊,食邑户数不详。
骠骑大将军参蘧侯杜茂,食邑户数不详。
积弩将军昆阳侯傅俊,食邑户数不详。
左曹合肥侯坚镡.食邑户数不详。
上谷太守淮阳(陵)侯王霸,食邑户数不详。
信都太守阿陵侯任光,食邑万户。
豫章太守中水侯李忠,食邑三千户。
右将军槐里侯万修,食邑户数不详。
太常灵寿侯邳彤,食邑户数不详。
骁骑将军昌成侯刘植,食邑户数不详。
横野大将军山桑侯王常,食邑户数不详。

  大司空固始侯李通,食邑户数不详。

  大司空安丰侯窦融,食四县。

  太傅宣德侯卓茂,食三千户(以上属下排。刘植以上为云台二十八将,加上王常、李通、窦融、卓茂合称三十二功臣)。

我认为学术研究的态度应该尊重科学,实事求是,服从真理,修正错误;对还没认识到的问题,可以继续深入探讨。我就是抱着这种态度来写这篇文章的。对刘敏的大作,我非常赞赏,钦佩她对军功爵制研究的认真细心,感谢她纠正了我对"小爵"问题的错误认识。在军功爵制研究中,尚未解决的问题还很多,希望她能有更多的学术新贡献。

从居延汉简看汉代民爵八级的政治地位

军功爵制自创立之后,就是一种不断变动的军政制度。商鞅变法初建时的军功爵制只有十八级。即一级爵公士之下还有小夫爵,一级爵公士以上到大良造只有十七级,合起来共有十八级。当时秦孝公还是与侯爵平行的公爵,故商鞅在军功爵制中没有设立列侯、关内侯爵位,也没驷车庶长爵位。到秦惠文王(公元前337年至前310年在位)时,由于秦国君已经称王,故开始设立侯爵,但秦惠文王仅封其子为蜀侯。至于秦在什么时候增设驷车庶长爵?因史无明文记载,也只好存疑①。到秦始皇时,军功爵制已增至二十级,有了列侯、关内侯、驷车庶长,一级爵公士以下的小夫爵已经取消,但关内侯当时尚称伦侯②。汉朝建立后,继承了秦始皇时期的二十等军功爵制,伦侯已改称关内侯。

在秦朝,军功爵制的晋升并没有等级界限的阻碍,从法律角度讲,只要立了军功就可以逐级晋升。《韩非子·定法篇》说:"商鞅之法曰:斩首一级,爵一级,欲为官者,为五十石之官;斩首二级,爵二级,欲为官者,为百石之官。官爵之迁,与斩首之功相称也。"根据商鞅之法的

---

① 朱绍侯:《商鞅变法与秦早期军功爵制》,载《军功爵制考论》,第39~52页,商务印书馆2008年版。
② 伦侯之名见于《史记·秦始皇本纪》,《里耶秦简》有纶(伦)侯的相关简文。

晋爵原则，斩首级越多，官爵就越高，士兵斩首二十级，就可以晋爵位列侯。其实那是不可能的。大概晋升列侯还会有其他条件，这从秦代以七级以上为高爵，六级以下为低爵，就可以说明一般人晋升高爵是有难度的，但秦政府并没有规定爵位晋升有不可逾越的鸿沟。到了汉代，高爵低爵之分就有明显的变化。刘邦在汉五年的诏令中还承认秦以七大夫以上为高爵的事实，但不久就把高爵上提一级，而以八爵公乘为高爵。到了惠帝时期，又以九爵五大夫为高爵。同时，汉初又公布了军功爵四大等级制：即一等侯级爵，包括十九级关内侯，二十级列侯；二等卿级爵，包括十级左庶长至十八级大庶长；三等大夫级爵，包括五级大夫至九级五大夫；四等士级爵，包括一级公士至四级不更。从《张家山汉墓竹简·二年律令》中的《户律》来看，对这四大等级在授予田宅的数量上有很大差距，在政治待遇方面也大不相同①。到西汉中期以后，又从二十等爵制中演化出一个"赐民爵八级制"。"赐民爵八级制"的真正含义，就是把吏爵（也称官爵）与民爵分开，规定赐民爵不能超过八级公乘，超过八级公乘者，就要"移与子若同产、同产子"②。这是史籍中所记东汉明帝、安帝、顺帝时的诏令，好像"赐民爵八级制"是东汉时才开始施行。其实不然，《后汉书·明帝记》注云："汉置赐爵，自公士以上不得过公乘，故过得移授。"据此可知，在西汉时已有赐民爵不得过八级的规定，过八级者要转给其子、兄弟和兄弟之子。居延汉简恰好证明西汉在居延屯戍区内的屯戍人员中的爵位没有超过八级者。

两汉统治者颁布赐民爵不得过八级制的核心目的，就是不让小吏和民众进入特权阶层。因为当时拥有爵位的人太多了，如果无限制地发展下去，大多数人都能拥有特权，而既得利益集团必然受到致命冲

---

① 以上所论军功爵制等级差别，详见拙著《军功爵制考论》，第90至108页。

② 《后汉书·明帝纪》、《安帝纪》、《顺帝纪》均有诏令。见《后汉书》第53、102、115页，商务印书馆百衲缩印本，1958年版。

击,因此两汉政府就逐渐取消了公乘以下各级爵位的免役、赎罪等特权,并颁布了"赐民爵不得过八级"的诏令。此后随着军功爵制的轻滥,民爵八级遂成为徒有虚名的荣誉头衔,不再享有政治、经济方面的优待。但是,在中国史学界,包括秦汉史的研究者,对于这一重大转变尚无人进行专题研究,笔者不揣浅陋,想根据居延汉简提供的资料,对汉代民爵八级的政治地位进行试探。

笔者遍查《居延汉简释文合校》①(以下简称《合校》)和《居延新简》②(以下简称《新简》)两书中收录的带有爵位名称的简文,共得民爵八级简文 287 例(《合校》简文 169 例,《新简》简文 118 例),现根据这些简文所记载的各级爵位及其所担任的各级职务,举例分析各级爵位与其职务有无关系,以说明汉代民爵八级所处的政治地位,以就教于方家。

一、公乘及其所任职务

《合校》和《新简》共收录公乘简文 155 例(《合校》91 例,《新简》64 例),因简文太多,不能全引,只能举例来说明公乘所担任的各种职务与其爵位有无关系。

1. 公乘任燧长者共 28 例(《合校》18 例,《新简》10 例),现举 4 例予以说明。

(1) 居延甲渠逆胡隧长公乘王毋何,五凤元年秋,以令射,发十二,中靶六,当。(312·9,《合校》510 页)

(2) 居延甲渠止害隧长收降里公乘赵勋,年卅,甘露四年十一月除。(173·22,《合校》274 页)

(3) 肩水候官始安隧长公乘许宗,中功一劳一岁十五日。能书会计治官民,颇知律令文,年卅六,长七尺二寸,觻得千秋里,家

---

① 谢桂华等:《居延汉简释文合校》,文物出版社 1987 年版。
② 甘肃文物考古所:《居延新简》,文物出版社 1990 年版。

去官六百里。(37·57,《合校》62页)

(4) 甲渠当曲隧长□公乘张札,年卌七,能不宜其官,换为殄北宿苏第六隧长,代徐延寿。(E.P.T51:63,《新简》176页)

以上所引四条简文,都是公乘担任燧长职务的典型事例,反映四种不同情况。第1例是说居延甲渠逆胡燧长王毋何,在宣帝五凤元年(公元前57年)秋季,根据射令进行射箭考核,共发十二矢,有六矢中靶,正好及格,不赏不罚,说明燧长也和士兵一样参加秋射①。第2例是说止害燧长赵勋.是宣帝甘露四年(公元前56年)十一月辛未日(二十八日)被任命为燧长。第3例是肩水候官始安燧长许宗的功劳考核记录,计得中功一劳,合劳日1年零15天。他所以能担任燧长是因为他能写会算,能治理官民,并通晓律令,这大概是担任官吏的必备的条件。第4例是说当曲燧长张札,因不能胜任其官职,而被调任殄北第六燧长,代替原燧长徐延寿。这本属同级同职的调任,但说明当曲燧长的地位比殄北燧长的地位重要。

2. 公乘任候长者共13例(《合校》6例,《新简》7例),也举4例予以说明。

(1) □禾□候长公乘蓬士长,当中劳三岁六月五日。能书会计治官民,颇知律令。武年卌七,长七尺六寸□。(562·2,《合校》658页)

(2) 张掖居延甲渠候官塞有秩候长,觻得长秋里公乘赵阳,令□名□尉,年廿一,代□□。(160·11,《合校》264页)

(3) 状辞曰:公乘居延广地里,年卅二岁,姓孙氏。建武六年正月中除为甲渠城北候长,以通蓬火迹。(E.P.F22:355,《新简》500页)

(4) 张掖居延甲渠塞有秩候长公乘淳于湖,中功二劳一岁四

---

① 《居延汉简释文合校》第481页:"功令第□五,士吏、候长、蓬隧长常以秋令试射,射以六为程,过六,赐劳矢十五日。"《合校》79页也有类似简文。说明士吏、候长、蓬士长、燧长根据秋令规定必须参加秋试射箭。

月十三日。能书会计治官民,颇知律令文。年卅六岁,长七尺五寸,觻得□□里。(E.P.T50:14,《新简》153 页)

以上所举 4 例也颇有典型意义。第 1 例是候长公乘蓬士长武某的劳绩考核记录,属于中劳计有 3 年 6 个月 5 天,另记有年龄和身高。他当候长也因具有能说会算,能治官民,且通晓律令的本领。第 2 例是说甲渠候官塞候长赵阳,是乡官级有秩百石小吏,家住觻得长秋里,下文因简残之缺,意义不明。第 3 例是根据状辞说明居延广地里公乘孙某,是在东汉光武帝刘秀建武六年(公元 30 年)正月新任命的甲渠候长,管理烽火事宜。第 4 例是居延甲渠候长公乘淳于湖的功劳考核记录,属于中功二劳,合计劳日为 1 年 4 个月 13 天。他具有能说会算治理官民,通晓律令的才干,这也是他能当上候长的必备条件。另外,还记载了他的年龄和身高。

3. 公乘任士吏者共 7 例(《合校》4 例,《新简》3 例),兹举 3 例予以说明。

(1) 张掖居延甲渠塞有秩士吏公乘段尊,中劳一岁八月廿日,能书会计治官民,颇知律令文。(57·6,《合校》100 页)

(2) 居延甲渠士吏觻得广苑里公乘窦敞,能不宜其官,今换补麛谷候长,代吕循。(203·33,《合校》317 页)

(3) 始建国天凤上戊六年七月壬辰除署第十部士吏,案匡软弱不任吏职,以令斥免。(E.P.T68:11—12,《新简》456 页)

上引 3 例,其中 1、2 两例,与前引例证含义相同,唯第 3 例颇具新意。第 1 例是士吏公乘段尊的劳绩考核记录。他也是具有能说会算治官民,颇知律令文的才干,才当了士吏。第 2 例是说甲渠士吏公乘窦敞,因能不宜其官,而换补麛谷候长,代吕循,这也是同级调任,但说明麛谷候长的地位不如甲渠士吏重要。第 3 例是说某年七月某日任命的"士吏""匡",因软弱不任吏职,而被斥退免职。看起来"能不宜其官者",可以同级调遣至不重要岗位,而软弱无能者,就要斥退免职。文中的"士吏""匡",从《新简》456 页上下简文联系起来看,就是"公乘冯匡"①。

4. 公乘任尉史者共3例(《合校》1例,《新简》2例),兹举2例予以说明。

(1) 修行孤山里公乘范弘,年廿一,今除为甲渠尉史,代王辅。(285·3,《合校》480页)

(2) 修行居延西道里公乘史承禄,年卅四,今除为甲渠尉史,代杨寿。(E.P.T53:109A,《新简》288页)

上引2例文意全同,都是说任命公乘某某为甲渠尉史,代某某。令人不解的是"修行"二字。按汉简惯例,在写地名时先写郡名,次写县名,再写里名。上引2简"修行"二字在居延之前,应是郡名,但汉代并无修行郡。而居延县属张掖郡,这是历史常识。王莽改制时,曾依据将张掖郡改为设屏郡,但东汉又恢复旧名。王莽改制时曾多次改变地名,是否将张掖郡改为修行郡,史无明文记载,不敢妄自推断。

5. 公乘任候史者共6例,全出自《新简》,《合校》无此例,以下先举3例予以说明。

(1) 居延甲渠候史公乘贾通,五凤四年功劳案。(E.P.T53:22,《新简》7281页)

(2) □三泉里公乘召偁,年卅三,能不宜其官,换为候史□。(E.P.T50:520,《新简》214页)

(3) 甲渠候史居延阳里公乘氾汉,年廿七,能不宜其官。(E.P.T50:78,《新简》157页)

上举3例,在文字理解方面并无障碍。第1例记的是候史公乘贾通的功劳簿,说明功劳考核簿是按人头设计的,每人都有。第2、3例记的是"能不宜其官"的问题。召偁不知从何官调任候史,据前例大概也是同级调换,即从重要部门调至不重要的岗位。氾汉条因简文残缺不知调任何职,大概与前例同。

---

① 《居延新简》456页:"甲渠塞百石士吏居延安国里公乘冯匡,年卅二岁,始建国天凤上戊六年。"

6. 公乘任令史、厩令史者,共 3 例,全出自《合校》,《新简》无此类简文,现转引 3 例如下。

（1）昭武厩令史乐成里公乘尹昌,年卅二。(51·23,《合校》89 页)

（2）令史觻得市阳里公乘杨禹,年卅五,斥免。(32·11,《合校》49 页)

（3）肩水候官令史觻得敬老里公乘粪土臣熹,昧死再拜上言,□变事书。(378·12,562·17,《合校》548 页)

上引 3 例文字都很简单,但也须作点解释。第 1 例所谓昭武厩令史,是指昭武养马场的场长,管理养马事宜。第 2 例是令史公乘杨禹因故被斥免。前引简文已说明被斥免比"能不宜其官者"的情况还严重,是因软弱无能,前者可以同级调遣换个不重要岗位,后者一定要斥退免官。第 3 例所谓候官令史是指候官府小吏(办公室主任),文中的"粪土臣"和"昧死上拜"是臣下对皇上,下级对上级的谦称和套语。"公乘熹"的"变事书"可能是揭发材料,因此他表现得诚恐诚惶。

7. 公乘担任亭长、啬夫者,共 4 例(全出《合校》),以下啬夫、亭长各举 1 例予以证实。

（1）显美传舍斗食啬夫莫君里公乘谢横,中功一劳,二岁三月。(10·17,《合校》16 页)

（2）驳南亭长觻得寿贵里公乘孙竟□□。(75·1,《合校》131 页)

上举 2 例所以要把啬夫、亭长合在一起,是因为两者都是斗食小吏。第 1 例是显美传舍(招待所)斗食啬夫(所长)的功劳考核记录,说明居延屯戍区的招待所长,也要与其他屯戍人员一样接受功劳考核。第 2 例只记驳南亭长的籍贯,爵称和人名,其他情况,因简断文残,不得而知。亭长在屯戍区中的主要职务,仍是管理治安。

8. 公乘担任戍卒、田卒、障卒、河渠卒者,共 19 例(《合校》14 例,《新简》5 例),以下按卒的性质各举 1 例,予以说明。

（1）戍卒河东郡北屈务里公乘郭赏,年廿六,庸同县横原里

公乘聞彭祖,年卅五。(E.P.T50:86,《新簡》178页)

(2)河渠卒河东皮氏毋忧里公乘杜建,年廿五。(140·15,《合校》232页)

(3)田卒河南郡宛陵邑□□里公乘□□。(218·13,《合校》350页)

(4)鄣戍卒南阳郡叶宁里公乘张鞅,年廿三。(185·14,《合校》296页)

上引4例,第1例颇有新意,是记戍卒公乘郭赏不愿亲自服役,就雇佣同县聞彭祖替他服役。雇人代役的雇主是要给被雇人交佣金的,但本简文没有记载佣金数,其他简文则有记载,见后文。本简文可以说明两个问题:一说明汉政府是允许雇人代役的,但这种关系是雇主与被雇者的私人关系,与政府无关;二说明公乘(含以下各级爵位)已无免役特权,故不雇人,就要亲自服役。其他田卒、河渠卒、鄣戍卒3例,其简文只记其籍贯、姓名和爵称,只能说明他们虽拥有公乘爵位,也要当兵服役外,其他信息不得而知。

9. 公乘任职不明者,共74例(《合校》43例,《新简》31例),现举3例予以说明。

(1)南阳郡杜衍安里公乘张齋(斋),年廿六,庸安居里公乘张胜年廿八。(E.P.T52:240,《新简》245页)

(2)□里公乘程永,年卅五,更始二年七月甲申除。(41.33,《合校》72页)

(3)□将车䮺得安世里公乘工未央,年卅,长七尺二寸,黑色。(334·13,《合校》523页)

公乘任职不明者共有74例,所以只举3例予以说明,是因为74例简文都未说明任职情况,多举无益,仅举3例足以说明问题。第1例的杜衍为县名,在今河南省南阳市西南。下文之安里乃安居里之误。公乘张齋(斋)雇佣张胜代役,并未说明其所代职务,估计也是士卒之类,因为官职是不允许代替的。例2是说某里公乘程永在更始二年(公元24年)七月甲申(十二日)被任某官职,但"除"字后简断文残,详情不知,估计应是斗食小吏。例3简文对工未央的籍贯、姓名、爵称、年龄、身高、皮肤颜色都记得很清楚,就是没记职务,故无法判断。

以上介绍了居延汉简中拥有公乘爵位的人所担任的各种职务情况,包括燧长、候长、士吏、尉史、候史、令史、亭长、啬夫、戍卒、田卒等。啬夫、亭长以上等职务,可以称之为官,实质都是斗食小吏和百石小吏。戍卒、田卒、河渠卒、鄣卒都是应征服役的兵。这一切都说明拥有公乘爵位的人,已经失去免役特权,他们也和庶民一样,也要应征服役。然而有那么多公乘担任各种官职(实际是小吏)又怎么理解呢? 实际拥有公乘的人当官,与他们的爵位没有必然的联系,而是凭他们"能书会计治官民,颇通律令文"的才干。一旦当了官,如果"能不胜其官",或软弱无能,就会被调出要职,或被斥免。那么对公乘当官者多(占64例),当兵者少(只有17例),又怎么理解呢? 如果从这个角度看问题,公乘爵的资历在社会上或许还有点影响,但这种影响也是靠其实力、才干,并没有法律上的保证。

二、公大夫及其所任职务

关于公大夫任职简文,在居延汉简中只有3例(《合校》1例,《新简》2例),因其简文较少,故将3例照录如下。

(1) 肩水候官执胡隧长公大夫路奚人,中劳三岁一月。能书会计治官民,颇知律令文。年卅七岁,长七尺五寸,氐池宜药里,家去官六百五十里。(179·4,《合校》286页)

(2) □□陈留郡雍丘邑中□庆里公大夫爰禄,年卅一。(E.P.T56:111A,《新简》315页)

(3) □第卅二隧卒昌里公大夫马□,年卅八□。(E.P.T65:453,《新简》449页)

公大夫任职简文虽只有3例,但各代表一种类型。第1例代表公大夫任官职燧长的类型,而且简文非常完整。记载了路奚人的官职(燧长)、爵称(公大夫)劳绩考核情况(中劳3年1个月)及任官的才干

(能书会计治官民,颇知律令文),还记载了年龄(47岁)、身高(7尺5寸)、籍贯(氐池县宜药里),家与官府的距离(650里)。这条简文也说明路奚人任燧长,也与他的爵位无关,而是凭其才干。第 2 例公大夫爰禄的简文,因没记其职务,属于职务不明类型。第 3 例公大夫马某的简文,明确记载他是第 32 燧卒,属于兵卒类型,说明公大夫与公乘一样也失去免役特权。

三、官大夫及其所任职务

在居延汉简中关于官大夫简文比公大夫还少,仅在《合校》有 1 例,《新简》缺如。现把这 1 例简文转引如下。

　　□官大夫□武□□里,年廿八,□□木□
　　□□／。(116·53,《合校》189 页)

上引官大夫简文残缺过甚,除"官大夫□武"和其年龄外,其他什么信息也得不到,我们只能从公大夫的简文中联想官大夫的政治地位。至于在居延汉简文中公大夫、官大夫的简文为什么这样少,暂时还无法作出正确解释。

四、大夫及其所任职务

居延汉简中共收录大夫简文 48 条(《合校》22 条,《新简》26 条),现根据大夫所任各种职务,分别介绍如下。

1. 大夫任候史者 1 例,转引如下。

　　肩水候官候史大夫尹□,劳二月廿五日,能书会计治官民,颇知律令文。年廿三岁,长七尺五寸,觻得成汉里。(306.19,《合校》502 页)

这条简文记载候史大夫尹某的劳绩考核记录,为 2 个月 25 天,还记载他的年龄、身高和籍贯。他当候史也不因为他有大夫爵位,而是因为他具有"能书会计治官民,颇知律令文"的才干。看来汉政府用人已是重才不重爵了。

2. 大夫任吏职共3例(《合校》2例,《新简》1例),现转引如下。

(1)□部吏阳里大夫封□,年廿八,长七尺二寸,黑色。牛一,车一两,五月戊戌出□□一□□。(43.13,《合校》75页)

(2)☑诣居延为田谨遣故吏孝里大夫☑。(511·30,《合校》620页)

(3)宜谷亭长孤山里大夫孙况,年五十七,薰事,今除补甲渠候官斗令(食)吏,代孙良。(E.P.F22:60,《新简》481页)

上举3例是说明大夫爵担任吏职者。第1例是说某部小吏阳里大夫封某,年28岁,赶着一辆牛车于某年戊戌日外出,还记载了他的身高和皮肤颜色,说明在居延屯戍区人员每日活动都要记录在案,以备上级核查。第2例是说某人派遣故吏孝里大夫某去居延为田谨服务。田谨可能是某人的上司。第3例是记载原宜谷亭长大夫孙况,补任甲渠候官斗食吏,代替孙良。由宜谷亭长补任甲渠斗食吏,应属同级调遣,但调遣原因不明,文中的"薰事",不知何义,查字书无"薰"字。

3. 大夫任戍卒、田卒、燧卒、库卒、骑士者,共28例(《合校》12例,《新简》16例),兹按卒的性质不同各举1例,予以说明。

(1)田卒东郡东阿昌国里官大夫□寿,年廿八,长七尺☑。(43.24,《合校》75页)

(2)甲渠候官戍卒内黄平利里大夫马於,年卅。(E.P.T51:26,《新简》173页)

(3)鉼庭隧卒鸣沙里大夫范弘,年卅四。父大男辅,年六十三,妻大女□,年十八,弟大男□,年十七。(E.P.T65:145,《新简》430页)

(4)张掖居延库卒弘农郡陆浑河阳里,大夫成更,年廿四。庸同县阳里大夫赵勋,年廿九,贾二万九千。(170.2,《合校》271页)

(5)肩水骑士□里大夫□。(77·42,《合校》138页)

上举5例,1例、2例关于田卒、戍卒的简文不必再作解释,一看自明。第3例鉼庭燧卒大夫范弘带有家属父亲、妻子、弟弟,这是居延屯戍区屯田的需要。第4例居延库卒大夫成更自己不去服役,雇佣同县大夫赵勋代役,佣价2万9千钱,这是穷苦人无法承担的。这条资料说明,政府允许各种服役人员雇人代役,而雇人必然是有钱的富户。第5例记的是某大夫为肩水骑士。所以选这1条资料作例证,是因为在居延汉简中有很多骑士简文,但都无爵位头衔,只此1例有爵位,说明骑士也是有爵位的。

4. 大夫任职不明者,共18例(《合校》9例,《新简》9例),现举3例予以说明。

(1) □济阴郡定陶徐白大夫蔡守,年卅七,庸同县延陵大夫陈遂成,年廿九,第廿三□□。(13·9A,《合校》21页)

(2) □弘敢言之,祝里男子张忠臣与同里□□,年卅四岁,谭正□大夫,年十八岁,皆无官狱,□□□勿苛留止,如律令/令史始□□。(430·6,《合校》533页)

(3) □张掖郡居延通泽里大夫忠彊,年三十□。(E.P.T17:27,《新简》67页)

上举3例,代表三种类型。第1例是雇佣关系。是说大夫蔡守雇佣大夫陈遂成代替服役,但没有说明其代役职务,因此存疑。第2例是证言出关问题。是某人提供证言,证明祝里张忠臣和同里某某及谭正某大夫"皆无官狱"(皆无犯罪前科),出关时请按律令不要扣留。文中提到的大夫,没有说明其职务。第3例更为简单,只记大夫忠彊的籍贯和年龄,其他一切不知,属于职务不明之例。

以上介绍了大夫爵所担任的各种职务,从候史、小吏到戍卒、田卒,从大夫所担任的各种职务来分析,也说明大夫所担任的职务与他的大夫爵位没有任何的联系,同样也说明大夫爵位也失去了免役特权。另外,也知道大夫不愿自行服役时,也可以雇佣同县同爵位的人代役。这是当时普遍存在的问题,反映了贫富分化的结果。

五、不更及其所担任的职务

居延汉简只收录不更简文7条(《合校》3条,《新简》4条)。在这7条简文中,仅有1条说明"居延甲渠候史居延孤山里"某人为不更①,其他6条则职务不明。如《合校》60页,编号为37·23简文"居延西道里不更许宗,年卅五,长七尺二寸",没有记载职务,其他3简与此全同。另外,《新简》192页1条不更简文,文字很长,文中只有"三日而不更言",知此简与不更有关,其他皆不知所云。总之,仅从这7条简文中,很难说明什么问题,只有与其他爵位简文联系起来考虑,才能悟出相关的结论。

六、簪褭及其所任职务

关于簪褭简文仅《合校》中有2例,《新简》中不见。现将两例简文转引如下:

(1)□候长穷虏隧长簪褭单立,中功五劳三月。能书会计治官民,颇知律令文。年卅岁,长七尺五寸。应令居延中宿里,家去官七十五里,属居延部。(89·24,《合校》157页)

(2)戍卒张掖郡居延昌里簪褭司马骏,年廿二。(286·74,《合校》)483页)

上引簪褭简文2例,一官(燧长)一兵(戍卒),颇具典型。例1记载了穷虏燧长单立的功劳考核记录及年龄、身高、籍贯和家距离官府的里数,还记载了他当燧长的必备条件,即"能书会计治官民,颇知律令文"。但以上记载汇总多数是准确的,个别也有失实或费解之处。按居延汉简记籍贯的常规,是先记"郡",后记"县",再记"里"。本简在

---

① 此简文见《居延新简》171页,其简文残缺不全,仅存"居延甲渠候史居延孤山里不",不字后应是"更"字,其他均不可知。

居延之前有"应令"二字,应指郡名,但史无应令郡。倒2很简单,说明簪裹司马骏是戍卒,不会有分歧意见。此2例说明拥有簪裹的人,既可任燧长,也可以当戍卒,这与他的爵位无关,但与其才干、能力有密切关系。

七、上造及其所任职务

居延汉简共收录上造简文30例(《合校》12例,《新简》18例)。现据上造所任各种职务举例说明如下。

1. 上造任隧长者共6例(《合校》2例,《新简》4例),现举3例予以说明。

(1)居延甲沟第三隧长閒田万岁里上造冯匡,年二十一,始建国天凤三年闰月己亥除补止北隧长□。(22·11,《合校》236页)

(2)三十井常□隧长閒田市阳里上造齐当,年二十一,新始建国地皇上戊元年四月戊辰除补甲沟第三□。(E.P.T48:21,《新简》132页)

(3)甲沟第十三隧长閒田万岁里上造冯匡,年二十三,伉健。(E.P.T27:32,《新简》79页)

上引上造任燧长者3例,有2例明确记载王莽始建国年号,第3例中的冯匡也是王莽时人,说明王莽改制虽然恢复了西周五等爵制,但对赐民爵八级并没废除。第1例是记甲沟第三燧长閒田(山西平陆县西洪池原)万岁里人上造冯匡于王莽天凤三年(公元14年)闰四月己亥日(十五日)补任止北燧长,这是同级调遣,原因不明。第2例是记三十井某地燧长閒田市阳里上造齐当在王莽地皇元年四月戊辰(一日)补任第三(燧),职务不明。第3例是记冯匡的籍贯和年龄。简文中的"伉健"二字难以理解,但从前引的简文中"软弱不任吏职"句联系起来考虑,说明"伉健"可能成为任官的一个条件。

2. 上造任候长者两例,均出自《新简》,现转引如下。

(1)□□里上造张憙,万岁候长居延沙阴里上造郭期不知挟燧火,兵弩不檠持,憙□□斥免,它如爰书,敢言之。(E.P.T59:162,《新简》370页)

(2)乃九月庚辰甲渠第四守候长居延市阳里上造原宪与主官。(E.P.T68:24,《新简》457页)

上引2例很有学术研究价值。例1说明某里上造张憙和万岁候长居延沙阴里上造郭期,因不懂控制烽火,不能掌握兵弩,按爰书规定,斥免其官职。例2是记某年九月庚辰日,第四代理候长上造原宪与主官发生了什么事情,因原文残缺,内容已不可知。通过这两例简文可知居延屯戍区在用人方面是非常慎重的,用人凭才干,不凭爵位.就是当了官,如果发现其无能也要斥免。如果要任用某官,暂时找不到合适人选.可以找人代理(守),这同样反映用人的慎重态度。

3. 上造任尉史者2例,全出自《新简》,现转引如下。

(1)第十四燧长居延万岁里上造冯彊,年二十五。始建国天凤五年正月辛亥除补甲沟候官尉史,代夏侯常。(E.P.F22:439,《新简》505页)

(2)故吏阳里上造梁普,年五十,今除补甲渠候官尉史,代郑骏。(E.P.F22:58,《新简》481页)

上引2例有个共同点,都是上造以他官除尉史。例1是说第十四燧长上造冯彊于王莽天凤五年(公元18年)正月辛亥(三十日)除补尉史,代替夏侯常。例2是说故吏梁普除补尉史,代替郑骏。两者都是同级调动,原因不详。

4. 上造任厩佐仅1例,现转引如下。

厩佐居延安故里上造臧护□。(E.P.T65:347,《新简》442页)

厩佐是厩令史的副职,是养马场的副场长,也是斗食小吏、百石小吏的职务范围,但上造任此职,必须有一定才干,凭爵位是办不到的。

5. 上造任士吏者1例,现转引如下。

状辞:居延肩水里上造年卌六岁,姓匿氏,除为卅井士吏主亭

隧候望通烽火备盗贼为职。(456·4,《合校》568 页)

此例记载了居延肩水里上造匽氏的籍贯和年龄,但没记载名字。简文突出的地方是记载了士吏的具体职务,是主管亭隧的烽火和备盗贼。这是汉简中唯一记载士吏具体职务的,其实士吏的职务是多方面的,不是只管烽火和备盗贼。

6. 上造任戍卒、田卒者 6 例(《合校》、《新简》各 3 例),兹举 3 例予以说明。

(1) 廼□□□伸第三隧戍卒新平郡苦县奇里上造朱疑,见第五隧戍卒同郡县始都里皇□。(E.P.F22:326,《新简》498 页)

(2) 戍卒张掖郡居延平明理上造高自当,年廿三。(55·6,《合校》97 页)

(3) 田卒淮阳新平常昌里上造柳道,年廿三。(11·2,《合校》18 页)

上引 3 例,有 2 例是戍卒,1 例是田卒,所记非常简单。只记籍贯、爵称和姓名、年龄等。例 1 所记之新平郡苦县待考。因新平郡治在今陕西彬县,故知此苦县并非今河南鹿邑。例 3 之淮阳新平县在今淮阳县西北。

7. 上造职务不明者,共 12 例(《合校》、《新简》各 6 例),兹举 3 例予以说明。

(1) 充辞曰:上造河东安邑庞氏里,年二十桼(七)岁,姓梁氏。(E.P.T5:5,《新简》17 页)

(2) 上造居延累山里,年卅八岁,姓周氏,建武五年八月中除为甲官。(E.P.T68:16,《新简》456 页)

(3) □□市阳里上造王福,年六十,长七尺二寸,黑色。(14·13,《合校》22 页)

上举 3 例都是从简文中无法确认上造所担任的职务者。例 1 仅记某上造的籍贯、年龄和姓氏,名字也没记,职务缺如,简文中之"桼"字乃是七的异体字。例 2 是说姓周的上造在刘秀建武五年八月中"除为甲官",应是被任甲渠某官,因甲字后文残,无法判断其官职。例 3

只记某地市阳里上造王福的年龄、身高和皮肤颜色,因其年已60,估计也不会再有什么职务了。

以上根据简文介绍了上造所担任的燧长、候长、尉史、厩佐、士吏、戍卒等各种职务。一个二级爵上造能够担任高低不同的职务,说明上造所担任的职务与爵位无关,是由其才干与机遇决定的。通过《新简》370页郭期简文说明,即使他当上候长,因其"不知犊烽火,兵弩不檠持",也要被免官斥退。汉代的以能任官的原则,应该是进步的。

八、公士及其所任的职务

居延汉简共收录公士简文41例(《合校》37例,《新简》4例),现据公士所担任的各种职务,分别举例介绍如下。

1. 公士任燧长者1例。

□水候官如意隧长公士□。(239·78,《合校》397页)

这条简文很简单,只能证明公士也能担任燧长,这正是此简文的可贵之处,进一步说明职务与爵位没有必然联系。

2. 公士担任博士弟子1例。

□弟子公士博士,黑色,年十八。(62·19,《合校》109页)

这是一条难以解释的简文。文中的"弟子"二字实在不知所云,但它与博士联系起来只好作"博士弟子"解,然而居延屯戍区要博士弟子有什么用?如果是博士更派不上用场,特别是从其"黑色"来判断,他应该是劳动者,而不是知识分子,但简文如此只好暂作博士弟子来介绍。

3. 公士任戍卒、田卒者。

居延汉简共收录戍卒、田卒30例(《合校》29例、《新简》1例),仅举3例予以说明。

(1)田卒大河郡平富西里公士昭遂,年卅九,庸举里严德,年卅九。(303·13,《合校》497页)

(2)戍卒淮阳郡扶沟完里公士张安,年廿二。(540·6,《合

校》649页）

（3）田卒淮阳郡长平平里公士李行,年廿九。袭一领,犬练一两,绔一两,私练二两。（303·34,《合校》498页）

上举3例,第1例记田卒大河郡（治所在今山东东平县）平富县（今地待考）人公士昭遂雇佣举里人严德代替服役,佣价不详。第2例是记戍卒公士张安的人名、籍贯、年龄。这是对戍卒简要记载的通例,不须详解。第3例是记田卒长平（河南西华县）人公士李行的领物记录。计领衣服一套,犬袜一双,套裤一对,私袜两双。说明田卒的衣物全由公家供给。

4. 公士职务不明者9例（《合校》5例,《新简》4例）,以下举3例予以说明。

（1）□里公士张反,年廿三。（221·7,《合校》359页）

（2）觻得长乐里公士董得禄,年卅,今除为甲渠候□。（E.P.T52:403,《新简》255页）

（3）□功曹私仆使民及客子田荌不给公士上事者,案致如法。（E.P.T58:38,《新简》351页）

上举3例,第1例仅记公士张反的籍贯、姓名和年龄,从中当然看不到其职务。第2例是觻得人公士董得禄被任命为甲渠候某官,因"甲渠候□"有缺文,故不知他任何职务。第3例是说某功曹的私仆使民及客子田荌不让公士某"上事"（不让接任官职）,应按律制裁。这一案例显然是替某功曹解脱责任,因功曹如不点头,私仆和客子是不能也不敢扣压某公士的上任公文的。但某公士要任什么官,简文并未记载,遂成疑案。

以上介绍了公士任职情况,从中可以明显地看出一个特点,即公士担任官职者少,包括燧长、博士弟子仅两例,而公士为戍卒、田卒者多,计有30例。这与公乘任职情况恰好相反。公乘任官职者合起来是54例,而为戍卒、田卒者仅19例。在任职不与爵位挂钩的情况下,是值得深思的问题。

九、结 束 语

以上通过对居延汉简的检索,对汉代的"民爵八级"所担任的各种职务,作了全面而简要的考察,并从中得到以下七点认识。

第一,说明从一级爵公士到八级爵公乘所担任的各种职务,与他们的爵位没有联系。八级爵公乘可以当戍卒、田卒;一级爵公士也可以担任燧长和其他官职。居延汉简中还有两例士伍担任燧长的简文①,这进一步说明担任官职和爵位并无关系。

第二,说明汉代居延屯戍区对官职的选拔是根据个人的才干(有时也靠机遇)。凡任官职者,必须具有"能书会计治官民,颇通律令文"的才干及"伉健"等条件,否则即使担任官职,也会因"能不胜其官"、"软弱"或"不知犊烽火,兵弩不檠持"而被调职和斥免。笔者认为汉代这种因能任官制度,是进步的,保证了工作效率。

第三,从一级爵公士到八级爵公乘都有当戍卒、田卒的情况来看,可知汉代"民爵八级"已失去免役、赎罪等特权,据此史学界认为汉代"民爵八级"已是荣誉头衔的看法是正确的,故王粲在《爵论》中说:"夺之,民亦不惧,赐之,民亦不喜。"②因为民爵八级对庶民已无实际价值,因此他们才采取满不在乎的态度。

第四,从汉简中反映的公士当兵者多,任官者少;公乘任官者多,当兵者少的对比来分析,说明民爵的高低在社会上还有一定的影响,但这种影响是建立在实力的基础上的。八级爵公乘位高,资历深,才

---

① 《居延汉简释文合校》257 页:"居延甲渠候官第廿七隧长士伍李宫,建昭四年功劳案。"(157·9)《居延新简》234 页:"居延甲渠候宫廿七隧长士伍李宫.建昭四年以令秋射,发矢十二,中帑六,当。"以上两例虽出自不同书,但士伍李宫则是一个人应属无疑。又《居延新简》78 页:"故吏间田金城五士(应为士五)周育,年(四)十二,可补高沙隧长,代张意。"以上 3 条简文完全可以说明士伍也可以任燧长的事实。

② 欧阳询编:《艺文类聚》卷 51《封爵部》,中华书局 1966 年版。

干也可能高一些,社会影响较大,故有优先被提升的条件。一级公士品位低,资历浅,才能也可能低一些,社会影响较小,被提拔的机会也就少一些,故当兵的多也是必然的。这是客观条件决定的,而非人为的结果。

第五,从汉简中反映出各级爵位的服役者都有雇佣代役的问题,说明这是政府允许的。但所代之役,均属戍卒、田卒之类,没有代官职者。雇佣代役制反映了三个问题:一是反映社会贫富分化,富者不愿服役,所以雇佣贫者代役;二是代役者只代役当兵,不能代役当官,因为政府任命官吏是有条件,不是想当就能当;三是被雇佣代役者必须是同县、同年龄段、甚至是同级爵位的人,这是为保证代役者的素质,也便于对逃役者的追查。

第六,汉简中民爵八级所担任的各种官职,如燧长、候长、候史、尉史、士吏、令史、亭长、啬夫等,实际都是乡里级的斗食小吏和百石小吏,没有一个是县级以上的官职,这和民爵八级不能担任六百石以上官职的精神是一致的。

第七,在居延汉简中还有2例士伍任燧长的简文,进一步说明担任官职与爵位没有任何关系,也说明如淳在《史记·秦本记》注释中说的"尝有爵,以罪夺爵,皆称士伍"是错误的。对此笔者在拙文《士伍身份考辨》[①]中已有论证,此处不赘。

最后,还要说明一点,笔者除查阅《合校》和《新简》之外,还查阅了《额济纳汉简》和《敦煌汉简》,但这两部汉简所收录的简文带有爵位头衔者较少,而且有少数带有爵称的简文,其内容也没有超过《合校》、《新简》者,故未引用。

---

① 朱绍侯:《军功爵制考论》第405～416页。

《奏谳书》新郪信案例爵制释疑

《张家山汉墓竹简·奏谳书》中载有新郪信指使髳长苍杀害狱史武案例。此案涉及的主要犯人还有校长丙、发弩赘。校长丙和发弩赘曾逮捕了杀人犯髳长苍,后因知道髳长苍是受新郪信指使而杀人,就擅自纵放了髳长苍。最后这4个人以犯谋杀人罪、杀人罪、纵囚罪而被判死刑弃市。

此案值得注意的是,在其案卷中曾三次提到新郪信、髳长苍、校长丙、发弩赘的爵位问题。一次是"诊问苍、信、丙、赘皆关内侯";一次是"坚守荥阳,赐(信)爵为广武君,秩六百石;苍,壮平君,居新郪都隐里;赘,威昌君,居故市里;丙,五大夫,(居)广德里。皆故楚爵,属汉以比士,非诸侯子"。还有一次是"敢言之,新郪信、髳长苍谋贼杀狱史武,校长丙、(发弩)赘捕苍而纵之,爵皆大庶长"。在同一个案例中3次提到4名罪犯的爵位而又各有不同,这就令人产生疑惑。不用说一般研究中国古代史的人难于理解,就是专门研究军功爵制的人也有可能被打入谜宫。笔者经过思考,试图解此谜团,当否,敬请方家指正。

根据笔者现在的理解,案例中3次提到新郪信等4人的不同爵位,反映了3个不同时期新郪信等4人的爵位变化情况。第一次"诊问苍、信、丙、赘皆关内侯",是指在此案终审时新郪信等4人的爵位情况。关内侯是信等4人一生中所得的最高爵位,即二十级军功爵制的第十九级。第二次提到"坚守荥阳,赐(信)爵为广武君,秩六百石;苍,壮平君……赘,威昌君……丙,五大夫……",这是对历史的追述。说明新郪信等4人在楚汉战争中因坚守荥阳有功,而被赐予君爵和五大夫爵位,而且说得很明白,那是刘邦起事后所推行的楚爵。这4个人都不是诸侯的人,是刘邦的直属部下,在刘邦改用秦军功爵制后,这4个人就由楚爵改为汉爵,这就是"属汉以比士"的真实含义。笔者在《刘邦施行楚爵制已有实证》(《南都学坛》,1994年第2期)和《从〈奏谳书〉看汉初军功爵制几个问题》(《简帛研究》第二辑,法律出版社,1996年)两文中,专门论证了刘邦由施行楚爵制到改行秦爵制的问题,在此不再赘述。第三次提到的"敢言之,新郪信、骜长苍谋贼杀狱史武,校长丙、(发弩)赘捕苍而纵之,爵皆大庶长",是4名罪犯被捕后第一次审讯记录,即大庶长是4名罪犯被捕前的爵位。根据以上的理解,这4名罪犯的爵位顺序应该是:一,因坚守荥阳有功,新郪信等得了楚爵制的君爵和五大夫爵;二,刘邦在改楚爵为秦爵后,新郪信等4人被授予大庶长(二十级军功爵制的第十八级);三,刘邦在汉五年五月的诏书中,为庆祝消灭项羽实现国家统一的重大胜利,宣布给予参加统一战争的军人以各种优待,其中有一条是"故大夫以上赐爵各一级"(《汉书·高祖本纪》)。就是凡是原来拥有大夫爵(五级)以上的人再加赐一级爵位,这等于自然晋升,所以在押的新郪信等4人,也就由大庶长晋升为关内侯(十九级)了。下面再着重谈一谈新郪信等四人由楚爵转为汉爵的问题。

楚国的军功爵制建立于战国时期,《战国策·楚策》已有记载,不必赘引,但楚国的军功爵制究竟有多少级,由于史书失载已难于考辨。前已讲过刘邦起事后曾推行楚爵制,从刘邦入关前及楚汉战争中赐给他部下的爵位来考察,计有七大夫、国大夫、列大夫、上间(或作闻)爵、五大夫、君、卿、执帛、执珪、侯等十种。必须说明这10种爵位并不是楚爵的全部,因为刘邦赐给功臣的爵位,不是从士兵开始的,而是从将领开始,故其中没有低爵,都是中高级爵位,在七大夫以下肯定还有一些低级爵位。

在上引10种楚爵中,侯爵是刘邦当汉王后才有的封号,因为在此前刘邦本人还是沛公,他还没有资格赐封侯爵。关于君爵,据史书记载属于加号，凡有卿、执帛、执珪爵位者均可加封君号。如灌婴赐爵执帛，加号宣陵君，后因功又赐爵执珪，加号昌文君（《汉书·灌婴传》）。樊哙赐爵卿，再立功加号为贤成君（《汉书·樊哙传》）。以上事例说明，"君"是卿、执帛、执珪所共有的加号，其地位仅次于楚制侯爵，相当于秦汉二十级军功爵制中的大庶长，所以新郪信等3人以原有的君爵，在刘邦改行秦爵后，而得到大庶长的爵位是顺理成章的。不好理解的是校长丙原为五大夫，怎么一下子就晋升为大庶长了。按五大夫在秦二十级军功爵制中属于第九级，由第九级五大夫一下子就提升到十八级大庶长当然是不可能的。但五大夫乃是秦、楚共有的爵号，五大夫在楚爵制中可能并非排在第九级。如据前引刘邦赐给其功臣的爵位顺序来判断，五大夫仅次于卿，与君爵仅差一级，属于高爵范围，因此校长丙以楚爵五大夫转为汉爵大庶长是完全可能的。

关于新郪信等4人由大庶长晋升为关内侯的问题，主要是根据刘邦汉五年五月诏书中的"故大夫以上赐爵各一级"的允诺，这属自然晋升，因此在押的新郪信等4人也得到了晋升。

据《奏谳书》狱史武失踪时间为六月壬午，《奏谳书》的注释则认为："据简文中月日干支，只合于汉高祖六年。"按汉高祖六年六月甲寅朔，壬午为六月二十八日，距刘邦汉五年五月五日诏书发布时间，相差1年53天。这期间正是汉政府处理、落实对复员军人及有爵位者种种优惠政策时期。从本案初审时新郪信等4人爵为大庶长，到终审时改为关内侯的情况来判断，刘邦的"故大夫以上赐爵各一级"的政策已经落实。但《奏谳书》只记有本案的发案时间，没记结案时间，不过，据常理判断，像这样复杂的预谋指使人凶杀案，从侦破、审讯到结案，最少也要有半年到一年的时间。那就是说新郪信等4人由大庶长升为关内侯，是在半年到一年的时间内落实的。

最后想附带说明两个问题。

一，从史书记载和《奏谳书》的案例来看，刘邦在统一战争中曾封赐许多君爵和关内侯，但这都是虚封，仅是名号和荣誉头衔，并没有实际待遇。因为当时刘邦的地位尚不稳固，实际控制区也变化不定，所以也就没有土地和食邑赐给他的功臣,所谓赐田宅那是以后的事情。从《二年律令》有关律文看,直到吕后时期授田宅的问题还没有解决完。但从史书记载的情况来考察,关内侯与低爵走的是相反的路子。以后随着爵制的轻滥,"民爵八级"已有名无实,成为虚设的荣誉头衔,而关内侯的地位却有明显的提高,不仅可以受高额的田宅,而且可以食邑。如史丹为关内侯食邑三百户(《汉书·史丹传》),申屠嘉食邑五百户(《汉书·申屠嘉传》),萧望之食邑六百户(《汉书·萧望之传》),郑宽中食邑八百户(《汉书·张禹传》),王骏食邑千户(《汉书·外戚传》)。所以,有的学者主张把关内侯爵划入贵族爵范围(刘敏:《西汉爵之类别》,载《秦汉史论丛》第三辑,福建人民出版社,1986年)。司马彪曾说:"关内侯无土,寄食所在县,民租多少,各有户数为限。"(《续汉书·百官志五》)刘邦在汉五年五月诏书中所许诺高爵食邑,到后来只有关内侯才有食邑的资格。

二,新郪信等 4 人都拥有大庶长、关内侯的高级爵位,而他们的实际官职却仅是县令、长乃至亭级校长、发弩之类的小吏,这说明爵高官低的情况,在刘邦、吕后的西汉初期就已出现,这就给爵制轻滥埋下了伏线。

王粲《爵论》评议

——兼论历史上军功爵制的废除

在秦汉时期曾盛行一时的军功爵制,自商鞅变法确立后至东汉末年,中间经过 571 年(秦孝公六年至建安二十年)。在这漫长的过程中,军功爵制有四次大的变动。首先,商鞅变法建立的军功爵制是十八级,其中没有列侯、关内侯和驷车庶长,而在一级公士以下还有一级小夫爵。另外,客卿(相当于左庶长)、正卿(相当于右庶长)也属于军功爵制中的爵名。其次,在秦君称王以后,才增设列侯、伦侯之爵位,才变成二十级的军功爵制。在秦代(含战国时秦国),重爵轻官,当官必有爵,无爵不能当官。这在琅玡刻石的属名中可以得到证明。其三,汉初继承秦制,但有因有革。汉初所确定的二十级军功爵制,在名称上与秦代并不完全相同。把伦侯定名关内侯,把客卿、正卿定名为左庶长、右庶长,增加了驷车庶长,而取消了公士以下的小夫爵。据《汉书·百官公卿表》记载,汉代的二十级军功爵制的名称是:"爵一级曰公士,二上造,三簪褭,四不更,五大夫,六官大夫,七公大夫,八公乘,九五大夫,十左庶长,十一右庶长,十二左更,十三中更,十四右更,十五少上造,十六大上造,十七驷车庶长,十八大庶长,十九关内侯,二十彻侯,皆秦制,以赏功劳。"① 说是"皆秦制",实际二者爵名并不一致。不仅如此,汉初还把二十级军功爵制分为四大等级:即一等是侯级,包括彻侯、关内侯;二等是卿级,包括大庶长、驷车庶长、大上造、少

---

① 班固:《汉书》卷 19 上《百官公卿表》,颜师古注。中华书局 1962 年版。

上造、右更、中更、左更、右庶长、左庶长、五大夫等九级;三等是大夫级,包括公乘、公大夫、官大夫、大夫等四级;四等是士级,包括不更、簪褭、上造、公士等四级。汉初把二十级军功爵制分为四大等级的目的,就是为了打破秦时的军功爵制,即允许士兵立功后,也可以逐级上升,而无阻碍地获得侯级爵位。汉分成四大等级后,就限制了超越原等级的晋升,汉初规定的无彻侯爵位者不能任丞相,就是受等级限制的明证。其四,汉在文景二帝时,又从二十级军功爵制中划出"民爵八级制",规定庶民和小吏得爵累计不能超过八级公乘,超过者必须转让给兄弟子侄。这一规定,就保证了既得利益集团的地位得以稳定,使一般庶民和小吏不可能获得高爵而进入特权阶层。"民爵八级制"施行的初期,获得公乘以下爵位的人,还可以享受到"复除"(免除徭役、租赋)待遇。汉中期以后,就成为皇帝登极、立太子及其他祥瑞喜庆大事时,均赐以爵位以点缀门面,"民爵八级"已成为荣誉头衔,获此爵位者享受不到任何待遇。

对于以上军功爵制的演变情况,在中国古籍中只有零散的记载,而没有系统、详细的叙述,更很少有人作专题研究。保留到现在的中国古籍中对军功爵制作专题研究的只有二人:一是东汉末年建安七子的王粲,他写过一篇《爵论》:二是曹魏学者刘劭,他写过一篇《爵制》。刘劭的《爵制》,保留在《后汉书·百官志》"关内侯"目下的注中,已不是全文。笔者曾写过《对刘劭〈爵制〉的评议》(载于《南都学坛》2008年第4期),论证中说明正是刘劭指出:商鞅变法所建立的军功爵制是十八级,加上后来增加的列侯、关内侯合为二十级。刘劭还指出汉初把军功爵分为四大等级,等等。① 对于王粲,人们只知道他是东汉末年著名的文学家,而不知他还研究过军功爵制,还写过《爵论》专题论文。笔者在文章中也提到王粲《爵论》,但并没有深入研究,也没见其他人有过论述。现在笔者不揣浅陋,试对王粲的《爵论》略作评议,以就教于方家。

---

① 朱绍侯:《对刘劭〈爵制〉的评议》,《南都学坛》2008年第4期。

王粲《爵论》全文已不得见,现在只存有两段《爵论》遗文,一段收在《艺文类聚》卷五十一;一段收在《太平御览》卷一百九十八中。严可均将两段遗文全收入《全后汉文》卷九十一中。两段遗文已难辨先后,现仅按严可均收录的先后顺序分别摘录于下。先引原文,然后再略作分析和评议。

依律有夺爵之法。此谓古者爵行之时,民赐爵则喜,夺爵则惧,故可以夺、赐而法也。今爵事废矣,民不知爵者何也?夺之,民亦不惧;赐之,民亦不喜,是空设文书而无用也。今诚循爵,则上下不失实,而功劳者劝。得古之道,合汉之法,以货财为赏者不可供,以复除为赏者租税损减,以爵为赏者劝而费省,故古人重爵也。①

上引这段王粲《爵论》遗文,首句说:"依律有夺爵之法。"所指之律,就是指《睡虎地秦简》中的《军爵律》。汉承秦制,汉代继承了秦的军功爵制,自然也继承了秦的《军爵律》。在秦汉军功爵制盛行之时,是有夺爵、赐爵法律条文的。在那时,老百姓得到赐爵则欢喜,被夺爵而恐惧,故可以用夺爵、赐爵的法律来约束百姓。现在爵制已废弃了,老百姓都不知道爵制为何物,所以赐爵民也不喜欢,夺爵民也不恐惧。《军爵律》是空设文书而没有用处,现在如果真诚实在地遵循爵制的规定,上下都能落实(政府能按功行赏,人民不虚报功绩),而建立功绩的人则得到勉励。这是遵循古人的正道,符合汉代的律法。王粲以上这段话无疑是完全正确的,但以下几句话,却使人摸不到边际。他说以钱财作为赏赐,则政府不可能有力量供给,以免除劳役租赋作为赏赐,则政府会减少财政收入,唯有以爵位作为赏赐,则人民得到勉励而国家还节省了费用,所以古人都重视军功爵制。如按王粲以上的说法,人民得爵后既得不到财物,也享受不到复除等待遇,只得到空无一物的荣誉头衔,还有什么价值呢?据此可以推断,王粲对爵制盛行时得

---

① 严可均:《全上古三代秦汉朝文·全后汉文》,中华书局1985年版,964页。引自《艺文类聚》卷五十一。

爵者所享受的待遇是不清楚的。实际古时老百姓立功后,可以享受不同的待遇。不仅可以根据爵位高低不同,可以担任不同的官吏,即一级爵可以担任五十石之官,二级爵可以担任百石之官,是"官爵之迁,与斩首之功相称也"①。而且还可以享受复除、赏赐田宅、赎家人之罪等待遇。笔者认为,王粲最后几句话与前一段话自相矛盾,并不符合王粲的真实思想。王粲是赞颂施行军功爵制的,如果对得爵者毫无益处,推行还有什么意义?所以笔者认为王粲这几句话,或是传写过程中致误,或是被人故意篡改。

下面再摘录王粲《爵论》第二段遗文,然后再略作评议。

> 爵自一级转登十级,而为列侯,譬犹秩自百石转迁而至于公也。而近世赏人皆不由等级,从无爵封列侯。原其所以,爵废故也。《司马法》曰"赏不逾时",欲民速得为善之利也。近世爵废,人有小功,无以赏也,乃积累焉,须事足乃封侯。非所以速为而及时也。上观古高祖封功臣,及(秦君封)白起、卫鞅,皆稍赐爵为五大夫、客卿、庶长,以至于侯,非一顿而封也。夫稍赐爵与功大小相称而俱登,既得其义,且侯次有绪,使慕进者逐之不倦矣。②

上引王粲《爵论》第二段遗文中,"爵自一级,转登十级,而为列侯",十级可能为二十级之误。虽然有此误,但此文还是有很高的学术价值,反映王粲对军功爵制确有很深入的研究。首先,他批评了军功爵制废弃之后,官、爵不按等级逐步晋升。人立小功,不予升级,直到积累足够的功绩,才能封侯,这就像百石俸禄的小吏,一次就升到丞相;同样的不合适,这就违反了《司马法》所说的"赏不逾时",使人知道做好事(立功)很快就会得到利益的报偿。王粲所举的例证虽有些夸张,而所讲的道理是正确的。

其次,王粲举汉高祖刘邦封功臣及秦孝公封商鞅、秦昭王封白起,

---

① 诸子集成本(5)《韩非子集解》第四十三《定法》,上海书店1986年版,306页。

② 《全后汉文》,中华书局1985年版,964页,引自《太平御览》卷一九八。

都是从五大夫、客卿、庶长以至侯级,都是逐级分封的,并非一次就封到侯爵。王粲在举例中特别值得注意的是,他把五大夫、客卿、庶长并列,说明三者都是爵名,并非像一般辞书所解释的:"客卿,古指在本国当官的外国人,谓以礼相待。"①或作"客卿,秦有客卿之官,请其他诸侯国的人来秦国做官的外人,其位为卿,而以客礼待之,故称"②。以上的解释可以说是大同小异。但后者比前者高明之处,是把客卿仅限于是秦国的官名,而非泛指古代在本国当官的外国人。尽管如此,后者对客卿的解释也不完全准确。笔者同意王粲的意见,认为客卿是军功爵制中的爵位名称,是商鞅变法所建立的十八级军功爵制中的第十级的爵名,这在《商君书·境内篇》早有记载:"故爵五大夫……有税邑六百家者,受客卿……故客卿相论盈,就正卿,(故爵正卿),就为大庶长,故爵大庶长,就为左更……"③这段文字是《商君书·境内篇》讲军功爵制由一级以小夫至大良造的晋升次序中,由五大夫晋升客卿,由客卿经评议,再升正卿的条件说明,证明五大夫、客卿、正卿都是爵名。但为什么一般学者都把客卿解释为是诸侯国人到秦国做官的官名呢?大概是受以下两种情况的影响。一是《史记·范雎蔡泽列传》记载:秦昭王乃拜(魏人)范雎为客卿,谋兵事。"④《战国策·秦策三》记载:"秦昭王召见(燕人蔡泽),与语,大悦之,拜为客卿"⑤。据此而说诸侯国来秦做官而拜为客卿,似乎可以成立。但史实说明,并非所有诸侯国人来秦做官的都拜为客卿。如楚人李斯来秦做官,先任舍人,后任长史,再升廷尉、丞相,而未拜客卿。韩人韩非来秦不仅未拜客卿,而且被害死于狱中。商鞅入秦也没拜为客卿,先任左庶长,再升大良造,最

---

① 《辞海》,上海辞书出版社 1979 年版,2337 页。
② 《汉语大词典》,汉语大词典出版社 1994 年版,1441 页。
③ 朱师辙:《商君书解诂定本·境内篇》,古籍出版社 1957 年版,73 页。
④ 缩印百衲本《史记》卷九七《范雎蔡泽列传》,商务印书馆 1958 年版,839 页。
⑤ 郭人民:《战国策校注系年·秦策三》,中州古籍出版社 1988 年版,137 页。

后封为商君。秦昭王所以封范雎、蔡泽等人为客卿,是因为商鞅所定的十八级军功爵制中就有客卿的爵位,其地位不很高,但也不低,很合适外来人求官的待遇。王粲在《爵论》中,就把客卿与五大夫、庶长列为爵名,说明王粲对秦汉军功爵制的演变情况是很清楚的。再一个对客卿误解的原因,就是在汉代的二十级军功爵制中,已把客卿、正卿排除在爵名之外,在爵制中已找不到客卿之爵称,再加上对商鞅变法时所确立十八级爵制并不知情,故把客卿理解为是对列国来秦求官以礼待之的官名,就不足为怪了。

再次,王粲在最后一段话中认为,如果赐爵能按功劳大小逐级晋升,既能符合军功爵制创建时的真义,又能接绪前人未完成的功业,使有进取心的人不断地去追求。从总的情况看,王粲《爵论》对军功爵制盛行时按功劳大小逐级晋升制度是肯定的,促使人民对国家建功立业是有积极作用的。但王粲却无力回天,挽狂澜于既倒,已不能恢复军功爵早期的功用。

王粲生于东汉灵帝熹平六年(177年),卒于献帝建安二十二年(217年)。他一生所处的时代,正是军功爵制由轻滥向废弃过渡的时代。东汉的历史说明,在明章二帝之后,在对匈奴、西域、西羌的战争中,对有功的军官和将领,只赐予列侯、关内侯的爵位,而没有人得到五大夫至大庶长的爵位,对公乘以下八级爵位,也不再赐给士兵和小吏。有进级者只是进升军职而不是获得爵位,八级以下的爵位是朝廷有重大喜庆之事,才颁赐民爵作点缀。这明显地说明,军功爵制已有被废除的迹象,只是没有命令废除而已。在这种情况下,王粲要想恢复军功爵制故有的功能,当然是不可能实现的。

王粲发表《爵论》的具体年代已不可考,估计是在建安二十年(215年)曹操宣布废除军功爵制之前,如在之后王粲大概也不敢发表此文以冒犯曹操。同时在曹操在废除军功爵制之后的第二年,王粲就逝世了,他没时间来写这篇文章。

笔者在《军功爵制考论》中曾多次提到,军功爵制在东汉后就逐渐由轻滥走向衰亡,但并没有说明军功爵制的具体终止时间,其实这在

《三国志·魏书·武帝纪》中已有明确记载。在建安二十年(215年)冬十月,曹操以汉丞相的名义对爵制进行改革:"始置名号侯至五大夫与旧列侯、关内侯凡六等,以赏军功。"胡三省注引《魏书》曰:"置名号侯爵十八级,关中侯爵十七级,皆金印紫绶,又置关内外侯爵十六级,铜印龟纽墨绶。五大夫爵十五级,铜印环钮亦墨绶,皆不食租,与旧列侯、关内侯凡六等"①。从以上引文来看,曹操是把二十级军功爵制分割为两部分来处理的。一部分是二十级军功爵制中的九级五大夫至二十级的列侯,简化、压缩为五大夫至关内侯、列侯为六个等级,中间增加了名号侯、关中侯和关外侯,并说明"皆不食租",使改革后的赐爵制,除列侯、关内侯外成为徒有空名的廉价"以赏军功"的虚封制度,以后又被两晋南朝所吸收。必须说明的是,曹操所建的六等新爵制,其中唯有五大夫没有执行,此后的史书中再也不见有人得五大夫爵位事例。实际所谓的曹操改革爵制,等于宣布自秦汉以来的二十级军功爵制正式被废除。

被曹操分割的二十级军功爵制中的另一部分,就是从一级公士至八级公乘的所谓"民爵八级制",或称"赐民爵制",并未被废除。《三国志·魏书·武帝纪》虽未明确记载,但从曹魏政权建立后继续执行赐民爵制,可以得到反证。如魏文帝曹丕在即帝位后,于黄初元年(220年)十一月,下诏"赐男子爵人一级,为父后及孝悌力田人二级"②。说明曹魏政权仍在施行赐民爵制度。不仅曹魏,而且两晋南朝直至唐初,都在施行赐民爵制,其中以南朝梁赐爵次数最多。据《南朝梁会要》统计,梁在五十年间赐民爵达二十次③。历代统治者为什么这样

---

① 缩印百衲本《三国志》卷一《魏书·武帝纪》,商务印书馆1958年版,25页。文中之"关内外侯",据《宋书》礼志、《隋书·礼仪志》均作"关外侯","内"字为衍文。

② 缩印百衲本《三国志》卷二《魏书·文帝纪》商务印书馆1958年版,36页。

③ 朱铭盘:《南朝梁会要·民政》,上海古籍出版社1984年版,568至570页。

热衷于赐民爵制度,因为赐民爵太廉价了,在朝廷有喜庆大事时,皇帝只要下一个诏书,赐给人民一个民爵空虚荣誉头衔,就可达到"普天同乐"、"与民同庆"的目的,统治者何乐而不为呢?故赐民爵可以延续八百多年。

黄初三年三月,魏文帝曹丕对爵制又作了一次补充:"初制封王之庶子为乡公,嗣王之庶子为亭侯,公之庶子为亭伯。"①这是为宗室亲王庶子封爵制作的补充。所谓封王,就是最初的第一代封王,他们的庶子的爵位为乡公。所谓嗣王,就是初封王的儿子,他们的庶子封爵为亭侯。乡公的庶子封爵为亭伯。所谓庶子,就是指封王、嗣王的嫡长子之外的其他儿子。为什么没提封王、嗣王的嫡长子封爵问题,因为封王、嗣王的嫡长子当然要继承王位,所以就不必提了。魏文帝所补充的宗室封爵制与曹操改革的六等爵位制同时并行,就成为一个独特的大杂烩爵制。因为曹丕补充的宗室封爵制含有西周的公、侯、伯、子、男五等爵制的因素,这就成为咸熙元年(264年)司马昭奏请恢复周五等爵制的前奏②。这说明魏晋所施行的封爵制度,与秦汉的军功爵制已毫无关系了。

有人或许会问:在战国至秦汉历史舞台上,曾起过积极、进步作用的军功爵制,为什么在东汉末年曹操掌权时会被废除,原因何在?笔者认为是由以下三点原因决定的。

1. 从军功爵制逐渐变质,由反对贵族世袭制,演变为贵族世袭制。军功爵制是在反对西周五等爵制背景下而建立的一种新爵制。西周五等爵制是贵族世袭制度。公、侯、伯、子、男都是大小不同的世袭贵族,即公之子世袭为公,侯之子则世袭为侯,其下以此类推,是与"世卿世禄"制相辅而行的爵禄世袭制度。在此制度的统治下,士、农、工、商四民的地位也是世袭不变的,即所谓"士之子恒为士","工之子恒为

---

① 《三国志·魏书·文帝纪》。
② 缩印百衲本《三国志》卷四《魏书三少帝纪》,商务印书馆1958年版,71页。

工","商之子恒为商","农之子恒为农"①,奴隶的地位更不能改变。军功爵制的建立,就打破了世袭不变的社会地位,庶民只要立有军功就可以逐级获得爵位,乃至于封侯。这就极大地鼓舞了人民的战斗积极性,所以军功爵制在秦统一六国的战争中和汉初的统一战争中,都发挥过积极的作用。但随着历史的发展,军功爵制逐渐走向自己的反面。一些既得利益集团,就不想让庶民进入统治阶层,遂把二十级军功爵制划分为侯爵、卿爵、大夫爵、士爵四大等级,这都是为爵级晋升设置障碍。以后又从军功爵制中划出"民爵八级",使庶民、小吏得爵不能超过八级,并消除了八级以下爵位的应得利益,使之成为徒有虚名的荣誉头衔。因此引起人民对爵制的漠视态度,民得爵不喜,夺爵也不惧。另外,军功爵制也演变成为周五等爵相同的世袭制,由进步爵制变为腐朽的爵制。《张家山汉墓竹简(二四七号墓)》披露了军功爵制演变为世袭制的情况:

  疾死置后者,彻侯后子为彻侯,其毋适(嫡)子,以孺子、良人子。关内侯后子为关内侯,卿后子为公乘,五大夫后子为公大夫,公乘后子为官大夫,公大夫后子为大夫,官大夫后子为不更,大夫后子为簪褭,不更后子为上造,簪褭后子为公士。其毋适子,以下妻子、偏妻子。(《置后律》)②

以上所引军功爵制世袭继承制的律文,文中的后子,即指爵位的继承人,即指嫡长子,并说明如无嫡长子者,姬妾之子也可以继承。爵制继承法规定:列侯、关内侯是原爵位继承。卿(含左更到大庶长)之后子一律继承公乘。五大夫后子则降为两级继承,公大夫、公乘以下后子则降一级继承,公士之下再无爵位可继承,所以其后子没有继承权。纵观《置后律》规定的继承制度,其实只有对列侯和关内侯的后子有实质利益,而对卿级以下的后子,得到的只是公乘以下的荣誉头衔。

---

 ① 邬国义:《国语译注》卷六《齐语》,上海古籍出版社1994年版,184页。
 ② 张家山汉墓竹简(二四七号墓)整理小组:《张家山汉墓竹简(二四七号墓):释文修订本》,文物出版社2006年版,59页。

这说明军功爵制世袭制的规定,只保证了列侯、关内侯的特权,而与人民的利益毫无关系,它被废除也成为历史的必然。

2. 军功爵制贬值由待遇丰厚到虚封,导致军功爵制的废除。军功爵制初建时,对各级爵位的获得者的待遇都很丰厚:一,即使获得低级爵位,也可当官为吏及有乞庶子的权利;二,可以获得以爵赎罪、减刑、免刑的待遇;三,可以以爵位换得亲人解除奴隶身份;四,可以爵位高低不同,出差时享受"爵食之"(按爵位进餐)的待遇;五,可以按爵位等级不同而获得不同的田宅;六,获得七级公大夫以上爵位,就可以有封邑食租的权利;七、获得六级官大夫以下仍享有"复除"(免除劳役)的优待。直到汉五年五月刘邦仍在诏令中宣布:"其七大夫以上,皆令食邑,非七大夫以下,皆复其身及户勿事。"①说明西汉初刘邦还承认对获得八级以下爵位者的应有待遇。但之后,随着非军功赐爵及卖爵的盛行,军功爵制就趋于轻滥,军功爵制则逐渐贬值,特别是"赐民八级制"出现后,公乘以下八级爵位就成为"虚封"。② 至东汉中期以后,汉政府对立军功者除封列侯、关内侯外,都只升军职,不再授予其他爵位,说明军功爵制内涵已被淘空,它面临的后果当然是被废除。管子说:"政之所兴,在顺民心;政之所废,在逆民心。"③军功爵制已从"顺民心",演变为"逆民心",它的被废除,只是时间早晚的问题了,这也属于历史的必然。

3. 军功爵制除侯爵外失去了经济基础,变为空壳,难以继续存在。我曾说过,如果说井田制是五等爵制的经济基础的话,名田制就是军功爵制的经济基础。所谓名田制,即商鞅变法所建立的授田制,也包括军功爵制的赐田制。商鞅变法时宣布:"明尊卑爵秩等级各以

---

① 以上所述军功爵制的七项优待,其详情请参阅拙著:《军功爵制考论》,上编65页至78页,90页至107页。

② 虚封:原指获得侯爵者没有封国、食邑。此处对获得八级以下爵位者不再享有应得待遇,空有荣誉头衔也称虚封,乃属借用之意

③ 诸子集成(5)《管子》卷一《牧民第一》,上海书店1986年版,2页。

差次,名田宅、臣妾、衣服以家次。"①说明军功爵制与名田制是同时颁布而并行的。按井田制规定,一夫受田百亩,"三年一换主(土)易居"②,土地为国有制。商鞅改国有制为土地长期占有制,改井田制百步为亩,为二百四十步为亩,对得爵赐田则规定:"能得甲首者,赏爵一级,益田一顷,益宅九亩。"③按此规定,每得一次爵位,就在原来占有田宅的基础上,再增加(益)田一顷,宅基地九亩,大概这就是秦代所施行的制度。在秦国争霸和统一六国的战争中,在秦汉之际刘邦反秦及楚汉战争中,军功爵制都起过非常积极的作用。但刘邦时战争的流动较大,今天占领的地盘,明天就可能失守。因此,不可授予立军功者土地和封邑。直到汉五年,刘邦已统一全国,才在诏书中宣布:"且以功劳行田宅。"④即按军功大小赐予田宅,但每级爵位赐予田宅的数量不得而知。直到《张家山汉墓竹简》出土,其中的《二年律令》,具体记载了各级爵位的赐田宅数量,现摘录于下:

  关内侯九十五顷,大庶长九十顷,驷车庶长八十八顷,大上造八十六顷,少上造八十四顷,右更八十二顷,中更八十顷,左更七十八顷,右庶长七十六顷,左庶长七十四顷,五大夫廿五顷,公乘廿顷,公大夫九顷,官大夫七顷,大夫五顷,不更四顷,簪褭三顷,上造二顷,公士一顷半顷,公卒、士五、庶人各一顷。司寇、隐官各五十亩。(《户律》)

  宅之大方卅步。彻侯受百五宅,关内侯九十五宅,大庶长九十宅,驷车庶长八十八宅,大上造八十六宅,少上造八十四宅,右更八十二宅,中更八十宅,左更七十八宅,右庶长七十六宅,左庶长七十四宅,五大夫廿五宅,公乘廿宅,公大夫九宅,官大夫七宅,

---

① 缩印百衲本《史记》六十八《商君列传》,商务印书馆1958年版,766页。
② 十三经注疏本《春秋公羊传注疏·宣公十五何体注》,中华书局1980年版,93页。
③ 朱师辙:《商君书解诂定本》卷五《境内》,中华书局1957年版,74页。
④ 缩印百衲本《汉书》卷一下《高帝纪下》,商务印书馆1958年版,25页。

大夫五宅,不更四宅,簪褭三宅,上造二宅,公士一宅半宅,公卒、士伍、庶人一宅,司寇、隐官半宅,欲为户者,许之。(《户律》)①

上引两条赐田宅律文,是按军功爵制已分为四大等级颁布的,其中彻侯为什么没有赐田?是因为彻侯有封国,故不再赐田。此外,可以看出四大等级的界限非常严格。对此,读者一看即明,不必赘述。但不论怎么说,汉政府对所有得爵者都是有关照的。不过,它与秦时的赐田宅制还是有所区别的。秦时是得一次爵位就增赐一次田宅,使爵制与田宅制合二为一,密不可分。汉时是算总账,以汉五年为限,在已得爵位的基础上,一次赐予田宅,这就一次培养出一大批大、中、小军功地主及大量自耕农,此后就再不见得爵者有赐田宅的事例。这在客观上就破坏了军功爵制与名田制并行的关系。本来在土地长期占有制的赐田制(名田制)下就容易演变为土地私有制,而这种一次赐田又不再有赐夺的规定,就更易于演变为土地私有制。而土地私有制的发展,必然出现土地兼并。所以自文景二帝之后,直至东汉不断出现土地兼并高潮,特别是在东汉时随着田庄经济的发展,大量土地集中于田庄之中,军功爵制与土地已无任何联系。秦汉是以农业为基础的封建社会,军功爵制失去赐田制,怎么会长期存在下去。西汉中期以后,特别是在东汉以后,军功爵制逐渐轻滥、衰亡,说明军功爵制除列侯、关内侯因为封国、食邑支撑外,其他爵位全成为空壳。故曹操于建安二十年废除军功爵,也是有其历史背景为根据的。

---

① 张家山汉墓竹简(二四七号墓)整理小组:《张家山汉墓竹简(二四七号墓):释文修订本》,文物出版社2006年版,52页。

曹魏至唐赐民爵资料汇编及几点说明

建安二十年（215年），曹操进行爵制改革时，废除了军功爵制，实际上也可以说是对军爵制进行肢解。他把军功爵制中的九级五大夫、十九级关内侯、二十级列侯保留下来，与新设的名号侯、关中侯、关外侯并行组成新爵制，而把十级左庶长至十八级大庶长全部取消。对一级爵公士至八级爵公乘，也作为"民爵制"而保留下来。对此《三国志·魏书·武帝纪》并没有明确记载，但从魏文帝曹丕即皇帝位后，仍施行赐民爵制可以得到证明，而且这种赐民爵制一直延续至唐代仍在施行。对此历史学家很少有人关注，故笔者想对从曹魏至唐代有关施行赐民爵制资料作一篇汇编，并加几点说明，以引起对军功爵制中的民爵八级的注意。

黄初元年（220年）。十月庚午，帝践阼。赐男子人爵一级，为父后及孝悌、力田人二级。（《三国志·魏书·文帝纪》）

黄初三年（222年）。九月庚子，立皇后郭氏，赐天下男子爵人二级。（同上书）

太和元年（227年）。十一月立皇后毛氏，赐天下男子爵人二级。（《三国志·魏书·明帝纪》）

景初二年（237年）。十二月辛巳，立皇后（郭氏），赐天下男子爵人二级。（同上书）

青龙元年（233年）。二月丁酉，幸摩陂观龙，于是改年，改摩陂为龙陂，赐男子爵人二级。（同上书）

甘露二年(257年)。六月甲寅,陈留王奂即皇帝位,大赦,改年,赐民爵各有差。(《三国志·魏书·三少帝纪》)

泰始元年(265年)。冬十二月壬戌,武帝即位,大赦,改元,赐天下男子爵人五级。(《晋书·武帝纪》)

泰始四年(268年)。正月景(丙)戌,律令成,封爵赐帛各有差。(同上书)

义熙元年(405)年。正月辛卯,安帝反正,戊戌大赦,改元,赐百姓爵二级。(《晋书·安帝纪》)

永初元年(420年)。六月丁卯,元帝即位,改元,赐民爵二级。(《宋书·武帝纪》)

孝建元年(454年)。正月丙寅,立皇子业为皇太子,赐天下为父后者爵一级。(《宋书·孝武帝纪》)

大明四年(460年)。正月乙亥,车驾躬藉田,大赦天下,孝悌、义顺赐爵一级。(同上书)

大明六年(462年)。正月辛卯,车驾亲祠南郊,是日又宗祀明堂,大赦天下,孝子、顺孙、义夫、悌弟赐爵一级。(同上书)

大明七年(463年)。二月甲寅,车驾巡南豫、南兖二州,大赦天下,行幸所经无出今岁租布,其逋租余债勿收,赐民爵一级。(同上书)

景和元年(465年)。十一月丁未,皇子生,大赦天下,赐为父后者爵一级。(《宋书·前废帝纪》)

泰始元年(465年)。十二丙寅,明帝即位,改元,赐民爵二级。(《宋书·明帝纪》)

泰始二年(466年)。八月江、郢、荆、雍、湘五州平定。九月癸巳,六军解严,大赦天下,赐民爵一级。(同上书)

泰始五年(469年)。正月癸亥,车驾躬耕藉田,赐力田爵一级。(同上书)

元徽二年(474年),十一月丙戌,御加元服,赐民男子爵一级,为父后及三老、孝悌、力田者二级。(《宋书·后废帝纪》)

元徽四年(476年)。正月己亥,车驾躬耕藉田,大赦天下,赐力田

爵一级。(同上书)

建元元年(479年)。四月甲午,上(萧道成)即皇帝位,大赦天下,改昇明三年为建元元年,赐民爵二级。(《南齐书·高帝纪上》)

永明十一年(493年)。四月甲午,立皇太子昭业,诏赐天下为父后者爵一级。(《南齐书·武帝纪》)

建武元年(494年)。十一月戊子,立皇太子宝卷,赐天下为父后者爵一级。(《南齐书·明帝纪》)

建武三年(496年)。闰十二月戊寅,皇太子冠,为父后者赐爵一级。(同上书)

永元元年(499年)。四月己巳,立皇太子诵,大赦,赐民为父后者爵一级。(《南齐书·东昏侯纪》)

天监元年(502年)。四月丙寅,高祖(萧衍)即皇帝位,大赦天下,改齐中兴二年为天监元年,赐民爵二级。(《梁书·武帝纪》)

天监元年(502年)。十一月甲子,立皇子统为皇太子,赐天下为父后者爵一级。(《南史·梁本纪六》)

天监十三年(514年)。二月丁亥,舆驾亲耕籍田,赦天下,孝悌、力田赐爵一级。(《梁书·武帝纪中》)

天监十四年(515年)。正月乙巳,皇太子冠,赦天下,赐为父后者爵一级。(同上书)

天监十八年(519年)。正月辛卯,舆驾亲祠南郊,孝悌、力田赐爵一级。(同上书)

普通七年(520年)。正月乙亥朔,改元,大赦天下,赐孝悌、力田爵一级。(《梁书·武帝纪下》)

普通四年(523年)。二月乙亥,躬耕藉田,孝悌、力田赐爵一级。(同上书)

大通元年(527年)。正月辛未,舆驾亲祠南郊,孝悌、力田赐爵一级。(同上书)

中大通元年(529年)。正月辛酉,舆驾亲祠南郊,大赦天下,孝悌、力田赐爵一级。(同上书)

中大通三年(531年)。正月辛巳,舆驾亲祠南郊,大赦天下,孝悌、力田赐爵一级。(同上书)

中大通三年(531年)。七月乙亥,立晋安王讳(纲)为皇太子,大赦天下,赐为父后者爵一级。(同上书)

中大通五年(533年)。正月辛卯,舆驾亲祠南郊,大赦天下,孝悌、力田赐爵一级。(同上书)

中大通六年(534年)。二月癸亥,舆驾亲耕籍田,大赦天下,孝悌、力田赐爵一级。(同上书)

中大同元年(546年)。四月丙戌,于同泰寺解讲,设法会,大赦,改元,孝悌、力田赐爵一级。(同上书)

太清元年(547年)。正月辛酉,舆驾亲祠南郊,孝悌、力田赐爵一级。(同上书)

太清元年(547年)。四月丁亥,舆驾还宫,大赦天下,改元,孝悌、力田、为父后者赐爵一级。(同上书)

承圣元年(552年)。十一月丙子,世祖(萧绎)即皇帝位于江陵,诏孝子义孙可悉赐爵。(《梁书·元帝纪》)

太平元年(556年)。九月壬寅,改元,大赦,孝悌、力田赐爵一级。(《梁书·敬帝纪》)

永定元年(557年)。十月乙亥,高祖即皇帝位于南郊,大赦天下,改梁太平二年为永定元年,赐民爵二级。(《陈书·高祖纪下》)

永定三年(559年)。六月丙午,世祖(陈蒨)即皇帝位于太极前殿,孝悌、力田、为父后者赐爵一级。(《陈书·世祖纪》)

永定三年(559年)。十月,封第二子伯茂为始兴王,以奉昭烈王祀,赐天下为父后者爵一级。(《陈书·始兴王伯茂传》)

天嘉元年(560年)。正月癸丑,大赦天下,改永定四年为天嘉元年,孝悌、力田、殊行、异等加爵一级。辛酉,舆驾亲祠南郊,赐民爵一级。(《陈书·世祖纪》)

天嘉三年(562年)。正月辛亥,舆驾亲祠南郊,可普赐民爵一级,孝悌、力田加一等。(同上书)

天嘉三年(562年)。七月己丑,皇太子纳妃王氏,孝悌、力田、为父后者赐爵二级。(同上书)

天嘉六年(565年)。正月甲午,皇太子加元服,孝悌、力田、为父后者赐爵一级。(同上书)

天康元年(567年)。四月乙卯,皇孙至泽生,为父后者赐爵一级。(同上书)

光大元年(567年)。正月乙亥,大赦天下,改天康二年为光大元年,孝悌、力田赐爵一级。(《陈书·废帝纪》)

光大元年(567年)。七月戊申,立皇子至泽为皇太子,赐天下为父后者爵一级。(同上书)

太建元年(569年)。正月甲午,(陈顼)即皇帝位于太极前殿,大赦天下,孝悌、力田及为父后者赐爵一级。(《陈书·宣帝纪》)

太建五年(573年)。三月己丑,皇孙胤生,赐为父后者爵一级。(同上书)

太建十四年(582年)。正月丁巳,太子(叔宝)即皇帝位于太极前殿,大赦天下,在位文武及孝悌,力田、为父后者并赐爵一级。(《陈书·后主纪》)

至德二年(584年)。七月壬午,太子加元服,孝悌、力田、为父后者各赐爵一级。(同上书)

太和十七年(493年)。七月癸丑,以皇太子立,诏赐民为人后者爵一级为公士,曾为吏属者爵二级为上造。(《魏书·孝文帝下》)

太和十七年(493年)。八月壬寅,驾至肆州,民年七十以上,赐爵一级。(同上书)

太和十七年(493年)。九月戊辰,诏洛、怀、并、肆所过四州之民,百年以上假县令、九十以上赐爵三级、八十以上赐爵二级、七十以上赐爵一级。(同上书)

太和十七年(493年)。十月乙未,告庙以迁都(洛阳)之意,大赦天下,诏京师及诸州从戎者赐爵一级,应募者加二级。(同上书)

太和十八年(494年)。正月癸亥,车驾南巡。诏相、兖、豫三州,百

年以上假县令、九十以上赐爵二级、八十以上赐爵二级、七十以上赐爵一级。(同上书)

太和十八年(494年)。十一月辛未朔,诏冀、定二州之民,百年以上假以县令、九十以上赐爵三级、八十以上赐爵二级、七十以上赐爵一级。(同上书)

太和十八年(494年)。十二月辛亥,车驾南伐。丁卯,诏郢、豫二州之民,百龄以上假县令、九十以上赐爵三级、八十以上赐爵二级、七十以上赐爵一级。(同上书)

太和十九年(495年)。三月丁未,曲赦徐、豫二州其运漕之士复租赋三年。辛亥,诏赐百岁以上假县令、九十以上赐爵三级、八十以上赐爵二级、七十以上赐爵一级。辛酉,又诏赐兖州民爵、粟帛如徐州。(同上书)

太和十九年(495年)。六月壬子,诏济州、东郡、荥阳及河南诸县,车驾所经者,百年以上赐假县令、九十以上赐爵三级、八十以上赐爵二级、七十以上赐爵一级。(同上书)

太和十九年(495年)。十月甲辰,曲赦相州民百年以上假郡守、九十以上假县令、八十以上赐爵三级、七十以上赐爵二级。(同上书)

太和二十年(496年)。三月丙寅,宴群臣及国老、庶老于华林园,诏曰:国老黄耇以上假中散大夫、郡守,耆年以上假给事中、县令,庶老直假郡、县,各赐鸠杖、衣裳。丁丑、诏诸州中正,各举其乡之民望,年五十以上,守素衡门者授以令、长。(同上书)

太和二十一年(497年)。正月丙申,立皇子讳(元恪)为皇太子,赐天下为父后者爵一级。(同上书)

太和二十一年(497年)。三月甲寅,诏并州民百年以上假县令,九十以上赐爵三级,八十以上赐爵二级,七十以上赐爵一级。(同上书)

太和二十一年(497年)。五月庚寅,诏雍州士人百年以上华郡太守,九十以上赐荒郡,八十以上假华县令,七十以上假荒县,庶老以年各减一等,七十以上赐爵三级。其营船之夫赐爵一级。(同上书)

太和二十一年(49年)。十月丁酉,民皆复业,九十以上假以郡守,

六十五以上假以县令。(同上书)

延昌元年(512年)。十月乙亥,立皇子诩(元诩)为皇太子,十一月丙申,其赐天下为父后者爵一级。(《魏书·世宗纪》)

神龟元年(518年)。正月壬申,诏京畿百年以上给大郡版,九十以上给小郡版,八十以上给大县版,七十以上给小县版,诸州百姓,百岁以上给小郡版,九十以上给上县版,八十以上给中县版。(《魏书·肃宗纪》)

永安二年(529年)。五月丙子,诏上党百年以下、九十以上版三品郡、八十以上四品郡、七十以上五品郡。(《魏书·孝庄帝纪》)

天保元年(550年)。五月戊午,(高洋)乃即皇帝位,大赦天下,改永定八年为天保元年,其百官进阶,男子赐爵,鳏寡六疾,义夫节妇,旌赏各有差。(《北齐书·文宣帝纪》)

皇建元年(560年)。十一月辛亥,立妃元氏为皇后,世子百年为皇太子,赐天下为父后者爵一级。(《北齐书·孝昭帝纪》)

河清元年(562年)。正月丙戌,立妃胡氏为皇后,子纬(高纬)为皇太子,大赦,内外百官普加汎级,诸为父后者赐爵一级。(《北齐书·武成帝纪》)

明帝宇文毓二年(558年)。六月己巳,板授高年刺史、守、令,恤鳏寡孤独各有差。(《周书·明帝纪》)

保定三年(563年)。七月丁丑,(武帝)幸津门,问百年,赐以钱帛,又赐高年版职各有差。(《周书·武帝纪》)

建德五年(576年)。十二月戊申,诏曰:伪齐将相王公已下衣冠士民之族,如有深识事宜,建功立效,官荣爵赏各有差。(《周书·武帝纪下》)

开皇元年(581年)。二月甲子,(杨坚)即皇帝位,二月庚子,诏曰:其前代品爵,悉可依旧。(《隋书·高祖纪》)

大业七年(611年)。二月壬午,(杨广)今往涿郡巡抚民俗,其河北诸郡及山西、山东年九十已上者版太守,八十者授县令。(《隋书·炀帝纪上》)

武德元年(618年)。五月甲子,(李渊)即皇帝位,大赦,改元,赐百官、庶人爵一级。(《新唐书·高祖本纪》)

显庆五年(660年)。二月丙戌,赦并州及所过郡、县,民年八十以上版授刺史、县令。(《新唐书·高宗本纪》)

乾封元年(666年)。正月戊午,封泰山,壬申大赦。改元,赐文武官阶勋爵。民年八十以上版授下州刺史、司马、县令,妇人郡、县君。二十以上至八十赐古爵一级。(同上书)

景龙二年(708年)。二月庚寅,大赦,进五品以上母、妻封号,无妻者授其女。妇人八十以上版授郡、县、乡君。(《新唐书·则天顺圣皇后纪》)

先天元年(712年)。正月戊子,(睿宗)耕藉田。己丑,改元,大赦,赐内外官阶、爵,民酺五日。版授九十以上下州刺史,八十以上州司马。(《新唐书·睿宗本纪》)

开元十一年(723年)。正月辛卯,次并州,改并州为北都。癸巳,版赐侍老八十以上上县令,妇人县君,九十以上上州刺史,妇人郡君,百岁以上上州刺史,妇人郡夫人。(《新唐书·玄宗本纪》)

开元二十三年(725年)。正月乙亥,(玄宗)亲耕藉田,大赦,侍老百岁以上版授上州刺史,九十以上中州刺史,八十以上州司马。(同上书)

开元二十五年(729年)。二月己巳,群臣上尊号曰开元圣文神武皇帝,大赦,免今年税,赐文武官阶爵,版授侍老百岁以上下州刺史,妇人郡君,九十以上州司马,妇人县君,八十以上县令,妇人乡君。(同上书)

天宝元年(742年)。二月丙申,合祭天地于南郊,大赦,侍老加版授,赐文武官阶爵。(同上书)

天宝七年(748年)。五月壬午,群臣上尊号曰开元天宝圣文神武应道皇帝。七十版授本县令,妇人县君,六十以上县丞。侍老百岁以上郡太守,妇人郡君,九十以上郡司马,妇人县君,八十以上县令,妇人乡君。(同上书)

天宝八年(749年)。六月丙寅,群臣上尊号曰开元天地大宝圣文神武应道皇帝,大赦,男子七十、妇人七十五以上皆给一子侍赐文武官阶爵,民为户者(赐)古爵,酺三日。(同上书)

天宝十三年(754年)。正月甲戌,君臣上尊号,大赦,侍老百岁以上版授本郡太守,妇人郡夫人;九十以上郡长史,妇人郡君;八十以上县令,妇人县君。太守加赐一级,县令勋两转。(同上书)

至德元年(756年)。七月甲子,(李亨)即皇帝位,大赦,改元至德,赐文武官阶勋爵。版授侍老太守、县令。(《新唐书·肃宗本纪》)

上元元年(760年)。以十一月为岁首,赐文武官阶勋爵。版授侍老官,先授者叙进之。(同上书)

大历十四年(779年)。五月癸亥,(李适)即皇帝位于太极殿。六月己亥,大赦,赐文武官阶爵,民为户者(赐)古爵一级。(《新唐书·德宗本纪》)

兴元元年(784年)。六月癸丑,以梁州为兴元府,给复一年,耆老加版授。(同上书)

几点说明

一、由曹魏至唐代所推行的赐民爵制,就是秦汉二十等军功爵制的前八级,即一级公士至八级公乘,而从军功爵制中演变、游离出来的。在秦汉时期,军功爵制的前八级,与其以上的九级五大夫直至二十级的列侯之间,并无不可逾越的鸿沟。都是根据个人所立军功而逐级上升的,而且只要获得爵位,就能享受一定的待遇,如当官为吏、乞庶子、赎罪、减刑、免刑,免除亲人奴隶身份、享受不同的生活待遇、获得土地和宅基地乃至封侯等等。到西汉中期以后,军功爵制逐渐轻滥,特别到东汉时期,政府颁布了赐民爵八级制,规定:"爵过公乘,得移与子若同产、同产子。"《后汉书·明帝纪》、《安帝纪》、《顺帝纪》都颁布过此类诏书,即赐给老百姓和小吏的爵位,不能超过八级爵公乘,超过的要转给兄弟、儿子、侄子。从此赐民爵八级制就逐渐从军功爵制中游离出来,民爵成为荣誉头衔,再也享受不到什么实际利益。所以人们对民爵的态度是"夺之,民亦不惧,赐之,民亦不喜"(王充《论衡·谢短篇》)。在东汉不仅民爵贬值,除关内侯、列侯以外的吏爵也形同虚设。因此汉献帝建安二十年(215年)曹操执政时,已感到军功爵制无存在价值,就进行了大刀阔斧的改革,而废除了军功爵制,仅保留了原军功爵制中的五大夫、关内侯、列侯三级爵位,而与新设的名号侯、关中侯、关外侯并行。奇怪的是,曹操改革爵制时,对原军功爵制中的前八级并未提,实际是作为"赐民爵制"保留下来了。

二、关于赐民爵制时间问题。从曹操在建安二十年(215年)改革爵制时保留了赐民爵制算起,延续到唐德宗兴元元年(784年)止,前后共存在579年。如果要从秦孝公十三年(公元前356年)商鞅变法建立军功爵制算起,人民就可以获得爵位,前后共有1320年。这在世界历史中也是绝无仅有的特例。赐民爵制为什么在成为荣誉头衔后,还能单独存在近600年,是历代政府利用人民渴望得荣誉的心理,而廉价骗得"皇帝与民同乐"的效果。

三、关于假官与版授。假官有两解:一是代理官职,如假县令,即代理县令;二是指徒有虚名的官,本文的"假官"即指后者。版授:如果有朝廷印章的版授官职,就是政府正式任命的官。如果用白版不加盖朝廷印章而任命的官,就不是正式的官,以后简称版授官。此制起于南朝。当时地方长官和将领,可以不通过中央政府而用白版任命下属官吏,即称版授。如《宋书·王镇恶传》记载:"镇恶进次渑池,造故人李方家,升堂见母,厚加酬资,即版方为渑池县令。"这虽属白版授官,则有实职实权。本文中的版授,与假官一样都是无职无权而且也无薪俸报酬。那么为何要把版授、假官收在"赐民爵"项目中呢?因为它是从赐民爵制中发展出来的。政府为了对七十岁以上老人的特殊尊重,才授予假郡守、假县令、假中散大夫、假郡司马等官称,但在版授假官的政策中,其欺骗性也是明显的。在古时人的寿命较短。俗语说:"人生七十古来稀。"能活到八九十岁的则少之又少,百岁以上者更是空悬一格,一郡一县之内可能就找不到一人。所以假郡守、假县令,乃是可望而不可及的事。

四、对古爵性质的判断。在唐代的资料中,有两次赐"古爵"问题。古爵是指什么爵呢?笔者认为古爵,绝对不是指周代的五等爵,因为周代的公、侯、伯、子、男的五等爵,是专门封给贵族的,而不会赐给老百姓。也决不是指秦汉时期的军功爵制。因军功爵制自汉代分为官爵、民爵之后,其中的官爵也不再赐给民。笔者认为所谓古爵,就是指曹操废除军功爵制后,而保留的八级民爵。这从唐玄宗颁布的赐爵诏书中,所指的赐古爵对象是"民为户者",可以断定赐的确是民爵。那么唐玄宗为什么要称古爵呢?因为赐民爵从曹魏算起,至唐代已有七百多年,当然可以称为古爵了,而且称古爵,显得更隆重一些。

五、对几个名词的解释。

耆老:指六十岁以上的老年人,也指一般的年老者。

侍老:是八十岁以上老年人的通称。

国老:古指大夫以上老年的退休者。

庶老:古指地位略高于庶人,而低于士人的老年人。《礼记·王制》说:"有虞氏养国老于上庠,养庶老于下庠。"上庠古指大学,下庠古指小学。这是上古时代的传说,说明上古时期对不同阶层有文化老年人的尊重,他们退休后都要到大学、小学中去养老。此处是指对七八十岁以上有文化的老年人,要授给不同级别的假官,与上庠、下庠无关。

魏晋南北朝史研究

官渡之战与赤壁之战双方胜败原因试探

东汉末年所发生的官渡之战与赤壁之战,是我国战争史上两个最典型的以少胜多、以弱胜强的战例。官渡之战,曹操以少胜多;赤壁之战,曹操则以强败于弱。两个战役,大军事家曹操都是一方的军事总指挥,其结果却大不相同。原因何在? 其中的经验、教训,值得认真总结、探讨。

一、官渡之战曹胜袁败原因的探讨

在官渡会战之前,袁绍已消灭割据辽东的公孙瓒,占有青、冀、幽、并四州之地,有精兵十万,骑万匹,粮草充足,可支十年。在此形势下,袁绍志得意满,不可一世,急于要消灭"挟天子以令诸侯"的曹操。当时曹操在前线的军力是"兵不满万"①。曹营诸将认为袁军势盛不可敌,故人心惶惶。曹操为稳定军心,对诸将说:"吾知绍之为人,志大而智小,色厉而胆薄,忌克而少威,兵多而分画不明,将骄而政令不一,土地虽广,粮食虽丰,适足以为吾奉矣。"②曹操以上所讲的一段话,虽然主要是为曹军壮胆,但也说明他对袁绍确有了解。因为曹操与袁绍的

---

① 卢弼《三国志集解》卷一《魏书·武帝纪》,中华书局1982年版,24页。一般学者认为说曹操"兵不满万"估计太低,大概不少于三四万人。
② 《三国志集解》卷一《魏书·武帝纪》,22页。

父辈同时在朝为官,他们在幼年时经常在一起玩耍,当官后又同属西园八校尉。袁绍为中军校尉,曹操为典军校尉,以后反对董卓军兴,袁绍与曹操又同属关东军集团,袁绍为盟主,曹操行(代理)奋武将军。由于长期共事,曹操对袁绍的弱点自然有所了解。但对曹操的话仍有人不太相信。如孔融就对荀彧说:"绍地广兵强,田丰、许攸智士也,为之谋,审配、逢纪忠臣也,任其事,颜良、文丑勇将也,统其兵,殆难克乎?"荀彧对孔融的疑虑作了破解,而说:"绍兵虽多而法不整,田丰刚而犯上,许攸贪而不治,审配专而无谋,逢纪果而自用,此数人者,势不相容,必生内变。颜良、文丑一勇之夫耳,可一战而擒也。"①荀彧不愧为曹操的高级参谋,对袁绍的内部情况了如指掌,使孔融再无话说。其实曹操对袁绍地广兵强也有所顾虑,因此就向谋士郭嘉请教如何对待?郭嘉说:

> 嘉窃料之,绍有十败,公有十胜,(绍)虽兵强无能为也。绍繁礼多仪,公体任自然,此道胜一也。绍以逆动,公奉顺以率天下,此义胜二也。汉末政失于宽,绍以宽济宽故不慑,公纠之以猛,而上下知制,此治胜三也。绍外宽内忌,用人而疑之,所任唯亲戚子弟,公外易简,而内机明,用人无疑,唯才所宜,不问远近,此度胜四也。绍多谋少决,失在后事,公策得辄行,应变无穷,此策胜五也。绍因累世之资,高议揖让,以收名誉,士之好言饰外者多归之;公以至心待人,推诚而行,不为虚美,以俭率下,与有功者无所吝,士之中正远见而有实者,皆愿为用,此德胜六也。绍见人饥寒,恤念之,形于颜色,其所不见,虑或不及也,所谓妇人之仁耳;公于目前小事,时有所忽,至于大事与四海接恩之所加,皆过其望,虽所不见,虑之所周,无不济也,此仁胜七也。绍大臣争权,谗言惑乱,公御下以道,浸润不行,此明胜八也。绍是非不可知,公所是进之以礼,所不是正之以法,此文胜九也。绍好虚势,不知兵要,

---

① 《资治通鉴》卷六十三,中华书局1982年版,2016页。

公以少克众,用兵如神,军人恃之,敌人畏之,此武胜十也。①

曹操又问计于荀彧,荀彧答曰:

  古之成败者,诚有其才,虽弱必强,苟非其人,虽强易弱,刘、项之存亡足以观矣。今与公争天下者,唯有袁绍耳。绍貌外宽而内忌,任人疑其心;公明达不居,唯才所宜,此度胜也。绍迟重少决,失在后机,公能断大事,应变无方,此谋胜也。绍御军宽缓,法令不立,士卒虽众,其实难用;公法既明,赏罚必行,士卒虽寡,皆争致死,此武胜也;绍凭世资,从容饰智,以收名誉,故士之寡能好问者多归之;公以至仁待人,推诚心不为虚美,行己谨俭而与有功者无所吝惜,故天下忠正效实之士,咸愿为用,此德胜也。夫以四胜辅天子扶义征伐,谁敢不从,绍之强其何能为?②

曹操再问计于贾诩,贾诩答曰:"公明胜绍,勇胜绍,用人胜绍,决机胜绍,有此四胜,而半年不定者,但顾万全故也。必决其机,须臾可定也。"③有以上三问,说明曹操对战争的老谋深算,尽量听取部下的意见,使自己立于不败之地。三人的回答,自然增加了他战胜袁绍之信心。《资治通鉴》对以上的三问,合为郭嘉、荀彧、贾诩三人的共答"十胜",文字虽然大量缩减,但对曹操的慎重精神有所减弱,故不采纳。

曹操听罢三人的言论,还表示谦虚地说:"如卿所言,孤何德以堪之。"④但荀彧又对曹操说:"不先取吕布,河北(袁绍)亦未易图也。"⑤这就是警告曹操,不先灭吕布,打败袁绍也很难。曹操说:"然吾所惑者,又恐袁绍侵扰关中,乱羌胡,南诱蜀汉,是我独以兖、豫抗天下六分之五也,为将奈何?"荀彧答曰:"关中将帅以十数,莫能相一,唯韩遂、

---

① 卢弼《三国志集解》卷十四《魏书·郭嘉传》,注引《傅子》曰,中华书局1982年版,395页。

② 《三国志集解》卷十八《魏书·荀彧传》,中华书局1982年版,309页。

③ 《三国志集解》卷十《魏书·贾诩传》,中华书局1982年版,321页。

④ 《资治通鉴》卷六十二,中华书局1992年版,1995页。

⑤ 《三国志集解》卷十《魏书·荀彧传》,中华书局1982年版,309页。

马超最强,彼见山东方争,必各拥众自保。今若抚以恩德,遣使连和相持,虽不能久安,比公安定山东,足以不动。钟繇可属西事,则公无忧矣。"①可见曹操及其参谋集团,在官渡之战前,对主客观的形势考虑得多么细致周到。于是曹操就派钟繇去安抚关西,又南破张绣,东擒吕布而定徐州,把周围敌对势力或安抚,或清除,待周边环境稳定,才进军官渡,与袁绍决战。

在袁绍阵营中,由于自认是强势一方,就急于想消灭曹操,但其内部则意见不一。

建安四年(199年)六月,袁绍选精兵十万,骑万匹,想要进攻曹军,其谋士沮授向袁绍建议说:

> 近讨公孙瓒,师出历年,百姓疲敝,仓库无积,未可动也。宜务农息民,先遣使献捷天子,若不得通,乃表曹操隔我王路,然后进屯黎阳(河南浚县东北),渐营河南,益作舟船,缮修器械,分遣精骑抄其边鄙,令彼不得安,我取其逸,如此可坐定也。②

应该说沮授的建议实属万全之策。在兵疲民困的情况下,先务农息民,然后借向天子献捷的机会,剥夺曹操"挟天子以令诸侯"的特权,再去经营河南,练兵修战备,并分兵骚扰敌人边境,以逸待劳,可坐操胜算。但如此稳妥的建议,却遭到袁绍另两个谋士郭图、审配的反对。他们说:"以明公(袁绍)之神武,引河朔之强众,以伐曹操,易如覆手,何必乃尔!"沮授辩解说:"夫救乱诛暴,谓之义兵,恃众凭强,谓之骄兵。义者无敌,骄者先灭。曹操奉天子以令天下,今举师南下,于义则违。且庙算之策,不在强弱,曹操法令既行,士卒精练,非公孙瓒坐而受攻者也。今弃万安之术,而兴无名之师,窃为公惧之。"沮授的辩解更引起郭图、审配的强烈不满,他俩反对说:"武王伐纣,不为不义,况兵加曹操,而云无名?且公以今日之强,将士思奋,不及时以定大业,所谓'天予不取,反受其咎',此越所以霸,吴之所以灭也。监军(沮授

---

① 《三国志集解》卷十《魏书·荀彧传》,中华书局1982年版,309页。
② 《资治通鉴》卷六十三,中华书局1992年版,2015页。

的官称)之计在于持牢,而非见时知幾之变也。"①袁绍不听沮授之良言,而接受了郭图、审配的冒进意见。郭、审二人更以沮授"御众于外,不宜知内"为理由,唆使袁绍免了沮授的监军职务,郭图、审配更加得势。沮授虽然因劝阻袁绍出兵击曹而受到打击,但骑都尉崔琰亦向袁绍提出休兵的建议。他说:"天子在许,民望助顺,不如守境述职,以宁区宇。"②袁绍仍不接受。

袁绍在建安四年三月灭公孙瓒,六月就决定进攻曹操,五年二月进军黎阳。曹操在袁绍进攻之前,要先清除在下邳的刘备。诸将都说:"与公争天下者袁绍也,今绍方来而弃之东,绍乘人后,若何?"曹操说:"刘备人杰也,今不击,必为后患。"郭嘉赞成先击刘备,而说:"绍性迟而多疑,来必不速。备新起,众心未服,急击之,必败。"此时田丰对袁绍说:"曹操与刘备连兵(大战),未可卒解,公举兵而袭其后,可一往而定。"袁绍以其儿子生疾,而未成行。田丰举手杖击地说:"嗟乎!遭难遇之时机,而以婴儿病失会,惜哉,事去矣。"结果曹操大败刘备,"获其妻子,进拔下邳(江苏邳州市),禽关羽"③。刘备兵败,投奔袁绍。曹操胜利后,还军官渡,准备迎击袁军。此时袁绍才开始想攻许的问题,但田丰已知时过境迁,又提出新的建议。他说:"曹操既破刘备,则许下非复空虚。且操善用兵,变化无方,众虽少,未可轻也。今不如以久持之,将军据山河之固,拥四州之众,外结英雄,内修农战,然后简其锐,分为奇兵,乘虚迭出以扰河南,救右攻其左,救左攻其右,使敌疲于奔命,民不得安业,我未劳而彼已困,不及三年,可坐克也。今释庙胜之策,而决胜败于一战,若不如志,悔无及也。"④袁绍对田丰的建议仍

---

① 以上沮授、郭图、审配之言论,均见《资治通鉴》卷六十三,中华书局1982年版,2015页。
② 《三国志集解》卷十二《魏书·崔琰传》,中华书局1982年版,367页。
③ 以上有关曹操征刘备的议论,均见《资治通鉴》卷六十三,中华书局1982年版,2024页。
④ 《资治通鉴》卷六十三,中华书局1992年版,2025页。《三国志》卷六《魏书·袁绍传》所引此文,不如《通鉴》周严。

不听。由于田丰一再坚持,袁绍恼怒,认为田丰有"沮众"之罪,遂把田丰打入监狱。以后袁绍在官渡战败,而不知自省,反迁怒于田丰,而杀之。这说明袁绍度量狭隘。官渡之战虽未开始,双方统帅之素质优劣已见。

袁绍在官渡之战前,曾让陈琳写檄文,散发至各州郡。其檄文曰:

司空曹操,其祖父中常侍腾,与左悺、徐璜并作妖孽,饕餮放横,伤化虐民。父嵩乞丐携养,因赃假伍,舆金辇璧,输货权门,窃盗鼎司,倾覆重器。操赘阉遗丑,本无懿德,狡锋协,好乱乐祸……①

陈琳所写的檄文,不仅揭露曹操本人的罪恶,而且对其父祖都有贬词。此檄文一发布,就等于对曹操正式宣战。袁绍在其大军进入黎阳后,就派其大将颜良攻击东郡太守刘延于白马(河南滑县东)。沮授对袁绍派颜良攻白马表示反对,说:"良性促狭,虽骁勇,不可独任。"②袁绍不听。同年四月,曹操率军北救刘延。谋士荀攸对曹操说:"今兵少不敌,必分其势乃可。公到延津(今属河南),若将渡兵向其后者,绍必西应之,然后轻兵袭白马,掩其不备,颜良可禽也。"③曹操按计而行。袁绍听说曹军要渡河,就分兵向西接应,曹操乃率军直趋白马,在距白马不到十里时,颜良才惶恐应战。曹操遂派张辽、关羽为先锋出击。关羽望见颜良的麾盖,策马刺颜良于万众之中,斩其首而还。袁军溃败,遂解白马之围,曹军大胜而归。袁绍欲渡河追击。沮授对袁绍说,现在应让大军留驻延津,分一部分进驻官渡,如果战胜,再来迎接大军,如果失利,还可退回。袁绍不听。沮授在渡河时,叹曰:"上盈

---

① 《昭明文选》卷四十四陈孔璋《为袁绍檄豫州》。中州古籍出版社1990年版,614～615页。此檄文原写给刘备的,后转发给各州郡。此文较长,《魏氏春秋》、《后汉书·袁绍传》引其文皆有删节。
② 《资治通鉴》卷六十三,中华书局1992年版,2026页。
③ 《资治通鉴》卷六十三,中华书局1992年版,2026页。

其志,下务其功,悠悠黄河,吾其不反乎!"①遂向袁绍请求辞职,袁绍不许,但暗中怀恨,并将沮授所属军队,划归郭图统领。袁绍不听沮授劝阻,仍执意追击曹军至延津南。曹操遂勒军驻于山南阪下,命人观望袁绍追兵,侦候报告有五六百骑兵,步兵不可胜数。曹操说不用再报告了,并命令骑兵解鞍放马,辎重也都放在路上。曹军皆不理解,唯有荀攸说:此乃诱敌之计。袁军追兵到后,都争抢辎重,阵容大乱。曹操乃命骑兵上马,乘乱袭击,杀袁军大将文丑,再战俘获袁军甚多,"袁军夺气"。②

两次前哨战,袁军皆败,并损失两员大将,论说袁绍应有所收敛,但袁绍并无所悟,仍认为自己是强势一方,可以以压倒的优势,战胜敌方,而继续向曹军进攻。曹操在两次取得战争胜利后,将军队撤回官渡,采取守势。此时汝南黄巾刘辟背叛曹操而应袁绍。袁绍又遣使招抚阳安都尉李通,任命李通为征南将军。有人劝李通投降袁绍。李通按剑叱之曰:"曹公明哲,必定天下,绍虽强胜,而任使无方,终为之虏耳,吾以死不二。"③遂斩袁绍使者,送其印绶与曹操,以表忠心,并急征租调以支援曹军,后因赵俨劝阻,才把租调送还于民,淮河、汝南地区才得到安宁。袁绍派刘备率军进攻汝南、颍川之地,曹操派曹仁反击,大败刘备。刘备退回袁营,想要脱离袁绍,而劝说袁绍要南连刘表。袁绍派刘备率军复至汝南,曹操派蔡阳率军阻击,被刘备斩杀。刘备遂投刘表,刘表不肯重用。

袁绍此时已进军阳武(河南原阳东南),准备与曹军决战,沮授又劝袁绍应以持久战应对曹军。他说:"北兵(袁军)数众而劲果不及南,南(曹军)谷虚少而财货不及北。南利在于急战,北利在缓搏,宜徐持

---

① 《三国志集解》卷十《魏书·袁绍传》注引《献帝传》,中华书局1982年版,214页。"吾其不反乎",《通鉴》作"吾其济乎"。
② 《资治通鉴》卷六十三。中华书局1992年版,2027页。
③ 《三国志集解》卷十八《魏书·李通传》,中华书局1982年版,463页。

久,旷以日月。"①袁绍不听。八月,袁军连营向前推进,依沙堆为屯,东西数十里,曹军亦分营与之对峙。曹操派兵作试探性的进攻,不能胜袁军而退回,坚壁防守。袁军作高橹(高梯),起土山,箭射曹营,曹军在营内皆蒙盾而行。曹军作霹雳车(抛石车)发石以击袁军。袁军又挖地道攻城。曹军在城内则掘长道以截击。曹军众少而粮食将尽,士卒疲敝,百姓困于征赋,多叛归袁绍。曹操感到危急,欲撤军回许以引袁军深入,遂写信给荀彧,向他问计。荀彧回信说:"今军食虽少,未若楚、汉在荥阳、成皋间也。是时刘、项莫肯先退,退者势屈也。公以十分居一之众,画地而守之,扼其喉而不得进,已半年矣。情见势竭,必将有变,此用奇之时,不可失也。"②荀彧给曹操的建议有两点值得注意:一是以楚汉战争为例,鼓励曹操坚持不退;二是在最困难时期,要观察形势而用计取胜。曹操接受了荀彧的建议,坚守不退,等待用计之良机。结果良机果然来了,在建安五年九月,袁绍有数千辆运粮车将至官渡。袁绍大意轻敌,守备很差。谋士荀攸对曹操说:"绍运车旦暮至,其将韩猛锐而轻敌,击,可破也。"③于是曹操就派偏将军徐晃和史涣共同率卒截击韩猛,韩猛败走,其运粮车全部被烧毁。袁绍受此沉重打击,仍不吸取教训。同年十月,袁绍又派车运粮,命其将淳于琼率兵万余人护送,屯驻于距袁绍大营四十里的乌巢(河南原阳县东北)。沮授建议可派另一支部队在外围巡逻,以免曹军偷袭,袁绍不听。许攸又对袁绍献计,说:"曹操兵少而悉师拒我,许下余守,势必空弱,若分遣轻车,星夜掩袭,许可拔也,许拔则奉天子以讨操,操成禽矣。如其未溃,可令首尾奔命,破之必也。"绍不从,说我要先捉曹操。正当此时,许攸家有人犯法,审配把许攸的家人全部抓起来。许攸一怒而投奔曹操。曹操听说许攸来投,高兴地连鞋也顾不上穿,光着脚跑出来迎接,说:"子卿(许攸字)远来,吾事济矣。"二人入座后,许攸问

---

① 《三国志集解》卷六《魏书·袁绍传》,中华书局1982年版,214页。
② 《三国志集解》卷六《魏书·荀彧传》,中华书局1982年版,309页。
③ 《资治通鉴》卷六十三。中华书局1992年版,2033页。

曹操:"袁氏军盛,何以待之?今有几粮乎?"曹操答:"尚可支一岁。"攸曰:"无是,更言之。"曹操又说:"可支半年。"攸曰:"足下不欲破袁氏邪?何言之不实也!"操曰:"向戏言耳,其实可(支)一月,为之奈何?"许攸说:"公孤军独守,外无救援而粮谷已尽,此危急之日也。袁氏辎重万余乘,在故市、乌巢,屯军无严备,若以轻兵袭之,不意而至,燔其积聚,不过三日,袁氏自败也。"①曹操听后大喜,乃决定留曹洪、荀攸守营,自率步骑五千人,皆用袁军旗帜,衔枚缚马口。每人都抱一捆干柴,从近路小道直奔乌巢。既至,包围屯军,放火烧营,袁军大乱。及至天明,淳于琼等见曹军不多,出营反击,曹操率军急攻,袁军退守保营。在曹军猛攻袁军屯粮营时,袁绍却不急于救援,而提出要攻击曹军官渡老营,说:"就操破琼,吾拔其营,彼固无所归矣"。乃派大将高览、张郃率主力军进攻曹营。张郃提出反对意见,说:"曹公(率)精兵往,必破琼等,琼等破,则事去矣。请先往救之。"郭图等则固请攻曹营。张郃说:"曹公营固,攻之必不拔,若琼等见禽,吾属尽为虏矣。"②袁绍不听,只派轻兵救援乌巢,而遣重兵攻曹营,不能下。当袁绍所遣轻兵至乌巢时,曹军有人建议:"贼骑稍近,请分兵拒之。"曹操怒曰:"贼在背后乃白。"曹军皆殊死奋战,大败袁军,斩淳于琼等,尽焚其粮谷,杀袁军士卒千余人以示众。袁军皆恐惧。郭图虽自知其失策,反而向袁绍诬蔑张郃对袁军失败感到高兴。张郃忿惧,遂与高览一同投奔曹营。袁军大溃败,袁绍遂与其子袁谭率八百骑兵渡河逃走,曹操追不及而归,尽收袁军辎重、图书、珍宝等物。官渡之战曹军先后共杀袁军七万余人,③以曹操胜利而告终。

---

① 《资治通鉴》卷六十三。中华书局1992年版,2033—2034页。
② 以上均见《资治通鉴》卷三十六。中华书局1992年版,2034页。
③ 关于官渡之战曹军斩袁军的人数,此处引自《资治通鉴》卷六十三,但《后汉书·袁绍传》说:"所杀八万人"。按《献帝起居注》:曹公上言,凡斩首七万余级。比较可靠。

二、赤壁之战曹败孙刘胜原因探讨

曹操在建安五年(200年)十月取得官渡之战的重大胜利,接着就想乘胜南征刘表。荀彧劝阻说:"今绍败,其众离心,宜乘其困遂定之,而背兖、豫远师江汉,若绍收其余烬,乘虚以出人后,则公事去矣。"[1] 曹操权衡轻重,接受了荀彧的意见,继续进攻袁绍。在仓亭(山东阳谷县)战役中又大败袁军。建安七年正月,袁绍因连吃败仗,惭愤,发病呕血而死。但袁绍三子袁谭、袁熙、袁尚犹存,袁军尚有实力,而曹操却认为袁氏大敌已除,就想先平荆州,遂于建安八年八月,出军西平击刘表。谋士荀攸谏阻说:"天下方有事,而刘表坐保江汉之间,其无四方志可知矣。袁氏据四州之地,带甲十万,绍以宽厚得众,借使二子和睦,以守其成业,则天下之难未息也。今兄弟构恶,其势不两全,若有所并则力专,力专则难困也,及其乱而取之,天下定矣,此时不可失也。"[2] 荀攸主要是讲,让曹操乘袁绍二子袁谭、袁尚恶斗之时,而各个击破,则天下可以平定。曹操接受了荀攸的意见。但过了几天,曹操又反悔了,还是想先平定荆州。谋士辛毗又劝解曹操说:

> 袁氏本兄弟相伐,非谓他人能间其间,乃谓天下可定于己也。今一旦求救于明公,此可知也。显甫(袁谭字)见显思困而不能取,此力竭也。兵革败于外,谋臣诛于内,兄弟谗阋,国分为二,连年战伐,介胄生虮虱,加以旱蝗、饥馑并臻,天灾应于上,人事困于下,民无愚智,皆知土崩瓦解,此乃天亡尚之时也。今往攻邺,尚不还救,即不能自守;还救,即(袁)谭踵其后。以明公之威,应困穷之敌,击疲敝之寇,无异迅风之振秋叶矣。天以(袁)尚与明公,明公不取而伐荆州。荆州丰乐,国未有衅……方今二袁不务远略而内相图,可谓乱矣;居者无食,行者无粮,可谓亡矣。朝不谋夕,

---

① 《三国志集解》卷六《魏书·荀彧传》,中华书局1982年版,310页。
② 《三国志集解》卷六《魏书·荀彧传》,中华书局1982年版,317页。

民命靡继,而不绥之,欲待他年;他年或登,又自知亡而改修厥德,失所以用兵之要矣。今因其请救而抚之,利莫大焉。且四方之寇,莫大于河北,河北平,则六军盛而天下震矣。①

　　辛略这段话是在二袁兄弟相斗,袁谭被袁尚战败而求救于曹操,曹操则想先攻荆州,不想接受袁谭的投靠时而对曹操说的话。其核心思想是劝阻曹操不要先攻荆州,因荆州丰乐,社会稳定,无隙可击。而先接受袁谭的求救,乘袁尚内外交困,土崩瓦解之际,先攻击袁尚军事基地邺城(河北临漳),袁尚已无力回救,如回救,袁谭必攻其后。以你曹公的军威,有如秋风扫落叶一样战胜袁尚,这是上天把袁尚赐给明公。你如先攻荆州,就会失此良机。如果等到他年,年景丰收,袁尚又知亡而改过,你就失去用兵的要领了。你的大敌在河北,如河北平定,你的军威大盛,天下就会震服了。曹操接受了辛毗的意见,决定放弃先进攻荆州,全力对付二袁兄弟。不久袁谭背叛曹操,在建安十年正月的南皮(今属河北)战役中,曹军击杀袁谭。袁尚、袁熙军内部也发生内乱,为其部将焦触、张南所攻,二袁战败,投奔辽西乌桓。曹操遂远征乌桓,在征服乌桓后,二袁又率数千骑兵投奔辽东太守公孙康。曹操部下有人劝曹操进攻公孙康,曹操说:"吾方使康斩送尚、熙首,不烦兵矣。"②不久,公孙康把二袁首级送来。有人问曹操:你怎么知道公孙康会斩二袁首级送来? 曹操说:如果我急攻公孙康,公孙康必与二袁合力对抗我;如果不攻,公孙康为请功,必杀二袁,这是大势所趋呀! 众人皆佩服曹操有先见之明。

　　曹操是于建安十二年冬,完全解决了袁氏的残余势力。十三年正月,即回师邺城,作玄武湖操练水军,准备南征荆州。七月即出军击刘表,其急切心情,可想而知。曹操南征,也曾问计于荀彧。荀彧只是

---

① 《资治通鉴》卷六十四,中华书局1992年版,2051页。《三国志》卷二十五《魏书·辛毗传》载此文较长又不顺,不取。
② 《资治通鉴》卷六十五,中华书局1992年版,2072页。

说:"今华夏已平,南土知困矣。可显出宛、叶,而间行轻进,以掩其不意。"①荀彧的意思是告诉曹操,要明着公开出兵宛城和叶县,暗中从小道进军荆州,出其不意,可以一举成功。曹操按计而行,结果刘琮投降,又打败驻樊城的刘备,轻而易举地占领荆州,并收编了荆州水军。其实曹操南攻荆州的最终目的,是想消灭割据江东的孙权,为统一全国创造条件。实际当时曹操征服江东的条件并不成熟,其谋士贾诩看得很清楚,遂委婉地劝阻曹操说:"明公昔破袁氏,今收汉南,威名远著,军势既大,若乘旧楚之饶,以飨吏士,安抚百姓,使安土乐业,则可不劳众而江东稽服矣。"②贾诩的建言很含蕴,实际是说你先败袁绍,后又攻占荆州,军队已很疲乏。你应该利用荆州的富庶环境,休兵养民,使民安居乐业,可不劳众而江东自服。如果曹操接受贾诩意见,三国的历史可能要改写,刘备就没有机会占有荆、益,形成气候,孙权也不敢首先发动赤壁之战。但南朝的裴松之不同意贾诩的意见,认为曹操赤壁之败,是天意与人事无关。而清代学者何焯不同意裴松之意见,他认为曹操赤壁之败,与人事有关。认为孙权是"命世之雄,非操所遽能吞并者,诩乃审之当时,未便直言,故为是宽缓之辞耳。"③笔者同意何焯的意见,认为赤壁之败,是曹操在战略、战术上的一大失策。

赤壁之战双方的统帅,都是一流的军事人才,与官渡之战大不相同。官渡之战的袁绍,顶多能算二流军事家。他多谋少决,刚愎自用,不听良谋之谏,故以强而败于弱。赤壁之战的双方统帅,旗鼓相当。刘备人称"枭雄",曹操也承认,"今天下英雄,唯使君(指刘备)与操耳"④诸葛亮人称"卧龙",其智计超过刘备,故刘备才肯"三顾茅庐"。

---

① 《三国志集解》卷六《魏书·荀彧传》,中华书局1982年版,311页。
② 《三国志集解》卷六《魏书·贾诩传》,中华书局1982年版,321页。
③ 《三国志集解》卷六《魏书·贾诩传》注引何焯曰,中华书局1982年版,322页。
④ 《三国志集解》卷三二《蜀书·先主传》,中华书局1982年版,724页。

孙权则"任才尚计,有句践之奇,英人之杰"①。周瑜则"英俊异才"②,"周之方叔,汉之(韩)信(英)布,诚无以尚也。"③至于曹操,诸葛亮都称颂曹操"智计殊绝于人,其用兵也,仿佛孙、吴"④,当然也是一代英豪。强者相遇,一方稍有失误,就会全盘皆输。在赤壁之战中,曹操只看到自己兵多将广、粮草充足的优势,而忽视自己的弱点,而轻易冒进,其败局已在周瑜、诸葛亮的预料之中。

建安十三年八月,曹操向荆州进军时,荆州牧刘表已病死。东吴的鲁肃对孙权说,荆州与江东为邻,江山险固,沃野万里,士民殷富,若能据有荆州,是帝王的资本。现在刘表新亡,他的两个儿子刘琦、刘琮不和,军中的将领也分成两派。刘备是天下枭雄,与曹操有仇,他现在寄居荆州,刘表厌恶他的才能,而不敢重用。若刘备能与刘琦、刘琮合作,就该与他们结成盟友;如果他们不和,就取而代之,以济大事。现在可派我去吊问刘表二子,并慰劳军中将领,劝说刘备能抚恤刘表军队,同心协力对付曹操。刘备必然高兴。现在如不早去,恐被曹操抢先,那就难办了。于是孙权就决定派鲁肃出使荆州。

鲁肃赶到南郡时,刘琮已经降曹,而在当阳长坂(湖北荆州西南)见到刘备。双方纵谈天下时势,鲁肃问刘备意欲何往?刘备答:欲投奔苍梧太守吴巨。鲁肃说苍梧太远,吴巨是凡人,靠不住,不如派一知心之人去江东,与据有江东六郡、兵精粮多的孙将军结合而共计大事。刘备听了很高兴,并听从鲁肃意见进驻樊口(湖北鄂城)。此时曹操自江陵顺江东下,形势危急。诸葛亮对刘备说:"事急矣,请奉命求救于

---

① 《三国志集解》卷四七《吴书·吴主权传》,中华书局1982年版,924页。
② 《三国志集解》卷五四《吴书·周瑜传》注引《江表传》。中华书局1982年版,1009页。
③ 《三国志集解》卷五四《吴书·周瑜传》。中华书局1982年版,1013页。
④ 《三国志集解》卷三五《蜀书·诸葛亮传》注引《后出师表》。中华书局1982年版,765页。

孙将军。"①于是就与鲁肃同回江东,在柴桑(江西九江西南)见到孙权。诸葛亮对孙权说:"海内大乱,将军起兵据有江东,刘豫州亦收众汉南,与曹操并争天下。今曹操芟夷大难,略已平矣,遂破荆州,威震四海。英雄无所用武,故豫州遁逃至此。将军量力而处之,若能以吴、越之众,与中国抗衡,不如早与之绝;若不能当,何不按兵束甲北面而事之。今将军外托服从之名,而内怀犹豫之计,事急而不断,祸至无日矣。"孙权说:"苟如君言,刘豫州何不遂事之乎?"诸葛亮说:"田横齐之壮士耳,犹守义不辱,况刘豫州王室之胄,英才盖世,众士慕仰若水之归海。事之不济,此乃天也,安能复为之下乎?"诸葛亮用的是激将法,孙权果然被激动,而勃然曰:"吾不能举全吴之地,十万之众(兵),受制于人。吾计决矣,非刘豫州莫可以当曹操者。"孙权虽已下决心抗曹,但他对刘备能否抗击曹操仍有疑虑?诸葛亮答复说:"豫州兵败于长坂,今战士还者及关羽水军精甲万人,刘琦合江夏战士亦不下万人。曹操之众远来疲敝,闻追豫州轻骑一日一夜行三百余里,此所谓强弩之末势不能穿鲁缟者也,故兵法忌之,曰必蹶上将军。且北方之人不可水战,又荆州之民附操者,逼兵势耳,非心服也。今将军诚能命猛将统兵数万,与豫州协规同力,破曹军必矣。操军破必北还,如此则荆、吴之势强,鼎足之形成矣,成败之机在于今日。"②诸葛亮真不愧是一位杰出的政治家、军事家、外交家,他把敌我双方的情况把握得非常准确,特别指出了曹军的弱点,说明只要孙、刘联合,必能打败曹操,形成三方鼎立之势。孙权被诸葛亮说服了,于是就把诸葛亮原来的"事急矣,请奉命求救于孙将军",而变成孙、刘平等的联合,并为以后的三国鼎立埋下了伏笔。

占领荆州后的曹操,趾高气扬,不可一世,认为自己的实力雄厚,

---

① 《三国志集解》卷三十五《蜀书·诸葛亮传》,中华书局1992年版,758页。

② 《三国志集解》卷三十五《蜀书·诸葛亮传》注引《后出师表》,中华书局1982年版,759页。

就想一鼓作气消灭东吴。于是就给孙权写了一封信说:"近者奉辞伐罪,旄麾南指,刘琮束手。今治水军八十万众,方与将军会猎于吴。"①这封信很显然是一种军事讹诈,威胁要以军事平定东吴。孙权把这封信交给群臣讨论。以张昭为首的文臣主张降曹。鲁肃在会上独不发言,乘孙权更衣(入厕)之机而追至廊下,对孙权说:"向察众人之议,专欲误将军,不足与图大事。今肃可以迎操耳,如将军不可也。何以言之?今肃迎操,操当以肃还付乡党,品其名位,犹不失下曹从事……累官故不失州郡也。将军迎操,欲安归乎?愿早定大计,莫用众人之议也。"孙权叹息说:"诸人持议,甚失孤望,今卿廓开大议,正与孤同。"②说明鲁肃的意见与孙权完全一致。当时周瑜正受命出使番阳(江西波阳),鲁肃建议孙权召回周瑜共商大事。周瑜至,对孙权说:"操虽托名汉相,实汉贼也。将军以神武雄才,兼仗父兄之烈,割据江东,地方数千里,兵精足用,英雄乐业,当横行天下,为汉家除残去秽。况操自送死,而可迎之邪?请为将军筹之。今北土未平,马超、韩遂尚在关西,为操后患,而操舍鞍马,仗舟楫,与吴、越争衡。今又盛寒,马无藁草,驱中国士众远涉江湖之间,不习水土,必生疾病。此数者用兵之患也,而操皆冒行之,将军禽操,宜在今日。瑜请得精兵数万人,进住夏口(湖北武汉),保为将军破之。"③周瑜说的话与诸葛亮基本相同,但比诸葛亮说得更全面、更深刻,更坚定了孙权的抗曹胜利信心。孙权"因拔刀斫前奏案曰:'诸将吏敢复有言当迎操者,与此案同。'"当天晚上,周瑜怕孙权被曹操八十万大军之说所迷惑,又对孙权说:"诸人徒见操书言水步八十万而各恐慑,不复料其虚实,便开此议,甚无谓也。今以实校之,彼所将中国人不过十五六万,且已久疲;所得表众亦极七

---

① 《三国志集解》卷四十七《吴书·吴主孙权传》注引《江表传》,中华书局1992年版,897页。
② 《资治通鉴》卷六十五,中华书局1982年版,2090页。
③ 《资治通鉴》卷六十五,中华书局1982年版,2091页。《三国志·吴书·周瑜传》引此文不如《通鉴》通顺,未采用。

八万耳,尚怀狐疑。夫以疲病之卒御狐疑之众,众数虽多,甚未足畏。瑜得精兵五万,自足制之,愿将军勿虑。"孙权说:"五万兵难卒合,已选三万人,船、粮战具俱办,卿与子敬(鲁肃字)、程公(程普)便在前发,孤当续发大众,多载资粮,为卿后援。卿能办之者诚决,邂逅不如意,便还就孤,孤当与孟德决之。"①听孙权的话可知,他已成竹在胸,早已作好出兵的准备,故一切布置都符合军事需要,遂下令任命周瑜、程普为左、右督,率军与刘备并力合击曹操,又命鲁肃为赞军校尉,助画方略。

周瑜军在樊口与刘备军会合,进军至赤壁(湖北蒲圻)与曹军相遇。时曹军已患疾疫,初一交战,曹军失利,遂退至江北乌林(湖北洪湖县邬林矶),与赤壁相对。曹军不善水战,故把战船连结在一起,以图稳固。周瑜部将黄盖见有机可乘,对周瑜说:"今寇众我寡难与持久,然观操军方连船舰,首尾相接,可烧而走也。"②周瑜接受了黄盖的火攻意见,乃取蒙冲战舰十艘,内载干荻枯柴,灌以油脂,裹以帷幕,上建旌旗,预备走舸系于船尾。黄盖事先给曹操写信表示投降。当日东南风急,黄盖站在船头,在江中举帆,其他船只随之并进,以示降意。曹军吏士皆出营观看,欢呼黄盖投降来了。当黄盖船距曹船近二里时,同时发火。火烈风猛,船行似箭,尽烧曹舰,并延及岸上营落。顷刻之间,烈焰冲天,曹军人马烧溺而死者甚众。周瑜等将领率精兵继攻于后,曹军大败,遂从华容道(湖北监利县北)逃走。周瑜、刘备率水、陆军并进,追至南郡(湖北江陵)而归。此一战曹军战死及疾疫而死者过半。曹操乃以曹仁、徐晃守江陵,率军北还。建安十四年十二月,周瑜攻拔江陵,曹仁撤走,赤壁之战以曹军彻底失败而告终。但曹操还想掩盖失败的真象,事后他让阮瑀给孙权写信说:"昔赤壁之役,遭离(罹)疫气,烧舡(船)自还,以避恶地,非周瑜水军所能抑挫也。江

---

① 《三国志集解》卷五十四,《吴书·周瑜传》注引《江表传》。中华书局1992年版,1011页。

② 《三国志集解》卷五十四,《吴书·周瑜传》。中华书局1992年版,1011页。

陵之守，物尽谷殚，无所复据，徒民还师，又非瑜所能败也。"① 又据《江表传》所引曹操给孙权的信中说："赤壁之役，值有疾病，孤烧船自退，横使周瑜虚获此名。"② 曹操给孙权写信的目的：一是贬低周瑜；二是自我解嘲。其实赤壁之战曹军惨败，最大受益者，既不是孙权，更不是周瑜，而是刘备。刘备本来是一个并无固定地盘，而先后投靠公孙瓒、吕布、袁绍、曹操、刘表的游荡军阀。由于赤壁之战的胜利，得以占领荆州南部零陵、桂阳、长沙、武陵四郡，以后又借机进入四川收降刘璋，北占汉中，而建立蜀汉政权；形成三分鼎立局面。若没有赤壁之战的胜利，刘备想要建国创业，就是可望而不可及的幻想。

三、对官渡与赤壁之战中双方胜败原因的综合分析

官渡之战和赤壁之战，是东汉末年最典型的以少胜多，以弱胜强的两大战役，其影响非常重大。前者为曹魏统一北方奠定基础，后者为三国鼎立创造了条件，特别是在这两个战役中，曹操都是其中一方的统帅，而其结果却完全相反，在官渡之战中他能以少胜多，在赤壁之战中他却以强败于弱。这其中有哪些经验、教训需要认真探讨，笔者对两大战役双方胜败的原因，试作以下几点分析，以就教于方家。

（一）对双方统帅的智能、度量、指挥才能的对比分析

官渡之战袁军的统帅是袁绍。他出身于门阀世家，号称"四世五公"③，门生故吏遍天下。袁绍年少时好交游，士子多归附。及其年

---

① 《昭明文选》卷四十二《阮元瑜为曹公作书与孙权》。中州古籍出版社1990年版，587页。

② 《三国志集解》卷一《魏书·武帝纪》注引。中华书局1992年版，38页。又《吴书·周瑜传》注引与此同。

③ 袁绍祖父袁安为汉之司徒，安子袁敞为司空，敞子袁汤为太尉，汤子袁逢为司空，少子袁隗为太傅，故称"四世五公"。

长,曾任侍御史,中军校尉。关东州郡起兵反董卓,凭其世资,被推为关东军领袖。董卓被王允、吕布杀死后,关东军阀各自为政,袁绍在冀州得到发展,任冀州刺史。在消灭幽州刺史公孙瓒之后,遂占有青、冀、幽、并四州之地,成为北方最强大的军阀,于是就想乘势消灭占有兖、豫二州,挟天子以令诸侯的曹操,以统一北方。曹操出身于宦官之家,声名不及袁绍,基本是以自己的智能起家,在官渡战前他的实力不及袁绍,但长于谋略,善于用兵,度量宽宏,不计前嫌,能使敌方人才为己所用,与袁绍的风格气度大不相同。袁绍的部下也有一些智能之士,如许攸、沮授、田丰等人,他们在官渡之战中,也提出过很好的建议。如田丰就提出过让袁绍靠优势的兵力先巩固地盘、"外结英雄,内修农战",与曹操打持久战、游击战,使曹军疲于奔命,不得安宁,不急于在官渡与曹操决战。袁绍不仅不接受,反而认为田丰有"沮军"之罪,把田丰关押起来。在官渡失败之后,又迁怒于田丰,把田丰杀掉。曹操与袁绍不同。如曹操欲征辽东,曹操的部下有很多人反对,结果曹操征辽东取得胜利,原来的反对者人人惶惧。曹操不仅没有处罚,反而给予厚赏,并对反对者说:"孤前行,乘危以徼倖,虽得之,天所佐也,顾不可以为常。诸君之谏,万安之计,是以相赏,后勿难言之。"①曹操为什么这样宽容,是为广开言路,因为如果处罚反对者,以后就没有人敢提建议了。还有一个典型例子更能说明曹操有宽宏的度量。在官渡之战开始时,袁绍让陈琳写一篇檄文,揭露曹操的罪过,文中辱骂了曹操的父、祖。袁绍官渡战败后,陈琳被俘。曹操对陈琳说:你替袁绍写檄文,"但可罪状孤身而已,恶,恶止其身,何乃上及父祖邪!"陈琳谢罪说:"矢在弦上,不可不发。"②此言并不表明陈琳是在谢罪,但曹操不仅没杀陈琳,因爱惜陈琳之才华,而任命他主管记室。因为曹操能不计前嫌,所以能使敌对阵营的人才,愿为己用。如袁绍的部下

---

① 《资治通鉴》卷六十五。中华书局,1982年版,2073页。
② 《昭明文选》卷四十四陈孔璋《为袁绍檄豫州》注引《魏志》。中州古籍出版社,1990年版,614~615页。

许攸、张郃、高览等都自愿归附曹操。这是官渡之战中,袁败曹胜的原因之一。

在赤壁之战中,双方统帅皆为一流军事人才。曹操在南征时,到占领荆州为止,并没有犯很大过错,由于占领荆州过于顺利,才增加了曹操的嚣张气焰,还想乘胜消灭刘备和孙权,于是就犯了与袁绍在官渡之战中同样的凭强冒进之大错。

(二)袁、曹依仗强势因冒进而失败

在战争中往往有一个误区,即强势一方认为自己兵多将广,粮草充足,器械精良,对弱势一方可以以摧枯拉朽之势,一击而溃,根本不考虑或很少考虑有失败的可能性,故易采取强攻、急攻等冒进的战术。弱势一方则知力战、急战必败,故采取以智取胜,创造条件,寻找机会,攻其不备,采取偷袭、设伏、诱敌深入、出奇制胜、陷敌于被动等战术。袁绍和曹操分别在官渡之战、赤壁之战中,都是强势一方,都采取了急欲求胜的强攻、冒进战术而招致失败。其实在官渡之战和赤壁之战中,事先对强势一方都有过示警。如在官渡开战之前,在白马、延津两次前哨战中连连失败,并损失颜良、文丑两员大将,袁绍就应该有所收敛,休兵缓战,再议良谋,以操胜算。他不仅不吸取教训,而仍认为自己实力强大而急攻官渡,最后一败涂地。赤壁之战,曹操同样犯了自己以为势强而急攻冒进的错误。在赤壁初次与孙刘联军接战时,曹军因不服南方水土,士卒多染疾疫,因而战败退至乌林,与孙刘联军对峙。如果此时曹操能吸收袁绍因急攻冒进而招致失败的教训,而休战求和,孙刘联军未必敢于发动进攻。曹操退至乌林后,仍摆出进攻的态势,才导致孙刘联军采取先发制人战术,用火攻大败曹军。

(三)团结则胜内讧必败

战争时期,双方阵营内部是否团结,也是胜败的重要原因之一。在官渡之战时,曹军阵营政令、军令统一,曹操赏罚严明,保证了内部团结。曹操的参谋集团,如荀彧、荀攸、贾诩等人,都提出很好的建议,

曹操则言听计从,解决了很多难题。对不同意见,曹操也能化解。对于反对自己的意见,为了广开言路,不仅不罚反而予以赏赐,故而人人愿为其用,保证了官渡之战以少胜多。赤壁之战,曹操占领荆州后,被胜利冲昏头脑,急欲消灭孙权,不听贾诩缓攻江东的意见。同时曹军与荆州军内部并不协和,关西又不稳定,故曹军一败就不可收拾。这也是不团结的一大教训。而孙刘集团,原来并没有什么密切关系,是在曹操兵临城下的威胁时,才团结一致共抗曹操才取得胜利。

袁绍集团在官渡之时,内部不和是非常明显的。他本人多谋少决,就已构成内部不稳。他的参谋集团分成两大派,危害更大。以沮授、许攸、田丰为代表的智谋之士,曾为袁绍提出过很好的建议,但以审配、郭图为代表的阴谋集团,为取得袁绍信任以掌握实权,而处处作梗,甚至对政敌加以陷害。袁绍偏听偏信,使自己屡陷困境,直至遭致大败,造成无法挽回的损失。

(四) 三次火攻决定最后的胜败

火攻,在中国战争史上占有重要地位,《孙子兵法》就设有《火攻篇》。后世的军事家则创有"火牛"①、"火兵"②、"火车"③等战法。事实上,在官渡之战中,曹操就是两次用"火兵"战术,烧毁袁军的运粮车和存粮基地,才使袁军顷刻瓦解而取得最后胜利。想不到的是,善于运用火攻战术的曹操,后来也被火攻战术战败,而且败得更惨。究其原因:一是他要以强势兵力消灭孙、刘,而麻痹大意;二是曹军不习水战,把战舰连锁成一片,犯了兵家大忌;三是曹操对火攻战术有误解,

---

① 火牛:战国时齐将田单以"火牛阵击败燕军,一举收复七十多城"。见《史记·田单列传》。
② 火兵:"火兵以骁骑夜衔枚缚马口,人负束薪束缊怀火,直抵敌营"。见《通典·兵十三》。
③ 火车:萧道成与薛索儿战,"俄顷,贼马步奄至,又推火车数道攻城,相持移日,乃出轻兵攻贼西,使马军合击其后,贼众大败"。见《南齐书·高帝纪上》。《武经备要》载有"火车图",可参阅。

才招致失败。这从曹操注《孙子兵法·火攻篇》中,就有所反映。现节录《孙子兵法·火攻篇》部分原文及曹操注文于下,并作分析。

烟火必素具。曹公曰:烟火,烧具也。

发火有时,起火有日。时者,天之燥也。曹公曰:燥者,旱也。

日者,宿在箕、壁、翼、轸也;凡此四宿者,风起之日也。凡火攻,必因五火之变而应之。火发于内,则早应之于外。曹公曰:以兵应之也。

火发而其静者,待而勿攻。极其火力,可从而从之,不可从而止。曹公曰:见可而进,知难而退。

火可发于外,无待于内。火发上风,无攻下风。曹公曰:不便也。①

以上所引关于《孙子兵法·火攻篇》部分原文,关于烧具、发火后观敌兵的态度,发火时必在上风,不要在下风的原则、措施、态度等,曹操的注文都是正确的,在对袁绍两次火攻时,也是照章进行的。只是关于"发火有时,起火有日,时者,天之燥也",原文就有漏洞。曹操的注文说:"燥者,旱也。"更肯定了这一漏洞。要在天旱时才能火攻,显然是指陆战。而水战是船在水中,并无天旱之虑,不可能用火攻。因此兵家也就没有"火船"的提法,曹操当然也没有想到。而他恰好败在没有想到的"火船"战法上,这个教训后世的军事家应该吸取。

最后须要说明的是,笔者对官渡之战、赤壁之战双方胜败原因的分析,是就事论事,是根据那两次战争双方的具体情况,而得出的双方胜败原因的结论,并不是放之四海而皆准的真理。战争是双方互动的,而且是瞬息万变的,有很多因素都能影响双方的胜败。所以在战争中,无论是强方、弱方,都应有两手准备:战胜怎么打,战败怎么撤?如无事先策划战胜是追还是停,就会犹豫不决,错失良机;而若战败就会乱成一团,不可收拾。本文对强者一方胜利后连续作战,视为冒进,持否定态度。这是根据官渡之战、赤壁之战失败一方,在战前已是久战兵疲、民穷财困而得出的认识,并不俱有普遍意义。有的战争,强者

---

① 《曹操集》。中华书局1959年版,123页。

可以连续作战,穷追猛打,不给敌方一个喘息机会,使其失去战斗力,直到灭亡,是必要的。但必须了解敌我双方的实际情况,所谓"知彼知己"才能百战百胜。有的战争,强者虽胜,败者并未失去战斗力,就要慎重,不一定要穷追不舍,避免穷寇犹斗,避免敌死一千,我亡八百的严重损失。对一切战争胜败原因的探讨,必须遵循历史主义原则,具体问题具体分析,把历史事件放在当时的时间、地点及具体的社会环境下进行分析,才能得出正确结论。

曹操与曹操墓

最近一个时期,由于河南安阳曹操墓的发现,使中国历史上曹操这个备受争议的人物,再次成为舆论的焦点。曹操身后1800年来,关于他的评价,大体存在两个舆论系统:一方以《三国志》和《资治通鉴》为代表,以曹魏政权为正统。肯定曹操的杰出与伟大。在陈寿和司马光的笔下,曹操不仅是一个正面形象,而且是一位旷世之奇才,历史之伟人,如《三国志》誉其为"非常之人,超世之杰"①,《资治通鉴》赞其"有大功于天下"②。另一方以《汉晋春秋》③和《三国演义》为代表,以蜀汉政权为正统的评价系统,对曹操持极端的贬抑态度,奸诈、狡黠、多疑成为曹操的基本特征。由于中国传统的忠君观念以及《三国演义》这种文学作品的广泛影响,加之近代以来戏剧作品对曹操白脸奸臣形象的塑造,终将曹操的负面形象定格于普通国民心中。曹操篡汉之罪人、乱世之奸雄的形象,深入人心,妇孺皆知。但是,从客观的、历史的立场上来说,曹操统一北方,扫平割据,改革政治,发展经济,对安定和繁荣汉末北方社会的贡献之巨,是无论如何也否定不了的。曹操

---

① 《三国志·魏书·武帝纪》.中华书局,1982年。
② 《资治通鉴》卷六八,中华书局,1986年。
③ 《汉晋春秋》,东晋人习凿齿撰。该书记述从东汉光武帝到西晋愍帝281年间历史,否认晋继魏统,以曹魏武帝为篡逆。

说:"设使国家无有孤,不知当几人称帝,几人称王。"①陈寿论曰:"汉末,天下大乱,雄豪并起,而袁绍虎视四州,强盛莫敌。太祖运筹演谋,鞭挞宇内,揽申、商之法术,该韩、白之奇策,官方授材,各因其器,矫情任算,不念旧恶,终能总御皇机,克成洪业者,惟其明略最优也。"②《三国志》中的这一论断,可谓公正平实。大概正因为曹操是个备受争议的人物,曹操墓的发现才如此引人关注。

一、曹操墓的传说

关于曹操墓的传说有很多,比如"七十二疑冢"说、许城外河底说、许昌城外说、安徽亳州说以及河北磁县说等。其中流传最广的是七十二疑冢说和许城外河底说。关于七十二疑冢说,宋范成大有《七十二冢》诗,自注曰:"在讲武城外,曹操疑冢也。"《三国演义》第七十八回"治风疾神医身死,传遗命奸雄数终"描述了曹操临终时,对群臣嘱咐后事的场景:(曹操)遗命于彰德府讲武城外,设立疑冢七十二:'勿令后人知吾葬处,恐为人所发掘故也。'嘱毕,长叹一声,泪如雨下。须臾,气绝而死。"③许城外河底说则出自《聊斋志异》。其书卷一〇《曹操冢》曰:许城外有河水汹涌,近崖深黯。盛夏时有人入浴,忽然若被刀斧,尸断浮出;后一人亦如之。转相惊怪。邑宰闻之,遣多人闸断上流,竭其水。见崖下有深洞,中置转轮,轮上排利刃如霜。去轮攻入,中有小碑,字皆汉篆。细视之,曹孟德墓也。破棺散骨,所殉金宝尽取之。④

以上传说经过文人的夸张和渲染,世代流传且深入人心。然而,《三国演义》、《聊斋志异》等文学作品具有演绎、虚构的性质,所言并非

---

① 《三国志·魏书·武帝纪》注引《魏武故事》。
② 《三国志·魏书·武帝纪》。
③ 罗贯中:《三国演义》,岳麓书社,1986年。
④ 蒲松龄:《聊斋志异》卷一〇,岳麓书社,1989年。

史实。分析相关的历史文献可知,曹操这位杰出的政治家、军事家和文学家,生前并没有为自己的坟墓设下谜团,其墓葬也无丝毫神秘之处。一方面在当时天下未定的混乱局势中,曹魏根本不可能有如此强大的财力、物力去营造七十二座王公大墓。河北磁县说中的古墓群,早已被考古发掘证明为北齐王公的墓葬群,并非曹操墓,从而也否定了七十二疑冢说。另一方面,《三国志》《资治通鉴》及相关出土文献也证明,曹操墓并未保密,也不可能保密。略论之如下:

其一,曹丕为曹操发丧一事是公开进行的。《三国志·贾逵传》载:"太祖崩洛阳,逵典丧事。"《三国志》注引《魏略》曰:"时太子在邺,鄢陵侯未到……群寮恐天下有变,欲不发丧。逵建议为不可秘,乃发丧,令内外皆入临,临讫,各安叙不得动。"①《三国志·徐宣传》又载:"太祖崩洛阳,群臣入殿中发哀。"②《晋书·高祖宣帝纪》也有司马懿护送曹操灵柩下葬的记载:"及魏武薨于洛阳,朝野危惧。帝纲纪丧事,内外肃然。乃奉梓宫还邺。"③这说明曹操的丧事是由贾逵主持,司马懿策划,众官参加送往墓地的。这种公开的发丧,其墓葬的所在地是不可能保密的。

其二,鲁潜墓志的证明。鲁潜是后赵的驸马都尉,后赵距曹操去世的时间不过100多年,鲁潜墓志上有铭文曰:"墓在高决桥陌西行一千四百步,南下去陌一百七十步,故魏武帝陵西北角西行四十三步,北回至墓明堂二百五十步。"④铭文中明确指出了鲁潜墓与曹操墓的相对位置。由此可见,从曹操下葬到十六国时期,曹操墓都是人人皆知的。

其三,《资治通鉴》记载贞观十九年(645年),唐太宗李世民率军征高丽,途经邺地时拜谒了高陵,并亲自撰文祭奠曹操:"上至邺。自为

---

① 《三国志·魏书·贾逵传》
② 《三国志·魏书·徐宣传》。
③ 《晋书·高祖宣帝纪》,中华书局,1974年。
④ 《东汉大墓发掘成果》,安阳县人民政府,2009年11月。

文祭魏太祖。"①《太平御览》卷九十三录有《唐太宗文皇帝祭魏太祖武皇帝文》,李世民在祭文中对曹操基本持肯定的态度:"昔汉室三分,群雄并立……帝以雄武之姿,常当艰难之运。栋梁之任,同乎曩时;匡正之功,异乎往代。观沉溺而不拯,视颠覆而不持,乖狥国之情,有无君之迹。既而三分,肇庆黄星之应,久彰五十启期,真人之运斯属,其天意也,岂人事乎?"②李世民的祭拜当然不可能凭空进行,因此,时至唐朝初年,曹操墓还是人所周知的。

从三国到唐代,曹操墓都不是什么秘密。唐李吉甫的《元和郡县图志》卷十六"邺县"条也明确记载有魏武帝陵的方位:"魏武帝西陵,在县西三十里。"③但是,经过安史之乱、唐末的藩镇战争以及五代十国的大乱,"不封不树",没有明显地上标志的曹操墓逐渐在人们的视线当中消失。北宋年间,知识渊博的王安石就已不知曹操墓的所在,其诗《将次相州》云:"青山如浪入漳州,铜雀台西八九丘。蝼蚁往还空垄亩,骐驎埋没几春秋。功名盖世知谁是?气力回天到此休。何必地中余古物,魏公诸子分衣裘。"④

当真实的曹操墓淹没在历史的滚滚洪流之中,真实的曹操被文艺作品丑化为狡诈多疑的奸雄,有关曹操墓的种种离奇传言不胫而走,长期为世人所津津乐道。2008年,对河南省安阳县安丰乡西高穴村东汉大墓的抢救发掘,证实了位于村西南的这座大墓就是魏武王曹操的墓葬,上述关于曹操墓的怪诞传说可谓不攻而自破。

二、曹操墓已发现

对于自己的身后之事,曹操有终令和遗令二则做出了安排。《三

---

① 《资治通鉴》卷一九七。
② 《太平御览》卷九三,中华书局,1985年。
③ 《元和郡县图志》,中华书局,1983年,第453页。
④ 王安石撰,李壁注,李之亮补笺:《王荆公诗注补笺》,巴蜀书社,2002年,第539~540页。

国志·魏书·武帝纪》载曰:

> 建安二十三年(218年)六月,令曰:"古之葬者,必居瘠薄之地。其规西门豹祠西原上为寿陵,因高为基,不封不树。"

> 建安二十五年(220年)庚子,王崩于洛阳,年六十六。遗令曰:"天下尚未安定,未得遵古也。葬毕,皆除服。其将兵屯戍者,皆不得离屯部。有司各率乃职。敛以时服,无藏金玉珍宝。"谥曰武王。二月丁卯,葬高陵。

《三国志》建安二十五年所记,对曹操的遗令有所删减。1959年中华书局出版《曹操集》,参考其他历史文献,对《遗令》进行了辑录补充、节录如下:

> 吾有头病,自先著帻,吾死之后,持大服如存时,勿遗。百官当临殿中者,十五举音,葬毕便除服;其将兵屯戍者,皆不得离屯部;有司各率乃职。敛以时服,葬于邺之西冈上,与西门豹祠相近,无藏金玉珍宝……汝等时时登铜雀台,望吾西陵墓田。……吾历官所得绶,皆著藏中,吾余衣裘,可分为一藏,不能者,兄弟可共分之。①

而曹植所作的《武帝诔》,也是考察曹操墓的重要文献:

> 敦俭尚古,不玩珠玉,以身先下,民以纯朴……既以约终,令节不衰。既即梓宫,躬御缀衣。玺不存身,唯绋是荷。明器无饰,陶素是嘉。既次西陵,幽闼启路。群臣奉迎,我王安厝。②

此外,关于曹操的死与葬,还有曹丕的《武帝哀策文》,曰:

> 卜葬既从,大隧既通。漫漫长夜,窈窈玄宫。有晦无明,曷有所穷。卤簿既整,三官骈罗,前驱建旗,方相执戈。弃此宫庭,陟彼山阿。③

以上文献提供了曹操墓的位置、曹操的丧葬观等内容。这些信息

---

① 《曹操集》,中华书局,1959年,第57~58页。
② 《全上古三代秦汉三国六朝文·三国》卷一九、卷七,中华书局,1958年。
③ 《全上古三代秦汉三国六朝文·三国》卷一九、卷七,中华书局,1958年。

与此次西高穴村的考古发现完全一致,证明该村西冈上的墓葬确为曹操之墓。

其一,墓葬的地理位置符合文献记载。

在建安二十三年的终令中,曹操嘱咐大臣们将其葬于贫瘠之地,具体位置是在西门豹祠西边的原上。也即建安二十五年遗令中的"葬于邺之西冈上,与西门豹祠相近"。"西门豹祠西原上"就是西门豹祠西边的山冈地带之上。所以《武帝哀策文》中称:"弃此宫庭,陟彼山阿。"此外,文献记载曹操墓在漳河南岸,伯阳城附近。左思《魏都赋》说"墨井盐池,玄滋素液"。李善注曰:"邺西、高陵西、伯阳城西有墨井,井深八丈。"[①]伯阳城是战国时魏国的一个邑,原属魏国,后为赵国所夺。[②] 此地在漳河之南,安阳县的北边。

综合以上文献的记载,曹操墓在漳河南岸,西门豹祠西边的一个冈上或者原上,伯阳城的附近。西高穴村墓地的位置与此完全一致。

其二,墓葬所见符合曹操的薄葬思想。

西高穴村汉墓坐西向东,墓道长近 40 米,宽 10 米,深 15 米左右,仅墓室墓圹的面积就接近 400 平方米,整个墓葬占地面积近 800 平方米。墓室分为前、后两室,每个墓室的南北各有一个耳室,共计 4 个耳室。[③] 如此宏大的墓制,当属汉魏王侯级墓葬无疑。与此同时,大墓中的殉葬品却极为寒酸,这恰恰印证了曹操的薄葬思想。

建安二十三年曹操终令中讲"因高为基,不封不树",以冈的高度为基础作为圹基,向下做墓,陵上不堆土,不植树。"敛以时服,无藏金玉珍宝",下葬时就穿平常穿的衣服,不要做新衣,也不要在坟墓中埋

---

① 《昭明文选》卷六,中州古籍出版社,1990 年。

② 《史记·赵世家》:"(惠文王)十七年,乐毅将赵师攻魏伯阳。而秦怨赵不与己击齐,伐赵,拔我两城。十八年,秦拔我石城。王再之卫东阳,决河水,伐魏氏。大潦,漳水出。魏冉来相赵。十九年,秦取我二城。赵与魏伯阳。"(中华书局,1982 年)

③ 《东汉大墓发掘成果》,安阳县人民政府,2009 年 11 月。

藏金玉珍宝。"故预自制终亡衣服,四箧而已"。① 曹植在诔文中也讲到:"敦俭尚古,不玩珠玉,以身先下.民以纯朴……明器无饰,陶素是嘉。"说他的父亲崇尚节俭.薄葬,下葬时身穿缀衣,不带玺印,随葬的物品是未经加工修饰的明器,素面的陶器。就西高穴村大墓的出土文物所见,多数都是曹操日常用的大刀、大戟等兵器和随身饰物,如"魏武王常所用挌虎大戟"石牌等。"常所用"就是曹操平时所用之物。

以日常所用之物陪葬,在其他墓葬中未曾见到过,这是曹丕完全遵照了曹操"敛以时服"的遗令,"常所用"的石牌表示陪葬品皆为魏武王日常所用之旧物,并非为下葬新打造的。这些出土物完全符合曹操的薄葬思想。

此外,西高穴村的大墓虽曾被盗,但墓中的陶俑还在。这些陶俑十分低矮、粗糙,与徐州汉墓、秦始皇陵、河北中山靖王墓、湖南轪侯墓的豪奢根本不能相比,这也符合曹操的薄葬思想。

其三,西高穴村大墓出土的石牌,证实了此为曹操墓。

上文曾提到西高穴村墓中有"魏武王常所用挌虎大戟"等石牌共8枚:此次发掘出土了7枚,从盗墓者手中缴获1枚,这8枚石牌是确定曹操墓最直接、最有力的实物证据。汉末和三国初期,除了曹操,没有第二个魏武王。曹操是一个十分勇武之人,曾命有司花三年时间打造五把宝刀,自用及分给儿子使用。曹植在《宝刀赋·序》中曰:"建安中,家父魏王乃命有司造宝刀五枚,三年乃就,以龙、虎、熊、马、雀为识。太子得一,余及余弟饶阳侯各得一焉。其余二枚,家王自杖之。"②石牌的出土说明曹丕在入殓父亲时为其保留了日常所用的武器,随葬了曹操平时所用的大刀、大戟等兵器,并特制了圭形石牌。

综合以上三方面,西高穴村汉墓的地理位置与文献对曹操墓的记载一致,墓中的随葬品符合曹操的薄葬思想,而且墓中还出土了8

---

① 《三国志·魏书·武帝纪》注引《魏书》。
② 《全上古三代秦汉三国六朝文·三国》卷一四。又见《初学记》及《太平御览》卷三四六,《艺文类聚》卷六〇所载与此稍异。

件刻有"魏武王"字样的石牌。这说明此墓确为魏武王曹操的陵墓。

三、曹操墓中的女人是谁

　　河南安阳县安丰乡西高穴村的东汉大墓经过一段时间的争论之后，已基本被确认为是曹操之墓，但仍存在些许疑点。如曹操墓中的女人是谁？就是其中之一。

　　曹操墓多次被盗，墓中已被严重扰乱破坏，留下的遗物中有三个头盖骨及肢骨都散乱存放在墓内。三个头盖骨经古人类学家测定为一男二女。男的有60岁，这与曹操卒年66（虚岁）接近，可以断定是曹操。二女一人有20几岁，另一个为50岁。年轻女子可以推断是随葬的宫女或使女，至于50岁的妇女，如果从《三国志·魏书·武宣卞皇后传》记载来推断，说卞后死后合葬高陵，那个妇女应该就是卞后，但年龄明显不合。据《武宣卞皇后传》注引《魏书》说，"后以汉延熹三年（160年）十二月己巳生"，卒于太和四年（230年）五月。"七月合葬高陵"，享年71岁。与曹操墓中那个50岁的妇女相差甚远，也就是说那个50岁的妇女并不是卞后。我们就带着这个疑问去查阅了《三国志》和《资治通鉴》，发现不仅《资治通鉴》与《三国志》关于卞后死事记载不同，就是《三国志》的《纪》、《传》所记也不同。《三国志·魏书·武宣卞皇后传》记卞后死在明帝太和四年五月，七月合葬。《三国志·魏书·明帝纪》则记太和四年"六月戊子（六月十一日），太皇太后崩"，"秋七月，武宣卞后祔葬于高陵"。从卞后死的日期讲，《明帝纪》所记有年月日是准确的，而《武宣卞皇后传》所记有年月而无日，肯定不准确。关于"合葬"与"祔葬"，两者并无区别，都是"后去者与先去者合葬"。司马光在《资治通鉴》的魏明帝太和四年记载说："六月戊子，太皇太后卞氏殂，秋七月，葬武宣皇后。"很显然，在卞后死期问题上，是采用了《明帝纪》的正确说法，但与《明帝纪》、《武宣卞皇后传》最大的不同是没有记卞后死后"合葬高陵"的问题。司马光编《资治通鉴》在写秦汉三国这段历史时，主要根据就是"前四史"。为什么在记卞后死后不采用《三国志》的"合葬高陵"说呢？我们认为这决不是司马光疏忽大意,而是故意不记。从实际情况看,在此曹操墓中确实没有卞后,说明司马光是另有所据。那么,曹操墓中的50岁妇女必另有其人。如果说曹操从爱欲的目的出发,他应该找一位年轻貌美的女人陪葬,不会让一位50岁的老太婆相随。所以,这位老太婆必定与曹操有很深的亲密关系。据此.我们推断她是曹操的嫡妻丁夫人。为了说明我们并不是随便判断,特将《三国志·魏书·武宣卞皇后传》注引《魏略》的资料全文转引如下：

> 太祖始有丁夫人,又刘夫人生子修及清河长公主。刘早终,丁养子修。子修亡于穰,丁常言："将我儿杀之,都不复念!"遂哭泣无节。太祖忿之,遣归家,欲其意折。后太祖就见之,夫人方织,外人传云"公至",夫人踞机如故。太祖到,抚其背曰："顾我共载归乎!"夫人不顾,又不应。太祖却行,立于户外,复云："得无尚可邪!"遂不应,太祖曰："真诀矣。"遂与绝,欲其家嫁之,其家不敢。初,丁夫人既为嫡,加有子修,丁视后母子不足。后为继室,不念旧恶,因太祖出行,常四时使人馈遗,又私迎之,延以正坐而己下之,迎来送去,有如昔日。丁谢曰："废放之人,夫人何能常尔邪!"其后丁亡,后请太祖殡葬,许之,乃葬许城南。后太祖病困,自虑不起,叹曰："我前后行意,于心未曾有所负也。假令死而有灵.子修若问'我母所在',我将何辞以答!"

上文可知,曹操先前已有刘夫人和丁夫人。刘夫人早死,其子曹昂是丁夫人养大的,曹昂在曹操征张绣时战死。丁夫人常抱怨说将我儿杀死,都不再想念,于是哭泣没有节制。曹操很气愤,就把丁夫人送回娘家,意思是等丁改变意念后,再把丁接回来。后来曹操去接丁夫人,丁夫人踞机织布不理不应。曹操再三劝说无效,遂与丁夫人断绝关系。丁为正夫人时,又有长子曹昂为靠山,对卞氏母子不是很好。但卞氏不念旧恶,在曹操外出时,常派人赠送东西给丁夫人,有时还把丁夫人接到家里,待以正坐,自己甘居下位,送往迎来有如过去。丁夫人死后,卞氏请曹操安葬丁夫人于许之城南。在《魏略》中最关键的一段话,是曹操在病危时说的,"我一生中没有什么对不起人的地方,假如死后有灵,子修若问'我的母亲在哪里',我将用什么话来回答"。这段话暗示两层意思:一层是说明曹操有负于丁夫人;另一层是暗示曹操想与丁夫人合葬。因为曹昂"若问'我母所在'",曹操最好的回答是"在我身边"。曹操不好明白地对曹丕这样说,因为曹丕的母亲是卞后。但曹丕应该能听得懂父亲这句话的真意,而让丁夫人与曹操合葬。曹操为什么在病危时说出这样的一段话?究其原因:丁夫人本是曹操正妻,就因为哭儿子而被他送回娘家,并因此导致断绝关系。曹操对此是有内疚的,而对曹昂之死也是有责任的,故发此言,以示悔过。我曾私下与考古界一位朋友交换意见,他说如果合葬者是丁夫人,丁夫人则是二次葬,曹操墓中应有二次葬的痕迹。我说由于曹操墓已被盗,二次葬的痕迹恐怕已被破坏。现在想谈一谈丁夫人的年龄问题。史书没有记载丁夫人的年龄,可以根据卞后的年龄来推断丁夫人的年龄。估计丁夫人的年龄要大卞后二三岁。卞后死于230年,享年71岁。曹操死于220年,曹操死时卞后是61岁,丁夫人如果尚在,年龄当在60余岁。丁夫人又比曹操早死几年,估计丁夫人死时,年龄在50多岁,与曹操墓中50岁的女人年龄相近。这也是我们推断曹操墓中50岁女人是丁夫人的根据。

四、曹操墓发现的意义

曹操墓发现的意义,首先是破除了历代传说中有关曹操墓的种种谣传,证明曹操生前并没有为自己的墓地预设谜团,对此前面已经讲过,在此不再赘述。

其次,曹操墓的发现,证实了曹操生前节俭、死后薄葬的事实。据《三国志·魏书·武帝纪》注引《曹瞒传》记载:"(曹操)雅兴节俭,不好华丽,后宫衣不锦绣,侍御履不二采,帷帐屏风,坏则补纳,茵蓐取温,无有缘饰。"曹操自己也说:"孤不好鲜饰严具,所用杂新皮韦笥,以黄韦缘中,遇乱无韦笥,乃作用竹严具,以帛衣粗布作里,此孤之平常所用也。"曹操还说,"吾衣被皆十岁也,岁岁解浣补纳之耳"①;"天下初定,吾使禁家内不得香熏"②。作为位高权重的丞相、魏王,衣服、被褥能用十年,岁岁浣洗补纳,后宫的妇女不许穿锦绣之衣、二采之履,屏风破损则补纳,茵蓐不许镶边,禁止家内香熏,这是何等俭朴。而曹操所用器具也非常简单。他因患"逆气病",作一银制小方器储水卧头;有人认为曹操喜欢银器,他听说后就改用木作。他说我不爱华丽的器具,平时用的装东西的箱子,就是用竹子做的,面用帛,里用粗布。曹操不仅生时俭朴,也坚决反对死后厚葬。他曾下令"禁止厚葬,皆一之于法③",即用法律制裁厚葬。这个法令不仅是制裁别人,而且自己也照样执行。他平时曾说过,"有不讳,随时以敛,金珥珠玉铜铁之物,一不得送"④。在建安二十三年六月终令中说,"古之葬者,必居瘠薄之地一,其规西门豹祠西原上为寿陵,因高为基,不封不树"。曹操在选择墓地时,首先考虑的是贫薄之地,不与人民争肥田,而且要因高为基,不加封土,不栽树木,这要省去很多民工。这说明曹操主张薄葬,不纯是怕以后坟墓被盗,而且也考虑到民生问题。一位统治者有这种思想,也算是难能可贵的。在建安二十五年临终的遗令中,又提出要"敛以时服,无藏金玉珍宝"。在历史上提倡薄葬者大有其人,但能践言实行者,曹操当为第一人。有人可能要问,在曹操墓中发现的"魏武王常所用"大刀、大戟、短矛等,说明有铜铁殉葬,是否违背了"金珥珠玉铜铁之物,一不得送"的诺言了呢?所谓"魏武王常所用",就都是曹操日常所用之器物,这和"敛以时服"之意相同,并不是为曹操送终而打造的新产品。"魏武王常所用"石牌是曹操所首创,考古学界从未发现有此类先例,这应该看做是曹操实践薄葬诺言的标志。要知道曹操父子位高权重,他们要想厚葬,是任何人也阻挡不住的。仅此,对曹操

---

① 《太平御览》卷八一九、卷九八一。
② 《太平御览》卷八一九、卷九八一。
③ 《三国志·魏书·武帝纪》。
④ 《通典》卷七九,中华书局,1988年。

就应刮目相看。

由于曹操生时提倡节俭和主张死后薄葬,对当时社会产生很大影响,形成了俭朴廉洁的风尚。如毛玠、崔琰主持选举,他们"以俭率人,由是天下之士,莫不以廉节自励,虽贵崇之臣,舆服不敢过度"①。毛玠身居显位,"常布衣蔬食"②。梁习任并州刺史,"在州二十余年,而居处贫穷,无方面珍物"③。郑浑任将作大匠,"清素在公,妻子不免于饥寒"④。鲍勋屡任要职,"内行既修,廉而能施,死之日家无余财"⑤。这样节俭廉洁的官吏,这样清明自律的政府,必定会得到人民的拥护。所以,曹操统一北方,绝非一时幸事,这是曹操执政有方、政清吏廉、民心归顺的结果。当然,在节俭与薄葬风尚的背后,还有一个社会经济残破的背景,包括统治阶级在内所积累的财富不多,他们也不敢轻易露富。随着北方社会经济恢复与发展,特别是在西晋统一以后,曾出现短期的"泰康繁荣",社会风尚为之大变,出现了"斗富"之风。晋武帝即是最奢侈腐化的皇帝,又是"斗富"之风的支持者,如此腐朽的政权,国家怎能长治久安?

从曹操墓随葬品来看,还反映出当时尚武的社会风气。曹操墓中葬有8枚铭牌,标明是魏武王"常所用"的大戟、大刀、短矛等武器,还发现有铠甲残片,显示曹操的尚武精神,他是一位敢于和猛虎格斗的武士。一般说,在战乱的环境下,人们需要以武器防身,以武力建功立业,所以形成了佩刀带剑的风尚。在汉代社会动乱时就曾出现过"民有带持刀剑者"。等社会稳定后,地方官就劝导人民"卖剑买牛,卖刀买犊"⑥,从事农业生产。曹操所处时代,正是汉末群雄纷争割据、战乱频发的时期,社会存有尚武之风是很自然的事。

---

① 《三国志·魏书·毛玠传》。
② 《三国志·魏书·毛玠传》。
③ 《三国志·魏书·梁习传》。
④ 《三国志·魏书·郑浑传》。
⑤ 《三国志·魏书·鲍勋传》。
⑥ 《汉书·龚遂传》,中华书局,1962年。

最后一点是曹操墓的发现,对正面评价曹操有利。曹操知节省民力,不与民争肥田,顾全大局的正面形象,除前已提过的曹操在遗令中说要葬于贫瘠之地,因高为基,不封不树,殓以时服。无藏金玉珍宝外,还说"天下尚未安定,未得遵古也。葬毕,皆除服。其将兵屯戍者,皆不得离屯部。有司各率乃职"。这也是曹操根据当时"天下未定"形势的特殊安排,不让臣下按古礼行三年之丧,葬后马上解除丧服,各级官吏按部就班履行职务,带兵的将领不要离开驻地,以免遭到突然袭击。这反映了作为政治家、军事家的曹操顾全大局,节俭务实,即不特别增加政府开支,又减少人民负担,不与民争地的民本思想。

曹操在汉末三国时,本是一流的政治家、军事家,一流的文学家和诗人,对北方的政治稳定、经济发展是有贡献的。当然他也有奸诈狡猾、残暴好杀的一面,这是统治阶级所具有的共性。以汉为正统的小说戏剧家们否定曹操并不在此,而是因为要把曹操打造成尽人皆知的"白脸奸臣"。要知道汉朝到了桓灵时期,政治黑暗,贿赂公行,连皇帝都公开卖官卖爵,社会发展已经走入死胡同。如果让汉帝继续掌权,社会就会由混乱而走向崩溃。曹操执掌军政大权,消灭群雄,统一北方,改革政治,用人唯贤,发展经济,施行屯田,社会稳定,民生有望,在政局黑暗混乱之后,出现一个廉洁有作为的政府,这些都与曹操的举措有关。

曹操墓的发掘工作尚未结束,曹操墓的发掘报告尚未整理出来,我们对曹操墓情况的了解很有限,也只能写以上几点意见。等发掘报告出来后,会提供更多的信息,对汉末三国史的研究会有更新的意义,我们翘首以待。

曹操高陵考古发现的历史学意义

2009年12月13日,我有幸在安阳参加了西高穴东汉大墓论证会,并考察了大墓发掘现场,见到部分重要出土文物。与会专家根据大墓的地理位置、墓葬的形制规模、随葬器物,特别是八枚写有"魏武王常所用挌虎大戟"及大刀、短矛等铭牌,一致认定所谓东汉大墓就是"曹操墓"。对此学术界虽然还有某些争议,但笔者相信最终改变不了它是曹操高陵的结论。以下仅就曹操高陵发现的历史意义,略抒拙见,以就教于方家。

一、破解了有关曹操墓种种传说迷雾

曹操死后身葬何处?有许昌城外说、漳河河底说、河北磁县说、安徽亳州说,流传最广的则是72疑冢说。其实曹操生前就明确安排了自己死后的葬地。据《三国志·武帝纪》记载,在建安二十三年(218年)六月《令》中说:"古之葬者必居瘠薄之地。其规西门豹祠西原上为寿陵,因高为基,不封不树。"在建安二十五年的《遗令》中又说:"天下尚未安定,未得遵古也……吾死之后……葬于邺之西岗上,与西门豹祠相近。"(《曹操集·遗令》)又《文选》为左思《魏都赋》"墨井"作注时说,"邺西高陵西,伯阳城西石墨井"。按伯阳城为战国时魏邑,在今安阳县北漳河南岸。现在发现的曹操墓正是在安阳县北、漳河南岸、西门豹祠附近的西岗上,与史籍记载完全吻合。其具体地点就是在安阳县安丰乡西高穴村西南的岗上。曹操墓发现的事实说明，曹操并没有为他的墓地预设迷宫，而且他也不可能预设迷宫，因为曹丕为其父送葬时是公开进行的，由贾逵主持其事，有百官参加，墓地不可能保密。所以在当时曹操墓是众人皆知，直至唐以前都是如此。贞观十九年（645年），唐太宗李世民北伐高丽，路过安阳曾经拜祭曹操墓，并写了《祭文》。李世民不可能不知道曹操墓地而凭空祭奠。唐李吉甫《元和郡县图志》对曹操墓的位置也记载得很清楚，只是到了唐末藩镇之乱及五代十国战乱频仍，又兼曹操墓不封不树，使人难以识别。到了宋时如王安石那样学识渊博的人，也不知曹操墓之所在了。于是各种奇谈怪论都应时而生，再加上《三国演义》、《聊斋志异》附会演绎，有关曹操墓的各种臆说，便成为家喻户晓的谈话资料。现在曹操墓已经发现，曹操墓的各种臆说已不攻自破，曹操墓的迷雾已被彻底破解。

二、曹操薄葬思想得到实证

曹操不仅主张死后薄葬，而且生时也非常俭朴。《三国志·武帝纪》注引《曹瞒传》说："（曹操）雅性节俭，不好华丽，后宫衣不锦绣，侍御履不二采，帐帏屏风，坏则补纳，茵褥取温，无有缘饰。"曹操"常以送终之制，袭称之数，繁而无益，俗文过之"，对奢华生活和厚葬久丧非常反对，"故预自制终亡衣服，四箧而已"。他在临终《遗令》中强调："殓以时服"、"无藏金玉珍宝"。有人认为曹操之所以强调薄葬，是因为他发掘过梁孝王墓，故知随葬金玉珍宝的后果是什么。这也可能是原因之一，但从曹操俭朴生活来判断，他反对厚葬久丧，应是由衷之论。在历史上提倡薄葬者大有其人，但能践言实行者，曹操则是第一人。曹操墓的规模虽很大，但其随葬品却很寒酸。从"魏武王常所用"的大刀、大戟、短矛、慰项石来看，都是曹操日常所用的器物，特别标明"常所用"的铭牌，这是考古界任何发掘中所未见，可以说是曹操墓所首创。所谓"常所用"，其含义与"殓以时服"相同。说明陪葬的器物都是曹操日常所用之物，并非为陪葬而专门制造。另外，从墓中遗留的陶俑来看，既粗糙又矮小，与徐州汉墓的陶俑无法相比。从全部随葬品来看，与芒砀山汉墓、河北中山靖王刘胜墓、长沙马王堆汉墓的随葬物更是相形见绌。要知道曹操在当时的权势，比两汉任何王侯都大，他要想厚葬是无人敢于反对的。据此可以说曹操既是薄葬的倡导者，又是实践者，仅此对曹操就应刮目相看。

三、曹操墓葬反映当时社会风尚及经济状况

由于曹操生时提倡节俭，死后主张薄葬，这在当时社会上已形成廉洁俭朴的风尚。如毛玠、崔琰主持选官，他们"以俭率人，由是天下之士，莫不以廉节自厉，虽贵崇之臣，舆服不敢过度"。有的大臣上朝内穿新衣外套旧服，以示俭朴。毛玠身居显位，"常布衣蔬食"。华歆"为官清贫"，位至司徒尚且"蔬食"。梁习任并州刺史，"在州二十余年，而居处贫穷，无方面珍物"。郑浑任将作大匠，"清素在公，妻子不免于饥寒"。鲍勋、司马芝屡任要职，死后"家无余财"（以上引文均见《三国志》本传）。这样节俭廉洁的官吏，这样清明自厉的政府，当然会得到人民的拥护。所以曹操一统北方，绝非一时侥幸，这是曹操执政有方、政清吏廉、民心归顺的结果。当然节俭与薄葬风尚的背后，还有一个社会经济残破的背景，包括统治阶级在内所积累的财富不多，他们也不敢轻易露富。随着北方社会经济的恢复与发展，特别是在西晋统一以后，曾出现短期"泰康繁荣"，社会风尚为之大变，出现了"斗富"之风，晋武帝就是"斗富"之风的支持者。由这样腐朽的统治者当权，国家怎能长治久安？

从曹操墓随葬品来看，还反映一种社会风尚，即尚武之风。曹操墓中葬有八枚铭牌，标明是魏武王"常所用"的大戟、大刀、短矛等武器，并发现铠甲残片，显示曹操的尚武精神，是敢于和猛虎格斗的武士。一般说在战乱的环境下，人们需要武器防身，需要武力建功立业，所以就形成人们身配刀剑的风尚，在汉代就曾出现"民有带持刀剑的风气"（《汉书·龚遂传》）。等社会稳定后，地方官就劝导人们"卖剑买

牛,卖刀买犊"从事农业生产。曹操所处的时代,正是三国纷争、社会战乱之时,社会存有尚武之风是很自然之事。

曹操墓发掘工作尚未结束,就已发现250余件随葬器物,将来还会有更多的物品发现,会提供更多的信息,对汉末三国史的研究,会有更多更新的历史意义,我们仰首以待。

四、有利于对曹操的正面评价

曹操在汉末三国时,是一流的政治家、军事家,是一流的文学家及诗人。对统一北方,发展经济,改革汉末弊政很有贡献。但由于小说、戏剧受汉正统观念影响,硬是把曹操丑化为家喻户晓的"白脸奸臣"。社会上流传的"72疑冢"的臆说,之所以广泛地被人们所接受,其前提就是普遍认为曹操狡猾奸诈,坏事作尽,怕有人挖他的坟墓,故设众多的疑冢,以迷惑人。现有曹操墓被发现,证明曹操并没有预设疑冢,相反他在死前就把自己陵墓的位置说得清清楚楚,明明白白。而且还说"古之葬者,必居瘠薄之地",意思是说死人不能与生民争肥沃之地。他还说墓地要建在岗上,"因高为基,不封不树",就是说要以岗的高度为基础,下挖墓室,下葬之后,地面不要另起封土,也不要栽树为标记。这一举措省工、省事,节省人力财力。作为一代帝王如此安排自己的后事,是秦汉以来绝无仅有的第一人。他在《遗令》中还说:"天下尚未安定,未得遵古也,葬毕皆除服,其将兵屯戍者,皆不得离屯部,有司各率乃职。"这也是曹操根据战时情况的特殊安排。不让臣下按古礼行三年之丧,在葬后立即解除丧服,各级官吏按部就班履行职务,带兵的将领不要离开驻地免遭到突然袭击。曹操的《遗令》,反映出作为一代杰出的政治家、军事家节俭务实的精神,既防止政治紊乱、军事失误,又节省政府开支,减少人民负担。总之,通过曹操墓应该扭转民众对曹操的恶劣印象,知道历史上的曹操还有另一个面孔。《三国志》的作者陈寿对曹操的评价是"明略最优",是"非常之人",是"超世之杰",笔者认为这一评价,与曹操《遗令》及曹操墓葬反映的情况是一致的。

对曹操高陵石牌"猎"字的解释不能以偏概全

2010年10月20日《中国文物报》刊载邹德祥大作《关注曹操高陵石牌"猎"字》。笔者读后,初步印象是曹操墓发现后,学术争鸣越来越深入,任何被曲解或被忽略的问题,都会被提出来讨论。曹操墓中发现的"魏武王常所用格虎大戟"石牌,多被误解为战争兵器,而忽略它是狩猎武器就是一例。邹德祥先生独具慧眼,点明了"格虎"二字的真正含义,说明曹操常所用的大戟和刀,均是用来狩猎的,这是对曹操高陵石牌解释的一大贡献,笔者完全赞同。但邹先生将狩猎阐释为只是统治者的娱乐、腐败行为,而不提其练兵讲武为主的一面,似有以偏概全之嫌。特别是,邹先生引用后赵石虎腐败狩猎的极端事例证明狩猎之害,会使读者联想到曹操狩猎也属于腐败行为,这就有损于曹操的政治形象。因此,笔者认为,有必要全面而扼要地介绍中国古代的狩猎制度,以正视听。

狩猎、游畋、盘游、田猎,俗称打猎。狩猎在原始社会进入农耕时代之前,是先民谋生的主要手段。进入农耕时代之后,其经济地位降低,但仍是人们的谋生手段之一。在国家出现之后,狩猎的性质发生巨大变化,成为统治者娱乐和练兵讲武的形式,狩猎的作用和影响就具有了两面性:如果盘游过度,就是腐败行为,这是它消极的方面;如果作为练兵讲武的形式,就会增加军队的战斗力,这是具有积极意义的。

狩猎的消极面,在夏商周时期就已显现出来。《尚书·五子之歌》

说,夏太康"盘游无度,畋于有洛之表,十旬不返"。《史记·夏本纪》注引孔安国说,"(太康)盘于游田,不恤民事",为后羿所逐,不得返回。在商代,武乙因"猎于河渭之间",发生被暴雷震死的悲剧(《史记·殷本纪》)。夏代以农立国,又兼史料缺乏,对其狩猎情况所知不多。商代农业虽已占有重要地位,但狩猎仍较盛行,故甲骨文中所记狩猎之事很多,从中可以看出,当时狩猎的规模很大。《甲骨文合集》10344页就记有商人在一次狩猎中获麋鹿451头之多,大概商人的祭祀用牲多靠狩猎供给。而且,商人在战争过程中也进行狩猎,故郭沫若先生在《卜辞通纂》释文中说,商代"征战与畋游之事每多不可分,多于行师之次从事畋猎和盘游"。这类狩猎多与练兵讲武有关,不应视为腐败行为。在周代,以狩猎为练兵习武的制度已收入"军礼"之中,用狩猎练兵"以教坐作,进退,急徐,疏速之节"(《周礼·夏官·大司马》)。周人利用春夏秋冬农隙之时,以狩猎练兵已成制度。《左传·隐公五年》说:"故春蒐、夏苗、秋狝、冬狩,皆于农隙以讲(武)事也。"又《春秋左传诂》引《尔雅》说得更明确:"春猎为蒐,夏猎为苗,秋猎为狝,冬猎为狩。"蒐、苗、狝、狩成了军队练兵的代名词。《太平御览》卷二九七引《太白阴经》还说到四季狩猎的益处,"古之诸侯畋猎者,为田除害也,上所以供承宗庙,下所以阅习武事"。《谷梁传·昭公八年》说:"因蒐狩以习用武事,礼之大者也。"后世史书上在提到以狩猎练兵讲武时,也多持肯定态度。《新唐书·王沛传》说:"蒐阅以时,军政大治。"《金史·仆散揆传》说:"蒐练将士,军声大振。"《新唐书·突厥传》谈到不以狩猎练兵之害:"天下无事时,大臣偷处荣逸,战士离落,兵甲钝弊,车马刓弱,天下杂然盗发,则疾驱以战,是谓宿败之师。此不搜练之过,其败一也。"曾巩在《请西北择将东南益兵札子》中说:"古者兵出于农,故三时耕稼,一时阅武,其于四时蒐田,则又率从之事。"在曾巩看来,"一时阅武","四时蒐田",都是正常应行之事。以上所讲,都是对战国以前狩猎练兵制的肯定,但到秦汉之时,四时狩猎练兵之制有了很大变化:其一,改四时狩猎练兵为一季,即在秋季或冬季之时校猎练兵;其二,改以练兵为主的校猎为以娱乐为主的活动,而且不限次数。

汉臣贾山就认为汉文帝与常侍诸吏"弛驱射猎,一日再三出",就是"朝廷之解弛,百官之堕事也"(《汉书·贾山传》)。汉武帝、汉成帝的"南猎长杨"也都是娱乐游戏,与练兵无关(《汉书·东方朔传》、《汉书·成帝纪》)。东汉时明帝、顺帝、桓帝等校猎河内、上林苑、广成苑都是"盘于游田"(见《后汉书》各本纪),是"逸游","害人之事也"(《后汉书·陈蕃传》),遭到大臣们的反对。但两汉时这种以狩猎为娱乐的风气,到汉献帝建安二十二年(216年)有了大的转变。曹操指使魏国大臣上书汉献帝说,"古四时讲武,皆于农隙。汉西京承秦制,三时不讲,唯十月都试。今兵革未偃,士民素习,可无四时讲武,但以立秋择吉日大朝车骑,号曰治兵,上合礼名,下承汉制"(《宋书·礼志一》)。魏国大臣给献帝上书是说,古代于四季农隙时有校猎练兵之制,西汉承秦制改四季校猎练兵为一季,只在十月都试(阅兵讲武)。现在兵革未息,士民都习武事,可以不要四季校猎练兵,只在立秋后选择吉日大规模阅兵,名曰治兵,这样往上说符合古代军礼,往下说继承汉制。汉献帝批准了魏臣的奏书,于是,曹操就在这年冬天施行新的校猎治兵制度。在校猎时,"魏王亲金鼓,以令进退"(《宋书·礼志一》)。

通过这一事例说明,曹操不是狩猎的腐败者,而正是狩猎制的改革者。他把沦为娱乐的狩猎引导转变为练兵讲武的狩猎,是为一功,非为一过。曹操对校猎的改革,为魏、晋、南朝所遵行。宋文帝元嘉二十五年(448年)闰二月,"大蒐于宣武场,主司奉诏列奏申摄,克日校猎,百官备办"。刘宋政府这次校猎规模相当大,文帝还换上戎服,"躬亲射禽",并颁布"春禽怀孕,搜而不射"的禁令(《宋书·礼志一》)。像这样的狩猎就绝不是腐败行为。

当然,狩猎是有公私之分的,并不是所有的狩猎都是春蒐、夏苗、秋狝、冬狩等练兵讲武的公事。但像魏王曹操、吴王孙权在其封国和辖区内的狩猎,就很难说没有讲武练兵的内涵,特别是对曹操常所用的格虎大戟和刀、矛,究竟是私所用还是公猎所用就很难分清楚。但不论是私利还是公猎,都不能把曹操和腐败分子联系在一起,更不能将其与石虎之流相提并论。如宋人《相台志》所记石虎、石宣极端腐败的狩猎行为是向百姓示威,是残民以逞,是历史所罕见的。不能因为石虎的残暴就认为古代的狩猎都是腐败行为,否认其练兵习武的军事意义。实际上,直至清代,皇帝都以狩猎来保持尚武的传统。

邹先生认为,曹操常所用大戟和刀、矛只能称为狩猎工具,而不能叫兵器,未免有些偏执。狩猎工具多种多样,虎钳、套索和网罗等狩猎工具不能称为兵器,但大戟、刀、矛,特别是打猎常用的弓箭等,则既是狩猎工具,又是兵器。因此,关于大戟和刀的这个问题其实根本无法细分,也不必深究。此外,邹先生还不同意以"魏武王常所用格虎大戟"及刀、矛殉葬,与"敛以时服"具有相同的含义。笔者认为,以曹操常所用的格虎大戟和刀、矛殉葬,说明这些大戟和刀、矛并非是为殉葬而打造的新器具,是用旧物殉葬,这与节俭和薄葬思想有关。"敛以时服"就是以日常穿的衣服入殓,说明入殓之衣不是新做的,也体现着节俭和薄葬的思想。从这个角度讲,两者是有相同含义的。

论曹魏政权的历史地位

关于曹魏政权的历史地位,历史上很早就有争议。不过,那时争的是正统地位,即三国时魏、蜀、吴三个政权哪个是正统。晋人陈寿撰《三国志》以魏为正统。在《三国志》中只有魏帝入本纪,如曹操入《武帝纪》、曹丕入《文帝纪》,而蜀汉的刘备则入《先主传》、刘禅入《后主传》。吴国的孙坚、孙策、孙权都入《吴主传》。在中国古史体例中,只有正统皇帝才能入本纪,偏霸帝王虽有皇帝尊号,也只能入"载记"或入"传"。如刘备生时已称帝,死后谥号为"昭烈皇帝"。又如吴坚生时虽未称帝,死后追谥为"武烈皇帝",孙权生时已称帝,死后谥号"大皇帝",但由于陈寿不承认他们为正统,而视为偏霸政权,故不能入本纪。东晋人习凿齿撰《汉晋春秋》,与陈寿《三国志》的态度完全相反。他认为刘备是汉室宗亲,故以蜀汉为正统,以曹魏为篡逆政权,以为司马昭灭掉蜀汉政权之后,晋才代汉而兴起。汉是火德,故称炎汉,晋武帝名司马炎,故能继汉为正统。这就是说晋不是继承曹魏,而是继承于汉,此说有明显的牵强之处,难以令人信服。宋代史学家司马光著《资治通鉴》,设《魏纪》以继《汉纪》,表明是以曹魏为正统。《资治通鉴》是供皇帝治理国家的参考书,是官书,也是正史,它承认曹魏是正统,是具有权威性的论断。南宋学者陈亮撰《三国纪年》则扬蜀贬魏,以蜀汉为正统。一般有关三国史书都是争魏、蜀谁是正统,对吴则视为偏霸,但也有例外。晋人张勃撰《吴录》,设有纪、传、志,显然是以吴为正统,因为让吴国君主入纪,就是承认吴的正统地位。从史书上看,共有以上三种正统论述,但其影响都远不及小说《三国演义》。这部小说的作者罗贯中以蜀汉为正统,以曹魏为篡逆,把曹操描绘成狡诈的奸臣,把诸葛亮写成为智慧的化身。蜀汉打了败仗也写得威武雄壮,曹魏打了胜仗也写得凄凄惨惨。一般人都认为,《三国演义》是七分史实三分虚构。从三国史的重大事件讲,基本与史实相符,但在细节描述方面,有的地方是虚构,有的地方是颠倒黑白,与史实并不一致。毕竟是小说通俗易懂流传面广,而史书则艰涩难懂,研读者甚少,所以一般老百姓的有关三国的历史知识,多源于《三国演义》或据《三国演义》而编写的戏曲故事。郭沫若写《蔡文姬》剧本来为曹操翻案,其实主要翻的是《三国演义》和戏曲中曹操的案,史书中特别是正史中如《三国志》、《资治通鉴》对曹操的评价并不低。给曹操翻案就是给曹魏政权翻案,肯定曹魏政权在中国历史上应有的地位。

  以上所介绍的对三国政权的正统观,都是由一定的政治背景和作者的政治观点决定的。如陈寿是晋臣,而晋继承的是曹魏政权,故肯定曹魏政权也就是肯定晋的正统地位。司马光是宋臣,当时北宋首都在北方的开封,因此不能承认偏居南方的吴、蜀为正统。习凿齿为东晋人,东晋政权在江东,而习凿齿作《汉晋春秋》又有警戒桓温篡晋的意图,故极力贬低曹魏而肯定蜀汉为正统。陈亮是南宋人,南宋首都在杭州,故肯定偏居南方的蜀汉为正统,以曹魏影射北方的金政权,而以曹魏为篡逆。写《三国演义》的罗贯中是元末明初人,反映了元末汉族人民反抗元朝种族统治的观点,贬曹就是贬元,故以蜀汉为正统。我们现在是以历史唯物主义观点研究历史,不能存在政治偏见,应该承认当时国家处于分裂状态,实事求是地承认当时有魏、蜀、吴三个政权的存在,而这三个政权都有实现国家统一的愿望,究竟谁能统一,就看谁的政治、军事、经济实力最强而决定,当然民心的向背也是一个重要因素。

  我们现在研究曹魏政权的历史地位,并不是研究曹魏政权是否具有正统地位的问题,而是要从历史纵横两个方面的对比研究中,来看曹魏政权对历史发展有无贡献及贡献大小,从而确定其历史地位。

从纵的方面来研究，就是从东汉政权末年到曹魏政权建立这段历史来比较，看曹魏政权的作用和地位。

东汉政权从和帝开始就逐渐走下坡路，此后皇帝都是年幼登基，母后临朝听政。但年轻的皇太后却不能直接施政，必须依靠外戚和宦官，于是就出现外戚、宦官交替专权的局面，皇帝大权旁落，政治黑暗腐败，民不聊生。

在东汉，外戚专权的高峰是在冲帝（二岁即位）、质帝（八岁即位）、桓帝（十一岁即位）时期。当时梁太后临朝，其兄梁冀为大将军，录尚书事专揽朝政。质帝只因为说梁冀是"跋扈将军"，便被毒死。从此梁冀"威行内外，百僚侧目，莫敢违命，天子恭己而不得有所亲豫"①，外戚势力达到了登峰造极的地步。梁冀还凭借权势贪赃枉法，行贿求官，免罪者相望于道。他还在洛阳周围霸占很多园苑。"西至弘农，东界荥阳，南极鲁阳，北达河淇，包含山薮，远带丘荒，周旋封域，殆将千里"。他还在河南城西建造一个周围数十里的兔苑，有一西域胡商不知禁忌，误杀一兔，结果受牵连而死者十多人。他还强掠人民做奴隶，多达数千人，而称为"自卖人"。外戚梁冀的残忍贪暴引起了公愤，民间到处流传着"梁氏灭门驱驰"的咒骂声。梁冀的两个妹妹——皇太后和皇后死后，他失去了靠山，久已不满梁冀专权的桓帝在与单超等一群宦官共同谋划下，消灭了外戚势力。自公卿大臣至宾客故吏，受牵连而死、免者有数百人，一时"朝廷为空"。没收梁冀家财拍卖后值三十多亿钱，相当于东汉王朝半年的租税收入。

打倒外戚梁冀的宦官主要有五个人，即单超、左悺、徐璜、具瑗、唐衡。这五个人因消灭梁冀有功而同日封侯，号称"五侯"。实际这五个人比梁冀还坏，故有"一将军死（指梁冀），五将军生"之说。他们横行霸道，无恶不作，顺着他们的就"光宠三族"，逆着他们的就"参夷五宗"。单超死后，四侯继续作恶，民间说他们是"左回天，具独坐，徐卧虎，唐两（雨）堕"。意思是说他们有回天之势，独自称霸，形同恶虎，如

---

① 《后汉书》卷三四《梁冀传》。以下不注出处者均同此。

毒雨洒落,苦害人民。另一宦官侯览,大肆聚敛,贪赃以巨万计,夺取民田118顷,住宅381所,模仿皇宫修建豪宅16区,内有楼阁、池塘、苑园。宦官结党营私,其兄弟姻戚宰州临郡,残害百姓,"虐遍天下,民不堪命"①。在宦官的统治下,东汉王朝已变成人间地狱。

桓帝死,12岁的刘宏即位,是为灵帝。帝母窦太后临朝,其父窦武任大将军辅政,即与太傅陈蕃密议驱逐宦官问题,因机密泄露,宦官曹节等发动政变,幽禁太后,杀死窦武、陈蕃,控制了政权。灵帝甚至说:"张常侍(张让)是我公,赵常侍(赵忠)是我母。"②皇帝对宦官称爹叫娘,其权威已扫地无余。宦官就更加肆无忌惮为所欲为。

宦官专权,政治黑暗,东汉政权岌岌可危,一些官僚士大夫和太学生就联合起来制造舆论,揭露宦官的罪恶,并打击宦官的爪牙,于是就引起宦官的两次大镇压,这就是东汉历史上有名的两次"党锢之祸"。宦官诬称以李膺、陈蕃、窦武、杜密为首的官僚与太学生互相结党,故称为党人。说这些党人图谋不轨,于是大捕党人,或处死,或禁锢终身。官僚和太学生的反宦官斗争,实际是地主阶级对东汉政权的自救运动。这种救亡运动被镇压,就证明东汉政权已完全走入死胡同。

在宦官乱政时期,最高统治者皇帝也腐败透顶,公开卖官鬻爵搜刮钱财。桓帝延熹四年,"占卖关内侯、虎贲、羽林、缇骑营士、五大夫,钱各有差"③。灵帝时更是变本加厉,明码实价公开卖官,"二千石二千万,四百石四百万"④。而且卖官还可赊欠,"其富者先入钱,贫者到官后倍输"⑤。官吏买官就是要搜刮百姓,皇帝为赚钱就要多卖官,官吏就要勤调换,这个官搜刮走了,那个官又来搜刮,官吏敲骨吸髓式的压榨,老百姓无法生活。再加上水旱灾荒连年不断,延熹九年(166

---

① 《后汉书》卷七八《单超传》。
② 《后汉书》卷七八《张让传》。
③ 《后汉书》卷七《桓帝纪》。
④ 《后汉书》卷八《灵帝纪》注引《山阳公载记》。
⑤ 《后汉书》卷五二《崔寔传》。

年),豫州饿死者十有四五,"至有灭户者"①。灵帝时,"河内(河南武陟)人,妇食夫,河南(洛阳)人,夫食妇"②。在人民生活毫无出路的时候,就只有起义了。黄巾农民大起义彻底摧毁了东汉政权的统治基础,但黄巾起义被地方军阀镇压下去了,于是东汉政权就落入地方军阀之手。

在黄巾起义被镇压之后,第一个掌握政权的是凉州军阀董卓。史载董卓"性残忍不仁,遂以严刑胁众,睚眦之隙必报",为政"法令苛酷"③。不仅是法令苛酷,而且是杀掠无辜。董卓在洛阳时,其部将牛辅"分遣其校尉李傕、郭汜、张济将步骑数万,击破河南尹朱儁于中牟,因掠陈留、颍川诸县,杀略男女,所过无复遗类"④。董卓在洛阳站不住脚,胁迫汉献帝西去长安,"于是尽徙洛阳人数百万口于长安,步骑驱蹙,更相蹈藉,饥饿寇掠,积尸盈路,卓自屯留毕圭苑中,悉烧宫庙、官府、居家,二百里内无复孑遗"⑤。由于董卓的倒行逆施,引起了以袁绍为首的关东军阀的声讨,最后董卓集团内部闹起内讧,司徒王允与吕布相勾结除掉董卓。由上可见,董卓当政期间,除诛杀异己,杀戮无辜,烧杀劫掠之外,无一项建设可言。这样的反动执政者,只能使人民陷入灾难的深渊,他的灭亡是必然的。

董卓垮台后,北方最大的政治势力就是袁绍集团。袁绍出身于"四世三公"的官僚士族之家,门生故吏遍天下,名位在曹操之上。但袁绍"外宽内忌,好谋无决,有才而不能用,闻善而不能纳"⑥,"志大而智小,色厉而胆薄,忌克而少威,兵多而分画不明,将骄而政令不一"⑦,不具备治国安邦的才能。他在消灭公孙瓒之后占有青、冀、幽、

---

① 《后汉书》卷七《桓帝纪》。
② 《后汉书》卷八《灵帝纪》。
③ 《三国志》卷六《董卓传》。
④ 《后汉书》卷七二《董卓传》。
⑤ 《后汉书》卷七二《董卓传》。
⑥ 《三国志》卷六《袁绍传》"评曰"。
⑦ 《三国志》卷一《武帝纪》。

并四州之地,实力大增。但在"出师历年,百姓疲弊,仓库无积,赋役方殷"①的不利条件下,贸然发动官渡之战,在战争中不肯用贤纳谏,刚愎自用,被曹操战败,不久就"发病欧血"②而死,袁绍集团瓦解。

在与袁绍集团存在的同时,还有一个袁术集团。袁术是司空袁逢之子,袁绍的从弟,也有"四世三公"的家世背景。史称"袁术骄而无谋"③,但他的野心比袁绍还大。在董卓垮台后,曾任南阳太守。当时南阳户口数百万,是一个殷实富庶的大郡,但袁术"奢淫肆欲,征敛无度,百姓苦之",很不得人心。后被曹操、袁绍联军打败,逃至扬州,任扬州刺史,野心更加膨胀,欲代汉称帝,"置公卿百官,祠南北郊",俨然以皇帝自居。而袁术恶性不改,"荒侈兹甚,后宫数百,皆服绮縠,余粮肉,而士卒冻馁,江淮间空尽,人相食"④。这样的政权当然得不到人民的拥护,后被曹操打败,在逃往青州的途中"发病道死"。

除袁绍、袁术之外,在荆州还有一个荆州牧刘表。一般说刘表在荆州表现不错,他"南收零桂,北据汉川,地方数千里,带甲十余万"⑤,"乃开立学官,博求儒士"⑥,"关西兖豫学士,归者盖有千数"⑦。当时荆州没遭战乱破坏,经济状况也很好,论说刘表拥有荆州这样优越条件,应该有所作为,但刘表胸无大志,"外貌儒雅,而心多疑忌"⑧,也得不到贤人的辅佐。在曹操与袁绍于官渡对峙时,他"坐而观望"⑨,失去了发展的良机。建安十三年,曹操南征刘表,大军未到,刘表就"疽发背"而卒。刘表死后,其子刘琦、刘琮兄弟不和。刘琦逃往江南,刘

---

① 《后汉书》卷七四《袁绍传》。
② 《后汉书》卷七四《袁绍传》注引《魏志》。
③ 《后汉书》卷七四《刘表传》。
④ 《三国志》卷六《袁术传》。
⑤ 《三国志》卷六《刘表传》。
⑥ 《三国志》卷六《刘表传》注引《英雄记》。
⑦ 《后汉书》卷七四《刘表传》。
⑧ 《后汉书》卷七四《刘表传》。
⑨ 《后汉书》卷七四《刘表传》。

琮投降曹操。

以上是从纵的方面介绍了从东汉末年到曹操统一北方前各军阀政权的实际情况,从中可以看到东汉末年皇帝腐败无能,外戚宦官交替专权,政治黑暗,生产破坏,人民已陷入痛苦的深渊,东汉政权已走上无可挽救的绝路。黄巾起义被镇压后,政权又落入地方军阀之手,从董卓到袁绍、袁术、刘表,都是旋生旋灭,没有一个人能把当时的政治、经济引入正确发展的轨道。其他如吕布、陶谦、张绣等小军阀就更不在话下,这就需要有一个杰出人物来收拾残局。这个人物就是曹操,他就是曹魏政权的创始人。曹操生时虽未称帝,死后被追谥为魏武帝。

曹操,字孟德,小字阿瞒,沛国谯(安徽亳县)人,出身于宦官世家,其父曹嵩是宦官曹腾的养子。曹操"博览群书,特好兵法"①,是著名的政治家、军事家、诗人,"少机警,有权术"②,太尉乔玄对曹操说:"天下将乱,非命世之才不能济也,能安之者其在君乎!"③说明盖世之才早已被人发现。曹操参加镇压黄巾起义战争,也参加过讨伐董卓的联军,特别是在济北打败青州黄巾军之后,"受降卒三十余万,男女百余口,收其精锐者,号为青州兵"④,从此具有很强的军事实力。建安元年(196年),曹操的势力由兖州扩展到豫州,这时他接受了谋士荀彧的建议,把由长安逃到洛阳的汉献帝接到许昌,"至是宗庙社稷制度始立"⑤。曹操在政治上取得"挟天子以令诸侯"的优势,后又接受枣祗、韩浩的建议募民屯田。当时北方经济残破,屯田是解决军粮民食的最好办法。于是"乃募民屯田许下,得谷百万斛,于是州郡列置田官,所在积谷,征伐四方,无运粮之劳,遂兼灭群雄,克平天下"⑥。这说明曹

① 《三国志》卷一《武帝纪》注引孙盛《异同杂语》。
② 《三国志》卷一《武帝纪》。
③ 《三国志》卷一《武帝纪》。
④ 《三国志》卷一《武帝纪》。
⑤ 《三国志》卷一《武帝纪》。
⑥ 《三国志》卷一《武帝纪》注引《魏书》。

操在许昌已开始了政治、经济的建设工作。同时曹操也开始改革汉末以来用人唯亲、重门第的政策,提出"唯才是举"用人方针,收拢一大批优秀人才。曹操还重视文化教育,在曹操的统治区域内,出现了庶事复兴的景象。以后逐渐消灭袁术、袁绍,打败刘备,除掉吕布,收服张绣而统一北方,这是自汉末所有掌权者都没有办到的事情。

从横的方面进行研究,就是对同时存在的魏、蜀、吴三个政权作比较,看他们的贡献和作为孰高孰低,从而确定他们的不同地位。

应该承认吴蜀政权对开发江东和大西南都作出了突出贡献。让我们先谈吴国的贡献。

吴国是吴郡富春(今属浙江)人孙坚、孙策、孙权父子兄弟所创建的。他们因为没有曹操"挟天子以令诸侯"和刘备为汉室宗亲的政治背景,故只提出"保江东,观成败"的口号,时而联蜀抗魏,时而投魏击蜀,以保持三国间的平衡。投魏时是处于下属地位,联蜀时是双方平等的联合,故联蜀时间长于投魏。在三国中魏的实力最强,只有吴蜀联合才能抗魏,否则蜀国灭亡,吴国也难于存在。这也是吴长期联蜀的主要原因。

吴国地处江东。江东在原始社会时期并不落后,余姚河姆渡文化完全可以与中原的仰韶文化相媲美。但南方的原始文化以后发展中断,直到汉代,司马迁仍说江东的农业仍处于"火耕而水耨"①阶段,生产技术相当落后。但江南地广人稀,气候温暖,水源充足,东汉末年未遭到战乱破坏,对发展生产非常有利。孙权为发展生产,他率先垂范。孙权父子"亲自受田,车中八牛以为四耦",并说"虽未及古人,亦欲与众均其劳也"②。这对鼓舞农民参加农业生产起了很大作用。吴国也采取屯田政策,发展民屯和军屯,在海昌、毗陵、浔阳等地建立大的民屯区,仅毗陵就有男女数万口参加屯田。在所有军事要地都设有屯田机构,而且都取得了很好的效果。《三国志》卷六五《华覈传》说:"(吴

---

① 《史记》卷一二九《货殖列传》。
② 《三国志》卷四七《孙权传》。

国)广开农桑之业,积不赀之储,恤民重役,多养战士。"屯田解决了军粮问题,自然就减少人民的租役负担,这也促进了自耕农的生产积极性。吴国为发展农业生产,还大力建设水利工程,如在太湖屯田区建东南海塘,修太湖东缘湖堤,开凿塘河,整治江南运河,在长江北岸建巴水灌溉区,在南岸建阳新引富水灌溉区等等,这些水利工程对保证农业生产,提高粮食产量都起到了重要作用。

吴国的手工业、商业也有很大的发展。手工业则以冶铁、制瓷、造船的成就最大。孙权在武昌采铜铁制千口剑、万口刀,说明其生产规模相当大。吴国在浙江、江苏等的制瓷业相当发达,所制瓷器在胎质、釉色、纹饰及烧制技术上都较汉代有很大的提高,在江苏镇江、浙江衢州的吴墓中出土的近百件精美的青瓷就是证明。吴国地靠长江,水利运输非常重要,故其造船业特别发达。在建安郡侯官(福建福州)所造的船上下五层,可容士兵三千人,其规模之大、技术之高为北方所不及。

手工业的发展必然促进商业的发展,吴国不仅与魏蜀两国有贸易关系,由于造船业的发展与海外也开展了贸易。与波斯(伊朗)、天竺(印度)、狮子国(斯里兰卡)、林邑(越南南部)、扶南(柬埔寨)等国都有贸易往来,这对海上丝绸之路的发展起到了推动作用。讲中国历史有个经济重心南移问题,吴国对江南的开发,应该说是中国经济重心南移的滥觞。当然,在三国时期中国的政治、经济、文化重心仍在北方,故吴国的历史地位与作用,与曹魏相比都还略逊一筹。

蜀汉政权的创始人刘备,自称是汉中山靖王之后,汉室宗亲,故以汉的继承人自居。刘备初起时,也镇压过黄巾起义军,但并没有自己的地盘,先后投靠过公孙瓒、曹操、刘表,赤壁之战后得诸葛亮之助,占有荆州之一部,后进入四川建立汉国,史称蜀汉。荆州丧失之后,蜀成为三国中最弱的一国。刘备死后,其子刘禅即位,由诸葛亮掌政。他的"西和诸戎,南抚夷越"①政策非常成功。蜀汉势力得以进入云南、

---

① 《三国志》卷三五《诸葛亮传》。

贵州,使云贵得到开发,诸葛亮北伐得以无后顾之忧。

诸葛亮治蜀采用法治。蜀人张裔称赞诸葛亮说:"赏不遗远,罚不阿近,爵不可以无功取,刑不可以贵势免"①。陈寿也说诸葛亮治蜀"科教严明,赏罚必信,无恶不惩,无善不显,至于吏不容奸,人怀自厉,道不拾遗,强不侵弱,风化肃然也"②。诸葛亮在世时,蜀国的政治是比较清明的。

蜀汉政权在经济上也有很好的建树。四川素称"天府之国",土地肥沃,物产丰富,成都平原在战国时就有粮仓之称。蜀汉建国后施行"务农殖谷,闭关息民"③政策,注意发展农业生产。诸葛亮"征丁千二百"④保护都安大堰(都江堰),使成都平原得到充分的水利灌溉,耕地面积不断扩大,产量有所提高,广汉、绵竹一带水田亩产达三十斛以上,农村出现"男女布野,余粮栖亩"⑤的丰收景象。为保证军粮供应,诸葛亮也重视屯田,在军事要地汉中、庲降及长江沿岸都设有屯田区,不过,蜀汉的屯田规模和效果都不及吴国和魏国。蜀国在手工业方面,以盐、铁、纺织业最为发达。在蜀国很多地方都有井盐,以成都最盛,有很多人家有盐井。在临邛已知用火井(天然气)煮盐。"火井沈荧于幽泉,高焰飞煽于天垂"描写的就是火井煮盐之事,说明煮盐已采用新技术。蜀设司金中郎将"典作农战之器"⑥。诸葛亮还令蒲元铸刀两千把,而且采用先进的"淬火法",所制刀能削竹简中的铁珠,称为"神刀"⑦。在纺织业方面以织锦业最为发达。在成都"阛阓之里,伎巧之家,百室离房,机杼相和"⑧,说明织锦作坊不仅多,而且规模也很

---

① 《三国志》卷四一《张裔传》。
② 《三国志》卷三五《诸葛亮·评曰》。
③ 《三国志》卷三三《后主传》。
④ 《水经注》卷三三《江水》。
⑤ 左思《蜀都赋》,载《昭明文选》卷一。
⑥ 《三国志》卷四一《张裔传》。
⑦ 《诸葛亮集》卷四《蒲元别传》。
⑧ 左思:《蜀都赋》。

大。直到蜀亡时,国库中尚有锦、绮、彩、绢各二十万匹,其纺织业的发达可见一斑。蜀锦远销吴、魏,成为蜀汉经济主要来源。诸葛亮还发明连弩和木牛流马,这不仅是先进武器和运输工具,也是手工业的新创造。蜀国的商业也很繁荣,如成都"市廛所会,万商之渊,列隧百重,罗市巨千,贿货山积,纤丽星繁……贾贸墆鬻,舛错纵横,异物崛诡,奇于八方"①。蜀国商业发展水平虽不及东吴,但盛于曹魏。

蜀汉的经济较之汉代有所发展,对开发大西南作出了应有的贡献,但从总体形势来看,不及东吴,更不及曹魏。特别是诸葛亮继承了刘备"恢复汉室"的遗志,以曹魏为篡逆,长期动员十数万大军对魏作战,军需供应实有困难。所以诸葛亮"六出岐山"北伐中原,皆无功而返。到诸葛亮死后,蜀国政局江河日下,刘禅昏庸,黄皓乱政,"主暗而不知过,臣下容身以求免过,入其朝不闻直言,经其野民有菜色"②。至263年,为曹魏所灭。

曹魏政权在北方的建设,比起吴、蜀两国要困难得多,但其成效却超过吴、蜀。吴、蜀两国是在本地未经过大的战乱破坏下进行建设的,而北方则不同。自东汉末年天下大乱之后,东自海隅,西至关中,南起江淮,北迄幽燕,都遭战祸的蹂躏。富庶的关中变成荒原,繁华的中原鞠为茂草,两汉首都长安、洛阳化为废墟。在战乱中,生产遭破坏,人口大量死亡,形成"出门无所见,白骨蔽平原"③的凄惨景象。中原十二州所剩人口,"不过汉时一大郡"④,或者说"不如往昔一州之民"⑤。人口大量减少,无主荒地增多,曹魏政权就是在这样的情况下采取的屯田措施。屯田分军屯和民屯,都是用强制的手段让劳动力与土地结合起来,使农业生产在战争的环境下能够正常进行,对北方的农业生

---

① 左思:《蜀都赋》。
② 《三国志》卷五三《薛综传》注引《汉晋春秋》。
③ 王粲:《七哀诗》。
④ 《三国志》卷十四《蒋济传》。
⑤ 《三国志》卷十六《杜畿传》附《杜恕传》。

产的恢复和发展,起到了积极作用。再一个措施就是大力招徕流民,劝课农耕,使流亡劳动力还乡生产。曹魏政府对地方官的考核,是以户口、垦田的增减,盗贼多少为升降标准,故各地地方官都采取各种手段招徕流民。如关中由政府买牛以供流民使用,"流民果还"①。金城太守苏则,"与民分粮而食,旬月之间,流民皆回,得数千家"②。扬州(治安徽合肥)刺史刘馥采取安辑流民政策,"流民越江山而归者以万数"③。对还乡流民采取各种办法督促他们从事生产,或让其豢养牛羊及家禽,或"整阡陌,树桑果",或教民"作楼犁"④,采用农耕新技术。曹魏政府还下令各级政府不得擅自征发徭役,"重豪强兼并之法"⑤。这些措施都大大调动了农民的生产积极性,一些地方出现了"百姓劝农,家家丰富"⑥的可喜景象。另外曹魏政府还注重兴修水利工程,在合肥一带修芍陂、茹陂、七门、吴塘诸堨,在淮颍地区修广淮阳、百尺二渠,在关中修成国渠、临晋陂,在河北修戾陵堨、车厢渠,在河南修新陂、弋阳陂、贾侯渠等。这些都是著名的水利工程,有的溉田千顷、数千顷甚至多达万顷,这对保证农业丰收、提高产量起到了非常重要的作用。

通过以上种种措施,北方农业生产逐渐由恢复走向发展。"关中丰实",扬州"公私有蓄",京兆丰收,"编户皆有车牛",沛郡"比年大收,顷亩岁增",凉州"家家丰足,仓库肥溢",淮河流域"农田官兵,鸡犬之声,阡陌相属"⑦。北方农村出现农业复兴的景象,与东汉末年的残破局面形成强烈的对比。

随着北方农业的恢复和发展,北方的手工业、商业也得以复兴。

---

① 《晋书》卷二六《食货志》。
② 《三国志》卷十六《苏则传》。
③ 《三国志》卷十五《刘馥传》。
④ 《晋书》卷二六《食货志》。
⑤ 《三国志》卷一《武帝纪》注引《魏书》。
⑥ 《三国志》卷十六《杜畿传》。
⑦ 《晋书》卷二六《食货志》。

曹魏政府设有监盐官管理制盐业。晋人王廙的《洛都赋》说："河东盐池，玉洁冰鲜，不劳煮沃，成之自然。"徐幹在《齐都赋》中描写齐地的产盐情况说："皓皓乎如白雪之积。"说明北方生产的盐，不仅量多而且质高。太和五年（231年），司马懿表秦"兴京兆、天水、南安盐池，以益军实"①，证明制盐业也是北方的主要财源。北方的冶铁工业也有新的发展，监冶谒者韩暨创造的水排冶铁技术，比用人排和马排鼓风冶铁技术，其效率提高三倍②，用水力鼓风冶铁技术在北方逐渐推广。在纺织业方面也有新的成就。马钧将原来六十根经线和六十块踏板的织绫机改造为十二根经线、十二块踏板，生产效率提高五倍③。左思《魏都赋》说："锦绣襄邑，罗绮朝歌。绵纩房子，缣总清河。"这就是说襄邑的锦绣，朝歌的罗绮，房子的绵纩，清河的缣（绢）都是名牌产品，故能销售于南北各地。农业、手工业的发展必然促进商业的发展。左思在《魏都赋》中说，作为魏王国都城的邺，"街衢辐辏"，商业繁盛，其市容是："郭三市而开廛，籍平逵而九达。班列肆以兼罗，设阛阓以襟带，济有无之常偏，距日中而毕会……财以工化，贿以通商"。曾遭到董卓严重破坏的洛阳，也恢复了昔日的繁华景象。"其民异方杂居，多豪门大族，商贾胡貊，天下四会，利之所聚"④。"商贾胡貊"说明魏与西域和辽东都有贸易往来。

　　曹魏在政治改革方面也有建树。在中央加强了中书监、令的职权，削弱了尚书省的权力，是隋唐的三省制的萌芽。在地方，把汉代的州固定为地方一级的政府机构，形成了州、郡、县三级管理制，而削弱了王国的势力，无有王国叛乱之忧。在人事管理方面，文帝曹丕把其父曹操"唯才是举"制度化，建立了九品中正制。在州、郡、县都设有中正官，以品评所辖区域的人才。品评的标准是德才和门第，共分九品

---

① 《晋书》卷二六《食货志》。
② 《三国志》卷三四《韩暨传》。
③ 《三国志》卷二九《杜夔传》注引《马钧别传》。
④ 《三国志》卷二一《傅嘏传》注引《傅子》。

(九等),供中央选用。九品中正制初建时偏重于德才,正如《宋书》卷九四《恩倖传》所说的,"盖以论人才优劣,非为世族高卑"。这一制度为曹魏罗致了大批人才。重门第是西晋以后发展的结果,九品中正制遂成为门阀士族垄断政权的工具。

曹魏政权特别重视文化教育事业,这是吴、蜀两国望尘莫及的。魏文帝于黄初五年"立太学,制五经课试之法,置春秋谷梁博士"①,在郡国也普遍建立学校。明帝时,下诏申明"尊儒贵学王道之术",又"申勅郡国贡士,以经学为先"②,这些政策措施都有利于教育水平的提高。"三曹"(曹操、曹丕、曹植)和"建安七子"(孔融、陈琳、王粲、徐幹、阮瑀、应玚、刘桢)都是当时文坛的灿烂巨星。曹丕在《典论·论文》中曾称赞说:"此七子者,于学无所遗……咸自以骋骐骥于千里。"建安七子中除孔融不是曹氏集团的成员之外,其他六人都是曹操的幕僚,说明建安文学的繁荣与曹氏的提倡有密切关系。有人或许会说"建安"是汉献帝的年号,应该属汉不属魏。其实汉献帝自到许昌后,他与汉政权都成为没有灵魂的躯壳,已没有什么成就、政绩之可言,特别是曹操封为魏公、魏王之后,一切国家大事的决定,都出于曹操的霸府。本来按当时的实际情况,曹操完全有条件代汉自立,但曹操不肯自身完成此大业,而让他的儿子去完成。故当夏侯惇等人劝他称帝时,他却说:"若天命在吾,吾为周文王矣。"③让曹丕代汉并继承魏的国号,都是曹操早已安排好的决策,由此可见,把建安年间的成就列入魏史决不牵强。还有正始玄学,也是曹魏政权下的产物。玄学从积极意义上讲,使学术思想从汉代谶纬经学中解放出来。玄学家所讨论的"本"与"末"、"有"与"无"、"名教"与"自然"等命题,都有很高的学术价值和很深的哲理含义,至于玄学以后成为清谈的谈资,那是由于政治斗争残酷无情所造成的结果。

---

① 《三国志》卷二《文帝纪》。
② 《三国志》卷三《明帝纪》。
③ 《三国志》卷一《武帝纪》注引《魏氏春秋》。

以上仅是简单地介绍了曹魏政权所取得的各种成就。这些成就使三国鼎立中的北方,恢复了在全国政治、经济、文化的中心地位,奠定了国家再统一的坚实基础。这一统一局势是由司马氏完成的,但它所凭借的则是曹魏所创建的条件。故曹魏政权在历史上的贡献不能抹杀,其历史地位必须予以充分的肯定。

试析《隆中对》兼论关羽之失

在当时交通不便、信息不灵的情况下,躬耕垄亩的诸葛亮,未出茅庐便知"三分天下"。在刘备三顾茅庐时,诸葛亮向刘备讲出了以后的发展方向和治国方略——《隆中对》。说明诸葛亮确有超人的智慧,是一位杰出的政治家、军事家和战略家。

下面先引《隆中对》原文,然后再作分析。

  自董卓已来,豪杰并起,跨州连郡者不可胜数。曹操比于袁绍,则名微而众寡,然操遂能克绍,以弱为强者,非惟天时,抑亦人谋也。今操已拥百万之众,挟天子而令诸侯,此诚不可与争锋。孙权据有江东,已历三世,国险而民附,贤能为之用,此可与为援而不可图也。荆州北据汉、沔,利尽南海,东连吴会,西通巴蜀,此用武之国,而其主不能守。此殆天所以资将军,将军岂有意乎?益州险塞,沃野千里,天府之土,高祖因之,以成帝业。刘璋暗弱,张鲁在北,民殷国富而不知存恤,智能之士思得明君。将军既帝室之胄,信义著于四海,总揽英雄,思贤如渴,若跨有荆、益,保其岩阻,西和诸戎,南抚夷越,外结好孙权,内修政理,天下有变,则命一上将,将荆州之军以向宛、洛,将军身率益州之众出于秦川,百姓孰敢不箪食壶浆以迎将军者乎?诚如是,则霸业可成,汉室可兴矣。①

---

① 《三国志·蜀书·诸葛亮传》。

综观《隆中对》,可分前后两大部分。"自董卓已来"至"此可与为援而不可图也",是前半部分,讲的是天下大势。主要是说曹操靠人谋,战胜强大的袁绍,已拥兵百万,挟天子而令诸侯,不可以与曹操争锋。孙权在江东已站稳脚跟,国险而民附,又有贤能之士相辅佐,只能视为盟友,相互支援,不可与之为敌。诸葛亮说这段话的用意,是劝告刘备,不要再在曹操、孙权方面打主意了。和曹操争地盘,与孙权为敌是没有出路的,出路是在夺取荆、益二州。

从"荆州北据汉、沔"至"汉室可兴矣",是后半部分。这是为刘备指出今后的发展方向和治国方略,归纳起来共有五大要点:一是联吴抗曹;二是跨有荆、益;三是内修政理;四是西和诸戎,南抚夷越;五是两路出军,一向宛、洛,一出秦川。这五大要点可以说为刘备指出了最理想的发展前途和最好的治国方略,也是诸葛亮坚持为之奋斗的施政方针。尽管以后由于关羽"大意失荆州",使跨有荆、益和两路出军计划落空,从结果看"汉室可兴"的目的没有实现,但《隆中对》对于蜀汉政权的建立和发展所起的积极作用是不可抹杀的。下面就分别探讨一下这五大治国方略的实施情况及成败原因。

一、联吴抗曹

"联吴抗曹"是诸葛亮坚定不移的对外方针。因为诸葛亮知道欲复兴汉室,就必然要与篡汉的曹魏为死敌,但诸葛亮又自知力量薄弱,不足以与曹魏相抗衡,故必须与东吴结成联盟,才能与曹魏一争高低。赤壁之战就是由于与东吴结盟,才大败曹操80万大军,使刘备在荆州有立足之地。以后尽管发生了吴军偷袭荆州杀死关羽,刘备为关羽报仇,东征伐吴,在猇亭被东吴大将陆逊战败,损兵折将,"舟船器械,水步军资一时略尽"之事,[①]但诸葛亮为了对付主要敌人曹魏,在刘备死后.立即派邓芝去东吴主动修好。邓芝初至吴国,孙权尚犹豫不决,不

---

① 《三国志·吴书·陆逊传》。

肯相见。后邓芝上表求见,说明利害,指出:"吴蜀二国四州之地,大王命世之英,诸葛亮亦一时之杰也。蜀有重险之固,吴有三江之阻,合此二长,共为唇齿,进可并兼天下,退可鼎足而立,此理之自然也。"①孙权明白邓芝所讲的吴蜀联盟确实对两国都有利,于是答应重建吴蜀联盟关系,并一直保持到蜀国灭亡。吴蜀联盟对曹魏起到威慑作用,使其不敢轻易对吴蜀用兵,甚至在一段时间内采取守势,这就使吴蜀两国有一个长期的稳定发展时间。这就是诸葛亮联吴抗曹战略所起到的积极作用。

二、跨有荆、益

"跨有荆、益"是诸葛亮的重要战略部署之一,而且也曾短期、局部地实现了这一计划。

在赤壁战后,荆州实际被曹操、孙权、刘备三家占有。曹操占领荆州北部,孙权、刘备占有荆州南部,他们的占领地犬牙交错,因此引起孙、刘的荆州之争,甚至到了刀兵相见的地步。关于孙、刘荆州之争及"借荆州"的真相,我曾在《吴蜀荆州之争与三国鼎立的形成》②和《"借荆州"浅议》③二文中有较为详细的论述,此不赘言。关于孙、刘的荆州之争,在当时由于联合抗曹的需要而没有诉诸战争。经过双方协商,以湘江为界中分荆州:"长沙、江夏、桂阳以东属权,南郡、零陵、武陵以西属备。"④清代著名历史学家赵翼认为这种解决办法"最为公允"。这说明荆州虽属孙、刘必争之地,为了共同抗曹,有共存的可能性。⑤ 但不久这种在荆州吴、蜀共存的联盟关系就被关羽所破坏,并

---

① 《三国志·蜀书·邓芝传》。
② 该文发表于《史学月刊》1991年第1期。
③ 该文发表在《许昌师专学报》1992年第4期。
④ 《三国志·吴书·孙权传》。
⑤ 赵翼《廿二史札记》卷七。

导致荆州彻底地丢失。

建安十六年(211年)十二月,刘备应刘璋之约率兵入川,命诸葛亮、关羽、赵云镇守荆州。不久为了战事的需要,刘备又调诸葛亮、赵云入川,"拜羽董督荆州事",①使关羽独掌荆州的大权。对此,刘备犯了一个无可挽回的历史性大错误。

关羽字云长,河东解(山西临猗)人,早年追随刘备,是刘备最亲密的战将,有"万人之敌.为世虎臣"之美称。但关羽心胸狭窄,"刚而自矜",颇少容人之量。如马超来降,受到重用,关羽心有不平,写信问诸葛亮:"超人才可谁比类?"诸葛亮知道关羽"护前"(自负),遂回信说:"孟起(马超之字)兼资文武,雄烈过人,一世之杰,黥(布)、彭(越)之徒.当与益德并驱争先,犹未及髯公(关羽)之绝伦逸群也。"关羽接到信后非常高兴,并把诸葛亮的信拿给他的宾客看,以炫耀自己。再如黄忠立功于定军山,刘备欲任命黄忠为后将军。诸葛亮对刘备说:"忠之名望,素非关、马之伦也,而今便令同列,马、张在近,亲见其功,尚可喻指,关遥闻之,恐必不悦,得无不可乎?"②诸葛亮能说出这样的话,说明他对关羽的性格非常了解。后来由于刘备亲自向关羽作了解释,黄忠才被任命为后将军。

以上两例都属于刘备集团的内部问题,只要关羽、马超、黄忠之间不耿耿于怀,尚无大碍。但关羽镇守荆州,面对的是敌国曹魏和盟友东吴,如果仍是刚愎自用,傲气凌人.与盟国搞不好关系,其后果就十分严重。本来关羽镇守荆州,孙权就深感恐惧,为了稳定联盟关系,孙权欲与关羽建立姻亲关系,"遣使为子索羽女"。关羽不同意,可以婉言谢绝,但高傲的关羽却恶语伤人,"骂辱其使,不许婚"。③ 这就激起孙权极大的不满.更加强了对关羽的戒备。

建安二十四年(219年),关羽出兵北伐.攻占曹魏襄阳.围攻樊城,

---

① 《三国志·蜀书·关羽传》。
② 《三国志·蜀书·黄忠传》。
③ 《三国志·蜀书·关羽传》。

水淹于禁七军,擒于禁,斩庞德,曹军大败。陆浑有人接受关羽印信,遥相声援,一时间关羽"威震华夏",曹操"议徙许都,以避其锐"。① 在关羽北伐时,孙权表示愿意出军支援,但又下令吴军缓慢行动,同时又遣使向关羽表示歉意。这就说明孙权并不愿意看到关羽北伐取得大胜,又碍于同盟关系,不得不表示支援。对此关羽本来是心知肚明,可以虚与委蛇,争取东吴保持中立,但关羽完全不顾大局,不讲策略,乃面对吴使骂曰:"貉子敢尔,如使樊城拔,吾不能灭汝邪!"② 在盟国使者面前竟能使用这样严重威胁的语言,当然会使孙权感到恐惧,再加上曹魏从中挑拨,孙权遂决定偷袭荆州,断绝关羽的归路。令人不可理解的是,关羽对东吴使者说出那样蛮横威胁的话,却又不加强对荆州的戒备,所以当曹魏派徐晃率军救曹仁时,关羽无力应战,想退守荆州时,荆州已被吴军轻易占领。③ 羽军家属被俘,军队遂散。关羽败退临沮(湖北安远),被吴军所杀,荆州失守。

关羽失荆州,还有一个情节也要交代一下。当时南郡太守糜芳在江陵,将军傅士仁屯公安。"糜芳、士仁素皆嫌羽轻己,羽之出军,芳、仁供给军资不悉相及,羽言:'还,当治之。'芳、仁咸怀惧不安。"④结果在关键时刻皆被孙权招降,东吴几乎没有遇到什么抵抗就攻占了荆州。

孙权偷袭荆州,背叛盟友,应受到道义上的谴责,糜芳、傅士仁降吴,是不能容忍的叛变行为。但刘备让"刚而自矜",不顾大局,不讲策略,对盟友谩骂威胁,对部下不知安抚,只知对敌武力强攻的关羽镇守荆州,早晚都会惹来祸端。所以陈寿说关羽"以短取败,理数之常

---

① 《三国志·蜀书·关羽传》。
② 《三国志·蜀书·关羽传》。
③ 据《三国志》卷五四《吴书·吕蒙传》记载,关羽北伐时,在后方留有军队以防吕蒙袭击。但吕蒙为麻痹关羽,以治病为由假意返回建康。关羽信以为真,"羽果信之,稍撤兵以赴樊",结果南郡(江陵)空虚,故吴军偷袭,轻易占领荆州。
④ 《三国志·蜀书·关羽传》。

也"①,其评论是公允的。荆州的失守,关羽难辞其咎,刘备也要负有一定的责任。

关羽大意失荆州,对诸葛亮在《隆中对》中的战略部署是个严重的打击,不仅使"跨有荆、益"的计划失败,也使"两路出军"北伐的战略落空,同时也中断了"联吴抗曹"的决策。若不是诸葛亮在刘备死后及时恢复了吴蜀联盟,蜀汉政权两面对敌的困境真是难以想像。

对于诸葛亮在《隆中对》中提出的"跨有荆、益"的设想,有的学者认为是错误的,其理由是荆州为东吴必争之地,提"跨有荆、益",必然影响吴蜀联盟。这种意见很难令人信服,道理很简单,不能因为荆州是东吴必争之地,而刘备就必须放弃荆州。事实上荆州岂止是东吴必争之地,而是魏、蜀、吴三国必争之地。孙、刘协议以湘江为界,中分荆州之时,孙、刘联盟并未破裂,而关羽失荆州之后,荆州北部始终控制在曹魏之手,也能与东吴长期保持共存的局面。这就说明如果刘备用人得当,处理好与吴国的联盟关系,蜀国占有荆州之一部,与魏、吴形成鼎峙之势,不是不可能的。如果关羽有西晋羊祜之才,在荆州"与吴人开布大信","令吴罢守",②营造边境的和谐环境,那样东吴未必袭击关羽。事在人为,蜀汉并非命定地不能占有荆州之一部分。

对于关羽失荆州,学术界也有不同见解。个别学者认为是诸葛亮借刀杀人。对此观点颇有令人匪夷所思之感。应该承认诸葛亮对关羽确实有些看法,知道关羽心胸狭窄,不能容人,但也知道关羽"为世虎臣",是刘备的最亲密的战将,二人有亲如手足的关系。所以凡遇到与关羽有关的事,诸葛亮不是退让,就是不表态。甚至当刘备不顾蜀国初建百废待兴之时,一意东征伐吴为关羽报仇,赵云及诸将苦苦劝阻,诸葛亮明知东征不利,却不发一言。我认为诸葛亮有疏不间亲之虑,但决无幸灾乐祸之意,更无杀害关羽之心。如果诸葛亮真是"借刀杀人"、自毁长城的"小人",那么他所说的"鞠躬尽力,死而后已"的名

---

① 《三国志·蜀书·关张马黄赵传》评曰。
② 《晋书·羊祜传》。

言,就不值一文钱,也不会有人追思怀念、赞颂尊崇诸葛亮。我认为"借刀杀人"之说要想成立,必须能证实以下几点:(一)关羽镇守荆州是诸葛亮的旨意,故意把关羽放在风口浪尖之上,这是第一步;(二)关羽北伐是诸葛亮的命令,让关羽"刚而自矜"的性格有恶性膨胀的机会,这是第二步;(三)诸葛亮还要唆使或暗示东吴袭击关羽,以达到借刀杀人的目的,这是第三步。这三步阴谋环环相扣,缺一不可,但这是诸葛亮无权、无力,也没有办法实现的。如果这三步阴谋不能证实,那么"借刀杀人"之说,就有"厚诬古人"之嫌。

三、内修政理

"内修政理"是诸葛亮实现《隆中对》中治国方略最成功的政绩。诸葛亮治蜀,"赏不遗远,罚不阿近,爵不可以无功取,刑不可以贵势免",①故《三国志》作者陈寿赞颂诸葛亮说:"科教严明,赏罚必信,无恶不惩,无善不显,至于吏不容奸,人怀自厉,道不拾遗,强不侵弱,风化肃然也。"②此话虽难免有溢美之辞,但蜀国政治清明,人心稳定,扭转了刘璋时期"德政不举,威刑不肃"③的弊政,社会风气得到好转。

在经济方面,诸葛亮施行"务农殖谷,闭关息民"④的与民休养政策,大力发展农田水利事业,派3000兵士守护都安大堰(都江堰),⑤保障了成都平原的农田灌溉。左思在《蜀都赋》中赞颂说:"沟洫脉散,疆理绮错,黍稷油油,粳稻莫莫",描绘出一派丰收景象。蜀国的农产量很高,在绵竹、广汉一带的水田,亩产达三十斛以上。在手工业方面,以制盐、织锦业最为发达。益州很多地方都有盐井,而且已知用火

---

① 《三国志·蜀书·张裔传》。
② 《三国志·蜀书·诸葛亮传》。
③ 《三国志·蜀书·张裔传》。
④ 《三国志·蜀书·后主传》。
⑤ 《水经注》。

井(天然气)煮盐。王连任司盐校尉,"较盐铁之利,利入甚多,有裨国用。"①蜀国的织锦业尤为繁荣。成都是蜀锦的重要产地,"阛阓之里,伎巧之家,百室离房,机杼相和。"②可见其生产规模是相当大的。蜀锦是蜀国对外贸易的名牌产品,远销魏、吴,是蜀国财政收入的主要来源之一。蜀国还专设司金中郎将一职,"典作农战之器",③以保障农具和兵器的供应,并促进冶铁业的发展。史称"郭达一夜打箭三千,称为神手,遂封为将军",④可见其技术水平是相当高的。

总之,诸葛亮在"内修政理"方面成绩卓著,故袁准在《诸葛公论》中说:"亮之治蜀,田畴辟,仓廪实,器械利,蓄积饶,朝会不华,路无醉人,夫本立故末治。"⑤说明蜀国的政治清明,经济发展,对四川、云南、贵州的开发作出了突出的贡献。

四、西和西戎,南抚夷越

"西和西戎,南抚夷越",是一种和抚与怀柔的民族政策,诸葛亮对这项政策执行得非常成功。

在今四川西昌、贵州六枝、云南晋宁一带,居住有"夷、叟"或称"诸戎、夷越"等少数民族,蜀汉政权建立后,与这些少数民族并没有强固的统治关系。吴蜀联盟破裂后,吴国派人到这些少数民族地区挑拨与蜀汉的关系。于是这些少数民族领袖高定远、朱褒、雍闿、孟获等就联合起来反蜀。他们散布谣言,说蜀汉政权要强征"乌狗三百头,膺前尽黑,蟎脑(玛瑙)三斗,斲木枸三丈者三千枚"。⑥ 这些都是难得之物,夷、叟人民不可能交齐。于是他们就发动叛乱,反抗蜀汉政权。诸葛

---

① 《三国志·蜀书·王连传》。
② 《昭明文选·蜀都赋》。
③ 《三国志·蜀书·张裔传》。
④ 张澍辑:《诸葛亮集》卷五《遗迹篇》。
⑤ 《三国志·蜀书·诸葛亮传》注引袁子曰。
⑥ 《华阳国志·南中志》。

亮执政后,首先恢复了与吴国的联盟,然后举兵南征。"五月渡泸,深入不毛",①"至于滇池",②先后平定朱褒、高定远、孟获(雍闿已死)等的叛乱。在南征中,诸葛亮严厉约束部下,禁止烧杀掠夺,并且采用马谡"攻心为上,攻城为下;心战为上,兵战为下"的建议,③与孟获交战时"七擒七纵"。最后孟获心悦诚服,对诸葛亮说:"公天威也,南人不复反矣。"④

南中平定后,诸葛亮仍任用叟、夷渠率为官治理本地区,不留汉官、汉兵而撤回成都。事实证明诸葛亮的这一政策是正确的,得到了西戎、夷越人民的信任,形成了"纲纪粗定,夷汉粗安"的局面。⑤后来诸葛亮不仅用夷族渠率治理南中,而且还招一些夷率调至成都中央机构任官,又迁南中青羌万余家补充蜀国的军队,号称"飞校"。蜀国还向夷人征调金、银、盐、铁、丹、漆、耕牛、战马以充军资国。诸葛亮在南中虽然没留汉官、汉兵进行直接统治,但从此却加强了夷汉人民的联系,打破了南中的闭塞状态,汉族的政治、经济、文化在南中得以广泛的传播,对少数民族地区的社会发展,有一定的促进作用。当然平定南中对蜀汉政权更为有利。蜀国有了一个稳定的后方,解除了后顾之忧。史称"终亮之世,南方不复反",⑥而且使蜀国的兵源、财源得到补充,"军资所出,国以富饶"。于是在"南方已定,甲兵已足"的形势下,诸葛亮遂"奖率三军"⑦开始北伐。

---

① 《三国志·蜀书·诸葛亮传》。
② 《三国志·蜀书·诸葛亮传》。
③ 《三国志·蜀书·马良传》附《马谡传》注引《襄阳记》。
④ 《三国志·蜀书·诸葛亮传》裴注引《汉晋春秋》。
⑤ 《三国志·蜀书·诸葛亮传》注引《汉晋春秋》。
⑥ 《三国志·蜀书·马良传》注引《襄阳记》。
⑦ 《三国志·蜀书·诸葛亮传》。

五、两路出军

两路出军,一向宛、洛,一出秦川,是诸葛亮在《隆中对》中设计的最理想的北伐战略部署,但其前提是必须"跨有荆、益"才能两路出兵。关羽丢失荆州之后,两路出兵计划遂告落空。诸葛亮执政后调整了战略部署,放弃了"跨有荆、益",改为经营巴蜀、汉中和南中;放弃了"两路出军",改为一路北伐。诸葛亮在提两路出军时,态度是乐观的,认为大军所至,"百姓孰敢不箪食壶浆以迎将军者乎?诚如是,霸业可成,汉室可兴矣"。改为一路北伐后,诸葛亮已认识到形势险恶,不那么乐观了。故在《前出师表》中说:"今天下三分,益州疲弊,此诚危急存亡之秋也。"①在《后出师表》中说得就更加悲观。他知道不能"以一州之地与贼(魏)持久",知道敌强我弱,"然不伐贼,王业亦亡,惟坐待亡,孰与伐之"。② 说明诸葛亮自知北伐并没有必胜的把握,只是想在曹魏未能灭蜀之前拼命一搏而已。结果"六出岐山"(实际五次北伐)虽有小胜,最终还是失败了。诸葛亮一死,蜀国大势已去,其亡国就指日可待了。

综上所述,诸葛亮虽然没有达到复兴汉室的目的,但他还是忠实地执行了在《隆中对》中提出的五大战略计划。尽管由于荆州失守,"跨有荆、益"和"两路出军"计划落空,但是,在"联吴抗曹"、"内修政理"和"西和诸戎,南抚夷越"等方面还是取得了辉煌的成就。我们不能因为诸葛亮北伐以失败而告终,就否定《隆中对》战略部署的正确性,因为战争的胜负是由双方实力对比及其他许多因素决定的。客观地讲,不能说势弱者就一定失败,历史上以少胜多、以弱胜强的战例不胜枚举。刘邦就是以巴蜀、汉中为基地,战胜了强敌项羽,而蜀汉不仅占有巴蜀、汉中,而且还有南中作后盾,从这一角度讲,蜀汉实力胜过

---

① 《三国志·蜀书·诸葛亮传》注引《汉晋春秋》。
② 《三国志·蜀书·诸葛亮传》裴注引张俨《默记》。

刘邦。但关键是形势不同,战争对手不同。刘邦的对手是一勇之夫,有一范增而不能用的项羽,且树敌过多,后方不稳,而刘邦的手下有萧何、韩信、张良、陈平和彭越、黥布等文臣武将,都是一代精英。刘邦本人又有"将将之才",有随机应变的能力,故能由弱转强平定天下。诸葛亮虽有"逸群之才,英霸之器",①但他不是皇帝。刘、关、张在时,他不能统领全局,让关羽守荆州是刘备的决策,他不能干预;刘备为关羽报仇而东征,他无力阻拦,结果是荆州失守,猇亭大败,吴蜀联盟中断,两路出兵的战略落空,这对《隆中对》的战略部署是个致命打击。刘备死后,诸葛亮执政,握有统领全局的大权,但此时曹魏已完全统一北方,经济复苏,政局稳定,实力已远远超过蜀汉。诸葛亮北伐的对手是足智多谋、文武全才的曹操、曹丕父子和老谋深算的司马懿。这就是陈寿所说的"所与对敌,或值人杰,加众寡不侔,攻守异体,故虽连年动众,未能有克……而时之名将,无城父(齐国良将)、韩信,故使功业陵迟,大义不及"。② 以上这些情况,都不是诸葛亮一人之力所能挽回的,故对诸葛亮不能以成败论英雄。有人因为诸葛亮北伐失败,就说他是二流军事家。这可能是受陈寿所说的"然亮才,于治戎为长,奇谋为短,理民之干,优于将略"之话的影响。但陈寿是晋臣,对诸葛亮的评价,不能不考虑时代背景,不能不考虑与诸葛亮对阵的司马懿。所谓诸葛亮"治戎为长,奇谋为短,理民之干,优于将略",就是暗示司马懿"奇谋为长,优于将略",事实上司马懿是非常钦佩诸葛亮军事才能的。诸葛亮死后蜀军撤退,司马懿查看诸葛亮的布阵之后,称赞诸葛亮为"天下奇才"。③ 司马懿应该是三国时期的一流军事家了,连司马懿都承认诸葛亮为"天下奇才",难道诸葛亮还不是一流军事家吗?有人可能会说司马懿赞颂的仍是"治戎为长",而不涉及"奇谋"和"将略"。那么诸葛亮南征七擒孟获,最后孟获心悦诚服地对诸葛亮说:

---

① 《三国志·蜀书·诸葛亮传》,载陈寿《进诸葛亮集表》。
② 《三国志·蜀书·诸葛亮传》,载陈寿《进诸葛亮集表》。
③ 《三国志·蜀书·诸葛亮传》。

"公天威也,南人不复反矣。"这应该能够说明诸葛亮也是"长于奇谋,优于将略"了。其实从军事角度讲,能够说明诸葛亮是一流军事家的事例太多了,恕不一一列举。

诸葛亮的才能是多方面的,陈寿称之为"识治之良才",说诸葛亮"立法施摩,整理戎旅,工械技巧,物究其极"。① 说明诸葛亮不仅是政治家、军事家,而且也是机械的发明家。他"损益连弩",创造"木牛流马",是当时最先进的远射程武器和最先进的运输工具。诸葛亮的清廉,也是后世的楷模。他曾上表对后主刘禅表示:"成都有桑八百株,薄田十五顷,子弟衣食,自有余饶。至于臣在外任,无别调度,随身衣食,悉仰于官,不别治生,以长尺寸。若臣死之日,不使内有余帛,外有赢财,以负陛下。"诸葛亮一生以廉洁自励,没有贪腐行为,实现了他对刘禅的承诺,所以陈寿才说:"及卒,如其所言。"②

诸葛亮是三国时期一流的政治家,一流的军事家。他的《隆中对》集中体现了他的卓越智慧和杰出的政治、军事才能,值得赞颂和肯定。当然,诸葛亮也不是十全十美的完人。他在使用人才、培养人才方面颇有可议之处。马谡失街亭,是诸葛亮用人不当的显例。连刘备都看到"马谡言过其实,不可大用"③,而诸葛亮竟违众议,任命马谡为先锋,而遭到失败。诸葛亮夙兴夜寐,事必躬亲,"罚二十以上,皆亲览焉"④,这固然能说明他为政勤奋,但也说明他对部下工作能力的不信任,以这样态度对待部下,怎能培养出能干的后继人才?俗称"西蜀无大将,廖化作先锋"。蜀国人才缺乏,后继无人,诸葛亮应负一定责任。但这与诸葛亮一生功业相比,实属白玉微瑕。

最后想谈谈关羽现象和关公文化问题。由一个偏处一方的小国猛将,上升为帝为王,并由人上升为神,被佛、道两教尊奉为菩萨、天

---

① 《三国志·蜀书·诸葛亮传》,载陈寿《进诸葛亮集表》。
② 《三国志·蜀书·诸葛亮传》。
③ 《三国志·蜀书·马良传》附《马谡传》注引《襄阳记》。
④ 《三国志·蜀书·诸葛亮传》注引《汉晋春秋》。

尊,在中国和世界历史上可以说是仅此一例,但也不能说纯属偶然,而是有其特殊历史背景的。其一,是中国人的正统观念,对权臣篡夺君权有逆反心理。我认为在三国的人物中,受戏剧小说的影响,受益最大的是关羽,由人变成神。其次是诸葛亮,成为智慧的化身。受害最大的是曹操,成为白脸奸臣。这都是以蜀汉为正统产生的结果。其二,是同情失败英雄。对关羽北伐功败垂成,身死临沮(今湖北远安),感到惋惜。所以关羽虽死,其威镇华夏的英雄形象仍活在人民的心目中。但还有一个比较重要的原因,就是戏剧小说为关羽编造出很多根本不存在的英雄事迹,如温酒斩华雄,单刀赴会,霸桥挑袍,千里走单骑,保卫二皇嫂,过五关,斩六将等等,真是威武雄壮,义薄云天,怎能不令人崇拜得五体投地。其实关羽在官渡之中斩颜良,立功后辞别曹操去寻刘备,诸将都主张要追杀关羽,曹操却大度地说:"彼各为其主,勿追也。"①

不仅普通老百姓崇拜关羽,历代帝王更重视关羽,不断为他加封晋爵。北宋皇帝先后封关羽为忠惠公、昭烈武安王、义勇武安王;南宋则封为壮缪义勇王、壮缪义勇武安英济王;元代又封为显灵义勇武安英济王;明代则晋封为协天大帝、协天护国忠义帝、三界伏魔大帝神威远震天尊关圣帝君;清朝则加封为忠义神武灵佑仁勇威显护国保民精诚绥靖翊赞宣德关圣帝君。可以说已封到无以复加的程度。

历代帝王所以如此重视关羽,主要是从戏剧小说中树立的关羽形象,拿来为我所用。戏剧小说中的关羽形象,可以用四个字来概括,即武、勇、忠、义。武能安邦定国;勇则奋勇杀敌;忠者忠君爱国;义者有恩必报,不顾自身。试想哪一位君主不想国家有这样的护国将军。从对关羽的封号中也可以看出,君王们也正是在这四个字上大做文章,给大臣们树立榜样。但君主们深知武、勇易得,忠、义难求,故其侧重点乃是"忠义"。从史书、小说、戏剧来看,关羽的义是广泛的,忠是单一的。桃园结拜是义,立功报曹是义,千里寻兄是义,不欺二嫂是义,

---

① 《三国志·蜀书·关羽传》。

华容放曹也是义,这就叫大义参天。所谓忠是单一的,即关羽只忠于刘备。"降汉不降曹",看起来也是忠,实际上降汉即降曹。他降汉后即听从曹操的指挥随军作战,对汉献帝并没有实际尽忠的表现。许田射猎阻挡曹操接受群臣的礼拜,也只是维护了君臣的名分,对汉献帝的困境无所补益。关羽千里寻兄时,刘备还没有固定地盘,更谈不上建国称王称帝,所以他忠的只是刘备,是在义的基础之上的忠。因此关羽的"降汉不降曹"和在义的基础上之忠,对后世就有广泛的利用价值,不仅汉族帝王可以此"忠义"为号召以巩固其统治,蒙、满族的统治者也可利用,如元、清入主中原,就非常希望有人以"降汉不降曹"的名义投靠过来。清所以把关羽封到无以复加的地步,是有其政治目的的。清在入关前称后金,为防关内汉人强烈反金心理,才改为大清。他们知道岳飞精忠报国誓死抗金,深受汉人的爱戴,故把关羽抬出来以压岳飞。我在东北时就听老人讲,清为了以关羽压岳飞,凡有岳庙之处必建关庙,而关庙一定要比岳庙气势高大。我到河南后证实了这一点。朱仙镇是重点祭祀岳飞的地方,但朱仙镇的岳庙也同样没有关庙雄伟壮观。

以上是讲历代统治者对关羽的尊崇和利用,但对中华各族人民来说,无论是关羽的大义参天,还是岳飞的精忠报国,都是应该继承和发扬的宝贵精神财富。

对诸葛亮南征北伐的评价

南征与北伐,在诸葛亮的政治生活中占有重要地位,但史学界对此却意见分歧很大。对南征的意见分歧主要是在南征胜利后,诸葛亮在南中是否留有官、兵;诸葛亮撤兵之后,南方是否不敢复反;反了之后,是怎样平定的。对北伐的意见分歧,主要表现在北伐是成功和失败的问题上。如何正确地评价诸葛亮的南征与北伐,是历史学界应该认真对待的问题。

诸葛亮在《草庐对》中提到在"跨有荆益"之后,对"南抚夷越"和出兵北伐问题都是很乐观的。他说:"若跨有荆益,保其岩阻,西和诸戎,南抚夷越,外结好孙权,内修政理,天下有变,则命一上将,将荆州之军以向宛洛,将军身率益州之众,出于秦川,百姓孰敢不箪食壶浆以迎将军者乎?诚如是,则霸业可成,汉室可兴矣。"① 按诸葛亮当时的判断,刘备只要按他提出的战略去办,汉室可兴,国家就能实现统一。诸葛亮所以如此乐观地设想,是有历史根据的。因为汉高祖刘邦就是以益州和汉中为根据地,明修栈道,暗度陈仓,进入关中消灭三秦王,最后打败项羽而统一全国的,更何况刘备又多一个荆州,对消灭曹魏实现统一,是比较有把握的。但由于关羽的"大意失荆州",使诸葛亮两路出军北伐的战略部署落空。然而仅是失去荆州,对蜀汉的影响不算很大,更为严重的是,在关羽失去荆州被杀之后,刘备执意要为关羽报

---

① 《三国志·蜀书·诸葛亮传》。

仇。在他即皇帝位仅3个月之时,于章武二年(221年)七月,不听群臣劝阻,不顾蜀国初建、百废待兴、强敌在北、虎视眈眈的客观形势,执意率4万大军东伐孙吴,结果在猇亭(湖北宜都长江东岸),中了陆逊火攻之计,破其40余营,汉军土崩瓦解,前后损失数万人。刘备夜遁,逃入白帝城(重庆奉节县东),"其舟船、器械、水步军资,一时略尽"①。蜀汉受到沉重打击,"国之精锐,尽于夷陵"②。从此蜀汉再无力与东吴抗衡,并处于两面受敌的艰险困境。所幸在刘备死后,诸葛亮很快就与东吴恢复了联盟关系,使局势稳定下来。在经过短期的休养生息的恢复工作之后,诸葛亮就考虑南征与北伐的问题了。

在现在的四川南部和云南、贵州一带区域,古称南中,居住着僚、濮、青羌及叟等少数民族,他们的首领称"夷帅"。另外,还有从内地迁来南中的汉人豪强大族,但他们已少数民族化,即所谓"南中大姓"。他们拥有部族武装,在政治、经济、军事等方面都拥有强大势力。两汉政府虽然在南中设立了牂牁、越巂、益州、永昌四郡,但由于南中地处边区,两汉政府鞭长莫及,当地少数民族及"南中大姓"处于时叛时服的状态。东汉末刘焉、刘璋父子统治四川时,这种状态并没有改变。蜀汉政权建立后,刘备在南中设立庲降都督作为南中四郡的军事总管以控制南中,好像也没起多大作用,特别是刘备在猇亭战败后不久逝世,南中的叛离倾向更加明显。"高定恣睢于越巂,雍闿跋扈于建宁,朱褒反叛于牂牁。"③蜀汉都护李严给雍闿写六张纸的长信,向他"解喻利害",雍闿傲慢地以一纸作答,说"盖闻天无二日,士无二王,今天下鼎立,正朔有三,是以远人惶惑,不知所归也"④。更严重的是雍闿部下"夷帅"孟获竟叛蜀投吴,形成对蜀汉政权的极大威胁,因此诸葛亮决定先征南中以解除后顾之忧,然后才能考虑北伐事宜。

---

① 《三国志·吴书·陆逊传》。
② 王夫之《读通鉴论》卷五《三国》。
③ 《三国志·蜀书·李恢传》。
④ 《三国志·蜀书·吕凯传》。

必须说明,"南中大姓"和南中少数民族反对蜀汉政权并非铁板一块。在诸葛亮南征之前,他们已分化为两派,以雍闿、高定、朱褒和"夷帅"孟获为代表的是坚决反蜀派;以建宁郡俞元县人、郡督邮李恢,永昌郡不韦县人、郡功曹吕凯、巴西郡阆中县人、牂牁郡太守马忠为代表的是亲蜀派。诸葛亮南征比较顺利,与亲蜀派的李恢、吕凯、马忠的配合与支援是分不开的。

诸葛亮在建兴三年(225年)三月开始南征,在临行前,诸葛亮特意向参军马谡征求南征的良规。马谡说:"南中恃其险远,不服久矣,虽今日破之,明日复反耳。今公方倾国北伐以事强贼,彼知官势内虚,其叛亦速。若殄尽遗类以除后患,既非仁者之情,且又不可仓卒也。夫用兵之道,攻心为上,攻城为下;心战为上,兵战为下,愿公服其心而已。"①诸葛亮接受了马谡的建议,这成为他南征中的主导思想。史称诸葛亮南征,"五月渡泸,深入不毛"②,"遂至滇池"③,由于得到南中大族和地方少数民族首领的支援,进军较为顺利,很快平定了雍闿、高定、朱褒等的叛乱。最难打的一仗,是如何征服生性勇猛又为"夷汉并所服"的孟获。诸葛亮根据马谡"攻心为上"的建议,耐心与其周旋,经过"七擒七纵",终于使孟获心服口服,对诸葛亮说:"公天威也,南人不复反矣。"④

孟获被征服后,南中的叛乱基本已经平定,但对南中的善后如何处理,这是诸葛亮必须面对的最紧迫的问题。首先,诸葛亮对南中叛后已降的"夷帅"孟获及南中俊杰爨习等予以安置,即调至成都授予官职,以示慰抚。其次,对南中地区如何管理问题,诸葛亮主张不留蜀汉官、兵,而由南中大姓或少数民族首领来管理。诸葛亮如此安排是非

---

① 《三国志·蜀书·马良传》附《马谡传》注引《襄阳记》。
② 《诸葛亮集》卷一《后出师表》。
③ 《三国志·蜀书·诸葛亮传》注引《汉晋春秋》。
④ 《三国志·蜀书·诸葛亮传》注引《汉晋春秋》。对于"七擒七纵"说,史学界一向有所怀疑,但它能说明诸葛亮征服孟获是用了一番心计的。作为"攻心为上"的一个注脚,还是能够说明问题的。

常务实的。他说:"若留外人,则当留兵。兵留无所食,一不易也;加夷新伤破,父兄死丧,留外人而无兵者,必成祸患,二不易也;又夷累有废杀之罪,自嫌衅重,若留外人,终不相信,三不易也。今吾欲使不留兵,不运粮,而纲纪粗定,夷汉粗安故耳。"①笔者认为诸葛亮这段话,完全符合南中和蜀汉双方的实际情况。若在南中留兵,不仅是"三不易"的问题,而且蜀汉政府也无兵可留。在那么大的南中地区,留兵少了不管用,留兵多了,蜀汉政府力所不及。因为诸葛亮下一个目标是北伐,以弱小的蜀汉应对强大的曹魏,兵力明显不足,若再留重兵于南中,哪还有兵力进行北伐?所以诸葛亮说在南中不留兵,乃肺腑之言,绝非假话,其目的是要达到"纲纪粗定,夷汉粗安"而已。《襄阳记》所说的"终亮之世,南方不敢复反"②,当然不符合以后的历史实际情况。

诸葛亮在南中不留兵,并不是放任不管,而是把管理南中重任委托给在南征中帮助平叛的亲蜀派南中大族李恢、吕凯、马忠等诸葛亮最信任的人员。为了使蜀军撤退后还能控制南中,诸葛亮对南中原有机构和人事作了适当的调整。首先,对刘备设置的南中四郡军事总管的权势予以扩大;给时任庲降都督李恢加安汉将军、交州刺史,兼任建宁太守,成为事实上南中地区的首领。其次,对南中原有的四郡调整为六郡,把最先闹事的益州郡,改为建宁郡,李恢兼太守。再从建宁、永昌郡(太守王伉)分出一个云南郡,以吕凯为太守。又从建宁郡、牂牁郡(太守马忠)分出个兴古郡。这样在南中就出现了建宁、永昌、云南、牂牁、兴古、越嶲等六郡。诸葛亮把南中郡的建置缩小,其目的是明显的,即便于管理,使叛乱的少数民族势力不易扩大,容易镇压。诸葛亮在调整南中的机构和人事后,即全军撤退,胜利凯旋。所谓"全军撤退",是说诸葛亮并没有从南征军中留下官、兵,而是利用南中的地方机构,经过调整和人事安排,使南中大族和夷帅统治南中。但诸葛亮做人事安排时,颇倾向南中大姓,又把羸弱的少数民族人口多赐给

---

① 《三国志·蜀书·诸葛亮传》注引《汉晋春秋》。
② 《三国志·蜀书·李恢传》。

南中大姓作部曲,这可能是诸葛亮南征大军撤退后,南中屡次叛乱的基本原因。

诸葛亮撤军不久,就出现"南夷复叛,杀害守将"的情况,但诸葛亮并没有从中央派军镇压,而是由南中军事总管庲降都督李恢"身往扑讨,锄尽恶夷",并把一般夷人迁至成都安置。在局势稳定下来之后,李恢遂向叟、濮族人征调"耕牛、战马、金银、犀革,充继军资,于时费用不乏"①。这里必须说明的是,所谓叛夷"杀害守将",并不是诸葛亮留下的守将,而是庲降都督帐下的守将,他可能是南中大姓,也可能是少数民族首领。

在李恢镇压南夷不久,又出现永昌郡夷獠"恃险不宾,数为寇害",而庲降屯副都督兼领永昌太守霍弋"率偏军讨之,遂斩其豪帅,破坏邑落,郡界宁静"②。这次夷獠叛乱,也是靠庲降都督的军力镇压的。

诸葛亮新建的云南郡也是个不安静的地方,在吕凯就任云南郡太守后,面临的也是不稳定的局面,最后吕凯"为叛夷所害"③,其子吕祥嗣位。史载吕凯祖孙三世皆为郡太守,说明永昌吕氏忠于蜀汉,维护了云南、永昌二郡的秩序。

越嶲郡也是南夷叛乱中心。在诸葛亮讨伐高定之后,"叟夷数反,杀太守龚禄、焦璜,是后太守之郡,只住安上县,去郡八百余里,其郡徒有名而已"。在诸葛亮平定南中四郡蛮夷时,巴西郡张嶷"辄有筹画战克之功",故平定南夷后,诸葛亮任张嶷为越嶲郡太守。张嶷则率部属亲自到郡,首先开展政治攻势,"诱以恩信""蛮夷皆服",唯有北徼提马部最为骁劲,不承节度。张嶷亲自督讨,"生缚其帅魏狼",然后又释放了他,"使招怀余类"④。这说明解决越嶲郡的叛乱,也是靠本郡的力量,诸葛亮并没有从中央派兵镇压。

---

① 《三国志·蜀书·李恢传》。
② 《三国志·蜀书·霍俊传》。
③ 《三国志·蜀书·吕凯传》。
④ 《三国志·蜀书·张嶷传》

建兴十一年(223年),"南夷豪帅刘胄反,扰乱诸郡",庲降都督马忠"遂斩胄,平南土"①。刚把刘胄镇压下去,"牂牁、兴古獠种复反"。庲降都督马忠命令张嶷"领诸营往讨。嶷内招降,得两千人,悉传诣汉中"②。以上两次叛乱,都是用庲降都督的兵力镇压下去的,蜀汉中央政府不仅没有出兵,而且得到两千人力的补充。这说明庲降都督在蜀汉政府南征北伐中起了重要作用。

总的来看,诸葛亮南征及南征中施行的积极而缓和的民族政策是成功的,故能在不到7个月(延兴三年三月至九月)的时间内而胜利回师。诸葛亮在撤兵前对南中原有机构的调整和人事安排是得体的,把南中区域以后的安危,交给了调整以后的庲降都督和六郡太守是恰当的。笔者认为诸葛亮率南征官兵全军而退的诺言是实现了,以后南中各郡虽有小规模的叛乱.但都被庲降都督和各郡太守所扑灭,并没酿成大患。因此,诸葛亮北伐时,后方(南中)基本是稳定的。同时由于南征的胜利,也得到了南中人力、物力的支援。诸葛亮曾迁青羌万余家于成都,补充蜀国军队,号称"飞校"。同时还征调南中的"金、银、丹、漆、耕牛、战马给军国之用"③,达到"军资所出,国以富饶"④的境地。这就给诸葛亮北伐创造了有利条件,所以诸葛亮在《出师表》中说,"今南方已定,兵甲已足,当奖帅三军,北定中原",实现"攘除奸凶,兴复汉室,还于旧都"⑤的目的。另外,诸葛亮南征,还打破了南中的闭塞状态,使汉族先进的政治、经济、文化得以在南中传播,对少数民族地区的开发有一定积极意义。

建兴三年(225年)九月,诸葛亮从南中胜利班师回到成都,经过短期休整后,于建兴五年(227年)三月,诸葛亮上书后主刘禅要求北伐,

---

① 《三国志·蜀书·马忠传》。
② 《三国志·蜀书·张嶷传》注引《益州耆旧传》。
③ 《华阳国志》卷四《南中志》。
④ 《三国志·蜀书·诸葛亮传》注引《汉晋春秋》。
⑤ 《三国志·蜀书·诸葛亮传》。

并北屯汉中作北伐的准备。次年正月他开始北伐,即所谓"六出祁山",其实主动出兵北伐只有五次,另外一次是被动应敌。第一次北伐是在建兴六年正月诸葛亮出兵攻魏祁山,天水、南安、安定三郡叛魏应亮,后因马谡失街亭,被迫退兵。第二次北伐是在同年十二月,诸葛亮引兵出散关,围陈仓,久攻不下,因粮尽而退兵,魏将王双追蜀军,被杀。第三次北伐是在建兴七年春,诸葛亮派陈式攻武都、阴平,魏雍州刺史郭淮引兵救二郡,诸葛亮出兵至建威,郭淮兵退,亮遂拔二郡而归。第四次北伐是在建兴九年二月,诸葛亮出兵围祁山,以木牛运输,司马懿派张郃、郭淮率军应敌,大败。又与司马懿在上邽相遇。司马懿依险据守,诸葛亮求战不成而退兵,于途中射杀张郃。第五次北伐是在建兴十二年春,诸葛亮率十万大军伐魏,出斜谷,以木牛流马运,进兵五丈原。他吸收以前粮尽退兵的教训,分兵屯田于武功,作持久战的准备。司马懿仍坚守不战。八月,诸葛亮卒于军中,蜀军撤退。一次被动出兵应敌,是在建兴八年七月,魏大司马曹真率大军出斜谷、子午谷,分三路攻蜀,诸葛亮出兵成固以应敌,会天大雨 30 余日,栈道断绝,于该年九月,曹魏罢兵。

  以上诸葛亮五次主动北伐和一次被动应敌,合称为"六出祁山"。其实诸葛亮北伐两次围攻祁山,其他三次并未攻祁山,但"六出祁山"是对诸葛亮北伐路线的概括提法,说明诸葛亮要出祁山而攻取陇右,这与《草庐对》所说的刘备"身率益州之众以出秦川"的进军路线完全不同。出秦川攻击目标是长安,然后再与攻宛洛的东路军合师,消灭曹魏而统一全国。诸葛亮北伐为什么要改变进军路线和攻击目标呢?这是诸葛亮根据客观形势的变化而作出的选择。诸葛亮北伐时的形势与《草庐对》时期完全不同。第一,因关羽失荆州,两路出军的计划已落空。第二,诸葛亮北伐时,刘备已经逝世,而换上了不谙世事的后主刘禅。文臣武将中的关羽、张飞、黄忠、马超、庞统、法正都已故去,因此形成"西蜀无大将,廖化作先锋"的局面。第三,在曹魏方面,"曹操智计殊绝于人,其用兵也,仿佛孙吴"①。司马懿则老谋深算。曹魏人才济济,谋臣如云,战将如雨,国力远远超过蜀汉。诸葛亮北伐时,是"主弱敌强",自知不能"以一州之地与贼持久"②。形势如此不利,诸葛亮为什么还要北伐?王夫之认为,诸葛亮知道"魏之不可旦夕亡,而后主之不可起一隅以复也,其出师北伐,攻也,特以为守焉耳"③。这一语道破了诸葛亮北伐的真实目的。诸葛亮北伐为什么是以攻为守呢?因他知道,蜀汉一旦示弱,曹魏必然会发起进攻,蜀汉就陷入被动挨打的局面,而战争必然在蜀汉境内进行,那样蜀汉就会国无宁日。如果是以攻为守,蜀汉就可以掌握主动权,并把战争引到境外,使曹魏不敢轻举妄动。由于诸葛亮北伐是以攻为守,所以其北伐路线就不是"出于秦川",而攻击目标也不是长安,而改为"出祁山"、"平取陇右"。其实这一战略思想在第一次北伐时就表现出来了。当时魏延提出要率精兵五千,负粮五千,出子午谷而袭长安,"如此,则一举而咸阳以西可以定矣"。诸葛亮"以为此县危,不如安从坦道,可以平取陇右,十全必克而无虞,故不用延计"④。诸葛亮所以不用魏延之计,就是因为他北伐的目标是先占领陇右,守住自己的北大门,而不是攻占长安。对此他又不好明说,因此招来魏延"以亮为怯"的"叹恨"。据王夫之的分析,"天水、南安、安定地险则民强,诚收之以为外蔽,则武都、阴平在怀抱之中,魏不能越剑阁以收蜀之北,复不能绕阶(阶州,甘肃武威)、文(文州,甘肃文县)以捣蜀之西,则蜀可巩固以存,而待时以进"⑤。据王夫之的分析,诸葛亮"平取陇右",就是要保护蜀汉西方门户。如果联系以后邓艾伐蜀,走的就是阴平路线,可知诸葛亮"平取陇右"的以攻为守的战略是多么有远见了。

---

① 张澍辑《诸葛亮集》,张俨《默记·后出师表》。
② 张澍辑《诸葛亮集》,张俨《默记·后出师表》。
③ 王夫之《读通鉴论》卷五《三国》。
④ 《三国志·蜀书·魏延传》注引《魏略》。
⑤ 王夫之《读通鉴论》卷五《三国》。

诸葛亮把北伐变为"以攻为守"的战略,笔者认为是从实际出发的权宜之计。因为他知道他的竞争对手,并不是有勇无谋、有一谋士范增而不用的项羽,他自己手下也没有萧何、韩信、张良、陈平等运筹帷幄、决胜千里的文臣武将。在此不利的形势下,硬要进行全国统一战争,其结果只有彻底失败。因此,他暂时将北伐改为"以攻为守",但也并未放弃"复兴汉室"、统一全国的最终目标。陈寿在《进诸葛亮集表》中说出了诸葛亮的真正抱负:"进欲龙骧虎视,苞括四海;退欲跨陵边疆,震荡宇内。"诸葛亮的进退、攻守都与国家统一大业有关。另外,他的北伐也有诱导后人蹈涉中原的示范作用。诸葛亮"自以为无身之日,则未有蹈涉中原,抗衡上国者",因此他才"用兵不戢,屡耀其武"①。据此虽说诸葛亮是"以攻为守",但也有蹈涉中原、统一全国的示范作用。

诸葛亮的北伐,并没有实现"复兴汉室,还于旧都"的目的,从这个角度讲,说诸葛亮北伐失败是可以的。但他以一州之地的人力、物力,与曹魏相比,"其战士、人民盖有九分之一也!"②,以此弱势之国力,对抗强大的曹魏,还能保持国内政治稳定、经济发展,"日用兵而民不知兵,日调赋而国不知赋","行法严而国人悦服,用民尽其力而不怨","耕战有伍,刑法整齐",诚属不易。在此形势下,诸葛亮"提步卒数万,长驱祁山,慨然有饮马河、洛之志",给曹魏造成巨大威胁,而诸葛亮在战争中潇洒自如,指挥若定。相比之下,他的对手司马懿,"据天下十倍之地,仗兼并之众,据牢城,拥精锐,无擒敌之意,务自保全而已,使彼孔明自来自去"③。这段文字说明,地广兵强的司马懿,在诸葛亮进攻面前,仅能据牢城自保,而弱势的诸葛亮却往来自由。不仅如此,还闹出司马懿"畏敌如虎"、"死诸葛,走生仲达"的笑话。可以说在战争中司马懿丑态毕露,诸葛亮则挥洒无限,所以从北伐"以攻为守"的角

---

① 《三国志·蜀书·诸葛亮传》。
② 《三国志·蜀书·诸葛亮传》。
③ 《三国志·蜀书·诸葛亮传》注引张俨《默记·述估篇》。

度讲,诸葛亮是胜利的。应该承认,诸葛亮北伐取得如此辉煌成果,实属不易,如果超出这一限度,而一定要求诸葛亮北伐必须"兴复汉室,还于旧都"、实现国家的统一,那就是苛求于古人了。

竹林七贤拙论

一

竹林七贤在魏晋时期是著名的风云人物,是一个名士群体的总称。这个群体中虽有很多越轨行为,但在当时的情况下,人们也是见怪不怪,每以风雅视之,很少有人评议。如"谢遏(谢玄)诸人共道竹林优劣,谢公(谢安)云:'先辈初不臧贬七贤。'"①这段引文是说,谢玄等人在评论竹林七贤优劣时,谢安劝阻他们说:老前辈当初都不评论七贤。为什么不能评论七贤呢?是怕触犯社会习俗而遭到忌恨。说明在魏晋社会浑沌时期,人们的一种特殊心理状态。尽管如此,时人和后人对竹林七贤还是有所评议的,现选其典型者介绍如下。

孙盛在《魏氏春秋》的评议:

  山涛通简有德,秀、咸、戎、伶朗达有俊才。于时之谈,以阮为首,王戎次之,山、向之徒,皆其伦也②。

孙盛对竹林七贤的评论,虽然都是肯定的,但也有等次之分。他认为山涛有德;向秀、阮咸、王戎、刘伶有俊才;阮籍为清谈之首;向秀、

---

① 《世说新语·品藻》,余嘉锡:《世说新语笺疏》,中华书局1983年版,第537页。
② 《世说新语·品藻》引刘孝标注,余嘉锡:《世说新语笺疏》,第537页。

山涛皆属同类人才。细读孙盛之原文,就会发现有一个大漏洞,说是评论七贤,却只提六人,独无嵇康,而山涛、向秀各提两次,这是不可思议的。关于向秀重出,尚难找出其原因,而对山涛之两见还可以窥探出其蛛丝马迹。敝意以为"山涛之通简有德",实为"嵇康之通简有德"。其理由有二:一,凡论七贤者,皆以嵇康、阮籍为首,无人把山涛放在第一位;二,山涛一身仕两朝,在以曹魏为正统的《魏氏春秋》中,也难称他"通简有德",而在《晋书·嵇康传》中说嵇康"宽简有大量",与"通简有德"的意义相同。

袁宏在《七贤序》中对七贤的评论是:

阮公瑰杰之量,不移于俗,然获免者,岂不以虚中萃节,动无近对乎?中散遣外之情,最为高绝,不免世祸,将举体秀异,直至自高,故伤之者也。山公中怀体默,易可因任,平施不挠,在众乐同,游刃一世,不亦可乎①?

上引袁宏的《七贤序》并非全文,故只提到阮籍、嵇康和山涛,并把阮籍放在首位,说他怀有奇伟的度量,不随俗改变,之所以能免于死难,是因他胸中守大节而无杂念,又没违犯大轨的缘故。嵇康排在第二位,因他有忠魏高绝之情,不免于祸。嵇康又以自身优异特出,以直自高,故遭伤害。山涛性格沉默,随遇而安,平均施与,不屈不挠,在众乐同,故处事游刃有余。总体来看,对阮籍、嵇康、山涛的评价都很高,估计《七贤序》中,对已失传的另外四贤的评价也不会低。

颜延之在《五君咏》中对七贤的评议:

《阮步兵》:

阮公虽沦迹,识密鉴亦洞。

沉醉似埋照,寓辞类托讽。

长啸若怀人,越礼自惊众。

物故不可论,途穷能无恸。

---

① 《太平御览》卷四四七《人事部》八八《品藻下》,中华书局1985年版,第2058页。文中"动无近对",《全晋文》作"动无过则"。

《嵇中散》：
中散不偶世，本自餐霞人。
形解验默仙，吐论知凝神。
立俗迕流议，寻山洽隐沦。
鸾翮有时铩，龙性谁能驯。

《刘参军》：
刘灵（伶）善闭关，怀情灭闻见。
鼓钟不足欢，荣色岂能眩。
韬精日沈饮，谁知非荒宴。
颂酒虽短章，深衷自此见。

《阮始平》：
仲容青云器，实禀生民秀。
达音何用深，识微在金奏。
郭弈已心醉，山公非虚觏。
屡荐不入官，一麾乃出守。

《向常侍》：
向秀甘淡薄，深心托豪素。
探道好渊玄，观书鄙章句。
交吕既鸿轩，攀嵇亦凤举。
流连河里游，恻怆山阳赋。

竹林本有七贤，颜延之为什么只作《五君咏》？这在《五君咏·自序》已有说明，因"山涛，王戎以显贵被黜"。说明颜延之对山涛、王戎当高官而显贵嗤之以鼻，将其除名。颜延之对其他五君，在《自序》中则作了总结性的评议："咏嵇康曰：'鸾翮有时铩，龙性谁能驯？'咏阮籍曰：'物（指人）故不可论，途穷能无恸。'咏阮咸曰：'屡荐不入官，一麾乃出守。'咏刘伶曰:'韬精日沈饮,谁知非荒宴。'"①从《自序》看,他对阮籍、嵇康评价较高,对阮咸、刘伶似有微词。不知为什么,在《自序》总结评议中又没评向秀,笔者认为"探道好渊玄,观书鄙章句",可以作为对向秀的总评语。关于《五君咏》及《自序》中的个别词句比较难懂,《昭明文选》李善注有所解说,可以参考,本文就不再赘释了。

沈约在《竹林七贤论》中的评论:

> 嵇生是上智之人,值无妄之日,神才高杰,故为世道所莫容。风邈挺特,荫映于天下,言理吐论,一时所莫能参,属(司)马氏执国,欲以智计倾皇祚,诛鉏胜己,靡或有遗。玄伯、太初之徒,并出嵇生之流,咸已就戮,嵇审于此时,非自免之运,若登朝进仕,映迈当时,则受祸之速,过于旋踵。自非霓裳羽带,无用自全,故始以饵术黄精,终于假途托化。阮公才器宏广,亦非衰世所容,但容貌风神,不及叔夜,求免世难,如为有途,若率其恒仪,同物俯仰,迈群独秀,亦不为二马所安,故毁行废礼,以秽其德,崎岖人世,仅然后全。仲容年齿不悬,风力粗可,慕李文风尚,景而行之。彼嵇、阮二生,志存保己,既托其迹,宜慢其形,慢形之具,非酒莫可,故引满终日,陶瓦尽年。酒之为用,非可独酌,宜须朋侣,然后成欢。刘伶酒性既深,子期又是饮客,山、王二公悦风而至,相与莫逆,把臂高林,徒得其游,故于野泽衔杯,举樽之致,裹中妙趣,固冥然不睹矣。自嵇、阮之外,山、向五人只是风流器度,不为世匠所骇,且人本含情,情性宜有所托,慰悦当年,萧散怀抱,非五人之与,其谁与哉②。

综观沈约的《竹林七贤论》,他所尊崇的只有嵇康一人,赞颂嵇康为"上智之人","神才高杰","风邈挺特,荫映于天下"。对阮籍虽称他"才器宏广",但又说他"容貌风神,不及叔夜",排第二位。对山涛、向

---

① 《五君咏》及《自序》均见《昭明文选》,中州古籍出版社1990年版,第289～290页。
② 《全上古三代秦汉三国六朝文》,中华书局1958年版,第3117页。

秀、阮咸、王戎、刘伶等五人,都是借饮酒而避祸,故"只是风流器度,不为世匠所骇"。沈约评七贤仅限于在竹林之游之时,嵇康被杀后,其他六人各奔前程,其中有几个"贤人"就更无所称道了。

司马光评竹林七贤:

> 谯郡嵇康,文辞壮丽,好言老、庄而尚奇任侠,与陈留阮籍、籍兄子咸、河内山涛、河南向秀、琅邪王戎、沛国刘伶,特相友善,号竹林七贤。皆崇尚虚无,轻蔑礼法,纵酒昏酣,遗落世事。

> (阮籍居母丧)饮酒无异平日,司隶校尉何曾恶之,面质籍于司马昭坐,曰:"卿,纵情、背礼、败俗之人,今忠贤执政,综核名实,若卿之曹,不可长也。"

> 阮咸素幸姑婢,姑将婢去,咸方对客,遽借客马追之,累骑而还。

> 刘伶嗜酒,常乘鹿车(小车),携一壶酒,使人荷锸随之,曰:"死便埋我。"当时士大夫皆以为贤,争慕效之,谓之放达①。

关于司马光对竹林七贤的评价,可分两部分来理解。第一部分从"谯郡嵇康"至"遗落世事",是对七贤总的评价。文中除对嵇康说他"文辞壮丽,好言老、庄而尚奇任侠",有肯定意思之外,对阮籍等六人,则说他们"皆崇尚虚无,轻蔑礼法,纵酒昏酣,遗落世事",似有批评之含意。第二部分从"(阮籍居母丧)"开始,至"谓之放达"止,是对七贤中阮籍、阮咸、刘伶的个人评价。对阮籍,司马光借用何曾之口,说他是"纵情、背礼、败俗之人"。对阮咸只记其追婢之事,可见是无善可陈。对刘伶则记他饮酒出游,"死便埋我",当时士大夫争相效慕,"谓之放达"。在司马光看来,恐怕也认为其既无聊,又影响很坏。这说明司马光对竹林七贤除嵇康外,评价都不高。

在这里必须说明的是,司马光在《资治通鉴》中并没有对竹林七贤作专门评价,只是在叙事过程中体现出他对竹林七贤的意见。

---

① 《资治通鉴》卷七八《魏纪十》元帝景元三年,中华书局1992年版,第2463~2464页。

余嘉锡在《世说新语笺疏》中对竹林七贤的评议：

> 竹林诸人，在当时齐名并品，自无高下。若知人论世，考厥生平，则其优劣，亦有可言。叔夜人中卧龙，如孤松之独立，乃心魏室，菲薄权奸，卒以伉直不容，死非其罪。际正始风流之会，有东京节义之遗。虽保身之术疏，而高世之行著。七子之中，其最优乎！嗣宗阳狂玩世，志求苟免，知括囊之无咎，故纵酒以自全。然不免草劝进之文词，为马昭之狎客，智虽足多，行固无取。宜其慕浮诞者，奉为宗主；而重名教者，谓之罪人矣。巨源之典选举，有当官之誉。而其在霸府，实入幕之宾。虽号名臣，却为叛党。平生善与时俯仰，以取富贵。迹其终始，功名之士耳。仲容借驴追婢，偕猪共饮，贻讥清议，直一狂生。徒以从其叔父游，为之附庸而已。子期以注《庄》显，伯伦以《酒德》著，流风遗韵，蔑尔无闻，不足多讥，聊可备数。濬冲居官则阘茸（卑劣），持身则贪恪。王夷甫辈承其衣钵，遂致神州陆沉。斯真窃位之盗臣，抑亦王纲之巨蠹。名士若兹，风斯下矣①。

余嘉锡对竹林七贤的评论，较上引各家的评论，既全面又深刻、具体，可谓爱憎分明。他对嵇康最为推崇，称其为"人中卧龙"，七子之中，最为优秀。对于阮籍则贬词较多，说他"阳狂玩世，志求苟免"，"智虽足多，行固无取"，"宜其慕浮诞者，奉为宗主；而重名教者，谓之罪人"，几乎一无是处。对山涛，虽然称颂他"典选举，有当官之誉"，又说他"虽号名臣，却为叛党"。这是站在曹魏政权立场对山涛的评价，是否公允有待思考。对阮咸，说他"借驴追婢，偕猪共饮，贻讥清议，直一狂生。徒以从其叔父游，为之附庸而已"。全是贬词。对向秀，说他"以注《庄》显"，肯定他注释《庄子》，宣传玄学的功绩。对刘伶，只说他"以《酒德》著"，即以《酒德赋》而著称。又说向、刘二人，"流风遗韵，蔑尔无闻"，但"不足多讥，聊可备数"而已，是用谅解的态度，评价二人。对王戎，则严词贬斥，说他"居官则阘茸（卑劣），持身则贪恪"。又说王

---

① 余嘉锡：《世说新语笺疏》，第537～538页。

衍就是继承他的衣钵,"使神州陆沈(沉)",西晋灭亡。说王戎是"窃位之盗臣","王纲之巨蠹",名士若像他这样,社会的风气就坏了。笔者对余嘉锡关于七贤的评论,基本是同意的,只是对山涛的评价略有异意,故想以史实为根据,对七贤略述拙见于下。

二

应该说明的是,笔者评价七贤,并不以魏、晋政权为依归。对拥魏者,可以肯定其气节;对于附晋者,可以肯定其政绩。不论其属于哪一派,凡饮酒乱政,败坏风俗者,一律予以谴责,这就是笔者以史为证评论七贤的依据。

1. 评嵇康

嵇康,字叔夜,谯国铚(今安徽宿州市)人,出身于官宦世家。嵇康少年早孤,史书称他"有奇才,远迈不群,身长七尺八寸,美词气,有风仪,而土木形骸,不自藻饰,人以为龙章风姿,天质自然"①,可谓是一位风姿翩翩的美少年。且"恬静寡欲,含垢匿瑕,宽简有大量,学不师授,博览无不该通,长好《老》、《庄》";"弹琴咏诗,自足于怀,以为神仙禀之自然,非积学所得",可谓是自学成材,兴趣广泛的才子。年长后曾与魏宗室通婚。其妻曹氏是曹操之子沛穆王曹林的孙女长乐亭主,因此得任郎中,后拜中散大夫。司马氏掌权后,嵇康弃官闲居,与阮籍等作竹林之游,或在家锻铁,或入山采药。山涛在辞去选官(吏部尚书)时,推荐嵇康代替自己,嵇康不肯接受,并写信给山涛表示拒绝。信中有"每非汤武而薄周孔,在人间不止此事,会显世教所不容"之句,暗指他反对司马氏所提倡的礼教,恐为司马氏所不容。这说明嵇康忠于曹魏,不肯就任选官,这引起司马昭的忌恨。司马昭就派其亲信司隶校尉锺会去考察嵇康的动向。当时嵇康正在家中的大树下与向秀

---

① 缩印百衲本《晋书.嵇康传》,商务印书馆1958年版,第347页。以下引文凡不出注者,均同此。

锻铁,对锺会的来访毫不理睬,使锺会很无趣。嵇康问锺会:"何所闻而来,何所见而去?"锺会答:"有所闻而来,有所见而去。"①这一问一答,均不甚友好,故锺会愤愤不平。嵇康曾在汲郡共北山中采药,遇到隐士孙登,嵇康乃从游三年,想与孙登交谈,孙登沉默不语。嵇康将要走时,对孙登说:"先生竟无言乎!"孙登说:"子才多识寡,难乎免于今之世。"②谁知孙言竟一语成谶,嵇康无罪被杀。

嵇康有一位好友名吕安,他的哥哥吕巽人品极坏,见吕安妻徐氏甚美,就用酒灌醉后奸淫之。吕巽怕吕安揭发而丑事泄露,故告吕安不孝,遂收安下狱。吕安让嵇康证明真相,"康义不负心,保明其事"③,因而被牵连。锺会看到这是迫害嵇康的好机会,遂上书给司马昭,说:"康上不臣天子,下不事王侯,轻时傲世,不为物用,无益于今,有败于俗……今不诛康,无以清洁王道。"④司马昭听信锺会的谗言,判处嵇康死刑。嵇康临刑前神情自若,并向哥哥索琴弹奏《广陵散曲》(一曰《太平引》)。弹罢,叹息说:"传者于是绝矣。"当时人都为之哀痛。"太学生三千人,请以为师",以保嵇康,皆不准。

嵇康一生著述颇多,有《琴赋》、《卜疑》、《与山巨源绝交书》、《养生论》、《答向子期难养生论》、《声无哀乐论》、《释私论》、《管蔡论》、《太师箴》、《圣贤高士论》等数十种,并有《嵇康集》传世。嵇康是一位有才华,有气节,有正义感的名士,只因忠于曹魏,不肯投靠司马氏,而遭恶棍的陷害。嵇康是竹林七贤中唯一被司马氏杀害的名士,就连他的宿敌锺会也称他为"卧龙",可见其品格之高。据说司马昭在嵇康死后,也有怜才后悔之意。

---

① 缩印百衲本《三国志·魏志·王粲传》注引《文士传》,商务印书馆1958年版,第290页。

② 缩印百衲本《三国志·魏志·王粲传》注引《文士传》,第290页。又《世说新语·栖逸》载孙登语作"君才则高矣,保身之道不足",与此语稍异。

③ 卢弼《三国志集解·王粲传》注引《魏氏春秋》,中华书局影印1982年版,第520页。

④ 卢弼《三国志集解·王粲传》注引钟会《庭论》,第520页。

2. 评阮籍

阮籍,字嗣宗,陈留尉氏(今属河南)人。其父阮瑀,官至魏丞相掾,知名于世。史称阮籍"容貌瑰杰,志气宏放,傲然独得,任性不羁,而喜怒不形于色。或闭户视书,累月不出,或登临山水,经日忘归。博览群籍,尤好《庄》、《老》。嗜酒能啸,喜弹琴,当其得意,忽忘形骸,时人多谓之痴"[①]。以上这段引文,说明阮籍是一位相貌堂堂,爱好广泛,读书入迷,尤好《老》、《庄》,深藏不露,志向宏远又任性的青年。太尉蒋济慕其才高而欲征辟,则谦退不肯就职。曹爽当政,召为参军,也以病辞退,说明阮籍并非拥曹派。司马懿、司马师当政,出任从事中郎。高贵乡公曹髦即帝位,封为关内侯,徙散骑常侍,说明曹魏政权也想拉拢他。司马昭曾为司马炎向阮籍女儿求婚,阮籍饮酒醉六十余日,而得以摆脱。史称阮籍"本有济世志,属魏晋之际,天下多故,名士少有全者,籍由是不与世事,遂酣饮为常"。若果真如此,对阮籍的超脱态度,也未可厚非。实际他并非"不与世事"。司马昭为得到名士的支持,对阮籍非常宽容。一次阮籍游东平(今属山东),"乐其风土",就主动向司马昭提出要求出任东平国相。司马昭很高兴,予以批准,阮籍"乘驴到郡,坏府舍屏鄣,使内外相望。法令清简,旬日而还"。这是一种极不负责的政治行为,即便是朋友相交,也要受人之托,忠人之事,何况是主动要求出任东平相,只干十天,扒了郡府的围墙就走了,如此任性,将置东平人民于何地?但司马昭并没怪罪他,反而仍任他为大将军从事中郎。不久,阮籍又听说步兵校尉府有好酒三百斛,就向司马昭提出要任步兵校尉,司马昭又批准了。阮籍到任后,"遗落世事",与刘伶等狂饮不止。如此当官不管事,实是败坏政治,令人难以容忍,而司马昭对他仍不责问。可见他并没有受司马昭迫害,而是得到了极度宽容。当然这是因为他对司马昭还有用处。景元元年(261年),司马昭进位相国,封晋公,加九锡。司马昭固让九锡,群臣劝进,让阮籍写《劝进表》。阮籍在醉中写表,一挥而就,"无改窜,辞甚清壮,

---

[①] 缩印百衲本《晋书·阮籍传》,第345页。以下引文不出注者,均同此。

为时所重"。但因写此表,阮籍被称为是司马昭的"狎客"。其实曹魏政权已腐朽没落,司马氏正处于进取兴盛之时,阮籍写《劝进表》并非他一生中的大过。

阮籍"虽不拘礼教,然发言玄远,口不臧否人物",这是他处世慎重的另一方面。但他行为放荡,不为礼教所容。《世说新语·任诞》注引王隐《晋书》曰:"魏末阮籍嗜酒荒放,露头散发,裸袒箕踞,其后贵游子弟阮瞻、王澄、谢鲲、胡母辅之之徒,皆祖述于籍,谓得大道之本,故去巾帻,脱衣服,露丑恶,同禽兽,甚者名之为通,次者名之为达也。"①晋人胡广对王澄、胡母辅之等皆以放任为达,或至于裸体露丑态,也持批评态度,说:"名教内自有乐地,何必乃尔。"②对胡母辅之的放浪行为,阮籍起了个很坏的带头作用。

《晋书》说阮籍"性至孝"。其实这种"至孝",也是不足为法的。史书说他母亲病逝时,他正在与朋友下棋,友人要他停棋奔丧,他却坚持要下完一局。把下棋放在母丧之上,这能算至孝吗?下完棋后,"饮酒二斗,举声一号,吐血数升。及将葬,食一蒸肫,饮二斗酒,然后临诀,直言穷矣,举声一号,因又吐血数升"③。阮籍的饮酒、痛哭与吐血的关系,谁能说清楚?再者,友人来吊唁,与他性情不合的人,以白眼相视;与他性情相投的,以青眼相对,这合乎人情吗?因此说他是"痴人"、"怪人",不足为过。

纵观阮籍的一生,可赞颂之处,是他才华出众,著作丰富,多才多艺。他著有《大人先生传》、《咏怀诗》等,又有《阮籍集》传世。至于生活放荡,不遵礼法,当官不管事,在任何时代都不会被容忍。如说他饮酒是为避祸,实际他并没有受过迫害。他享乐一生,得以善终,是竹林七贤中最得意之人。

3. 评山涛

---

① 余嘉锡:《世说新语笺疏》,第742～743页。
② 缩印百衲本《晋书·胡广传》,第314页。
③ 缩印百衲本《晋书·阮籍传》,第345页。

山涛,字巨源,河内怀(今河南武陟)人。其父山曜,官至宛句县令,早逝。山涛少年孤贫,但有气量,为时人所重视。性好老、庄之学。前半生隐居不仕,参与阮籍、嵇康等竹林之游,年四十才出任郡主簿、河内从事等职。大将军司马师的外祖母宣穆张皇后是山涛的姑奶奶。山涛去找司马师,司马师开玩笑地说:"吕望欲仕邪?"①遂举为秀才,任郎中,拜赵国相,再转尚书吏部郎,主管人事,再迁大将军中郎,成为司马师的亲信。钟会、邓艾伐蜀,山涛被任为监军。平蜀后钟会、邓艾作乱,大将军司马昭率军西征,而曹魏的诸王公均在邺(今河北临漳),司马昭很不放心,就对山涛说:"西偏吾自了之,后事深以委卿。"遂以本官行军司马事,给亲兵五百人镇守邺城,这是对山涛极大的信任。此后山涛官运亨通,先封新沓子,后转相国司马昭的左长史,统管别营。司马昭因山涛德高望重,就让太子司马炎去拜访山涛。山涛又成为司马炎的亲信。司马昭是继其兄之位而为晋王的,故想立其兄之子司马攸为太子,就向裴秀、山涛征求意见。裴秀"以为不可"。山涛又进一步说:"废长立少,违礼不祥,国之安危,恒必由之。"于是司马炎的太子地位才得以确立。司马炎即帝位后,即让山涛以代理大鸿胪的身份护送魏废帝曹奂到邺城。泰始初年,山涛加奉车都尉,进封新沓伯。后为保护裴秀而得罪执政羊祜,出为冀州刺史。在冀州他"甄拔隐屈,搜访贤才,旌命三十余人,皆显名当时,人怀慕尚,风俗颇革"。后转北中郎将,"督邺城守事"。因功调回中央,先任侍中,后迁尚书,以母老归养为由,多次上书辞职,武帝不准。后以议郎名义回家尽孝,并给以厚赏,以示关怀。母丧后,山涛以耳顺之年,亲自"负土成坟,手植松柏"以尽孝,受到武帝表扬。母丧后任吏部尚书,转太子少傅,再升尚书仆射,加侍中,领吏部如故。山涛以年老多病请辞,表数十上,武帝不允,不得已乃起视事,再居选职十余年,为国家选取很多人才。咸宁二年(276年),皇后父杨骏任车骑大将军,总揽朝政。山涛讽谏武帝抑杨骏,武帝不听,山涛遂不再上朝理政,并请求辞职,武帝仍不允,而更

---

① 缩印百衲本《晋书·山涛传》,第308页。以下引文未出注者,均同此书。

命山涛为司徒。山涛虽坚决不受，武帝仍在他卧病时授以章绶。太康四年(283年)，山涛病死于司徒任上，享年79岁。

山涛在七贤中，是唯一因亲戚关系而投靠司马氏，得到晋政权信任的人，并成为晋室最忠诚的重臣。但有人认为山涛曾在魏做过官而称他为"叛臣"，笔者认为对新旧政权交替时的人来说，不应这样简单地下结论。这要看新旧政权的情况及个人在新旧王朝中的作用而定。山涛在曹魏政权中只任过郡以下的小官，曹魏衰败，山涛弃暗投明无可非议。要知道司马氏当时正在奋起，它统一三国、晋初的"泰康繁荣"都是历史进步的表现。山涛在晋的言行及其政绩，都是有利于时势的，如平吴后司马炎要裁军，以示天下太平，大郡只留武吏百人，小郡则留五十人。山涛提出反对意见，认为"不宜去州郡武备"，但武帝不听。后来八王之乱，五胡入侵，因郡国多无武备，遭致西晋灭亡。再如山涛长期掌管选举，秉公办事，从不失职。《世说新语·政事》说："山司徒前后（领）选，殆周遍百官，举无失才。凡所题目，皆如其言。唯用陆亮，是诏所用，与公意异，争之不从，亮亦寻为贿败。"此事说明山涛选官时的认真负责的态度。选举陆亮时，本是晋武帝的旨意，山涛不同意，但争之不从，山涛"乃辞疾还家"，结果陆亮还是因受贿而失败。在竹林七贤中，像山涛这样恪尽职守者实属罕见。阮籍等人"屯蹇于世"，与山涛"独保浩然之度"①，两相比较不可同日而语，笔者认为在竹林七贤中，山涛应是一位受到肯定的人物。山涛虽任高官，但仍"贞慎俭约，虽爵同千乘，而无嫔媵，禄赐俸秩，散之亲故"②。像山涛这样廉洁奉公的高官，在魏晋奢侈之风盛行之际，实属凤毛麟角。山涛的著作虽不多，也有《文集》五卷传世。

4. 论向秀

向秀，字子期，河内怀（今河南武陟）人，史称他"清悟有远识，少为山涛所知，雅好老、庄之学。庄周著内外数十篇，历世方士虽有观者，

---

① 《世说新语·贤媛》注引《晋阳秋》，余嘉锡：《世说新语笺疏》，第680页。
② 缩印百衲本《晋书·山涛传》，第309页。

莫适论其旨统也。秀乃为之隐解,发明奇趣,振起玄风,读之者超然心悟,莫不自足一时也"①。向秀对《庄子》的研究特别深透,能够揭示《庄子》的宗旨,阐发《庄子》的真义,使读者得到满足。后来郭象又在向秀研究的基础上,"述而广之,遂使儒、墨之迹见鄙,道家之言遂盛矣"。据说向秀注《庄子》时,曾告诉其好友嵇康、吕安。嵇、吕二人都说,此书注者很多,不须再注,再注"徒妨人作乐耳"。及注成拿给二人看,嵇康说:"尔故复胜不?"吕安乃惊曰:"庄周不死矣!"②嵇康对向注是否胜过前人表示疑问,但吕安惊叹向注得到《庄子》的真义,故说"庄周不死矣"。

向秀才华横溢,并有深识远见,但却不愿入仕做官,与嵇康、阮籍等结为盟友,游于竹林,过闲散生活,有时在洛阳帮嵇康锻铁,有时在山阳(今河南焦作)与吕安灌园,逍遥自在,以酣饮为乐。但自嵇康拒绝做官被司马昭杀害后,因迫于政治压力,以应举为名赴洛阳去见司马昭。司马昭问向秀:"闻有箕山之志,何以在此?"向秀回答:"以为巢(父)、许(由)狷介之士,未达尧心,岂足多慕。"③向秀把巢父、许由说成是偏激固执之人,把司马昭比作唐尧,让司马昭很高兴,就任命向秀为散骑侍郎,后转黄门侍郎,又升任散骑常侍。向秀虽当了司马昭的官,但"在朝不任职,容迹而已",也就是当官不管事。实际上司马昭也不可能把实权交给向秀,两者各得其所,相安无事而已。

向秀一生最大的贡献是在著述方面。他二十多岁时,就写了《儒道论》,以后又为《庄子》作注。他和郭象的《庄子注》,至今犹为庄子研究者所重视。他还注过《易经》,名为《易经向氏义》,惜已失传。向秀的文章只传下来两篇:一是《思旧赋》,是为怀念嵇康、吕安而作,因涉

---

① 缩印百衲本《晋书·向秀传》,第349页。以下引文未出注者,均同此书。
② 《世说新语·文学》注引《向秀别传》。余嘉锡:《世说新语笺疏》,第206页。
③ 缩印百衲本《晋书·向秀传》,第349页。《世说新语·文学》引这段文字"闻"下有"君"字。

及到西晋政权,故内容非常隐晦含蓄,但怀旧之情溢于言表;另一篇是《难嵇叔夜养生论》,与老友嵇康进行学术辩论,直言无隐,显示向秀正直风格。向秀有《集》二十五卷,已佚。

向秀是竹林七贤中经历最为单纯的一位学者。他与曹魏政权没有任何瓜葛,没有在魏政权中做过官。他不愿意在司马氏的统治下做官,是对司马氏杀戮异己的蔑视,但他对司马氏也并无深仇大恨,所以在迫不得已的时候投奔司马昭,也容易被接受。他虽做了司马氏的官,因无权并不管事,故无政绩可言,也无污点可陈。他的最大贡献是推动玄学的兴盛,打破儒学的独尊地位,对学术思想解放起了推动作用。可以肯定,向秀在竹林七贤中是对中华文化有贡献的名士。

5. 评阮咸

阮咸,字仲容,陈留尉氏(今属河南)人。其父阮熙,官至武都太守,也算是官宦世家。阮咸因与叔父阮籍为竹林之游,故列为七贤之一。他"妙解音律,善弹琵琶"①,颇有音乐天赋。在曹魏末年,官至散骑侍郎。入晋山涛曾推荐阮咸"典选"(吏部郎),司马炎说他"耽酒浮虚,遂不用"。仍为散骑侍郎,掌侍从规谏。《晋书·阮咸传》记载三件琐事,以为谈资。一件事是说他与阮籍家住于道南,其他阮氏居于道北。每年七月七日道南阮氏富家皆"盛晒衣服,皆锦绮粲目",阮咸则"以竿挂大布犊鼻(粗布围裙)于庭"。人们奇怪地问他这是为什么,他答:"未能免俗,聊复尔耳。"这本是无聊小事,不值得一提,也能记入史书,说明他实在无事可记了。第二件事是他爱上了他姑母的婢女。阮咸的母亲病故,他姑母带婢女来吊丧,本来事前已说好,吊丧之后把婢女给他留下,但临走时他姑母变了卦,又把婢女带走了。阮咸不顾母丧,借了客人的马(一说是驴)去追婢,追上后"与婢女累骑而还",遭到时人的非议。第三件事是说他与亲朋大盆喝酒,有一群猪也来喝。阮咸便"直接去其上,便共饮之",以显示他有纵情放达的情愫。另外《世

---

① 缩印百衲本《晋书·阮咸传》,第 346 页。以下引文未注出处者,均同此书。

说新语·术解》还有一件事,是说阮咸"善解音律",被称为神解。他的顶头上司中书监荀勖"善解音声,时论谓之暗解"。荀勖每次在公会演奏时,阮咸都认为荀勖的演奏"音律不调",没说过一句赞扬的话,引起荀勖的忌恨,借故就把阮咸调出中央,出任始平太守,并死于任上。在这一件事上,阮咸是冤枉的。后来始平(今陕西兴平)农民在耕地时,发现一把周朝的玉尺,时称"天下正尺"。荀勖遂用周的玉尺,校对他"所治的钟鼓、金石、丝竹"等乐器,"皆觉短一黍,于是伏阮神识"①。但此时阮咸已死,如果他地下有知,也会感到安慰。

阮咸一生能为人所称道的,只有"善解音律"一项特长。余嘉锡说:"仲容借驴追婢,偕猪共饮,贻讥清议,直一狂生,徒以从其叔父游,为之附庸而已。"②阮咸留下的著作只有一篇《律义》残文,收在《全上古三代秦汉三国六朝文》的《全晋文》中。竹林七贤多以诗文出名,阮咸在这方面也属末流。

6. 论刘伶

刘伶(灵),字伯伦,沛国(今江苏沛县)人。史称他"身长六尺,容貌甚陋,放情肆志,常以细宇宙、齐万物为心。澹默少言,不妄交游。与阮籍、嵇康相遇,欣然神解,携手入林,初不以家产有无介意。常乘鹿车,携一壶酒,使人荷锸而随之,谓曰:'死便埋我。'其遗形骸如此"③。从这段引文看,刘伶过的是典型的隐士生活。刘伶的一生经历非常简单,他只在曹魏末年任过建威参军。晋泰始初年参加过贤良对策。刘伶"盛言无为之化,时人皆以高第得调(任官),伶独无以用罢(官)",从此刘伶在家闲居,以饮酒为乐。刘伶嗜酒,超出一般人的想象。有一次刘伶"喝甚,求酒于其妻。妻捐酒毁器,涕泣谏曰:'君酒太过,非摄生之道,必宜断之。'伶曰:'善!吾不能自禁,唯当祝鬼神自誓

---

① 余嘉锡:《世说新语笺疏》,第703页。
② 余嘉锡:《世说新语笺疏》,第537页。
③ 缩印百衲本《晋书·刘伶传》,第349页。以下引文不注出处者,均同此书。

耳。便可具酒肉。'妻从之。伶跪祝曰:'天生刘伶,以酒为名,一饮一斛,五斗解醒,妇儿之言,慎不可听。'仍饮酒御肉,隗然复醉"。以上引文虽属文言,但生动、简练、易懂。刘伶以幽默的语言和动作,骗得了他夫人的酒肉,又对他无可奈何。还有一次刘伶喝醉后,和一人发生了冲突。那人捋着袖子伸出拳头向他打来。刘伶笑着说:"我瘦成鸡肋,不足安君老拳。"那人也以一笑而罢。刘伶的生活无拘无束,也有放浪违礼之处。《世说新语·任诞》说:"刘伶恒纵酒放达,或脱衣裸形在屋中。人见讥之。伶曰:'我以天地为栋宇,屋室为裈衣,诸君何为入我裈中?'"①这种诡辩很难令人信服。

　　刘伶一生著作甚少,只有《酒德颂》及《北芒客舍诗》传世。赋文豪放,写其"无思无虑,其乐陶陶"的醉酒生活。他酒后"静听不闻雷霆之声,熟视不睹泰山之形,不觉寒暑之切肌,利欲之感情"②。刘伶把一切都置之度外,脱离政治,远离社会,以酒为乐,以避免司马氏的迫害,最后得以善终。但作为竹林七贤之一的刘伶,能让后人向他学习什么呢?这倒是值得深思的问题。关于文人墨客嗜酒,倒是中国酒文化的一大特色。可以说历代文化名人没有不好酒的,但他们都知关心国事民瘼,或留下千古名著。王羲之的《兰亭序》,就是酒后的名作。李白"斗酒诗百篇",也知关心国家大事。杜甫好酒,却能写出关心人民疾苦的"三吏"、"三别"。苏东坡被谪后仍写"我欲乘风归去,又恐琼楼玉宇,高处不胜寒"的诗句。反观刘伶嗜酒只是免于受迫害,即使司马氏政权万恶不赦,刘伶这种嗜酒态度,对于时事又有何益?

　　7. 评王戎

　　王戎,字濬中,琅玡临沂(今山东临沂)人。其祖父王雄在曹魏任幽州刺史,其父王浑任凉州刺史,封贞陵亭侯。王戎"幼而颖悟,神彩秀彻"③,得名流裴楷的赏识。王戎六七岁时在宣武场观戏,"猛兽在

---

①　余嘉锡:《世说新语笺疏》,第731页。
②　《昭明文选》,第660～661页。《晋书·刘伶传》也见此文。
③　缩印百衲本《晋书·王戎传》,第310页。以下引文不注出处者,均同此书。

槛中虓吼震地,众皆奔走,戎独立不动,神色自若",说明王戎还是个勇敢的儿童。及年长与阮籍相识,阮籍很赞赏王戎的才华。王戎比阮籍小二十岁,二人遂成为忘年交,并共游竹林,王戎也成为七贤之一。王戎父王浑卒于凉州刺史任上,故吏赠赙钱数百万,"戎辞而不受,由是显名"。但随年龄的增长,王戎的品质逐渐由好变坏,最先发现王戎质变的人是阮籍。有一次在竹林之游时,王戎迟到。阮籍说:"俗物已复来,败人意。"阮籍称王戎为"俗物",说明他已俗不堪言。

王戎的质变,是他袭爵当官以后的事。其父王浑死后,王戎袭爵贞陵亭侯,后被辟为相国掾,历经吏部黄门郎、散骑常侍、河东太守、荆州刺史,可谓步步高升。他在荆州刺史任内,就因腐化遣吏修园宅过制而免官,"诏以赎论"。即诏书命他以钱赎官,遂任豫州刺史,加建威将军,因平吴功,进封安丰县侯。后入朝为侍中,因受贿而被纠察,但因受贿的钱并未拿到手而免于处分,但犹受到舆论的谴责,即"为清慎者所鄙,由是损名"。然而这并未影响王戎的仕途,反而逐渐高升,先任光禄勋,后任吏部尚书,再迁尚书仆射,仍领吏部,主管人事。因他任官调换频繁,形成极坏的风气,遭到司隶傅咸的弹劾,说当时"送故迎新,相望道路,巧诈由生,伤农害政,戎不仰依尧舜典谟,而驱动浮华,亏败风俗,非徒无益,乃有大损,宜免戎官,以敦风俗"。因王戎与皇亲贾充、郭彰有密切关系,"竟得不坐"。不久又升任司徒、尚书令,成为政治上的"不倒翁"。但王戎的声誉却每况愈下,成为令人发指的利禄之徒。《世说新语·俭啬》记有王戎贪财吝啬的几件事,令人齿冷。其一说"王戎俭吝,其从子婚,与一单衣,后更责之";其二说"司徒王戎,既贵且富,区宅僮牧,膏田水碓之属,洛下无比,契疏鞅掌,每与夫人烛下散筹算计";其三说"王戎女适裴頠,贷钱数万,女归,戎色不说(悦),女遽还钱,乃释然"[①]。《晋书·王戎传》也有类似记载,因文字较长,故未摘录。像王戎对亲侄、女儿都如此吝啬,怎能与"贤人"挂上钩?

---

① 余嘉锡:《世说新语笺疏》,第873~874页。

三

　　以上对竹林七贤中的每一个人,都根据他们在历史上的表现,逐个进行了评论,其结论各不相同。但在这里必须说明一点,所谓"竹林七贤"一词,并非是哪一个人随便下的定语,而是当时社会的共评。那是指在魏晋政权交替之际,政治动乱,是非难辨,嵇康、阮籍等七人,远离政治,隐逸于竹林之中,饮酒赋诗,谈论《老》、《庄》、《易》等学说,自在逍遥,人们对他们的活动,既羡慕也敬仰,称他们为"七贤",也是正常的。但在司马氏掌权之后,极需社会舆论的支持,凡是支持者,司马氏就拉拢、提拔,凡是反对者就打击、杀戮。这就促使七贤的内部分化。嵇康在七贤中是忠实于曹魏的,在与山涛的《绝交书》①中表示拒不接选职,引起司马昭的忌恨,遂找个机会杀了嵇康。杀嵇康绝对是冤假错案,我们对嵇康应予同情。对嵇康的人品、气节、才华都应予以肯定,称他为贤人也是实至名归。

　　司马昭杀嵇康,确实起到了杀一儆百的作用,向秀就是因为嵇康被杀而主动去洛阳投靠司马昭的。司马昭不仅接待了他,而且还给了个官做。向秀没有实权,司马昭对他也不苛求。向秀的贡献主要在学术方面,他与郭象的《庄子注》流传至今,仍有其学术价值,故对向秀也应作出历史性的肯定。

　　山涛是真诚投靠司马氏的人,他给西晋政权提过很好的意见。他当官也尽职尽责,为西晋罗致一些有用之才,得到西晋政权的信任和重用,最后官至司徒,成为中央政府的要员。我们不能因为他投靠司马氏就称其为"叛臣",而应该从正面肯定他是西晋的忠臣,是七贤中难得的政治家。

---

　　① 嵇康给山涛的信,后人定名为《与山巨源绝交书》,造成极大的误解。其实这封信只是表示拒不担任选职,并非要与山涛断交。这从嵇康临刑前对其子嵇绍说的"巨源在,汝不孤矣"可证。

阮籍是七贤中最有才华的人,在文学方面贡献最大,也是司马氏最想拉拢的名士。但阮籍的反礼教行为,败坏了一般人对礼教的认知,裸体露丑令人厌恶,而被称为礼教的罪人。他当官不理事,饮酒酣醉,一走了事,不仅是对司马氏政权的嘲弄,也是对人民意愿的藐视,除了司马昭可以容忍之外,任何政权都会对他惩之以法,在舆论上也应予以谴责。

刘伶可算得上是一位真正的隐士,不当官,不图名利,整天以酒为务,陶醉人生,看似超脱,实为社会的赘疣,不论他有多大的才华,也不足为训。

王戎是竹林七贤中最不贤的一个人。他年轻时虽然是一位有胆有识的人,不收其父故吏数万赠礼,但他在袭爵当官后却变成另外一个人,擅于钻营,结党营私,贪污受贿,贪财好利。他名声日趋败坏而官级日益上升,成为"积实聚钱,不知纪极,每自执牙筹,昼夜算计,恒若不足"①的看财奴、吝啬鬼。像这样的利禄之徒,早已和竹林七贤的宗旨背道而驰。其弟王衍继承了他的衣钵,成为葬送西晋的罪魁祸首,王戎也难辞其咎。

本文所以名为《竹林七贤拙论》,是因笔者不敢自视高明,标新立异。笔者评论竹林七贤只是不以魏、晋政权为依归,故对七贤中的拥魏者,可以肯定其气节;对拥晋者,可以肯定他是忠臣。一切都以他们的个人政绩、业绩为根据,这就是笔者评论竹林七贤的拙见。据此拙见,笔者认为对竹林七贤不宜作整体评价,因为在竹林之游以后,七贤的表现各不相同,如作整体评价,难免出现"一锅煮"之嫌,良莠不分,黑白不辨,从而失去历史的真实性。以上拙见,如有不当之处,敬请方家指正。

---

① 缩印百衲本《晋书·王戎传》,第311页。

对"将无同"的真义探讨

一、问题的缘由

西汉在武帝时,接受董仲舒的建议,罢黜百家,独尊儒术。于是设太学,立五经博士,培养太学生,儒学成为入仕的敲门砖。在武帝末年,鲁恭王刘余坏孔子宅,在墙壁中发现《尚书》、《逸礼》、《论语》和《孝经》。汉成帝时,命刘向、刘歆父子整理、校订藏书,又发现了《春秋左氏传》、《毛诗》和《尚书》。这些新发现的儒经和孔壁藏书一样,都是用古代文字写的,故称古文经书;而汉武帝以前的经书则是用今文(隶书)书写的,故称为今文经书。此后在汉代学术界就出现了经今文学派与经古文学派之分。经今文学派讲微言大义,引谶纬解经,颇有迷信色彩。经古文学派谓六经皆史,重视训诂考证。为争夺学术上的正统地位,两大学派就展开了激烈的斗争。经今文学派因为存在于先,早已立为学官,占据了正统地位。经古文学派虽未立为学官,但在民间盛行,在学术界占了上风。王莽篡汉,施行托古改制,古文经学一度立为学官。刘秀建立东汉,重视谶纬,又取消了经古文学官。东汉章帝颇信古文经学,他主持召开的白虎观会议上,讨论五经异同,就出现了经今、古文合流的趋势。古文经学家贾逵用谶纬学说,从《左传》中找出刘姓为尧后,汉应为火德的证据,得到章帝的赞赏。白虎观会议之后,虽然仍有经今、古文之争,但合流的趋势更加明显。到了东汉末年,著名经古文学家郑玄,利用经今、古文两派学说编注群经,成为汉代经学的集大成者。至此,基本上结束了延续200年之久的经今、古文之争。

东汉末年,经今、古文之争虽然趋于统一,但儒学已失去了原有的光环。古文经学的烦琐考证,今文经学的谶纬虚妄,使学术界感到厌烦,儒学已走向衰退。特别是在东汉末年以后,战乱频繁,中央集权制政体被严重削弱,国家已无力控制赖以统治的儒学思想,于是学术界就出现了以探讨本与末、有与无、名教与自然、才与性等命题的玄学。玄学即以研究《老子》、《庄子》和《易经》,合称"三玄"而得名。玄学的交流形式就是清谈。在玄学家中虽有放浪形骸、不理政事等缺点,但他们所探讨的问题,涉及宇宙观、本体论等哲理问题,比儒家学派的烦琐考证、谶纬迷信更有学术价值。玄学的出现打破了儒学独尊的专断地位,是一次学术思想的大解放。玄学在魏晋南朝时期虽风靡一时,但它并没在政治领域占有正统地位。国家办教育,仍读儒经;用人考试,仍试儒学。儒学虽衰退,但它的正统地位未变。这种矛盾现象的出现,就使一些名士不得不儒、玄兼修。如晋人江惇就是"儒玄并综",他认为"君子立行,应依礼而动,虽隐显殊途,未有不傍礼教者也"①。

再如庾亮"善谈论,性好庄老,风格峻整,动由礼节②,实际也是儒、玄并修。玄学家在清谈中,礼教与自然也是经常讨论的命题。于是儒学的礼教与老、庄的自然的异同,也就成为当时的一大疑问。以上所述也就是"将无同"典故产生的缘由,或称之为产生的历史背景。

二、谁问? 谁答?

"将无同"是西晋时期一个典故,又称"三语掾"。说的是一位高官向一位年轻人提问:孔子的礼教与老、庄的自然异同? 青年人答:"将

---

① 《晋书》,商务印书馆,1974年版,1539页。
② 《晋书》,商务印书馆,1974年版,1915页。

无同。"这位高官对年轻人的答复很赞赏,就任命他为下属,故被称为"三语掾"。对此典故有几种古籍记载,但对是谁提问,是谁答复,却说法不一,我们必须做点认真的研究工作,才能搞清真相。以下我们先引述两种古籍的记载作为引线,以便深入探讨。

> 阮宣子有令闻,太尉王夷甫见而问曰:"老、庄与圣教同异?"对曰:"将无同。"太尉善其言,辟之为掾,世谓"三语掾"。卫玠嘲之曰:"一言可辟,何假于三?"宣子曰:"苟是天下人望,亦可无言而辟,复何假一?"遂相与为友(《世说新语·文学》)。

> (阮瞻见司徒王戎),戎问曰:"圣人贵名教,老庄明自然,其旨同异?"瞻曰:"将无同。"戎咨嗟良久,即名辟之。时人谓之"三语掾"(《晋书·阮瞻传》)。

综观《世说新语》和《晋书》所记"将无同"和"三语掾"典故,文字虽有所不同,但实为一事应属无疑。如按《世说新语》记载,提问者为太尉王夷甫(王衍),答者是阮宣子(阮修);如按《晋书》记载,提问者为司徒王戎,答者为阮瞻。两书所记孰真孰假,令人难以断定。按成书先后判断,《世说新语》是南朝刘宋时人刘义庆所撰,成书在前,可信度较高。《晋书》又作唐太宗李世民"御撰",成书在后,而且爱引《世说新语》的典故,论说应以《晋书》为准,即是王戎提问,阮瞻回答。但唯独此处却属例外,因《晋书》对"将无同"的引述并没有用《世说新语》的说法,故余嘉锡先生说:"此独与《世说》不同,知其必有所考矣。"①余嘉锡此语,认为不应以《晋书》为准,不是司徒王戎提问,名士阮瞻回答,而应另找根据。他还引用《太平御览》两处《卫玠别传》的文字,予以证实。下面我们就转引《太平御览》有关《卫玠别传》两段文字进一步探讨。

> 《卫玠别传》曰:太尉王君见阮千里而问曰:"老、庄与圣教同异?"阮曰:"将无同。"太尉善其言,辟之为掾。世号曰:"三语掾。"王君(应为卫君之误)嘲之曰:"一言可辟,何假于三?"阮曰:"苟足

---

① 余嘉锡:《世说新语笺疏》,第209页,中华书局1983年版。

(是)天下民望,亦可无言而辟,复何假于一?"(《太平御览·言语》)

《卫玠别传》曰:"玠,字叔宝。"陈留阮千里有令闻,当年太尉王君见而问曰:"老、庄与圣教同异?"阮曰:"将无同。"太尉善其言而辟之为掾,世号曰"三语掾"。(卫)君见而嘲之曰:"一言可辟,何假三?"阮曰:"苟是天下民望,可无言而辟,复何假于一言!"(《太平御览·太尉掾》)

以上所录《太平御览》引《卫玠别传》两段文字,其中都有错字和掉字,笔者在括号中予以补正,故不再赘述。关于提问者和答复者是谁的问题,两段《卫玠别传》都有所回应。提问者是"太尉王君",虽未直呼太尉王君之名,但考察西晋永嘉之前的历史,身为三公之首太尉者,只有王夷甫(王衍)一人。从学术修养来看,王衍是儒、玄兼通的人,他曾"自比子贡",说明他对儒学有很深的根基。他又"妙善玄言,唯谈老、庄为事"。因此他有可能提出"老、庄与圣教异同"之问。他在清谈时,也不拘一格,"义理有所不安,随即改更",世号"口中雌黄"①。所以他对"将无同"的笼统回答也感到满意。至于王戎虽名列"竹林七贤",但被阮籍视为"俗物",实际是个财迷,史称他"性好兴利,广收八方园田水碓,周遍天下"。他女儿借数万钱未还,"女后归宁,戎色不悦,女遽还直,然后乃欢"②。这样视财如命的人,对学术问题并不关心,亦不可能提出"老、庄与圣教同异"之问。且王戎在晋虽两次任司徒,但并未当过太尉。《太平御览》把"将无同"放在"太尉掾"目下,说明提问者是太尉王衍,而不是司徒王戎。

关于答复者是谁的问题,《太平御览》引《卫玠别传》两条资料,都是明指其人,就是"阮千里"。按"千里"是西晋名士阮瞻的字,至此我们可以得出明确结论:"老、庄与圣教同异"的提问者是太尉王衍,"将无同"的答复者是名士阮瞻。

---

① 《晋书》,商务印书馆,1974年版,第1230页。
② 《晋书》,商务印书馆,1974年版,第1234页。

以上我们引用三本书中的四条资料进行了问题考证,这三本书是《世说新语》、《晋书》和《卫玠别传》。细心的读者不难发现,其实《世说新语》和《晋书》的资料,均是源自《卫玠别传》。这大概就是《晋书》不用《世说新语》资料的原因吧!所以我们认为,根据《卫玠别传》得出的结论,是源于第一手资料,是可靠的。

三、"将无同"的真义

　　对"将无同"三个字的含义,一般研究者只作笼统而正面的理解,很少有人去"钻牛角尖"进行深入的探讨。笔者不揣冒昧想在这方面做点尝试。首先,要解释一下"将"字。《辞海》对"将"字有二十多种解释,能与"将无同"联系上的,只有"抑或"(或者)一种解释。《汉语大辞典》对"将"字有三十多种解释,与"将无同"能联系上的只有"大概"一种解释。其次,再解释"将无"二字,《汉语大辞典》作"莫非"解,《辞海》作"犹言还不是"解。其三,对"将无同"三个字的解释。《辞海》(1979年版)作"莫不是相同,该是相同"解。《汉语大词典》(1995年版)作"莫非相同,恐怕相同"解。《世说新语·文学》注引《演繁露续集》卷五云:"不直云同,而云'将无同'者,晋人语度自尔也。"余嘉锡在按语中解释说:"盖'将无'者,自以为如此,而不欲直言之,委婉其辞,与人商榷之语也。"① 冯友兰先生说:"孔子与老庄'将无同',乃当时一部分人之见解也。"②从以上介绍的情况可知,中国古今一般学者都认为"将无同"的回答言简意赅,是具有商量性的委婉肯定之词,即认为老、庄的自然与孔子的名教恐怕是相同的。其实这种认识,对当时老庄学派的人来说并不占多数,多数人是反对儒家的孔教而赞同老、庄自然的。所以阮瞻回答的"将无同"绝对不可能是商榷性的肯定回答"莫非相同"、"恐怕相同",这实际是阮瞻模棱两可的回答。如果对"将无同"三

---

① 余嘉锡《世说新语笺疏》,中华书局,1983年版,208页。
② 冯友兰《中国哲学史》增订本,商务印书馆,1947年版,第604页。

个字进行认真分析,它既可理解为"莫非相同",也可以理解为"没有什么相同"。阮瞻所以敢于这样回答,因为王衍本人就是"口中雌黄"和"义理有所不安,随即改更"的人。所以在阮瞻回答之后,王戎(实际是王衍)就"咨嗟良久",认为阮瞻的回答既聪明又机智,于是就任命阮瞻为太尉掾。对于阮瞻仅因"将无同"三个字的回答就被任命为太尉掾,卫玠很不服气,就嘲讽说:"(只要看上眼)一个字就可以任命为掾,何必以三个字为借口。"阮瞻很自信地回答说:"如果是天下的民望,一个字不说也可以任命为掾,何必以一个字为借口。"卫玠看到阮瞻确实是个才子,于是就互相交往而成为好朋友。"将无同"、"三语掾"的争议,也就此画上了一个句号。

关于对"将无同"真义的理解,由于笔者见闻不广,还曾以为是本人的"创见"。在写作本文的过程中,笔者才读到鲁迅先生对"将无同"的论断。鲁迅说:

> 当时阮宣子(阮修)见太尉王夷甫。夷甫问老庄之异同?宣子答说:"将毋同。"夷甫就非常佩服他,给他官做,即所谓"三语掾"。但"将毋同"三字,究竟怎样讲?有人说是"殆不同"的意思;有人说是"岂不同"的意思——总之是一种两可、飘渺恍惚之谈罢了。①

读罢鲁迅对"将毋(无)同"的论断,原来在几十年前鲁迅对"将无同"就作出了"两可"的辨析,认为是"飘渺恍惚之谈罢了",我还认为是自己的"创见",实感汗颜。但令人不解的是,鲁迅先生的论断为什么没有传播开来?这大概是因为他自己并不是专门研究"将无同",故未加深论,只是在谈到《世说新语》、《语林》这一类书时,顺便举例说明而已,故对阮宣子(阮修)也未更正为阮千里(阮瞻)。如此说来,我这篇小文也可视为探疑补缺之作了。

---

① 《鲁迅全集》第九册,人民文学出版社,1981年版,311页。

东晋南朝王谢袁萧四大郡望兴衰试探

中国的门阀士族制度萌芽于东汉,确立于三国曹魏,发展于西晋,至东晋达于顶峰,在南朝时期逐渐走向下坡路,隋唐王朝创立科举制,门阀士族制基本废除。以上所述是门阀士族制从产生、发展、演变到衰落的全过程,但本文的着重点是探讨东晋、南朝琅玡王氏、陈郡谢氏、陈郡袁氏、兰陵萧氏四大郡望的兴衰问题。因为这四大郡望在东晋、南朝的历史中具有举足轻重的作用,有必要搞清他们兴衰的历史渊源。

一、琅玡王氏——流门阀地位的形成

琅玡王氏发迹较早,其先祖可追溯至西汉司隶校尉、谏议大夫王吉及其子御史王骏、其孙大司空王崇。在后汉有王吉后人青州刺史王仁。王仁之子王融,因拒绝公府征辟而没有做官。王仁之孙就是以至孝闻名的王祥和其弟王览。王祥在曹魏官至司空、太尉,德高望重。其弟王览,虽声望不及其兄,也官至中正卿、太中大夫,故琅玡王氏在曹魏的政局中,也算是很有地位的门阀士族。但在曹魏末年,王祥因不肯参拜晋王司马炎,受到司马氏的暗中排挤。司马炎即帝位后,表面上擢升王祥为太保,进爵为公,实际上剥夺了王祥的太尉实权。此后王祥也就很少上朝,并"以年老疲耄"为由"累乞逊位"。司马炎下诏

"听以睢陆公就第",且又下诏"不宜苦以朝请,其赐几杖,不朝"①。就这样,以表面上的尊重罢免了王祥的官职,并不让王祥再上朝问事。因此,在魏末晋初,琅玡王氏的门阀士族的地位在平阳贾氏、河东裴氏、太原王氏等士族之下。

门阀士族在九品中正制的庇护下,至魏末晋初已发展成众多有名的郡望,本文在此只能介绍几家最有权势的望族。

一是平阳贾氏。以贾充为代表,其先可追溯至曹魏豫州刺史贾逵。贾逵原本是河东郡襄陵县人,魏改襄陵入平阳郡,故其子贾充称平阳贾氏。贾充在魏末倒向司马氏,曾随司马师、司马昭平定毌丘俭、诸葛诞之变,官至中护军。在曹髦进攻司马昭时,命其部下成济刺死曹髦,成为司马氏的心腹。司马炎称帝,进位车骑将军,成为晋的开国元勋,其女贾南风又为太子妃。贾充在平吴时为主帅,后官至骠骑大将军、侍中、尚书令,是执掌西晋军政大权的实力人物。

二是河东裴氏。以裴秀为代表,"世为著姓"。其祖父裴茂为河东闻喜人,汉灵帝时,历任县令、郡守、尚书等职。献帝建安初年,"以奉使率导关中诸将,讨李傕有功封列侯"②。裴茂子裴潜,仕魏为尚书令,是曹魏的政治核心人物。裴潜子裴秀仕魏累官至尚书仆射,封侯。曹魏末期也倒向司马氏,司马炎即位,加左光禄大夫,封郡公。因"光佐大业,勋德茂著"③进位司空,成为官位最高的三公之一。

三是太原王氏,以王沉为代表。其家世也发迹于汉代。先祖王柔为后汉护匈奴中郎将,其弟王泽为后汉代郡太守。与吕布共谋除掉董卓的汉司徒王允也是太原祁人。王柔子王机为曹魏东郡太守,王柔弟王昶为魏司空,王柔孙王沉为魏散骑常侍。论门第,太原王氏本不如琅玡王氏,但王沉在曹魏后期倒向司马氏,特别是当高贵乡公曹髦决

---

① 缩印百衲本《晋书·王祥传》,商务印书馆1958年版,第246页。
② 缩印百衲本《三国志·魏书·裴潜传》注引《魏略》,商务印书馆1958年版,第322页。
③ 《晋书·裴秀传》,第260页。

意攻杀司马昭时,由于王沉告密,使司马昭早有准备,反而击杀了曹髦,立了大功,封为安平侯,从此地位高于琅玡王氏。

以上所介绍的平阳贾氏、河东裴氏、太原王氏三家,在亡魏建晋的过程中都立过汗马功劳,故在晋泰始年间,有谣谚曰:"贾裴王乱纪纲,裴王贾济天下。"①言其乱魏的纪纲,而济晋的天下。故贾、裴、王三家,在晋的士族中地位最高。

在西晋,除贾、裴、王三家外,很有权势的还有弘农杨氏和泰山羊氏、河东卫氏。

弘农杨氏以杨骏为代表,祖居弘农郡华阴县,其先祖可追至东汉安帝时太尉杨震。杨震的八世祖杨喜,西汉初因功封赤泉侯。杨震的高祖杨敞,汉昭帝时任丞相,封安平侯。杨震的父亲杨宝,以教授欧阳尚书而驰名,东汉光武帝刘秀下诏特征而不就。杨震中子杨秉,桓帝时官至太尉,杨震孙杨赐,在灵帝时曾任司徒、司空和太尉。杨赐子杨彪,在献帝时曾任太尉,故弘农杨氏在汉代有"四世为三公"②之称。杨彪子杨修,好学有俊才,曾任曹操丞相主簿,机智过于曹操,为操所忌,遂以"修前后漏泄言教,交关诸侯"③之名而杀之,故魏文帝即位后欲以杨彪为太尉,遭到拒绝,以后弘农杨氏就倒向司马氏。杨文宗女杨艳为晋武帝皇后。杨艳37岁病故,临终请武帝立其叔杨骏女杨芷为皇后,杨骏遂以后父之尊执掌政权。武帝驾崩,受遗诏辅政惠帝,加太傅、大都督,成为实权在握的外戚。

泰山羊氏以羊祜为代表,是泰山郡南城人。据《晋书·羊祜传》记载,其家"世吏二千石,至祜九世,并以清德闻(名)"。羊祜祖父羊续,仕汉为南阳太守,其父羊衜为上党太守,是蔡邕的外孙,景献皇后(司马师妻)的同母弟。仕魏官至中领军,魏末积极支持司马氏代魏活动。司马炎即帝位,进号中军将军,加散骑常侍,后出为荆州刺史,"绥怀远

---

① 《晋书·贾充传》附《贾谧传》,第295页。
② 《晋书·杨文宗传》,第680页。
③ 《后汉书集解·杨修传》引沈钦韩曰,中华书局1984年版,第624页。

近,甚得江汉之心"①。多次率军伐吴,官至征南大将军,卒赠太傅。羊祜兄羊琇,因助司马炎为帝之功,累迁中护军,加散骑常侍,"典禁兵,豫机密"②,深得武帝宠信,卒后追赠辅国大将军,开府仪同三司。泰山羊氏另一位名人就是羊玄之,他是惠帝羊皇后之父,尚书右仆射羊瑾之子。羊玄之以皇后之父官至尚书右仆射,加侍中,进爵为公。成都王颖攻长沙王乂时,以讨羊玄之为名,玄之忧惧而卒,追赠车骑将军,开府仪同三司。

  河东卫氏,以卫瓘为代表。其高祖卫暠,汉明帝时以儒学自代郡征至河东安邑,遂为河东安邑人。其父卫觊,少以才学著称。汉末曹操执政,任卫觊为侍御史、尚书。曹操为魏王,改任魏国侍中。曹丕即帝位复为尚书,封阳吉亭侯,卒后谥为敬侯。史称卫觊"好古文鸟篆隶草无所不善"③,是著名的书法家。卫觊死后,其子卫瓘袭爵,先任尚书郎、通事郎、中书郎,后升任散骑常侍、侍中,转廷尉。钟会、邓艾伐蜀,卫瓘以本官持节监军。平蜀后,邓艾、钟会谋反,被卫瓘平定,进位镇西将军,成为司马氏亲信将领。晋国建立,迁都督徐州诸军事、镇东将军,封菑阳侯。泰始初,转征东将军,进爵为公。此后又连任征东大将军、青州刺史,征北大将军、幽州刺史,后还朝任尚书令,加侍中,再迁司空,侍中、尚书令如故,成为西晋权臣之一。后因建议废太子,为太子妃贾南风所忌,又因建议诸王就国,引起楚王玮的不满,于是贾后与楚王玮合谋诛杀了卫瓘。卫瓘死后,河东卫氏的权势衰落,但仍以其家学渊源知名于世。如卫瓘子卫玠,官至太子洗马,品位虽不高,而为琅玡王澄所推服。王澄"每闻卫玠言,辄叹服绝倒"④。卫瓘的侄孙女卫铄,人称卫夫人,是著名女书法家,王羲之待以师礼。卫夫人之父卫展,东晋元帝时官至廷尉。但总的来看,卫氏的社会地位,东晋以后

---

① 《晋书·羊祜传》,第522页。
② 《晋书·羊琇传》,第630页。
③ 缩印百衲本《三国志·魏书·卫觊传》,第293页。
④ 余嘉锡:《世说新语笺疏·赏誉篇》,中华书局1983年版,第447页。

已大不如前。

以上所介绍的平阳贾氏、河东裴氏、太原王氏、弘农杨氏、泰山羊氏、河东卫氏六家望族,在贾后乱政、八王之乱中先后失势,而琅琊王氏又恢复了执政局面。

琅琊王氏在晋末八王之乱中,最早得势的是王戎。其祖父王雄为幽州刺史。父王浑为凉州刺史,均为边境长官。王戎"幼而颖悟,神彩秀彻"①,曾与阮籍、山涛等为竹林之游,袭父爵为贞陵亭侯,官至豫州刺史。因伐吴功,进爵安丰县侯,增邑六千户,后迁光禄勋、吏部尚书。杨骏执政,任太子太傅,有职无权,太子被废,免官。八王之乱中,官至司徒,而不理朝政,永兴二年(305年)卒于官。

西晋末,琅琊王氏第二个得势的就是王戎之弟王衍。他在任元城令时,"终日清谈,而县务亦理",因此"声名籍甚",被称为"一世龙门"②。王衍因妻郭氏是贾后的亲属,得到贾后的眷顾,官至尚书令。齐王冏专权,又附齐王冏,官拜尚书令、司空、司徒。东海王司马越掌权,又投靠司马越,并建议司马越在天下大乱之时,要重视地方力量。其实王衍"虽居宰辅之重,不以经国为念,而思自全之计"③。乃以其弟王澄为荆州刺史,族弟王敦为青州刺史,并对王澄、王敦说:"荆州有江汉之固,青州有负海之险,卿二人在外而吾留此(京师洛阳),足以为三窟矣。"④其实他这"狡兔三窟"之计并没有完全实现。不久司马越病故,311年,石勒进攻洛阳,众推王衍为元帅以御敌,王衍兵败被石勒杀害于苦县宁平城。同年刘曜攻陷洛阳,俘虏晋怀帝,西晋名存实亡。317年司马睿在建康称王,318年称帝,史称东晋,琅琊王氏才又得到大发展的机会。

琅琊王氏在东晋、南朝所以能成为王、谢、袁、萧四大族姓之首,首

---

① 《晋书·王戎传》,第310页。
② 《晋书·王衍传》.第311页。
③ 《晋书·王衍传》.第312页。
④ 《晋书·王衍传》.第312页。

先与机遇有密切关系。在八王之乱时,司马懿曾孙琅玡王司马睿,被东海王司马越任为安东将军,都督扬州诸军事,移镇建康,琅玡人王导为其谋主。原来司马睿在诸王中声望并不高,不为南方士族所重视,全赖王导、王敦多方维护,才在建康站住脚,琅玡王氏也因此提升为一流门阀。

前已提过,琅玡王氏在西晋时,其地位曾在贾、裴、王、杨、羊、卫六大族姓之下,只是在贾后乱政和八王之乱中以上六大族姓相继失势,琅玡王氏才又显露出来,但是直到王导在东晋当了丞相,有些门阀士族对琅玡王氏的首席地位仍不服气。

魏晋除上述几家门阀士族外,仍有很多著名士族,如颍川荀氏(以荀彧、荀攸为代表),清河崔氏(以崔琰、崔林为代表),颍川钟氏(以钟繇、钟会为代表),陈留阮氏(以阮瑀、阮籍为代表),颍川陈氏(以陈群、陈泰为代表),陈留蔡氏(以蔡克、蔡谟为代表)等族姓。魏末晋初琅玡诸葛氏声望较高,这是因为诸葛瑾、诸葛亮、诸葛诞兄弟三人分仕吴、蜀、魏三国,"并有威名"①。三国被晋统一后,诸葛氏的盛名犹在。据史载,"诸葛氏之先,出自葛国,汉司隶校尉诸葛丰以中强立名,子孙代居二千石……为天下盛族"②。但诸葛氏因司马昭攻杀诸葛诞而不肯与晋合作,诸葛诞少子诸葛靓自吴返晋后,拒绝晋武帝大司马之聘③,

---

① 余嘉锡:《世说新语笺疏·品藻篇》,第503页。
② 《太平御览》卷四七引《晋中兴书》,中华书局1985年版,第2159页。
③ 余嘉锡:《世说新语笺疏·方正篇》:"诸葛靓后入晋,除大司马,召不起。"第290页。又《晋书·诸葛靓传》所记与此稍异,作"诏以侍中,固辞不拜",不知孰是。

也不肯与司马炎见面①。司马炎要见诸葛靓,是为笼络士族,诸葛靓不见,显示诸葛氏在士族中地位之重要,故诸葛氏敢与琅玡王氏共争士族地位之高下。《世说新语·排调篇》记载:"诸葛令(名恢)、王丞相(名导)共争姓族先后。王曰:'何不言葛王,而云王葛?'令曰:'譬言驴马,驴宁胜马也?'"此争论说明诸葛氏对琅玡王氏并不服气,但从实际情况讲,过江后葛不如王已成客观事实。

还有陈留蔡氏与琅玡王氏也是互不服气。陈留蔡氏为东汉蔡邕之后,"世为著姓"②,又与司马氏有婚姻关系,在士族中有较高地位,对琅玡王氏过江后地位直线上升不以为然,有机会就讽刺王导。王导怕妻又护妾,纳妾又不敢与之同居。有一次王妻知道王导纳妾别居的事,就与仆妇去妾别居处闹事,王导闻讯,即用麈尾驱车想赶在其妻前去护妾。蔡谟知道这事后,就对王导说:"朝廷欲加公九锡,公知否?"王导信以为真,还略作谦逊。蔡谟接着说:"不闻余物,唯闻有短辕犊车,长柄麈尾。"③王导听罢才明白是蔡谟挖苦自己,很恼火,就极力贬低蔡谟,说:"我与安期,千里共游洛水边,何处闻有蔡充(一作克)儿?"④蔡充儿即指蔡谟。其实蔡谟官至司徒,是当时大名人,王导怎么会没听说过蔡谟这个人,这都是意气用事的结果。又如颍川庾敳与琅玡王衍相交,庾敳称王衍为卿,王衍说:"卿不得为尔。"庾曰:"卿自

---

① 余嘉锡:《世说新语笺疏·方正篇》:诸葛靓"与武帝有旧,帝欲见之而无由,乃请诸葛妃(琅玡王司马伷之妃)呼靓。既来,帝就太妃间相见,礼毕,酒酣,帝曰:'卿故复忆竹马之好否?'靓曰:'臣不能吞炭漆身,今日复睹圣颜。'因泣泪百行。帝于是惭悔而出"。对此事《晋诸公赞》所记稍异,说:"吴亡,靓入洛,以父为太祖所杀,誓不见世祖。世祖叔母琅玡王妃,靓之姊也。帝后因靓在姊问,往就见焉,靓逃厕中。"两说虽不同,但晋武帝司马炎要见诸葛靓以笼络士族是一致的,由此看出诸葛氏在士族中的重要地位。
② 《晋书·蔡谟传》,第525页。
③ 余嘉锡:《世说新语笺疏·轻诋篇》注引《妒记》,第829页。
④ 余嘉锡:《世说新语笺疏·轻诋篇》,第829页。

· 426 ·

君我,我自卿卿。我自用我法,卿自用卿法。"①按当时的习俗,地位低的人不能称地位高的人为"卿",王衍自谓地位高于庾敳,所以不让庾敳对他称"卿"。但庾敳不改,而说"我自用我法,卿自用卿法",这说明庾敳并不承认琅邪王衍地位高于自己。另外,从琅邪王敦对汝南周顗态度的转变,也说明在西晋时琅邪王氏的社会地位并不高。据《世说新语·品藻篇》记载:"王大将军(王敦)在西朝(西晋)时,见周侯(周顗)辄扇障面不得住,后度江左,不能复尔。王叹曰:'不知我进,伯仁退?'"注引沈约《晋书》曰:"周顗,王敦素惮之,见则面热,虽复腊月,亦扇面不止,其惮如此。"②王敦态度的转变,主要是在西晋时琅邪王氏地位不高,过江后,琅邪王氏地位上升,所以不怕周顗了。其实,就是王导本人在过江后对自己地位的提高也感到过分。《世说新语·赏誉篇》说:"王丞相拜司徒而叹曰:'刘王乔(刘畴)若过江,我不独拜公。'"注引曹嘉之《晋纪》曰:"畴有重名,永嘉中为闾鼎所害。司徒蔡谟每叹曰:'若使刘王乔得南渡,司徒公之美选也。'"③刘畴属彭城刘氏,是世代贵族,本人又有才干,故使王导、蔡谟为他感叹不平。同样,桓温也为陈郡殷浩鸣不平:"桓公语嘉宾(郗超),阿源(殷浩)有德有言,向使作令仆,足以仪刑百揆,朝廷用违其才耳。"④这实际都是对琅邪王氏地位上升不满的言论。

表明对琅邪王氏的蔑视,最典型的事例,莫过于吴郡陆玩拒绝王导求婚事。《世说新语·方正篇》记载:"王丞相初在江左,欲结援吴人,请婚陆太尉(陆玩)。对曰:'培塿无松柏,薰莸不同器,玩虽不才,义不为乱伦之始。'"对于这段话,余嘉锡有个按语,他说:"王、陆先世各有名,而功名之盛王不如陆。过江之初,王导勋名未著,南人方以北

---

① 余嘉锡:《世说新语笺疏·方正篇》,第 303 页。
② 余嘉锡:《世说新语笺疏·品藻篇》,第 510 页。
③ 余嘉锡:《世说新语笺疏·赏誉篇》,第 456 页。
④ 余嘉锡:《世说新语笺疏·赏誉篇》,第 483 页。

人为伦父,故玩托辞以拒之,其言虽谦,而意实不屑也。"①余先生说陆玩"其言虽谦",其实并没把话说透,陆玩最后一句话"义不为乱伦之始",一点都不谦虚,会让王导很难堪。

不管魏晋某些名门士族对琅玡王氏多么不服气,甚至讽刺、挖苦,但也挡不住琅玡王氏的地位上升。由于司马睿是在王导、王敦大力支持下当上皇帝的,所以司马睿对琅玡王氏非常尊重,甚至在司马睿即皇帝位时,都不敢独坐御座,而让王导与之并坐,"导固辞至于三四。曰:'若太阳下同万物,苍生何由仰照?'帝乃止"②。《世说新语·宠礼篇》有一段文字与此大同小异:"元帝正会,引王丞相登御床,王公固辞,中宗引之弥苦。王公曰:'使太阳与万物同晖,臣下何以瞻仰?'"③从文字讲,《世说新语》较《晋书》通俗易懂,只是"正会"难明。其实"正会"就是"正位之会",即"登基大典",与《晋书》"帝登尊位",意义全同。《世说新语》注引《中兴书》曰:"元帝登尊号,百官陪位,诏王导升御座,固辞然后止。"④说的都是一回事。

司马睿即位后,为酬谢王导、王敦拥立之功,任命王导为丞相,执掌中央政权,以王敦为镇东大将军,都督江、扬、荆、湘、交、广六州诸军事,几乎统辖东晋全境的军权。于是形成了"王与马,共天下"的格局,琅玡王氏的政治地位已达顶峰,中国的门阀士族的政治地位已达顶峰。

晋元帝司马睿虽然尊重王导、王敦,但也不愿意甘心充当傀儡,于是就想依靠戴渊、刘隗、刁协的力量,削弱王导、王敦的权力。322年,王敦遂以"清君侧"为名攻入建康,刁协战死,刘隗投奔石勒,戴渊被杀,而王敦自为丞相,主管中外军政大权后,退还武昌,遥控中央。同年元帝驾崩,明帝即位,王敦篡位之心不死,于324年复反,不料在进

---

① 余嘉锡:《世说新语笺疏·方正篇》,第305~306页。
② 《晋书·王导传》,第449页。
③ 余嘉锡:《世说新语笺疏·宠礼篇》。第723页。
④ 余嘉锡:《世说新语笺疏·宠礼篇》。第723页。

攻建康途中病死，叛军瓦解，王导重掌中央大权。明帝死后，成帝即位，每见王导必拜，"又常与导书手诏，则云恐惶，言中书作诏，则曰敬问，于是以为定制"①。339年王导逝世，政权一度落入颍川庾氏之手，但因庾亮、庾翼两次北伐失败，兵权又落入谯国桓温之手。晋穆帝以桓温攻灭成汉及北伐之功，加侍中、大司马、都督中外诸军事，总揽东晋军政大权。桓温野心很大，欲让晋廷先加其九锡，然后再夺帝位。由于谢安、王垣之故意拖延撰写九锡文，九锡文未成，桓温病故，谢安得以在中央掌权，官至中书监、录尚书事。晋帝仍处于虚位，故京兆韦华说："晋主虽有南面之尊，无总御之实，宰辅执政，政出多门，遂成习俗。"②它反映了东晋时期，门阀政治已达到顶峰的实际情况。

二、陈郡谢氏门阀地位由低至高的过程

陈郡谢氏的门阀地位原本不高，谢安的曾祖谢缵为魏典农中郎将，祖父谢衡，在晋官至国子祭酒，掌参议礼制，是太常的属官。其父谢鲲为豫章太守，曾任王敦长史。王敦叛乱，无力劝阻，终日酗酒，死于任上，至谢鲲子谢尚时，声名始振。但从诸葛恢拒绝谢尚求其小女婚事，说明陈郡谢氏的门第仍不算高。《世说新语·方正篇》记载了其事："诸葛恢大女（文彪）适太尉庾亮儿（庾会），次女（文熊）适徐州刺史羊忱儿（羊楷）。亮子被苏峻害死，改适江彪，恢儿娶邓攸女。于时谢尚书求其小女婚。恢乃云：'羊、邓是世婚，江家我顾伊，庾家伊顾我，不能复与哀儿婚。'及恢亡，遂婚。"③从诸葛恢的话中可知，直到东晋初年，他还认为自己的门第高于谢氏。对此余嘉锡有个按语："至于谢氏，虽为江左高门，而实自万、安兄弟其名始盛，谢哀父衡虽以儒术称，而官止国子祭酒，功业无闻，非葛氏可比，故恢不肯与为婚。恢死后，

---

① 《晋书·王导传》，第450页。
② 《晋书·姚兴载记》，第793页。
③ 余嘉锡：《世说新语笺疏·方正篇》，第306~307页。

谢氏兴,而葛氏微,其女遂卒归谢氏。"①余嘉锡的按语对葛、谢两家兴衰互替情况说得很清楚,诸葛恢拒婚,是因谢氏门第不高,"其女遂卒归谢氏",是因为"谢氏兴,而葛氏微"。尽管如此,当诸葛文熊与谢万结婚时,王羲之去看新妇,见文熊"犹有恢之遗法,威仪端详,容服光整,仍有大家风范"②,令王右军赞叹不已。另外,《世说新语》还记有三例证明谢氏原来门第不高的事实。

例一:"谢公与谢万共出西,过吴郡,阿万欲相与共萃王恬许。太傅云:'恐伊不必酬汝,意不足耳。'万犹苦要,太傅坚不同,万乃独往。坐少时,王便入门内,谢殊有欣色,以为厚待己。良久,乃沐头散发而出,亦不坐,仍据胡床,在中庭晒头,神气傲迈,了无相酬之意。谢于是乃还。"③这段文字使谢万欲巴结琅琊王氏的心态及琅琊王恬的傲慢神情跃然纸上。余嘉锡对这段文字也有一个按语:"江左王、谢齐名,实在安立功名以后,此时谢氏甫有盛名,而其先本非世族,故阮裕讥为新兴门户。王恬贵游子弟,宜其不礼谢万也。"④从余嘉锡按语可知,魏晋南朝时候,门阀士族的社会地位并不是一成不变的,而变的关键是官位高低,权势的大小,谢万声望不足,受屈辱是理所当然的。

例二:"支道林还东,时贤并送于征虏亭。蔡子叔《中兴书》曰:'蔡系,字子叔,济阳人,司徒谟第二子,有文理,仕至抚军长史,前至,坐近林公。谢万石后来,坐小远。'蔡暂起,谢移就其处。蔡还,见谢在焉,因合褥举谢掷地,自复坐。谢冠帻倾脱,乃徐起振衣就席,神意甚平,不觉嗔沮,坐定谓蔡曰:'卿奇人,殆坏我面。'蔡答曰:'我本不为卿面作计。'其后二人俱不介意。"⑤这段文字写得生动形象、寓意深长。表面上是说谢万与蔡系皆有雅量,互不介意,其深层意思是说明蔡系敢

---

① 余嘉锡:《世说新语笺疏·方正篇》,第307页。
② 余嘉锡:《世说新语笺疏·方正篇》,第307页。
③ 余嘉锡:《世说新语笺疏·简傲篇》,第774页。
④ 余嘉锡:《世说新语笺疏·简傲篇》,第775页。
⑤ 余嘉锡:《世说新语笺疏·雅量篇》,第371页。

于在众人面前羞辱谢万,是对陈郡谢氏的蔑视。若在淝水战后,谢氏官高权重,陈郡谢氏已成为一流门阀,地位与琅玡王氏并列,蔡系还敢如此蔑视谢氏吗?这个问题不说自明。

例三:"王僧弥(王珉)、谢车骑(谢玄)共王小奴(王荟)许集,僧弥举酒劝谢云:'奉使君一觞。'谢云:'可尔。'僧弥勃然起,作色曰:'汝故是吴兴溪中钓碣耳,何敢诪张!'谢徐抚掌而笑曰:'卫军(指王荟),僧弥殊不肃省,乃侵陵上国也。'"①这段文字说明琅玡王氏与陈郡谢氏因争门第高低而引发的矛盾,因文意隐涩,须略作解释。文中的王僧弥、王小奴都属于琅玡王氏,谢车骑属于陈郡谢氏。王僧弥举觞向谢玄敬酒,本属客气,王僧弥认为谢玄应该谦让一番。而谢玄毫不客气地说"可尔",公然接受了,伤了王僧弥的自尊心,所以就揭谢玄的老底,说明玄是"吴兴溪中钓碣耳"。这是说谢玄少年时,随其叔父吴兴太守谢安在溪中钓鱼事。"碣"是谢玄小名。谢安在吴兴郡声望尚不高,故王僧弥敢呼谢玄小名,并斥其"诪张"(张狂)。而谢玄此时已是车骑将军,不再买琅玡王氏的账,故敢说"僧弥殊不肃省(整肃自省),乃侵陵上国",即侵犯了他的上司地位。我们引用这段文字的目的是在说明,陈郡谢氏原来的地位并不高。

陈郡谢氏在门阀士族中社会地位的提高,是在淝水之战以后。谢安以八万北府兵大败前秦苻坚八十万水陆大军,保住了东晋王朝。从此谢安坐镇中央,"名德冠绝当时,封(谢韶)、胡(谢朗)、竭(或作碣,谢玄)、末(谢渊),争荣兢秀,由是王、谢齐名"②。但在淝水战后,谢安独揽军政大权,引起东晋宗室琅玡王司马道子的不满,晋武帝司马曜也想以司马道子抑制谢氏的权势。遂任命司马道子录尚书六条事,加开府,领司徒,掌握了中央的实权。谢安从稳定大局出发,出镇广陵(今

---

① 余嘉锡:《世说新语笺疏·雅量篇》,第376页。
② 余嘉锡:《世说新语笺疏·方正篇》余嘉锡按语,第307页。关于对"封、胡、碣、末"的解释,各家不同,此处采用李慈铭的意见,见余嘉锡:《世说新语笺疏》,第697页。

江苏扬州市西北蜀冈上），以避免与道子争权。不久谢安病卒，追封太傅，政权落入司马道子手中。司马道子掌权后，整天与孝武帝"酣歌为娱"、"官以贿迁，政刑谬乱"①，政权又为道子之子司马元显所篡。元显"性苛刻，生杀自己"，"又发东土诸郡免奴为客者号曰乐署，移置京师，以充兵役，东土嚣然，人不堪命，天下苦之"②。于是先后引起桓玄夺权和孙恩、卢循叛乱。东晋政府依靠北府兵将这两次叛乱平定下去，军政大权遂落入北府兵将领刘裕之手。刘裕篡晋建宋，历史遂进入南朝时期。在刘宋建国初期，陈郡谢晦由于支持刘裕篡晋，官至领军将军、散骑常侍、"总统宿卫"。刘裕驾崩则与徐羡之、傅亮等共辅少帝。少帝被废，文帝即位进号卫将军加散骑常侍，出为荆州刺史。谢晦在得势时，锋芒毕露，趾高气扬。但此时的刘宋皇帝与晋时不同，已完全恢复皇权，对门阀士族一方面拉拢尊重，以获得支持；一方面对桀骜不驯者，采取抑制或屠杀政策。对谢晦气势夺人的态度，其三兄谢瞻早有察觉，并对他提出警告。如谢晦任右卫将军时，从彭城回京师建康迎接家属，气焰嚣张，"宾客辐辏，门巷填咽"。谢瞻看到这种形势，非常惊骇，遂警告谢晦说："汝名位未多，而人归趣乃尔。吾家素以退为业，不愿干豫时事，交游不过亲朋，而汝遂势倾朝野，此岂门户之福邪？"③且谢晦不听劝阻，仍进趋不止。元嘉三年（426 年），宋文帝再也不能容忍谢晦的专横气焰，派檀道济率军讨伐荆州，谢晦兵败被杀。此后，陈郡谢氏皆隐迹韬晦，不敢外露锋芒。如谢弘微在文帝时，官至黄门侍郎，参予机密，与王华、王昙首、殷景仁、刘湛号称五臣，深受文帝宠信。他做事非常谨慎，"每有献替及论时事，必手书焚稿，人莫之知"④。"手书焚稿"是不显露头角的手段，以确保自身的安全。如谢

---

① 《晋书·会稽文孝王司马道子传》，第 445 页。
② 《晋书·会稽文孝王司马道子传》，第 447 页。
③ 缩印百衲本《宋书·谢瞻传》，商务印书馆 1985 年版，第 883 页。
④ 《宋书·谢弘微传》，第 904 页。

灵运采取不合作的手段,当官不管事,"而游娱宴集,以夜续昼"①。先受劾流放广州,后被告发谋反,处死。总的来看,陈郡谢氏在南朝的地位在琅玡王氏之下,如王弘在宋文帝时官至司徒,其子王练官至侍中,王球官至尚书仆射,王华官至侍中、护军,王僧朗官至侍中,特进,卒赠开府仪同三司,但他们都谦恭自守,不敢冒功争权。而陈郡谢氏进入中央任高官者寥若晨星,但其一流门阀士族的社会地位,则没有变化。

三、陈郡袁氏为什么也成为一流门阀

陈郡袁氏在汉代时称汝南袁氏。祖居地在汝南郡扶乐县(今河南省太康县西北),三国时扶乐县划入太康县,而太康县属陈郡,故改称陈郡袁氏。袁氏的先祖可追溯至西汉平帝时的太子舍人、成武令袁良。袁良习孟氏易,后成为袁氏的传世家学,其子袁安,东汉时官至司空、司徒。袁安子袁京传习孟氏易,官至蜀郡太守。袁京子袁汤,少传家学,官至司空、司徒、太尉。袁汤次子袁逢,灵帝时任司空。袁逢弟袁隗,献帝时官至太傅。故袁氏有"四世五公"之称,"门生故吏遍于天下"②,成为后汉最负盛誉的士族。但袁氏门中也出现两个野心家,一个是袁绍,一个是袁术。

袁绍是五官中郎将袁成之子,司徒袁汤之孙。他在汉末曾任司隶校尉,讨董卓军起,被推为讨卓军盟主,后发展为最大军阀,占有青、冀、幽、并四州之地,但在官渡之战中被曹操打败,不久忧愤发病而死。其子袁谭、袁尚兄弟相残,先后被曹操击败,袁谭被杀,袁尚投奔辽东公孙康,为康所杀,袁绍一支彻底覆灭。

袁术,司徒袁逢之子,袁绍之从弟,他以袁氏正统自居,而排斥袁绍。在军阀混战中占领淮南称帝,屡为曹操、吕布所败,欲至青州投奔袁谭,于途中病故,袁术这一支也趋于消亡。

---

① 《宋书·谢弘微传》,第1008页。
② 缩印百衲本《后汉书·袁绍传》,商务印书馆1985年版,第1000页。

袁绍、袁术在军阀混战中失败,严重打击了袁氏的声望,此后袁氏就进入衰落期。只有袁安的同祖孙陈郡袁涣,曾任沛郡南部都尉、谏议大夫、郎中令,因建议曹魏屯田而显露头角。袁涣共有四子,长子袁侃,官至尚书,早卒。次子袁寓,未官而卒。三子袁奥,官至光禄勋,"行足以厉俗,言约而理当",是一位行为规范、少言寡语的人。四子袁准,"以世事多险,故常恬退,而不敢求进,著书十余万言……以传于世"①,至晋泰始中官至给事中。袁涣从弟袁霸,魏初为大司农。袁霸弟袁徽,"以儒术称",天下大乱,"避难交州,司徒辟不至"。徽弟敏,"有武艺而好水功,官至河堤谒者"②。看起来袁氏自失去军权后,已谨小慎微,不敢进取,而以经学传家,当官不居显位,仅保持门第声望而已。

陈郡袁氏在东晋时才得到重振家风的机会。曹魏郎中令袁涣曾孙袁瑰,过江较早,南渡后任丹阳令,官级不高,地位重要,后因平苏峻之乱有功,加散骑常侍,封侯。他建议"兴学校以行教化,国学始兴"③,对发展江南教育很有贡献。袁瑰弟袁猷,渡江后任建康令,历任侍中、卫尉卿。袁瑰子袁乔,初为著作郎,后历任建武将军、江夏相,因平蜀功,进号龙骧将军,有文才,注《论语》、《诗经》。袁乔子袁方平,任义兴、琅玡太守。方平子袁山松(袁崧),"少有才名,博学有文章,著《后汉书》百篇,襟情秀远,善音乐"④,后在吴郡太守任上为孙恩军所杀。袁准子袁冲,东晋时曾任光禄勋,冲子袁耽,曾随王导平苏峻之乱,历官建威将军、历阳太守,25岁卒。袁耽子袁质,历官琅玡内史、东阳太守。史称"自涣至质五世,并以道术继业,惟其父耽,以雄豪著,及质又以孝行称"⑤。这就是说陈郡袁氏是以"道术(学术)继世,孝行著

---

① 缩印百衲本《三国志·袁涣传》注引《袁氏世纪》,第156页。按"袁涣".又作"袁焕"。

② 《三国志·袁涣传》附《袁霸袁敏传》,第156页。

③ 《晋书·袁瑰传》,第561页。

④ 《晋书·袁瑰传》附《袁山松传》,第561~562页。

⑤ 《晋书·袁瑰传》附《袁质传》,第562页。

称"的世家。袁质长子袁湛曾任刘裕镇军咨议参军,随从征伐,因功封晋宁县五等男,累迁至左民尚书,徙掌吏部①,已成刘宋中央要员。其弟袁豹,"博学善文辞,有经国材,为刘裕所知,后为太尉长史、丹阳尹"②,也是刘宋的建国功臣。

陈郡袁氏在南朝刘宋时期地位上升,奠定了其为王谢袁萧四大望族之一的基础。袁豹少子袁淑,初为彭城王刘义康的军司祭酒,临川王刘义庆的咨议参军,出为宣城太守,入为中书侍郎,迁尚书吏部郎,后任御史中丞、太子左卫帅。元凶(太子刘劭)弑逆,不从被杀,孝武帝刘骏即位,追赠侍中、太尉③,成为刘宋的保国忠臣。

袁淑兄袁洵为吴郡太守,其子袁顗初为豫州主簿。元凶弑逆时,袁顗任安东将军随王刘诞的咨议参军,跟随刘诞入讨元凶,因功升正员郎、晋陵太守。孝武帝时,任太子中庶子、侍中,前废帝即位迁吏部尚书,出为雍州刺史。明帝即位,袁顗与江州刺史邓琬共奉晋安王刘子勋为帝,并督军进攻建康,因其素无将略之才,不为众将所服,兵败,为叛将所杀。这件事乃各为其主,难断是非。"曲直二途,未知攸适。"④

袁淑兄子袁粲,在刘宋官至尚书令、丹阳尹。明帝逝世,与褚渊、刘勔同受顾命,顺帝即位后,加中书监、司徒、侍中如故,可谓官高位重。后因反对萧道成篡宋而被杀,但在萧齐建国后,袁粲为保宋而死事,却得到齐武帝的谅解、表彰。谓"袁粲、刘秉,并与先朝同奖宋室……虽末节不终,而始诚可录。岁月弥往,宜沾优隆"⑤。这是历代帝王对前朝忠臣所采取的共同态度,目的是让自己的臣子也要忠于本朝。

---

① 《宋书·袁湛传》。
② 《晋书·袁瑰传》附《袁豹传》,第562页。
③ 《宋书·袁淑传》,第1036页。
④ 《宋书·袁顗传》,第1223页。
⑤ 《宋书·袁粲传》,第1263页。

萧齐政权不仅谅解、宽容了袁粲,而且对陈郡袁氏精英仍予重用,如袁颛弟袁彖在齐曾任御史中丞、卫军长史、侍中,卒赠金紫光禄大夫。袁宏曾孙袁廓之,齐时任殿中郎、太子洗马。袁颛子袁昂,齐明帝时任豫章内史,因母忧去职,送灵柩归故里时,遇暴风骤雨,"乃缚衣著枢,誓同沉溺,及风止,余船皆没,唯昂所乘船获全"①,因此以孝闻名天下。其母葬后,起为建武将军、吴兴太守。梁武帝起兵,昂独不降。建康平,昂举哀恸哭。梁武帝不仅不怪罪,而且特别下令给豫州刺史李元履,说:"袁昂道素之门,世有忠节,天下须共容之,勿以兵威凌辱。"②梁朝建国后,官至侍中、尚书令。"入其门者,号登龙门"③,其声望之高,由此可证。

袁昂之后,在南朝仍身居要职。袁昂之子袁枢,在侯景之乱时,往吴郡省父疾,居丧以孝闻。王僧辩平侯景乱后,衣冠人物皆往造请,袁枢则杜门静居,不求闻达。南朝梁敬帝时任吏部尚书、吴郡太守,陈武帝时征为侍中,掌选举,后迁都官尚书,掌选举如故。史称其"举荐多会上旨,谨慎周密,清白自居。文武职司鲜游其门者"④。

袁枢之弟袁宪,在梁武时,以贵公子身份,初仕秘书郎,后迁太子舍人。侯景之乱时,他正在吴郡为其父办丧事,哀毁过礼。陈霸先任相职,除司徒户曹。陈霸先称帝,授中书侍郎,兼散骑常侍,后累迁御史中丞、羽林监,曾弹劾豫章王陈叔英,"自是朝野严惮"。陈宣帝表彰袁宪,称"袁家故为有人,其见重如此"⑤。宣帝病重,与吏部尚书毛袁喜并受顾命。隋建国,授开府仪同三司,昌州刺史,卒赠大将军,封安成郡公。袁宪弟袁敬,宣帝时官至金紫光禄大夫,加特进,可谓官高品极,为陈朝重臣。

---

① 缩印百衲本《梁书·袁昂传》,商务印书馆1985年版,第297页。
② 缩印百衲本《南史·袁昂传》,商务印书馆1985年版,第298页。
③ 缩印百衲本《南史·袁昂传》,商务印书馆1985年版,第298页。
④ 《南史·袁枢传》,第300页。
⑤ 《南史·袁宪传》,第301页。

陈郡袁氏比琅玡王氏、陈郡谢氏虽非总领朝纲，让皇帝虚位的权势人物，但袁氏自汉至陈，代不乏人，以忠孝传家，诗书名世，为东晋、刘宋、萧齐、梁、陈王朝所重视，保住了高门华族的地位。它所以列入王谢袁萧四大望族之中，也算是实至名归，是历史给予它的定位，无可争辩。

四、兰陵萧氏进入四大望族之缘由

兰陵萧氏在东晋南朝四大望族中，是比较后进的士族，大概在南朝刘宋时，才初露头角。《南齐书·高帝纪》和《梁书·武帝纪》都说萧道成、萧衍是西汉相国萧何的后代，而且由汉代萧何起，至南朝的齐、梁，其世代传承记载得都非常清楚，堪称"遥遥华胄"。其实全为伪造。对此《汉书·萧望之传》补注引钱大昭说得很清楚："《梁书·武帝纪》云：'汉相萧何生酂定侯延，延生侍中彪，彪生公府掾章，章生浩，浩生仰，仰生太傅望之，此颜注所指，妄相托附者也。'"①大概兰陵萧氏有据可查的历史，是从西晋太康时期（280～289年）开始。萧道成的高祖父淮阴令萧整世居兰陵郡，后过江居晋陵武进县，后改为南兰陵郡。曾祖父萧隽仕晋为即丘令，祖父萧乐子在宋任辅国参军，卒赠太常。父萧承之在宋屡立战功，官至右军将军，卒赠散骑常侍，金紫光禄大夫。兰陵萧氏在刘宋虽然官级逐步上升，但直至萧承之并未进入一流士族行列，在萧道成时方大有起色。萧道成幼年曾从儒学大师雷次宗学《礼》及《左传》，这是门阀士族必备的学术条件。后弃文从军，初为左军中兵参军，宋明帝立，进为右军将军，加辅国将军。由于屡立战功，成为宋著名将领，后拜散骑常侍、太子左卫帅。明帝驾崩，遗诏为右卫将军，领卫尉，与尚书令袁粲、护军褚渊、领军刘勔共掌机要。在刘姓宗亲互相残杀中，萧道成篡夺了军政大权。昇明元年（477年）杀废帝刘昱，立顺帝刘准，自封为相国、齐王。昇明三年（479年），废刘

---

① 《汉书补注·萧望之传》，中华书局1983年版，第1410页。

准,自立为帝,国号齐,自此兰陵萧氏遂成为四大望族之一。

兰陵萧氏另一支代表人物是萧思话,他是刘宋孝懿皇后萧文寿的侄儿,其父萧源之,历官徐、兖二州刺史,永初元年(420年),卒赠前将军。萧思话因外戚关系而被重用,元嘉中任青州刺史,后因逃避北魏军入侵而入尚方狱。元嘉十年(433年),氐族首领杨难当入侵梁州,宋文帝乃从狱中任萧思话为梁、南秦二州刺史,将兵收复汉中,因功迁镇南将军。元凶弑立,萧思话从孝武帝起义讨伐元凶。因功被任为中书令、丹阳尹。后因平定臧质之乱,拜为郢州刺史,都督郢、湘二州诸军事,镇西将军,镇夏口(湖北武汉黄鹄山上),卒赠征西将军、开府仪同三司。史书对他的评价是:"思话宗戚令望,早见任待,凡历州十二,仗节监都督九焉,所至虽无皎皎清节,亦无秽黩之累。爱才好士,人多归之。"①这个评语不算高,也并不低,说明萧思话在刘宋仍处于中流水平。

建立梁朝的武帝萧衍也属于兰陵萧氏。他的先祖记载也说是汉相萧何之后,而且世代传承清楚,其实也是伪托。《南史》卷四《齐本纪》"论曰"对此已有明辨:"据梁、齐纪录,并云出自萧何,又编御史大夫望之以为先祖之次。案何及望之于汉俱为勋德,而望之本传不有此陈,齐典所书,便乖实录。近秘书监颜师古博考经籍,注解《汉书》,已正其非,今随而改削云。"②这就是说齐、梁所伪造的历史,已被颜师古考证清楚,并予以改正。

关于萧衍的先祖历史,有据可查的大概也是从其高祖父萧整算起,其后是:"整生济阴太守辖,辖生州治中副子,副子生南台治书道赐,道赐生皇考讳顺之,齐高帝族弟也。"③总的来看,萧衍这一支兰陵萧氏,在刘宋以前社会地位也并不高,只是到了萧衍父亲萧顺之这一辈,因参予萧道成佐命之功,而封临湘侯,历官侍中、卫尉、太子詹事、

---

① 《宋书·萧思话传》,第1134页。
② 《南史·齐武帝纪》,第64页。
③ 《梁书·武帝纪》,第7页。

领军将军、丹阳尹,卒赠镇北将军,成为齐中央政府重要成员之一。

萧衍在齐朝起家巴陵王南中郎法曹行参军,后迁卫将军王俭东阁祭酒,深受王俭的器重。竟陵王萧子良开西邸,招文学,成为萧子良"八友"之一①。齐末萧衍被任命为雍州刺史,持节、都督雍梁南北秦四州郢州之竟陵司州之随郡诸军事、辅国将军,成为齐地方的实力派。东昏侯即位后,荒淫暴虐,滥杀皇亲贵族及诸大臣。萧衍遂拥立荆州刺史萧宝融为帝,并起兵攻入建康,后杀东昏侯萧宝卷,自立为大司马、录尚书事,又自立为梁王,旋杀萧宝融,代齐建立梁国。萧衍统治梁共48年(502～549年),也曾进行过改革政治,发展经济,提倡教育,抑制士族、豪强等措施,如施行南徐州土断,颁布新律,置五经博士,诏通经之士不限门第而授官,定官制为九品十八班,开山泽之禁,修筑淮堰,禁止私家立屯与公家竞作,免男奴六十岁,女奴五十岁为平民等,都有利于梁的社会稳定。但萧衍既尊儒又崇佛,广修佛寺,滥加施舍,他三次舍身同泰寺,都要大臣用重金为他赎身,这些负担最后都要转嫁到人民身上,引起社会不满。太清二年(548年),东魏降将侯景叛变,攻陷建康,萧衍被困台城,饥饿而死,侯景自称汉帝。太清三年(549年),始兴太守陈霸先与竟陵太守王僧辩(太原王氏)起兵讨伐,侯景兵败被杀,政权落入陈霸先之手。陈自为相国,封陈公。永定元年(557年)称帝,建陈,梁亡。

以上介绍了兰陵萧氏在南朝建立了齐、梁二国,虽然在四大望族中起家最晚,但后来居上,是最有权势的郡望和皇族。在齐、梁两朝,萧氏皇帝至高无上,有生杀予夺的大权,王、谢等士族虽官至卿相,也必听命于皇帝。萧氏诸王为地方最高长官,并兼一州或数州诸军事。王、谢等士族,也只能担任诸王的幕僚,如咨议参军、主簿、长史等职,如能兼任县令、郡太守就算是很被信任的了,士族能在地方担任刺史的则是少数。尽管齐、梁两朝皇族为争权夺利而骨肉相残,但中央和

---

① 八友即指萧衍、沈约、谢朓、王融、萧琛、范云、任昉、陆倕。此八人皆有文才,为时人所重视。

地方军政大权始终都控制在兰陵萧氏的手中。根据黄惠贤主编的《二十五史人名大辞典》统计,兰陵萧氏在《齐书》、《梁书》中立传、入传的人物,齐有49人,梁有64人(以上均不包括齐、梁皇帝),而琅玡王氏在该两书立传、入传的人物,齐有18人,加上三位王妃,也只有21人,梁有17人。陈郡谢氏在齐、梁两书中立传、入传者,齐有4人,梁有6人。陈郡袁氏在该两书中立传、入传者,齐有3人,梁有3人。从齐、梁两书所记入传、立传人数比例来看,兰陵萧氏占绝对优势。但这并不说明门阀士族总体地位的提高,而意味着皇权的加强。事实上门阀士族的权势,在刘宋时就已开始走下坡路。从刘宋时起,皇帝在地方设立典签(也称签帅)以监视诸王和门阀士族,发现有逆动,立即铲除。至梁朝典签制才逐渐废除。在刘宋,孝武帝、前废帝就已重用寒门出身的中书通事舍人戴法兴等,史称"废帝未亲万机,凡诏策施为,悉决法兴之手,尚书中事无大小专断之,颜师伯、义恭守空名而已"[①]。颜师伯是当代士族,时任尚书仆射,江夏王刘义恭在朝辅政,二人权势皆被架空。另外,齐武帝也非常欣赏中书通事舍人刘系宗。他说:"学士辈不堪经国,唯大读书耳。经国,一刘系宗足矣。"[②]萧颐还称赞另一位中书通事舍人纪僧珍说:"人生何必计门户,纪僧珍堂堂贵人所不能及。"[③]纪僧珍、戴法兴、刘系宗均出身寒门,文中的"学士辈"、"堂堂贵人"均指门阀士族,所举三例均说明萧齐皇帝对士族、寒人在态度上的转变。到了梁朝,梁武帝萧衍颁布的"通经之士不限门第授官",更是对士族参政途径的削弱。但对士族最大的打击还是梁末侯景之乱。侯景攻入建康,"纵兵杀掠,交尸塞路,富室豪家,咨意哀剥,子女妻妾,悉入军营"。在侯景军杀掠时,世家大族"莫不衣罗绮,怀金玉,交相枕

---

① 《南史·戴法兴传》,第777页。
② 《南史·恩倖传》,第783页。
③ 《建康实录》卷十六《纪僧珍传》,上海古籍出版社1983年版,第450页。按《南齐书·纪僧珍传》和《南史·纪僧珍传》皆有与此相同的记载,但文字表述不如《建康实录》。

藉,听命待终"①。据颜之推说:"中原冠带随晋渡江者百家,故江东有百家谱,至是在都者覆灭略尽。"②王谢袁萧四大望族当然也不能幸免。陈霸先建立陈朝,重用南方土著豪族,随晋渡江的百家士族,包括王谢袁萧四大望族,在陈朝为官者已寥若晨星。

研究魏晋南北朝史的学者都认为成为士族必须具备四个条件:一、历代高官;二、有众多的门生故吏;三、家学渊源;四、有田庄经济。通过本文研究可以看出,在四个条件中,历代高官最为重要。因为有了历代高官的条件,其他三条都容易实现,特别是在士族地位升降时,官级的高低起了决定作用。如琅玡王氏在曹魏和西晋初年地位并不突出,但在西晋末和东晋时,由于王衍、王敦、王导掌握军政大权,成为政府首脑,其地位才高于其他士族,甚至形成"王与马,共天下"的局面,奠定了其为"四大望族"之首的地位。再如陈郡谢氏,在西晋时尚未进入士流,东晋才初露头角,直至淝水之战大败前秦军,谢安升任丞相,谢氏家族执掌军政大权,陈郡谢氏才一跃而为一流门阀,成为"四大望族"的第二位。陈郡袁氏则因为由汉至南朝历代高官,又以诗、礼传家,虽无王、谢两家的至高权势,而列为"四大望族"的第三位,也算实至名归。兰陵萧氏起家最晚,但由于它连建齐、梁两个王朝才成为显赫士族,但同时又是皇族。齐、梁两朝皇帝对其他士族并不重视,而信任寒人出身的典籖和中书通事舍人。这种本身是士族,又压抑士族的态度,使他在"四大望族"中只能排在第四位。

上文讲过,士族没落受打击最大的是在侯景叛乱之时,其实从士族本身来讲,也在逐渐走向腐败没落。在士族掌权的情况下,士族子弟可以"平流进取,坐至公卿"③,在社会上有崇高的地位。士庶不交

---

① 《南史·侯景传》,第813、817页。
② 缩印百衲本《北齐书·颜之推传》所载《观我生赋》自注,商务印书馆1985年版,第325页。
③ 缩印百衲本《南齐书·褚渊王俭传论》,商务印书馆1985年版,第231页。

往,不通婚,身为士族非常骄傲,政治上不求进取,享受高官厚禄而碌碌无所作为,生活上腐朽不堪。在梁朝全盛时期,士大夫"无不熏衣剃面,傅粉施朱"①;"肤脆骨柔,不堪行步,体羸气弱,不耐寒暑"②,娇生惯养已成废物。连士族必须具备的家学渊源条件也不要了,"明经求第,则顾人答策,三九公宴,则假手赋诗"③。像这样的腐朽无才的士族,即使没有侯景之乱,也必然要走向没落、衰亡。

---

① 《汉魏丛书》载《颜氏家训》卷上《勉学篇》,光绪丙子贰年重镌红杏山房藏版,第26页。
② 《颜氏家训》卷下《涉务篇》,第2页。
③ 《汉魏丛书》载《颜氏家训》卷上《勉学篇》,第26页。

嵩山道士寇谦之对北方道教的改革

寇谦之(365～448年),上谷昌平(今属北京市)人,后因遇难徙居冯翊万年县(今陕西临潼北)。自称是东汉名将寇恂十三世孙,但早期世系无考。其父寇修之,字延期,任前秦苻坚的东莱太守,已故。北魏太武帝拓跋焘时,因寇谦之备受重用,追赠其父寇修之为安西将军,秦州刺史,赐爵冯翊公,又赠修之母为冯翊夫人。对于追随寇修之归顺北魏的宗亲族人追赠太守、县令、侯、子、男者十六人,其中现任者有七郡、五县。寇谦之有一位哥哥名寇赞,字奉国,"少以清素知名"①。在前秦时,初任冯翊功曹,后任襄邑县令,归顺北魏后任绥远将军、魏郡太守。后因招来秦民有功,升任安远将军、南雍州刺史,封轵县侯,治于洛阳。又因绥抚流民有功,赠爵河南公,加安南将军,领护南蛮校尉,"在州十七年,甚获公私之誉"②。太平真君九年(448年)逝世,享年86岁。寇赞的子孙在北魏皆任高官,并有封爵。由其家世可知,寇谦之出身于官宦、士族之家,具有很高的文化素养。

寇谦之,字辅之,"早好仙道,有绝俗之心。少修张鲁之术,服食饵药,历年无效"③。遂对张鲁的五斗米道产生了怀疑,而有了改造五斗

---

① 缩印百衲本《魏书》卷四二《寇赞传》,商务印书馆,1958年,第548页。
② 缩印百衲本《魏书》卷四二《寇赞传》,商务印书馆,1958年,第549页。
③ 缩印百衲本《魏书》卷一一四《释老志》,商务印书馆,1958年,第1694页。

米道的意念。于是他就编造三个故事作为他改革道教的根据。他编造的第一个故事是仙人成公兴引导他修道。据说有一位成公兴,不知何许人,在其姨家作佣工。有一天他去看望姨母,看见成公兴"形貌甚强,力作不倦"①,就请他姨转让成公兴为他作仆役,于是就把成公兴带回家,让成公兴开垦房屋南边的棘田(荆棘丛生之田)。成公兴力作不息。有一天寇谦之坐在大树下运筹七曜(日、月及金、木、水、火、土等七星),成公兴在垦田休息时来看寇谦之的筹算。谦之说:你不力作,来此看什么?隔两三天后,成公兴又来看一次,见谦之筹算不准,惘然自失,就对谦之说:你按我说的布局,自然就算准确了。于是谦之照办,就解决了这一难题。谦之就想拜成公兴为师,兴固辞不允,并说:"但求为谦之弟子。"②不久,成公兴就对谦之说:"先生有意学道,岂能与兴隐遁?"③于是与谦之共入华山修道,居住石室之中。成公兴入山采药,与谦之共食,食后不再饥饿。之后又把谦之带入嵩山修道。一年之后,又对谦之说:我外出后,会有人送药来,你只管吃,不要疑虑。不几日果然有人送药来。谦之一看,全是毒虫臭恶之物,谦之大惧出走。成公兴回来后问谦之情况?谦之以实相告。成公兴叹息说:先生你得不了仙道,但正可为帝王师耳。成公兴师事谦之七年,尸解而去。后来有个叫王胡儿的人,和他叔父游嵩山,见一金室玉堂之馆,有一室特别珍丽而无人居住,上题"成公兴之馆"。胡儿叔父说:"这是成公兴之馆。因火烧七间屋,被贬下凡作寇谦之七年弟子,谪满而去"。寇谦之编造的故事,有枝有叶,还很曲折,令人深信不疑,证明他

---

① 缩印百衲本《魏书》卷一一四《释老志》,商务印书馆。1958 年,第 1694 页。

② 缩印百衲本《魏书》卷一一四《释老志》,商务印书馆,1958 年,第 1694 页。

③ 缩印百衲本《魏书》卷一一四《释老志》,商务印书馆,1958 年,第 1694 页。魏志原文作"但求谦之为弟子",误,今改正。

"精诚远通","守志嵩岳,精专不懈"①的信教的精神境界,但这还不能说明他具有改革道教的资格。于是他又编造更为神奇的第二个故事。

据说寇谦之在神瑞二年(415年)十月乙卯日(五日),忽遇太上老君于嵩山之顶。老君对寇谦之说:嵩山镇灵集仙宫主表天曹曾说,自天师张陵去世之后,地上旷诚修善之人无所师授。嵩山道士上谷寇谦之,"立身直理,行合自然,才任轨范",应"首处师位",所以我特来看你,"授汝天师之位",赐汝《云中音诵新科之诫》二十卷,号曰"并进",并特别说明:"吾此经诫,自天地开辟以来,不传于世,今运数应出,汝宣吾新科,清整道教,除去三张伪法,租米、钱税及男女合气之术,大道清虚,岂有斯事。专以礼度为首,而加之以服食闭练。使王九疑人长客之等十二人授谦之服气导引口诀之法。"谦之及其弟子十余人得辟谷之术后,皆"气盛体轻,颜色殊丽"②。寇谦之编造的第二个故事,有具体时间、地点,有具体人物及所授具体经书和卷数,还传授他服气导引口诀,最主要的是授他天师之位,让他清整道教,据此他取得了道教的领袖地位和改革道教的资格。但寇谦之对此犹嫌不足,于是他又编造了第三个故事。

据寇谦之说,在泰常八年(423年)十月戊戌日(五日),有一位牧圭师李谱文来到嵩岳,自称是太上老君之玄孙,昔居代郡桑乾(山西山阴县东南)。在汉武帝时得道,成为牧土宫主,管理三十六土人鬼之政,辖地十八万余里,其中为方万里者有三百六十万,派弟子宣教。并说嵩岳所辖广汉平土方万里,授予寇谦之宣教。并作《诰》曰:"吾处天宫敷演真法……今赐汝迁入宫,太真、太室,九州真师,治鬼师,治民师,继天师四录,修勤不懈,依劳复迁赐汝《天中三真大文录》,劲召百神,以授弟子。《文录》有五等:一曰阴阳太官。二曰正府真官,三曰正房

---

① 缩印百衲本《魏书》卷一一四《释老志》,商务印书馆,1958年,第1695页。

② 缩印百衲本《魏书》卷一一四《释老志》,商务印书馆.1958年,第1695页。

真官,四曰宿宫散官,五曰并进录主。坛位、礼拜、衣冠、仪式,各有差品,凡六十余卷,号曰《录图真经》,付汝奉侍,辅佐北方泰平真君。出天宫静论之法,能兴造克就,则起真仙矣。又地上生民,末劫垂及,其中行教甚难,但令男女立坛宇,朝夕礼拜,若家有严君,功及上世,其中能修身缚药,学长生之术,即为真君种民。药别授方,销练金丹、云英、八石、玉浆之法,皆有诀要。"另外,还有"上师李君手笔有数篇,其余皆正真书曹赵道覆所书……辞义约辩,婉而成章,大自与世礼相准"①。这次寇谦之所编造的故事,比上两次更具体更充实。是太上老君的玄孙李谱文亲自传授给他的治鬼师、治民师及天师的称号,及宣教的区域范围,还传授给他《录图真经》和修身、采药、销炼金丹等诀要,不仅让其清整道教,并明确告诉他要辅佐泰平真君。寇谦之编造这三个故事,可谓煞费苦心,一环扣一环,层层深入,让人不容怀疑。这就给他改革道教,辅佐泰平真君找到经典根据。寇谦之在编造故事的同时,还编写了《老君音诵诫经》、《录图真经》、《神中图录新经》、《云中音诵新科之诫》等道教经书。在一切都准备好之后,他于始光初年(424年)离开嵩山来到北魏京都平城(山西大同),向太武帝拓跋焘献上道教新科经典。拓跋焘接待了他,并为他提供衣食、住处。但拓跋焘及其臣民,对于寇谦之宣传的道教新科"若存若亡",并未全信。于是寇谦之就主动交结被拓跋焘信任的重臣崔浩。崔浩出身于清河士族,是北魏司空崔玄伯之长子,"少好文学,博览经史,玄象阴阳,百家之言,无不关综,研精义理,时人莫及"②。但唯"不好老庄之书,每读不过数十行,辄弃之曰:'此矫诬之说,不近人情,必非老子所作……不可扬于王庭也。'"③但崔浩对寇谦之所弘扬的道教非常相信,"因欲修服食养生之术"。对寇谦之宣传的《神中录图新经》也信之不疑,并拜寇谦之为

---

① 缩印百衲本《魏书》卷一一四《释老志》,商务印书馆,1958年,第1695~1696页。
② 缩印百衲本《魏书》卷三五《崔浩传》,商务印书馆,1958年,第464页。
③ 缩印百衲本《魏书》卷三五《崔浩传》,商务印书馆,1958年,第467页。

师,"受其法术"①。寇谦之对崔浩的政治才干也非常赞佩,"每与浩言,闻其论古治乱之迹,常自夜达旦,竦意敛容无有懈倦,既而叹美之曰:'斯言也惠,皆可底行,亦当今皋繇也。但世人贵远贱近,不能深查耳。'"把崔浩比作当今之皋繇,评价是相当高的,但他对崔浩提个要求。他说:"吾行道隐居,不营世务,忽受神中之诀,当兼修儒教,辅助泰平真君,继千载之绝统。而学不稽古,临事暗昧",因此他要求崔浩为他"撰列王者治典,并论大要"。于是崔浩就"著书二十余篇,上推太初,下尽秦汉变弊之迹,大抵先以复五等为本"②。看起来寇谦之与崔浩是互相利用。寇谦之是想利用崔浩的权势及儒学治术,助他清整、扩展道教;崔浩是想借助道教的养生之术及辅助泰平真君之说以迷惑拓跋焘。二人的共同目的,就是通过他们的合作而取得北魏皇帝更大的信任。于是崔浩就上疏给拓跋焘,说:"昔汉高虽属英圣,四皓犹或耻之,不为屈节。今清德隐仙不召自至,斯诚陛下侔从轩黄,应天之符也,岂可以世俗常谈而忽上灵之命,臣窃惧之。"③拓跋焘接受了崔浩的意见,欣然派谒者,"奉玉帛、牲牢,祭嵩岳",并迎接仍留在嵩岳的寇谦之的四十位弟子来平城,并在京城之东南设天师道坛,尊奉寇谦之为天师,"显扬新法,宣布天下,道业大行"④,道教遂成为北魏的国教。泰平真君三年(442年),寇谦之上奏拓跋焘说:"今陛下以真君御世,建静轮天宫之法,开古已来.未之有也,应登受符书,以彰圣德。"拓跋焘遂在泰平真君三年春正月甲申日(七日),"亲至道坛,受符箓,备法驾,旗帜尽青,以从道家之色也。自后诸帝每即位,皆如之"⑤。这就是说.不仅拓跋焘亲至道坛受符箓,而且以后每个皇帝即位都要亲至道

---

① 缩印百衲本《魏书》卷三五《崔浩传》,商务印书馆,1958年,第469页。
② 缩印百衲本《魏书》卷三五《崔浩传》,商务印书馆,1958年,第469页。
③ 缩印百衲本《魏书》卷一一四《释老志》,商务印书馆,1958年,第1696页
④ 缩印百衲本《魏书》卷一一四《释老志》,商务印书馆,1959年,第1696页。
⑤ 缩印百衲本《魏书》卷一一四《释老志》,商务印书馆,1958年,第1696~1697页。

坛受符箓,成为定制。

在北魏之初,本来是佛、道并信的,但因佛教发展太快,出家的僧尼过多,广建佛寺占地较广,严重影响社会生产和国家财税收入,引起北魏政府的不满。再加上崔浩的反佛宣传,更是火上浇油,所以在泰平真君五年(444年)正月戊申日(十二日)下了灭佛诏书。说:"愚民无知,信惑妖邪,私养师巫,挟藏谶记、阴阳图纬、方技之书。又沙门之徒,假西戎虚诞,生致妖孽,非所以壹齐教化,布淳德于天下也。自王公已下至于庶人,有私养沙门、师巫及金银工巧之人,在其家者,皆遣诣官曹,不得容匿,限今年二月十五日,过时不出,师巫、沙门身死,主人门诛,明相宣告,咸使知闻。"①这个诏书是很紧急的,仅限33天之内,必须把沙门、师巫、金银工匠一律送交官府,否则是沙门、师巫处死,收藏者门诛,对金银工匠怎样处理没说,但不会处死他们,因他们对政府还有用处。另外,这次诏书所要交出的仅限于私人收养者,而对在寺庙中的沙门并未涉及。

泰平真君六年九月,卢水胡盖吴反于杏城(陕西黄陵县),拓跋焘亲自率军讨伐盖吴。在长安佛寺中见其便室藏有弓矢矛盾,拓跋焘大怒,认为"此非沙门所用,当与盖吴通谋,规害人耳"。崔浩从旁进言要重惩沙门,于是拓跋焘于泰平真君七年三月又下诏,"诛长安沙门,焚破佛像",并命令给留守京师的长官下令四方各地,"一依长安行事"。在另一诏书中重申五年五月诏书的宗旨,以为佛教蔑视王法,使"政教不行.礼义大坏",因而宣布"自今以后,敢有事胡神及造形象泥人、铜人者门诛……有司宣告征镇诸军、刺史,诸有佛图形象及胡经,尽皆击破焚烧,沙门无少长悉坑之"。② 这次灭佛,涉及到北魏统治的北方全境,虽因其太子拓跋晃故意缓发诏书,使各地沙门有逃脱的机会,但各地的佛寺土木建筑"宫塔尽毁",佛教遭到一次毁灭性的打击,但道教

---

① 缩印百衲本《魏书》卷四下《世祖纪下》,商务印书馆,1959年,第70页。
② 缩印百衲本《魏书》卷一一四《释老志》,商务印书馆,1959年,第1694页。

却得到兴盛发展的良机,使寇谦之的道教改革得以顺利实现。

关于寇谦之对道教的改革内容,在他所编造的三个故事中,都有所提及。现在笔者就根据其提及的改革线索,略作引申予以介绍。但在介绍之前,对早期道教的形成与发展脉络必须有所交待,从而说明寇谦之对道教改革的必要性和迫切性。

早期道教大概萌芽于西汉成帝时期。据《汉书·李寻传》记载:"成帝时,齐人甘忠可诈造《天官历包元太平经》十二卷,言汉家逢天地之大终,当更受命于天。天帝使真人赤精子下教我此道。"①文中提到赤精子把《天官历包元太平经》传授给甘忠可,以后甘忠可又传给夏贺良、丁广世、郭昌等人。此尚属于在少数人之间的传播,并未形成宗教团体,但经中所言"汉家逢天地之大终",犯了汉家大忌,故夏贺良被处死。而后来王莽则以"更受命"说,篡夺了汉家政权,说明此说颇有影响。到了东汉时期,在贵族中出现了佛道并祀活动。据《后汉书·楚王英传》记载:楚王刘英"晚节更喜黄老学,为浮屠斋戒祭祀"②。楚王英的黄老与浮屠并信,只能算是个人信仰问题,也构不成宗教组织。

在东汉,早期道教已经有经典可依,并已形成为宗教组织。据《后汉书·襄楷传》记载:"初,顺帝时,琅玡宫崇诣阙,上其师于吉于曲阳泉水上所得神书百七十卷……号《太平清领书》,其书言以阴阳五行为家(宗),而多巫觋杂语。"③此《太平清领书》据章怀太子李贤的注解,即今道教的《太平经》。此经在东汉末年为巨鹿人张角所得,组织太平道,并云信奉黄帝、老子,故又称黄老道。张角自称大贤良师,"畜养弟子跪拜首过,符水咒说以疗病,病者颇愈,百姓信向之"④。关于太平

---

① 缩印百衲本《汉书》卷十五《李寻传》,商务印书馆,1958年,第921页。
② 缩印百衲本《后汉书》卷四二《楚王英传》,商务印书馆,1958年,第628页。
③ 缩印百衲本《后汉书》卷三〇下《襄楷传》,商务印书馆,1958年,第474～475页。
④ 缩印百衲本《后汉书》卷七一《皇甫嵩传》,商务印书馆,1958年,第1024页。

道以符水治病的欺骗性,《三国志·张鲁传》注引《典略》说的最为清楚:"太平道者师持九节杖,为符祝,教病人叩头思过,因以符水饮之,得病或日浅而愈者,则云此人信道;其或不愈,则为不信道。"①这种欺骗与"心诚则灵"、不灵就是不诚的说法是完全一致的,但当时百姓确揭不开此中奥秘,而深信不疑,故张角能在十数年间发展数十万人,并发动黄巾军大起义,讹言"苍天已死,黄天当立,岁在甲子,天下大吉"②。甲子年,即中平元年(184年)。起义之初,黄巾军曾取得重大胜利,但起义军因缺乏战斗经验,在九个月之后,其主力军便被镇压下去,太平道也随之消声灭迹。但早期道教的另一支,即由张陵、张衡、张鲁传授的五斗米道,却在民间广泛传播。

据《后汉书·刘焉传》记载,张鲁字公旗,"初,祖父陵顺帝时,客于蜀,学道鹤鸣山中,造作符书以惑百姓,受其道者,辄出米五斗,故谓米贼。陵传于衡,衡传于鲁。鲁遂自号师君,其来学者,初名为鬼卒,后号祭酒。祭酒各领部众,众多者为理(治)头,皆校以诚信,不听欺妄。有病但令首过而已。诸祭酒各起义舍于路,同之亭传,悬置米肉,以给行旅,食者量腹取足,过多则鬼能病之。犯法者,先加三原,然后行刑。不置长吏,以祭酒为理,民夷信向。"③以上所引资料,就是指张鲁在汉中所建立的政教合一的组织机构。《三国志·张鲁传》也有与此大同小异的类似记载,其中小异者共有三处:一,《刘焉传》所记的"鹤鸣山",《张鲁传》记为"鹄鸣山",其实这是一山二名。二,《刘焉传》所记的"理头祭酒",《张鲁传》记为"治头祭酒",其实"理"字是避唐高宗李治讳,故将"治"改为"理",二名乃指一事。三,《张鲁传》在"民夷便乐

---

① 缩印百衲本《三国志》卷八《张鲁传》注引《典略》,商务印书馆,1958年,第121页。
② 缩印百衲本《三国志》卷八《张鲁传》注引《典略》,商务印书馆,1958年,第121页。
③ 缩印百衲本《后汉书》卷七五《刘焉传》,商务印书馆,1958年,第1088页。

之"后,加一句"雄踞巴汉三十年"①,说明张鲁政权存在的时间,是《张鲁传》优于《刘焉传》之处。还有一点需要解释的,就是义舍悬置米肉,"行路者量腹取足"的问题。所谓义舍如今之亭传,是说义舍就像现在的政府招待所,"行路人"是指因公出差的人,不是指所有行路者都可以在政府招待所里量腹取足,那是任何政府也供应不起的。

在《三国志·张鲁传》注引《典略》中,对张鲁治病之法,又增加一道手续.即"加施静室,使病者处其中思过。又使人为奸令,为鬼吏主为病者请祷。请祷之法,书病人姓名,说服罪之意,作三通:其一上之天,著山上;其一埋之地;其一沉之水,谓之三官手书,使病家出五斗米以为常,故号曰五斗米师,实无益于治病,但为淫妄"②。三官手书的妄言,更增加了五斗米道的欺骗性。

以上介绍了早期道教的产生时间和传教内容和手段。在黄巾起义失败后,太平道已退出历史舞台,但在汉中和四川五斗米道又兴盛起来,张鲁在汉中建立的五斗米道政权,存续达三十年之久。张鲁最后投降了曹操。曹操迁汉中万余家人口于洛阳、长安和邺县,其中自然有大量的五斗米道徒,于是五斗米道在北方又传播开来。晋室南迁,五斗米道在南方也得到传播,如琅玡王氏、琅玡孙氏、颍川庾氏等士家大族也有信五斗米道者。东晋末年,孙恩、卢循以五斗米道起兵反晋,失败后,五斗米道又受到严重打击而一蹶不振。道教如不进行改革,将自动走向衰亡。寇谦之抓住了这个机遇,进行了如下的改革。

一、废除三张伪法

对于"三张",学术界有两种理解:一是指张角、张宝、张梁兄弟三人;二是指张陵、张衡、张鲁祖孙三人。一般学者认为是指后者.而汤

---

① 缩印百衲本《三国志》卷八《张鲁传》,商务印书馆,1958年,第121页。
② 缩印百衲本《三国志》卷八《张鲁传》注引《典略》,商务印书馆,1958年,第121页。

用彤、汤一介先生认为是指前者。笔者认为两个"三张"是有联系的。《广弘明集》就说:"巨鹿张角自称大贤良师,奉事黄老,行张陵之术。"①《三国志·张鲁传》注引《典略》则说:"脩(张衡)法略与角同。"②据此我们不妨认为所谓"三张伪法",就是指张陵、张角、张鲁所奉行的传教手法,事实上他们在传教时确有相同的骗人术。寇谦之所废除的三张伪法,即废除符水治病、跪拜首过、三官手书、收五斗米、鬼卒祭酒、宅治之号、义舍之制及男女合气之术等,皆为与正道不合之邪术。

二、以儒术改造道教

这就是寇谦之说的,"专以礼度为首,而加之服食闭练"。所谓"礼度"就是儒家所提倡的礼仪制度及伦理道德。所谓"服食",就是常以野生植物为食,可以延年益寿。所谓"闭练",就是吐故纳新,调气养神的功法。这样就使儒家的礼仪制度、伦理道德与道教的练功法结合起来,为封建政权服务,这就使从前与当权者对抗的道教,演变为受礼法约束的,辅助当政者稳定社会秩序的宗教组织,以达到他"兼修儒教,辅助泰平真君,继千载之绝统"的目的。

三、吸收佛教经义充实道教

早期道教的经典主要有《太平经》和《老子五千文》。《太平经》本名为《太平清领书》,传说是汉人于吉在曲阳泉水上所得。该书以阴阳五行为理论基础,宣传早期道教的神仙观念及"兴国广嗣之术",也含有反对贫富不均,反对统治阶级残酷暴政及主张平等平均思想,所以它可以成为发动农民起义的工具。

---

① 《广弘明集》卷十一《大正大藏》卷五二,第 167 页。
② 缩印百衲本《三国志》卷八《张鲁传》注引《典略》,商务印书馆,1958 年,第 121 页。"脩"即张脩。裴松之注:"张脩应是张衡,非《典略》之失,则传写之误"

《老子五千文》就是《道德经》,又称《老子》,它本是先秦道学派的哲理著作。该书以"道"为纲,讲修身、治国、养生之术。政治上主张"无为而治"。宇宙观上,主张宇宙万物皆产生于道,"道生一,一生二,二生三,三生万物,万物负阴抱阳,冲气以为和"①。老子这些虚玄的论述,被早期道教所利用,成为道家的经典。严格地讲,《老子五千文》根本构不成宗教经文。到南北朝时期,佛教经典大量传入中国,佛教的经、律、论三藏在宣传上占有极大优势,道教的《太平经》、《老子五千文》根本与佛教经典无法匹敌,于是道教就从佛经中吸收有益成分,来充实道教的经义。寇谦之就抓住了这一机遇,创制了很多道教经文。据汤用彤、汤一介先生的考证,寇谦之共创制有《老子音诵戒经》、《太上老君戒经》、《太上老君经律》、《太上戒律》、《三洞法服科戒文》、《正一法文天师教戒科经》、《女清鬼律》②等七种,已收入《道藏·洞神部·戒律类》中。从上引七种著作中,可以明显看出寇谦之吸收了佛教的戒律。任何一种宗教必须有戒律来约束它的信徒。道教原无戒律,寇谦之仿照佛教来创造道教戒律,就是道教进一步正规化。另外,在寇谦之所创造的著作中,也吸收了佛教的六道轮回说。他在《老君音诵戒经》中说:"死入地狱,若轮转精魂虫畜猪羊以偿罪,而生偿罪难毕。"这就是告诫教徒,如果生时作恶事,死后要下地狱转生为虫畜猪羊以偿罪。再如过去道教仅重视"服食闭练"养生之术。寇谦之认为仅此还不能成仙,主张"持戒修行","诵经成仙"。他在《太上老君戒经》中说:"诵经万遍",也能"白日登晨",即经常诵经,也能白日飞升,进入三清界而成仙。道教重视诵经,也是从佛教中吸收的成果。

四、仿照佛教为道教天尊、诸仙立像

道教本来没有为其天尊、诸仙立像的传统,因此在宗教宣传中缺

---

① 高亨:《老子注释》,河南人民出版社,1980年,第98页。
② 汤用彤、汤一介:《寇谦之的著作与思想》,《历史研究》1961年第5期。

乏道教仙人的立体形象,很难深入人心。于是寇谦之就效仿佛教为诸佛、菩萨塑像的经验,"刻天尊及诸仙之象而供养焉"①。这样就可以与佛教的佛像并驾齐驱,在宣传方面把道教的天尊、诸仙形象化,收到了极好的效果。

五、废除天师世袭制

汉代的五斗米道天师是世袭制,如张陵,张衡、张鲁祖孙三代皆为天师,就是世袭制的表现。寇谦之假称太上老君赐他天师之位,让他以"新科"清整道教,就意味着天师世袭制的废除。到平城后太武帝拓跋焘承认他的天师地位,寇谦之遂成为天师道的教主,这是他有权改革天师道的必备条件。其实比寇谦之稍晚一点的南天师道教主陆修静(406～477年),也是以天师的名义改革南天师道。但是必须说明,废除天师世袭制,只是在道教改革派中施行,但道教的正统派,即张陵的嫡系正一派(因张陵称太清正一真人而得名)则并未废除天师世袭制。张陵的四世孙张盛,在曹魏时迁回张陵曾修道之地江西龙虎山继续传教,使天师世袭制一代一代的传习下去,至清光绪民国年间已传承至63代②。

以上重点而简要地介绍了寇谦之对北方道教的改革。这些改革使早期道教走上正常发展道路,提高了道教组织、思想境界,使道教成为能与政府合作,并能起到稳定社会秩序的作用,出现了道教发展史上第一个高峰。道教成为北魏的国教,而寇谦之对道教的改革,不仅只影响至北魏,对道教总的发展,也起到积极促进作用。寇谦之所创立的教规、教义被后世道教所吸收,寇谦之所创作的道教经典,全部收入《道藏》之中,成为道教的共有财富。特别值得一提的是寇谦之对佛

---

① 缩印百衲本《隋书》卷三五《经籍志四》,商务印书馆,1958年,第481页。
② 李养正主编:《道教手册·历代天师世袭谱系简表》,中州古籍出版社,1993年,第456～470页。

教的态度。寇谦之站在道教立场上反对佛教是毋庸置疑的,但他反佛仅限于义理之争,而反对政权对沙门之诛灭。如在太延五年(439年),北魏灭北凉时,捉住三千为北凉守城的沙门。太武帝拓跋焘要全部杀掉,由于寇谦之讲情,而全部释放。再如泰平真君六年盖吴反于关中,拓跋焘御驾亲征,在长安寺中发现藏有武器,崔浩劝拓跋焘把僧人全部杀掉,寇谦之则极力劝阻,"苦与浩净",崔浩不允。寇谦之遂对崔浩说句狠话:"卿今促年受戮,灭门户矣"①。意思是你这里坚持坑杀僧人,以后要受灭门之罪的。在中国只有僧、道两教有反政府的战争,而没有宗教战争。僧、道之间只有孰先、孰后、孰优、孰劣与义理之争,而无互相杀戮。对此,寇谦之作出了好的榜样。

---

① 缩印百衲本《魏书》卷一一四《释老志》,商务印书馆,1958年,第1684页。

姓氏文化研究

文明中国史

对《张姓祖根在濮阳的质疑》答辩

一、张姓祖根在濮阳非我创见古已有之

张华封先生在《对朱绍侯教授〈张姓祖根在濮阳〉的质疑》中有如下一段话：

> 关于张姓起源地，主要有四说……而"濮阳说"，出自朱教授的文章《张姓祖根在濮阳》，不过才十多年的历史。濮阳是中华文明的重要发祥地之一，是"龙的故乡"，是"颛顼之都"，商、周以后仍是重要政治、军事重地。为什么数千年之久却没有人认为那里是张氏始祖所在地？仅此，也不能认为"张氏祖根在濮阳"是顺理成章的。称"濮阳是张姓先民最早祖居地，是没有根据的。"

上引这段文字的中心意思，是说"张姓祖根在濮阳"是我首创的，不过才十多年历史，"仅此"是不能成立的。关于说我创立"张姓祖居在濮阳"，我倒认为是对我的"恭维"，其实我哪有那么大的本事，凭空会创出一个新说。不过，说这一新说，"才十多年历史"，"仅此"就不能成立，这才是张先生的创造。对于学术研究都是以其论点、论据是否可靠、符合实际为标准，从来没有以其时间长短来做标准的。如按张先生的说法列出一个年表就可以了。河东张城说，汉代就有了；河北清河说，唐以后广为流传；山西太原说，在明代已经产生；河南濮阳说，不过才有十几年的历史。这样一排列，河东张城说时间最早，张姓

祖居地就理所当然地在河东张城了。张先生的如意算盘。一是太武断；二是一厢情愿，其他几家未必同意，我劝张先生不要在时间长短上打算盘了，还是把你的观点亮出来，让大家看看吧！

回过头来还是谈一谈"河南濮阳说"，是否才有十多年历史的问题吧。关于"张姓祖根在濮阳"，是濮阳地区世代相传、妇孺皆知的事。对于这种传说以前并没有引起人们的注意，在改革开放以后，特别是在海内外掀起寻亲拜祖的热潮之后，才引起濮阳市、县领导的重视。于是在1993年9月就抽调得力人员对张姓族史进行专题研究，之后又组成张姓族史考察小组去郑州、开封、山西太原、河北清河等地进行考察和访问，并在1994年10月在濮阳召开第一次张姓族源学术研讨会。这次会议我没有参加。1995年3月，在濮阳又召开第二次张姓族源学术研讨会。参加这次会议的除濮阳市、县学者外，河南省的考古学家、历史学家、历史地理学家、姓氏学家十余人，我参加了这次会议。在会上，学者们都从各自研究专业出发论证了张姓族源问题，除了在个别细节问题上有不同意见外，基本上都同意张姓祖根在濮阳的说法。会后，与会学者从各自专业的角度撰文论证了张姓祖根在濮阳的问题，并出版了《龙乡寻根》小册子（河南教育出版社1996年版）。《龙乡寻根》的出版，是与会学者的共识，也是濮阳人民世代传说的反映，怎么能说"张姓祖根在濮阳"之说是出自我一个人的文章呢？我们的文章写出后，濮阳领导为了慎重起见，把文章送给中国大师级学者张岱年、李学勤、张政烺、傅振伦、张忠培、杨向奎等十位先生审阅。这些德高望重的学者并没有因为这一"新说"才有几个月时间而予以否定，而是写出书面文字予以肯定。我无意拉大旗作虎皮，吓唬别人保护自己，我只想对比一下张华封先生的态度。张先生看到我的文章后，就得出结论："才不过十几年的历史"，"仅此，也不能认为'张姓祖根在濮阳'"，"称濮阳是张姓先民最早祖居地是没有根据的"。张先生比起上述一些大师们确实"慧眼独具"，但所下的结论是否太武断了。

中国的老学者有一句口头禅："读书未遍，不敢妄下结论。"张华封先生书读得太多了，所以才说出"为什么数千年之久却没有人认为那里(指濮阳)是张氏祖所在?"事实上由宋工部尚书张咏撰修的,以后在元、明两朝由其孙辈不断续修的《山阴白鱼潭张氏族谱》中,明白地记载着濮阳就是张姓的祖居地。在《张氏重修族谱叙》中有如下几条记载:

张之受姓,昉(始)于轩辕之子,天下之张,厥初无不本于一人耳。濮阳吾祖之所自出。

吾家本名族,受姓轩辕氏,濮阳蕃(繁殖)本根。分合清有几,有斐(文采)乖崖公,勋名照青史。

乖崖久矣典刑(型)存,赖有曾孙演庆源。兵后沧桑徒自改,世间宗法尚堪论。谢庭育秀多兰玉,窦武联芳在一门。谱牒几枝犹散落,濮阳谁为问诸昆(后裔)。

上引三段文字,一、二段中的"濮阳吾祖之所自出"和"濮阳蕃本根",都是说明濮阳是张姓的祖居地,应该是不解自明的,没有必要再浪费笔墨,但第三段文字艰深难懂,有必要多说几句。第三段的第一句"乖崖久矣典刑存",和第二段中的"有斐乖崖公"的"乖崖"是宋工部尚书张咏的别号(《宋史》卷293有传),文中的"典刑",即"典型",古"刑"、"型"通用。意思是说张咏虽然逝世已久,但他所修的族谱仍然存在。第二句"赖有曾孙演庆源"。文中的"庆源"比较难解,可能是一典故,但从上下文意看似指族谱,意思是幸有后辈能续修族谱。这应该是指元朝中期的张梅叟,明宣德年间的张潜安及明弘治年间的张以弘、张以文、张以宽、张以时等续修族谱事。第三、四句"兵后沧桑徒自改,世间宗法尚堪论",意思是说虽然在元末战乱之后,社会发生沧桑巨变,但由于有族谱的存在,张氏的宗法关系还是尚可以谈论。五、六两句"谢庭育秀多兰玉,窦武联芳在一门",是谢安、窦武培育英杰子弟的典故,暗喻张家也是人才辈出、后继有人。七、八两句"谱牒几枝犹散落,濮阳谁为问诸昆",是感叹虽经几次续修族谱,但还有几支族谱散落无存,濮阳老家还有谁问及张姓后裔呢?总之,从这三段文字中都可以说明,张姓祖居地在濮阳的事实。

从《张氏重修族谱叙》中,可以确切知道在元代中期,张梅叟就以

《山阴白鱼潭张氏族谱》"以联其族人",其后在明宣德、弘治年间又两次续修。仅从元中期算起距今已有五百余年,如果再上推至宋代的张咏,至今已有一千多年。由此可见,"张姓祖根在濮阳"并非"不过才十多年的历史",张华封先生想以此为由而封杀"濮阳说",是否也就不能成立了。

在这里我要说明一个问题,即在本文前为什么要加一个"答张华封先生《质疑》之一"的副题?意思是我要继续答辩下去。本来当我知道张先生要发表《质疑》时,我是不想答辩的,因为我认为研究传说时代的历史,原始资料就有分歧,有不同意见是很正常的,不必答辩。但当我看到《质疑》之后,发现张先生是用歪曲我的文章、讲话的原意的手法,然后再肆意发挥批判,甚至对我引用的资料也在曲解之后予以批判,这样我就不能不答辩了,但我现在又没有时间写很长的文章,只好采用分题答辩的方法。

二、驳张华封先生对《国语·晋语》一段文字的曲解

关于《国语·晋语四》中"黄帝之子二十五人",这段话,《史记》、《通鉴外纪》都引用过,研究中国古代史和研究中国姓氏史的人更是经常引用。毋庸讳言,学术界对这段话确实有所争议,但迄今为止,还没有哪一位学者像张华封先生用如此狠毒的语言,对这段话予以彻底全面的否定。说什么"这番说教,内容上前后重复,伦理上的语无伦次,逻辑上自相矛盾"。张先生如此解读历史文献,真是令人叹为观止。俗话说"偏见比无知更愚蠢",如果是无知再加上偏见,那就是蠢上加蠢了。张先生如此歪曲攻击古代历史文献,那就有必要予以逐条驳斥,以正视听。

(一)驳"伦理上语无伦次"说

一般研究者引用《国语·晋语四》这段文字,都只引用"黄帝之子

二十五宗"至"皆为姬姓"这一段,以说明"其得姓者十四人别为十二姓",而张先生则把重耳(晋文公)娶其侄媳怀嬴的故事也拉出来,其目的就是要给这段话扣上一个"乱伦"的大帽子,也就是他所说的"伦理上的语无伦次"。"乱伦"用宋以后道学先生的观点说就是"禽兽行"。张君以道学家自居,把春秋时代婚俗扣上"乱伦"、"禽兽行"的大帽子,这难道不是狠毒的攻击吗!春秋时代盛行什么婚俗呢?那就是大家知道的"媵婚制"。《仪礼·土昏礼》郑玄注说,"古者嫁女必侄娣从。侄,兄之子,娣,女弟也。"姐妹与姑姑同嫁一个男人,用张君的观点来看,不也是乱伦吗?但这是当时的婚俗,说明当时的婚姻并不论辈分。春秋时还有一句婚姻格言,张君可能更要反对,那就是"人尽夫也"。据《左传·桓公十五年》记载,雍姬问她母亲(祭仲夫人)"父与夫孰亲"?其母答:"人尽夫也,父一而已。"对于这段话,明代学者谢肇淛在《五杂俎》卷八中说"父一而已,人尽夫也,此语虽得罪于名教,亦格言也。父子之情,有生以来不可更易者也。委禽从人,原无定主,不但夫择妇,妇亦择夫,谓为人尽夫也,固亦可也。"要知道明代是名教最盛行的时期,谢肇淛虽然也说"虽得罪于名教"的话,但是最后却说"谓为人尽夫也,固亦可也。""人尽夫也",当然不排除不同班辈的婚姻,想不到21世纪的张君竟然对晋文公与侄媳结婚骂为乱伦。其实春秋时代确有一大禁忌,就是"同姓不婚",胥臣说了那么多的话,就是要说明除了"同姓不婚"的禁忌外,并不排除不同辈分的婚姻。张君并没吃透原文的真意,而妄下"伦理上的语无伦次"的评语,起码是违背了用历史唯物主义精神研究历史的原则。其实不同辈的婚姻,直到汉唐仍有孑遗,如汉惠帝要娶自己的亲外甥女为皇后,武则天嫁给唐高宗,唐明皇娶杨贵妃,都是不合宋以后理教的典训的,但却无人从伦理角度进行批评。

在春秋时期,秦晋两国经常互通婚姻,故后世对两家结亲称为"秦晋之好"。这"秦晋之好"也包括晋文公与怀嬴的婚姻在内。如按张君的说法,这叫"秦晋乱伦",哪里是什么"秦晋之好"?人类的婚姻是由群婚、族外婚、对偶婚发展、演变、进化而来的,如果从道学家的立场、观点来研究婚姻史,那不成了乱伦史、耻辱史? 但到目前为止还没有这样一部著作问世.

(二) 驳"自相矛盾"说

张君对《国语·晋语四》中的这段话,还提出两个责难,就是"前后重复","逻辑上自相矛盾"。关于前后重复的问题,可暂且不论,关键是"逻辑上自相矛盾"的问题,对此应认真予以辩驳。所谓"逻辑上自相矛盾",主要是因为学术界对黄帝之子究竟是有两位青阳氏还是只有一个青阳氏的不同认识而造成的。即所谓"破四为三"的争议,而这个争议是古已有之。

大概在唐朝以前,学术界对黄帝之子中究竟是一个青阳氏,还是两个青阳氏就有了争议。主张两个青阳氏之说者认为青阳玄嚣和青阳少昊都是黄帝之子;主张一个青阳氏之说者,认为玄嚣是黄帝之子,而少昊不是黄帝之子;也有人调和两个青阳的矛盾,认为玄嚣、少昊是一个人,这实质也是一个青阳说。主张两个青阳说者认为黄帝之子得姓者十四人中"别为十二姓",因为其中有两个姓姬,两个姓己;主张一个青阳说者认为黄帝之子中得姓者不是十四人而是十三人,这样黄帝之子得姓者中就只有一个姓姬和二个己姓,这就叫"破四为三"。于是黄帝就只有二十四子,而不是二十五子,出现了数字上的矛盾。张君就是以"破四为三"为根据,而说《国语·晋语四》这段话前后有矛盾。现在的问题是学术界对青阳氏有争议这是事实,但主张一个青阳说者不应改写主张两个青阳论者的文章,然后再说人家自相矛盾。很显然胥臣是主张两个青阳论者,"凡黄帝之子,二十五宗,其得姓者十四人,别为十二姓……";从原文看是一点矛盾都没有的,因为十四人中有两个姬姓,两个己姓,故只有十二姓了。张君还特别指出我也是不同意少昊是黄帝之子的,对此我至今坚持不改,但我无权改写主张两个青阳说者胥臣的原话,并从中制造矛盾。唐代学者司马贞就想解决"破四为三"的矛盾。他在《史记·五帝本纪》索隐中有较为详细的解释. 现转引如下:

旧解"破四为三",言得姓十三人耳。今按《国语》胥臣云:"黄帝之子二十五宗,其得姓者十四人,为十二姓,姬、酉、祁、己、滕、箴、任、荀、僖、姞、儇、依是也。唯青阳与夷鼓同己姓",又云"青阳与苍林为姬姓",上则十四人为十二姓,其文甚明。唯姬姓再称青阳与苍林。盖《国语》文误,所以致令前儒共疑其姬姓青阳当为玄嚣,是帝喾祖,本与黄帝同姬姓,其《国语》上文青阳即是少昊金天氏,为己姓者耳,即理在不疑,无烦破四为三。

从上引司马贞"索隐"一段话可知,司马贞认为《国语》中胥臣所说的"黄帝之子二十五宗,其得姓者十四人,别为十二姓"是"其文甚明","理在不疑,无烦破四为三"。简单地说就是司马贞赞成胥臣说的话,但司马贞也认为《国语》有误。误在什么地方呢?误在没有说清两个青阳是谁。按司马贞的理解,前一个青阳,即与夷鼓同为己姓的青阳,是少昊金天氏,后一个青阳,即与苍林同为姬姓的青阳,是帝喾之祖玄嚣。司马贞认为只要把两个青阳氏说清楚了,问题就迎刃而解了。事实上问题并不像司马贞理解那样简单,尽管司马贞作出了他认为正确的解释,而"破四为三"的问题直到现在还有争议。张君并想据此全面彻底否定《国语·晋语四》中的这一段话,这也算是一项首创性的突破。

(三)驳歪曲式的质问

张君在全盘否定《国语·晋语四》一段文字后,又提出四个质问,以增强他立论的说服力。看了这几个质问后,我对张君懂不懂历史感到迷惑不解。说他对历史没研究呢,他确实掌握不少历史资料,并能提出一套一套的论点,说他懂历史吧,他又说出很多不在行的话,甚至是会成为笑柄的高论。还是从他的一些质问说起吧。

质问一:"'同姓为兄弟,黄帝之子二十五人,其同姓者二人而已',就是说,黄帝的其他的二十三个儿子都够不上兄弟,那是什么呢?"这一质问既是断章取义,又是强词夺理。细观全文,这里所指"同姓者二人而已",是指"青阳与夷鼓皆为己姓",而下面还有"青阳与苍林"皆为姬姓,还有黄帝之子二十五人"其得姓者十四人,别为十二姓",综合来看这是讲黄帝对其十四子赐姓以后的情况,赐姓以前,黄帝二十五子都是兄弟,赐姓以后当然还是兄弟,血缘关系不能改变,这是古今共有的常识,哪里会有这样的糊涂人会得出不是兄弟的结论呢?但是,赐姓前后的弟兄关系却有所改变,这就涉及到下文的"异姓则异德,同姓则同德"这段话的深刻含意了。德,《说文解字》解释为"升也"。段注曰:"升当登,辵部曰:迁登也"。又曰"俗谓用力徙前曰德,古语也。"据《说文》段注可知,德就是"迁登","用力徙前"也就是改变以前的状况。那么黄帝赐姓之后改变了什么状况呢?就是由原来的"同姓同德,男女不相及"变为"异姓异德,男女相及"。用通俗一点的话来说,就是原来黄帝之子同为姬姓,他们的子女不能通婚,赐姓之后,他们的子女就可以通婚了,这也正是胥臣所说的"异姓则异德,异德则异类,异类虽近,男女相及,以生民也。同姓则同德,同德则同心,同心则同志,同志虽远,男女不相及,畏黩敬也。"这句话的意思是,赐姓之后,则成为异姓,其后裔子女亲缘关系虽很近,也可以结婚,而同姓的后裔子女亲缘关系虽很疏远,也不可以结婚,这就是当时盛行的"同姓不婚"的禁忌。对胥臣所说的"德",解释为德行也能讲得通,但必须落实到"同姓不婚"上,因为胥臣说了那样长的一段话,所要表明的就是"同姓不婚",异姓"男女可相及"的道理,哪里会扯上"不是兄弟是什么"的问题,这是不明问题的实质而节外生枝。

质问二:"讲'其同姓者二人而已',但既说'睢青阳与夷鼓皆为己姓',又说'惟青阳与苍林同于黄帝,故皆为姬姓',岂不是自打嘴巴!"这是由"破四为三"引出来的问题。胥臣是主张黄帝之子有两青阳,因此说一个青阳与夷鼓同为己姓,一个青阳与苍林同为姬姓,是合情合理的,而张君则站在黄帝之子只有一个青阳的立场上,硬说胥臣的两个青阳为一个青阳,然后又说人家"自打嘴巴",其实是张君自以为是要打人家的嘴巴,反而倒咬一口而说人家"自打嘴巴",用这种态度来研究学术,至少是不够诚实的,有误导读者之嫌。

质问三:"说十四人为十二姓,但其中一个青阳,既是己姓,又是姬姓,实际上只是十三人为十二姓,其中一个青阳两个姓,也是自相矛盾。清人俞樾《群经评议》也曾指出,"黄帝不应有两青阳"。有个解释说,两个青阳,是分别指少昊和玄嚣,但从文中得不出这个结论。朱绍侯教授也不赞成这种说法,《张姓祖根在濮阳》认为少昊是金天氏,是东夷族"。质问三所提的问题与质问二相连,明白"破四为三"的缘由,自然迎刃而解。张文中提到俞樾《群经评议》和我都不同意少昊金天氏是黄帝之子的说法,我前已说过,主张一个青阳说或二个青阳说是学术界早已有之的不同意见,但谁也无权用自己的意见,改写另一意见者的文章,张君就是以一个青阳的意见,去改写《国语》中的原文,这是强加于人,是正直的学者所不为。张在质问三中还提到"有个解释说,两个青阳,是分别指少昊和玄嚣",实际就是指我前面引用的司马贞"索隐"中的那段话,说明张君是知道学术界有两种青阳说法的,但却故意装糊涂,而说"从文中得不出这个结论"。站在一个青阳说的立场上,当然不会承认这个结论,站在两个青阳说的立场上,自然会得出这个结论,你不同意两个青阳说是可以的,但说"得不出这个结论",就太武断了。

质问四:"'姓者,统其祖考之所自出'(刘恕《通鉴外纪》)。从血缘关系上,姓是不能自己选择。而德,是一种人的品性,操行,是自己的思想和行为决定的,或许《国语》反映的德的观念,另有含意,但也脱不出人的主观范畴,而《国语》这段'语',却说'同姓同德','异姓异德',用姓来衡量德,其荒谬不言而喻"。张君这段话,看起来理直气壮,实际是没读懂这段话的深切含意。中间他说"或许《国语》反映的德的观念,另有含意,"说明张君已觉察到此处的德应另有所指,但仍按一般的理解,则认为"而德,是人的品性,操行,是自己的思想和行为决定的,……也脱不出人的主观范畴"。其实这是所谓的"德",恰恰不是"自己的思想和行为决定的,也不是人的主观范畴,而是客观的德行的规范,具体地说就是'异姓则异德'。异德则异类,异类虽近,男女相及,以生民也。同姓则同德,同德则同心,同心则同志,同志虽远,男女不相及,畏黩敬也"。简单地说德就是指"同姓男女不能结婚,异姓男女可以结婚",对此前文已经讲过,不须赘述。最后我想说的一句话,就是张君对《国语》这段话产生那么多的歧想,就是没读懂这个"德"的真实含意,所以也不可能读懂胥臣对重耳等说的这段话的真正用意。

在质问四之后,张君又发表了一大套议论,因文字过长,不可能原文照录,只有对其中的重要问题予以澄清。

张君说"凡黄帝之子二十五宗,其得姓者十四人,为十二姓……那么'得姓者十四人'之外的另十一人呢?难道无姓吗?"这一提问有失水准,因为没有任何人说过,另外十一人无姓。这叫做无的放矢,接着张君就旁征博引众书,而自问自答地说:"没有赐他姓,则从父姓为姬"。看来张君是知道没有赐姓的十一人是有姓的,即随其父黄帝而姓姬。其实也包括挥公在内,凡未得姓者都姓姬这是一般人所共知的常识问题,应承认张君说子随父姓的判断是正确的,但接下来张君就又说不在行的话了。他说:"连黄帝的那些儿子是谁都说不出来,怎么知道他们没姓氏呢?又怎么能判断其中就没有张姓始祖挥呢?"张君的第一问又是无的放矢,因为没有谁说黄帝的其他儿子没有姓,而且他在自答中已经肯定子随父姓,何必再问呢?第二问又显得没有水准。既然你已经说了没得姓者,随其父黄帝姓姬,怎么又要从随父姓的诸子中去找张姓始祖张挥呢?这才是自打嘴巴,说来说去还是说明张君对随父姓和赐姓(得姓)的关系没有弄明白。

《通鉴外纪》云:"姓者,统其祖考之所出;氏者,别其子孙之所自分。"姓是族姓的祖根,氏是由祖根分出来的分支,这是由于人口繁殖,自然发展的人际关系。《通志·氏族略序》云:"三代之前姓、氏分而为二,男子称氏,妇人称姓……姓所以别婚姻,故有同姓、异姓、庶姓之别。氏同姓不同者,婚姻可通,姓同氏不同者,婚姻不可通,三代之后,姓、氏合而为一。"这段文字是讲三代前后姓氏和婚姻的演变情况,它们表述的姓氏关系,仍然是祖根与分支的关系,在母系氏族社会,婚姻不固定,知母而不知其父。女系的亲族关系容易确定。故"女生为姓",男系的亲族关系不能确定,故称为氏,成为姓的支脉。在婚姻关系上,则是"氏同姓不同者,婚姻可通。姓同氏不同者,婚姻不可通,夏商周之后,姓氏合而为一",同姓不婚的禁忌也就取消了。《左传·隐公八年》云:"天子建德,因生以赐姓,祚之土而命之氏,诸侯以字为氏,因以为族"。这是周朝的姓氏关系,意思是说周天子封有德者为诸侯,因其所生之母而赐姓,报之以土地,命之以国名。这里所说的姓氏关系,与前引两条又有不同,但认真分析起来,他们之间又有三点共同之处:一、姓是祖根,氏是分支;二、同姓不婚,同氏可婚;三、赐姓者可独立门户,或成为一国之主,或为一族之祖,可见赐姓的重要性。

古代赐姓是有条件的,《左传·隐公八年》正义曰:"有大功德,官世享祀者,方始赐之,无大功德,任其兴衰者,则不赐之,不赐之者,公之同姓",黄帝之子二十五人,得姓者十四人,别为十二姓,就是根据有功德、无功德而决定的。有功德而赐姓者,就成为"此姓此族之始祖耳,无功德而不赐姓者,各从父之姓族,非复人人赐也"(《左传·隐公八年》正义)。张君要从未得姓的十一人中去找张姓始祖张挥,岂不是缘木求鱼,贻笑大方。归根结底,张君还是不真正了解得姓与不得姓的区别。得姓者即为新姓之祖(即使姓姬也为新姬姓之祖),不得姓者仍随黄帝姓姬,不能成为一姓之祖。此外,张君还不真正了解"同姓同德"、"异姓异德"的含意,这里的"同德"即"同德不婚","异德"即"异姓可婚"。如果真正了解以上两个要点,至少可以少说或不说那么多离谱的话。

三、历史不是泥巴、不能任意捏造

张华封先生在《质疑》中的第二个题目是《关于少昊是黄帝族还是东夷族的问题》,第三个题目是《关于所谓黄帝在帝丘设防的问题》。由于这两个问题都与东夷族有关,故合在一起讨论。

张君在二、三题目下,引用了大量古籍资料和近现代人的著作。看了张君的引证,谁还敢说张华封先生不懂历史,不是造诣很深的史学家和姓氏学家?但是,张君据所引证的资料而发表的论断,却有自以为是,信口雌黄之嫌,令人难以理解。

从张君所引用的资料中,可以说把古代对青阳少昊的几种不同说法都点出来了:即青阳少昊与青阳昌益为一人说;青阳少昊与青阳昌益为二人说;青阳、少昊、昌益为三人说。应该承认这种引证的态度是公正的,可以使读者知道,少昊其人史书有不同的记载。但从张君的阐述中,可以看出张君是主张少昊与昌益两青阳并存的,当然都属于黄帝族系,这是一个见仁见智的问题,我无意与张君争辩。然而,张君在引述徐旭生先生的论点:"少昊是东夷族崇拜的宗族神"时,却说"从文化的角度看也没问题"。接着再引用顾颉刚先生的观点:"少昊本是东方鸟夷的祖先神"时,又说"这一点和徐先生是一致的"。看来张君是被大学者的权威性给镇住了,不敢直接反对少昊是东夷族,而在加一个"从文化角度"的前提后,就承认了少昊是东夷族的"宗族神"、"祖先神"。这真是自以为是的高论。请问在中国哪一家的"宗族神"、"祖先神",不是由血缘关系确立的,难道"从文化角度"就能确认"宗族神"、"祖先神"吗?特别是在黄帝时期,各族间的接触尚处于初期阶段,即使黄帝与蚩尤之战促进了民族融合进程,但也远远没达到同化的程度。在远古时代谈什么"从文化角度"确认"宗族神"、"祖先神",只能是信口开河而已。

从张君大量引证古籍资料后而语无伦次的论述中,我发现一个奥秘,张君最明确的目的,就是寻找或制造批"濮阳说"的论点、论据。在此前提下,只要对批我有利,他随时可以改变观点立论予以批判。如张君本是主张少昊、昌益两青阳并存,都是黄帝之子,但他在批《国语·晋语》"黄帝之子二十五宗,得姓者十四人"的一段话时,却又站在一个青阳说的立场上,硬把十四人说成是十三人,而制造出莫须有的矛盾,然后予以批判。在第二个题目下,他又故伎重演,改变他主张少昊为黄帝族的观点,提出新的假设问题,再予以批判。张君在《山海经·大荒东经》中查到关于"少昊孺帝颛顼于此"的资料,然后又把这条资料与《帝王世纪》所说的"颛顼生十四年而佐少昊,二十而登帝位"联系起来,就把帝颛顼也假设为东夷族,然后就理直气壮地质问说:"颛顼又能是黄帝族吗?如果颛顼不是黄帝族,而会有挥佐颛顼,受颛顼赐姓吗?"世界上无论做什么游戏都有个底线,越过底线就是胡闹。学术讨论也应该有个底线,在讨论五帝的族属问题时,颛顼是不是属于黄帝族系就是底线。请问在中国史学界有哪一位史学家认为颛顼是东夷族而不是黄帝族系呢?况且对"少昊孺帝颛顼"本来就有不同的解释。一说指少昊孺养帝颛顼,大概这符合张君的观点,另一种说法见《山海经新探》(四川省社科院出版社1988年版357页):"颛顼与少昊非一族,'孺'不是父子相承……疑为人质。"对此解释张君大概不会同意,但学术问题可以各抒己见,不能强加于人,想以"少昊孺帝颛顼"而把颛顼说成是东夷人,这种牵强附会的说法是不能令人信服的。

  关于少昊金天氏,可以说是研究中国远古帝王最有争议的一位。司马迁作《史记》"不纪少昊",就足以说明其问题的复杂性。《山海经》中所记"少昊孺帝颛顼",不仅解释不同,而且其可靠性也要大打折扣。学术界都肯定《山海经》对研究中国神话和中国古代历史地理有很高的学术价值,但对中国古代史学者来说,却很少引用,因其神话成分太重,难以窥其底蕴。关于"少昊孺帝颛顼",作少昊孺养了颛顼解,也与其他古籍所记相抵牾。如张君所引用并很欣赏的《逸周书·尝麦解》来说,其所记就可以完全否定"少昊孺帝颛顼"的说法。《尝麦解》云:"昔天之初,囗作二后,乃设建典,命赤(炎)帝分正二卿,命蚩尤于宇少昊,以临四方。"上引文字由于有一处掉字,故对"囗作二后"已难明其真意,但对下边的文字"命赤帝分正二卿,命蚩尤于宇少昊"是明确无误的。人所共知,炎帝为天子是在黄帝之前,炎帝年长于黄帝,而蚩尤与黄帝同时。炎帝"命蚩尤于宇少昊",说明此时少昊已不在世,如果少昊在世炎帝又怎能命蚩尤去镇守少昊之地呢?请想在炎帝、蚩尤时少昊就不在世,那么少昊还能孺养黄帝之孙颛顼吗?张君对《逸周书·尝麦解》津津乐道,在此不会又否定这条资料吧。

  张华封先生为了反对我的"帝丘设防"说,在第三题目下又制造出一套黄帝征服蚩尤后,"华夏族同东夷族大约相处得还好,就逐渐地相互同化了","说明颛顼时期,已经很难区分东夷文化与炎黄文化了。"从辩论技术讲,这叫釜底抽薪。炎黄集团与东夷族已经互相同化了,矛盾已经不复存在,黄帝还在帝丘设什么防?理由多么充分啊!其实这是张君顾头不顾尾的信口雌黄,与史实并不相符。

所谓东夷,实际是对中国东方各少数民族的总称,在炎黄时期,由于其历史全为后人所追记,故简略而多分歧,对于东夷族。人们只知太昊、少昊、蚩尤是东夷族的先后领袖(其中也有歧意),至于东夷族中包含哪些部落和族群,都不甚了了。黄帝战败蚩尤,并没有征服所有东夷群团,就是蚩尤集团也不是所有人都降服黄帝集团。黄帝与蚩尤的战争结果,当然会促进民族融合。但融合的范围是有限的,说什么黄帝战胜蚩尤之后,"华夏族与东夷族就逐渐同化","说明颛顼时期,已经很难分东夷文化与炎黄文化了",只有不懂中国古代史的人才敢于这样自以为是。黄帝征服蚩尤后,其势力范围确实有所扩大,"东至于海,登九山及岱宗;西至于空桐,登鸡头;南至于江,登熊、湘;北逐荤粥,合符釜山"。其实这也仅是黄帝所能达到的势力范围。在这一势力范围内,还存在很多少数民族,而处于时叛时服状态,否则就不会有"天下有不顺者,黄帝从而征之,平者去之。披山开道,未尝宁居"(见《史记·五帝本纪》)的紧张情况了。事实上直到夏、商、周时期,东夷各族仍处于独立发展状态,国家有乱,东夷族必定是叛乱的成员。

关于民族间的融合与同化问题,这是研究民族关系中的重要课题之一。一般来说其总的趋势是,在民族形成与融合的初期,血缘关系起主要的决定性作用,即以互通婚姻为主,文化因素几乎不起什么作用,因此融合的进程相当缓慢,当民族发展至高级阶段时,文化水准也相应提高,文化因素在民族融合中的作用也越来越大,甚至已超过血缘关系的作用。陈寅恪先生在《隋唐制度渊源略论稿》中所说的"胡汉之分,不在种族,而在文化"的论点,得到学术界的普遍赞同,但陈老的话是针对南北朝和隋唐时期的民族融合状况说的,还不适合黄帝时代,因为黄帝时代的文化水平,远远起不到这种作用,而血缘关系仍起主要作用,特别是具体到东夷族与黄帝族的关系,还谈不上文化上的同化问题,这有历史事实为证。

如按张君的推论,东夷族和黄帝族已经逐渐同化,再经过颛顼、帝喾、尧、舜四帝时期融合,到夏、商、周三代应该早已融合为一体,实际恰恰相反。在三代时期,东夷族不仅没有与华夏族融为一体,而且对夏、商、周仍是时叛时服,东夷集团中各族团的名称也都显露出来了,并都处于独立发展状态。

据《古本竹书纪年》记载,在夏代,东夷族集团中计有如下名号:畎夷、风夷、于夷、方夷、黄夷、白夷、赤夷、玄夷、阳夷,以上合称为"九夷"。此外还有淮夷、东海夷、缙山夷等等,他们与夏朝的关系,是时叛时服。特别令人注意的是,夏朝两次亡国,都与东夷族有关联。第一次亡国即所谓"太康失国"。据《左传·襄公四年》记载:"昔夏之方衰也,后羿自鉏迁于穷石,因夏民以代夏政。"后羿乃东夷族的首领,他乘夏王朝衰败之机,夺取了夏的政权。后羿夺权后,"不修人事",被其本族人寒浞所杀,不久寒浞又被夏少康所杀,恢复了夏国,史称"少康中兴"。

夏第二次亡国,即商汤灭夏桀。我们可以这样说:夏直接亡于商,而间接亡于东夷。

夏桀即位后,荒淫无道,国势削弱。当此之时,他不整饬内政,反而向东夷各族发动战争,于是就埋下了亡国伏笔。《国语·晋语一》说:"昔夏桀伐有施,有施人以妹喜女焉。妹喜有宠,于是乎与伊尹比而亡夏。"这一段记载有明显的矛盾之处,即妹喜既然得到桀的宠爱,她为什么还要与伊尹"比而亡夏"呢?读了《古本竹书纪年》如下一段文字后,才了解事实的真相。《纪年》云:"后桀伐缙山,进女于桀二人,曰婉、曰琰。桀受……而弃其元妃于洛。曰末喜氏。末喜氏以与伊尹交,遂以间夏。"原来妹喜是为报复夏桀,才与伊尹"比而亡夏"(妹喜亡夏另有他说,略而不具)。按有施氏、有缙氏都是东夷族中的一支,夏桀征伐有施氏、有缙氏都是无理逞凶,但也是自食恶果,故《左传·昭公十一年》说:"桀克有缙,以丧其国。"真是一语破的,把本质的问题说清楚了。

在殷商时期,由于疆域的不断扩大,与周边各少数民族的接触日益增多,民族矛盾也有上升的趋势,尤其是西方的周族与东方的夷族,对商的威胁最大。郭沫若先生主编的《甲骨文合集》中,关于"征夷"、"征东夷"、"征人方"的卜辞较多,不能一一备引,其中特别是帝辛十年、十五年两次征人方的卜辞,尤其引人注目。陈梦家先生在《殷墟卜辞综述》中,对此次征人方的历程有个概括的简述:"此历程,始于王十祀九月甲午,终于第二年(当为王十祀又一)五月癸丑,中间有一闰九月,计260日。始于出发自大邑商,中经商、亳而及于淮水,然后复由攸、商而至于沁阳田猎区。自十祀九月至十二月渡淮以后,卜辞记曰'征人方';自十一祀正月回至淮北之攸以后,卜辞记曰'王来正人方'。'征人方'是说去伐人方,指其往程:'来正人方',指归程。"有了陈梦家先生的概述,使我们对帝辛十年征人方的往返行程及经历的时间已是一目了然。行程千里,历时260日,在此前的军事史上是罕见的。卜辞所记帝辛对人方的战争,与历史文献所记殷纣王(帝辛)对东夷战争是一致的。《左传·昭公四年》记载说:"商纣为黎之搜,东夷叛之。"注引服虔曰:"黎,东夷之国也。"所谓"商纣为黎之搜",就是帝辛向东夷族的武装挑衅,所以才引起东夷族的叛乱,于是殷纣王才东向用兵,大举进攻东夷,俘获了大量夷人,但殷商也元气大伤,再无力对抗西周。故《左传·昭公十一年》说:"纣克东夷而陨其身。"夏、商灭亡的原因何其相似乃尔。商是直接亡于西周,但也间接亡于东夷。

在西周初期,东夷仍保持独立状态,实力有增无减。故武王灭商后,把大军事家姜尚封于齐,把大政治家周公旦封于鲁,都是为了对付东夷。周公旦因在中央任职,故由伯禽主持鲁政,担子是非常重的。据《史记·鲁周公世家》记载:"伯禽初至鲁,淮夷、徐戎并反,伯禽遂平徐戎定鲁。"又据《史记·齐世家》记载:太公望至齐,"莱侯来伐,与之争营丘(齐都,山东淄博北),营丘近莱,莱人夷也。"说明姜尚初至齐,也受到莱夷的攻击,实际东方并不平静。故武王在灭商后,除派管、蔡、霍三叔为"三监",以监视商残余势力外,还想营建洛邑以震慑东方,但武王并没有实现营建洛邑就逝世了。时成王年幼,周公摄政,管、蔡、霍"三监"发动叛乱,得到东方夷族的响应,周公奉成王之命率军东征,先平定"三监"与武庚之乱,然后"东伐淮夷、践奄,迁其君蒲姑",周公、成王对东夷战争取得胜利。东北的肃慎族都遣使来贺,至此东方的夷族问题,基本得到解决。特别是齐、鲁两国势力不断壮大,在政治、经济、军事、文化等方面都取得绝对优势,东夷族才逐渐被齐、鲁两国所融合、同化。

据上所述,东夷族在夏、商、周时期仍处于独立发展状态,与华夏政权的关系尚处于时叛时服的情况,绝对不像张君所说那样,在黄帝时代"华夏族同东夷大约相处得还好。就渐渐地相互同化了。""说明颛顼时期,已经很难区分东夷文化与炎黄文化了"。张君这话说得太早了,如果放在春秋可能还差不多。要知道历史不是一团泥巴,不能任意捏造。

最后再谈一谈关于黄帝在帝丘设防问题。按张君的推论,认为黄帝征服蚩尤后,华夏族与东夷族在文化上已很难区分了,"国人仍称东方之人为夷人,主要是方位识别因素称谓习惯",这又是自以为是,信口雌黄。东夷族都不存在了,怎么还会以东夷族代指东方?难道周人能把东方的齐、鲁称为东夷吗?张君提出这一论点,只不过是在说明,夷夏已经同化了,黄帝就不可能在帝丘设防了,这是一种不顾历史事实的论断。

前文已经讲过,夷夏直到西周初年还处于对立状态,还发生过激烈战争。即使退一步讲,在黄帝时期夷夏已经同化,难道就没有争夺地盘,扩大势力,争霸称雄,分裂割据的战争了吗?按张君的论断,民族同化了就不需要设防,这是违反军事常识的呓想。按一般情况而论,一个征服者对于新征服地区不可能不严加防备,夏、商、周可算同属华夏族吧,商灭夏后,就把首都迁至西亳(河南偃师),其目的是防备夏残余势力的复辟。周灭商,设"三监"封卫国,同样是为防备殷商残余势力的复辟,尽管如此,在武王死后仍爆发了"三监"与武庚之乱。周公东征之后,"三监"与武庚及东夷之乱已平,成王仍然承武王之遗意,命周、召二公营建洛邑,并派八师军队驻守成周,其目的是为控制商殷残余势力。难道黄帝在征服蚩尤之后,对东夷就那么粗心大意不加防备?事实恰恰相反,黄帝在讨伐蚩尤时,就把政治、军事中心的所谓"都"移至涿鹿(河北涿鹿),至颛顼、帝喾时又把都城设在帝丘(河南濮阳),其目的是为了对付东夷族的反扑,这就是我所说的在帝丘设防的明证。关于帝丘设防问题,张焕书先生在《张姓文化》第四期上发表的《关于张华封先生(对朱绍侯教授"张姓祖根在濮阳"的质疑)一文的商榷》中已有辨析,故不再赘论。总之,要知道研究历史必须以时间、地点为转移,历史是动态的、发展的,而不是静态的、不动的。如按张君的说法:"太行山以东地区当时都属于东夷族所占地域。"如此说来,颛顼、帝喾都城所在地帝丘(濮阳),岂不也属于东夷族了。请问张华封先生对这个结论你能同意吗?奉劝张君不要意气用事,为了反对别人的意见,连历史常识都不顾了。

四、王符没有说古张国是张姓祖居地

张华封先生在《张姓祖根在濮阳的质疑》一文中,对张姓的发源地的几种说法,按历史年代排了个顺序:认为"河东张城说,早在汉代就有学者王符提出","河北清河说,自唐以后广为流传","山西太原说,在明代已经产生",而"濮阳说,出自朱教授的文章《张姓祖根在濮阳》,才不过十多年的历史"。按张先生如此排列顺序的本意,是要说明"张国说"汉代已有,年代最久,当无疑义。"濮阳说"出自我的文章,年代最近,当然不能成立。关于"濮阳说"出自我的文章说法,我已在《答疑》之一中予以驳斥,现在已有回应,张先生在《评〈张姓渊源〉所载"张姓祖根在濮阳"的诸文》的附论《山阴白鱼潭〈张氏族谱序〉有关濮阳的记述浅释》中,已承认在宋代已有"濮阳说"。但又说"而鄄城自汉至明(重点号为笔者所加),一直是濮州或濮阳郡的郡治或州治,因此《叙》中所说濮阳,即濮阳郡,指鄄城,非今濮阳"。这真是不懂历史的信口雌黄。我们知道濮阳县在远古时期是颛顼的都城,在春秋、战国时为卫国国都,两汉时属东郡,濮阳是东郡的郡治。晋时先建濮阳国后改濮阳郡,治所均在濮阳县,魏因之不改,此时鄄城属濮阳国或濮阳郡。东晋后濮阳郡治移至鄄城,北魏濮阳郡治仍在鄄城。隋时设濮州,州治在鄄城。唐天宝初复改为濮阳郡,郡治在鄄城县。五代晋设澶州,濮阳县为州治。宋雍熙四年(公元987年)前设濮阳郡,治所在鄄城,雍熙四年设澶渊郡,治所在濮阳县。金设开州,以濮阳为倚郭,元因之不改。明设澶州,州治在濮阳。以上所述,只是濮阳县建置变迁的简单过程,要详细论证可以写成一篇很长的大文章,甚至能写一本书。但不论是详述和短论,都不能得出"鄄城自汉至明,一直是濮州或濮阳郡治或州治"的糊涂结论。就以宋朝而论,北宋始于960年,终于1127年,前后长达167年,而濮阳郡治在鄄城仅27年(960年至987年),而且就是濮阳郡治在鄄城的时候,鄄城仍名鄄城,而没有称作濮阳,而濮阳县并没有改名。因此怎能说"《叙》中所说濮阳,即濮阳郡,指鄄城,非今濮阳"呢?从上述张华封先生的糊涂结论来看,可以说明张君确实不懂历史,更不懂历史地理,却敢于乱下结论。我奉劝张先生遇事要冷静一些,不要一看与自己不合的意见,就乱发议论。足下已是六七十岁的老人了,说这样违背历史实际的话,难道不觉得脸红吗?以足下这样的历史知识来研究张姓祖根的问题,能得出正确结论吗?

  回过头来再谈一谈张华封先生所提的"张姓起源地古张国说"吧。张先生说这是东汉学者王符说的,在四种张姓起源说中,时间最早,最为可靠。那我们就看王符是怎么说的吧。王符的原话是说:"今河东有张城、西张城,岂晋张之祖所出耶?"(《潜夫论·志氏姓》)其实王符的话说得很清楚,是说河东的张城、西张城,难道是晋国张姓始祖之所出吗?请注意:第一,王符说的是晋国张姓之始祖,并不是指张姓之始祖;第二,王符用的是疑问句(张君称之为反问句)。王符连张城、西张城是不是晋国张姓的祖居地都持疑问态度,怎能说王符说过古张国是张姓的祖居地呢?这不是有意误导读者吗?请问古张国是谁封的?是什么时候封的?有什么文献根据?《国语·晋语》说:"黄帝之子二十五宗,其得姓者十四人,为十二姓。"其中没有张姓,也没说封古张国事。张华封先生为了使黄帝与古张国挂上钩,而推出了黄帝时的张若和西周时的张仲,其实这两个人与古张国是风马牛不相及的。更奇怪的是张先生把与黄帝并称"七圣"的张若,推论成是黄帝的孙子或重孙子,真是匪夷所思。

据《庄子·徐无鬼》记载,黄帝与方明、昌寓、张若、謵朋、昆阍、滑稽等七人到具茨山去见大隗(大道之人),行至"襄城之野,七圣皆迷,无所问塗",幸赖牧马童子的指点,才得解迷津。《徐无鬼》本属杂篇,纯是寓言。故陈鼓应注曰:"方明、昌寓、张若、謵朋、昆阍、滑稽等人名都是寓言。"(《庄子今注今译》中华书局1987年出版)张华封硬把《庄子》寓言中的人物当成实有其人,而且又发表如下一套大议论:"说明张若是黄帝时人物。但张若不可能早于张挥,否则张挥能是张姓始祖吗? 从这个角度看,张若要么是张挥,要么是张挥之子或孙……张若如果是张挥之子或孙,还进一步证明了张挥应是黄帝之子,否则,就不可能有张若为黄帝'前马'。"张华封先生的想象力太丰富了,胆子也是非常大的。由一个假设又推论出另一个假说,但结果还是突不破历史的迷津,而陷入自相矛盾之中而不能自拔,这是因为张君分不清寓言和历史的区别。请想"张若"如果实有其人,他和黄帝并称七圣,怎么能是黄帝的孙子或重孙呢? 正由于张若是寓言人物,所以张姓的后代子孙就不可能承认张若是张姓的始祖,这本是洞若观火的事实。张君所以推论出张若是黄帝的孙子或重孙,其目的是圆古张国是张姓祖居地的臆说。

为了圆古张国为张姓祖居地之说,张华封先生把黄帝与蚩尤之战的涿鹿定在山西解梁之地。关于涿鹿的今地确有山西说、山东说与河北说,学术界多数学者主张在河北涿县,故各辞书均主此说,张焕书先生的文章已有说明,不再赘言。关于蚩尤墓的传说地点更多,有山东寿张说、河南濮阳说、河北巨野说,由于张君的古张国为张姓祖居地的前提不能成立,故考证涿鹿的今地对解决张姓祖居地问题,毫无价值可言。

张华封先生在其文章中多次提到黄帝向东发展的问题,意思是说黄帝原来居住西方(山西或陕西),以便使黄帝与古张国联系起来。其实黄帝生于轩辕之丘,长在少典之国,其现在的地址就是河南新郑市,这在中国正史及注释家的注释中,都有明确的记载。特别是最近几年在新郑连续举办祭祀黄帝大典,召开黄帝文化学术研讨会,其声势之大绝对不亚于陕西祭黄帝陵的规模,对此若说张君毫不知情,未免低估了张先生的知识面及信息的灵通性。最大的可能是知而不言,知而不论。张华封先生曾向濮阳人士表白自己也是河南人。其用意是想表明我不会与濮阳说故意作对。但张君对黄帝生长在新郑避而不谈,恐怕是别有所虑,其实谈不谈黄帝生长在新郑无关紧要,就是张君反对黄帝生长在新郑说,对张姓祖居地在古张国说也无所补益。

    一般学者在写寻根文章时,多采取三重论证法:一是古文献的根据;二是当地遗留的文物古迹;三是当地民间流传的古代传说。张华封先生在论证古张国为张姓祖居地时,只提出一条王符说的:"今河东有张城、西张城,岂晋张之祖所出耶?"这是一条站不住脚的根据。对于古张国(山西永济市开张镇)有无张氏始祖的文物古迹,是否有张氏始祖的民间传说,都避而不谈,这怎能令人信服呢?张先生为维护"古张国说",发表很多文章扫清障碍。先批山西太原说,后批河北清河说,再批河南濮阳说,真是"横扫千军如卷席"!但是,张华封先生自己捧出来的"古张国说",竟是漏洞百出,苍白无力,而批别人的文章中又说出不少有欠水准的言论,不知张君将何以自处?张先生是不肯、也不会认错的,可能还要继续"战斗"下去。不过,我要声明,我是不会再陪张先生玩这种缺乏水准的游戏了。因为学术研究不是泼妇骂街,不负责任随便乱说。现在张先生已不论理了,硬说"鄄城自汉至明,一直是濮州或濮阳郡治或州治"。硬说王符说过"古张国是张姓的祖居地"。对此,我们还要继续辩论吗?我想不必了。

    最近我国著名姓氏学研究专家张海瀛先生给濮阳县张姓研究会会长张广恩先生写了一封《关于族谱的一封信》,内称:"山阴白鱼潭张氏后裔依据族谱记载,回濮阳'寻根谒祖',这是理所当然的。如若对他们指手画脚,或让他们到其他地方'寻根谒祖',他们是绝对不会接受的,也是不近情理的。"这封信发表在《张姓文化》第四期,有兴趣的同志不妨看一看,或可有所启发。

柳姓始祖柳下惠

柳下惠与柳姓的由来与发展

柳下惠在今天看来,并不是中国历史上顶尖名人,但他的佳言懿行却得到至圣孔子、亚圣孟子及古代圣贤的赞颂,特别是关于他的"坐怀不乱"传说,成为千古流传、家喻户晓的美谈,成为中国男性的最高道德典范,受到后人的敬仰。他是柳姓始祖也并无争议,所以他受到柳姓后裔的普遍尊重。而遗憾的是,像他这样的历史大名人,竟无人为他作传。他的一生业绩只散记于《论语》《孟子》《左传》《国语》及其他子书之中,使人难以窥探他的生平全貌。幸赖《新唐书·宰相世系表上》"柳氏"条目之下,简要地记载了柳下惠的姓氏由来及柳姓发展的脉络,现摘录于下:

> 柳氏出自姬姓,鲁孝公子夷伯展孙无骇,生禽,字季,为鲁士师,谥曰惠,食采柳下,遂姓柳氏。楚灭鲁仕楚。秦灭天下,柳氏迁于河东。秦末柳下惠裔孙安始居解县。安孙隗汉齐相。六世孙丰后汉光禄勋。六世孙轨晋吏部尚书,生景猷,晋侍中,二子耆、纯。耆太守,号西眷。耆二子恭、璩。恭后魏河东郡守,南徙汝颍,遂仕江表。曾孙缉,宋州别驾、宋安郡守,生僧习,与豫州刺史裴叔夜据州归于后魏,为扬州大中正、尚书右丞。方舆公五子鸷、庆、虬、桧、鹫。

上引《新唐书·宰相世系表》所记有关柳姓的源流基本是正确的，但也有小小失误。其说"柳氏出自姬姓"，是正确的，因鲁国是周公姬旦的封国，鲁国的后裔皆出自姬姓是毫无疑问的；但下面说"鲁孝公子夷伯展孙无骇"则不准确。考诸史实，鲁孝公之子名展，展之子名夷伯，夷伯之子名无骇。《新唐书·宰相世系表》说"鲁孝公子夷伯展"，是把鲁孝公之子展与孙夷伯混记在一起，从辈分上说差了一辈。这种失误可能是传写之误。据《世本·氏姓篇》记载（秦嘉谟辑本）："展氏，鲁孝公子展之后，孙无骇生展禽、展喜。"虽然没记夷伯，但辈分不错，无骇确是公子展之孙。那么无骇生子为什么叫展禽、展喜呢？因为无骇以其祖父之名展为姓，而称展无骇，故其子不再姓姬，而称为展禽、展喜。展禽就是柳下惠。

关于展禽又称柳下惠，《新唐书·宰相世系表》就说得很清楚了。因为展禽在鲁国仕士师（主管刑狱的官），食采于柳下，惠是谥号，故称柳下惠，其后裔去掉下字，遂姓柳氏，柳下惠遂成柳姓之始祖。在楚国灭鲁之后，柳氏子孙遂在楚国做官。秦灭六国，柳氏迁于河东，遂成为河东柳氏。秦末，柳下惠裔孙柳安始居解县（山西临猗）。柳安之孙柳隗在汉任齐相，其六世孙柳丰在后汉任光禄勋。柳丰的六世孙柳轨在晋任吏部尚书。柳轨生景犹，任晋侍中。柳景犹生二子柳耆、柳纯。柳耆任晋太守，号称西眷。柳耆生二子柳恭、柳璩。柳恭任后魏河东郡守，南徙汝颍，遂仕江表（南朝），柳恭孙柳缉，任宋（刘宋）州别驾，宋安郡（广东连县）郡守。柳缉生柳僧习，与豫州刺史裴叔夜，据州叛宋归于后魏，任扬州大中正、尚书右丞。柳僧习（即方舆公）生五子，柳鸷、柳庆、柳虬、柳桧、柳鹜。据《周书》《北史》记载，柳庆、柳虬、柳桧都在西魏、北周做过高官。到了唐代，柳姓有三人任宰相。柳奭在唐太宗时任中书令。柳璨在唐昭宗时任同中书门下平章事。柳浑在德宗时任同平章事。这三位宰相在政治上皆有建树，达到了河东柳氏的鼎盛期。另外，柳姓在唐代还有一位大名人柳宗元，他的官位虽不及宰相，但却是唐代赫赫有名的大文学家。

现在回过头来再说一说关于柳下惠的采邑问题。关于柳下封邑在今何地,这是研究柳下惠的学者最难解决的问题。因为在中国各种古籍中,凡提到柳下邑时,均未说明今地线索,只是说柳下属鲁地。在鲁什么地方均未说明。万般无奈,我查了三本地名辞典。一是商务印书馆1931年初版,1982年重印,由臧励龢等编的《中国古今地名大辞典》,其中"柳下"条云:"在直隶濮阳东四十里。"濮阳当时属直隶,今属河南。二是查阅了江西教育出版社1981年初版,1989年二次印刷,由复旦大学历史地理研究所编写的《中国历史地名辞典》,在其"柳下"条云:"柳下,春秋鲁地。一说在山东新泰县柳里(今名夏家隅);一说即今河南濮阳县东柳下屯(柳屯)。"三是查阅了由广东教育出版社1995年出版,由复旦大学教授魏嵩山主编的《中国历史地名大辞典》的"柳下"条云:"柳下,春秋鲁地。一说在山东新泰市柳里(又名夏家里);一说在今河南濮阳东柳屯集。"三本地名辞典是根据什么确定柳下的地望呢?笔者推测可能是根据实地调查,因在古籍中是找不到线索的,而这种实地调查是与当时社会背景分不开的。1931年出版的《中国古今地名大辞典》,是在新中国成立之前,那时中国还没有发展旅游业,还不太注意名人故居的重要性,故柳下今地只有濮阳一说,山东新泰并未表态。1989年、1995年出版的《中国历史地名辞典》和《中国历史地名大辞典》是在"文革"之后,这时中国的旅游业得到迅速发展,名人故居的价值已被重视,所以就出现了山东新泰一说。另外,从柳下今地名来看,也能引人思考。河南濮阳县至今仍有柳下屯(或称柳屯),当地柳姓老百姓都说是柳下惠的后代。至于山东新泰柳下今地,已改名为"夏家隅",说明当地人对"柳下"的印象是模糊不清的,其可靠性就要大打折扣。不过,从科学研究角度出发,对山东新泰说也不能轻易排除。

柳下惠的道德与业绩

1. 坐怀不乱

柳下惠的坐怀不乱传颂千古,是家喻户晓的美德。此典故最早见于《毛诗·小雅·巷伯》的"注疏"中:"鲁人有男子独处于室,邻之釐妇又独处于室。夜暴风雨至而室坏。妇人趋而托之,男子闭户不纳。妇人自牖与之言曰:'子何为不纳我?'子男子曰:'吾闻之也,男子不六十不间居,今子幼吾亦幼,不可以纳子。'妇人曰:'子何不若柳下惠然,妪不逮门之女,国人不称其乱。'"在这段文字中最关键之处就是:"子何不若柳下惠然,妪不逮门之女,国人不称其乱。"意思是说,你何不像柳下惠那样,用体温温暖后门之女,国人不说他乱行。这条资料说明,早在汉代柳下惠"坐怀不乱"的美德,已在民间广泛流传。后世的文人在他们的著作中也多有记载。如汉人孔安国在《孔子家语》中,元人胡炳文在《纯正蒙求》中,都记载了这一典故,其细节虽小有出入,但"坐怀不乱"的主题则是一致的。

2. 智退齐师

据《国语·鲁语上》记载:"齐孝公来伐鲁,臧文仲欲以辞告(欲以文辞谢齐),病焉(想不出适当言辞),问于展禽(柳下惠),对曰:'获(柳下惠字)闻之,处大教小,处小事大,所以御乱也,不闻以辞。若为小而崇(为小国而自傲),以怒大国,使加已乱,乱在前矣,辞其何益?'文仲曰:'国急矣,百物唯可者,将无不趋也(百物之中能行赂于齐,皆无所爱),愿以子之辞行赂焉,其可赂乎?'展禽使乙喜(柳下惠之弟展喜,乙,老二),以膏沐犒(齐)师。曰:'寡人不佞,不能疆场之司(没能管好边境主官),使君盛怒,以暴露于弊邑之野,敢犒舆师。'齐侯见使者曰:'鲁国恐乎?'对曰:'小人恐矣,君子则否。'公曰:'室如悬磬,野无青草,何恃而不恐?'对曰:'恃二先君之所职业。昔者,成王命我先君,周公及齐先君大(太)公曰:女股肱周室,以夹辅先王,赐女土地,质之以牺牲,世世子孙无相害也。君今来讨弊邑之罪,其亦使听从而释之,必不泯其社稷;岂其贪壤地而弃先王之命,其何以镇抚诸侯?恃此以不恐。'齐侯乃许,为平而还。"展喜以周成王赐鲁周公、齐太公的职分为由而发表的议论,使齐孝公无辞面对,只好讲和而退军。其实展喜的说辞,完全是由柳下惠策划的,可见柳下惠的智慧,可以不战而退齐师。《左传·僖公二十六年》也记载了此事,文字大同小异,但智退齐师的精神则完全一致。

3. 明祀典而止祭海鸟

《国语·鲁语上》:"海鸟曰爰居,止于鲁东门之外三日,臧文仲使国人祭之。展禽曰:'越(迂也)哉,臧孙为政也!夫祀,国之大节也。而节,政之所成也,故慎制祀,以为国典,今无故而加典,非政之宜也。夫圣王之制祀也,法施于民则祀之,以死勤事则祀之,以劳定国则祀之,能御大灾则祀之,能捍大患则祀之,非是族(类)也,不在祀典……凡禘、郊、袓、宗、报,此五者,国之典祀。加之以社稷、山川之神,皆有功烈于民者也。及前哲令德之人,所以明质(诚信)。及天之三辰(日月星),民所以瞻仰也。及地之五行(金木水火土),所以生殖也。及九州名山川泽,所以出财用也,非是,不在祀典。今海鸟至,已不知而祀之,以为国典,难以为仁且智矣。……无功而祀,非仁也。不知而不能问,非智也。今兹海有灾乎?夫广川之鸟兽,恒知避其灾也。'"

以上柳下惠对臧文仲不懂祀典而滥祭海鸟的批评,及国之祀典之论述,都是很中肯的,特别是对"广川之鸟兽,恒知避其灾也"的推断,是非常正确的,后经过调查,才知道"是岁也,海多大风,冬暖",所以海鸟才飞至鲁东门避灾。臧文仲这次表现得还不错,在听了柳下惠的批评之后说:"信吾过矣,季子之言,不可不法也。"并写三封简书,分送给三卿(司徒、司马、司空),让他们了解事情的真相,以儆效尤。

4. 以诚信为国

《吕氏春秋·审己》记载:"齐攻鲁,求岑鼎。鲁君载他鼎以往,齐侯弗信而反之,为非。使人告鲁侯曰:'柳下季以为是,请因受之。'鲁侯请于柳下季,柳下季答曰:'君之赂,以欲岑鼎也?以免国也?臣亦有国(指诚信)于此,破臣之国,以免君之国,此臣之所难也。'于是鲁君乃以真岑鼎往也。且柳下季可谓(此)能说矣,非能存己之国也,又能存鲁君之国。"此文是说鲁君欲以假岑鼎骗齐侯,齐侯不信,退回假岑鼎,并让使者告诉鲁君,只要柳下季说是真岑鼎就可以收下。说明齐侯对柳下季真诚的信任。于是鲁君就想让柳下季说假话以骗齐君。柳下惠说:国君既要保存岑鼎,又要保存鲁国,这让我为难,因为我以诚信为国,破坏我的诚信而保存鲁国,我办不到。于是鲁君就把真岑鼎献给齐侯,而保存了鲁国。《吕氏春秋》的作者认为柳下季很会说话,既保住了自己的诚信,也保存了鲁国。刘向的《新序·节士篇》也记载了岑鼎的事,其文大同小异。

5. 以礼、节断狱

史书记载柳下惠曾任鲁国士师,据《周礼·秋官怀寇》"士师"条记载,"士师之职,掌国五禁之法,以左右刑罚"[①]。简言之,士师就是司法断狱之官。但柳下惠任士师时的业绩,史书并无记载。可喜的是,在1984年湖北江陵发现的《奏谳书》中的二十案例,即"柳下惠断狱案"中,保存了柳下惠别具一格的断狱观点。为了论证方便,笔者将"柳下季断狱案"原文分为两大段予以引证和阐释。第一段是对鲁国判处盗案处理原则:

> 异时鲁法,盗一钱至廿,罚金一两,过廿到百;罚金二两;过百到二百,为白徒;过二百到千,完为倡。有(又)曰:"诸以县官事詑(诧)其上者,以白徒法论之。有白徒罪二者驾(加)其一等。"白

---

① 《十三经注疏》,中华书局影印本,1980年,第236页。

徒者,当今隶臣妾,倡,当城旦。

以上所引《秦谳书》文字,是讲秦春秋对鲁国判处盗案的原则,并无难解之处。关于"诸以县官事詑其上者,以白徒法论之"。即对于涉及县官管理的事,而欺骗上级者,处以白徒罪。白徒在秦国,相当于隶臣妾(二年刑),倡,相当于城旦(四岁刑)。第一段文字所讲的断盗案的原则,第二段文字是柳下季断案的根据,其文曰:

> 今佐丁盗粟一斗,直三钱,柳下季为鲁君治之。论佐丁为倡,奏鲁君。君曰:盗一钱到二十钱,罚金一两,今佐丁盗粟一斗,直三钱,完为倡,不已重乎?柳下季曰:"吏初捕了来,冠鉢冠,臣案上功牒,署能治理,儒服,夫儒服者,君子之节也。礼者,君子之学也,盗者小人之心也。今丁有宵(小)人之心,盗君子节,又盗君子之学以上功,再訑(诈)其上,有白徒罪二,以此完为倡。"君曰:"当哉。"

以上是柳下惠审理官佐丁盗粟案依法定罪的全文。官佐于盗粟一斗,值三钱,柳下惠判他为倡刑,鲁君认为判重了。柳下惠解释说,官佐丁被捕时,穿的是儒服,戴的鹬冠,我根据任官文书(上功牒),断定他是知礼之人。这样的人应该守君子之节,知君子之学,而官佐丁却怀小人之心,既盗君子之节,又盗君子之学,说明他犯了两种白徒之罪,所以才判他倡刑。鲁君听柳下惠说明之后说,判的太恰当了。从以上柳下惠断案理念来看,比一般法官断狱深入了一个层次,对官佐监守自盗者,就应该加重惩罚,何况他还犯两种白徒之罪,判他倡刑,这是符合当时法律原则的,也符合儒家以礼、以节断狱精神。

6. 遭三黜不离祖国

《论语·微子》:"柳下惠为士师,三黜,人曰:'子不可以去乎?'曰:'直道事人,往而不三黜?枉道而事人,何必去父母之邦。'"这条资料说明,柳下惠在鲁国为士师曾三次遭到罢免,有人对他说为什么不投奔他国呢?柳下惠说以正直侍奉人,到哪里都会被三黜,如以歪邪之道侍奉人,何必离开祖国。这说明柳下惠坚持正道,不怕三黜,也不愿意离开祖国的高贵品质。东汉人应劭在《风俗通义·十反》中记载的"展禽不去所生",也是赞颂柳下惠三黜而不去父母之邦的优良品德。

7. 不羞汙君,不辞小官,与乡人处不忍去

《孟子·万章下》说:"柳下惠不羞汙君,不辞小官,进不隐贤,必以其道。遗佚而不怨,厄穷而不悯。与乡人处,油油然不忍去也。尔为尔,我为我,虽袒裼裸裎于我侧,尔焉能浼我哉,故闻柳下惠之风者,鄙夫宽,薄夫敦。"这条资料说明,柳下惠不羞于侍奉污秽之君,不辞小官。进升时不隐瞒自己的贤才,办事时必以正道而行,被遗弃时而不怨恨,困厄时而不愤懑。与乡人相处时而悠然自得,不忍离去,说你是你,我是我,你就光着身子躺在我身旁,也不会污染我。凡是听到柳下惠教化的人,鄙狭的小人,都会宽容。浅薄的人,都会敦厚。可见柳下惠的人格魅力之伟大。《孟子·公孙丑》也有类似记载,只是结尾部分与《万章下》大不相同,而持批评态度。孟子曰:"伯夷隘(狭隘),柳下惠不恭(不该与乡人相处而悠然自得),君子不由也(不取于此)。"看起来孟子对柳下惠的评价是有矛盾的,后者的评价大概是由孟子身份、地位决定的。孟子站在君子的立场,认为柳下惠不应与小人相处,"油油然不忍去",故得出了"君子不由也"的结论。以现在眼光来看,孟子的观点显然是不正确的。

8. 约货去怨,轻财不匮

《孔子家语·北子行》说:"孝恭慈仁,允(信)德图(谋)义,约货去怨,轻财不匮(柜),盖柳下惠之行也。"这是《家语》作者孔安国对柳下惠的高度评价。他认为柳下惠具有孝顺、恭敬、慈善、仁爱及信德、谋义的美德,还有紧缩财货以去怨,轻视钱财而不入柜的风格。根据孔安国的评价,可以说柳下惠是一位具有完美道德的高尚之人。

9. 不以三公易其介

《孟子·尽心上》:"孟子曰:'柳下惠不以三公易其介。'"意思是说

柳下惠怀宏大之志，不以三公的荣位改变自己的操行。这是以荣利为目的的小人办不到的，令人肃然起敬。《汉书·东方朔传》有一句"柳下惠为大长秋"的话。师古注曰："以其贞洁，故为大长秋。"这是东方朔为汉武帝策划有什么品德才干的人，才能适合做什么官的言论。大长秋是管理后宫的主官，所以只能像柳下惠那样"坐怀不乱"品德的人，才适合担任大长秋。可见柳下惠的品德操行是令人信服的。

10. 羞闻不义之战

《汉书·董仲舒传》："闻昔者鲁君问柳下惠：'吾欲伐齐如何？'柳下惠曰：'不可。'归而有忧色。曰：'吾闻伐国不问仁人，此言何为至于我哉？'徒见问耳，且犹羞之，况设诈以伐吴乎……正其谊不谋其利，明其道不计其功，是以圣人之门，五尺之童羞称五伯（霸），苟为诈而已，故不称大君子之问。五伯比他诸侯为贤，其比三王（禹、汤、文武），犹武夫（似玉之石）之与美玉也。"这条资料说明，柳下惠是反对以欺诈为由而发动的不义之战，因此对鲁君问他伐齐事而羞耻，认为孔子的门人中五尺之童都羞称五伯，但他也知道五伯比其他诸侯为贤，但与夏商周三代相比，就像石头与美玉相比，是不足称道的。这说明柳下惠虽反对不义之战，但对夏商周三代所进行的统一战争还是肯定的。

11. 关心民瘼

刘向《列女传·贤明传》："柳下惠曰：'由由之民，将陷于害，吾能已乎？'"这段话中的"由由之民"最难理解。有作"愉悦"解，有作"迟疑"解，有作"宽舒"解，但在此处皆讲不通。笔者认为此处"由由"，即"悠悠"，为众多之意。柳下惠说的是有众多的老百姓，将陷于灾害，我能不管吗？这与《孟子·万章下》所说的柳下惠"与乡人处，不忍去也"是同样心情，都是关心民瘼的体现，这是当时的一般政治家所难做到的。

孔孟的赞颂与其妻诔文

1. 孔子称柳下惠为贤人

《论语·卫灵公》:"臧文仲其窃位者乎,知柳下惠之贤而不与立也。"这是孔老夫子为柳下惠打抱不平,故而说鲁国执政大夫臧文仲是个窃位者,明知柳下惠为贤人,而不推荐他在适当的位子上。能得孔子赞颂的人并不多,称柳下惠为贤人,是对柳下惠的最高评价。另外,《史记·仲尼弟子列传》说:"孔子之所严事……数称臧文仲、柳下惠。"意思是说孔子能以严师事之的,常称赞臧文仲、柳下惠。但这句话,《史记会注考证》引梁玉绳的话说:"孔子屡贬文仲,何尝称之,不当与柳下惠并举。"这明显是抑臧扬柳,不同意《仲尼弟子列传》的意见。

2. 孟子称柳下惠为百世之师

《孟子·尽心下》:"圣人,百世之师也,伯夷、柳下惠是也。故闻伯夷之风者,顽夫廉,懦夫有立志。闻柳下惠之风者,薄夫敦,鄙夫宽,奋乎百世之上。百世之下闻者,莫不兴起也,非圣人而能若是乎?"孟子赞颂伯夷、柳下惠为圣人,为百世之师,凡是听到伯夷、柳下惠教化的人,贪婪的人可以变廉洁,懦弱的人可以有斗志,刻薄的人可以变敦厚,鄙俗的人可以变宽容,可以使人振作于百世之上。百世之下的人闻之,无不振作兴起,奋发有为。

3. 孟子称柳下惠为圣之和者也

《孟子·万章下》:"孟子曰:'伯夷圣之清(清高)者也。伊尹圣之任(负责任)者也。柳下惠圣之和(和谐)者也。'孔子圣之时(行止随时)者也。孔子之谓集大成。集大成也者,金声而玉振之也。金声也者,始条理也,玉振之也者,终条理也。"注曰:"伯夷清,伊尹任,柳下惠和,皆得圣人之道也。孔子时行则行,时止则止。孔子集先圣之大道,以成己之圣德者也。"从《万章下》的言论看,孟子最尊重的还是孔子,"是集先圣之大道,以成己之圣德者也"。但也承认伊尹、伯夷、柳下惠"皆得圣人之道也"。因为孔子称柳下惠为"圣之和者也",而被后人尊称"和圣"。这个评价也是非常高的。

4. 孟子赞颂柳下惠为仁者

《孟子·告子下》:"孟子曰:'居下位,不以贤事不肖者,伯夷也。五就汤,五就桀者,伊尹也。不恶污君,不辞小官者,柳下惠也。三子者不同道,其趋一也。一者何也?曰仁也。居子亦仁而已矣,何必同。'"

上段文字恰好为上文的"伯夷清,伊尹任,柳下惠和"的含义作了明确的解释。所谓伯夷清高,就是说他"不以贤事不肖"。所谓伊尹对政局负责任,就因他能"五就汤,五就桀",在汤、桀之间奔波而寻找明主。所谓柳下惠和谐,是因为他能"不恶污君,不辞小官",要以自己的力量解决国家、社会存在的问题。孟子认为伯夷、伊尹、柳下惠三人对政局的处理和态度虽不同,但都符合仁道,认为只要符合仁道,就不必相同。但孟子对伯夷的肯定评价,古今都有不同意见,认为伯夷的清高,是对政局不负责任。

5. 柳下惠妻所撰之诔文

《列女传》卷二《贤明传·柳下惠妻》:"柳下惠既死,门人将诔之。妻曰:'将诔夫子之德也,则二三子不如妾知之者。'乃诔曰:'夫子之不伐兮,夫子之不竭兮,夫子之信诚而与人无害兮。屈柔从俗,不强察兮,蒙耻救民,德弥大兮。虽遇三黜,终不蔽兮,恺悌君子,永能厉兮。嗟乎惜哉,乃下世兮,庶几遐年,今遂逝兮,呜呼哀哉,魂神泄兮,夫子之谥,宜为惠兮。'门人从之,以为诔,莫能窜一字。君子谓柳下惠妻能光其夫矣。《诗》曰:'人知其一,莫知其他,此之谓也。'"

柳下惠妻所作的诔文,既简洁明快,又全面周到,把柳下惠不自夸耀,无穷的智慧,诚信待人,屈柔从俗,蒙耻救民,三黜不蔽,永能自立的品德和贡献,都精确地反映出来,故门人不能窜改一字。关于谥为惠也非常恰当。按《谥法》:"柔质慈民曰惠","爱民好与曰惠",完全能涵盖柳下惠一生的公德与业绩。柳下惠妻所作之诔文,被评为"能光其夫矣"的赞语,也是恰如其分的。柳下惠一生的公德与业绩,不仅使柳下惠后裔感到自豪,这也是中华民族的宝贵财富,应该予以发扬光大。

沈诸梁传

沈诸梁,字子高,楚庄王之曾孙,左司马沈尹戌之子(一说姬姓沈国之后),因食采于叶(河南叶县),故称叶公,是叶姓公认的始祖。

叶公生活的年代,正值楚国处于多事之秋。楚平王是于公元前528年,靠发动政变逼迫好战而又腐败的楚灵王"自缢而死"。① 平王即位之初,修政教,"施惠百姓",②使内外矛盾稍有缓和。但楚平王也是昏庸好色之徒,为贪美色而父夺子妻,闹得众叛亲离,几至亡国。

平王有太子名建,决定娶秦女为妻,派佞臣费无忌前去迎娶。费无忌见秦女美好,遂唆使平王自娶,再为太子建另觅婚姻。嗜色如命的平王接受了费无忌的意见,自娶秦女,而把太子建派去城父(河南宝丰)守边。费无忌又进谗言,诬告太子建与其师伍奢谋反。平王不辨真假,就处死伍奢、伍尚父子,并派人去刺杀太子建。太子建闻讯逃至郑国。伍奢的另一个儿子伍员(字子胥)投奔吴国,立誓要为父兄报仇。

楚平王听信谗言,残害忠良,贪恋女色,奢侈无度,朝政日乱,已到了危亡的边缘。正值此时,平王病逝,其子熊珍(秦女之子)八岁即位,是为楚昭王,政权落入令尹子常之手。子常也是贪残奸佞之辈,与费无忌互相勾结,诛除异己,引起楚国上下的激烈反对。子常为平息众

---

① 《左传·昭公十三年》。
② 《史记·楚世家》。

怒,杀了费无忌以收拢人心。但子常经常向附属国勒索财物,也引起属国的叛离,这就进一步削弱了楚国。在楚国内外交困之际,东方的吴国日益强大,多次与楚国交战,楚国已处于劣势。楚昭王十年(公元前506年),吴王阖闾在伍子胥一再请求、催促之下,联合蔡、唐两国军队,向楚发动了进攻,在柏举(湖北麻城)大败楚军。楚国主帅令尹子常逃奔郑国,左司马沈尹戌兵败自杀。吴军五战五捷,攻入楚都郢城(湖北江陵纪南城)。楚昭王在乱军中突围,投奔随国(湖北随州市)。吴军占领郢都后,军纪极坏,烧杀淫掠无所不为。伍子胥掘开楚平王之墓,鞭尸三百以报父兄之仇。吴军的残暴,引起楚国人民的强烈反抗。此时秦国的援军已到,在里外夹击下,吴军被迫撤退,楚昭王才得以返国。经过这次亡国的教训,楚昭王知道郢都无险可守,遂迁都以鄀(湖北钟祥西北)。从此励精图治,对内休养生息,对外结好越国共同对吴,国力逐渐恢复,就在此大好形势下,却发生了白公胜之乱,使楚国再一次经受血与火的考验。

白公,名胜,乃楚平王之孙,太子建之子,故又称王孙胜。太子建遭费无忌陷害,携子胜逃至郑国。因参与晋国袭击郑国阴谋,事泄,太子建被杀,王孙胜逃奔吴国。此时楚国经过昭王三十几年的治理,逐渐恢复稳定兴盛的局面。公元前488年楚昭王死,惠王即位,令尹子西执政。第二年,子西就决定要召王孙胜回国。叶公子高得知这一消息后,就预料到王孙胜回国后可能产生的严重后果,就亲自去劝阻子西不要召回王孙胜,但子西认为王孙胜耿直而刚强,可以让他去镇守与吴国接壤的边境,叶公子高认为王孙胜"屈而不信,爱而不仁,诈而不智,毅而不勇,直而不衷,用而不淑",①是一个言行不一,表里不一的两面派,对于这样的人放在哪里都不合适。叶公子高还明确指出,王孙胜回国的目的是为报杀父之仇,为此,他必然要发动叛乱,并进一步指出王孙胜叛乱有可能实现。王孙胜的虚假仁爱,足以得人,虚伪的诚实,足以达到其目的,其狡诈,足以实现其阴谋,外表的耿直,足以

---

① 《国语·楚语下》。

率众,周密的诺言,足以掩盖其罪行,再加上他不仁不义的品格,没有他办不成的事情。最后还推心置腹地说:现在谋害太子建的人都已不在了,王孙胜如果发难,首当其冲的就是你令尹子西,王孙胜"动而得人,怨而有术",你若用他,其危害是很大的,我是爱你和司马子期,才不敢不说。但令尹子西还是听不进叶公子高的忠言劝告,而认为自己用"以德报怨"的行动,善待王孙胜,就会安然无事了。叶公子高说王孙胜是"狼子野心,怨贼之人",①你以德报怨也不会有什么好结果。最后叶公子高还引用历史上齐大夫骀骗杀齐胡公于贝水,齐臣邴歇、阎职"戕懿公于竹园",晋长鱼矫杀三郤(郤锜、郤至、郤犨)于榭,鲁圉人荦杀子般(鲁庄公太子)于次(官舍)等因旧怨而复仇的惨痛教训,来劝说子西不要召回王孙胜,令尹子西不仅不听叶公子高的良方言相劝,反而讥讽叶子高是"尚胜"(以议论取胜)之人。叶公见子西不听良言,就离开郢都,而"闲居于蔡",以观察政局的变化。

子西气走叶公之后,就召回王孙胜,封为巢大夫,封地在白邑(河南息县东北),楚国邑宰称公,从此王孙胜就称白公胜。白公胜就在白邑积极准备叛乱。据《淮南子·人间训》记载:"白公胜卑身下士,不敢骄贤……大斗斛以出,轻斤两以入。"②模仿齐国田成子的手段积极搜罗人才,拉拢百姓,积聚力量准备叛乱,实际白公胜刚愎自用,又非常吝啬,他提出的口号并未认真执行,一些有识之士,如公子闾、齐人子兰、申鸣、易甲、屈庐等,或直接反对,或"义不从乱",同时,也没得到百姓的支持。白公胜为发动叛乱,还问计于孔子,即所谓"问微言"。据注释家的解释:"'微言',阴谋事也。"孔子知道白公胜"问微言"是为谋叛乱,故"不应"。③ 从白公胜问计于孔子,可知其叛乱阴谋,已逐渐公开化。其实白公胜自己已公然不讳。一日白公胜正在磨剑,子西之子子平见之,问曰:"王孙何自厉也?"胜答曰"胜以直闻,不告汝,庸为直?

---

① 《国语·楚语下》。
② 《淮南子·人间训》。
③ 《列子·说符》。

将以杀尔父。"子平归告其父子西,子西竟不相信,仍被白公胜的真真假假的"复言"(实践诺言)所蒙蔽,对子平说白公胜是我扶持起来的,按楚国的任官顺序,我死后,令尹、司马的位置当然是白公胜的,他怎么会杀我呢?① 其实子西不了解白公胜的真实意图,白公胜的目的,一是他要为父报仇,不杀子西,不足以解恨;二是要夺取王位。白公胜认为自己是平王的嫡孙,太子建之长子,按楚国的王位继承法,自己应该继承王位,而现在的王位是按楚昭王(秦女之子)、惠王的系统传承,白公胜自然不肯甘心。所以叛乱、夺权、称王才是白公胜的终极目的。

白公胜回国的第四年(公元前 483 年),就向令尹子提出派兵伐郑,为其父报仇的要求。子西以时机不成熟为由不肯出兵,但却说"吾未忘也",②意思是我没有忘记为你父亲报仇的事。过了不久,白公胜又提出伐郑为其父报仇的事,这次子西答应了,但并未出兵。公元前 481 年,晋攻郑,郑向楚求援。子西出兵救郑,结盟而还。这回可激怒了白公胜,遂把矛头对准子西,说"郑人在此,仇不远矣",③即把子西当成郑国,要就近报仇。公元前 479 年,吴国进攻慎邑(安徽颍上西北江口集),白公胜大败吴军,然后以献捷的名义进入郢都。在子西毫无准备的情况下,发动兵变,与勇力死士石乞等率军占领王宫和高府(武库),击杀令尹子西和司马子期。楚惠王在混乱中逃入楚昭王夫人(越女)府躲藏。白公胜自立称王。石乞建议将武器分发给百姓,以扩大兵力,白公胜不从。石乞说"患至矣,不能分人则焚之,勿令人以此害我",④白公胜又不从。据《左传·哀公十六年》记载,石乞建议"焚库存,弑王,不然不祥",白公胜皆不采纳,说"弑王不祥,焚库存无聚,将何守矣"? 石乞说:"有楚国而治其民,以敬为神,可以得祥,且有聚矣,何患不从。"但白公胜仍不听。以上情况说明白公胜是一个优柔寡断

---

① 《左传·哀公十六年》。
② 《左传·哀公十六年》。
③ 《左传·哀公十六年》。
④ 《吕氏春秋·分职》。

的人,他不肯接受石乞的意见,却四处去拉拢楚国贵族和官员的支持,而一一遭到拒绝。正当此时,叶公子高领兵进入郢都,白公胜的末日也就到了。

白公胜在郢都发动兵变,叶公子高很快就得到情报。明确表示:"吾怨其(子西)弃吾言,而德其治楚国。楚国之能平,均以复先生之业者,夫子也。"①意思是说,我虽然抱怨子西不听我的良言,但我感激他能治理楚国。能够恢复先王事业的人,是子西夫子。于是叶公子高自任令尹、司马,率令方城之外的军队攻入郢都。"乃发太府之货予众,出高府之兵以赋民"。② 得到群众的响应,并与惠王之兵里应外合,大败白军。白公胜逃入山中,自缢而死。叶公子高在平定白公胜之乱后,很快就辞去令尹和司马的职务,而使子西之子子宁为令尹,子期之子子宽为司马。叶公子高在安排好政、军事务之后,又安葬了子西,子期的死难家属之后,即回到叶邑,"而老于叶"。

从叶公子高劝告子西勿召回白公胜起,到平定白公胜之乱,而定王室,再到安排善后事宜的所有言行来看,叶公子高处处以楚国大局为重,而不谋私利,其高风亮节令人钦敬。尤其难得的是,叶公子高不仅归老于叶安度晚年,而且在临终之前,为其子孙后代留下了永远令人怀念的遗嘱,这就是在《礼记·缁衣》中所保存下来的《叶公之顾命》。其原文是:"毋以小谋败大作;毋以嬖御人疾庄后;毋以嬖御士疾士、大夫、卿士。"据注释家的解释:"小谋,小臣之谋也;大作,大臣之所为也;嬖御人,爱妾也。疾,亦非也。庄后,适(嫡)夫人齐庄得礼者。"如果把《叶公之顾命》译成现在的语体文,就是:不要以小人的阴谋败坏大臣的大事;不要以爱妾(包括包二奶,小蜜之类)排斥端庄得礼的嫡夫人;不要以身边亲近的人,排斥端庄正直的士、大夫、卿士。综观《叶公之颜命》的内容,与孔子所说的"大人不亲其所贤,而信其贱,是

---

① 《国语·楚语下》。
② 《吕氏春秋·分职》。

以亲失(失其所当亲),而教是以烦①(信贱者而政教烦扰)"的精神是完全一致的。如果我们扬弃《叶公之顾命》中属于时代局限性的内容,其遗嘱对叶姓后代子孙乃至所有的人,都具有教育意义。因为"亲贤臣远小人",是历代哲人的通训。叶姓始祖叶公子高的遗嘱,令叶姓子孙感到光荣和自豪。

---

① 《礼记·缁衣》。

蔡邕《南阳叶氏大成宗谱源流序》辨伪

在叶姓文化研究中，对叶公沈诸梁是叶氏肇姓始祖是没有争议的，但对叶姓祖源沈氏却有意见分歧。主要分两派：一派主张沈尹戌乃楚庄王曾孙，属于芈姓之沈氏；一派认为沈尹戌乃周文王的后裔，属于姬姓之沈氏。后者最主要的文献根据之一，就是东汉著名学者蔡邕写的《南阳叶氏大成宗谱源流序》（以下简称《蔡序》）。在《蔡序》中肯定叶姓祖源为姬姓沈氏。但《蔡序》纯属后人伪托，不足为据。以下先转录《蔡序》原文，然后予以辨析。

尝思，世家者，非积富贵之谓也，能世其德焉耳。不能世其德，虽富贵吾犹谓之辱其先也。苟能遵之，虽贫贱安得不谓之绍其先也？吾于是知为人子孙者，至难也。为常人之子孙难矣，又未若为受封者子孙难也。受封者子孙难矣，又未若为圣君子孙难也。何者？叶氏之系。始自姬姓，文王聃季之后，至沈诸梁公，生于春秋，超迈等夷。尝思慕孔子之道，而不得亲炙者，由子路之不援引也。及为令尹、司马于楚，有功封于叶，因以为姓。而为国之栋樑。故董仲舒于建元二年壬寅四月，作《叶氏世爵赋》，称其代不乏人。而能世其德者，考之春秋，不出其故，仅见董仲舒家，全录者几人？或潜德不耀，而不得传也欤。至我朝，有讳尤者，为太尉，雄略冠世，后卒有御诗挽焉："天丧英雄盖世豪，八方草木尽悲号。"尤生太中大夫祎，祎生长乐太守嘉。嘉生两子：曰光，曰源。源为武陵令，光为侍中郎。源生南顿太守宗、雁门太守仲。仲生云梦令颍,颍生太中大夫望。望宗世贤,征于东汉建宁间。每见邕,未尝不以国家为念,叹曰:"国之有史,可以证君臣之勋绩,家之有谱,可以知祖宗之源流。自尧舜制图系,及文、武、周公制家礼,而宗统昭穆之说备详。五经四书,莫不以尊祖为重,而世系之不可忘。迨及暴秦煨烬之后,得存世系者,鲜矣!至若叶氏,公侯之家,世有贤人君子,潜藏受封,而隐遁山林,得留传于子孙。今世贤惓惓以祖宗为念,而欲辑修宗谱,以详世系。"时邕承命为古文、篆、隶三体书刻石于太学及外庠序。既毕其事,世贤复出示旧图一帙,嘱邕为识,遂不复辞。而观其图系,多有阙略,及考鲁经,不得其详。考之历代天下人物志,再阅董仲舒《世爵赋》,然后敢说,以告世贤。世贤梓之,以为后世子孙告焉。

东汉灵帝熹平四年岁次乙卯十一月
议郎诏进爵光禄勋蔡邕伯喈氏顿首拜序①

以上所谓蔡邕撰写的《南阳叶氏大成宗谱源流序》,稍有历史常识的人就会发现有明显的作伪痕迹。以下笔者准备根据《蔡序》行文顺序,逐条揭示其作伪的内容。

一、"尝思慕孔子之道,而不得亲炙者,由子路之不援引也"

这句话的意思是说叶公很羡慕孔子的学说,由于子路不肯引见,而没有亲身受到孔子的教益。这段话与历史事实完全不符。根据《论语》、《史记》的记载,叶公是亲身受孔子教益的。《史记·孔子世家》记载:

> 明年(鲁哀公六年,公元前489年),孔子自蔡如叶,叶公问政,孔子曰:"政在来远附迩。"他日叶公问孔子于路,子路不对。孔子闻之曰:"由,尔何不对?曰其为人也,学道不倦,诲人不厌,

---

① 叶振发:叶姓史牒文萃[M].香港:香港人民出版社,2006。

发愤忘食,乐以忘忧,不知老之将至云耳。"
《论语·述而篇》:
叶公问孔子于子路,子路不对。子曰:"汝奚不曰,其为人也,发愤忘食,乐以忘忧,不知老之将至云耳。"
《论语·子路篇》:
叶公问政,子曰:"近者悦,远者来。"
叶公语孔子曰:"吾党有直躬者,其父攘羊,而子证之。"孔子曰:"吾党之直者异于是。父为子隐,子为父隐,直在其中矣。"

以上所引《史记》、《论语》的文字,除了"直躬"问题外,两者是大同小异。说明孔子不仅到过叶,而且与叶公见过面,互相讨论过政治问题,孔子也明确地表达了自己的意见。其中提到"子路不对"的问题,但"不对",是在叶公向孔子"问政"之后,这就与"不援引"毫无关系。蔡邕是东汉著名的大经学家、大历史学家,难道连这么点道理都不懂吗?很显然这不是蔡邕说的话,暴露出《蔡序》作伪者不懂历史、曲解历史的马脚。

二、"及为令尹、司马于楚,有功封于叶,因以为姓"

这句话反映了《蔡序》"枪手"颠倒历史的呓语。研究中国古史的人都知道,叶公沈诸梁是先封于叶,在平定白公胜之乱时才担任令尹和司马的。而且在平定白公胜之乱后,就将令尹、司马之位让与子西和子期,而"归老于叶"①。关于叶公任令尹、司马与封叶的先后顺序问题,并不需要用很大力气进行考证,只要看看《史记·楚世家》、《国语·楚语》以及《左传》等书的相关内容,自然会一目了然。作为精通历史并写过史书的大学问家蔡邕来说,绝对不会把叶公任令尹、司马与封叶的顺序前后颠倒,这足以证明《蔡序》是不懂历史的后人所伪

---

① 肖学锋等:国语[M].北京:中华书局,2007。

托。

三、董仲舒《叶氏世爵赋》

《叶氏世爵赋》是叶姓祖源姬姓说的另一重要证据,特别是出于西汉经学大师董仲舒之手,就显得更为重要。但据叶述先生考证,《叶氏世爵赋》也是赝品。叶先生在《评所谓〈叶氏世爵赋〉》①中指出,《叶氏世爵赋》中提出的叶姓在所传30代中代代高官,"与史实完全相悖"。并着重指出:"叶公沈诸梁(公谱第一代),下至叶君(公谱第三十代),短短三百多年却繁衍30代,即平均十二三岁传一代,岂不是笑话。"董仲舒是专治《春秋公羊传》的经学大师,"绝不可能编写出如此不懂基本史实,荒谬绝伦的《世爵赋》。"我完全赞同叶述先生对《世爵赋》的否定的意见,故对此不再赘言。

四、"五经四书莫不以尊祖为重"

这句话简直是太离谱了,成为《蔡序》是赝品的铁证之一。关于"五经",自汉武帝立五经博士,"五经"之名就已确立。但"四书"之得名却较晚。所谓"四书",是指《论语》、《孟子》以及从《礼记》中抽出的《大学》、《中庸》的合称。"四书"之名的确立,学术界普遍认为是朱熹在淳熙年间(1174—1189年)撰《四书章句集注》之后。此后"四书"遂成为历代科举考试的标准读本,成为儒家宣传伦理道德的必读教科书。试想东汉的经学大师怎能知道南宋时才确立的"四书"呢?怎能说出"五经四书莫不以尊祖为重"的话呢?这恰好说明《蔡序》的作伪时间是在南宋及其以后。自我暴露出作伪时间,可以说是《蔡序》"枪手"愚不可及之处吧!

---

① 福建省姓氏源流研究会叶氏委员会编:《叶氏世爵赋》,叶氏研究,2004,(7,8)。

五、"时邕承命为古文、篆、隶三体书，刻石于太学及外庠序"

这句话又成为《蔡序》确为赝品的铁证。关于由蔡邕所写的熹平石经，究竟是一体石经还是三体石经，在历史流传过程中确实有误解。南朝学者范晔在他所著《后汉书·儒林列传》中就说："熹平四年，灵帝乃诏诸儒正定五经，刊于石碑，为古文、篆、隶三种书法，以相参检，树之学门。"北宋史学家司马光在他所著《资治通鉴》卷57"灵帝熹平四年"中就沿袭了范史的错误。他写道："春，三月，诏诸儒正五经文字，命议郎蔡邕为古文、篆、隶三体书之，刻石，立于太学门外。"但北宋金石学家赵明诚对此误传已作了更正，他在《金石录·汉石经遗字》中说："有《汉石经遗字》者，藏洛阳及长安人家，盖灵帝熹平四年所立，其字则蔡邕小字八分书也。其后屡经迁徙，故散落不存。今所有者，才数千字，皆土地埋没之余，摩灭而仅存者尔。案《后汉书·儒林列传》云'为古文、篆、隶三体'者，非也。盖邕所书乃八分，而三体石经乃魏时所建也。"赵明诚的更正是根据熹平石经残石而得出的结论，当然极具权威性，而魏所建的三体石经，即"正始石经"，均有实物为证。除赵明诚的更正外，《水经注·谷水注》也证明熹平石经为一体石经。元代大注释家胡三省在为《通鉴》作注时，也对司马光的错误作了更正。综合各家论证，证明蔡邕所书写的为一体石经。三体石经为曹魏正始年间所建。因胡注文字过长，故不便全文征引，请见谅。

南朝范晔在江南，又时隔250余年，未见熹平石经真迹，误记熹平石经为三体石经，虽属大错，尚情有可原；司马光沿袭范史之误，也算事出有因，而熹平石经是蔡邕亲手所书，他怎么会把一体石经说成是古文、篆、隶三体石经呢？这说明不学无术的《蔡序》的"枪手"上了《后汉书》和《资治通鉴》的当，而又没看过赵明诚《金石录》、郦道元《水经注》及胡三省《通鉴注》，从而暴露出作伪的马脚，成为《蔡序》是赝品的又一铁证。

六、"既毕其事……嘱邕为识,遂不复辞"

这段话是说蔡邕办完熹平石经书写、镌刻之事后,世贤请他作序,而没有推辞。这里所说的"既毕其事"的落款时间是熹平四年。不错,有些史书是把熹平石经树立写为熹平四年。但这很不准确。因为正定五经文字要有很深的功力,需要较长的时间,还要把五经写成八分书,再加上备石料,请工匠刻成碑文,绝不是一年时间所能完成的任务。据《水经注》记载:"汉灵帝光和六年(183年),刻石镂碑,载五经,立于太学讲堂前,悉在东侧。蔡邕以熹平四年(175年)与五官中郎将堂谿典,光禄大夫杨赐,谏议大夫马日䃅、议郎张训、韩说,太史令单飏等,奏求正定六经文字,灵帝许之。邕乃自书丹,使工镌刻,立于太学门外,于是后儒晚学,咸取正焉。及碑始立,其观视及笔写者,车乘日千余辆,填塞街陌矣。今碑上悉铭刻蔡邕等名。魏正始中又立古、篆、隶三字石铭经。"①(卷16《谷水注》)《水经注》告诉我们,蔡邕等人从熹平四年要求正定六经文字,到光和六年刻石立碑完毕,共经历了9年时间,这是符合实际的。尽管有的史书写熹平四年立碑,但蔡邕应该知道那是不符合实际的,他怎能自己说熹平四年"既毕其事"呢?这不恰好说明《蔡序》是后人伪托的赝品吗?

七、"东汉灵帝熹平四年岁次乙卯十一月"

这是所谓祭邕签署的《蔡序》写作时间。从表面看所记时间不存在什么问题,但细分析这是一个不折不扣的历史笑话。从中可以看出《蔡序》作伪的痕迹。我们知道,后人称刘邦所建立的帝国为"前汉"或"西汉",称刘秀所建立的汉帝国为"后汉"或"东汉"。这是后人为区别两个汉帝国而追加的称号,但当时人则决不这样称呼。当时人则自称

---

① 郦道元:水经注[M].上海:商务印书馆,1958。

为"大汉"、"汉"或"我朝"。我查阅了《汉碑全集》收录的所有碑文,无一例自称为"西汉"、"东汉"者①。蔡邕是东汉人,他怎能自称"东汉"呢?很显然这是"蔡序"的"枪手"不懂历史而追加的称号。

再说"灵帝熹平四年"的问题。人所共知"灵帝"是谥号。在历史上人们对皇帝按不同情况有三种称呼。皇帝在位时称"今上"、"上"、"陛下"、"吾皇"、"吾主"等。皇帝死后在谥号未议定前称"大行皇帝"。皇帝死后,大臣会议根据皇帝一生政绩、功业评议出或褒或贬的称号,即谥号,如"文帝"、"武帝"、"献帝"、"哀帝"等。蔡邕写《序》的时间是熹平四年,当时的皇帝刘宏并没有死,蔡邕怎知道刘宏的谥号为"灵帝"呢?这不是历史笑话吗!这是《蔡序》作伪的又一铁证。

八、"议郎诏进爵光禄勋蔡邕伯喈氏顿首拜"

这是《蔡序》最后落款。在这个落款中,除"议郎"确实是蔡邕写"熹平石经"时的官职外,其后的"诏进爵光禄勋"完全是编造的。第一,光禄勋是官职而不是爵位。在汉代实行的二十级爵制中,从一级爵公士,到二十级爵列侯,其中绝对没有"光禄勋"这一爵称,故所谓"诏进爵光禄勋"云云,纯粹是不懂汉代官爵制度的人梦呓胡说而已。第二,光禄勋是汉中央政府的"九卿"之一,主管宫殿宿卫,典领禁兵,秩中二千石,蔡邕从来没有担任过这样高的官职。董卓掌权时重用蔡邕,先署祭酒,后补侍御史,又转侍书御史,再迁尚书,最后任命蔡邕为光禄勋属下的左中郎将,秩二千石。以上情况说明,如果对汉代官爵制度稍有常识的人,也不会写出"诏进爵光禄勋"之类的糊涂文字。这就毫无争辩地暴露出《蔡序》是没有历史常识的人的伪托。

以上所举《蔡序》的八条纰漏,可以说是铁证如山,说明《蔡序》是赝品,我们还可以举出一个旁证来说明《蔡序》为后人所伪托,即严可

---

① 徐玉立:汉碑全集[M].郑州:河南文艺出版社,2006。

均在《全上古秦汉三国六朝文》的《全后汉文》①中,收录了蔡邕所遗留下来的全部诗文辞赋,甚至连只言片语都已收录,但唯独不见所谓蔡邕写的《南阳叶氏大成宗谱流源序》。是严可均孤陋寡闻不知有《蔡序》吗?不可能。《蔡序》如此赫赫有名并全文流传至今,对于专作钩沉索引、并专门搜求古代遗文的严可均来说岂有不知《蔡序》之理。那只有一种可能,即严可均已辨明《蔡序》是赝品,故而不收。

---

① 严可均校辑:全上古秦汉三国六朝文[M].北京:中华书局,1981。

《蔡序》确是赝品

在叶氏姓源讨论中，涉及所谓东汉蔡邕撰写的《南阳叶氏大成宗谱源流序》（或称《南阳叶氏源流序》，简称《蔡序》）的问题，其实《蔡序》确是赝品，不能作为立论的根据。对此陈述先生在《伪托〈蔡序〉切不可信》和叶振发先生在《也谈〈蔡邕南阳叶氏源流序〉纯属伪作》中进行了有力的辩驳。① 陈述先生认为《四书》之称始于南宋朱熹，而《蔡序》中却说"五经四书莫不尊祖为重"，说明《蔡序》乃宋后文人伪托之作彰矣。《蔡序》还说沈诸梁"尝思慕孔子之道，而不得亲炙者，由子路之不援引也"。陈先生认为这与《论语》、《史记》中关于叶公问政于孔子的记载明显不同。《蔡序》又说沈诸梁"及为令尹、司马于楚，有功封于叶，因以为姓"，陈先生认为这与"叶公之父沈尹戍有功于楚"的史书记载不相符合。陈先生的批驳有理有据，有很强的说服力。叶振发先生则从《蔡序》说："时邕承命为古文、篆、隶三体书，刻石于太学及外庠序，既毕其事，世贤复出示旧图一帙，属邕为识，遂不复辞。"其落款的时间为"东汉灵帝熹平四年岁次乙卯十一月"，叶先生认为"序之署时，完全不符史实"。叶先生抓住《蔡序》伪托的要害，掌握了不容置疑的论据。

我完全赞同陈、叶两位先生对《蔡序》的批驳意见，批的好，批的对。《蔡序》确有很多破绽足以说明它是后人伪托的赝品。但除了陈、

---

① 陈述的文章发表在《叶氏研究》第五期，叶振发的文章发表在《中华叶氏研究》创刊号，请参阅。

叶两位指的破绽之外,在《蔡序》中还有几处大的纰漏,应该一一指明。

一、关于"时邕承命为古文、篆、隶三体书"的纰漏。现在蔡邕所书写的熹平石经虽已毁坏,但残石尚在。熹平石经残石证明,蔡邕所写的石经是一体(隶书)石经(见图一),而不是古文、篆、隶三体石经。三国曹魏正始年间所刻的"正始石经"才是古文、篆、隶三体石经(见图二)。如果《南阳叶氏源流序》真是蔡邕所撰写,他怎么会把自己所书写的一体石经说成是三体石经呢?如果《蔡序》只笼统地说"三体书",还可以辩解说"三"乃是"一"的传写之误,而他是清清楚楚地说是"古文、篆、隶三体书",这就没有一点破解的余地了。《蔡序》有如此明白如画的破绽,就是那位不够高明而又不学无术的"枪手"造成的结果,它明白无误地告诉人们,《蔡序》是地地道道的赝品。

二、关于"东汉灵帝熹平四年"落款时间的纰漏。有点历史常识的人都知道,所谓"西汉"、"东汉"的称谓,是后人根据刘邦建立的汉国首都在长安(今西安),刘秀建立的汉国首都在洛阳,为区分两个汉国的不同,就称刘邦的汉国为西汉,称刘秀的汉国为东汉,但当时人,不论是西汉人还是东汉人,都不称自己的国家为"西汉"或"东汉",这有汉代历史文献和现存的汉代碑刻、墓志为证。

图一　立于东汉洛阳太学　　图二　立于曹魏洛阳太学的
　　　《熹平石经》(残块)　　　　　《正始石经》(残块)

关于落款时间的"灵帝熹平四年"更是匪夷所思,闹出天大的笑话。有点历史常识的人都知道"灵帝"是谥号,是皇帝死后,由贵族、高官根据皇帝在位时的功业而评议的称号。皇帝在位的时候称"上"、"今上"、"陛下",皇帝驾崩后,在谥号未评议出来之前称"大行皇帝",只有在谥号评议出来之后,才能称"某帝",如"明帝"、"章帝"、"灵帝"、"献帝"等等。请问熹平四年(公元175年)刘宏还在位(刘宏卒于中平六年,即公元189年),蔡邕怎么会知道刘宏死后要谥为"灵帝"呢,怎么会写出"东汉灵帝熹平四年"这样荒唐不经的年代呢?笔者查阅了新出版的《汉碑全集》①,没有一通碑刻、一方墓志,有"东汉"、"西汉"加上皇帝谥号的纪年,如经专家考证认为是蔡邕撰写的《豫州从事尹审碑》,在写尹审卒年时,则写为"熹平六年四月己卯卒",而不见"东汉灵帝"字样。《蔡序》中的"东汉灵帝熹平四年"的署时纪年,再一次暴露了它是伪托的赝品。

三、关于"议郎诏进爵光禄勋"的纰漏。《蔡序》的落款是"议郎诏进爵光禄勋蔡邕伯喈氏顿首拜序"。在这个落款中,除"议郎"确实是蔡邕写"熹平石经"时的官职外,其后的"诏进爵光禄勋"则完全是错误的。第一,光禄勋是官职而不是爵位,在汉代的二十级爵制中,从一级爵公士到二十级爵列侯,其中绝对没有"光禄勋"这一爵称,故所谓"诏进爵光禄勋"纯粹是不懂汉代官、爵制度的人的胡编滥造。第二,光禄勋是汉中央政府的九卿之一,主管宫殿宿卫,典领禁兵,秩中二千石,蔡邕从来没有担任过这样高的官职,董卓掌权重用蔡邕,先署祭酒,后补侍御史,又转侍书御史,再迁尚书,最后任命蔡邕为光禄勋属下的左中郎将,秩二千石。以上情况说明,如果对汉代官爵制度稍有常识的人,也不会写出"诏进爵光禄勋"的糊涂文字。这就毫无争辩地暴露出《蔡序》是没有历史常识人的伪托。

我们还可以举个旁证来说明《蔡序》是赝品,即严可均在《全上古

---

① 《汉碑全集(共六册)》,河南美术出版社2006年版。

三代秦汉三国六朝文》①的《全后汉文》中,收录了蔡邕所有遗留下来的诗文辞赋,甚至连只言片语都已收录,但唯独不见所谓蔡邕撰写的《南阳叶氏源流序》。是严可均孤陋寡闻不知有《蔡序》吗?这不可能。《蔡序》如此赫赫有名并全文流传至今,对于专作钩沉索隐并专门搜求古代遗文的严可均来说岂有不知《蔡序》之理。这只能说严可均已辨明《蔡序》是赝品,故而不收。

在学术研究领域,应该有各抒己见的自由,但在学术讨论中,也必须有科学的态度,实事求是的精神,有承认真理、修正错误的勇气,在《蔡序》中已经发现有如此多,如此明显的纰漏和破绽,而仍然不肯承认它是赝品,那就有点不敢正视错误之嫌了。

---

① 《全上古三代秦汉三国六朝文》,中华书局1981年版。

《丰湖杂记》客家形成说解读

为了研究客家形成的年代问题,我曾阅读有关专门研究客家问题的一些论著,知道有秦汉时期客家形成说,两晋南北朝时期客家形成说,隋唐五代时期客家形成说,宋末元初客家形成说,明清时期客家形成说。应该承认以上诸说都有一定的根据,但笔者从中国古代史研究的角度来考查,在隋唐五代以前的史书中不见"客家"一词的记载,也不见有客家形成的实证。至于明清时期,史书关于客家的记载当然很多,但说明清时期客家才形成,似乎时间太晚。笔者认为清代学者徐旭曾在《丰湖杂记》中提出的宋末元初客家形成说,较为可取,文中所记客家形成的实证,也很有说服力,因此想对其说略作解读,以表明笔者对客家形成说的浅识。因《丰湖杂记》传世本不多,故引其全文以供参考,并作为"解读"的依据:

  今日之客人,其先乃宋之中原衣冠旧族,忠义之后也。自徽、钦北狩,高宗南渡,故家世胄,先后由中州山左,越淮渡江而从之,寄居各地。迨元兵大举南下,辗转播迁,南来岭表,不但故家世胄,即百姓亦举族相随,有由浙而闽,沿海至粤者,有由湘、赣逾岭而至粤者,沿途据险,与元兵战,或徒手而与元兵搏,全家覆灭,全族覆灭者,殆如恒河沙数。天不祚宋,崖门蹈海,国运遂终。其随帝国来历万死而一生之遗民,固犹到处皆是也。难痛国亡家破,然不甘为田横岛五百人之自杀,犹存生聚教训复仇雪耻之心。一因风俗语言之不同,而烟瘴潮湿,又各生疾病,雅不欲与土人混处,欲择内省之地而居之;一因同属患难余生,不应东离西散,应同居一地,声气既无间隔,休戚始可相关,其忠义之心,可谓不因地而殊,不因时而异矣。当时元兵残暴,所过成墟,粤之土人,亦争向海滨各县逃避,其闽、赣、湖、粤边境,毗连千数百里之地,常有数十里无人烟者,于是遂率迁居该地焉。西起大庾,东至闽汀,纵横蜿蜒,山之南,山之北,皆属之。即今之福建汀州各属,江西之南安、赣州、宁都各属,广东之南雄、韶州、连州、惠州、嘉应各属,及湘州之大埔、丰顺,广州之龙门各属是也。所居既定,各就其地,各治其事,披荆斩棘,筑室垦田,种之植之,耕之获之,兴利除害,休养生息,曾几何时,遂成一种风气矣。粤之土人,称该地之人为客,该地之人亦自称为客人。终元之世,客人未有出而做官者,非忠义之后,其孰能之。

客人耕读为本,家虽贫亦必令其子弟读书,鲜有不识字不识稼穑者。日出而作,日入而息,即古人负耒横经之教也。客人多精击技,传自少林真派。每至冬日,相率练习拳脚刀矛剑梃之术,即古人农隙讲武之意也。

客人妇女,其先亦缠足也。自经国变,艰苦备尝,始知缠足之害。厥后生女不论贫富,皆以缠足为戒。自幼至长,教以立身持家以道。其归于夫家,凡耕种樵牧井臼炊爨纺织缝纫之事,皆能一身兼之。事翁姑,教儿女,经理家政,井井有条,其聪明才力,直胜于男子矣,夫岂他处之妇女所可及哉。又客人之妇女,未有娼妓者,虽曰礼教自持,亦由其勤俭足以自持也。

要之,客人之风俗俭勤朴厚,故其人崇礼让,重廉耻,习劳耐苦,质而有文。余昔在户部供职,奉派视察河工,稽查漕运醝务,屡至汴、济、淮、徐各地,见其乡村市集间,冠婚丧祭,年节往来之俗,常有与客人相同者,益信客人之先,本自中原之说,不为诬也。

客人语言,虽与内地各行省小有不同,而其读书之音,则甚正,故初离乡井,行经内地,随处都可相通;唯与土人之风俗语言,未有与彼同也。故仍自称为客人,客者对土而言,土与客之风俗语言之不能同,则土自土,客自客,土其所土,客吾所客,恐再阅数百年,亦犹诸今日也。嘉应宋芷湾检讨,又曲江周慎轩学博,尝为余言,嘉应汀州,韶州之客人,尚有自东晋迁来者,但为数无多也。

(转引自罗香林《客家史料汇编》)

对上引陈旭曾的《丰湖杂记》,我们可以分成三大段落予以解读。第一大段落从"今日之客人"至"其孰能之"。在这一大段落中,主要是说明客家民系形成的历史背景;客家民系形成的原因;客家名称的由来。

关于客家民系形成的历史背景,文中说的很清楚。说明客家的先人,主要是宋朝的衣冠旧族,忠义之后。在北宋末年,金兵攻下开封,徽、钦二帝被俘往北方,北宋灭亡,此后宋高宗赵构在临安(杭州)建立南宋,于是北方的世家贵族及民众,先后由中州(河南)、山左(山东)越过淮河,渡过长江而到南方,寄居各地。在南宋末年,元兵大举南下,攻陷临安,迫使宋帝流浪于江、浙各地,最后逃至岭南,追随者不仅是宗亲、官僚、豪族,也有百姓相随。他们有的由浙江而至福建,有的经沿海而至广东,有的由湘江、赣江而至岭南。沿途艰险备尝,有的持兵器与元军战斗,有的徒手与元兵拼搏,有的全家覆灭,有的全族覆灭,就像恒河中的沙子一样无法统计。老天爷不保佑大宋,宋帝昺在崖门海战中,战败投海自尽,南宋灭亡,但追随的南宋遗民,虽然经历了国亡家破的痛苦,而没效仿汉初田横岛五百烈士而自杀的原因,是幻想能像越国一样经过生聚的教训,能够雪耻复仇,故而生存下来。以上就是客家民系形成的历史背景。

关于客家民系形成的原因,在南宋灭亡后,宋朝遗民基本都寄居在福建汀州,江西之南安、赣州、宁都,广东之南雄、韶州、连州、龙门,潮州之大埔、丰顺等地,毗连一千数百里空旷之地,形成为宋朝遗民之居住区。宋朝遗民与南方土著居民风俗语言不同,又因南方潮湿有瘴气,多生疾病,故不愿与土著居民住在一起。又因宋朝遗民,都是患难余生,不愿东离西散,都想同居一地,生气无间,休戚相关,他们的忠义之心,不会因原籍不同而有差别,不会因时间的流逝而有异念,于是他们共同居住在一起,披荆斩棘,筑室垦田,耕植收获,兴利除害,休养生息,经过长期的磨练,在这一广大地区内,遂形成一种别具风格的群体,即形成汉族中的客家民系。

关于客家名称的由来?文中记载的也很清楚,主要是为与当地土著人相区别而得名。当地的土著居民,对于从外地迁来的宋朝遗民称为"客";而迁入该地的宋朝遗民也自称为"客人"。久而久之,"客人"就成为外来移民的代称。于是在闽、粤、湘、赣的广大接壤地区,就形成一个独特的群体,即从汉族中分解出的客家民系,而这个客家民系始终与元朝统治势不两立,据说终元之世,客家人无一人在元朝做官者。

《丰湖杂记》的第二大段,从"客人以耕读为本",至"亦由其勤俭足以自立也"止,主要是讲客家人的优良风俗教化,赞颂客家妇女独立持家的美德。客家人皆以耕读为本,家中再穷,也要让孩子读书。在客家人中很少有不读书,不懂种地的人。他们日出而作,日入而息,遵从古人负耒横经的教训。客家人又多习武术,学习刀矛拳脚剑铤之术,遵从古人农闲时讲武之意,这也是与元军战斗中培养出来的防身之术。

作者特别赞颂客家妇女的美德。客女经过战乱,备尝辛苦,深知缠足之害,故皆不缠足。妇女成长之后,都教以持家立身之道。出嫁后,对于耕田种地,打柴放牧,担水舂米,烧菜做饭,纺织制衣等事,都能一身承担。侍奉公婆,教育儿女,管理家务,井井有条,其聪明才力,超过男人,非他族妇女可比。客家妇女没有做娼妓的,虽然这与遵从礼教有关,但也是因为她们能勤俭自立的缘故。

《丰湖杂记》第三大段,自"要之"起,至"但为数无多也"止,是作者对客家的风俗语言,客家人与中原的关系,"土"、"客"互不改变等,总的论述,是极具学术价值的评议,令人深思。

作者认为客家人勤俭厚道,崇尚礼让,重视廉耻,吃苦耐劳,朴实文雅,颇有中原人的遗风。作者说他在户部任职时,曾到汴州、济州、淮水、徐州等地去考察漕运和盐务,发现各地的乡村市集的冠婚丧祭等礼仪,年节往来的习俗,常有与客家人相同者,所以他更加相信,客家人的祖先,来自中原之说,并非诬罔之词。作者又从客家人的语言进行考察,认为客家人的语言,虽与内地各省少有不同,但其读书的音韵甚正(与古中原音韵相同),而与南方土著居民的语言绝对不同,虽经千百年以至今日(指清代),"土"、"客"的语言仍不同,出现了"土自土,客自客","土其所土,客吾自客"的区别。作者认为就是再经几百年,也不会改变土、客之间,风俗语言之不同。作者最后补充一种情况,他听嘉应宋芷湾检讨(官名,主修国史)、曲江周慎轩学博(州县学官之别称)说:汀州、韶州的客家人中,亦自东晋后迁来者,但人数不多。这个最后补充,说明作者虽然主张客家民系形成于宋末元初,但对两晋南北说也关照一笔,显示作者对学术研究的客观态度,是值得肯定的。

通过以上对《丰湖杂记》的分段解读,对徐旭曾所谈的关于客家民系形成的时期、形成的原因、客家民系的语言风俗的特点等,都已清楚明确,当然这仅是简要的概述,要详细深入的探讨,还有一些问题需要认真细致地进行研究,但因超出本文解读的范围,只能存而不议。笔者在此所要说明的是,本人对徐旭曾在《丰湖杂记》中提到的有关客家形成的几个问题持完全赞同、肯定的态度,并想略作补充说明。

关于客家形成的问题,除宋末元初说之外,还有秦汉说、两晋南北朝说、隋唐五代说、明清说等等。关于客家形成于秦汉说,其主要根据是指秦曾派尉屠睢、任嚣、赵佗率五十万大军征南越,后又派五十万罪徒戍守五岭,认为这些秦军和戍卒后来就成了客家人。其实秦军在征服南越后,设置了南海、桂林、象三郡、秦军和戍卒就成为统治三郡的支柱。秦末国内大乱,与南方三郡失去联系,汉初赵佗乘汉政府鞭长莫及之机,建立南越国,原来秦军、戍卒自然就成为南越国的国民。另外,从理论角度推论,在秦汉时期,汉族处在形成期,绝不可能从形成期的汉族中,再分出一个客家民系,这是毋庸置疑的。

关于两晋南北朝客家形成说,主要根据是指西晋永嘉之乱后,北方有近百万人口南迁至江苏、浙江、江西、安徽、湖南、湖北,有的远迁至福建、广东。在这些人口中,以皇族、官僚、士族为主,但也有人口众多的士兵和百姓。其中前三种人是统治阶级,到南方后仍拥有其特权,士兵仍为朝廷卖命,百姓多数成为贵族、官僚、士族的佃户,也有散居南方各地成为自耕农。有的学者认为这些北方南迁人口就成为客家人。其实有关两晋南北朝的史书中,并无客家的记载,而称南迁的北人为"侨人"。如《隋书·食货志》记载说:"晋自中原丧乱,元帝寓居江左,百姓之自拔南奔者,并谓之侨人。"政府设侨置郡县管理。以后东晋南朝多次进行"土断",撤消侨置郡县,北人(包括官僚、士族)一律改入南方郡县户口,与南方土著居民已无区别,因此南迁的北人,不可能形成独特的客家人。有的学者看到《晋书·王恂传》中有"客户"的记载,就认为在魏晋时期已有客家人。其实《王恂传》所记是说:"魏氏给公卿已下租牛、客户数各有差,自后小人惮役多乐为之,贵势之门动有百数。"明眼人一看便知,《王恂传》中所说的客户是指佃户,与客家毫不沾边。在这里我要顺便提一下宋芷湾和周慎轩对徐旭曾说的:"嘉应汀州、韶州之客人,尚有自东晋后迁来者,但为数无多。"对此应如何理解?我曾说过,从史书上看两晋南北朝时期并无客家的记载,但从客家人的家谱、族谱中记载,其先祖从西晋永嘉之乱后来至南方者却很多,笔者认为称这些人为"客家之先民"是可以的。但这仅限于迁至福建、广东荒凉山区之先民,迁至江浙、两湖之晋民,已与当地人融合,就不能称客家之先民了。

关于隋唐五代客家形成说,主要是指唐高宗时陈政、陈元光父子率军入闽平"蛮獠之乱"、唐玄宗时的"安史之乱"和唐末五代时期王潮、王审知率军入闽的三次民族大迁徙。其实这三次北方人大迁徙,并未形成客家民系。

首先说陈政、陈元光入闽平蛮獠之乱。唐高宗总章二年(669年)闽之蛮獠发生叛乱,朝廷派时任朝议大夫兼岭南行军总管事的陈政,率3600府兵入闽平叛,其子陈元光随父出征,但因兵力不足,被蛮獠困于九龙江。于是陈政之兄陈敏率8000大军入闽解围,其母魏太夫人(名敬)也随军入闽。中途陈敏病故,魏太夫人代为指挥。经陈家三代人的艰苦努力,终于平定蛮獠之乱。但平乱之后,陈家并未返回河南故里固始,而是留在闽南。陈政死后,陈元光继任元帅,后被武则天任为漳州刺史,陈家大军成为开发、建设漳州的主力,陈元光被漳州人民尊为"开漳圣王",并未有与漳州土著居民成为对立面,而被称为"客人"。

关于安史之乱,唐明皇逃入四川,也有大批臣民随行。在东方,由于张巡驻守睢阳,挡住了安史大军南下之路,不见有大批中原人民逃至江南、江浙一带。而从关中随唐明皇逃入四川的流民,在安史之乱平定后,绝大多数已返回原籍,也不会在四川留下客家人群体。

关于黄巢起义中原人南迁。黄巢起义初期军纪严明,受到人民拥护,如黄巢军攻陷洛阳,起义军入城,"劳问而已,闾里宴然"。黄巢攻入长安,义军将领对百姓说:"黄王起兵,本为百姓……汝曹但安居无恐。"(《资治通鉴》卷二五四)但不久黄巢军纪律败坏,杀掠人民,北方百姓大批南迁,远至福建、广东,但这次南迁都是个体性流动,对南方开发虽起到很大推动作用,并没形成客家群体,顶多也只能是客家先民。

关于五代时期王潮、王审知率军入闽。这是又一次大规模移民。

在黄巢军纪败坏之后,北方各地又出现一些反对黄巢的义军。固始人王潮、王审知兄弟参加王绪的反巢义军。因受军阀秦宗权的排挤,王绪、王潮率5000大军由河南转战至福建。王绪忌贤妒能、滥杀无辜,王潮团结亲信杀死王绪,被士兵推举为元帅,攻陷泉州后,被唐政府任命为泉州刺史,不久王潮势力就占有闽、岭五州之地,唐昭宗任命王潮为福建节度史,后又升任武威军节度使、福建管内观察使。王潮死后,王审知自称留后。朱温建立后梁,封王审知为闽王。至其子王延翰,建立闽国。随二王入闽的将领,都成为闽国元勋,入闽的士兵也成为闽国新贵。他们不可能被土著居民所排挤,不见记有不互通婚的禁忌。所以在这时并不具有客家民系形成的条件,史书也不见有客家人的记载。

在客家形成诸说中,我认为只有宋末元初形成说可以成立,因为它具备客家形成一个民系的所有条件。其条件是：一，历史背景。在北方必须出现大的动乱，迫使包括中原人在内的北方人大批量的南迁。南迁的北人群体，并没有返回故里，也没有在南方变成主流群体，而处于客体地位；二，南迁的北人群体，在某种历史条件下，找到一个广阔空间定居下来，与当地土著居民很少交往，更不互通婚姻，一切生产、生活问题都在自己群体内解决，能够传宗接代使这个群体延续下来；三，北方的南迁群体必须有共同理念、共同信仰、共同文化、共同语言和风俗习惯，才能保证他们长期定居下来，不至于短期内就分散各奔前程。再明白点说，共同理念就是想恢复宋朝；共同信仰就是儒学传统；共同文化就是中华文化；共同语言、风俗习惯就是中原的古音和民俗，因此客家才能为汉族中的一个民系，否则他们可能形成为另一个民族。

以上所说的客家形成的三个条件，秦汉说、两晋南北朝说、隋唐五代说都不具备，至于明清说，因其时间过晚，客家早已形成，我想就不必论证了。

最后我想谈一谈客家人南迁的首发地的问题，如按秦汉说，客人南迁首发地，肯定在西安；如按两晋南北朝说，客人南迁首发地，应该在洛阳；如按隋唐五代说，客人南迁首发地，一在西安，一在固始；如按宋末元初说，客人南迁首发地必在开封，对此徐旭曾在《丰湖杂记》中已有所交待，在此不必细论。不过，必须说明，所谓南迁首发地，并不是南迁的北方人，都是西安、洛阳、固始、开封人，而是包括中原（大中原）在内的北方各地的居民。

在"孙氏族谱暨孙膑故里研讨会"上的发言摘要

朱绍侯谈孙膑故里之一

我看了两个很珍贵的史料,又听了大家的学术报告,很受启发。最近几年对孙膑的学术研究已有两个大的突破。一是临沂银雀山发现了《孙膑兵法》竹简,引起了史学界的重视,对世界影响很大。现已陆续出版了六、七种版本的《孙膑兵法》原文注释。二是88年春在菏泽召开的"桂陵之战遗址论证会",确定了"桂陵之战"的位置。"桂陵之战"是历史上一次很重要的战役,它的确定又是一个很大的突破;今天我们这个会,通过对《孙氏族谱》和有关材料的论证,确定了孙膑故里,应该是第三个大突破。

《孙氏族谱》是证实孙膑故里在孙老家的可靠而有力的证据。这是因为:

第一,《孙氏族谱》中提到的历史事件是与历史符合的;

第二,《孙氏族谱》中记述的孙膑出生地与司马迁在《史记》中的记载是一致的;

第三,《孙氏族谱》中世系的排列是清楚可靠的。

对《孙氏族谱》的研究,今后还需要深入一点。《孙氏族谱》上记孙膑又名孙伯灵,因功晋左丞,这是一大新发现。《齐国演义》上有前齐国孙庞斗智的描写，里面就有关于孙膑夫人的记载。研究孙膑，这些演义我们有必要也细致地研究一下。《孙氏族谱》是从第四十八代开始记载的，《新唐书·宰相世系表》里可查到前三十八世，这样中间还隔九世接不起来，我们可以考证查找前三十八世和四十八世以后的血脉联系。最好是能找到失掉的这九世的排列。在众多的孙氏后裔分支中，也许能发掘出来。

另一方面，《家祠序》里提到杨士琦、胡璁，这两个人的地位在当时是极为显赫的。杨士琦是宰相，胡璁是国史总裁，史学界的一把手。他们二人奉皇帝之命到孙老家家祠祭祀，说明在当时他们承认孙膑故里就在孙老家。《孙氏家祠序》的学术价值、实践价值都是相当高的。我们论证孙膑故里在鄄城孙老家，史料证据是充分的。

朱绍侯谈孙膑故里之二

上一次孙膑故里论证会开得比较成功。从我本人来讲，对孙膑故里的论证始终是比较慎重的。开始的时候我对这个问题持有怀疑态度，因为在这个家谱上有简化字。既然是清代族谱怎么能出现简化字呢？经过调查才知道这是一份抄写本，原本已在"文化大革命"时被焚烧了，这个疑问就更大了，既然是抄写就不能排除编纂的可能。但是，在走访中我们又了解到：抄写《族谱》的人既不是史学家，也不是高级历史研究人员，而是一个农村小知识分子。《族谱》上的年代史事与历史资料都非常吻合，这说明凭空编造是绝不可能的。不用说一个普通的农民，就是一般的知识分子也搞不清这些复杂的历史事件。因此，我们不能不相信这确是按照原来的《族谱》抄写的副本，是可以作为依据的。

此后，我们又发现了一些问题，鄄城县孙林给我寄来康熙年间《孙氏族谱》的材料，后来又到河南找我谈："你既然能到鄄城孙老家去，能不能也到孙林看一看？"并拿出了他们的所谓"证据"。他们的"族谱"我看过了，是假的。其中有"刑侯遗黎"的句子，他们讲"因为孙膑受过刑,所以孙膑被称为'刑侯',他们是刑侯孙膑的后代"。我告诉他们这种说法与历史不相吻合,因为孙膑从来就没有被封过"侯",那时也没有这个叫法。战国时期各国国王本身就是"侯",他不可能再封其他人为"侯"了。开封有个考古的同志叫刘心健,他当时很相信"刑侯"的说法,并写了文章以此作为证据。我对他说:"孙膑从来没被封过'侯',也不可能作'侯';再者,受过刑的人怎能称为'刑侯'呢?这属于不了解历史知识,不合人之常情。"后来他实事求是地进行了考查,回来后告诉我:"刑侯的确指的不是孙膑"。接着他又对抄写的《孙氏族谱》提出了疑问,我当时没有明确的表态。前段在孙老家发现的这本顺治年间的族谱,是独树一帜的证据。还有后来发现的这幅《孙膑传影》,这样证据就更确凿了。从这幅明朝万历年间绘制的《传影》来看,上面的写法就很科学。既然是"传影"——传下来的像,就说明在其之前还有,这只不过是据传下来的画像摹制的。不管以前是用布绘的,还是用纸绘的,都是比较容易损坏的,再摹制一个一代代地继续传下去也是合乎逻辑的。另外,此像是孙老家祖祖辈辈流传下来的,明朝万历年间孙老家人就供奉孙膑为其始祖,那么,在此以前肯定也是这样认为的。从《族谱》年代世系来看,也是合理的。这说明上次论证的结论是正确的。前一段出现的一些传说、争论,使我在思想上一直存有疑虑,因为我们都是搞历史研究的,应该注重历史事实。本来我在河南参加出版社长研讨会,可是,为了弄清楚这个问题,我还是赶来参加我们这次会议。这两天在菏泽看了《孙膑传影》,又到孙老家看了清朝顺治年间的《孙氏族谱》,到鄄城文化馆看了历史文物、柱础,这些与史书籍的记载都是一致的。证据充分而又可靠,现在,可以更坚定地说孙膑故里就在鄄城县孙老家。

关于孙膑故里的建设规划,我想谈以下几点:

第一,地点要定在孙老家。孙膑故里的确定,我们几经周折,经过相当长时间的考察论证,已有了定论,所以孙膑故里的地点现在就定在孙老家,不能再给以后的事情制造麻烦了。将来孙膑故里、祠堂都要确定在孙老家进行建设规划。

第二,要考虑经济效益。我们现在谈论建设只是纸上谈兵,还未接触实际问题。将来真正搞起来是会有经济负担的。特别是对孙老家来说,我们规划建设孙膑故里,其一是为了弘扬我们的古代文化;其二是为了让孙老家人得到很好的经济效益,而不应让他们背上经济包袱。这个问题应该全面考虑。根据现在的形势,我们要大量地从海外吸引资源,争取援助,可以利用各种形式争取他们赞助,包括道教在内,只要他们愿意认祖宗、认道祖,我们都不反对,我们要从多方面争取力量,这样可以促进建设的步伐。

第三,孙膑故里的建设。我的想法是要分几步走。首先应考虑的就是在四月份参观的时候,一定要将我们论证的依据展示出来,给人以完整的印象,让他们充分认识到孙膑故里就在孙老家。成都武侯祠里,诸葛亮的像刻在了碑上,孙膑的这两幅画像也很适合刻碑,将来可以制作拓片,作为一项经济收入。至于孙膑塑像,这是定型设计,不像这二幅画像,可以带有艺术加工和想象,一定要请古塑雕专家按战国时的时代风貌构思雕塑。这两次论证的结果可以制成碑文,修一处碑亭以作纪念。这样,就可以让人清楚地知道孙膑故里定在孙老家是经过深入细致地反复考察和翔实论证而确定的。其次,就是远期规划,在村北建一个纪念馆或孙膑祠。将来建设时可以到开封看看,包公祠就是后来建的,里面有些壁画。孙膑的故事很多,若画壁画不必用传说,依据历史事实就行了,例如:马陵战役、桂陵战役以及孙膑魏国脱险、随鬼谷子先生学艺等等,这些内容丰富生动,可以很好地制成系列故事进行绘制。另外,作为旅游点,将来的建设布局就可以灵活一点了。只要能与孙膑联系上的都可以搞一个旅游点。孙花园的孙膑著书处及孙膑墓址将来的建设要考虑进去。总之,孙膑故里的建设,我们既要考虑鄄城县的总体建设规划,又要考虑孙老家人的经济收入,只有这样,我们的论证才有价值。另外,《孙氏族谱》要妥善保存,《族谱》和两幅画像都属于珍贵文物,不能再让人随便看了,如果再拿来拿去很容易损坏。若将来建成纪念馆,这些珍贵资料可以原样复制陈列。我们研究孙膑就是要考虑他的历史意义、社会价值,更要考虑他带来的经济效益。这次论证会主要是研究他的历史真实性。将来这里形成旅游点以后,就不必再考虑这些,要围绕发展经济这个中心做文章。

杂论与杂谈

河南区域文化的特点和亮点

河南是中华民族的文化摇篮。河南区域文化的特点,是原发性,或称首创性,亮点是其影响的永恒性或长久性。河南区域文化的特点和亮点,对其他区域文化有广泛、深刻的影响,故河南区域文化又可称为中华民族的核心文化。当然,河南区域文化也吸收其他区域文化的精华,从而使河南区域文化更加光辉夺目。以下准备从五个方面论证河南区域文化的特点和亮点。

一、中国的国家机构首先创建于河南

河南最早的文明历史,可以追溯到 8000 年前的裴里岗文化时期,以后又演变为以彩陶为标志的仰韶文化,以黑陶为标志的河南龙山文化。但在中国原始社会时期,中原地区的裴里岗文化、仰韶文化、河南龙山文化并不比江南的河姆渡文化、马家浜文化,东北的新乐文化、红山文化更先进,而是并驾齐驱,故学术界对中华民族文化摇篮有"多元说"、"满天星斗说"。但在公元前 21 世纪中,在河南建立了第一个国家夏王朝,所谓"禹都阳城"(河南登封),"启居阳翟"(河南禹州),桀居斟鄩(河南巩义)又都洛阳,总之,夏朝诸王主要活动中心基本在河南区域范围内,国家的出现比起原始社会的氏族,部落组织,是一个飞跃的进步。从此河南地区在国家机构的直接领导下,有突飞猛进的发展,成为全国的政治、经济、文化中心,成为名副其实的中华民族文化摇篮。以后商、东周、东汉、魏、晋、北魏、隋、唐,直至北宋,都相继建都在河南,故全国有八大古都,河南独居其四,即洛阳、郑州、安阳、开封。而江南和塞北的发展却出现了断层。直到汉代,东南尚处于火耕水耨时代,而塞北人民尚过着游牧生活,国家的出现对河南区域文化所产生的积极作用是其他区域无法比拟的。

二、汉字产生于河南

　　文字的产生对任何国家和民族都是一项重大的发明。文字对一个民族的文化发展所起的作用,不论作何种高度的评价都不过分。中国汉字的发明,不论从历史传说、文献记载、考古资料来看,都能证明它产生在河南。据《世本·作篇》、《淮南子·本经》记载,都说"仓颉作书",或者说"仓颉始作书契以代结绳"。所谓"始作书契",就是创造文字以代替结绳记事,仓颉是黄帝的史官,河南人。现在河南开封、南乐、虞县都有仓颉墓、仓颉造字台。当然说文字是仓颉创造的并不符合实际。早在裴里岗、仰韶文化的陶器上就有近似文字的刻划符号,文字应该是人民群众创造的,仓颉只是把人民群众创造的不规范刻划符号加以整理,于是就把创造文字的功劳归之于仓颉了。

　　从考古资料看,中国最早的文字发现于河南安阳殷墟。殷墟出土的甲骨文,是现在所知的中国最早的文字,据专家研究,甲骨文字已是"六书"俱备,属于较为成熟的文字,故文字产生的年代,可追溯于夏代或更早。但追溯到夏代或更早的黄帝时代,仍说明中国汉字产生于河南,因为黄帝和夏代的统治基地在河南。

　　与商代甲骨文并行的,还有商代铜器上的铭文,即称之为"金文"。甲骨文、金文以后演变为籀文,再演变为篆文、隶书、楷书。到东汉时期,中国汉字已基本定型。东汉大文字学家蔡邕所写的《熹平石经》,就有使文字标准化的含义。东汉另一位古文字学家许慎撰《说文解字》,为中国文字的发展、演变作了总结,奠定了汉字稳固的基础,建立了汉字六书理论体系。而蔡邕、许慎都是河南人,所以说中国汉字产生于河南、奠基于河南是有不容争辩的史实根据的。

三、青铜文明在河南发展到顶峰

在中国古代社会随着生产工具的演变,曾出现三个明显不同的历史阶段:一石器时代;二青铜时代;三铁器时代。夏、商、周三代基本属于青铜时代。那时的生产工具、兵器、生活用具、礼器,主要都是由青铜制造的。《左传·宣公三年》记载:"昔夏之方有德也,远方图物贡金九枚,铸鼎象物,百物为之备。"说明夏代已用铜铸鼎、偃师二里头出土的青铜爵、青铜斝、小型铜锛、铜箭头,是到目前为止中国发现最早的青铜酒器、礼器、兵器和生产工具。安阳殷墟出土的司母戊大鼎,通高133厘米、长110厘米、宽78厘米、重875公斤,是目前我国青铜时代出土的青铜器体形最大、工艺水平最高的一件,在世界青铜时代的历史上也是仅见的巨型容器。河南新郑出土的春秋时期的一对莲鹤方壶,在莲瓣形的壶盖中央各有一只清新俊逸的白鹤,亭亭独立,展翅欲飞,伸颈欲鸣,无论从造型还是从制造技艺,都是青铜器中的极品,它和司母戊大鼎是共同标志着青铜工艺发展到顶峰的代表作。

由于青铜工艺进步,也促进了河南冶铁技艺的发展,在三门峡虢国墓地发现了中国第一把人工冶炼的玉柄铁剑,被称为"中华第一剑",把中国铁器的使用由春秋时期提前到西周晚期。在河南巩县铁生沟和南阳等地冶铁遗址中,我们知道在汉代我国已用炼铁竖炉,并用煤来炼铁,在欧洲一千多年后才有炼铁竖炉,17世纪才用煤炼铁。在巩县铁生沟生产铁器中已具有球墨铸铁,这种铸铁技术的使用不仅远远早于国内其他区域,在欧洲到18世纪才使用这种技术。

四、丝绸与丝绸之路

人类在最原始时期,是冬穿兽皮,夏穿树叶,以御寒遮身。后来人们用葛、麻纤维织成布作衣料,再后来人们知用木棉、棉花织布,而利用蚕丝织成绢帛是中国独家创造,对世界编织史是一项重大贡献。

从考古资料考察,早在7000年的河姆渡文化遗址中就发现有蚕纹图案的牙雕小盅,在浙江钱山漾良渚文化遗址中出土一批竹筐中有丝片、丝带和丝线,说明江南的丝织业发明较早,却没有传承下来,据史书记载,直到三国孙权时期在江东还基本是以葛麻纺织为主,丝织业相当落后。孙权建吴后,才注意从北方引进丝织技术但尚不能织锦,锦主要依靠四川供应、在北方丝织生产从原始社会开始一直呈发展趋势。在河北正定杨庄仰韶文化遗址中发现两件陶俑,在山西夏县西阴村仰韶文化遗址中出土了蚕茧。在荥阳青台仰韶文化遗址中发现有丝织品。到了商代,在殷墟出土的兵器上有丝织品的遗痕,并屡有成束的丝和丝绳的出土,而且在甲骨文中有"蚕"、"丝"、"桑"等字。说明在商代统治区域内,丝织业已相当发达,在甲骨文中已被明显地肯定下来。

从考古资料看,在中国新石器时代,大江南北,黄河两岸发现养蚕缫丝的遗迹。但中国的丝绸发源地又在哪里?创始人又是谁?据古代历史传说及文献记载,养蚕缫丝的创始人是黄帝正妃西陵氏女嫘祖。西陵是炎帝系统的部落名。从古到今在中国境内叫西陵地名的有十四处之多。如四川、湖北、河南、山东、浙江、山西等省都宣称在其省内有西陵遗址,而且不止一处。2006年10月中旬,在河南西平召开"嫘祖文化研讨会"。到会有历史学、考古学、文献学、历史地理学、民族学、社会学等著名学者70余人,根据历史文献、考古资料、当地民间传说多方面论证,与会学者一致认为古西陵遗址应在河南西平县,其后中国民间文艺家协会经过认真考究认证,正式命名西平县为"中国嫘祖文化之乡"。中国丝绸发源地在西平,养蚕缫丝的发明为黄帝正妃嫘祖终于被确定下来。

丝绸是中国发明创造的,早已为世界所公认,这是中国人类服饰改善的重大贡献。其后丝绸成为中国对外输出的主要商品,西汉时张骞通西域之后,中国丝绸主要是通过西域输出国外。因此,通西域之路被命名为"丝绸之路"。西汉时丝绸之路的东方起点在西安,东汉时又延伸至洛阳。饮水要思源,没有丝绸哪里会有丝绸之路。通过丝绸之路,中国的丝绸传遍世界。古代希腊、罗马称中国为"赛里斯",意即"丝国"。丝绸的发源地在河南,丝绸的发明创造者是河南人,这是河南对中国、对世界文明的重大贡献。

五、河南是中国儒、墨、道、法四大显学的诞生地

在先秦时期,儒、墨、道、法四大学派均被称为显学。西汉以后,儒家被立为一尊,但西汉的儒学已不是先秦的儒学,它吸收了墨、道、法学派的精华,已被改造为新儒学,因此说儒、墨、道、法的政治思想、学术思想对中国后世有着广泛而深刻的影响。

儒学的创始人孔子,是山东曲阜人,对此并无争议。但儒学的基础是礼乐文化,而礼乐文化源于周公在洛阳制礼作乐的礼乐制度。孔子不仅吸收周公的礼乐文化创建儒学,而且孔子一生最崇拜的人物就是周公,因此儒家有时是与"周孔"并称,"周"要放在"孔"的前边以示尊重。另外,孔子的祖籍在商丘,是宋国人,宋是殷商之后,所以孔子是集商、周及鲁宋文化之大成,才创建了儒家学派,说儒学诞生于河南并非牵强之论。

墨家学派创始人是墨翟。据史书记载墨翟是宋人或鲁人。宋在商丘,但在商丘找不到墨子的传说和遗迹。鲁有东鲁、西鲁之分。东鲁在山东曲阜,而在曲阜也找不到墨翟的遗迹和传说。西鲁在今河南鲁山县,古称鲁阳。在鲁山则有很多墨翟遗迹和民间传说,从《墨子间诂》来看,墨子确实在鲁阳住过很长时间,因此,清代学者毕沅和武亿经过实地考察后,认为墨子是河南鲁山人,今人刘蔚华、郭成智也力主鲁山说,我认为说墨子是鲁山人,要比后起的墨子是山东腾州人可靠得多。

道家学派创始人是李耳,他是楚苦县历乡曲仁里人,今属河南鹿邑,这是没有争议的。道家学派二号人物是庄周,史书记载说庄周为宋之蒙人或称梁国蒙人。按宋和梁均指商丘,至于蒙县,由于政治区

划的变迁,一部分划归山东东明,一部分划归河南民权,故庄子故里有民权、东明之争,其实东明原来也属河南,只是因黄河治理问题才划归山东。公平地说,蒙县漆园确在东明,而庄子故里及庄子墓则在民权。我认为笼统说庄子故里在河南是不错的。因为在历史上长时期东明、民权都属于河南,说庄子是河南人,也是于史有据的。

法家学派的创始人李悝、商鞅及其集大成者韩非都是河南人。李悝、商鞅是卫国人,韩非是韩国人,他们对法家学派都有重要贡献。儒学立为一尊之后,汉家施行"外儒内法"的政策,或称"德主刑辅"政策,法家的学术思想、政治主张始终占有重要地位。

河南人杰地灵,说起圣人、名人远不止儒墨道法四大学派的创始人,如五帝中的黄帝、颛顼、帝喾、舜都是河南人。还有商圣范蠡、科圣张衡、医圣张仲景、文圣韩愈、诗圣杜甫、民族英雄岳飞、北宋开国皇帝赵匡胤都生在河南、长在河南,这些古圣先贤的学术思想、科学发明、诗文成就,丰功伟业,其影响和贡献,远远超出河南,也超出中国。河南人才济济,满天星斗,光辉灿烂,照耀河南,照耀中国,也照耀世界。

河南区域文化的特点和亮点,决不限于以上所举五个方面,如中国影响世界文明发展的"四大发明",指南针、造纸术、印刷术、火药,都与河南有关,还有瓷器也肇始于河南。中国原始瓷器,直至北宋,全国有五大名窑,河南独居其三,即官窑、汝窑、均窑。驰名中外的唐三彩,最早产地在河南巩县小黄冶。瓷器、唐三彩都是对外的畅销商品。河南也是中国民族融合的中心地,是姓氏文化的发源地,总之,河南区域文化可发扬的特点、亮点太多了,有待于我们进一步发掘和研究。

伦理文化浅议

一、伦理文化历史的回顾

伦理文化或称伦理道德,是中国传统文化的主流。从黄帝、周公、孔子,到汉代儒学、宋明理学,其核心组成部分都是伦理文化。伦理文化以人为本,以孝为中心,以家庭为基础,延伸到社会、国家,成为调节各种人际关系的纽带,以达到社会安定、和谐的目的。

中国伦理文化肇始于黄帝。《拾遗记》说:黄帝"置四史以主图记,使九行之士以统万国。九行者孝、慈、文、信、言、忠、恭、勇、义"。九行实际就是九种伦理道德行为。《新书》说:"故黄帝职道义,经天地,纪人伦,序万物,以信为仁,为天下先。"这里讲的也是伦理道德,但在黄帝时期,伦理文化还处于萌芽状态,九行并列尚无轻重之分。到了尧舜时期,伦理文化的中心"孝"在社会生活中已受到特别重视。尧所以选舜做接班人,就是因为舜是闻名天下的孝子,舜在"父嚚,母顽,弟傲"的恶劣家庭环境下,屡遭迫害而仍以真诚的孝心来处理家庭关系。《史记·五帝本纪》称"舜年二十以孝闻",成为著名的大孝子,被后世列为"二十四孝"的第一位孝子。舜年三十,四岳举舜,帝尧遂任命舜为司徒,掌管五典。所谓五典就是五教,即指父义、母慈、兄友、弟恭、子孝的五种伦理道德,结果是"五典克从",即五种伦理关系非常协调。舜即帝位后,又举八元(高辛氏的八才子)"使五教于四方",八元认真推行五教,达到了"内平外成"的目的,即家族内部平安,家族以外和善。历史上所称道的"尧舜之治",就是尧舜以伦理道德来治理国家所体现的"仁"、"仁闻"、"仁政"。《孟子·告子下》说:"尧舜之道,孝悌而已。"可见尧舜对伦理道德是多么重视。到西周,周公制礼作乐,也成为伦理文化的重要组成部分。所谓礼,就是祭祀天地、宗庙的礼仪及不同等级间的道德规范;所谓乐,就是各种祭典用的不同乐歌。《白虎通义·礼乐》对乐的作用有一段论述,摘录如下:

> 乐在宗庙之中,君臣上下同听之,则莫不知敬;族长乡里之中,长幼同听之,则莫不和顺;在闺门之内,父子兄弟同听之,则莫不和亲,故乐者所以崇和顺,比物,节奏合以成文,所以和父子君臣附万民也。

乐歌都能起到这样大的作用,礼仪自不待言,周公就是要通过礼乐,巩固以血缘为基础的宗法贵族统治,以协调昭与穆,大宗与小宗错综复杂的关系。到了春秋时期,孔子对伦理文化才进行了系统的整理,删诗书,定礼乐,使伦理文化形成一个初步体系。到了东汉白虎观会议,伦理文化得以定型。由白虎观会议产生的《白虎通义》遂成为中国封建伦理文化的法典。从此,"三纲六纪"、"三纲五常"、"三从四德"就成为伦理道德的最高准则,宋明理学提出的"饿死事极小,失节事极大","灭私欲,则天理明"的说教,其中虽然也有合理成分,但却是伦理文化的恶性发展。在五四新文化运动时期,提出打倒"孔家店"的口号,对儒学、伦理文化采取完全否定的态度。从矫枉必须过正的角度讲,五四新文化运动有它的必然性、合理性、进步性,但过后进行反思,有些毕竟批过了头。伦理文化对家庭、社会、国家来讲,只要剔除其糟粕,不提倡愚忠愚孝,讲孝敬父母,忠于国家,忠于民族,讲究气节,还是适合中国人的道德观念的。家庭是社会的基本细胞,通过伦理文化的宣传、教育,使家庭关系得以亲和,然后扩而大之,推广到社会、国家的人际关系。家庭稳定了,社会稳定了,国家稳定了,才会实现"老者安之,朋友信之,少者怀之","一家仁,一国兴仁,一家让,一国兴让"的和谐景象。

二、以孝为中心的伦理道德的功用

《孝经》是专门宣扬孝道的儒家经典,它认为孝是伦理文化的中心,有无与伦比的重要性。《孝经·圣活章》引孔子的话说:"天地之性人为贵.人之行莫大于孝。"《三才章》又引孔子的话说:"夫孝,天之经也.地之义也,人之行也。"《开宗明义章》则说:"夫孝,德之本也,教之所由生也。"从以上所引《孝经》的言论来看,儒家学派认为孝是天之经.地之义。德之本,是人的最高品德,是伦理文化中最高尚的行为,是子女(主要是子)对父母(主要是父)必尽的义务,但孝的具体内涵是什么呢?据儒家经典的记载大概有以下各项内容:

身体发肤受之父母,不敢毁伤,孝之始也,立身行道,名扬于后世,以显父母,孝之终也。(《孝经·开宗明义章》)

孟武伯问孝?予曰:"父母惟其疾之忧。"(《论语·为政》)

孟孙问孝于我,对曰:"无违。"……樊迟曰:"何谓也?"子曰:"生,事之以礼,死,葬之以礼,祭之以礼。"(《论语·为政》)

上孝养志,其次养色,其次养体。(《盐铁论·孝养》)

以己之所有尽事其亲,孝之至也。(《盐铁论·孝养》)

子游问孝。子曰:"今之孝者,是谓能养,至于犬马皆能有养,不敬,何以别乎?"(《论语·为政》)

子夏问孝。子曰:"色难(承顺父母脸色最难)。"(《论语·为政》)

父在,观其志,父殁,观其行,三年无改于父之道,可谓孝矣。(《论语·学而》)

事父母能竭其力。(《论语·学而》)

父母在不远游,游必有方。(《论语·里仁》)

子妇孝者,敬者,父母舅姑之命勿逆勿怠。(《礼记·内则》)

以上所引11条子女对父母应尽的孝行资料,都是子女单向行为。实际亲子之间是双向关系,应该是父义、母慈、子孝才是圆满的关系,况且上引11条孝行中,"三年无改父之道","父母在不远游"会限制子女的发展前途.不尽符合情理.当然其中多数内容直到现在还是可以遵行的。

要知道家庭关系不仅是亲子,还有夫妻、兄弟、姐妹、叔伯、诸舅等等,这些关系必须都协调,家庭关系才能稳定。推而广之,还有社会上的朋友关系.政治上的君臣关系等等.于是儒家又制定出"五伦"、"五常"、"六纪"、"三纲"等伦理规范。所谓"五伦",即"父子有亲。君臣有义,夫妇有别,长幼有序,朋友有信"(《孟子·滕文公上》)。所谓"五常",即"父义、母慈、兄友、弟恭、子孝,五者,人之常行"(《左传·文公十八年》)。五常又称五教,即"教父以义,教母以慈,教兄以友,教弟以共(恭),教子以孝"。所谓"六纪"就是"诸父、兄弟、族人、诸舅、师长、朋友也"(《白虎通义·三纲六纪》)。所谓"三纲"即"君臣、父子、夫妇"(《白虎通义·三纲六纪》)。三纲六纪合起来是讲九种人际关系,而"十人义"则是讲了十种人际关系,父慈、子孝、兄良、弟弟(悌)、夫义、妇听、长惠、幼顺、君仁、臣忠"。这"十人义"包括了家庭、社会、国家的主要人际关系,而且都是双向的关系,儒家认为只要处理好这些八际关系,家庭、社会、国家就可以稳定,人民就可以"讲信修睦.尚辞让,去争夺",过上快乐和谐的生活。

历代统治者都把以伦理道德为核心的儒家学说奉为金科玉律,其原因就是因为伦理道德不仅能调解家庭矛盾.而且还能解决社会、国家的某些矛盾。《孝经·扬名章》:"君子之事亲,故忠可移于君,事兄悌,故顺可移于长。居家理,故治可移于官,是以行成于内,而名立于后世矣。"这就是说孝顺父母的至诚之心。可以转化为"忠"而侍奉君主.对待哥哥的敬爱之心,可以转化为对待长者的尊敬,治理好家族.可以转化为官府治理民众。所以治理好家族,有了内部的成就,就可以立名于后世了。正因为伦理道德有这样的功用,所以才受到历代统治者的重视。有子说:"其为人也孝悌,而好犯上者鲜矣;不好犯上,而好作乱者,未之有也。君子务本,本立而道生,孝悌也者,其为人之本与!"(《论语·学而》)这是从另一个角度来看伦理道德的重要性,有子认为孝悌是人的立身根本.人人都以孝悌为本,而犯上的人就少了,没有人犯上,而作乱的人也就没了。这是伦理道德稳定社会秩序方面的作用,根据历史文献记载,伦理道德还有其他一些作用:

  子曰:"爱亲者,不敢恶于人,敬亲者,不敢慢于人,爱敬尽于事亲,而德敬加于百姓,刑(形)于四海。"(《孝经·天子章》)

  夫仁者,己欲立而立人,己欲达而达人。(《论语·雍也》)

  己所不欲,勿施于人。(《论语·颜渊》)

以上所引三条资料,都是以伦理道德来处理人际关系.凡是热爱双亲的人,就不会厌恶别人,凡是敬重双亲的人.就不会怠慢别人,自己要立身进达,就要先让别人立身进达.自己不愿意的事情,就不要强加给别人。以这种先人后己,处处替别人着想的精神来处理人际关系,肯定不会引起纷争,故《孝经·孝治章》说:以伦理道德治理天下,"是以天下和平,灾害不生,祸乱不作";《孝经·广要道章》说:"教民亲爱莫善于孝.教民礼顺,莫善于悌,移风易俗,莫善于乐,安上治民,莫善于礼。"以上的论证说明,以孝为中心的伦理道德,是使天下太平,灾害不生,祸乱不作,使民亲爱和顺的最好途径。因为伦理道德有这样大的作用,所以才引起历代统治者的重视。

三、伦理文化所要达到的极致境界

古代儒者倡导伦理文化,其最高目的就是要达到"修身、齐家、治国、平天下"的境界,我称之为极致境界。《礼记·大学》对于如何达到这一极致境界有一个全面叙述,现分段摘录如下:

  古之欲明明德于天下者,先治其国;欲治其国者.先齐其家;欲齐其家者,先修其身;欲修其身者,先正其心;欲正其心者.先诚其意;欲诚其意者,先致其知(指良知)。致知在格物,物格而后知至.知至而后意诚,意诚而后心正,心正而后身修,身修而后家齐,家齐而后国治,国治而后天下平。

从上引文字来看,欲达到修身、齐家、治国、平天下的极致目的,必须循序渐进,欲齐家必先修身,欲治国必先齐家,欲平天下必先治国,这是有顺序地逐步前进。其中最重要的关键是修身,也可以说是前提。故把修身放在第一位。而修身也有个过程,即欲修身必须先正心(端正思想),欲正心必先诚意(心诚无杂念)。欲诚意必先致知(恢复自己的良知,即以伦理道德为标准的是非之心),欲致知必先格物(探求事物原理,即探求伦理道德的原理)。经过正心、诚意、致知、格物等逐步提高之后,才能使自身得到完善的修养。在儒家看来,修身(也作修己)十分必要,因为不能正己,就不能正人。"其身正,不令而行,其身不正,虽令不行","不能正其身,如正人何"?(《论语·子路》)"修己以安人(指朋友、九族)","修己以安百姓(指天下众人)"。自身不修,己身不正,就不能做家族的表率,故《礼记·大学》曰:"此身不修,不可齐其家。"

齐家,就是治理家。这个家是指春秋以前存在的宗族大家庭。怎样才算治理好家?首要的问题是在家内实现"五常"即实现"父义、母慈、兄友、弟恭、子孝,五者,人之常行"。在家族连"五常"都不能实现,还怎么能治国?《礼记·大学》对这一道理讲的非常清楚,现转引如下:

> 所谓治国必先齐其家者,其家不可教,而能教人者无之。故君子不出家而成教于国。孝者所以事君也,弟者所以事长也,慈者所以使众也……一家仁,一国兴仁;一家让,一国兴让;一人贪戾,一国作乱,其机如此,此谓一言偾(败)事,一人定国……所藏乎身(指家)不恕,而能喻人者,未之有也。故治国在齐其家……宜其家人,而后可以教国人……宜兄宜弟,而后可以教国人。……其为父子兄弟足法,而后民法之也,此谓治国在齐其家。

以上引文从正反两个方面谈了治国必先齐家的道理,其中也涉及到个人素质问题。个人素质不好,就不可能齐家,不能齐家,也就不能治国。自己的家人和睦(宜其家人)了,而后可以教育国人,兄弟和睦(宜兄宜弟)了,而后可以教育国人,为父、为子、为兄、为弟都符合伦理道德,而后民众才能效法,这就说明要治理国家,必先整顿好其家。应该说这段文字对治国必先齐家的道理讲得很透彻,很有说服力,但最大的弱点是过分强调人治。

关于治国,这里的国,是指春秋以前各诸侯国,是与周天子统治的"天下"相对而言。治国是平天下的前提,要平天下,必先治理好所在之国。《礼记·大学》对如何治国也有很详细的论述:

> 所谓平天下在治其国者,上老老而民兴孝,上长长而民兴弟,上恤孤而民不倍(背),是以君子有絜矩(规范行为)之道也……道得众则得国,失众则失国,是故君子先慎乎德,有德此有人,有人此有土,有土此有财,有财此有用。德者,本也,财者,末也。外本内末,争民施夺,是故财聚则民散,财散则民聚……道善则得之,不善则失之矣……见贤而不能举,举而不能先,命(慢)也;见不善而不能退,退而不能远,过也。好人之所恶,恶人之所好,是谓拂人之性,灾必逮夫身。是故君子有大道,必忠信以得之,骄泰以失之。生财有大道,生之者众,食之者寡,为之者疾,用之者舒,则财恒足矣。仁者以财发身,不仁者以人发财,未有上好仁,而下不好义者也……此谓国不以利为利,以义为利也。长国家而务财用者。必自小人矣。彼为善之,小人之使为国家,灾害并至,虽有善者,亦无如之何矣。此谓国不以利为利,以义为利也。

以上所引是关于"治国"的资料,《礼记·大学》原文较长,为了简明我删去了近一半的文字,同时也删去几点不太重要的治国方略。从保留下来的文字可以看出,儒家的治国方略仍是以伦理道德为主,注重忠、信、仁、义,提倡尊敬长老,兴起孝悌之风,抚恤孤寡,争取民众。与齐家方略不同之处,是强调君子(统治者)要有规范人的行为之道,得众则得国,失众则失国,有人则有土地,有土地就有财富。但聚财要有道,否则财聚则民散,德为本,财为末。另外,还要注意举贤才,退恶人。举贤才就要重用,退恶人就要疏远他。不能让小人掌握国权。小人掌权则灾害并至,虽有善人也无法挽救,这些都可称得上是至理名言。但在财经政策上则是重义轻利,强调"国不能以利为利,以义为利也"。这是儒家的一贯主张,有它合理的一方面,但只顾义的虚名而不顾利,必然要影响经济发展和财政收入,这是儒家以伦理道德治国局限性的表现。

关于平天下。平天下就是天下太平。这里所谓的"天下",与现在的含义不同,不是指全世界,而是指周天子所统辖的区域。平天下,就是在周天子统辖区域内实现太平。《礼记·大学》对于平天下的含义并没有论述、说明,好像一国治理好了,天下也就太平了,实际这是不可能的,必须所有国家治理好了天下才能太平。即使如此,天下太平也该有个标准,我认为这个标准就是《礼记·礼运》中所说的"故人不独亲其亲,不独子其子,使老有所终,壮有所用,幼有所长,矜寡孤独废疾者皆有所养,男有分,女有归……是故谋闭而不兴,盗窃乱贼而不作,故外户而不闭,是谓大同"。只有进入大同社会,天下才能太平,这是中国人一直向往的人类最理想的极致境界。

四、伦理文化的发展趋势

伦理文化中的孝悌,是基于家族中自然的血统关系,忠信是由孝悌引申出来的处理社会、国家间的人际关系。伦理文化发展在早期阶段的特点是:父重于君,兄弟重于妻,宗族重于朋友。郭店竹简《六德》云:"为父绝君,而不为君绝父,为昆弟绝妻,不可以为妻绝昆弟,为宗族杀朋友,不为朋友杀宗族。"这就说明亲族血缘关系父、昆弟、宗族重于非血统关系的君、妻、朋友,这是符合伦理文化早期发展阶段实际的。直到春秋时期,君臣、父子之间的关系,也是有条件的双向关系。如鲁定公问孔子:"君使臣,臣事君,如之何?"孔子答:"君使臣以礼,臣事君以忠。"(《论语·八佾》)言外之意就是:君使臣不以礼,臣事君可以不忠。《论语·先进》说:"所谓大臣者,以道事君,不可则止。"这说明臣事君以有道、无道为条件,对无道昏君就可以不侍候。早期的伦理关系,对于君父的不义行为,必须诤谏,不能盲从。曾子问孔子:"子从父之令,可谓孝乎?"孔子答:"是何言与?是何言与!昔者,天子有争臣七人,虽无道不失其天下,诸侯有争臣五人.虽无道不失其国.大夫有争民三人,虽无道不失其家。士有争友,则身不离于令名,父有争子,则身不陷于不义。故当不义,则子不可以不争于父,臣不可以不争于君。故当不义则争之,从父之令,焉得为孝乎?"尽管孔子上述言论都是为君父着想的,但其中心思想还是主张不盲目服从君父之令,君父有不义之举,一定要诤谏,盲目服从君父的乱令,不是忠孝。这比《礼记·曲礼下》所说的"子之事亲也,三谏而不听,则号泣而随之"正确得多了,明知父亲有错,还要号泣而随之,是助纣为虐,那是愚孝。

秦统一之后,封建统一的中央集权制确立了,皇帝拥有至高无上的绝对权威,伦理道德也进一步向皇权方面倾斜。原来是"为父绝君,不为君绝父",现在变成了"不以父命废王命"(《白虎通义·五行》)。伦理道德必须服从君主的绝对权威,当忠孝不能两全的时候,必须弃孝而尽忠,这也是最大的孝。随着君权的提高,父权、夫权也随之提高,所以班固根据东汉白虎观会议写成的《白虎通义》就提出了"君为臣纲,父为子纲,夫为妻纲"的"三纲"原则,把君权、父权、夫权都绝对化了,并由此引申出"君让臣死,臣不能不死,父让子亡,子不能不亡"的荒谬伦理。到了宋代,理学家提出了"存天理,灭人欲","饿死事小,失节事大"的说教,就把伦理道德某些方面推向极端。二程把君道、臣道、父道、子道都说成是天理的体现,为存此天理,可以抹杀人的所有欲望,这就是提倡愚忠愚孝,绝对服从。在此荒谬理教的熏陶下,民族英雄岳飞也就成为理教的牺牲品。岳飞组织的岳家军抗金节节胜利,宋高宗在秦桧的唆使下,连下十二道金牌,让岳飞退兵回朝。岳飞明知退兵对抗金不利,也只能遵命回朝,结果被秦桧以"莫须有"的罪名,害死在风波亭。岳飞也是愚忠。关于"节",本有"气节","忠节","贞节"等含义。但重点落实在贞节上,于是"饿死事小,失节事大"就成为"以理杀人"的工具。

尽管在秦以后伦理道德中的"忠"、"孝"、"节"等方面逐渐走向反面,但伦理文化中的绝大多数内容,在处理人际关系,调节社会矛盾方面仍有积极作用,如孔子说的"恭、宽、信、敏、惠"。"恭则不侮,宽则得众,信则人任焉,敏则有功,惠则足以使人"(《论语·阳货》)。仁是伦理道德的最高标准,能行仁则无往而不利。子夏说:"君子敬而无失,与人恭而有礼,四海之内皆兄弟也。"(《论语·颜渊》)这说明只要以伦理道德的高尚精神待人,可以达到"四海之内皆兄弟"的友善境界。

五、余　　论

伦理文化是中国优秀传统文化,是儒家思想的核心,是形成中华民族的性格及各种风俗习惯的主要因素。伦理文化以人为本,强调个人的道德修养,以家庭为单位,强调家族内亲子、夫妇、兄弟、诸父之间关系的协调,以实现父义、母慈、兄友、弟恭、子孝等等家庭内部的和谐。家庭是社会基本细胞,家庭和谐是社会稳定的基本保证。伦理文化中有"十人义"信条,讲的是父慈、子孝、兄良、弟悌、夫义、妇听、长惠、幼顺、君仁、臣忠,这就涵盖了家庭、社会、国家主要的人际关系。历代统治者所以看重伦理文化,就是因为伦理道德对稳定家庭关系。稳定社会秩序有着重要作用。对于老百姓来说,在伦理道德规范下,可以享受到"老有所终,壮有所用,矜寡孤独废疾皆有所养"的幸福生活。以上所论都是伦理文化的积极一面.但伦理文化毕竟是封建文化.其中必然存在糟粕,其反动的一面,必须批判、剔除。

(一) 重人治轻法治

伦理文化反映在政治上的最大弱点是重视人治、礼治(也是人治),而忽视法治。儒家学派过分相信伦理道德的教化作用,说什么"其教不肃而成,其政不严而治,先王见教之化民也。是故先之以博爱.而民莫遗其亲,陈之于德义,而民兴行,先之以敬让,而民不争.导之以礼乐,而民和睦,示以好恶,而民知禁"(《孝经·三才章》)。这就把伦理道德万能化了,甚至认为礼治比法治效果更好。"道之以政,齐之以刑,民免而无耻,道之以德,齐之以礼,有耻且格"(《论语·为政》)。这是说用刑罚来制裁人,民不敢犯罪但不知耻辱,用德礼来教化人,民可免罪而归正路。孔子还说:"克己复礼为仁,一日克己复礼,天下归仁焉。"(《论语·颜渊》)认为只要克制自己,按照礼的规范办事,天下就可以归"仁"了。礼固然对人的社会活动有约束力,但它只能约束"君子",而不能约束"小人"。故礼治代替不了法治。礼治说到底还是人治,儒家推崇"贤人政治",说什么"一人定国","其人存则政举,其人亡则政息"(《礼记·中庸》)。"为政在人","有治人无治法"(《荀子·君道》)。主张"德主刑辅"(《春秋繁露·天辨在人》)。事实上只要是人治就有它的不固定性,贤人当政可以按礼治办事,恶人当政就要胡作非为,故治理好国家必须靠法治,只有有了健全完备的法律制度,有法必依,依法办事,才能把国家治理得井井有条。当然这样说也并不排除伦理道德的某些特殊作用,如在处理家庭及社会某些人际关系时,伦理道德会起到法律所起不到的作用,因此我想如果是"法主德辅",可能是治理国家的最好途径。

(二) 愚忠愚孝

前已讲过孝和忠在伦理文化中的地位非常重要,孝是中国人的美德,忠,如果理解为忠于国家,忠于民族,忠于朋友,忠于事业,那么直到现在也应该提倡,我们反对的是愚忠愚孝,无条件的绝对服从。在中国古代君和国几乎是个等号,忠国必忠君,这是中国古人难以跳出的误区,所以像岳飞那样的民族英雄也难免沦为愚忠的牺牲品。对于孝同样是有条件的,是父义、母慈、子孝的双向关系,不能明知父有错,也要哭泣而随之,更不能父让子亡,子必须亡,子女也有独立人格,不是父母附属品,因此必须排除愚孝。亲子关系是双向的,有了"幼有所长",才能"老有所终",享受家庭的天伦之乐。

(三) 歧视妇女

伦理文化的最大瑕疵就是对妇女的歧视和压迫。从"三纲"中的"夫为妻纲",到"三从"中的"未嫁从父,既嫁从夫,夫死从子"再到"四德"中的"妇德"、"妇言"、"妇容"、"妇功",都是要求妇女服从男权,并合乎男人所要求的妇女品德、言辞、容貌和女工。男人可以有三妻四妾.妇女必须"从一而终",否则就认为失节,特别是自宋儒提出"饿死事小,失节事大"的说教后,毒害非常大,使广大妇女成为封建礼教的牺牲品。时至今日,以上种种歧视妇女的教条当然已不起作用,但其潜在的影响仍不可忽视,如社会上存在的重男轻女,家庭中的大男子主义,都有待于进一步肃清。

(四) 重义轻利

伦理文化反映在经济领域和社会生活福利方面的弱点就是重义轻利。《论语·里仁》说:"君子喻于义,小人喻于利"。这顶帽子一扣,儒家信徒就更不敢言利了.因为言利者,就是小人。战国时的孟子,是儒家的正统派,同样是言义不言利,梁惠王问孟子,"叟不远千里而来,亦将有以利吾国乎?孟子对曰:王何必曰利,亦有仁义而已矣"(《孟子·梁惠王上》)。梁惠王问的是有道理的,作为一国之王当然要关心国家利益,孟子避开利而以仁义相搪塞,而且说得理直气壮,实际不解决问题。南宋学者叶适批得好:"既无功利,则道义者乃无用之虚语耳。"(《习学记言序目》卷二三)到了汉代,儒家正统传人董仲舒同样是言义不言利。他有句名言是"正其谊(义)不谋其利,明其道不计其功"(《汉书·董仲舒传》)。这就是只管宣扬道义,不计较功利。到了宋代理学家提出了"存天理,灭人欲"的说教,把重义轻利的思想更发挥到了极致。所谓"天理",包含了伦理道德所有内容.在这一点上与"义"有相同的含义;所谓"人欲",就是人的欲望需求。为存天理(义),就要灭掉人的欲望需求(利),就不许人民有任何福利要求。当然在中国学术界也有重功利的学派,如墨家学派、法家学派都有很多功利主义言论,到明代李贽在《藏书》、《焚书》多次揭露"存天理,灭人欲"的虚伪性,但都抵不过在封建时代的主流思想儒学。重义轻利思想一直流行,严重阻碍了中国封建经济的发展,阻碍了中国福利事业的发展。

儒家有一句话是对的,即"见利思义"。人绝对不能见利忘义,但也不能重义轻利,更不能重义忘利,而应该是义利并重,这才符合国家、人民的总体形象和实际利益。

伦理文化是中国优秀传统文化,但它也有糟粕,只有剔除糟粕,才能使伦理文化发扬光大,才能对社会主义物质文明建设、精神文明建设发挥特有的作用,并对世界文明作出应有贡献。

全面建成小康社会要立足于实干

从历史角度讲,中国人自古就有两个梦想:一是实现世界大同;二是进入小康社会。古人把这两个梦想搞颠倒了,认为先有大同,后才出现小康,这是历史倒退论。我看来,是先进入小康社会,然后才能达到大同世界,这才符合历史进化的发展规律。

古人认为的小康社会是"天下为家,各亲其亲,各子其子。货力为己……礼义以为纪,以正君臣,以笃父子。以睦兄弟,以和夫妇。以设制度。以立田里。以贤勇知,以功为己"(《礼记·礼运》)。这样的小康社会,就是要上下和谐,家庭和睦,要以礼仪为纲纪,建立合理制度。划分田里,尊重贤人和勇士,这些都是可取的、可以继承的。但它主张"货力为己"、"以功为己",却是自私的、必须扬弃的。我们要全面建成的小康社会,是"坚持走共同富裕道路"、"立党为公"、"执政为民",不是一切都为"己"着想。

党的十八大提出到2020年实现全面建成小康社会的宏伟目标,实现城乡居民人均收入比2010年翻一番的指标。这是一个令人振奋的蓝图。要实现这一宏伟蓝图,我们党必须团结全国人民办好两件大事:一是要干,二是要破。

所谓干,就是脚踏实地,不说空话、废话。空谈误国,在中国历史上是有典型教训的。西晋时,有个著名的空谈家名叫王衍。他"妙善玄言,唯谈《老》《庄》以为事……义理有所不安,随即更改,世号'口中雌黄'",被当时人捧为"一世龙门"。后来他当上宰相,却"不以经国为念"。羯族石勒进攻西晋,他被推为元帅,被打败后,石勒找他谈话。他对石勒说"少不豫事",欲求自免。石勒斥责他说:"君名盖四海,身居重任。少壮登朝,至于白首,何得言不豫世事邪?破坏天下,正是君罪。"遂被石勒处死。临死前他对部下说:"吾曹虽不如古人。向若不祖尚浮虚(空谈),勠力以匡天下,犹可不至今日。"人之将死,其言也善,可惜他明白得太晚了,使西晋葬送在一群空谈家之手,这是多么沉痛的历史教训!

我们要实现全面建成小康社会的宏伟目标,绝对不能只说空话不办实事。我们必须调动全国人民的积极性、主动性、创造性、在科学发展观的指导下,坚定不移地走中国特色社会主义道路。强调以人为本,在实践中创新,更要强调人与自然的和谐,推动经济建设全面协调、可持续发展,还要着力改善民生。不断扩大民主。提高人民的文化水平、文明素质,我们就会把美好的梦想变为现实。

所谓破。即坚决破除一切妨碍科学发展的观念、机制和体制的弊端。当前首先要破除贪腐和浪费的弊端。

总结历史的经验和教训,历代政权无不兴于清廉,亡于贪腐。西汉的"文景之治"。东汉的"明章之治",唐前期的"贞观之治",唐中期的"开元之治",都是政清民和,成为汉唐盛世的标志。而历朝的灭亡,都是官腐吏贪使民不聊生。历代贪腐的出现.好像也有规律可循,大概都是在新王朝建立六七十年之后,有了一些积蓄,贪腐就初现端倪,而且愈演愈烈。党中央早已经看到贪腐的危险性而建立了惩治、防范、保障等机制,且日趋完善。习近平总书记多次谈论反腐问题,提出要"把权力关进制度的笼子里","苍蝇、老虎一起打"。使大小贪官无处容身。党中央还提出"有案必查,有贪必惩",要经常抓。长期抓,保障人民所创造的财富不被蠹虫所侵蚀。党中央如此重视反贪、反腐、反浪费,脚踏实地地进行社会主义建设,全面的小康社会就一定会成为现实。

对优先选择文化传承问题的探讨

河南地处中原,历史悠久,文化积淀丰厚,有四大古都,有三大世界文化遗产,是儒、道、佛三教的发源地,人才济济,誉满神州。张放涛等先生主编的《中华圣人》巨著,共收录各种圣人42位,其中河南籍圣人有22人,还不包括与河南有关系的儒圣孔子、易圣周公、武圣关羽,所以河南可以传承中华优秀文化遗产非常多。

文化有广义与狭义之分。广义的文化,是指人类在历史实践过程中,所创造的物质文化和精神文化的总合;狭义的文化,是指社会意识形态,即专指精神文化(含思想、道德、教育、科学等)。笔者认为有些文化传承、创新问题是比较易于理解的,随时随地可以传承、创新,如汴绣、钧瓷、唐三彩等工艺品,能学到其旧的技艺,又有所改进,并扩展新品种,就是既传承又创新了。又如书法、绘画,不论是学哪家、哪派的技法,都是一种传承,如果在传承中能够演化出自己的特色,就是创新。但对意识形态领域的传承和创新,自古就难于理解和分辨,如晋时王戎问阮瞻:"圣人贵名教,老、庄明自然,其旨同异?"阮瞻答曰:"将无同。"(《晋书·阮瞻传》)这个答复非常玄妙,你可以理解为"莫不是相同",也可以理解为"没有什么相同"。阮瞻为什么要作模棱两可的回答,就是因为对孔子与老子的传承关系难以分辨。我们现在研究文化传承与创新的问题,不仅会遇到以上类似问题,而且还由于可传承的文化内容太多,还有一个轻重缓急与去粗取精的问题,同时我们还必须明确,对于精神文化的传承,不能有地域的局限,凡是有益于河南社会发展的中华优秀文化都应该继承,因此就有必要探讨一下如何优先选择文化传承问题。笔者设想了几项优先选择原则,以就教于方家。

一、符合时代要求的原则

由于可传承的优秀文化内容丰富多样,就应该考虑孰先孰后的问题,笔者认为符合时代要求的传统优秀文化就应当放在首位。

中国人自古就有两个梦想,即大同社会与小康社会。这两个梦想都记载在《礼记·礼运篇》中,先录大同社会原文如下:

大道之行也,天下为公,选贤与能,讲信修睦。故人不独亲其亲,不独子其子,使老有所终,壮有所用,幼有所长,矜寡孤独废疾者,皆有所养,男有分,女有归,货恶其弃于地也,不必藏于己,力恶其不出于身也,不必为己,是故谋闭而不兴,盗窃乱贼而不作,故外户而不闭,是谓大同。

以上所引述的大同社会,是孔子所幻想的"三皇五帝"(原始社会)时代的理想图景,其实"三皇五帝"(原始社会)时期,虽然没有阶级,没有剥削和压迫,共同劳动,平均分配,但由于生产力极端低下,生产、生活极其艰苦,养老育幼,相当困难。孔老夫子不了解原始社会的真实情况,而美化为大同社会,误导了后世人民,为后世人民所憧憬,特别对后世的改革家、革命家的影响特别大,如清朝的洪秀全、康有为、谭嗣同、孙中山都提出过大同理想,但都没实现。共产党人对大同理想有新的理解,认为那是指将来科学、文化高度发展的共产主义社会,虽然那是最美好、最理想的社会,但离我们要实现的奋斗目标太远,暂时还提不上日程,现在我们所要实现的是小康社会。关于小康社会,《礼记·礼运篇》有如下的记载:

今大道既隐,天下为家。各亲其亲,各子其子,货力为己。大人世及以为礼,城郭沟池以为固。礼义以为纪,以正君臣,以笃父子,以睦兄弟,以和夫妇,以设制度,以立田里,以贤勇知,以功为己。故谋用是作,而兵由此起。禹、汤、文、武、成王、周公,由此其选也,此六君子者,未有不谨于礼者也,以著其义,以考其信。著有过,刑仁讲让,示民有常,如有不由此者,在势者去,众以为殃,是谓小康。

以上所引述的,就是在"三皇五帝"之后,夏、商、周三代时期的社会情况。当时大道既隐,天下由公变私,人的一切作为,都是为了自己及其亲属的利益。国君变成了世袭,建筑城郭沟池以巩固其地位,以礼义为纲纪,以端正君臣关系,加深家庭的和睦感情,建立政治、经济制度、尊重人才,使其建功立业,由此就产生了阴谋和战争,夏禹、商汤、周文王、周武王、周成王、周公旦都是以礼义治国的英杰人物,向民众显示治国有常法,如有不遵从礼义的君主,民众就把他视为祸殃,而废除他,这就是小康社会。其实后世人民对小康的关注,并不重视《礼记·礼运篇》的全部说教,而重点关注的是,希望能够出现一个政教清明,人民能够过上富裕安康生活的社会。党中央提出的全面建设小康社会,也正是从政治、经济两方面着眼的,所以小康社会,是适合当代社会需要,而应优先选择的文化传承,全国人民应齐心协力,多方创新,以实现小康梦想而奋斗。

符合当前需要的文化传承,当然不仅只有小康梦想,如和谐文化,也当优先传承,因限于文章篇幅,就不再多述了。

二、民本原则

在中国的传统文化中,对民本文化十分重视,如汉淮南王刘安在他主编的《淮南子·主术训》中就说:"食者,民之本也;民者,国之本也;国者,君之本也。"说到底还是"民为国本"。历代当权者都认识到"民者,君之本也"(《谷梁传·桓公十四年》)。"民可近。不可下,民为邦本,本固邦宁"(《诗经·五子之歌》)。作为国君必须关心"民无所定"(《孟子·滕文公下》),"民无所居"(《诗经·魏风·十亩之间》),"民无所依"(《左传·昭公三年》)的危机情况。一旦出现上述问题,当权者必须像尧、舜、禹、汤、文、周公那样解除人民的疾苦,否则他们的地位就难保全。孟子说:"民为贵,社稷次之,君为轻,故得丘民而为天子。"(《孟子·尽心下》)并不是危言耸听,在关键的时候如果得不到人民的支持,就会把天子赶下台。所以当权者在人民疾苦时,必须做到"老吾老,以及人之老,幼吾幼,以及人之幼",才可以摆脱危机,而达到使"天下运之于掌"(《孟子·梁惠王上》)。如果能够正确认识民本思想,"以不忍(害)人之心,行不忍(伤)人之政",即施行仁政,同样可以达到治天下,如"转丸于掌上"的境地(《孟子·公孙丑下》)。徐光启在《农政全书·农本》中说:"治民之本,务在安民",也是民本思想的反映,孙中山在《上李鸿章书》中说:"国以民为主,民以食为天",也是民本思想的体现。新中国建立后,中国共产党执政,它比中国历史上任何政权都重视民本思想。党中央提出的"立党为公,执政为民",和"全心全意为人民服务",及"坚持权为民所用,情为民所系,利为民所谋",都是从民本思想出发的。我们要建设社会主义社会,其目的"是不断满足人民日益增长的物质文化需要,促进人的全面发展",这既显示了共产党对民本思想的传承,也体现了中国共产党的创新精神,只要我们继续坚持对民本文化的传承、创新,就无往而不胜。

三、保护社会生态原则

由于滥砍滥伐,滥捕滥杀,中国的社会生态环境,已遭到严重破坏,因此中国传承与创新中国古代保护社会生态环境文化原则,也应该引起足够的重视。在中国古代重视保护社会生态环境的人,大概应该首推孟子。他在《孟子·告子下》中说,在齐国国度郊外,有座牛山,草木茂盛,环境优美,后来由于人们滥砍滥伐,使牛山成为一座光秃秃的荒山,有人认为牛山原本就是不生草木的秃山,孟子认为光秃秃的荒山,并不是山的本性,是人为破坏的结果,所以孟子颇为感慨地说:"苟得其养,无物不长,苟失其养,无物不消。"可见孟子是一位主张保护生态环境的先驱。但孟子主张保护生态环境,仅提到保护草木,而汉代淮南王刘安在他主编的《淮南子·主术训》中，所提到的保护生态环境的范围，则远远超过孟子。他说："故先王之法，畋不掩群，不取麛夭，不涸泽而渔，不焚林而猎。豺未祭兽，罝罦不得布于野。獭未祭鱼，网罟不得入于水。鹰隼未挚，罗网不得张于谿谷。草木未落，斤斧不得入山林。昆虫未蛰，不得以火烧田。孕育不得杀，鷇卵不得探。鱼不长尺不得取，彘不期年不得食。是故草木之发若蒸气，禽兽之归若流泉，飞鸟之归若烟云，有所以致之也。"在以上的引文中有几处比较难懂，故略作诠释以明之，其他文词不解自明。1."不取麛夭"就是不捉鹿崽。2."豺未祭兽，罝罦不得布于野"，就是不到十月祭兽的时候，不得在野外张网捕兽。3."獭未祭鱼，网罟不得入于水"就是未到春天二月祭鱼之时，不能下水张网捕鱼。4."鹰隼未挚，罗网不得张于谿谷"。就是鹰雀不到立秋成熟之时，不能将捕鹰雀的网罗张布于山谷。5."昆虫未蛰，不得以火烧田"，就是昆虫未能入穴蛰伏时，不能放火烧田。6."孕育不得杀"就是不杀怀孕的动物。7."鷇卵不得探"就是不掏取鸟卵。总之，所谓的先王之法，就是采取种种措施，以保护昆虫，禽兽，鱼类，家畜，草木的正常生长繁殖，而且收到了"草木之发若蒸汽，禽兽之归若泉流，飞鸟之归若云烟"的效果。现在实践也证明，凡是能严格执行封山期，禁捕期，禁渔期的地方，都能看到群鸟飞翔，禽兽归山，草木茂盛、渔业兴隆的景象，但很遗憾，由于古代科学不发达，理、化知识浅薄，没有大工业生产，故古圣先贤尚无人谈及空气污染，水源污染，气候变暖等问题，但我们可以借鉴古人保护生态环境的原则，采取积极创新的手段，解决环境污染的大难题，否则地球总有一天会被人们自己毁掉。

四、批判继承原则

对中华古代文化的继承，大体可分为三种类型：一可直接继承者，如"己所不欲，勿施于人"(《论语·颜渊》)。"富贵不能淫，贫贱不能移，威武不能屈，此之谓大丈夫"(《孟子。滕文公下》)。"吾善养吾浩然之气"(《孟子。公孙丑上》)。"天行健,君子以自强不息"(《易经·乾》)这些嘉言懿行都是中华传统文化之精华,可以直接传承。二是必须扬弃的糟粕,如"唯女子与小人为难养也,近之则不逊,远之则怨"(《论语·阳货》),这是对妇女和劳动人民的歧视,不能传承。又如"虚其心,实其腹,弱其志,强其骨,常使民无知无欲,使大智者不敢为也"(《老子·三章》),这是宣传愚民政策,也不能传承。三是既有精华,也有糟粕的中华传统文化,必须批判地继承。这是本文所要研讨的重点,故想多费点笔墨。首先要探讨的是儒家伦理文化中的忠、孝问题。忠,在古今都有多种含义,如"忠实""忠厚","忠于职守","忠人之事"等等,但最主要的含义,还是伦理道德规范中的"忠君"思想。在中国古代君就代表国家,爱国必忠君,所以"忠君爱国"就成为不可分开的固定词汇。在今天看来宋代的岳飞因忠君而被害是愚忠误国,但从当时的道德标准来衡量,岳飞就是真正的忠臣,岳飞在当时如果不服从军令,就成为逆臣贼子,他就不成为"精忠报国"的岳飞了,可是在今天我们必须批判岳飞的愚忠。我们讲忠,是要忠于国家,忠于人民,忠于党,忠于社会主义事业,这才是我们传承创新的主要内容。其次再探讨孝。孝,即孝顺父母,这是天经地义的道德准则,本不应有什么争议。但古人讲孝也有过头处,就成了糟粕。如旧社会所宣传的"二十四孝",就不能全部传承。二十四孝中的第一孝子帝舜,在他父亲责罚他时,是"小锤则待过,大杖则逃走"。为什么要逃走呢?是怕他父亲用大棍把他打死了,就陷父亲于不义。曾子就因为他父亲用大棍打他时,没有逃生,而被打昏在地,而被孔子称为"不孝"《孔子家语.六本》,被父亲用大仗打死,打昏,责任不在其父,而是因为儿子没有逃跑,故陷父于不义,这太不合理了。再如郭巨埋儿那是违法的,我们讲"尊老爱幼",岂能为养老母而活埋儿子之理。还有王祥卧冰求鱼以孝后母,实际是政治作秀,一个人的体温怎么能融化坚冰?刨冰捕鱼岂不是效果更好,对于这一类的孝,我们必须予以批判。孔子在《孝经》中有一段话,笔者认为是不错的。子曰:孝子之事亲也,居则致其敬,养这致其乐,病者致其忧,丧者致其哀,祭者致其严,五者备矣,然后能事亲。

笔者认为这是比较合情合理的孝道，是可以传承的，在现在社会条件下也会有所创新的。

可以批判继承的文化，不仅限于忠、孝。他如仁、爱、信、义、和平及其他一些文化，也应予以批判继承。如"仁者爱人"，不能敌我不分，"言而有信"，不能泄露国家机密和个人隐私。"大义参天"，不能讲哥们义气。讲和平也是有条件的。涉及到核心利益问题，必须对等的让步才有和平。

还有一个事例颇有典型意义，就是《论语·颜渊》有关子贡问政的内容。从孔子第一句答曰"足食，足兵，民信之矣。"是没问题的，可以完全继承的，但是子贡往下一追问，孔子的答话就有问题了，必须予以批判了。子贡追问"必不得已而去，于斯三者何先？"孔子答曰"去兵"子贡又追问"必不得已而去，于斯二者何先？"孔子答"去食。自古皆有死，民无信不立。"孔子的两次回答都显得十分迂阔，国家没有兵，就等以拱手将国土让人，国家没有食，人民都饿死了，还和谁去讲诚信。像这样迂阔而不切实际的言论，后人是不能继承的。以上事例说明，在对中华民族传统文化方面，不论是哪位古圣先贤的言论，必须采取批判继承的慎重态度，摒弃其糟粕，吸收其精华，才有利于社会主义建设事业的发展，有利于打造河南华夏历史文明传承创新区的形成。

以上所谈如何优先选择对中华文化传承问题，是笔者所臆想的粗浅意见，因在中国可传承的优秀文化太多，不做有选择的论述，实在难以表达自己的意见，文中所提出的四项优先选择原则，实属以偏概全的老生常谈，而且所提的四项原则，是互相贯通，并非一成不变的，甲项原则转入乙项原则也同样说得通，所以要各立专项，只是为了从某个角度说明问题，其不周延之处是显而易见的，敬请专家、读者予以指正。

谈河洛文化

河洛文化和齐鲁文化、秦晋文化一样,是属于区域文化。所谓河洛文化区域,即以洛阳、巩义为中心,西至潼关,东至开封,南至汝颍,北越过黄河至太行山,这是河洛的核心区,在这个核心区产生的文化就叫河洛文化。实际上河洛文化不仅限于河洛核心区范围内,在这个核心区域之外,受河洛文化直接影响的河南南部、北部、东部、西部,还有一个河洛文化圈,它东与齐鲁相接,西与秦晋相临,南接荆楚,北临燕赵,它既向四周传播河洛文化,又从四方吸收齐鲁、秦晋、荆楚、燕赵文化的精华。这就是河洛文化与其他区域文化相比,共性多于个性的基本原因就在于此。

河洛文化的内涵博大精深,包罗万象,诸如源于河南渑池以精美彩陶为特征的仰韶文化,流传于河南各地。以薄壳黑陶为特征的河南龙山文化,神秘莫测的河图洛书,三代的史官文化,周公制礼作乐的礼乐文化,以孝为核心的伦理文化,最早产生于洛阳的道学、佛学、汉代经学、魏晋玄学、宋明理学,汉字的鼻祖甲骨文,根于河洛的姓氏文化,以及最早发明于河洛地区的科学技术、音乐、美术等等,都属于河洛文化。河洛文化是中华民族的核心文化,是祖型文化。它不仅影响于中国境内,也广泛传播于世界各地,所以世界各地的华人、华裔,要寻文化的根、姓氏的根,大都要到河南来,因为他们的根在河洛。

广义的河洛文化,基本上与狭义的中原文化相复合,如果把河洛文化从中原文化中抽出来,那么,中原文化也就没有什么实际意义了。

现在河南人对河洛文化的研究，主要集中在郑州、开封、洛阳三地，都成立有河洛文化、姓氏文化研究机构和学术团体。其中，以洛阳开展得最早，洛阳历史文物考古研究所和洛阳市历史学会主办的《河洛春秋》是研究河洛文化的重要基地。洛阳市地方史志编委会对河洛文化研究情有独钟，他们早在上个世纪的80年代就开始了对河洛文化的研究，并在《文史知识》上发表了"河洛文化研究专号"，产生了广泛的影响。他们还编辑出版了《洛阳——丝绸之路的起点》一书，确立了自东汉开始丝绸之路起点由西安移至洛阳的学说，提高了洛阳的知名度，扩大了河洛文化的影响。

洛阳史志办编写18本一套的《洛阳市志》，是宣传、弘扬河洛文化的百科全书，其中以《白马寺志》、《龙门石窟志》、《牡丹志》、《建置沿革志》最为精彩。实际上都是宣传河洛文化的著作，除开封、郑州、洛阳外，有些市县对河洛文化，特别是姓氏文化研究也很有成绩，如荥阳对荥阳郑氏研究，林州市对林氏的研究，商丘对商、商氏、商人的研究，濮阳市对张氏祖根研究、帝舜故里确定等，均取得了可喜的成绩。最近在濮阳市举办的一次帝舜故里揭碑仪式，世界帝舜后裔联谊会陈守仁主席率领联谊会常务理事参加了揭碑仪式，说明帝舜故里在濮阳已被世界帝舜后裔联谊会所认可，并在2006年在濮阳市召开第二届世界帝舜后裔联谊会。濮阳市还对张氏祖根在濮阳也进行了深入的研究，其成果也被世界张氏宗亲联谊会所承认，在2005年在濮阳召开世界张氏宗亲联谊会。据研究，帝舜后裔有100多个姓，仅陈、袁、王三大姓在世界就有两亿人口。而张氏一姓就有近一亿人口。这么多的人承认祖根在濮阳，对濮阳产生的影响是可想而知的。前年10月在郑州召开了"河洛文化与台湾"的学术研讨会，海外华人有几十人参加，从多方位、多角度论证了台湾人根在河洛的命题，有几位台湾学者在会上发言批判"台独"，那种血浓于水的同胞感情，令人感动。总之，对河洛文化研究，对姓氏文化研究，增强了中华民族的凝聚力，有力地促进了祖国统一大业的发展。

对河洛文化研究，或举办姓氏寻根、文化寻根活动必须有科学的态度,实事求是的精神,不能强拉名人,提出错误的口号。如荥阳对郑氏文化研究是很有成绩的,但他们提出一个"天下郑氏出荥阳"的口号,就遭到郑姓族人的反对,其实,荥阳郑氏虽然是郑姓中最大的一支郡望,但荥阳不是郑氏祖根。周宣王封其少弟于郑(陕西华县东)即是郑桓公。周末天下大乱,郑桓公在虢郐间要了十个邑,成为立脚点,后将国都迁至新郑(据说都城所在地现已划归新密市),公元前375年为韩所灭,公子鲁率部分郑国人迁至陈宋之间,遂以国为姓,怎么能说"天下郑氏出荥阳"呢?又,荥阳郑氏,其县籍在开封,这有史传、碑铭可证。但荥阳有关方面,在引用历史郑氏名人传记、碑铭墓志材料时,一律把开封二字抹掉,这就不实事求是。还有现在各地举办的某些文化会议上,较普遍的一个口号:"文化搭台,经济唱戏"(不见中央有此说法),就明明告诉到会的人,我们用文化的名义把你请来,是让你们来唱经济戏,即捐献、投资。我认为这个提法很不好,甚至有反作用。海外华人、华裔热爱祖国,热爱家乡,投资、捐献,建设一些福利事业,都出自内心,你不提经济唱戏,说不定会唱得更好。我认为,我们什么时候能提出"经济搭台,文化唱戏"就好了。有了雄厚的经济基础,那文化的戏就会唱得更好。我们不要急功近利,要把眼光放远一点。我们举办文化寻根、姓氏寻根活动,而收到增强中华民族凝聚力、促进祖国统一的效果,比在经济上获得某些效益会更好一些。

河洛文化的性质及研究的意义

这是一个"老生常谈"的问题,但笔者认为这是一个应该常谈、常宣传的问题,否则,河洛文化的性质及其研究意义就会被忽略,甚至会走样变形,使河洛文化失去原有的光彩。

关于河洛文化的性质,从不同的角度可以有不同的认识.提出不同的说法。有人认为,河洛文化是研究《河图》、《洛书》的学问。不错.过去是把研究《河图》、《洛书》称为"河洛学",但它不是现在我们所说的河洛文化.而只是河洛文化中的一部分。

从地域角度讲,河洛文化应属于区域文化。它是以洛阳、巩义为中心,西抵潼关,东至开封,南达汝颍,北越黄河,直到太行山,在这一地区范围内,统称河洛地域。凡在河洛区域内古今人所创造的文化,统称之为河洛文化。它与齐鲁文化、秦晋文化、荆楚文化、燕赵文化以及吴越文化、巴蜀文化等都属于区域文化。各区域文化由于历史、地理等因素的不同,就形成了各具特色的不同文化,而区域文化互相吸引,相互影响,又形成了共同一体化的中华文化。所以,各个区域文化的总和,就是中华民族的民族文化。

从河洛文化的角度讲,河洛文化又可称为核心文化。笔者认为,河洛文化就是狭义的中原文化(广义的中原包括黄河中下游地区)。河洛区域加上其外围的河洛文化圈,就涵盖了全部河南省,也就是现在人们所称的中原。如果中原文化抽出了河洛文化,所剩内容也就不多了,所以说河洛文化是中原文化的核心,而中原文化又是中华民族文化的核心.因此,河洛文化就成为中国的传统核心文化。有人说河洛义化是源头文化,这样定性并不完全准确,因为河洛文化中并不全是中国文化的源头,如陶文化、稻文化就不是源于河洛,就是姓氏,虽然多数源于河洛,但也不是所有的姓氏都源于河洛。从整体来讲,说河洛文化是中华民族文化的核心,是不错的。

河洛文化博大精深,包罗万象、它应包括原始社会的裴李岗文化、仰韶文化、河南龙山文化,以及代表河洛人智慧的《河图》、《洛书》;应包括夏商周三代的史官文化,集夏商周文化大成的周公制礼作乐的礼乐文化、青铜文化、冶炼文化;应包括综合儒、道、法、农、阴阳五行各家学说而形成的汉代经学、魏晋玄学、宋明理学,以及与儒、道思想互相融合的佛教文化;还应包括各种科学发明创造。总之,可以这样说,凡是河洛地区人民所创造的精神文明、物质文明,都可以称之为河洛文化。

河洛文化的显著特点之一,就是它既有扩散性又有包容性。就是河洛文化既不断向四周传播、扩散,又能不断吸收、容纳四周的文化精华,使河洛文化能长期保持其先进性。有人说河洛文化与其他区域文化相比,共性多于特性,这是由于河洛文化具有扩散性、包容性所形成的结果。

关于研究河洛文化的意义,由于对河洛文化有宏观研究与微观研究的区分,故谈意义也应从宏观和微观两种角度来说明。所谓宏观,就是对河洛文化作整体、纵横大的方面研究;所谓微观研究,就是对河洛文化作个体、单项研究。因为对河洛文化作微观、具体的研究,项目多、类别广,各有不同的意义,很难用简单的语言、文字予以概括,故这里所谈的是研究河洛文化的宏观意义。

关于研究河洛文化的宏观意义,笔者认为主要有两点:

其一,弘扬中华民族文化的优秀传统。河洛地区,物华天宝,地灵人杰。所谓地灵,是说中国古代在北宋以前,河洛区域一直是全国的政治、经济、文化中心,在很多方面都处于领先地位。人所共知,现在中国有八大古都,中原独具其四,即九朝古都洛阳、八朝古都开封、殷商古都郑州、安阳。从夏朝到北宋，中原是中国的心脏，所谓"地灵"，则是名不虚传。

由于河洛区域长期是历代国都所在地，故有条件培育出众多的政治家、军事家、经济家、文学家、史学家等精英人才。张放涛等主编的四卷本巨著《中华圣人》，共收录中国各种圣人41名，其中河南占19人，如帝圣黄帝，酒圣杜康，厨圣伊尹，谋圣鬼谷子，道圣老子、庄子，商圣范蠡，墨圣墨子，法圣韩非子，科圣张衡，医圣张仲景，武圣岳飞，僧圣玄奘，画圣吴道子，诗圣杜甫，文圣韩愈，字圣仓颉、许慎，律圣朱载堉。对这些"圣人"定性是否准确姑且不论，但他们有的是某一学派的创始人，有的是某一专业领域的有特殊贡献者，是他们和其他精英共同创造了河洛区域高度发展的精神文明、物质文明。河洛人在原始社会就创造了精美的彩陶文化、黑陶文化，但在那时的中原文化并不比南方的河姆渡文化、良渚文化，北方的红山文化进步，然而在夏朝国家建立之后，充分显示出国家机器的优越性，中原地区的政治、经济、文化都有突飞猛进的发展，而其他地区的原始文化，则出现了中断或停滞状态。中原的青铜文化有了高度的发展。殷商的司母戊大鼎重875公斤，形制雄伟，为世界同时代所仅见。春秋时期，郑国造莲鹤方壶，无论从造型艺术、铸造技术讲，都可称为古青铜文化的极品。青铜文化的发展，也促使冶铸技术的进步。新郑出土的战国时期两孔浇铸的叠铸范，到东汉时期，就发展为单孔浇铸。一个叠铸范一次可以生产很多部件。还有球墨铸铁，在河南巩县铁生沟出土的铁镢，经化验有良好的球状石墨，与现行球铸铁的国家标准一类A石墨相当，把球墨铸铁技术的历史提前一千多年。另外，作为文明时代标志之一的文字，也产生在中原。殷墟甲骨文是我国发现最早的文字。有了文字，技术的传授，文化的传播就方便多了。仅此，其他文化区域也是无法比拟的。还有，中原也是儒、道、佛思想发展汇集之地。一般都说儒学发源于山东、创始人是孔子。但孔子的原籍在河南商丘，受殷文化培育，且继承周公制礼作乐的礼乐文化传统，可以说孔子是集商周文化之大成而创立了儒家文化。但儒学在春秋、战国仍属于区域文化，即齐鲁文化。儒学的发展和成为全国文化是在两汉时期。西汉武帝接受董仲舒的建议"罢黜百家,独尊儒术",儒学才"立为一尊",成为全国的统治思想,以家庭为基础,以忠孝为核心的伦理文化才成为中华民族所共同尊奉的主要思想。东汉的今古文经学之争与合流,促进了儒学大发展。到了宋代,由于儒学吸收了佛、道某些思想因素,儒学发展又达到新的高峰。洛学创始人程颢、程颐建立了以"理"、"气"为基本范畴的哲学本体论,故儒学又称为"理学"。二程讲"格物致知",这使儒家认识论达到新的高度。二程讲"物极必反",具有辩证法因素。二程把"三纲五常"等道德规范也列入天理,并与人欲对立起来,为中国中央集权政府服务,但"气节"和仁、义、礼、智、信,如排除其封建糟粕,还是人们所应遵循的道德规范。

道学和道教是中国土生土长的学派和宗教。道家的二祖李耳(老子)和庄周的故里都在河南,前者在鹿邑,后者在民权。佛教和佛学是"舶来品",但最早落户在洛阳。洛阳白马寺,号称是中国的佛教祖庭,具有世界性的广泛影响。儒、道、佛三教在中国历史上有过长期的斗争,而在斗争中又有互相融合的趋势。三教的斗争与融合推动了中国学术思想大发展。

其二,增强中华民族凝聚力,有利于巩固和完成祖国统一大业。河洛文化是河洛人创造的,也是由河洛人向外传播的。随着中国历史上的政局变动,曾出现过多次人口大迁移。如西晋的永嘉之乱,唐初陈政、陈元光父子入闽平抚"蛮獠啸乱",唐中期的安史之乱,唐末王潮、王审知率起义军入闽,北宋灭亡,宋元之战,等等,都有北方人口大量南徙。其他小股移民更是不计其数。在北方南移人口中,河洛居民占绝对多数。他们先迁至江浙,也有迁至闽粤,然后扩展到港澳台,乃至东亚及世界其他各地。现在可以这样说,凡有人的地方就有中国人,有中国人的地方就有河洛人、客家人。随着河洛人的迁徙,就把先进的河洛文化传播到各地。他们吃苦耐劳,热爱祖国。我们研究河洛文化,就会引起历代外迁河洛人、客家人的故国之思,使他们感到自己为中华民族之一员而自豪。现在海外华人、华裔兴起的寻根热潮,正反映了他们对祖国的眷念。他们的文化寻根、姓氏寻根,寻来寻去,都寻到了中原,寻到了河洛。所以我们研究河洛文化意义之一,就是为海外华人、华侨、华裔寻根提供条件和服务,就会团结世界华人增加亲情,增加凝聚力,这对巩固和完成祖国的统一大业是非常有利的。

商·商丘·商人

商,最早是族名。商族的始祖名契,在帝舜时期曾任司徒,弘扬五教,即弘扬父义、母慈、兄友、弟恭、子孝五种伦理道德,政绩显著,百姓亲和,因功"封于商"。此后商族势力逐渐壮大,经过十四世,到汤(大乙、天乙、唐)时,终于灭夏而建立商朝,于是商又成为国名,盘庚迁殷后,又称为殷或殷商。商是夏、商、周三代中的第二个国家,其势力范围在南方达到江西、湖南、北到河北、辽东,东至大海,西到甘肃中部,这不仅超过夏代,就是在当时的世界,也是屈指可数的大国。

商丘是商族早期活动中心。据史书记载,商族自始祖契至汤十四世共有八次迁徙,其活动范围大体在山西、河南、河北、山东等地,其中昭明、相土、上甲微、汤四王都居商丘。商汤伐夏,其出发地北亳就在商丘县北,当时商汤的政治中心商亳则在商丘县东南,都属于大商丘范围。商汤灭夏之后,尽管在西亳已建立新都,但仍把主力军撤回到北亳,说明汤仍把商丘作为他的根据地,商丘的重要地位并没有改变。周灭商后,封商贵族微子于商丘,建立宋国,商丘仍是周分封下的东方大国国都,直到现在商丘仍是豫东重镇,著名的文化古都,闪耀着历史的光辉。

商人本是商族人、商国人的简称,但由于商族人在历史上从事商业活动,有些学者推测后世对从事贸易活动的人称为商人,就是由于商族人擅长于经商的缘故。商人于是就成为"通财鬻货","贸迁有无"者的代称。

提起经商的人,都会想到"连车骑,与诸侯分庭抗礼"的端木赐(即孔子弟子子贡),和"三致千金"的陶朱公(即越国大夫范蠡),他们被尊为"商圣",商人贴对联,都写"陶朱事业,端木生涯",以示对商圣的崇拜,也幻想能像范蠡,子贡那样发家致富。但范蠡、子贡是春秋时期人,他们虽然经商有方,发了大财,享誉商界,然而他们并不是最早从事商业活动的人。

提到商业活动,在黄帝时代就有"日中为市"的传说,帝尧时舜曾"贩于顿丘",都属于商业活动,但黄帝时的"日中为市"和尧时舜"贩于顿丘",都不是职业商人,而是农民和手工业者把自己生产的产品拿到市场去物物交换,并不是专靠经商而谋生的人。在中国历史上知道名字的商人就出在商族,他就是商的第七代先祖殷王子亥。关于亥因经商而被杀,并引起一场战争的事,《楚辞·天问》《竹书纪年》《山海经·大荒东经》《易经·旅·上九爻辞》都有记载,兹摘录于下:

该(亥)秉季德,厥父是臧,胡终弊(毙)于有扈(易),牧夫牛羊?(《天问》)

殷王子亥,宾于有易而淫焉。有易之君绵臣杀而放之,是故殷主甲微假师于河伯以伐有易,灭之,遂杀其君绵臣也。(《竹书纪年》)

旅人先笑后号咷,丧羊于易,凶。(《易经·旅·上九爻辞》

王亥托于有易,河伯朴牛,有易杀王。

亥,取朴牛。(《山海经·大荒东经》。

以上四条资料虽有详略的不同,但都是说殷王子亥赶着朴牛去有易部落购买牛羊,因与有易部落酋长绵臣夫人有染,而被绵臣杀死,并夺取了王亥的朴牛。以后殷商八世祖上甲微借用河伯部落的军事力量攻灭有易,杀其君绵臣,商族的势力已发展到河北北部。

《尚书·酒诰》说:殷人"肇牵车牛远服贾,用孝厥养父母"。说明殷人有赶着牛车去远方经商以孝养父母的传统,而这一远出经商的传统,是与其七世祖亥赶着朴牛去有易部落购买牛羊是一脉相承的,因此说亥是商贾的鼻祖也不为过。

亥是商王,怎么又会经商呢?这必须对远古时代的所谓"王"有个正确认识。远古时代的王,实际是部落酋长,是名副其实的公仆,既没有税收,也没有俸禄,所以在担任"王"的同时,还要有一种职业养家糊口,亥去经商原因就在于此。

商族人在汤建国以前就有经商的经验,建国之后,随着农业、畜牧业、手工业的发展,商业也出现了前所未有的发展势头。其商业发展的标志,除了商品种类繁多之外,最主要的是出现了货币。货币是充当一切商品等价物的特殊商品,是价值的一般代表,可以购买任何商品,这比以物易物的交换活动方便多了,对商业发展起到了无可代替的促进作用。

商代的货币是贝。贝产自沿海地区,为难得之物,故可以成为货币。商代的货币,除了用真币之外,还有骨贝、玉贝和铸造的铜贝。铜贝的出现,说明商代已经有了金属铸造的货币,在货币发展上具有划时代意义。贝在流通时单个以枚计算,五枚为一串,两串为一朋。贝既成为货币,自然也就成为财富多少的标志。在殷商的墓葬中,经常发现有大量的币,如在山东益都苏阜屯一号大墓有殉贝 4000 多枚,殷虚的妇好墓有贝 6000 多枚,这在当时无疑是一笔惊人的财富。在商代,臣下接受商王三百枚贝的赏赐,往往要铸造青铜礼器以为铭记,足以说明作为货币的贝在社会生活中的重要性。

以上简单介绍了"商"、"商丘"、"商人"的相互关系及其演变概况,说明中国最早的商业活动,与以商丘为基地的商族人有着渊源关系,这对现代的商丘人来说,也是一种很珍贵的历史财富。商丘现在处于南北东西交通线的十字路口,对于商业、运输业的发展有着广阔前途,应该借鉴商族先人经商致富的宝贵经验,为振兴商丘社会主义市场经济服务。

回忆与展望

——为《史学月刊》六十华诞而作

我是1954年到河南大学(时称河南师范学院)历史系工作的。工作后就与《史学月刊》结下了不解之缘。我曾担任过《史学月刊》的编辑、编委,直到现在仍是《史学月刊》的顾问。今年是《史学月刊》创刊60年华诞,仅以此短文向《史学月刊》表示祝贺。

《史学月刊》的前身叫《新史学通讯》,是由河南大学老校长、著名历史学家嵇文甫教授倡议,于1951年元月创办的。它是新中国建立后最早创办的史学刊物之一,由当时的河南大学史地系主任、著名中国现代史专家黄元起教授任主编。

《新史学通讯》是在新中国诞生仅15个月的历史环境下创办的,在当时它是负有特殊历史使命的新型史学刊物。新中国建立之初,在中小学担任历史课的教师和一般历史工作者,对于马克思主义、历史唯物主义非常陌生,怎样通过历史科学对学生和群众进行历史唯物主义教育,历史发展规律教育,爱国主义教育,热爱人民、热爱劳动的教育,几乎是摸不着门径的。所以《新史学通讯》的办刊宗旨非常明确,就是宣传马克思主义新史学观点,"为人民服务,为各级历史教学服务,特别是为中小学教师服务",解决他们在历史教学和研究中遇到的疑难问题。

《新史学通讯》的装潢设计非常简朴,用现在的眼光来看,真是寒酸到不能再寒酸的地步。它没有封面和封底,只在刊物的第一页的上半部,印有由著名甲骨文学家朱芳圃先生所题写的"新史学通讯"五字刊头(1955年换上郭沫若先生书写的刊头)。刊头下边印有主编姓名及出版时间和期数,接下来就是正文。目录不在正文前,也不在正文后,而是见缝插针,哪页有半截空白,就把目录印在那一页上。所以有人开玩笑地说:"《新史学通讯》只有看完全部文章,才能找到目录。"《新史学通讯》也没有明确的栏目划分,主要是发表史学工作者学习马克思主义的心得体会与思想改造的收获,中国历史教材分析和教学经验介绍等类文章,也发表一些短小的史学论文,考古发掘简报及问题解答等。

《新史学通讯》没有编辑部,也没有专职编辑,所有河南大学历史系教师全部是兼职编辑,只抽一位同志负责来稿登记、退稿登记及联系印刷、发行等事务。对寄来的稿件和所提问题,先分送给各位教研室主任,再由教研室主任指定本教研室教师审稿和解答问题。当时全国各地中小学教师提出的问题相当多。除对具有普遍参考价值的问题要写成短文公开发表做答外,对个别问题还要用书信形式予以答复。来稿的作者多数是青年人,有的写作基础较差,主编要求,凡是基本可用的稿子,编辑要帮助修改后予以发表,对于不能刊用的稿子,编辑也要提出鼓励性意见后再退稿。记得我当时经手的一篇文章,原稿基础很差,提出鼓励性意见后就退稿了。作者看到我的鼓励性意见对他的文章有所肯定,经过修改后又寄来了,我一看还是不能用,就又写出鼓励性意见,把稿子又退回去,就这样反复6次,我被作者的执着精神所感动,他的文章也由于逐步提高终于发表了。以上情况说明,《新史学通讯》兼职编辑的工作量是很大的,但却没有任何报酬。有的同志回忆说,有时主编给编辑买一盒烟吸吸,称为"一支烟精神"。由于我从来不吸烟,对"一支烟精神"印象不深,只记得在每年春节前,主编要请所有编辑(实际是全系教师和工作人员)到"第一楼"或"又一新"会餐一次,就算是对兼职编辑一年工作的酬劳,而大家都觉得这是一种额外的享受,很满意,也可以说是其乐融融,干起工作来很起劲儿。现在回想起来,觉得这种奉献精神还是很可贵的。

有人问嵇文甫先生:"你们的刊物有什么特点?"嵇老答:"四小是

其特点。"所谓"四小",即小刊物,小文章,小问题,小人物。故后来就有人戏称《新史学通讯》为"四小刊物"。其实嵇老说的是大实话。《新史学通讯》初创时每期只有16个页码,后来才增加到26个页码,是名副其实的小刊物。《新史学通讯》一般只发表千八百字的文章,能发表三四千字的就算是大块文章了,文章也是够小的了。当时中小学教师所提的问题,都是细小的具体问题,说它是小问题也并不冤枉。当时投稿的作者多半是中青年教师和史学研究人员,好多人都是第一次公开发表文章,称他们是小人物也算是恰如其分。但是,就是这样的"四小"史学刊物,却适应了解放初期特殊历史情况的需要,受到广大中小学历史教师及从旧社会过来的史学工作者的热烈欢迎。当时不少人对马克思主义新史学或毫无所知,或知之不多,《新史学通讯》所发表的文章和对一些具体历史问题的解答,起到了启蒙作用,对中小学教师和史学研究者的思想改造和教学、科研都是积极的推动。由于办刊宗旨和方向正确,所以《新史学通讯》一面世,就受到中小学教师和史学工作者的青睐,刊物发行量由几百几千迅速上升至15000份,最高发行量达到30000份以上,解决了中小学教师和史学工作者的"燃眉之急"。这是《新史学通讯》的一大功绩。另外,《新史学通讯》也为新中国培养了一大批马克思主义历史学家,现在年龄80岁左右的著名历史学家中,有些人的第一篇史学论文,就是在《新史学通讯》和以后改名为《史学月刊》上发表的。有写作经验的学者一般都有这样的体会:在他们一生中,发表第一篇文章非常重要,最值得珍惜,也是最难得的机遇。发表了第一篇文章,就确立了自己的写作信心,以后第二篇、第三篇文章的发表,那就是轻车熟路了。很多著名学者就是这样成长起来的。

《新史学通讯》自1951年1月31日出版创刊号,到1956年12月整整六年,共出版63期,1957年元月改刊名为《史学月刊》,至此《新史学通讯》就算完成了它的历史阶段性使命。

《新史学通讯》为什么要改名《史学月刊》?这是与时俱进的必然结果。因为到了1956年,马克思主义、毛泽东思想已深入人心,新中国培养的历史专业学生已一批一批地走上教学和科研岗位,并已逐渐成为骨干和中坚力量。在这种新形势下,如果再坚持《新史学通讯》为新史学启蒙的宗旨,显然已经不合时宜,因此在1957年元月,在著名甲骨文学家孙海波先生的建议下,将《新史学通讯》改名为《史学月刊》,刊物的宗旨,是要办成综合性历史研究期刊,使之成为繁荣社会主义历史科学的重要阵地,并函请郭沫若先生重新为本刊题写了刊名。

改名后的《史学月刊》,成立了编辑部,设立了主编和编辑室主任,篇幅扩大了,选题思路拓宽了,它以正规的综合性大型历史刊物的面貌,展现在新中国史学阵地上。它的办刊宗旨和任务与《新史学通讯》不同了,但它仍然高举新史学大旗,不断开拓创新,引领新潮流。这从《史学月刊》编辑部多次发表的《敬告作者和读者》第一条意见中可以得到证实。它说本刊"发表高水平的史学研究成果,尤其欢迎史学理论、史学评论、社会史、城市史、乡村史、生态环境史、文化史、学术史、电脑与史学应用、新资料的发掘与研究等方面的优秀稿件"。作为约稿性的文件,不可能把创新性所有选题都写进去,但从已点到的选题中,已能看出《史学月刊》编辑们的新颖思路。其中的社会史、城市史、乡村史、生态环境史、电脑与史学应用、新资料的发掘与研究等,都是过去史学刊物所忽视的项目。"史学理论"、"史学评论"栏目,表面上看似乎是一般史学刊物都注意到的选题,然而《史学月刊》提出此选题却另有新意,目的是引导对史学新理论的研究和探讨,推动百家争鸣的发展。再从《史学月刊》所设置的栏目来看,不仅落实了约稿中所提到的各种选题,而且更具体地显示出创新的门路。如对各类研究专题的"笔谈栏目",这是必须下大工夫,经过充分调查研究,把对某一专题有见解的学者组织在一个栏目之下,发表各自的意见。笔谈的形式比较随意,能使各家意见充分表达出来,效果显著。再如"学术综述"栏目,是对某个专题的学术会议或某个专题研究的综述与评议,这就要求撰稿人对某项专题必须有深入研究,才能把握住某个专题的精髓和要点,并能提炼出各家意见的不同点,使未参加某个专题会议的人,未做深入研究的人,能得到精辟而准确的信息,对推动学术研究的发展大有益处。还有"读史札记"栏目的设计,也颇有精当之处。这个栏目虽小,但它反映的是历史学者读史的心得体会,往往有独到之处,能给读者以深刻的启发。对这类札记,一般的史学刊物是不肯发表的,《史学月刊》可谓独具慧眼。

《史学月刊》提倡多学科综合研究历史,对此"夏商周断代工程"已做出光辉范例,有些历史疑难问题,单从史学角度研究,是不能解决问题的。多学科综合研究历史,不仅适合大型课题,就是小课题也有必要。前些时候关于曹操墓真伪的争论,就是靠多学科综合研究,才确定了曹操墓的真实性。

《史学月刊》还提倡宽容精神,这是贯彻"百家争鸣"不可缺少的前提。这就要求不同学派、不同观点的各方学者要有宽容精神,过去在讨论中国古史分期问题时,不仅是争论双方互不相容,就是刊物编辑也有明显倾向,早期倾向于西周封建说,后来倾向于战国封建说,对魏晋封建说则采取排挤压制态度,结果使魏晋封建说万马齐喑。现在的《史学月刊》决无此偏差,而提倡宽容。2009年《史学月刊》发表一批"中国有无封建社会"的争鸣文章,这个问题有相当的敏感性,甚至可能与政治有某种关联,但《史学月刊》公平、宽容地对待双方的学术观点,使坚持中国有封建论者和主张中国无封建论者,都能各抒己见,畅所欲言。有了这样宽松的学术氛围,刊物当然会越办越好,越办越红火,顺理成章地成为史学研究的重镇。现在《史学月刊》早已成为"全国中文核心期刊",它所发表的文章,经常为国内各种文摘报刊和中国人民大学复印报刊资料摘登或转载,而且《美国:历史与生活》杂志也登载《史学月刊》的文章摘要和目录索引,说明《史学月刊》在国内外都有相当大的影响。最近,该刊又跻身教育部名刊工程之列,真是可喜可贺。展望未来,《史学月刊》风光无限,它必将对中国历史科学的研究与发展做出更大的贡献。值此欢庆《史学月刊》创刊60周年之际,我衷心祝愿《史学月刊》能在全国历史类核心期刊中鳌里夺尊。

天时·地利·人和

——《南都学坛》"汉文化研究"栏目长盛不衰的原因

汉文化,是中国统一中央集权制国家形成后,出现的第一个文化高峰。汉文化具有永久定性的特点和永远传承的特点,如汉人、汉族、汉语、汉字、汉学、汉隶、汉赋……都是永远不变的定性文化,也是在中国和世界华人、华裔中,永远要传承下去的文化。至于由汉人创造的政治、经济、军事、教育、书法、绘画、科学等方面文化,更是博大精深,永远是中国历史、中国文化史研究中的重点课题。《南都学坛》创设"汉代文化研究"栏目,说明南阳师范学院和《南都学坛》的领导、编辑同仁的远见卓识。"汉代文化研究"的创设,对《南都学坛》来说,是占尽了天时、地利、人和的优势。所谓"天时",就是在"文化大革命"之后,在学术界普遍兴起了历史文化的研究热潮,如中华文化、长江文化、黄河文化、姓氏文化以及各地区的区域文化和各种专题文化,等等。不论是什么文化,汉文化都必然是它研究的主要内容之一。在各种文化研究的热潮声中,《南都学坛》创设"汉代文化研究"栏目,可以说是适逢其时,巧夺天时之利。所谓"地利",就是南阳是汉代经济、文化最发达的区域,特别是在东汉,南阳是开国皇帝刘秀的故乡,向有"帝乡"、"南都"之美称,皇亲国戚不可胜数,王侯将相府邸相望,名人辈出,文物古迹遍布城乡,仅冶铁遗址就有6处,汉画像石、画像砖无论从数量、质量来看,都居全国之最,可以说在南阳汉文化资源异常丰富。还有洛阳是东汉首都,河南是汉代政治、经济、文化中心,所遗留的汉文化资源,是"汉代文化研究"栏目取之不尽、用之不竭的文化宝库。所谓"人和",就是《南都学坛》掌握有众多实力雄厚的汉文化研究的作者群。南阳是河南文化、教育最发达的地区之一,人才济济。南阳师范学院、南阳市社会科学联合会、武侯祠、张仲景博物馆、张衡博物馆、文物研究所、汉画馆等拥有大批汉文化研究人才。在河南几所高等院校和历史、文物、考古研究机构中也有很多研究秦汉史的专家、学者,都是《南都学坛》"汉代文化研究"栏目的支柱。实际上《南都学坛》所掌握的汉文化研究的作者,远远超出南阳、河南的范围,全国的名牌大学和研究机构的著名秦汉史学家,也都愿意给"汉代文化研究"栏目投稿。庞大的作者群是办好"汉代文化研究"栏目的可靠保证。据《南都学坛》"汉代文化研究"栏目的统计,自1986年"汉代文化研究"栏目创办起,至2008年第1期止,《南都学坛》已发表汉文化研究文章共321篇,涉及汉文化研究的方方面面,其中有62篇被《新华文摘》、《中国社会科学文摘》、中国人民大学《复印报刊资料》、《高校文科学术文摘》等刊物所转载,说明"汉代文化研究"所发表的文章,不仅数量多而且质量也高,可谓硕果累累,洋洋大观,在海内外汉文化研究领域,已占有重要位置,产生了广泛影响,提高了《南都学坛》乃至南阳师范学院的知名度,为汉文化研究做出了重要贡献。

  关于如何使"汉代文化研究"栏目百尺竿头更进一步的问题,我想《南都学坛》的领导和编辑们早已成竹在胸,对于我这样一个落伍老人很难讲出中肯的意见,但是一点建议也不提,又有对"汉代文化研究"栏目漠不关心之嫌。于是我就想在编辑部组稿方面提两点建议:一、编辑在组稿时,对自己的作者群中每个人的研究特长应有所了解,要求作者提供他最有代表性的论文,以提高栏目的水平;二、在编辑部组稿时,要有计划地组织某些问题的专题讨论,这当然要求编辑对汉文化研究中某些难点、疑点、重点、热点有所了解,然后才能提出引人注目、引人入胜的问题,展开讨论,让专家各抒己见。组织专题讨论不应要求得出正确结论,目的是要开展百家争鸣,引导对问题的深入研究。

  我既是"汉代文化研究"栏目的作者,又是热心的读者,当"汉代文化研究"栏目出版百期之际,特向为"汉代文化研究"栏目付出辛勤劳动的编辑和主持人致以崇高的敬意,对"汉代文化研究"栏目所取得的辉煌成就表示衷心的祝贺。

庄子一生主要活动在东明(之一)

在过去讲古代史时,我对庄子一般都说是商丘人,大家也都习惯这个说法。这次到东明讨论庄子故里问题,就要深入讨论一下。因为记载庄子有关问题的不光是东明县,其他一些县也有庄子墓、庄子故里、漆园,但记载都很简单,两三行,不超过百十个字,也没有什么论述。同时,我来之前,也看了这次会议提供的一些资料,鲍先生的论文还是比较公正的,写得很好,为这次会议奠定了一个讨论基础,要是没有这篇论文,好多问题还是不好说的。看了这篇论文,我的观点有所转变,或者说是有新的认识,最重要的是南华系列。南华系列这个词创得好,南华真人、南华经、南华县、南华山、南华观,这个很重要。讲庄子观、庄子故里、漆园,其它地方也有,南华系列却没有人争,如果不成系列,比如说单是南华山,别的地方也可能有,但南华系列不可能有。搞历史要重视史料,南华系列虽然出于唐,比司马迁要晚,但也有权威性。唐玄宗是有文化修养的,他不是昏头昏脑的皇帝,手下有一批很有才华的学者,我想他当时确定南华县、南华真人,是经过认真考查研究的,不是随意定下来的,必须经过认真考查论证才能定出南华系列。由此我们可以说,南华系列,加上漆水、濮水、漆园等资料,庄子一生的主要活动地区在东明是很有说服力的,可以确定下来。关于庄子出生地,我认为还是存疑的好,说蒙就在东明恐怕说不清楚,一般讲蒙在商丘以北,东明也在商丘以北,至少可以沾边。我特别欣赏鲍先生文章的最后一段话,很科学,也有学者风度。他说:"退一步说,即使将来有哪一位有识之士,以更充足的理由,更雄辩的证据,考证出庄子故里在其它任何地方,东明庄寨村仍然不该失去其纪念意义的。"我们这个会能把这个问题明确了,这是非常有意义的,对学术上来讲,也是很有帮助的,对庄子研究也是很有推动的。

关于庄子研究,我还想谈点想法。庄子是多方面有影响的人,又是思想家、文学家,还是道家的副领袖。对于这样一个庄子,应该怎么来研究,我想应该分出三类来。一是历史上的庄子。就是史记、老庄列传、庄子传或其它史料提到的庄子,这是真正的历史人物,历史上的真实庄子。二是道教里边的庄子,就是南华真人。庄子自己也不知道他有这样一个荣誉,他也不知道以后的道教给他这么高的地位,这也是有实际价值的。道教是土生土长的一个宗教,它把历史上许多人物都收集到道教里边去了,韩非子、墨子,作为庄子,南华真经,南华真人,地位就更不同了。道教里边的庄子很有研究价值,将来要开发庄子故里,建南华寺,都要和道教建立联系。庄子为什么能成为南华真人,南华经为什么能被道教所利用,这是应该认真研究的。三是传说中的庄子。他不是历史上的庄子,也不是宗教里的庄子,是民间各种传说中的庄子。这也很有价值,将来开展旅游,讲解员讲历史上的庄子,都不大爱听,但是讲传说中的庄子,会听得津津有味,我是搞历史的,也是这样。如果讲传说中的庄子,再和当地的景物联系起来,就听得很有兴趣。因此,传说中的庄子也有价值、也是资源。这三方面各有各的价值,各有各的对象,但不能混到一块研究,把真庄子讲成假庄子,真假难分,就失去了它的科学性。

庄子一生主要活动在东明(之二)

我有幸参加这次盛会感到非常高兴。我参加了1995年的会议,那次会议到会的学者是非常多的,好多都是全国的著名的专家,像何兹全先生、田昌五教授、安作璋教授、高敏教授等都参加了会议,那个会议还是很成功的,基本上得出了一致的意见。我是研究中国古代史的,但不专门研究庄子。在那次会上,听到很多高水平的发言,学到了很多东西。在那次会上,对我印象最深的就是听到关于南华系列,即南华山、南华真人、南华经、南华县等,这一系列是非常有说服力的,而且南华这个称谓,往前推可以推到梁(南朝梁),到唐玄宗时期才把离狐县改成南华县,唐玄宗这个人后期作风虽然腐化,但并不昏庸。而且在唐代盛世时期,学术是非常发达的,唐玄宗做出这一系列的决定,那是有根据的,都是和庄子活动有关系的。基于这种情况,大家一致认为,庄子一生的主要活动,为吏也好、著述也好、隐居也好都在东明。

上次会议的成果后来在各报纸上发表了,影响也是比较大的,而且咱们县里也出了两本小册子,我都看了,我们这次又来参加这种学术会议,还是讨论庄子。我认为,作为庄子研究来讲,他的潜力非常大,我们东明要研究庄子,不一定专门限于他的故里这方面,庄子在好多方面都是很有重要影响的。在学术领域像中国古代史都离不开庄子,在战国时代,研究道家思想,庄子处于儒家的孟子地位,研究哲学思想,庄子的哲学思想是很开放的,说他是中国思想界学术思想解放的开山鼻祖也不为过。再一个就是在姓氏方面的研究,研究庄姓庄子也是非常重要的一环,甚至研究道教也离不开庄子,严格地说道教不是庄子,也不是老子创造的。但是从宗教角度讲,老子、庄子在道教的地位是很高的,所以我们在宗教方面进行研究,《南华经》、庄子也是很重要的课题。我想,要发展旅游业可以提供庄子的遗迹那就更多了,像庄子观、庄子墓及其他好多地方是很有价值的,这些问题要想研究、要想开发旅游事业都是很有前途、很有潜力的。

关于庄子故里这个问题,现在提到的已有五处,像山东东明说、曹县说、河南商丘说、民权说、安徽蒙城说一共五处,实际上归纳起来我觉得河南商丘说、民权说是一个。民权县建立很晚,实际上最早一部分属于商丘,一部分属于考城,考城的东北部很大一部分后来划到了民权。虽然兰封与考城合并为兰考,但是他并不是兰考人,而是民权人,这是因为考城的一部分划归民权的缘故。另外,从大的方面说,从梁国、商丘这个角度来说,豫东很大范围都包括在梁国、宋国的范围。所以,大概民权说主要是根据宋、梁,宋国人、蒙人来的,我认为这两个说法实际上都是从宋和梁分出来的,现在来说,商丘大概找不到庄子的遗迹,在民权确有一座庄子墓我去看过,所以我说,五种说法实际上民权说和商丘说大概是一回事。东明实际上在古代归属过宋,这个地域变迁是很大的,所以商丘、民权及东明都是在这个大的范围内,又有过隶属关系,在这种情况下,就容易产生一些歧异的说法。安徽蒙城说,我觉得它主要占个"蒙"字,说是宋国蒙人。实际上从对安徽蒙城的考察,它的地址跟黄河、跟漆园、跟濮水都是距离较远的。当然人家的说法肯定不像我说的这么简单,一句话就给人家否定了。再一个,我的认识是,说是故里或者是故居,跟出生地不是一回事,出生地只能有一个,但是故里、故居不一定是一个,如庄子他一生活动都在东明,在漆园,在南华山,这大家都是很清楚了。他在这工作一辈子,他当然要有居住的地方,在这种情况下,说东明是庄子故里是能够站住脚的,也是顺理成章的。比如说现在讲宋庆龄故居,上海也有宋庆龄的故居,但宋庆龄并不生在上海。大家知道上海也有个鲁迅故居,而鲁迅也不生在上海。他们的故居都不是他的出生地,也不是他年轻小时候住的地方,是因他在这地方时间很长,影响很大,这就变成故居了。所以我说,按照这样一个思路来推理,咱们现在论证说东明是庄子的故里是有根据的。我在谈论故里、故居的时候,总想做一些调合。我想在谈论故里问题的时候,最好不要搞排他性,我这地方是独一份,别的地方就不能再提,我觉得最好不要搞排他性,因为实际上历史记载的本身就有分歧,特别是由于古今地域区划变迁很大,也就容易有分歧的说法。你比如说,颛顼、帝喾二帝陵,历史的记载都是在濮阳,但是现在不在濮阳,在内黄。你翻古书都说在濮阳,类似这样的记载历史上有很多,如南朝琅琊王氏、琅琊严氏,都是琅琊人,都住在琅琊,但是实地考察才知道,琅琊王氏在临沂,而琅琊严氏在费县。所以我想研究这个问题,不要搞排他性,我们的论证充分,但是我们也不要排他。甚至可以联合起来,跟商丘也好,跟民权也好,联合起来搞一个庄子旅游线这不是很好吗?到他那看看,再来这看看,共同开发嘛,我们这有一个庄子墓,也不能把民权的庄子墓给扒掉,他也有一个,在这样的情况下,我觉得可以兼容并举,不要搞独一份,最起码这是我目前的一些想法,不对的请大家指正。

河大学报与河大史学研究的互动关系

——为祝贺《河大学报》创刊 70 周年而作

河南大学在解放前是河南省唯一的一所综合性大学,承担着为国家、为河南培养高级人才的任务。在当时,全国的大学为数不多,而能够创办学报的大学为数更少。1934年河南大学领导认识到学报对展示学校的科研成果,提高教学质量,推动学术研究的重要作用,决定创办《河南大学学报》。《河南大学学报》自1934年4月1日创刊,至同年10月,虽然只出了3期,但由于发表了著名学者、教授嵇文甫、葛定华、姜亮夫、张邃青、刘亦常、熊伯履、郝象吾、王希和、朱亦松等先生高水平的学术论文,在海内外产生了广泛的影响。

我是1954年由东北师范大学研究部毕业分配到河南大学工作的,所以对《河南大学学报》前20年(实际只出3期)的情况并不了解,但对后50年的情况,则是亲见亲闻,特别是对于《河南大学学报》与河大史学研究的互动关系了解得比较清楚。所谓互动关系,就是指《河南大学学报》对史学研究所起的推动作用以及对历史系两代史学人才所起的培养、提携作用,而历史系的史学研究成果对《河南大学学报》的学术水平在某种程度上也起到了保证作用。双方互动的结果,既提高了河南大学史学研究水平,也提高了《河南大学学报》的质量,共同为河南大学争得了荣誉,培养了人才。

现在先谈《河南大学学报》对河大史学研究所起的推动作用以及对历史系史学人才的培养、提携作用。在河南乃至全国史学界都知道河大历史系是人才济济、成果累累的学术单位,著名的老一辈史学家范文澜、白寿彝、姜亮夫、嵇文甫、赵纪彬、张邃青、尹达、朱芳圃、孙海波、孙作云、熊伯履等，或任河大领导，或执教于历史系，为河大史学研究奠定了雄厚的基础。在著名的老一代史学名家的教育、指导下，解放后新一代的历史教学、研究人才也逐渐成长起来，如胡思庸、姚瀛艇、王云海、郭人民、魏千志、王天奖、韩承文、林加坤、周宝珠等。在中国近代史、明清史、宋史、先秦秦汉史、世界古代史、世界近代史等研究方面都取得了可喜的成就，成为史学研究的学术带头人和教学的骨干，在海内外史学界都具有一定的影响。这是解放后河大第一批成长起来的史学人才。这一批史学人才可以说起到了承前启后的作用，他们为河大历史系培养第二批史学人才起到了传、帮、带的作用。

解放后河大历史系第一批培养的史学人才，在"文化大革命"之后都已步入老年，现在都已年逾古稀，有的已经仙逝，但令人欣慰的是第二批史学人才已茁壮地成长起来。第二批史学人才的成长，赶上了得天独厚的机遇。在"文化大革命"之后，百业待兴，人才匮乏，党中央及时采取了改革开放政策，教育事业也随之蓬勃发展起来，特别是大批量地招收硕士、博士研究生，为培养人才开辟了新的途径，所以在河南大学第二批史学人才中多数人都拥有硕士、博士学位，尤其是电脑技术引入史学研究领域，使第二批史学人才更加迅速地成长起来。如郑慧生、范振国、高海林、阎照祥、程民生、李玉洁、贾玉英、李振宏、秦英君（已调入首都师大）、龚留柱、张倩红、苗书梅、郑永福、姜建设（郑、姜已调入郑州大学）、陈长琦（已调入华南师大）、赵士超（已调入陕西师大）等，都已出版过几部学术专著，现在他们都已成为很有学术成就的教授、特聘教授、博士导师，在国内外史学界都具有相当影响。

解放后，河南大学培养史学人才的途径多种多样，但《河南大学学报》所起的独特作用不可低估。

研究学术的人都会有这样的体会：对于一位研究人员来说，只要有坚忍不拔的、孜孜以求的刻苦钻研精神，最终一定会取得相应的成果，但自己的科研成果能否发表出去则是个重要的关键。科研成果公开发表了，就等于得到社会的承认，如有不足之处，受到批评和指正，就会使该项成果进一步成熟、提高,从而增强了研究者的信心,会再接再厉深入钻研下去,就有可能成为某个领域的专家、学者。相反,如果科研成果发表不出去,得不到社会承认,就会变成无效劳动。研究者就会垂头丧气,对自己的研究项目失去信心,以至于产生厌烦、放弃的情绪,成为碌碌无为的人。《河南大学学报》对河大培养史学人才所起到的独特作用,就是给历史系教学、研究人员提供一个发表论文的园地。如第一稿不够发表水平,学报编辑提出意见后,可以继续修改、提高,直到能够发表出来,这在其他刊物来说,是很少会给予这种机会的。在此特别值得说明的是,上个世纪50年代,史学刊物在全国只有两三家,史学论文很少有发表的机会,所以河南大学第一批成长起来的史学人才,他们的史学论文多半发表在《河南大学学报》上。在"文化大革命"后,随着科学、教育事业的发展,各种学术刊物相继增多,史学刊物也纷纷出现,河南大学第二批史学人才发表文章的机会增多,但刊物增多,投稿人也在增多,实际竞争仍很激烈,发表文章仍很难,可谓"十投九不中"。有些青年史学工作者就知难而退,不敢轻易往外投稿,因此"文革"后成长起来的史学人才,也往往把自己的论文投给《河南大学学报》,认为学报是自家刊物,理应发表河大人的文章。正是基于这种认识,新成长起来的史学人才,他们第一篇论文或称为处女作多半发表于《河南大学学报》。

下面想简单地谈一下我在这方面的经历和感受。说句最老实的话,我是《河南大学学报》的受益者。据不完全统计,从1956年至2003年,我在《河南大学学报》共发表32篇文章(内有两篇诗词)。这些文章涵盖了我历年研究的重要课题,如农民战争、封建土地制度、户籍制度、官制、军功爵制、治安制度等问题。有人可能要问,我为什么如此集中地向《河南大学学报》投稿?因为我想《河南大学学报》是自家刊物,能给我以特别关照,我也应给予相应的回报。最使我难忘的是1956年的一件事。当时我写了《秦汉土地制度与生产关系》一文,近四万字,我知道像这样又臭又长的文章,任何刊物都不可能刊用,于是只有投给我校学报试一试,谁知竟破格发表在《开封师范学院学报》第五期"历史专号"上。这篇文章以后经过修改补充,就成为我给研究生讲课的讲义,以后又经过增订校改,更名为《秦汉土地制度与阶级关系》,于1985年由中州古籍出版社正式出版。如果我这篇文章不在学报上破格发表,我就有可能放弃对秦汉土地制度与阶级关系的深入研究,那样,也就不会有培养研究生的讲义,当然也不会作为专著出版了。由此就可以看出《河南大学学报》在培养人才和推动学术研究发展上的独特作用。《河南大学学报》办刊宗旨中就有一项培养科研人才,推动学术研究发展的任务,以上事实说明,《河南大学学报》确实作出了应有的贡献。

《河南大学学报》对培养河大史学人才,推动史学研究发展的作用是明显的,但河大的史学人才的史学研究成果,对充实、丰富《河南大学学报》的内容,为提高《河南大学学报》的学术水平也起到了相应的作用。《河南大学学报》所办的"中国史研究"、"世界史研究"、"宋史研究"等栏目,是比较受读者欢迎的,而其骨干作者都是河大的史学作者。从老一辈史学家来说,嵇文甫、赵纪彬是国内一流学者,对中国古代学术思想都有独到的研究,他们在学报上发表的文章深受读者欢迎。朱芳圃、孙海波在甲骨文、商史研究方面久负盛名,他们在学报上发表的文章,在史学界有深远影响。孙作云在《楚辞》、《诗经》与民俗学等方面的研究,在国内堪称翘楚。他在学报上发表的文章,得到海内外学者的赞颂。在解放后,河南大学第一批成长起来的史学人才中,胡思庸在中国近代史研究方面成绩卓著,王云海对《宋会要辑稿》考校深透,周宝珠对宋代东京开封府的研究成果被称为扛鼎之作,他们三人在宋史研究领域中是一方重镇,其文章会给学报添光增彩。"文革"之后的史学新秀,现在已成为河大历史系教授、科研的主力。由程民生、贾玉英、苗书梅等组成的宋史研究群体,对宋代区域经济、文化史,对宋代官制史,对宋代人物的研究,各有千秋,受到史学界的重视。此外,李振宏对史学理论及简牍学的研究、阎照祥对英国政治史的研究、张倩红对犹太史的研究、郑慧生对甲骨文及古天文历法的研究,都是成就斐然,他们在学报上发表的文章,均受到专家的好评。

总之,河南大学史学人才代不乏人,他们的论著立意新颖,史论结合,所以《河南大学学报》上的史学文章转载率、引用率较高,为学校争得了荣誉。

今年是《河南大学学报》创刊70周年华诞,在这70年中,《河南大学学报》对河南大学教学、科研起的积极作用是有目共睹的。我作为河大学人,对于《河南大学学报》与史学研究的互动关系确有一些亲身体会,写出来以示对《河南大学学报》的感激之情,并向学报表示衷心的祝贺。

河南大学与甲骨学研究*

　　1899年,安阳的甲骨文首次为学者发现,认定为商代有很高学术价值的简册。从此开始了对甲骨文的收购与商文化研究,甲骨学也开始建立起来。

　　但是,由于清朝政府以及后来的北洋政府的腐败,他们不关心这些稀世珍宝的挖掘与收藏,任其自流,形成农户乱挖、商人私售的混乱局面。甲骨或一版折而为几枚,或整版甲骨被盗不知下落。更有市井之徒,苟营小利,私刻作伪,一时假骨假字,充斥甲骨市场,鱼龙混杂,真伪莫辨。

　　看到这样混乱局面,文人学者无不为祖国的文化宝藏担心,所以在1928年10月前中央研究院在广州成立,第一件事就是决定开展对殷墟甲骨文的科学发掘。而主持这一发掘的,,则是曾在河南大学工作过的董作宾先生。

　　董作宾先生,字彦堂,河南南阳市人,1922年秋,考入北京大学研究所国学门为研究生,1925年毕业,,到福州协和大学任副教授。1926年回到河南大学(当时为中州大学)任文科教授,教授语言学、史学两门课程。教学之余,常在《文科季刊》、《文艺》、《孤兴》等校刊上发表文章,受到了考古学界的重视。1928年,被聘为北平历史研究所研究员,

---

　　* 本文原系朱绍侯教授在河南大学85周年校庆商文化研讨会上的发言,由朱先生本人整理。

不久即受命考察殷墟,得出了"甲骨挖掘之确犹未尽"的结论。由于董先生这一结论的提出,才导致中央研究院作出科学发掘殷墟的决定,于是,才有了一至十五次的殷墟科学发掘。

殷墟十五次发掘,其规模是巨大的,时间是漫长的,手段是科学的,挖掘出来的文物也是丰富的。可以说十五次发掘,为中国甲骨学的发展,奠定了雄厚的基础。

在这十五次发掘中,一、五、九次,都由董作宾先生主持,其他许多次,也有董作宾参加。可以说十五次发掘中,大多灌注着董先生的心血与汗水。

而更值得大书特书的是,1931年,董先生在《大龟四版考释》一文中,首次提出以"贞人"来区别甲骨年代的学说,1933年的《甲骨文断代研究例》,更全面地论证了甲骨文断代学说。可以毫不夸张地说,董先生实为中国甲骨学断代工程的发起人、设计师。正因为他在断代学上的贡献,得到甲骨学界的承认,才与罗振玉、王国维、郭沫若并列为甲骨四堂。唐兰先生说:"卜辞研究,自雪堂导夫先路,观堂继以考史,彦堂区其时代,鼎堂发其辞例,固已极一时之盛!"

董先生在着力于殷墟发掘和甲骨学研究的同时,还异常关心母校的学科建设。河南大学在三十年代就开设有甲骨学课程,也是董先生首倡并亲自扶持的结果。今天,当我们回忆起董先生这些学术业绩与贡献的时候,作为河南大学师生,更加对其神往、尊敬。

主持并参加殷墟发掘的另一位河南大学教授,是郭宝钧先生。

郭宝钧,字子衡,河南省南阳县人。1922年北师大国文系毕业,1928年,以河南省教育厅代表的身份参加安阳殷墟第一次发掘,其后多次发掘,先生都亲自参加,并主持第八次、十三次发掘,由于先生考古知识丰富,能把地下挖掘情况与历史文献结合,所以对古代礼器制度的发展变化有着独到的研究,是他首先提出古代列鼎而食的"列鼎",使我们对上古礼制的具体内容有了深刻的了解。其所著《山彪镇与琉璃阁》、《中国青铜器时代》、《商周青铜器群综合研究》等著作,更是研究先秦史的必读之书。

郭先生于1945—1948年,受聘担任河南大学教授。在我校辛勤耕耘三载,解放后调任中国科学院考古研究所研究员,才离开我校。

参加殷墟发掘的另一学者石璋如,是我校1932年文史系毕业的学生,河南偃师人。他最早参加的是第五次殷墟发掘,工作的地区是第五区与新干区。此后历次发掘,他都无不参与。第十五次发掘,更是他亲自主持。可以说,他的大半生时间,都是和殷墟发掘密切相关的。

由于多次亲自参加发掘,石先生已经成为一部殷墟发掘的"活档案"。他的煌煌巨著《小屯第一本·遗址的发现与发掘》一编又一编的连续出版,使他成了一位著作等身的甲骨学者。书中详论的殷墟地层、建筑、基址、墓葬,是当年殷墟发掘情况的再现,是发掘资料全面的科学整理。

参加殷墟发掘的又一学者刘燿(尹达),也是我校1932年的毕业生。刘字照林,尹达是他参加革命后的用名。河南省滑县人。尹达在第五次殷墟发掘中,就参加了后岗遗址的发掘。其后,八至十二次发掘他都全部参加,此外还参加其它遗址多处的发掘。他的主要学术成果,就是否定安特生在新石器时代分期问题上的不正确观点,提出了仰韶、龙山、小屯文化的历史发展序列,至今仍为考古学界所尊奉。1938年,尹达奔赴延安,投身革命,此后即致力于马克思主义的史学研究,他的专著《新石器时代》,已成为先秦史学界的权威著作。

以《殷周文字释丛》而驰名的朱芳圃教授,湖南醴陵人。1931年来河南大学任教,当时学校设甲骨文课,朱先生即荣担此任。《甲骨学文字编》、《甲骨学商史编》就是他在这个阶段为学生编写的讲义。后来朱先生也曾离开我校,但1939年即重返河大,从此一直随校颠沛,历抗日战争、解放战争始终以河大为家,鞠躬尽瘁,死而后已。

朱先生不仅是一位商文化专家,也是一位古音韵专家。他的论文《释优》、《潘来音韵》、《照穿神审禅古读考》等论文,都在学术界产生了不小的影响。集中体现朱先生文字、音韵学成就的学术著作,是他晚年成书的《殷周文字释丛》。该书释字181个,新考出的59个,其余为纠正旧说别创新解之阐述。此书写作经年,朱先生在战争年代随校转迁,行李可以丢失殆尽,但总是手捧书稿,不离左右。终于能够保存全璧,最后出版问世。在商文化的研究中留下了深远的影响。

孙海波教授,河南省潢川县人。1931年在北师大研究院,师从容庚先生研究甲骨文字。1935年出版《甲骨文编》,以其取材广泛、摹写逼真受到学术界的称赞。容庚先生曾说:"此书之用,不仅备形体之异同,且可为各书之通检,由字形而探求字义,得借此以为梯阶"。1965年《甲骨文编》又出了修订本。这次修订,征引甲骨材料已由原来的八种扩大到四十种,考订文字也吸收了许多新的成果,所释文字也增至1723个。甲骨文中已识、未识之字已大体录尽。但是由于众所周知的原因,此书署名考古研究所编,实际编者还是孙先生(只在《凡例》中说明)。

修业于河南大学的商文化研究学者还有安金槐、李民、范毓周等人。

安金槐先生,河南省文物研究所所长、研究员、中国殷商文化研究会顾问,1948年毕业于河大历史系,长期从事中原地区的考古发掘工作,以主编《中国考古》一书而享誉学术界。李民先生,郑州大学殷商文化研究所所长,1959年毕业于河南大学历史系,以《殷商社会生活史》、《夏商史探索》等著作而斐声中外。范毓周同志,南京大学历史系古代史教研室主任,1978年,曾在河大历史系学习,长期从事甲骨卜辞研究。他所主持的甲骨文电脑处理系统,堪称甲骨学史上的一次革命。

文革结束后,孙、朱两先生相继去世,河南大学甲骨学后继乏人。学校一面积极引进人才,一面努力培养后进。不几年,辛勤工作已初见成效。李瑾教授出版了他的专著《殷周考古论著》,郑慧生教授也出版了《古代天文历法研究》、《中国文字的发展》,王蕴智同志也出版了他的《殷周古文同源分化现象探索》。这些著作,已经在丰富着甲骨学的内容,引起了学者的注意。目前,他们仍在努力探索,为甲骨学的发展作出新的贡献。学校也在大力培养青年人才,为建设一个甲骨学研究基地而奋斗。

书评与书序

研究五帝历史必须改变思路
——《五帝时代研究》读后感

中国素称有五千年文明,但这五千年文明史迄今并没有落实。"夏商周断代工程"也只证明夏代为信史,说明中国有四千年文明,距五千年文明尚有一千年的差距,许顺湛先生著《五帝时代研究》,就是要解决中国有五千年文明这个大问题。

中国上古史向来有三皇、五帝、夏商周三代的排列顺序。夏商周三代今已列入信史,但三皇、五帝学术界仍视为传说时代,而不是信史。《五帝时代研究》虽不研究三皇,但许先生在《序》中已经表态,首先确认伏羲、燧人、神农为三皇,并认为"三皇都是历史时代的标志"。"伏羲氏是渔猎时代的代表;神农氏始'教民耕而陶',有了农业,同时也会制造陶器,所以以说早期的农业时代是以神农氏为代表;燧人氏发明了人工取火,保证了熟食,对人类造福不浅,因此说燧人氏是人类早期人工取火时代的代表。"许先生还说:"如果我们这样来看待三皇,便会感到古文献记载是合情合理的,古代学者把不同历史阶段冠以恰当的名称,我们为什么要否定呢?"可惜《五帝时代研究》并不研究三皇,故其论点并没有充分展开,我想如果有机会,许先生对三皇的历史也会进行深入研究的。

许先生在《五帝时代研究》中,坚决主张五帝时代是信史,不能视为传说。他认为"以传说为基点来研究五帝时代,研究的结果还是传说,许多重要的考古发掘资料不能为研究传说者所使用;同样,许多有价值的古史文献也不能为考古研究者所使用。传说研究者、考古研究者各自我行我素,互不结合,这实在是一大损失"。据我所知,在中国古代史研究领域中,对中国上古史的研究,正是陷入我行我素的怪圈之中,把五帝传说与考古资料没有糅合在一起,而是写成两层皮,即先介绍裴李岗文化、仰韶文化、河姆渡文化、龙山文化、红山文化等的辉煌成就,写得和考古发掘报告差不多;然后再另立一个标题,写传说时代,介绍黄帝、颛顼、帝喾、帝尧、帝舜的活动。这就给读者一个印象,考古是考古,传说是传说,两不相涉,这样研究五帝时代,五帝就不可能成为信史,所谓中华五千年文明,当然也不可能落到实处。所以要落实中华五千年文明史,对五帝的研究必须转变观念,这也正是许顺湛先生所提出来的一个关键问题。他说:"研究五帝时代首先要解决思想认识上的障碍,也就是思想认识上的分歧。"具体地说,就是要解决"五帝时代是传说时代还是历史时代"的问题。许先生的意见很明确,就是研究五帝必须摆脱"传说时代"的旧观念,而换成五帝为"历史时代"的新观念。许先生不仅是这样说的,而且也是这样实践的。

许先生主张把"五帝传说时代"改换为"五帝历史时代",我非常赞成,但我认为对"传说时代"赋予新的内涵、给予新的界定,也同样可以改变旧的观念。所谓"传说时代",就是靠传说而保存下来的上古历史,它同样也是信史。当然,靠传说而保存下来的远古历史,其中难免杂乱无章,互相矛盾,甚至穿插很多神话、迷信之类的杂质,这就要靠我们研究人员运用历史唯物主义的观点、方法,进行甄别、筛选,去伪存真,去粗取精,恢复古史的本来面貌,或对某些神话传说给予科学的解释。如说炎帝、黄帝都是少典之子,是亲兄弟的传说,当然不可信,但如果说炎帝、黄帝都是从少典部落分离出来的两个族群,那是可以讲得通的。再如说黄帝"教熊罴貔貅䝙虎,以与炎帝(实为蚩尤)战于阪泉之野,三战然后得其利",如果把熊、罴、貔、貅、䝙、虎都当成猛兽,那就成了神话;如果把熊、罴、貔、貅、䝙、虎解释为各族的图腾标志,那就成为真正的历史了。在中国古代文献中,有关三皇五帝看似荒诞不经的记载非常多,如果都能给予科学的解释,那就可以看出历史的真实面貌了。《五帝时代研究》就是运用历史唯物主义的观点来解释五帝时代的神话传说,而恢复了五帝时代的历史面貌,读来令人信服。

要想把五帝作为历史时代来研究,必须确定五帝的年代框架。许顺湛先生说:"五帝的年代上下限不确定,就无法在历史长河中定位,不定位的研究是盲目的,是不科学的。"但要定出五帝的年代框架,难度又相当大,因为古文献如《通鉴外纪》、《竹书纪年》、《路史》、《帝王世纪辑存》、《春秋命历序》、《易纬稽览图》等书所记五帝时代相当混乱,而且差距特别大,许先生遍览群书,而且对考古资料也作了通盘考虑,经过认真研究、分析确定了如下的五帝年代框架:"帝舜一世50年,约公元前2150年~前2100年,帝喾十世(包括帝尧)400年,约为公元前2550年~前2150年,颛顼九世350年,约为公元前2900年~前2550年,黄帝十世1520年,约为公元前4420年—前2900年。"许先生特别说明:"对这个年代框架,只能从宏观上去理解,不能机械地、绝对地看它。这个框架只能算是提供一个大体的轮廓,这个轮廓的上下限可以笼统地说,主要在距今4000年至6000年前之间。五帝时代在中国历史上大约延续2000年之久。"

五帝的年代框架确定了,还要与考古学文化年代相结合,这样才能使文献中记载的历史得到考古学文化的补充。为此,许先生下大功夫研究裴李岗文化、仰韶文化、河南龙山文化及其他新石器文化的各期年代问题,并制出各种新石器文化年代表,从而得出如下的结论:前五帝时代(下限至公元前4420年)与裴李岗文化、仰韶早期文化(其他与此年代相近的文化从略)相对应;黄帝时代(下限为公元前2900年)与仰韶文化中晚期(其他与此年代相近的文化从略)相对应;颛顼、帝喾、帝尧、帝舜时代(下限至公元前2100年)与河南龙山文化早、中、晚期(其他与此年代相近的文化从略)相对应。(参见该书"五帝时代与新石器时代文化宏观对应总表")

以上所举虽然是五帝时代与新石器文化的年代宏观对应,或者说是粗线条的年代对应,但有了这样的年代对应,就解决了五帝时代历史与考古文化的两层皮问题,就可以把黄帝、颛顼、帝喾、帝尧、帝舜的历史与仰韶文化和河南龙山文化相对应地进行研究。用历史文献与考古资料相结合的方法来研究五帝时代的历史,这不仅跳出了传说、神话的迷雾,而且可以把五帝时代的历史写得非常充实、丰满。许先生的《五帝时代研究》在这个方面做出了很好的示范。本书中所设置的"五帝时代概述"、"五帝专论"、"五帝时代著名族团专论"、"五帝时代聚落群研究"、"五帝时代的区域文明"、"五帝时代是中国文明的初级阶段"等专题,对五帝时代的历史,特别是对文明创建方面的成就,写得翔实、具体,可以说是我所见到的把五帝作为历史研究的论著中最好的一部。但是万事开头难,由于许先生所进行的五帝时代历史研究尚处于探索阶段,他所提出的五帝年代框架设想及与新石器文化的对应关系,尚属一家之言,还不能视为定论,就是在他的其他著述中也有不同的表述。但是,他的思想和研究方向是正确的,学术界如能按照这样的思路和方向研究下去,五帝的研究终会摆脱"传说时代的迷雾",而成为可信的历史时代。

按照本文标题的要求,想说的话已经说完,应该就此停笔,但我觉得一个人写文章应该有自己的观点,而以上所介绍的都是许先生的观点,似有不足,所以我利用这个机会谈一谈炎帝、黄帝、蚩尤三者的关系,再具体点说就是谈一谈阪泉之战、涿鹿之战的问题,以就教于专家、学者,也望许先生不吝赐教。

许顺湛先生在《五帝时代研究》一书中,设有"说炎帝"、"论黄帝"、"论蚩尤"三个专节,对炎帝、黄帝、蚩尤三者的历史做了较为全面、系统地介绍,他把炎帝、黄帝、蚩尤当做族团名、族团首长名、时代名进行论断,对此我完全赞同。然而,他对于炎帝、黄帝、蚩尤三者的关系,仍坚持传统的认识。尽管许先生已发现《路史·蚩尤传》有"阪泉氏蚩尤"之说,而仍没有新的突破,这不能不令人感到非常遗憾。

一般史书都记有炎帝、黄帝阪泉大战之事,黄帝胜利,征服了炎帝部落。对于这一传统说法,我很早就有两点疑问:一、炎黄是从少典部落分离出来的两大族群,他们如有冲突,战争也只能在炎黄二部落结合点上去打,即在新郑附近或姬水流域、姜水流域去打,为什么要跑到河北涿鹿附近的阪泉去打呢?二、黄帝与蚩尤涿鹿之战后,成为世仇,为什么炎黄二帝在阪泉之战后,就没有留下一点的仇恨痕迹呢?为什么后世华人都承认是炎黄子孙,而不说是黄蚩子孙呢?最近读《绎史·黄帝纪》从中受到启发,似乎解决了以上两点疑问。马骕写《绎史》集中很多史书资料,其中《黄帝纪》也是如此。马骕把众多的史书排列在一起,便于读者对比思考。《绎史·黄帝纪》引《新书》曰:"炎帝者,黄帝同母异父兄弟也,各有天下之半,黄帝行道,而炎帝不听,故战于涿鹿之野,血流漂杵。"马骕评论说:"史注引作同父母弟。《国语》云少典生炎帝、黄帝,成而异德,用师以相济也,贾谊书盖本此,然炎帝传世,至末帝榆罔而亡,岂犹有兄弟黄帝存哉?此说未详。"从马骕的评论看,对炎黄二帝为兄弟之说,已予以否定,其理由是炎帝传八世至榆罔已有几百年,怎么可能与黄帝是兄弟呢?

马骕《绎史》又引《归藏》曰:"黄帝与炎帝争斗涿鹿之野,将战,筮于巫咸,巫咸曰:'果哉,而有咎。'"意思是说可以战,但也要有祸灾。马骕对此评论说:"史称克炎帝于阪泉、擒蚩尤于涿鹿,本两事也,而诸书多言战炎帝涿鹿之野,当是舛误,或云蚩尤亦自号炎帝。"按马骕的原意,是说黄帝、炎帝战于涿鹿之野,是史书误载。但最后他又说:"或云蚩尤亦号炎帝。"这就又透露个中信息,说明马骕又认为与黄帝战于涿鹿之野的有可能是冒称炎帝的蚩尤。由此就给人一个启发,说明黄帝、炎帝并没有发生过战争,与黄帝作战的是蚩尤而不是炎帝,对此,马骕在引《周书》文字时,表述得更为明确。

> 昔天之初,□作二后,乃设建典,命赤(炎)帝分正二卿,命蚩尤于宇少昊,以临四方,司□□上天莫成之庆,蚩尤乃逐帝,争于涿鹿之河(河乃阿之误),九隅无遗,赤帝大慑,乃说于黄帝,执蚩尤杀之于中冀,以甲兵释怒,用大正顺天……天用大成,至于今不乱。

上引《周书》文字,由于有两处佚文,其真意无法全部了解,但马骕画龙点睛式的评论,却很能说明问题。"此说炎帝命蚩尤居少昊,而蚩尤攻逐炎帝,黄帝乃执蚩尤杀之,复别命少昊也。"据此评论再细读《周书》原文,炎帝、黄帝、蚩尤三者的关系就明白无误了。即在炎帝当政时,曾命蚩尤镇守少昊之地。蚩尤不用命,反而驱逐炎帝,争于涿鹿,炎帝异常恐惧,于是求救于黄帝,黄帝发兵打败蚩尤,平定了蚩尤之乱,由此炎帝自知已无力号令诸侯,遂让位给黄帝,黄帝遂代炎帝而为天子,这与《史记·五帝本纪》所记"而诸侯咸尊轩辕为天子,代神农,是为黄帝"的情况是相符合的。根据以上情况,可以肯定地说炎黄二帝并没有打过仗,是炎帝请出黄帝共同战胜蚩尤,故炎黄二帝并没有仇恨,他们的共同的敌人是蚩尤,这样解释才能合情合理地说明炎帝、黄帝、蚩尤三者的关系。

现在我们再回过头来谈谈炎黄二帝阪泉之战的问题。这个问题最早见于《史记·五帝本纪》,先引原文,再作必要的解释。

> 轩辕之时,神农氏世衰,诸侯相侵伐,暴虐百姓,而神农氏弗能征,于是轩辕氏乃习用干戈,以征不享,诸侯咸来宾从,而蚩尤最为暴,莫能伐。炎帝欲侵凌诸侯,诸侯咸归轩辕。轩辕乃修德振兵,治五气,艺五种,抚万民,度四方,教熊罴貔貅貙虎,以与炎帝战于阪泉之野,三战然后得其志。蚩尤作乱,不用帝命,于是黄帝乃征师诸侯,与蚩尤战于涿鹿之野,遂擒杀蚩尤,而诸侯咸尊轩辕为天子,代神农氏,是为黄帝。

以上所引用的炎黄二帝阪泉之战的资料,是见于正史的最早的第一手资料,以后有些史书如《通鉴外纪》几乎是全文照录,遂使炎黄二帝的阪泉之战被传述下来。但细读《史记》原文就会发现其中颇有矛盾之处。如第一段讲"神农氏世衰,诸侯相侵伐,暴虐百姓,而神农氏弗能征",说明炎帝已衰弱,无力征伐互相侵害的诸侯。第二段讲"轩辕氏乃用干戈,以征不享,诸侯咸来宾从,而蚩尤最为暴,莫能伐",说明黄帝代神农而起,用武力征服了诸侯,但对于为暴最甚的蚩尤,也无力征伐。这两段文字衔接紧密,顺理成章,然而到第三段突然来了个"炎帝欲侵凌诸侯,诸侯咸归轩辕。轩辕乃修德振兵……以与炎帝战于阪泉之野,三战然后得其志"。这是从何说起?前已讲过"神农氏世衰,诸侯相侵伐,暴虐百姓,神农氏弗能征",说明炎帝已处于自顾不暇境地,怎么突然又来一个"炎帝欲侵凌诸侯",并引起与黄帝的阪泉之战,况且当时炎帝处于"天子"地位,对诸侯作战也只能是"征伐",而不称"侵凌",很显然这里的"炎帝"实际是蚩尤,即冒用"炎帝"之号的蚩尤。如果能这样解读阪泉之战中的"炎帝",所有的疑问就可迎刃而解了。接下来第四段讲,"蚩尤作乱,不用帝命,于是黄帝乃征师诸侯,与蚩尤战于涿鹿之野,遂禽杀蚩尤"。这是黄帝与蚩尤的最后决战,黄帝大获全胜,这次胜利炎帝也有一份功劳,因为这是炎帝联兵战蚩尤,当然是以黄帝为主。于是第五段就讲"诸侯咸尊轩辕为天子,代神农氏,是为黄帝",于是历史就从三皇末期炎帝神农氏,转入五帝时代开始的黄帝时期。

关于炎帝(蚩尤)黄帝阪泉之战,有的史书记载说在涿鹿,产生这种分歧的原因,我认为是由于阪泉与涿鹿地理位置相近所造成的结果。据《晋太康地理志》记载:"涿鹿之东一里有阪泉,上有黄帝祠。"《魏土地记》也说:"下洛城东六十里有涿鹿城,城东一里有阪泉。"这就说明阪泉与涿鹿相距只有一里地,黄帝与蚩尤战阪泉,不可能不波及涿鹿,所以非常容易把阪泉之战混淆为涿鹿之战。

关于《史记·五帝本纪》所记黄帝教熊罴貔貅䝙虎以与炎帝战阪泉事,沈约在《宋书·符瑞志上》中就认为"黄帝战蚩尤"。《宋书》说"刻百神朝而使之,应龙攻蚩尤,战虎熊罴,四兽之力"。孙作云先生在《蚩尤考》中引焦赣《易林》"战于阪兆,蚩尤败走"句,认为"战于阪兆,即史书所谓战于'阪泉之野',又据崔述《古史考信录》言炎帝在黄帝之后,未尝与黄帝有战事",故孙作云先生得出结论说:"可见黄帝教六兽以伐炎帝之事乃为伐蚩尤之讹传。"(《民间文学论坛》1989年第1期)

为了把炎帝、黄帝、蚩尤三者的关系说清楚,我想把以上论证过的问题,再概括重述一遍,以便加深印象。

炎帝和黄帝是少典部落分离出来的两个族群。炎帝族靠农业经济的稳定发展,首先强大起来,成为中原各族群的领袖。包括黄帝族、蚩尤族在内的各族群都要听从炎帝的号令。炎帝族共传了八世,到末帝榆罔时逐渐衰落下去,与此同时黄帝族、蚩尤族发展强大起来,特别是蚩尤族凶暴侵凌诸侯,炎帝不能制。炎帝欲派遣蚩尤去驻守少昊之地，蚩尤不仅不听从命令，反而要驱逐炎帝，并且冒用了炎帝的名号，或称为"阪泉氏蚩尤"，雄踞北方。炎帝斗不过蚩尤，就求助于黄帝。此时黄帝"修兵振德，诸侯宾服"，势力强大，就接受了炎帝的求助，于是炎黄二帝就联合起来，在阪泉打败了冒称炎帝的蚩尤，这就是阪泉之战的真相。不久，蚩尤再次作乱，炎黄二帝又联合大败蚩尤于涿鹿。这两次对蚩尤的战争，都是以黄帝为主力。炎帝自知实力不足，已不能再号令诸侯，于是就把"天子"之位让给黄帝，黄帝遂代替炎帝成为中原各族的共主。由于炎黄二族同出于少典部落，又联合战败蚩尤，并且都担任过中原各族的共主，故深受中原华夏族的敬重，以后并演变为中华各族人民的人文始祖。

《河南通史》评议

由程有为、王天奖主持编写的四卷本220万字的《河南通史》，2005年12月由河南人民出版社正式出版。该书是河南省"八五"社会科学规划重点项目，填补了河南地区没有地方通史的空白。编写组以河南省社会科学院历史研究所的研究人员为主，吸收郑州大学、河南大学的教授参与其中，共襄盛举。编写组成员发扬"十年磨一剑"的精神，几易其稿，终于奉献给读者一部关于河南地方历史的精品力作。本书有以下特点：

一、既注意在全国整体中写河南，又突出河南地方特色

何兹全先生在为该书写的《序》中说："《河南通史》并不是把河南从全国整体中割裂出来，孤立的写河南，而是把河南放在全国整体中来把握，写全国整体中的河南，是和全国、邻省乳水合一中的河南。"这可以说是《河南通史》的一个重要特点。

该书许多章（节）的前面都有全国形势的简要介绍，然后引入河南的内容。例如关于唐后期的藩镇割据，书中写道："唐玄宗时，为了加强对边远地区的管理，曾先后派节度使领兵屯驻边疆。这些节度使和军队，当时又称藩镇或方镇。安史之乱爆发以后，出于平乱和收揽人心的需要，唐朝廷又在内地广设节度使，藩镇遂分布于全国各地。后

来,随着藩镇势力的不断膨胀和朝廷势力的相对缩小,藩镇逐渐控制了军政大权,成为'既有其土地,又有其人民,又有其兵甲,又有其财赋'的割据势力。在这样的大背景下,藩镇割据也在河南地区蔓延开来。"①先从全国大形势入手,然后很自然地转到河南,既不感到突兀,又写出了河南史事发生的大背景。

在谈到具体问题时,也常以河南与其他地区乃至全国作对比。例如人口数量和密度是一个地区经济发达与否的重要标志之一。该书常将河南各个时期的人口数量与其他省份、与全国作比较。如该书讲到西汉时期河南地区人口的增长与分布,说:"据有关资料统计,西汉元始二年,河南地区人口约为1 289.94万人,占全国总人口的22.7%,山东地区人口约为1 210.09万人,占全国总人口的21.5%。而当时广东省约有29.20万人,仅占全国总人口的0.5%,福建省约有3.92万人,仅占全国总人口的0.07%。以人口密度而论,河南、山东两省人口密度为81人/平方公里,河北为32人/平方公里,青海仅为0.13人/平方公里。总之,西汉时期,河南地区人口数量居全国人口数量之首位,人口密度也和山东并列第一。由此可见,河南地区是汉代全国经济最为发达的地区之一。"②

河南所在的中原地区是中华民族的发祥地之一,河南又是中国历史上都城最多、建都时间最长的地区。在某种意义上可以说,河南历史是中国历史的缩影。该书如果写不好,就可能成为"中国通史"。因此,该书的撰写者特别注意突出地方特色,处理好"共性"与"个性"、"全局"与"局部"、"普遍性"与"特殊性"的问题。对于都城在河南的历史时期,尽量不写与河南关系不大的王朝和全国性的事件,对于都城以外河南地区发生的史事则尽可能多写,对于全国性的大事也尽量发掘河南的地方特点。例如东汉初期发生的"度田",是个全国性的事件,该书就写出了河南地区田宅逾制严重、推行度田十分困难的特点:

---

① 《河南通史》第2卷,郑州:河南人民出版社2005年版,第479页。
② 《河南通史》第2卷,郑州:河南人民出版社2005年版,第45页。

"地方官吏度田多不以实,度田以河南、南阳二郡最难实行。因为'河南帝城,多近臣;南阳帝乡,多近亲,田宅逾制,不可为准'。光武帝得知各地度田不实,对舞弊官吏进行了严厉惩罚,大司徒欧阳歙、河南尹张伋及诸郡守10余人被下狱处死,河内太守牟长坐垦田不实免官。"①明代进行赋税制度改革,曾在全国推行一条鞭法,该书也写出了河南推行一条鞭法的特点,并分析了其原因。"河南是推行一条鞭法最早的地区之一。早在嘉靖十年(1531年)黄河以北的新乡等县就已行一条鞭法。"河南之所以能较早推行一条鞭法,其根本原因在于该地区在赋役征发上存在着严重的弊端。一是"飞洒"、"诡寄"之风严重,朝廷无法掌握土地真实数目;二是赋税名目繁多,农民负担沉重;三是地区间存在钱粮不均现象。"正是由于存在上述种种弊端,因而河南地方政府便在赋役制度上进行改革,以期达到均平赋役、保证财政收入的目的。"但是河南地区在实际操作上,尚未普遍做到赋与役的完全合并,就施行情况看,大体有以下几种类型:一为赋与役的完全合并征收,如获嘉、新乡、原武;二是赋和役的分别进行合并,如清丰、罗山;三为役部分摊入赋内征收。书中指出:"一条鞭法实行初期,确实使河南广大少田或无田农民减轻了一些赋役负担,'民以为便'。"②但它并没有真正做到均平合理。

二、注重中国古代历史上一些重大问题的研究

该书注重河南乃至全国一些重大历史问题的研究和阐释。例如中国古代分裂与统一问题,民族融合问题等,该书都用了较多的笔墨,作了较为详尽的记述。关于国家分裂时期统一趋势的问题,该书对战国至秦、魏晋南北朝至隋和宋金至元的统一,都作了详细的记述和阐

---

① 《河南通史》第2卷,郑州:河南人民出版社2005年版,第76页。
② 《河南通史》第3卷,郑州:河南人民出版社2005年版,第410页。

释。书中在记述秦灭韩、魏诸国之后,写道:"秦国自公元前230年灭韩开始,仅用十年时间先后灭掉了韩国、赵国、燕国、魏国、楚国、齐国等六国,结束了诸侯国之间长期的争霸战争,形成了统一的局面。""自春秋至战国的500余年中,中原战火连年,各国人民渴望得到和平。各国所实行的变法,以及错综复杂的关系,使中原各国有相同的封建制度,大体相当的经济和文化发展水平,又构成了七国统一的社会物质基础。秦统一六国后,废除分封制,分天下为三十六郡,并实行一系列措施,结束了中原诸国林立的四分五裂局面,历史进入了一个新阶段。"对秦的统一进行评论,分析了秦统一六国的原因和历史意义。

关于五代至宋元的统一趋势,该书说:"五代既是旧的士族门阀残余势力彻底崩溃的时期,也是一个从分裂走向统一安定的过渡时期。藩镇割据势力由盛而衰,在相互吞噬的兼并战争中,强大的割据势力转化为统一的力量,完成了局部的统一,成为全国重新走向统一的开端。"①又说:"赵匡胤建立宋朝前,中原地区经历了几十年的动荡战乱,给河南人民带来了深重的灾难。百姓迫切要求结束四分五裂的局面,出现一个统一的政权。后周世宗柴荣适应这一形势,他一面轻徭薄赋,一面整军经武,开始进行统一战争。可惜的是,柴荣壮志未酬,便半道崩殂,这一历史重任便落在了赵匡胤肩上。"②国家的分裂和统一,对各地区经济的发展、文化的繁荣有相当大的影响。进行这方面的研究和阐述是很有意义的。

民族融合问题也是中原地区历史上的一个重要问题。河南所在的中原地区是我国古代各民族交会、冲突、杂居和融合同化的重要地区。发生在这里的民族融合一直在进行,最为突出的是先秦、魏晋南北朝和宋金元三个时期。该书的《绪论》和许多章节都涉及这一问题。

关于上古三代的民族融合,该书写道:"早在史前的远古时期,华夏部族、东夷部族和苗蛮部族就在中原地区交会角逐,以黄帝为首的

---

① 《河南通史》第2卷,郑州:河南人民出版社2005年版,第503页。
② 《河南通史》第3卷,郑州:河南人民出版社2005年版,第1页。

华夏部族取得了胜利,其后裔建立了夏王朝。后来原属东夷的商部族逐渐在中原东北部崛起,灭亡了夏王朝,建立了商王朝。其后居住在渭水流域的原属西羌的周部族逐渐强大,东下灭亡了殷商王朝,建立了周王朝。夏商周三代,三个部族在中原地区杂居融合,逐渐成为一体。"①这里,作者打破了夏商周三代同源说,认为夏属于黄帝的华夏,商为东夷族,周为西羌,夏商周的更替反映早期的民族大融合。

关于魏晋南北朝时期的民族融合,书中说:西晋灭亡以后中国北方的少数民族匈奴、鲜卑、羯、氐、羌等"五胡"纷至沓来,在黄河中下游地区建立了许多政权,中原地区出现了胡汉杂居的局面。其间虽然有过激烈的民族冲突乃至仇杀,但也有各族人民的和平共处,一些有远见的统治者曾推行有利于民族和解和融合的政策。经过魏晋南北朝时期的三个半世纪之后,进入中原的北方诸民族完成了汉化和封建化的进程,与汉族在经济文化风俗习惯方面的差异已经消除,甚至在血缘上也融为一体。

第三次民族大融合从五代时期即已开始。在建都河南地区的"五代"诸政权中,后唐、后晋、后汉都是源于突厥的沙陀人所建。沙陀贵族不仅仿照中原汉族的政权模式,而且鼓励沙陀族人与汉人通婚,学习汉族文化,促进了沙陀等族与汉族的同化与融合。金国灭亡北宋以后,特别是金迁都汴京,许多女真人内迁中原。他们与汉人杂处,互通婚姻,改用汉姓,学习儒学,民族特点逐渐丧失。元朝统一全国后,便以"蒙古、探马赤军镇戍河洛、山东,居天下腹心"。于是大批蒙古、色目军士迁入,"与民杂耕,横亘中原"。② 经过长期的杂居交往,至元末明初,蒙古人及维吾尔、回、西夏遗民等色目人已与汉人不易识别。

此外,该书还用了大量的篇幅记述汉族和少数民族的文化交流。

---

① 《河南通史》第1卷《绪论》,郑州:河南人民出版社2005年版,第9～10页。
② 《河南通史》第1卷《绪论》,郑州:河南人民出版社2005年版,第11页。

三、资料翔实,丰富典型

该书资料翔实,言必有据。作者扒梳大量文献资料,使用了大量的正史、诗文、方志和考古资料,而且用起来得心应手,所用资料非常典型。

书中运用最多的还是正史资料。例如:在魏晋南北朝的战乱时期,中原地区存在着许多坞壁,它既是一种建筑,也是一种社会组织。关于坞壁的具体情况,历史记载并不多。该书关于坞壁的记述引用《晋书·孝友传》所载颍川人庾衮为主的坞壁就比较典型。西晋时期发生了八王之乱,庾衮乃率其同族及庶姓保于禹山,被推为坞主,"乃誓之曰:'无恃险,无怙乱,无暴邻,无抽屋,无樵采人所植,无谋非德,无犯非义,戮力一心,同恤危难。'众咸从之。于是峻险扼,杜蹊径,修壁坞,树藩障,考功庸,计丈尺,均劳役,通有无,缮完器备,量力任能,物应其宜,使邑推其长,里推其贤,而身率之。分数既明,号令不二,上下有礼,少长有仪,将顺其美,匡救其恶"。然后作者概括说:"这个坞壁由坞主的同族和同乡庶姓构成,有坞主及一套严密的组织机构和纪律约束。依据山险,修筑防御设施。建立武装力量,完善兵器装备,练习战阵之事。这些都是为了自我保全。史料虽没有明确涉及生产,但戒令'无樵采人所植',说明坞壁不事掠夺,必以从事生产作为生活来源。"后面又引西晋末年,庾衮在林虑(今林州)大头山建坞壁,"衮乃相与登于大头山而田于其下。年谷未熟,食木实,饵石蕊,同保安之,有终焉之志。及将收获,命子怛与之下山"。由此可见,林虑大头山坞壁建在山上,而在山下种植谷物,以其收获维持生计。① 使用这一史料,加上作者的阐释,使读者对坞壁有了较全面的认识。

写大型通史,仅使用正史资料是远远不够的。采用诗文中的资料,不仅扩大了资料来源,而且增加了该书的可读性。例如,书中写到

---

① 《河南通史》第 2 卷,郑州:河南人民出版社 2005 年版,第 233 页。

金元时期河南的瓷器生产,说:"金朝末年蒙古与金国的三峰山之战就在钧州境内,钧州的窑场受到战争的极大破坏,大部分停烧,剩下的也处于奄奄一息状态。但是瓷器是百姓的日常生活用品,所需数量甚多,战争稍稍停歇之后,有些窑场便恢复了烧制。神垕镇(今属禹州)一孤窑遗址中,发现过一件白釉瓷枕残器,上面刻诗说:'老书生,白屋中,说唐虞,道古风。一生事业如春梦,不如蓬门荜户,教几个小蒙童。忽然喧哗一片声,不觉金兵到门庭。'看来在于戈扰攘之际,钧州的一些窑还在艰难地生产。"①瓷器生产在战乱时期是否照常进行,史书不可能记载,此处引用出土瓷器上的一首诗,说明在战乱中瓷窑还在艰难地进行生产,很是难能可贵。又如该书记述元代贾鲁治河,最后又进行了评价。书中写道:"对于贾鲁治河的评价,历史上褒贬不一。"在列举明代的潘季驯、曹玉珂和清代胡渭及近人岑仲勉教授对此举的不同评论之后,写道:"最有趣的是《尧山堂外记》一书中摘引了贾鲁故宅壁间的一首诗,诗云:'贾鲁治黄河,恩多怨亦多。百年千载后,恩在怨消磨。'这可谓对贾鲁治河最公正的评价!"这首诗文字不多,但对贾鲁治河的评论却很有哲理,使人信服。

该书写明清时期至近代,又大量使用地方志资料。例如到清朝初年,商品经济的发展与繁荣不仅丰富了人们的生产和生活,也极大地改变了人们的消费观念与生活方式。商品经济发展的表现首先是"经济作物种植面积扩大和作物品种的增加。这一时期主要的经济作物如棉花、烟草、落花生和传统的红花、靛蓝等,均在各地得到普遍的种植"。"棉花种植在明末已经相当普遍,所谓'中州沃壤,半植棉花。'到乾隆时期,河南更成为全国最主要的棉产区之一,范围广,产量高,在农村经济结构中占有重要的地位。""河南府植棉业之所以不断扩大,原因是'收花之利,倍于五谷等,……棉花已经成为人们重要的经济来源'"。除棉花以外,还有烟草、药材、蚕丝等经济作物的种植情况,都是

---

① 《河南通史》第3卷,郑州:河南人民出版社2005年版,第272页。

依靠地方志资料。① 书中记述近代河南地区农产品商品化的扩大、手工业和商业的新发展,也都使用了许多县志和省志资料。② 以前的通史著作使用方志资料不多,写明清至近代史大量使用地方志资料,也是该书的一个特点。

前人治史,提倡"双重证据法",即将文献和考古相结合。本书也采用了这种方法。除大量运用文献资料外,也大量使用考古资料,特别是先秦至汉唐,书中采用了不少考古新材料。如近年发现的中国迄今发现最早的夯土城——郑州西山仰韶文化城,河南地区的几座龙山城,本书中都有所记述。关于商代后期的历史,则用了大量的甲骨卜辞材料和郑州商城、偃师商城和安阳殷墟的考古发掘材料,西周历史则运用了一些金文资料。书中还用文献材料和考古材料进行互证。例如周公营建洛邑是西周时期河南历史上的一件大事,本书在写这件史事时,既用了《尚书》中的《召诰》、《洛诰》和《逸周书·度邑》等文献材料,又用了出土青铜器《何尊》铭文,③使人感到既真实又完整,有很强的说服力。

四、注意吸收最新成果,观点多有创新

该书吸收了不少学术界的新成果。书中《先秦大事年表》中的一些大事的年代采用了《夏商周断代工程 1996～2000 年阶段成果报告》(简本)的研究成果。

关于中国文明的起源问题,以前学术界多认为夏王朝的建立是中国进入文明社会的标志。近年来一些学者经过深入研究,提出传说中的五帝时期,考古学中的龙山时代,中原地区已经出现了早期国家,中华文明应从这时开始,从而将中华文明提前了近千年。该书吸收这些

---

① 《河南通史》第 3 卷,郑州:河南人民出版社 2005 年版,第 580～583 页。
② 《河南通史》第 4 卷,郑州:河南人民出版社 2005 年版,第 73～80 页。
③ 《河南通史》第 1 卷,郑州:河南人民出版社 2005 年版,第 287～288 页。

新成果,写了"龙山时代早期国家的形成"一章,并进行了详细地阐述。①

关于秦汉县以下地方机构:"史书说得较笼统:'大率十里一亭,亭有长。十亭一乡,乡有三老、有秩、啬夫、游徼。'"该书使用了新近出土的简牍材料,又引用了学术界的最新研究成果,将这个问题阐述得很清楚:"随着研究的深入和新材料的发现,人们方认识到,乡和亭是两种不同性质的机构。近年出土的《尹湾汉墓简牍·集簿》记载:'乡百七十,□百六;里二千五百三十四,正二千五百三十二人。亭六百八十八,卒二千九百七十二人;邮卅四,人四百八,如前。'显然,乡与里属于一个系统,是垂直的上下级关系;亭与邮属于一个系统,也是垂直的上下级关系。简牍中的□,有学者断定为'仓'字,指'乡中管理税收、仓库的员吏'。'三老不是行政职务,亦无俸禄',在编乡官为有秩、啬夫、游徼、乡佐②里有正;亭有长,有亭夫、求盗等卒吏;邮有邮人,其职掌与秦代大体相同。城市之乡称都乡,城市之亭称都亭,乡村之亭称乡亭。③ 这些,构成了县以下的基层行政和治安组织系统。"④

该书作者都对河南的历史研究有素,书中也充分反映了他们的研究成果,而且在不少方面丰富了中国历史的研究内容。如关于汉代的诸侯国.如西汉前期的梁国和淮阳国国土广大、地位重要。前人研究不多,该书则进行了系统简要的叙述。该书作者先后发表过《西汉梁国史初探》和《论西汉梁国的都城迁徙》等研究论文,在书中专门写了《西汉前期的梁、淮阳二国》一目,叙述了梁国的兴衰和淮阳国的变迁。⑤ 又如西晋灭亡后,中国北方进入五胡十六国时期,但是在今河

---

① 《河南通史》第3卷,郑州:河南人民出版社2005年版,第90～103页。
② 朱绍侯:《〈尹湾汉墓简牍〉解决了汉代官制中的几个疑难问题》,许昌师专学报,1999(1).
③ 高敏:《秦汉"都亭"考略》,秦汉史探讨,郑州:中州古籍出版社1998年版,第224～240页。
④ 《河南通史》第2卷,郑州:河南人民出版社2005年版,第21页。
⑤ 《河南通史》第2卷,郑州:河南人民出版社2005年版,第24～28页。

南省境内建立的国家只有丁零人建立的翟魏和鲜卑人建立的南燕。前者国小祚短,不在"十六国"之内;后者虽为十六国之一,但建国不久即迁至山东,因而不被史家所注意。该书作者对这两个政权进行了深入的研究,发表过《内迁丁零人与翟魏政权》等论文,从而在该书中写了"翟魏政权的兴亡与南燕政权的初建"一节。①

又如河南西夏遗民的族属问题。西夏遗民是指曾经建立过西夏王朝的党项族人,西夏灭亡后,党项人被蒙古人称为"唐兀",他们与维族、回族都被列入色目人中,后来又融入汉族。作者通过实地考察,发现了《大元赠敦武校尉军民万户府百夫长唐兀公碑铭》、《杨氏家谱序》和《重修杨氏家谱序》,又与传世文献《述善集》相对照,说明"杨姓并非入明以后才赐姓,杨姓是自然同化的结果,不带有任何的强迫性质,这和河南蒙古、维族、女真遗民的情况不同";"河南的西夏遗民自称蒙族,实际上他们应称作西夏遗民"。② 纠正了前人的错误。

无庸讳言,该书虽然有以上特点和长处,但也存在一些不足。首先是书中有些观点还值得斟酌和商榷。例如关于全国经济重心南移的时间问题,该书作者认为:从秦汉迄唐代前期的上千年中,河南所在的黄河中下游地区一直处于全国经济的重心地位;但是安史之乱以后,"整个南方的社会经济,从农业、手工业到商业、都会,继续得到加速发展,而大河南北却'戎事方殷',大批劳动力流亡南移,或'释未执兵',社会经济停滞甚至萎缩。在南北经济的彼此升降之间,经济重心从黄河流域稳健、逐步地转移到长江流域"。"但是全国经济重心的南移是一个缓慢的历史过程,它的全面完成则在南宋时期"。③ 我们认为,全国经济重心南移不是始于唐朝中期的安史之乱,而是在三国时期即已开始。三国时期吴蜀两国在长江流域建立政权,促进了当地的经济开发,长江流域的经济已开始出现上升趋势。该书曾写道:"早在

---

① 《河南通史》第2卷,郑州:河南人民出版社2005年版,第224~226页。
② 《河南通史》第3卷,郑州:河南人民出版社2005年版,第315页。
③ 《河南通史》第2卷,郑州:河南人民出版社2005年版,第572页。

东晋以后,江南农业就逐渐超过北方。"①尽管当前学术界对这一问题有各种不同认识,但是该书的观点仍有继续探讨的余地。其次,该书在有些部分写得还不够充分,例如第一卷,春秋战国部分与史前和夏商周三代相比就显得比较单薄,还可以充实内容。其三,该书尽管九次校对,但仍有个别错字。但这不过是白玉微瑕,不影响全书的学术价值。

"以史为鉴,可以知兴替。"河南地处中原,历史悠久,文化灿烂,是中华民族的重要发祥地。研究和撰写河南历史不仅有很高的学术价值,也有很重要的现实意义。当前要实现中原崛起,民族复兴,要借鉴历史经验。该书的出版发行,可使人们对河南省情有更深的了解,也给广大读者提供了一部爱家乡、爱祖国教育的好教材,无疑是可喜可贺的。

---

① 《河南通史》第3卷,郑州:河南人民出版社2005年版,第585页。

《述善集·伯颜宗道传》补正

《史学月刊》2000年4期发表了我点注的《伯颜宗道传》，原文是根据残本《述善集》，故其中有几处字迹漫漶不清，皆用□□补空。该文发表后，我才见到完整本《述善集》，所载《伯颜宗道传》字字清晰，并无漫漶之处，据以补正如下：

9页右26行："迁儒□□□宜可谓不知天命矣。"文中"□□□"为"不达事"三字。全文为"迁儒不达事宜，可谓不知天命矣。"

9页右27行："□□此否，更道一不顺，只消一刀耳。"文中"□□"为"汝见"二字。全文为"汝见此否，更道一不顺，只消一刀耳"。

10页右11行："诚所谓无文而兴□欤！"文中"□"为"者"字，"无文而兴"，"文"字下缺一"王"字。全文为"诚所谓无文王而兴者欤！"

10页右12～13行："侯□□□□□唐兀崇喜颇知梗概。"文中有五个"□"，实际只缺"之姻家有"四个字。全文为"侯之姻家有唐兀崇喜颇知梗概"。

10页13～14行："亦为同郡，遂起……（以下有近三十个字漫漶不清）。"实际"亦"字前尚缺一"予"字，"遂"字下无"起"字，以下所缺仅"录其忠节以传于后世矣"十个字。全文为"予亦为同郡，遂录其忠节，以传于后世矣。"据此补文，可以断定《伯颜宗道传》的资料是由唐兀崇喜提供的，而作者乃是与伯颜宗道、杨崇喜同时代、同郡人，具体是谁还难于断定。在此还涉及《伯颜宗道传》的写作时间问题。《伯颜宗道传》后的落款时间是"大明正德十六年（1521年）五月吉旦（初一）。看来这并不是写作时间,而是将《伯颜宗道传》录入《述善集》的时间。

最近我还看到了《正德大名府志》卷十《伯颜宗道传》,无作者姓名和撰写时间,与《述善集·伯颜宗道传》两相对照,绝大多数文字相同,前者可能是后者的蓝本,但两者的文字也稍有不同,除个别字由于形相近而致讹外,仅就其重要者列举于下:

1. "有来者应答如响",《大名府志》本作"有来问者应答如响"。

2. "于是颜先生之名,溢于河朔。"《大名府志》本作"于是伯颜先生之名,溢于河朔"。

3. "使汝为王官,不犹于受伪命乎?"《大名府志》本作"使汝为王官,不犹愈于受伪命乎?"

4. "坐一贼提刀而起",《大名府志》本作"坐有一贼提刀而起"。

5. "追封范阳郡伯",《大名府志》本作"追封范阳郡侯"。

7. "所谓无文王而兴者",《大名府志》本作"所谓不待文王而兴者"。

8. 差别最大的是结尾部分,陈高华先生在《读〈述善集〉选注(两篇)》中已引用其尾部全文,此不赘。在此对高华的指正表示谢意。

一部新"两汉书"面世

——略谈《汉碑全集》的史学价值

河南美术出版社于 2006 年 8 月出版了由古文献专家徐玉立任主编的《汉碑全集》（八开本，精装六卷）。该书从选题策划到搜集资料，再到编校印刷，历时 10 年，耗资 300 万元，在今年 8 月 30 日开幕的第 13 届北京国际图书博览会上，在 9 月 26 日于北京石刻艺术博物馆召开的《汉碑全集》出版学术研讨会上，受到各方面专家的赞誉。

《汉碑全集》的出版是中国出版界的一件大事，它具有多方面的学术价值，为古文字学、古代文学、音韵学、民俗学、书法学、历史学、考古学、金石学等的研究，提供了极其珍贵的第一手资料。我是研究秦汉史的，故想从汉史研究的角度谈一谈它的学术价值。

汉代是中国中央集权制统一国家建立后出现的第一个发展高峰期，对后代历史产生了极其广泛而深刻的影响，如汉字、汉语、汉文化、汉民族等等都因汉朝而定名，汉代的政治、经济、军事、文化、教育等制度也多为后世沿用，所以中国史学界非常重视对汉史的研究。但研究汉史最大的障碍是历史文献不够充分，如仅靠《史记》、《汉书》、《后汉书》、《三国志》所谓"前四史"以及《前汉纪》、《后汉纪》、《东观汉记》和汉人著作，如贾谊《新书》、陆贾《新语》、王充《论衡》、桓宽《盐铁论》、班固《白虎通义》等，不可能深入解决汉史研究中存在的诸多疑难问题。幸赖汉代简牍、汉代碑刻的发现，才为汉史研究开创了一个新局面。过去都认为"正史"是第一手资料，其实"正史"是经过史学家加工过的历史文献，与那时的真实历史颇有出入。而汉代简牍、汉代碑刻才是更为真实的第一手资料。尽管墓志中存在有过多的谀美之辞,但其所记的官制、家族世系、历史年代等还是真实的。所以研究汉史的人非常重视利用简牍和碑刻等资料以补史、证史、纠史。汉代简牍已出版过几种汇总的集子。如:《居延汉简》、《敦煌汉简》、《武威汉简》、《张家山汉墓竹简》、《尹湾汉墓简牍》等等,使用起来很方便。关于汉代碑刻虽然也出版过几部专著,但由于碑刻过于分散,很难出版全集。河南美术出版社克服种种困难,聘请碑刻名家徐玉立先生为主编,出版了《汉碑全集》,真是功在当代,造福后世的盛事,诚可谓功德无量。下面我想针对汉代碑刻在补史、证史、纠史等方面的学术价值,谈谈自己的浅见。

一、补 史

例一:《侍廷里父老僤买田约束石券》记的是私办社僤组织,是史书中所不见的。文中记载了僤的领导成员里父老、祭尊、主疏、里治中等,还记有社僤集体集资61500钱,共买田82亩,其收入供社僤的开支,父老只有使用权,所有权属集体,父老职务更替时,使用权可以下传。这种私办社僤组织及集体土地所有制,正史都没有记载,可以起到补史的作用。

例二:《五凤二年刻石》铭文:"唯汉五凤二年,鲁卅四年六月四日,司隶校尉卜伊讨北海,四十战。卒上谷,火葬家焉。"上引铭文字数虽不多,但提供了不见于史书的许多信息。1.我研究两汉司隶校尉多年,共发表四篇论文,根据史书对两汉所有司隶校尉都做过简要介绍,但未见有卜伊其人;2.卜伊以司隶校尉身份镇压北海叛乱,这是一种非常行为,文中说有"四十战",说明北海叛乱规模很大,也足以说明北海事件的重要性;3"卒上谷,火葬家焉",说明在汉代已有火葬习俗;4.北海在今山东昌乐县,当时可能属于鲁国,故用鲁年号。上谷在今河北省怀来县东南,可能是卜伊的家乡。以上所说的四点信息,《汉书》均无所记,全赖碑刻以补史书的遗漏。

二、证　　史

例一：《石门颂》说"高祖受命，兴于汉中，道由子午，出散入秦"证实了刘邦入关、出关的行军路线。按《史记》、《汉书》都说刘邦入关"从杜南入蚀中"，胡三省注《通鉴》已不知蚀中的所在，而说此蚀中"若非骆谷，即是子午谷"。关于刘邦出定三秦的路线，清人严如熤在《三省边防备览·策略篇》中说刘邦"来南郑，由故道经留坝至褒城，其出定三秦，栈道已焚，由略阳、徽、凤至宝鸡，从褒谷进，从略阳出也"，也是把路线搞错了。而《石门颂》则证实刘邦入南郑走的是子午道，出定三秦，由于子午栈道接受张良意见已被烧绝，故改走褒斜道。刘邦入出汉中的行军路线，由《石门颂》而得到证实。

例二：四川犀浦《薄书残碑》证实汉代确实有众多的奴隶存在。《薄书残碑》记有土地、房舍、牛、奴婢的价格，为汉代经济史研究提供了真实可靠的第一手资料。最值得注意的是，残碑所记的二十余家的人户中，有五家蓄有奴婢，其中有奴婢七人者一户，有奴婢五人者四户。这五家有奴婢者，都是中等人家，而非豪门大户，由此可以说明汉代有大量奴婢存在是不容怀疑的。过去在汉代社会性质研究中，主张汉代为封建社会论者，不承认汉代有奴隶，即使有也只有家内的奴隶，而非生产奴隶；主张汉代为奴隶社会论者，认为汉代有大量奴隶，既有家内奴隶，也有生产奴隶。《薄书残碑》以无可辩驳的资料说明，汉代确有众多的奴隶。但有奴隶也不一定说明汉代就是奴隶社会，因为封建社会初期奴隶制残余的存在是不足为怪的。

三、纠　　史

例一：《曹全碑》纠正了《汉书·疏勒传》中的很多失误。1.《曹全碑》说疏勒领袖和德是弑父篡位，《疏勒传》则说和德是疏勒王季父；2.《曹全碑》说讨和德者是戊部校尉曹全，《疏勒传》则说讨和德的是戊己校尉曹宽;3.《曹全碑》说和德面缚归死,《疏勒传》则说和德攻桢中城四十余日不能下,引去。碑文纠正了史书所记载的和德为疏勒王之季父,讨和德者为戊己校尉曹宽及和德"引去"之误。

例二:碑文纠正史书人名之误。据《后汉书·孔融传》记载,孔融之父为泰山都尉孔伷,而《孔宙碑》记载,孔融之父为孔宙,"字季将,为汉泰山都尉",据《三国志·魏书·武帝纪》记载,东汉末确实有一位孔伷,任豫州刺史,陈留人,而非孔融之父。孔融父名应以碑文为准。又《华阳国志》卷十、卷十二均记载桓帝时的司隶校尉为杨准,字伯邳,而《杨淮表摩崖》铭文则记为"司隶校尉杨君,厥讳淮,字伯邳","准"、"淮"虽是一点之差,碑文则纠正了史文之误。

以上所举两例我们均断为史书有误,为什么不可断为碑文有误呢?因为碑文是当时人记当时事,而且碑文写成后碑主的家人还要过目,故碑主的名字是不能有误的,误者必能立时改正。而南朝宋人范晔是在二百四十年之后才著《后汉书》,东晋人常璩撰《华阳国志》成书于永和四年至十年(348—354年),距东汉已有一百三、四十年,尽管范、常二位史学家撰史也有档案和家史等文献资料为据,但年深日久难免有转抄之误,故我们断言碑正史误,绝非无稽之谈。

由于时间所限,对补史、证史、纠史各项只能仅举二例,其实何止二例,二十例、二百例也不足说明问题。我们可以这样说:《汉碑全集》共收录碑刻285种,合计360件,其中每件碑刻都有大小不同的史料价值,因此我们有充分的理由说:《汉碑全集》的出版,就等于出版了六卷本第一手资料的"两汉书",对汉史的研究必将起到积极的推动作用。最后,我想从出版的角度来评价一下《汉碑全集》。

(一)从装帧设计、版式设计到印刷、校对都是一流的。装帧设计大方厚重,与书的内容相为表里,具有浓厚的学术气息。印制精良,既有通碑的全貌,又有局部展示,保存了汉碑的原始状态。校对细致,没有发现失误。

(二)虽然说《汉碑全集》的"全"是相对的,但全到这种程度已属难能可贵。从《后记》中得知,为搜集汉代碑刻,得到了中国国家博物院、故宫博物院、济宁市博物馆、天津历史博物馆、河南博物院、新乡市博物馆、山东省博物馆等34个单位及私人收藏家的大力支持,作为读者我也表示衷心的感谢,但若是没有碑刻专家提供可靠的信息,也不可能收集到如此全的汉代碑刻。《汉碑全集》的出版,给各种学术研究提供了方便,可谓一书在手,就掌握了汉碑的全貌。

(三)注重科学性,《汉碑全集》所用的拓片都经过了慎重的选择、考证,力求用最原始,现存最早、最好的拓片,不得已而用翻刻本时,也都作了说明。《全集》选材的慎重还表现在剔除了伪刻,如《朱博残碑》、《王尊颂碑》、《娄君卿假贷刻石》等伪刻均未收录,给读者提供的是科学、可靠的真品。对所收的真品均有图片、注释和介绍说明,具有很高的学术含量和第一手资料价值。

《世界叶氏总谱》序

世界叶氏联谊总会决定编纂一部高规格、高质量、高水平,贯通古今,涵盖中外的《世界叶氏总谱》。这是一项彪炳千古,流芳百世,工程浩大的千秋伟业。它弥补了叶氏族谱中的一大空白。有了这部《世界叶氏总谱》,就可以使叶氏宗亲寻根续脉,认祖归宗有了行动的指南,真是功在当代,造福后裔的宏伟大业,笔者作为外姓人,当然乐观其成,并以此小序表示衷心的祝贺!

我在通览《世界叶氏总谱》(以下简称《总谱》)之后,对于世界叶氏联谊会及本谱主编的高瞻远瞩的眼光,囊括四海的心胸,表示十分敬佩,对编好《总谱》所提出的宗旨、目的不但对编写《总谱》有指导意义,就是对其他族姓编纂族谱、家乘也有借鉴价值,应该把它看做是族谱研究的科学结晶。

《总谱》的《世系卷》明确指出编纂的宗旨:"在于从宏观上清理和掌握我族各房派古往今来的繁衍大势。由此代始,为后代子孙的建立正确无误的世系,为促进海内外各地族人寻根谒祖提供方便。谱系突出始迁祖、开基祖姓名及何时何地自何地迁移至何地,及人口数目,杰出代表性族人介绍。"我认为《世系卷》所提的宗旨,就是《总谱》的宗旨,因此《总谱》把它列"重中之重的主题"。《总谱》所提编纂宗旨,从文字看似很简单其实提出四大项必须实现的艰巨任务:一是从宏观清理和掌握叶氏各房派古往今来的繁衍大势。这一宗旨说起来容易,作起来实难。由于叶氏是个大族,人口遍布世界各地,尽管是从宏观上理清其繁衍大势,也会是困难重重,但从客观上说条件也是具备的,因为国内外叶氏宗亲已踊跃献出各自的族谱,编辑人员只要认真细致地研究各地族谱,是能够理清其繁衍大势的。二是突出始迁祖,开基祖姓名及何时、何地迁至某地的问题,其难度不低于第一个问题。但由于有各地族谱作根据,各地始迁祖、开基祖的迁移问题,最终也会解决。以上两个问题解决了,为后代子孙建立正确无误的世系,为促进海内外各地族人寻根谒祖提供方便的问题,也就迎刃而解了,所以我认为,《总谱》所提出的编纂宗旨虽有很大的难度,但肯定是可以实现的。

与编纂宗旨密切相关的,就是编纂《总谱》所达到的目标问题。按世界叶氏联谊总会的要求,是要编成一部"立足中国,面向世界为叶姓举族宗人寻根溯源,认祖归宗,联宗接支的大型族谱。"为达此宏伟目标,《总谱》共设《序跋卷》、《祖源卷》、《世系卷》、《人物卷》、《艺文卷》、《祭祀卷》、《鸿名卷》、《通鉴卷》共九卷。"以求全面、准确地反映我族先人刚强有为,自强不息,忠贞爱国,清白传家的历史及其对国家民族的贡献,激励后人树立的爱国主义为核心的民族精神。"这就是说,在编辑《总谱》的宏伟目标中,既要全面、准确地反映叶族先人的种种可贵的精神及对国家民族的贡献,又要激励后人树立以爱国主义为主的核心精神。当然"广采众学,蓄养品德,给后代以借鉴和训戒,号祖敬宗,以身立德",来宏扬以伦理道德为核心的中华民族优秀文化传统,也是编纂《总谱》所要达的主要目标,最后要使"千年血脉归于一本,万里胞泽汇为一家",让全世界叶氏宗亲在高标准的道德基础上,实现叶氏宗亲的大团结。这样的目标,是非常宏伟而崇高的。

为了编好《总谱》,编委会还制定几项必须遵守的原则或准则,其一就是以尊重历史,实事求是为准则。上溯本源,血脉清晰,按序列叙述,不带偏见,客观立论,完成一部较为准确,源流有本,辈分有序,恢弘祖德,教育后裔的《世界叶氏总谱》。上述准则,应该说是所有姓氏编纂族谱时必须遵守的原则。要尊重历史,实事求是,溯本清源,辈分有序,立论客观,不带偏见,只有这样,才能编出一部令族人满意的、具有高度科学价值的《总谱》。

　　第二项原则就是："多说并存，求同存异"。这项原则好像和第一项原则是矛盾的，其实并不矛盾。因为编纂族谱与科学研究不同，科学研究只能有一个正确答案，而编纂《总谱》则必有兼蓄并容的包容精神。如叶氏家族历史悠久，渊远流长，人口众多，遍布世界各地。有很多的分支和派系，而且各分支、派系都编有自己的族谱。由于有时间、空间差异及人为因素的不同，原来所编写的各自族谱必然有所不同，现在要编纂《总谱》，一方面要尊重历史，正本清源，一方面也要尊重原有的各系派的族谱，从主观上讲，任何人都无权改写人家的族谱，从客观上讲，尽管你认为你的考证的结论是科学的、正确的，人家还是坚持原来的意思，你也是没有办法去改写人家的家谱，所以要编写《总谱》必须坚持"求同存异"的原则，才能被所有族人所接受。

　　所谓"求同存异"，就是求大同，存小异。什么是"大同"，就是承认叶性始祖是叶公子高（沈诸梁），这就是"大同"，也就是前提。没有这样的"大同"，他就不可能入叶姓宗谱，什么是"小异"？ 就是"大同"之外的问题都是"小异"。如叶姓祖源问题，这是编纂《总谱》不能避开的问题，因为叶氏的旧谱中就存在叶姓之沈与姬姓之沈的争议，尽管现在有些学者对叶姓祖源为姬姓论之凿凿，但主张叶姓祖源为姬姓之沈者并不服气，那只有用"存小异"的原则来处理。因为只要承认叶公沈诸梁是叶姓始祖的"大同"，《世界叶姓总谱》还是可以编下去的，存此"小异"，并不影响编《总谱》的全局。

　　还有在各地叶氏族谱之前，都请名人写过序言，如蔡邕赞作《南阳叶氏大成宗谱序》、叶法善作《浙江松阳叶氏谱序》，编《总谱》时，对这些《序》当然要作认真的考辨以辨其真伪，但考辨的结论并不一定为原谱主人所认同，编辑者也不可能改动人家的谱序，那只有以"求同存异"的包容精神把人家的原序存录下来，这同样也不影响编《总谱》的大局。总之，我认为凡是学术界和各地族谱中存有不同的争议，都应该把不同意见的交点交待清楚，以使后人继续研究鉴别。

　　三是男女平等、人人平等原则

旧社会编写家谱最大的失误是重男轻女，只准许男系子孙入谱，而女系后裔则被排除在外，这是旧社会造成的结果，新社会已是男女平等，《总谱》规定凡叶姓子、女均可入谱，而还规定女婿也可入谱，这反映了《总谱》与时俱进的精神，纠正了旧社会编谱的陋习。

《总谱》也体现了人人平等的精神，旧社会编谱等级观念明显，达官贵人占据了族谱的主要位置，平头百姓难显其名。《总谱》则规定："不讲官爵高低，德业并重"。具体地说："尤以心怀天下，忠贞爱国，廉洁奉公为重点，褒扬维护民族利益，祖国统一，振兴中华，建功立业，流血牺牲的英雄人物，对各行各业有突出成就，孝子贤媳，见义勇为者。"其功德业绩均可载入《总谱》。

以上所列举的修谱宗旨与原则，是与修《总谱》的目的相一致的。修《总谱》的目的是"统其字辈，以正昭穆，便于交往，促进族谊"，"在于不忘祖先的功德与良训"。有了上述的修谱宗旨与原则，才能使修《总谱》的目的得以实现，才能吸收各支谱的精华及学者的研究成果，纠正各种谬误又"求同存异"，打造出一部贯通古今，百科全书式的叶氏《总谱》。

中国古今哲人一向重视修谱工作，认为研究族谱"可以知道人类社会发展的规律"。江泽民认为"《族谱》文化是中华民族的传统文化，收集研究《族谱》，有助于中华民族的团结和中华文化的传播，研究《家谱》可增凝聚力……也有利于祖国的统一。"世界叶氏联谊总会要以历史唯物主义的观点和方法，用科学的理念，以人为本的精神来编纂叶氏《总谱》，我相信一定会给叶氏历史文化注入新的生机，升华一个新的境界。笔者以极大的热情期待着全新的《世界叶氏总谱》的面世。

《嫘祖文化研究》序

2006年9月的一天,素昧平生的高沛先生风尘仆仆地来到我寓所,邀请我参加当年10月份在西平县召开的嫘祖文化研讨会。嫘祖故里在西平?我不大以为然。但见他满头大汗,一脸诚恳,我也不好再说什么,反正我不会应邀前往的。可等我看了他带来的论文和《水经注图》、《武威汉简·王杖十简》影印件,还有据说是文物部门从吕墟(即西陵亭)遗址上拣选到的文物标本时,我感动了,几十年寻求嫘祖故里的梦又被唤醒。于是,我答应了他的邀请。

西平嫘祖文化研讨会召开至今,转眼间一年过去,如今论文集《嫘祖文化研究》就要出版了,高沛先生又邀我为论文集作序,盛情难却,我只好从命。

《嫘祖文化研究》集结着全国多所院校、科研单位的历史学家、考古学家、民俗学家、历史地理学家、姓氏学家等的论文51篇。作者以严谨的态度,实地考察,旁征博引,发表了各自独到的见解,具有很高的学术价值,这将给嫘祖文化的研究带来重大而深远的影响。

嫘祖文化近年来引起如此众多专家学者的密切关注,至少有下述几个原因

一是作为远古传说人物,历史记述本不详尽,加上数千年来男权社会对女性历史功绩的肯定及人格尊重不够,造成了对女性文化的记述和研究少之又少,而且多有不公。今天,能在全国出现嫘祖文化研究热,不能不说这是历史发展的一大进步。

二是近些年来,伴随全球经济一体化的进程,泊来文化大量涌入,严重地冲刷着我们民族的记忆,"人们心里面的中华传统丢失得太多,外来的文化水土不服,出现了社会上的文化饥渴。"①不少有识之士在困惑中沉思,在沉思中清醒,这是不能等闲视之的大问题。随之出现了自上而下的全民族保护物质文化和非物质文化遗产的大规模行动。在这种情势下,出现嫘祖文化研究热,当然也在情理之中了。

三是中华民族源远流长,尽管朝代更替,分分合合,但历史绵延数千年而传统文明从未中断,这在世界上是独一无二的。其重要的原因之一,就是华夏儿女对炎黄文化的认同,炎黄子孙同祖同根,这是凝聚中华民族永不衰败的根本所在。炎黄二帝是中华人文始祖,嫘祖同样是中华人文始祖,这不仅是血脉的传承,也是文化的认同。

四是嫘祖发明了植桑养蚕,缫丝制衣,和黄帝一道开创了中华男耕女织的农耕文明,被后人祀为先蚕和祖神(旅游之神)而世代尊崇。她自强不息,开拓创新的精神永远是激励华夏儿女奋斗的动力。面对经济全球一体化的浪潮,继承发扬这种精神显得尤为重要。

五是嫘祖所属的西陵氏族是炎帝部落的一个支族,黄帝和嫘祖的结合,在炎黄两大势力的融合上起了催化作用。在靠战争夺天下的时代,嫘祖却以另外一种方式协助黄帝征服人心,那就是传播植桑养蚕、缫丝制衣的先进技术,教化文明,崇尚和谐,让百姓得到实惠,从而对黄帝感恩戴德,归顺有熊氏,并逐步建成大一统的华夏文明。这对于今天构建和谐社会仍具有借鉴意义。

六是中国人经过近 30 年改革开放的努力,社会财富大量增加,人民生活水平普遍提高,社会消费结构也悄然变化。加上全球经济一体化诸多因素的影响,促使中国旅游业得到了迅速发展,旅游文化、文化旅游的内涵在人们心目中也随之拓宽和提升。有人说文化是很硬的软实力,也是促进社会和经济发展的重要因素,因此出现了整合文化资源,精心培育文化经济优势,大力开发创意性文化产业的热潮,这是

---

① 许嘉璐:《中国传统文化与现代文明》,《炎黄天地》2006 年第 2 期。

嫘祖文化研究热出现的重要背景。

关于嫘祖故里之地望,论文集里绝大部分文章都涉及这个比较敏感的问题。就全国而言,说当地是嫘祖故里的地方不下12处,而且还有增多之势。这么多的地方争说嫘祖故里,用一句简单的"争夺资源"来概括,似乎不那么简单。因为中国是丝绸之乡,在长达几千年的农耕社会,植桑养蚕几乎覆盖了中国每一片国土,丝绸是中国古代文明的象征之一。嫘祖作为植桑养蚕的发明家,服饰文明的创始人,胸怀满天下,足迹遍中华,一生追随黄帝,走到哪里,便把植桑养蚕、缫丝制衣的技术推介到哪里,她的业绩,她的功德,她的形象在人民群众中留下了难以磨灭的印象,并世代口耳相传,作为神灵顶礼膜拜,这就是在长期的农耕时代,嫘祖庙遍及全国,祭祀活动上至皇家下到普通百姓广泛参与的原因,所以全国出现了嫘祖有众多故里现象。要说这是件好事,它从另一个方面证明嫘祖文化影响之深远。是的,嫘祖功盖华夏,凡是其足迹所至都有嫘祖传说流传,不乏嫘祖生活遗迹存在。但从严格意义上讲,出生地只能有一处,换句话说,故里应该只有一处,而且出生地肯定故里。嫘祖文化也有原生地和次生地之别。新郑黄帝故里学者刘文学、赵中祥在论及嫘祖故里时提出四条原则:(1)某地必须有西陵地名,这个地名秦汉之前已有,而且史有记载;(2)与轩辕丘所处的位置远近适当;(3)有考古文化支持;(4)当地嫘祖有传说故事及植桑养蚕的风情民俗。从现有的论文看,几乎所有的作者在谈到嫘祖故里时基本上都同意这种观点。"嫘祖究竟出生于何方,从现有资料看,西平最有条件胜出。"①数千年的民俗传承与文献、考古相对应,充分说明嫘祖是实实在在的人,她只有一个出生地,那就是河南省的西平县。首先,《武威汉简》明确记载现在的西平县在西汉河平年间为"汝南西陵县"。简牍这个资料才是最权威的。我们过去研究汉代的历史都认为《汉书》是第一手材料,其实那是已经学者、历史学家加工整理过的史书,像简牍这样的资料才是真正第一手的、没有经过

---

① 王楚光:《人民政协报》,2006年11月2日。

加工润色的原始档案。当然,勿庸置疑,《史记》、《汉书》是我们研究前汉史的根据,但是也不可否认,它里面好多是加了工的,比如"乡、里、亭、邮"制度,乡是一系统,亭是一系统,古书上讲"十里一亭,五里一邮",现在从简牍上来看就不完全是那么回事。它是根据人口密度来决定的,有的地区在边境地就不设亭这一级。所以,史书是经过文字加工典型化了的资料,有时并不十分准确。而《武威汉简》是出土文物,所以,最具有权威性、不可替代性,说明汉代西平确实称西陵。如果没有《武威汉简》这一条,嫘祖出生地在哪里就不好说,因为《史记》虽指出嫘祖是西陵之女,但并未说西陵在何处,而且这个争论由来已久,分歧很大,你凭什么说西平就是古西陵?再一个材料就是《水经注·沅水》载:"县,故柏国也,《春秋左传》所谓江、黄、道、柏方睦于齐也。其西吕墟,即西陵亭也,西陵平夷,故曰西平。"这段话证明,西平原来叫西陵,后来西陵平夷改为西平。这个材料和《武威汉简》联系起来看,也是相当准确的,可靠。有了这个材料,所以后面的《三国志·和洽传》中提到的"西陵乡",清人杨守敬、熊会贞《水经注疏》中说的西陵亭和西汉西陵县是一脉相承的,当然也顺理成章可以作为根据了。再加上1984年文物普查时发现的西平县董桥遗址,即郦道元称作吕墟的地方,是一处新石器时代遗址,总面积达48万平方米,出土有与黄帝、嫘祖生活年代相当的仰韶、龙山文化时期的生产工具和生活用具,包括用来抽丝捻线的红陶纺轮,这就更有说服力了。还有一点也相当重要,那就是黄帝故里和嫘祖故里的距离。远古时代,由于气候恶劣,加上山川、河流、湖泊、沼泽的阻隔,造成人烟稀少,无人地带面积大,人类活动的半径小。试想:大禹治水离黄帝时代相去千年,当时仍然是洪水遍地,何况黄帝时代呢!再者嫘祖是黄帝的发妻,按常理当时黄帝应该还很年轻,华夏尚未一统,他的势力范围主要在黄河流域的中原地带,他的主要精力也在中原,还要对付蚩尤作乱,在这种情势下,跑到他势力范围千里之外的地方去娶亲几乎是不可能的。而西平嫘祖故里和新郑黄帝故里仅距120公里,两个部落属地缘性联盟,是通婚族,嫘祖又才貌双全,通婚合情合理。另外,西平地处亚热带向暖温带过渡地区,气候温和,雨量充足,适宜植桑养蚕。千百年来西平不仅流传着大量的嫘祖传说和植桑养蚕的风情民俗,还有独特的祭祀嫘祖文化。所以无论从历史学、考古学分析,从民俗学、姓氏学论证都能说明"嫘祖文化根于西陵古国,衍于有熊,广布于华夏。西平嫘祖文化是地地道道的原生文化,而其它地方之蚕桑文化,应视为次生文化,它主要是由文化传播和族群迁徙而形成的。"①

最近,欣闻中国民间文艺家协会派专家组到河南省西平县经过认真考察论证,而后正式命名西平县为中国嫘祖文化之乡并同意建立中国嫘祖文化研究中心。西平县嫘祖文化之乡的命名不仅给了西平人民一份荣誉,也给了西平人民一份责任,那就是如何保护好这份文化遗产,进而把嫘祖故里打造成和新郑黄帝故里南北呼应的华夏儿女寻根拜祖的圣地!我们将拭目以待。

---

① 张维华:《西平——嫘祖故里》,高沛主编:《嫘祖文化研究》,文物出版社2007年9月版,第54页。

《老子仙乡漫话》序

　　《老子仙乡漫话》是周西华同志的一部新作。宋代大文学家、诗人欧阳修在《答子履学士见寄》中有"颍亳相望乐未央,吾州仍得治仙乡"句。"仙乡",专指老子故里鹿邑,周西华古为今用,移来作为老子故里的代称。"漫话",是指随意闲谈。《老子仙乡漫话》从书名看,好像是一本通俗读物,实际从本书的内容看,却有很浓的学术气息,可以作为对老子学术研究、对老子故里研究的参考书。从本书的篇章结构来看,它又是按历史顺序排列的,从这个角度来说,它又是一部研究老子及老子故里的简史。所以我认为本书具有三种功能:一、导游功能;二、学术研究参考功能;三、认识老子故里兴衰演变史的功能。本书文字通俗易懂,对文物古迹的介绍深入浅出,既有可读性,又重视科学性,并配有珍贵插图,可以称为是文图并茂的中级读物。

　　《老子仙乡漫话》共设十章,其中第一章、第二章和第九章、第十章,文字比较简略,且没有涉及老子及老子故里的实质问题,不须在此赘述外,其他六章则分别介绍了历朝历代有关老子及老子故里的方方面面问题,其中我认为最精彩的,特别值得引人注意的有三个方面问题:一是第三章中关于老子思想及老子著作问题;二是第六章中关于陈抟对道教的贡献问题;三是各章中关于历代帝王对老子故里的临幸、祠拜、树碑及对《道德经》的注释问题。下面我就谈一谈对三方面的读后体会。

一、第三章中对老子思想、《老子》版本的介绍

第三章关于老子和道教的介绍很全面,但给我印象最深的是关于老子思想及《老子》版本部分。关于老子学术思想部分,大约谈了三个问题:(一)以道为本的宇宙观。本书认为老子的道,是宇宙万物生成的本源,又是宇宙万物生成、变化的法则。(二)是自然无为的天道观。认为天道是自然无为的,人道也应顺其自然。表现在政治思想上,就是无私无为,即圣人无常心,以百姓心为心。表现在哲学方面,就是无欲、无争、无私。"以其不争,故天下莫能与其争"。(三)柔弱不争的世界观。柔弱胜刚强,"天下莫柔弱于水,而攻坚强者莫之能胜"。(四)小国寡民的政治观。从表面上看,这是历史倒退论,但其中所言,使人民"甘其食,美其服,安其居,乐其俗",还是希望人民能过上安乐、和谐的生活。这是在政治腐败、战乱不断的背景下提出的主张,有相对的合理性。我认为本书对老子学术思想的认识是正确而精辟的。

本书还介绍了《老子》的六种古版本,即河上本、王弼本、傅奕本、帛书本、郭店竹简本、北大竹简本。对其中有注的版本,介绍了其注的特点及现在章数,对三种新发现的版本,说明了发现的由来及现存的情况。现分述于下:

关于河上本,本书介绍说,是河上公(不知其名)所注。其特点是注文"不拘一格,洒脱超然,平易直白,尽量把老子玄之又玄的观点大众化、通俗化"。关于河上本的章数,河上公认为"上经法天,天数奇,故上经有三十七;下经法地,地数偶,故下经四十有四,凡八十一首(章)",并着重说明"今行传世诸本皆是此章数"。

关于王弼本,本书引《经典释文》的作者陆德明的话说:"唯王辅嗣(王弼字)妙得虚无之旨。"又借用现代学者张默生的话说:"或谓(王弼本)能得老学精髓,为老学的正宗。"本书特别说明:"王弼本与河上本是魏晋以来最为流行的两个版本。"

关于傅奕本,本书在介绍时,言简意赅地说:"主要在王弼注本的

基础上参校了彭城人开项羽妾冢所得古本。"

关于帛书本,本书在介绍时说明:其全称为长沙马王堆三号汉墓帛书本《老子》。共出土两种《老子》帛书抄写本,甲本和乙本。甲本文字脱落较多,乙本基本完整,且文字相当清晰,其特点都是《德经》在前,《道经》在后,都不分章次。帛书本《老子》比王弼本早四百多年,价值非常大。

关于郭店竹简本,本书介绍说,这是湖北荆门(沙洋县)郭店村一号楚墓出土的三种竹简本《老子》。称甲本、乙本、丙本。三种《老子》共有86枚竹简,总字数有2190余字(甲本有竹简28枚,610字;乙本有竹简18枚,410字;丙本有竹简40枚,1170字)。大部分竹简完好无损,字迹清晰,三种《老子》都是摘抄本,各有不同主题。甲本讲治国,乙本讲修道,丙本讲治国与修道。郭店楚墓属于战国中期偏晚的墓葬,出土的《老子》抄写时间还要早一些。战国楚墓的《老子》,当然更接近老子思想,它比汉墓帛书本《老子》要早一百多年,其研究价值更高。

关于北大竹简本《老子》。本书首先指出这是2009年1月11日,由北京大学接受海外捐赠的竹简本《老子》。竹简上写有汉景帝年号,说明其抄写时间是在汉武帝时期。其年代虽比马王堆帛书本和郭店竹简本较晚,但北大竹简本文字工整,而且残缺较少,经拼缀后,共有完整简218枚,存有5300字,残缺60余字,几乎保存了《老子》全貌。竹简上写有"老子上经"(相当于传世本的《德经》)、"老子下经"(相当于传世本的《道经》)。简文共七十七章,与传世本八十一章不同。

本书对《老子》六种古本的介绍,对于研究《老子》的后学非常重要,因为研究任何历史课题,都应从最原始资料做起,因为资料越原始,越接近古代的实际。特别是后三种帛书本、郭店竹简本、北大竹简本尤为重要,因为它是近代学者,甚至现代某些学者所未见。如果研究者从帛书本、竹简本《老子》研究起步,就会得出与前人不同的意见和结论,容易产生创新性研究成果。

本书还介绍了老子与孔子的关系及两者思想的异同、战国时期庄子对道家学说的继承和发展、道家思想对诸子百家的影响,所谈均有独到之处,限于篇幅不能一一评议,只好请读者亲自观览了。

二、陈抟对道教的贡献

本书第六章是谈五代时期陈抟对道教的贡献,共讲两个大问题:(一)五代乱世归隐的历史背景,说明陈抟是因避战乱才隐居不仕的;(二)陈抟对道教的贡献。共分三个小问题:1.陈抟的生平;2.陈抟与几位皇帝的交往;3.陈抟的主要贡献。前两个小题都是历史性的叙述,不必在此赘述,唯有第三个小题"陈抟的主要贡献",颇有学术价值,特介绍如下:(1)陈抟是新《易》学始祖。五代以前,只有少数文献对《易图》有记载,而只在道教高层人士中流传。陈抟对《易图》研究后,用自己的智慧创造性地绘出一系列《易图》来。清代《易》学大师黄宗炎指出:"图学从来出于图南(陈抟字)。"并说陈抟的《易龙图》在中国道教史上具有特殊意义,为中国自然科学史的发展提供了参考,是开启中国古代科学技术进步的一把金钥匙。这个评价是相当高的。

(2)陈抟是太极文化的创始人。在陈抟之前未见有太极图,亦未形成太极理论体系。陈抟把自己所创制的太极图,定名为《古太极图》,又称为《先天太极图》。陈抟认为太极"其大无外,其小无内"。太极之理,包含高度的宇宙万物的本源,这就是太极的宇宙观。《皇极经世心易发微》一书,对陈抟的太极图有个简明的解释:"其外一圈者,太极也。中分黑白,阴阳也。黑中含一点白,阴中有阳也,白中有一点黑,阳中有阴也。阴阳交互,动静相倚,周详活泼,妙趣自然。"这就说明了宇宙之间阴阳互动、生命循环、男女互补、对立转换、和谐均衡的基本规律。太极的含义本来是非常深奥的,本书能用简明的语言说明太极的原理,是难能可贵的。

(3)陈抟是内丹学说的开创者。道教过去用铅汞及其他药物烧炼的丹药,称外丹,其副作用很大。有些人服外丹中毒而死。内丹是指修炼自身的精、气、神,这是有益无害的修炼法,为陈抟首创。内丹的基本含意是性、命双修。性,是指人的心性、精神、意识;命,是指人的生命、血肉躯体。性命双修,即身心齐炼,使人体精、气、神"三宝"达到和谐的统一。陈抟首创的内丹,使道教走出烧炼外丹的邪路,直到现在仍有重要的现实意义。

(4)陈抟首创睡功。陈抟素有"天下睡仙第一人"的美誉,著有《十二睡功图》,专讲睡眠的要领。时人金励曾总结陈抟的睡功要点是:"侧左而睡,宽松衣带,闭口合眼,屈其左肱,并膝,收一足,以手心垫面,挚枕开其大指、食指,以左耳在大指、食指开空之处,耳窍留空。直其腰背,曲其左股,达其坤腹,泰然安贴于褥际,直安右股于左脚侧。"这种睡功,可以调和心、肺、肝、脾、肾五脏之气,动静相依,水火相交,有益于身心健康,对后世道教及世人影响颇大。

陈抟并未出家当道士,而是隐居不仕在家修炼的居士。但他的学说对道教影响极大,他被后人尊为"儒师道祖"。陈抟是鹿邑人,与老子同乡。现在鹿邑县还存有一通民国时期树立的《陈希夷先生记碑》。本书设专章介绍陈抟的生平及其学说的贡献,说明鹿邑人对陈抟的怀念,说明陈抟给鹿邑人留下了深刻印记。

三、各章中分别记载的几个重要问题

由于本书的篇章是按历史顺序排列的,故有些朝代的相同的问题,不得不分散在各章中分别记载,如历代帝王对老子的祠拜、祭祀、碑刻和对《道德经》的注释等即是,现综合记述、评议于下:

1.对老子的祠拜与祭祀。老子是春秋时期道家学派的创始人,到了汉代道教产生,老子被尊奉为教主、太上老君,所以崇拜老子的人越来越多。老子故里鹿邑,被尊为"圣真福地"。鹿邑太清宫被尊为"道教祖庭"。《老子》本是一部学术著作,也被尊称为《道德经》,不仅受到民间的广泛重视,也受到历代帝王的尊重。据本书各章的记载,汉代的桓帝刘志就曾三次派大臣到鹿邑去祭祀老子。其后,更有十一位帝王亲自至鹿邑谒拜老子。他们是:魏武帝曹操、魏文帝曹丕、唐高祖李渊、唐高宗李治、女皇武则天、梁太祖朱温、农民起义领袖齐帝黄巢、宋真宗赵恒、宋徽宗赵佶、红巾军拥立的小明王宋帝韩林儿、明太祖朱元璋。如果不算农民起义军拥立的皇帝,还有九位正统皇帝去鹿邑谒拜老子。这些帝王在祭祀和谒拜老子后,绝大多数都刻碑留念。据不完全统计,现在的鹿邑太清宫、李母庙(洞霄宫)就存有唐碑三通,即唐玄宗李隆基立的《开元神武皇帝(道德经)注碑》、《玉真公主奉敕朝谒真源紫极宫颂词并序碑》、《太清宫斋醮记碑》;宋碑存有二通,即宋真宗树立的《先天太后之赞碑》、《大宋重修太清宫之碑》。唐宋五碑,历经千年风雨仍巍然屹立。金朝虽是少数民族政权,但对老子及老子故里也很敬重,在鹿邑也留有三通碑刻,即《金太清宫地产碑》、《金续修太清宫碑》、《丁氏阡表碑》。这三通碑,是金朝对太清宫面积的统计,是对续修太清宫的规模、祭祀盛况及老子故里情况的简明记述。元朝统治中国虽不及百年,但在鹿邑也留下三通石碑,即《海都太子令旨碑》、《太清宫执照碑》、《太清宫圣旨碑》,显示了元初对道教的重视。明清时期,道教已趋衰落,鹿邑不见有明碑,但清代留下了三通碑刻,即《重修太清宫碑记》、《清镌道德经碑》、《武平城记碑》。以上所介绍的碑刻,有的因年代久远,字迹已漫漶不清,但也有的字迹清晰可见。石碑的可贵之处,在于它是历史最有价值的见证实物。明以前的石碑已经很难得,唐宋碑刻尤为珍贵。现在对老子故里已有争议,唐宋金元石碑的存在,恐怕使否定鹿邑为老子故里论者,难以自圆其说。

2. 在本书各章中,还记载了历代帝王对《道德经》的注释问题。这也是历代帝王对老子和老子著作、老子思想重视的表现。皇帝日理万机,勤奋的皇帝无暇注经,庸碌的皇帝不肯注经,只有对《道德经》有真知灼见的皇帝才能注释《道德经》。在中国历史上竟有八位皇帝注释过《道德经》。他们是北魏孝文帝元宏、梁武帝萧衍、梁简文帝萧纲、梁元帝萧绎、唐玄宗李隆基、宋徽宗赵佶、明太祖朱元璋、清世祖福临。帝王注释《道德经》与文人不同。文人注释《道德经》重点在学术,皇帝注释《道德经》重点在政治,这说明《道德经》不仅有学术价值,而且也有政治意义。

本书各章还收录有历史上帝王为祭祀老子所下的诏令和文人名士的诗文,都有重要的历史价值和文学、书法价值,恕不能一一列举。

周西华同志毕业于河南大学历史系,我当时正在历史系工作,所以我知道西华在校时就是高材生。西华毕业后又长期在家乡鹿邑工作,因此他对鹿邑的历史、文物古迹了如指掌,如数家珍。所以他才能写出雅俗共赏的《老子仙乡漫话》。教书的人都希望自己的学生有高水平的成就,故当西华同志把《老子仙乡漫话》的书稿送给我阅读并索序时,我便欣然同意。在我阅读之后,写出几点体会,权作序文,以示祝贺。

《诗经异读》序

《诗经》是我国第一部诗歌选集,共收集从商代中期到春秋中叶七百多年的作品共三百零五篇。其作者有"小人、奴隶、妇人、女子",也有"朝廷士大夫"(郑樵《诗辩妄》),反映了殷商、西周、春秋时期各阶层的社会生活和风俗民情。既有统治者庙堂美盛德的赞歌和告于神明的祭歌,也有反映人民疾苦的怨歌,当然也有反映青年男女的爱情诗。可以说,《诗经》包罗万象,是一部名副其实的史诗。有人说《诗经》是由孔子删定的,其实在孔子之前《诗》已经在社会上流传,不过当时还没有称之为"经",但它已成为卿大夫的必读课本。在春秋时期,各国交往,使臣见面必赋诗以言志。通过《诗》来表明自己的意见和意向。在当时不知《诗》不仅当不成外交官,就是在各种社会交往中也无容身之地。到了汉代,武帝独尊儒术,立儒家为一尊,《诗》遂成为各阶层人民最喜爱的经典。进入近代,儒家失去一尊地位,但《诗经》仍以它别具一格的史诗魅力而盛行不衰。直至现在,稍有文史知识的人对《诗经》都能吟咏在口。如"关关雎鸠,在河之洲。窈窕淑女,君子好逑"。"硕鼠硕鼠,无食我黍。三岁贯女,莫我肯顾。逝将去女,适彼乐土。乐土乐土,爰得我所。""氓之蚩蚩,抱布贸丝。匪来贸丝,来即我谋"。"七月流火,九月授衣"等等。人们会问,《诗经》为什么到现在还能受到青睐?因为作为文艺作品,作为一部史诗,它有超越时空的魅力,可以传颂千秋万代。尽管现代人们喜爱《诗经》,可以顺口吟咏几句,但认真推敲起来,现代人读《诗经》确有许多障碍。主要是对音韵学、古今字及通假字不熟悉,影响对《诗经》真意和艺术价值的理解,把有韵诗读成无韵诗,面对《诗经》的四言诗不知所云。赵帆声教授根据音韵学的原理,指出古时同声同韵可以通假及古今字演变的规律,逐字逐句破解某字应读某声某韵,某字乃某字的假借,从而恢复了《诗经》的正确读法,并通解了诗文的原始本义。本书名为《诗经异读》,实际是《诗经》正读,使《诗经》恢复正读,需要有很深的古音韵学及古文字学的功力,这正是帆声教授的特长,也是本书的独到之处。本书的出版,对于正确理解《诗经》的学术价值,促进《诗经》的深入研究,是一贡献。

　　我与帆声教授是数十年的好友,在出版社工作期间又是配合默契的老搭档,我们在一起时既谈工作,也谈学术。帆声虽是外语系教授,但对中国传统文化也是文史兼通。他经常讲,利用英语、俄语的音韵知识有助于解决中国古文献的某些读音问题,这在学术研究方面可谓独树一帜。在帆声的《诗经异读》即将面世之时,我有幸拜读了电脑排印稿,感到这是一部很有价值的学术专著,故乐为之序,以兹祝贺。

《何均地诗词集》序

在上个世纪的 40 年代末 50 年代初,我和何均地教授在东北师范大学读书,他读中文我读历史,但当时并不相识。毕业后都分配到河南工作,又都在高等学校,还经常在一起参加学术会议,交往自然就多了起来,关系也越来越密切,遂成为知心学友。在交往中,我自认为对均地老同学已很了解。他精于诗词,学识渊博,说话坦诚、幽默,是一位风度儒雅的学者、诗人。但不知为什么,对均地还有另外一种印象,认为他是一个重业务,轻政治,走白专道路的知识分子。其实这本是某些人对我的评语,我却原封不动地扣在均地的头上。读了他的这部诗词集后,才知道我的印象错了,均地教授实际上是一位关心政治,热爱祖国,忧国忧民,恪尽职责,教书育人的良师、学者、诗人。

我和均地教授相识半个世纪,但并不知道他是烈士子弟。诗词集中有一首《临江仙》就是为怀念其父何秉钧、伯父何秉彝烈士而作。诗中热烈赞颂烈士"举旗英勇当先。刀丛反帝气如山。申江鲜血洒,激起九州澜"的革命功勋。从中可以看出均地同志对父亲、伯父为革命而献身的光辉业绩是多么自豪,多么尊重,但和朋友的交往中,从没有以此为政治资本而骄人,而在实际行动中,他却继承父、伯的革命遗志,为国家培养栋梁之材而做出贡献,这种品格是高尚的。

在均地教授的诗词中,热爱祖国,关心政治,忧国忧民的胸怀随处可见。诗人把解放后的新中国赞颂为"尧天",鼓励子女"常记取,双肩重任,归来共建尧天","尧天大好,而立之年珍胜宝。奋力鹏飞,自古功名少年时"。诗人不仅教育子女为建设社会主义新中国而献身,而且坚信新中国一定会富强。他在《述怀·不眠》中说:"神州终富足,闭眼笑多愁。"只有革命乐观主义者才有如此的自信。

这本诗词集证明,均地教授是非常关心政治的。每年国庆日,每次党代表大会,都要作诗填词以表示祝贺,或表达自己的心愿。如在《国庆五十周年》诗中说:"赤色江山五十年,风风雨雨史空前。今朝十亿人民望,仆不贪馋主有权。"在党的十三次代表大会召开时,诗人填了一首词名为《汉宫春》:"誓同心、刮垢磨光。凭我党、津航引路,中华预卜鹰扬。"对十三大寄予了厚望。

均地教授对政治关心还表现在国家领导人变动方面。如陈毅、周恩来、毛泽东、胡耀邦逝世时,都有诗词表示哀悼。对陈毅则说:"抢夺元帅生命去,不朽精神汝难摧!"又说:"优秀党员好战士,一片丹心照汗青。"这既是对"四人帮"迫害陈帅的抗议,又是对陈帅革命功勋的颂扬。在《悼周总理》诗中说:"玉宇巨星落,哀乐泣长安。……唁电如飞雪,悼念五洲同。……六十年如一日,革命鞠躬尽瘁,一步一高峰。整顿乾坤事,代代继承公。"这既是哀悼,也是企盼。哀悼巨星的陨落,企盼有继承周总理遗志的人来整顿乾坤。在《鹧鸪天·沉痛哀悼伟大导师毛主席逝世》中说:"痛哭周公泪未干,那堪噩耗更惊天。丰功伯仲马恩列,妖雾犹存竟大眠。风飒飒,望江山,继承遗志学遗篇。红旗永教当空舞,仗剑横戈不下鞍。"这里既有对毛泽东丰功伟绩的赞颂,也有妖雾犹存的遗憾,更有坚持革命的誓言。在一年后,为纪念毛主席逝世一周年所写的《鹧鸪天》中,遗憾没有了,誓言已实现。"风落叶,一周年,蚊蝇扫尽换人间,抓纲治国承遗志,海北天南捷报传。"在胡耀邦逝世时,均地同志也作诗哀悼:"一代风流与世辞,声声杜宇九州啼。青年十万称朋友,坐爱开明不徇私。"把耀邦同志接近青年,大公无私的革命气概完全烘托出来了。均地教授对老一辈无产阶级革命家的悼念,不单纯是在唱赞歌,更主要的是对国家命运的关心,呈现出一片赤子之心。

均地教授的爱国热情,还表现在对侵略者的痛恨和对抗日英烈的怀念。他在《贺新郎·反法西斯胜利五十周年赋》中说:"往事惊魂魄,记当年、烽烟四起……神州八载迎顽敌,万千人、妻离子散,死亡阡陌。众志成城驱虎豹,跃马扬鞭执戟。终建树、盖代功绩。"在《沁园春·吊卢沟桥》中说:"晴空忽起洪飚,令远客澄心生浪涛,想当年日本,阴谋掠夺,宛平寻衅,炮吼枪嚎。守土官军,举刀还击,洒血抛头动九霄。何忠烈!算全民抗战,首著勋劳。"有句名言:"忘记过去,就等于背叛。"对日本侵略中国的罪行必须牢记,对抗日英烈一定要怀念,这就是爱国者的态度。

均地教授还忧国忧民,对社会上的不良现象嫉恶若仇,并给予无情的鞭挞、批判和揭露。对于贪污腐化之风,诗人更是深恶痛绝。如《某官》:"不读诗书不种田,工商科技懒钻研。缘何玉食乌纱帽?上媚官长下索钱。"这类诗词还有很多,不能一一备引。总之,诗人对社会不良现象的揭露、批判,反映了广大人民的呼声。

诗人在描述自己的生活时,具有安贫乐道的精神。在《捣练子·即兴》中说:"三盏酒,一支烟,不羡王侯不羡仙,架上有书随意读,妻儿今古信口谈。"颇为悠然自得。诗人对自己的教书生涯也感到自豪。在《摊破浣溪沙·偶感》中说:"粉笔生涯卅五年,焚膏继晷改朱颜。河北河南门弟子,逾三千。未敢漫夸功在国,问心无愧对苍天。其奈下愚难适俗,守清寒。"诗人对于"守清寒"的粉笔生涯并不悲观,而是乐观、自豪,这从他对粉笔的赞颂中得到证实。"小巧玲珑不化妆,心如白雪面如霜,深山深处是家乡。绛帐常随君进退,粉身碎骨任飞扬,笑看真理满庭芳。"诗人笔下的粉笔多么圣洁,多么崇高。对粉笔的赞颂,就是对教师的赞颂。"笑看真理满庭芳"的不是粉笔,而是教师。这样一首好诗,只有教师才能写得出来。诗人还把自己比作红烛,他在《画堂春·红烛》中说:"平生只一直心肠,丹霞色染衣裳。焚烧自我不彷徨,奉献微光。照耀攻书志士,常明岁乐歌场。摇红万户绿纱窗,宛似朝阳。"以教师比喻红烛再恰当不过了。词中的"攻书志士"就是学生,教师就是以毕生的精力,培养一批又一批的国家栋梁。教师是最无私的,不仅把所有的知识传授给学生,而且希望学生能胜过自己,均地教授正是这样的教师。他在《西江月·寄语诸研究生》中说:"一枕黄粱无用,成规墨守堪怜。新篇谱写胜于蓝,便是先生心愿。"这首词中的前两句给学生指明了方向:不要空想,不要墨守成规;后两句是对学生的期望,要有创新精神,而且要超过老师。这首词所指的对象,不仅是他的研究生,对于"三千门弟子"也都适用。正由于均地教授有这样自觉的奉献精神,所以他很明确当教师就是干革命,因此他在《七绝·赠解放军老焦同志》中说:"天南海北各西东,岗位不同革命同。"这就是均地教授对教师工作最本质的认识。

以上所谈都是从诗的意境来看均地教授的高尚品格,对于他的诗词在艺术方面有哪些创新和突破,由于我对诗词是门外汉,不敢妄加评论。但是通过对这部诗词集的学习,我体会到均地教授作为诗人,他的感情是丰富的,在与亲朋师友的交往中,经常以诗词相酬答,或劝慰,或鼓励,或赞扬,都情深意切,融入深厚的感情。均地教授作为诗人,对事物的观察深入细致,见景生情,触物而发遐想。自古诗人都爱山水,均地教授也不例外。他曾游过很多名胜古迹,每到一地都有诗词以记游。所以他赞扬祖国山水草木的诗词非常多,他歌颂四川成都、广西桂林、承德外八庙,歌颂祖国山河翻天覆地的伟大变化,成为他热爱祖国,热爱家乡的思想基石。他还瞻仰过各地名人的故居基地,成为教育学生的最好素材。这一类诗词令人读后美不胜收。

这部诗词集所运用的体裁之多,令人赞佩。有五言诗、七言诗,还有古诗。有律诗,有绝句,还有长诗。采用词牌之多,也甚为少见。不仅有旧体诗而且还有新诗。由于均地教授旧体诗功力深厚,对新诗也很注意韵脚,读起来铿锵有力,朗朗上口,且意境高尚。如《烛泪》诗打破了蜡烛烧毁自己,照亮别人的俗套,而另创新意,感叹蜡烛"雄心啊足可以包举宇内,奈何身不能由己力甚微。多少华堂恨照人歌舞,烧不尽世间陋俗陈规!"说明蜡烛也有遗憾。还有《教师的心愿》,同样表现出教师的崇高风范。"金字塔高靠的是块块石砖,太平洋广靠的是细流涓涓。谁要是不肯一锄一锄地耕耘啊,他只能是枕上的英雄或者穷汉。""一年最美的是春天,一生最好的是青年。作为教师的最大心愿啊,是'青出于蓝而胜于蓝'。"这首新诗写出了人类灵魂工程师的心声。

读了均地教授的诗词集,使我对老同学有了更深一层次的新认识,可谓思绪万千,最后汇成一句话:他是我应该学习的楷模。

读了《何均地诗词集》不由自主地受到了感染,也来了"诗兴",想用一首打油诗来结束这篇小序。

相交半世纪,自谓友谊深。
今日读遗著,才得见其真。
胸怀报国志,杏坛育新人。
诗词以明志,慷慨献赤心。

《中华上古十二帝》序

中国也像其他古老国家一样,在远古时期有过神秘而美丽动人的传说,如"盘古开天"、"精卫填海"、"夸父追日"、"女娲补天"、"羿射九日"、"嫦娥奔月"、"启母化石"等故事,显示了我们的远古先人在征服大自然的斗争中的丰富想像力。

本书内容都属于传说时代的历史故事。所谓传说时代的历史,就是指那时还没有文字,是靠人们口耳相传,并由后人追记而保存下来的历史。由于远古年代过于久远,口耳相传容易失真和走样,故各种古文献中所记载的传说时代历史就显得有些杂乱无章。能够把这复杂莫测、由传说时代故事组成的远古历史,梳理出一个发展脉络并用章回小说的形式写成一部八十余万字的《中华上古十二帝》,似乎还是一个创举。

中国人在表述历史时常说:"自从盘古开天地,三皇五帝到如今。"如果对这句话认真分析,它所表述的是三大历史阶段:一、"自从盘古开天地",这是指天地刚从混沌中摆脱出来,人类还没有产生,即便从原始的人类算起,至今也有二三百万年到几十万年,当然也没有什么历史传奇可言;二、"三皇五帝",这时正处于氏族社会阶段,也是人类征服自然进展较快、发明创造较多的时期,所以神话故事特别多;三、"到如今",这是人类进入文明时代之后直到现在。本书所讲的传奇历史和神话故事,就是这三个阶段中的"三皇五帝"时期。

关于"三皇五帝"的说法并不一致。仅据《辞海》的归纳,"三皇"

就有六种说法：一、天皇、地皇、泰皇；二、天皇、地皇、人皇；三、伏羲、女娲、神农；四、伏羲、神农、祝融；五、伏羲、神农、共工；六、燧人、伏羲、神农。而"五帝"也有三种说法：一、黄帝、颛顼、帝喾、帝尧、帝舜；二、太昊（伏羲）、炎帝（神农）、黄帝、少昊、颛顼；三、少昊、颛顼、高辛（帝喾）、唐尧、虞舜。以上有关"三皇五帝"的各种不同说法，都见之于中国古代历史文献，可以说各有所据，但由于"三皇五帝"都属于传说时代被神化了的历史人物，很难说哪一种说法就完全正确，故至今仍是诸说并存。《中华上古十二帝》的作者周光敏先生有意避开了三皇五帝的各种成说，选择了伏羲、女娲、炎帝、黄帝、少昊、颛顼、帝喾、帝挚、尧、舜、禹、启十二位帝王的事迹和神话故事以成书，我认为这种选择其态度是严肃的，因为不管任何人写书，都必须根据自己的研究成果、自己的思路进行写作，这样才能使自己的著述前后贯通，环环相扣，自成体系，有独到的成就。

《中华上古十二帝》是一部章回体小说。这部小说是根据《尚书》、《史记》、《山海经》、《路史》、《绎史》等百余部历史文献写成的，可以说其内容事有所据，然而由于这是一部小说，其内容又是写上古十二位帝王的事迹和神话故事，因此就具有很强的神秘性、趣味性和可读性。又兼既然是小说，就必然有虚构的情节和虚构的人物，如"扑山火雷祖遇难，继父职伏羲称王"、"伏羲祖魂归故里，女娲氏继夫受命"、"康回反叛大风国，欲兴水师淹中州"、"民拥戴黄帝继位，西王母贺赠牡丹"、"黄帝梦游华胥国，细论天下太平治"、"帝喾携女巡南方，蛮兵无礼戏帝女"、"美人计迷惑帝挚，听谗言尧谪陶唐"、"唐尧侯梦游天宫，王屋山再得贤臣"、"虞舜师从务成子，瞽叟信谗杖无辜"、"崇伯携妻隐封地，华山峰顶盗息壤"、"重华诸友聚汋汭，筏铿执伐访虞舜"、"禹凿龙门探地窟，天皇伏羲赠玉简"、"十二蛟龙闹洞庭，十二神女战蛟龙"、"七地将三戏苗王，皋陶书讨敌檄文"等回目，都有很强的虚构性，但这些虚构都是合乎情理的演义，为本书增光添彩，引人入胜。

本书除虚构情节外，也有写实的内容。这种"写实"有三种情况：一是所写内容虽是神话传说，显得神秘离奇，但并非作者瞎编乱造，而

· 639 ·

是有历史文献为据,如女娲补天、羿射九日等都是见于古文献记载,只是作者用小说语言将它们演化为更生动的情节,再现于读者眼前;二是真事实写,如黄帝住地轩辕丘、有熊国所在地、黄帝见大隗的具茨山及与黄帝有关的名胜古迹和河南省禹州白石崖村奇异的白牡丹,还有舜生姚墟、迁于负夏、耕于历山、渔雷泽等的位置,都是作者或者经过多方考证,或者经过亲自考察的地方,所写内容全部属实;三是本书写实还表现在如实介绍了中国古代的习俗礼仪,如婚嫁的纳采、问名、纳吉、纳徵、请期、亲迎等六种程序,黄帝封禅祭祀时的仪式等,还有本书对"河图"、"洛书"、《黄帝阴符经》、《大禹谟》、《皋陶谟》等文献古籍作了如实介绍,使深奥艰涩的古文献,经过作者深入浅出的阐释,令读者一目了然。以上这种虚实相结合的写法,更增加了本书的趣味性、知识性和可读性。

  本书在对人物的描述方面,褒忠惩奸,忠奸分明。借大禹治水保留几座山峰作为中流砥柱而发表议论,"来树立一个做人的榜样",使中流砥柱"经受千年、万年水流的冲击,岿然不动,让他显示出一种不肯随潮流去的精神","树立独立不挠的气概"。还通过舜、禹、皋陶的论证来讲述"知人、安民"、"治民、养民"、"居安思危"等"修身、齐家、治国、平天下"的要道,这些政治性的议论,对现实也有一定的借鉴意义。

  本书还有一个与众不同之处,就是过去中国人常说"中华民族有五千年文明",本书则又向前推进了两千年,从人祖伏羲氏算起,认为中华民族有七千年文明。由于本书不是史学专著,这一"中华七千年文明"之说,大概不会引起史学界的关注,但小说的影响力是很大的,在读者群中可能产生广泛的影响。从最近考古发掘的成果来看,中国文明史确有向前推进的可能,"中国古代文明探源工程"正在集中各学科的力量研究中国文明起源问题,不久的将来就会有较为明确的结论。当然,对于小说来说,是允许作者虚构和充分发挥其想像力的,这样,对于本书说的"中华有七千年文明史"的论断,我们把其作为一种美好的愿望还是可以肯定的。

  光敏先生在《前言》中说,"本书力求做到三个结合:正史、别史与神话相结合……中华传统文学与现代文学相结合……知识性、趣味性与可读性相结合。"对于这三个结合的提出,应该说其目标是相当高的。我是本书的第一位读者,根据我阅读此书的体会,我认为这三个结合的目标基本达到了要求。一、作者为写此书参考了上百种历史文献,其中有正史(如《史记》),也有别史(如《帝王世纪》),充分利用了其中的神话传说,经过艺术加工和演绎之后,使原始神话传说放出夺目的光彩。二、本书引用很多古文献资料,其中多数都是用现代文学语言进行表述,有些直引原文,还用通俗语言进行了深入浅出的阐释,使神话故事更加生动感人。三、本书介绍了很多古代习俗和历史典故,语言简洁,文字流畅,趣味横生,从书中可以了解到中华民族的悠久历史和灿烂的远古文化,从而令读者产生民族自尊心和自豪感,为创造中华民族新时代的光辉树立起自信心。

我没有写过小说,也不知道写小说的艰辛,更没有写小说的经验,但我主观上认为,写历史传奇小说比写言情小说要困难一些。写言情小说可以凭作者的神思(想像力)和创作激情任意驰骋,情节越离奇、曲折,越受读者欢迎。但是,写历史传奇小说却必须阅读大量史书和古文献,且所写内容不能离开所写历史传奇的时代背景和历史框架。光敏先生为写这部《中华上古十二帝》,竟参阅了百余种史书和古文献。人所共知,中国古文献文意艰涩,文字难认,佶屈聱牙,隐晦不明,这对于没学过历史专业、古文献专业的光敏先生来说,其难度可想而知。但光敏先生以坚忍不拔的毅力,克服了种种困难和难以逾越的障碍,把错综复杂、头绪万端、互相矛盾、古怪离奇的上古时代,从伏羲到夏启三千多年的传奇故事,写得条理清楚,有声有色,实属难能可贵,令人钦佩。在《中华上古十二帝》即将出版之际,谨以此小序表示贺忱。

《东京梦华》序

一个多月前,我的朋友胡庚辰告诉我说,他和他的朋友吴全喜共同创作了一个电视文学剧本,希望我能作序。原本已有多年不再为书作序了。但这次是庚辰邀约,凭我们这多年的忘年友情,我怎好推辞。特别是当我得知,他们这个电视文学剧本的名字叫《东京梦华》,写的是北宋的故事时,我就更加动心了。

看了《东京梦华》的本子,已经把我吸引住了。作者在尊重历史史实的基础上,用艺术的手法,将北宋自"澶渊之盟"(公元1004年)到刘娥垂帘听政到驾崩(公元1033年)这29年的故事进行了生动的演绎,写的很是精彩。可以说故事脉络清楚、构思严谨、故事情节跌宕起伏、曲折复杂、引人入胜。人物塑造的也非常生动传神,有血有肉。由于作者多年来的丰富知识积累,和对北宋历史的深刻了解,在这区区二十多万字的作品里,竟涉及到了北宋政治、经济、文化、教育、军事、科技、儒道、甚至周易各个领域。书中前后出现了几十个有名有姓的北宋真实历史人物,和他们发生在皇宫朝堂、后宫大内、地方、民间的一个个故事,可见作者积累深厚的文学功底和涉猎百科的博学多才,这是作者能深刻巧妙把握故事脉络、随心驾驭人物关系的创作基础。既有真实的历史根据,也有丰富的艺术想象力。可以这样说,在这个作品问世前,我还没有看到一部真正意义上的、以反映北宋皇宫生活、宫廷斗争的电视文学剧本出现。从这个角度讲,《东京梦华》也算是开了个先河。作为一个历史研究学家,我对能有这样一部北宋历史正剧的出现，感到欣慰。同时，我也希望能在不久的将来，看到这部文学作品，能被慧眼识珠的编导、导演搬上银屏，传播给更多受众，让这一作品能够成为大家了解北宋这段历史的一个航标。对此，我充满了期待。

值得提出的是，在《东京梦华》这部作品所描写的年代中，包含了北宋真宗时期的两大重要事件：其一是"澶渊之盟"；其二就是大家耳熟能详的"狸猫换太子"。"澶渊之盟"的故事，作者在历史事实的基础上做了一定的故事演绎，读来充满了故事性和戏剧性。而"狸猫换太子"的故事，作者完全颠覆了目前民间广为流行的戏剧、影视剧中的故事情节，以历史的真实为基点，通过白描的手法，较为真实的还原了历史的本来面目。尤其是作者对这一故事中主人翁刘娥的描写，更是倾注了大量心血，把这个在以往戏剧、影视作品中出现的心狠、手辣的一个毒妇形象，还原其历史的本来面目。让大家看到了一个形象生动、血肉丰满、真实可信的北宋一代帝后的形象。作品中真宗和刘娥的故事，贯穿成一条主线，可以说是这部作品创作的聚焦点或者也可以称作是精华所在。

作者在这部作品的创作过程中，付出了大量艰辛的劳动，他们对作品的深入开掘和所把握的思想性、政治性、故事性和知识性，不是我用这点滴之墨可以概括的。谨以此作为对《东京梦华》作者的鼓励和支持，希望他们今后能有更多、更好作品奉献给大家，愿庚辰、全喜二位百尺竿头，更上一层楼。

读《东京梦华》后，闲聊几句，是为序。

《秦相国吕不韦》序

吕不韦是战国后期显赫人物之一,是一位善于运筹经营的大富商,也是一位具有远见卓识的政治家。他对秦国的社会发展,对秦统一六国的大业作出过奠基性的贡献。论说历史并没埋没吕不韦的丰功伟绩。司马迁写《史记》并不轻视商人,《货殖列传》就是明证。《史记》的《秦始皇本纪》、《吕不韦列传》以及《战国策·秦策》写吕不韦事也算公允,实事求是,一部《吕氏春秋》流传至今,在客观上也是对吕不韦业绩的肯定。但是,自汉以后儒家思想立为一尊,重农抑商、重农轻商思想扎根于社会,由此商人也就受到歧视,特别是对于吕不韦以商人投机政治便有了非议。关于"投机"二字,本有"切中时机"、"两相契合"之含意,后来不知为什么总与"投机取巧"、"投机倒把"联系起来,于是"投机"就成了贬义词。其实抓住机遇而全力投入干一番事业,应该是有志者的共同意向,如果"投机"后专干坏事,那当然应该受到谴责。吕不韦通过帮助子楚(庄襄王)回国立为太子,后来又当了国王,从而被任为相国,封文信侯,食河南十万户。秦王政即位后尊其为仲父,继续当政任相国。吕不韦掌权十三年(前250—237年),所作所为顺应了历史发展潮流,推动了秦国政治、经济、军事、科学文教事业的发展,为秦始皇统一六国奠定了坚实的基础。根据《史记》、《战国策》及《吕氏春秋》所记,吕不韦在当政期间至少办了以下几件有利于秦国稳定富强的好事。

一、减少了战争中的杀戮

秦国在春秋初期还是一个文化落后的弱国。秦穆公时虽然一度强盛,被列为五霸之一,但其势力并没越过关中,不久又衰落下去,直到战国商鞅变法之后,国势才由弱转强。历经惠王、武王、昭襄王、孝文王四世的武力征服,秦对山东六国已占有绝对优势。但由于商鞅变法时立有"计首授爵"之制,即在战争中以斩获敌人的首级数量授予爵位,以赏军功,这无疑是鼓励秦军大屠杀。据笔者不完全的统计,从商鞅变法以后到昭襄王五十一年,秦军大屠杀18次(小杀戮不计),共杀1607000人。到昭襄王时达到了大屠杀的顶峰,先后大屠杀14次,共杀敌军1253000人①。这真是骇人听闻的数字。大屠杀引起山东六国的惊恐和拼命抵抗。但自吕不韦执政后,即从庄襄王即位到秦王政亲政前,仅有秦王政二年"麃公将卒攻卷(河南原阳西),斩首三万"的记录②。这无疑是吕不韦施行"王者之治",提倡"义兵",放弃"计首授爵"政策的结果。以后尉缭继续施行吕不韦的政策,减少了秦统一战争中的阻力。

二、招贤纳士,收拢人才

古今中外所有国家在制定兴国方略时,都有个收拢人才,争取人才的问题。战国时期形成的养士之风,就是重视人才,招纳人才的体现。战国四公子是养士的典范。齐国孟尝君田文,赵国平原君赵胜各养客数千,魏国信陵君无忌,楚国春申君黄歇,各养客三千③。四公子

---

① 见拙文《计首授爵之弊与吕不韦、尉缭在秦统一战争中的贡献》,载《军功爵研究》(上海人民出版社)160~176页。
② 《史记》卷5《秦本纪》。
③ 《史记》卷75、76、77、78四公子本传。

的养士,既为培植个人势力,也是为本国争取人才。吕不韦任相国后,深感秦国人才缺乏的危机,"亦招致士厚遇之,至食客三千人"①。吕不韦招致士第一个目的就是著书立说,"乃使其客人人著所闻,集论以为八览、六论、十二纪,二十馀万言,以为备天地万物古今之事"②。这就是流传至今的杂家第一部名著《吕氏春秋》,也是春秋战国百家争鸣后,第一部总结性的学术专著。

吕不韦招致宾客三千,不单是为了编著一部《吕氏春秋》,司马迁在《史记·始皇本纪》中,一语道破了其真实目的。司马迁说:"文信侯招致宾客、游士,欲以并天下。"吕不韦的这一目的也达到了。在吕不韦的宾客中,就有一位荀卿的高足、上蔡人李斯,他后来当了廷尉、丞相,成了秦始皇统一六国政治、战略的执行人,为秦统一天下作出了突出贡献。

三、兴修水利,重视农业生产

关中是秦国的根据地,四川是秦国的大后方,但关中地多碱卤,粮食产量不高,巴蜀也是地瘠民贫。而吕不韦当政之时,又连年遇到灾荒,秦王政三年"岁大饥",四年十月"蝗虫从东方来,蔽天,天下大疫"③。要解决粮食问题,当务之急是修建水利工程,郑国渠、都江堰都是在这一背景下修建的。郑国渠于公元前246年动工,数年修成,能灌溉"泽卤之地四万余顷,收皆亩一钟,于是关中为沃野,无凶年,秦以富强,卒并诸侯"④。

据《华阳国志》卷三记载,"秦孝文王以李冰为蜀守",(按孝文王即位仅三个月就病逝了)。李冰修都江堰最快也要在庄襄王即位后才能

---

① 《史记》卷85《吕不韦列传》。
② 《史记》卷85《吕不韦列传》。
③ 《史记》卷5《秦始皇本纪》。
④ 《史记》卷29《河渠书》。

动工,此时吕不韦已为相国,那就是说修都江堰也是在吕不韦执政期间办的事(到前230年都江堰竣工时,吕不韦已逝世)。都江堰的工程比郑国渠还大,能灌溉三个郡,并可以开稻田。"于是蜀郡沃野千里,号为陆海,旱则引水漫润,雨则杜基水门,故记曰:水旱从人,时无荒年,天下谓之天府也。"①

自郑国渠、都江堰建成后,关中、四川才成为秦国的粮仓,民食军粮问题才得到解决,秦国的经济实力已明显超过山东六国中的任何一国,为秦统一天下打下了坚实的基础。

过去都把郑国渠、都江堰的兴建完全归功于郑国和李冰,他们的创建之功当然不可磨灭。但是,中央政府中如果没有吕不韦这样一位关心水利的相国支持,像郑国渠、都江堰那样耗费巨大人力、物力的水利工程得以顺利兴建是绝对不可能的。

吕不韦不仅关心水利工程,而且同样关心农业生产的科学化。在《吕氏春秋》中,就有《上农》、《任地》、《辨土》、《审时》四篇文章专门讲农业科学化问题。对农业的经营管理,土质的辨别,植物栽种的疏密,适时耕种等问题,都进行了详细的论证。吕振羽先生对这四篇文章有个简短而精采的赞述,认为这是"农业经营组织和生产技术最高水准的总结,他们所指出的较细密的农业经营办法,不只对当时起了指导教育作用,而且其经营技术到今天也还广泛的被应用。"②吕先生这段话是在1949年以前说的,现在中国农业生产水平与解放前当然大不相同。但是,从弘扬、借鉴中国优秀文化传统的角度讲,吕先生的话还是完全正确的。

有了充分的水利灌溉条件,再加上科学种田,秦国的农业生产就有了切实可靠的保证,粮食产量迅速提高,上等好田可达到亩产一钟的最高水平。③ 这不仅在秦国,就是在当时的世界各国也是创记录的

---

① 《华阳国志》卷3。
② 《中国政治思想史》,新中国书局1949年版,第231页。
③ 钟:容器计量名。一钟为六斛四斗。十斗一斛,一斛相当60斤。

产量。

四、以杂家代替法家

秦自商鞅变法以后，法家就成为秦国的政治指导思想。法家的法治及耕战政策，对巩固秦君主专制政权及富国强兵确实起过积极作用。但法家对内的严刑酷法，对外的大屠杀，其副作用已开始暴露，并遭到秦国及山东六国人民的反对和反抗。吕不韦编著《吕氏春秋》，就是要以一个新的思想体系来代替已遭到反对的法家思想。由于《吕氏春秋》融汇了儒、道、法、兵、农、名、阴阳五行各家学说，故被称为杂家。但所谓杂家，并不是各家学说的"拼盘"，而是在吕不韦的思想意图指导下，吸收各家学说之长而建立的一个新思想体系。对此吕振羽先生的体会最为深刻。他说："《吕氏春秋》一书，不仅编列相当严密，其理论亦有其一贯系统，且能充分代表其时地主和商人的政治意识，尤合于不韦的身分。"吕先生还说："《吕氏春秋》之作，或系不韦授其意趣，而由幕客执笔，或系其幕客体会其政治立场、主张、观点和行动而写的。"①吕先生的立论完全正确。《吕氏春秋》确实是吕不韦有计划、有目的采取各家治国方略和学术之长，而让他的宾客执笔完成的治国治世的指导书。可以这样说，只有吕不韦这样既无学派门户之见，又有政治权威、商人出身的政治家，才能编出吸收众家之长，又能自成体系的"杂家"专著，所以该书的历史观、政治主张及科学文化知识，在当时来说是先进的，也是切合实际的。从吕不韦执政期间在政治、经济、军事、外交及科学文化等方面所取得的成就来看，吕不韦以杂家代替法家为政治指导思想，确实已初见成效，可惜秦王政在打倒吕不韦之后，连杂家的政治指导思想也排除了，又迷恋上法家专制主义学说，这就为秦的速亡埋下隐患。

吕不韦在庄襄王、秦王政两朝执政十三年。在此过程中秦王政已

---

① 《中国政治思想史》，新中国书局1949年版，第231页。

成长起来,很快就到了加冠亲政的年龄。按秦制,太子到了二十二岁就举行加冠典礼,表示已是成年人,要亲自执政。这位"居约易出人下,得志亦轻食人"①的"千古一帝"秦王政,绝对不会容忍相国吕不韦操纵政权,于是王权与相权之争就成为必然之事。正当这风雨交加之际,吕不韦犯了个绝大的错误,不该把无才无德的大淫棍嫪毐推上政治舞台。这恰好给秦王政打击相权,消灭吕不韦集团势力提供一个很好的借口。其实就是没有嫪毐事件,秦王政打击和消灭吕不韦也只是早晚之事,吕不韦的悲剧已成必然。所以在秦王政平定嫪毐之乱后,第一步就是罢免吕不韦的相职,遣归封地洛阳。吕不韦回洛阳后,仍是"宾客、使者相望于道",②势头不衰。秦王政就下了最后处置吕不韦的决心。给吕不韦写了严厉的质问信:"君何功于秦,秦封君河南,食十万户;君何亲于秦,号称仲父。"并逼令吕不韦"与家属徙处蜀"。③其实这是一封蛮不讲理的信,何功何亲,秦王政心知肚明,封河南食十万户和号称仲父,也是两个秦王的自愿封赏,何必问人。但专制王权是不容答辩的,吕不韦见信后,知秦王政已恩断义绝,遂饮酒自杀,一代名相,以其功高震主,而含冤九泉。

对吕不韦来说,不幸中的万幸,是他的坟墓埋在了偃师(在今偃师市首阳山镇大冢头村)。偃师人民没有忘记吕不韦的功勋业绩,没有忘记吕不韦为国家的发展和统一所作的突出贡献。吕不韦的墓得到了很好的保护;至今仍以岿然的气势屹立在首阳山下,供人瞻仰。1994年还聘请著名历史学家张岂之教授撰写《秦相国吕不韦墓碑记》,以纪念这位显赫一时的秦国名相。最近偃师古都学会、首阳山镇政府和偃师一高联合组成编委会,精选前辈、时贤有关论述吕不韦的佳作以及历史资料30篇,汇辑成册,书名《秦相国吕不韦》,以怀念这位精英人物和卓越的政治家,并借以鼓舞正确接受宝贵历史文化遗产,为

---

① 《史记》卷5《秦始皇本纪》引尉缭语。
② 《史记》卷85《吕不韦列传》。
③ 《史记》卷85《吕不韦列传》。

社会主义文明建设服务的热情。《秦相国吕不韦》编委会邀我为本书作序。一来是盛情难却;二来我也想借此机会谈谈对研究吕不韦的几点看法,遂草成此文,权作书序,以谢编委的盛情。

《洛阳十三朝》序

洛阳既是中国著名古都,又是现代化的文明城市,是国务院第一批公布的24个历史文化名城之一。这里不但最早进入文明时代,而且在相当长的历史时期内都曾是中国政治、经济、文化的中心。中国历史上有许多重大事件先后发生在洛阳或和洛阳有关;洛阳孕育出了众多杰出的历史名人,他们为洛阳、为中华民族的进步发展作出过宝贵贡献。洛阳又是河洛文化的中心地区,儒家学说、道家学说、中国佛教文化、魏晋玄学、宋明理学都与洛阳有很深的渊源。可以说洛阳是我们中华民族文化重要的摇篮和发祥地。因此,从一定意义上说,了解和认识洛阳,就是了解和认识中国与中华民族。

洛阳素称"九朝故都",这九朝指的是东周、东汉、曹魏、西晋、北魏、隋、唐(含武周)、后梁、后唐。司马迁在《史记·封禅书》中说:"昔三代之君(居),皆在河洛之间。"新中国成立后,数十年的考古发掘和历史研究表明,夏、商、西周以及五代时期的后晋也曾建都洛阳,故洛阳又可称为"十三朝故都",累计建都时间长达1500年左右。其建都之早、建都朝代之多、建都时间之长、居住帝王之多,使洛阳成为在中华五千年文明史上占有独特历史地位的华夏名都。毫无疑问洛阳是中国历史上最重要,对我们民族、我们国家最具影响力的都城之一,"千年帝都"是洛阳文化最光彩的篇章。迄今留存在洛阳平原之内的夏都斟鄩、商都西亳、东周王城、汉魏洛阳故城、隋唐东都城等五大都城遗址,就是洛阳历史、洛阳文化的重要载体。《洛阳十三朝》一书,以研究和介绍十三个王朝建都洛阳时期的历史和文化为核心,具有重要意义和作用,是一个值得认真研究并加以宣传的重大课题。

《洛阳十三朝》一书,共分十三章,各用一章分别介绍十三个王朝的创立、建都洛阳时期的政治、经济、文化、科技、教育、对外交往、都城状况、行政区划、文物古迹以及兴亡的过程等。框架结构合理,条理清楚,内容翔实,可以使读者对建都洛阳的十三个王朝的方方面面有一个比较清晰的认识和了解。

本书除各设专章分别介绍各个建都洛阳的王朝外,还设有"绪言",概括地论述和介绍了洛阳的地理位置、自然环境、历史文化、历史地位、历史作用等,可以视为本书的"导读";再辅以"引子"、"余韵",加上十三个朝代的开篇和结尾部分,简要地补叙了"十三朝"之外的洛阳历史和文化,从而使本书在特定意义上具备"洛阳通史"的性质,可以使读者更全面、更细致地认识和了解洛阳。这种谋篇布局可以收到主体突出,主次分明的效果。

新中国成立后,洛阳的文物考古取得了长足的发展,有众多考古成果。(包括多项重大的考古成果)面世。这些考古成果科学地再现了古代洛阳的真实面貌,极大地补充了古代文献资料的不足,不同程度地发挥了佐证或纠正文献资料记录、甚至重新构建历史的作用,受到了学界的普遍重视。《洛阳十三朝》一书采用了文物考古的众多成果,用通俗易懂的语言,对这些专业性较强的文物考古资料加以叙述,并和古代文献资料有机地结合在一起,使洛阳文化的探索和介绍建立在更为可靠的基础上,增强了本书的科学性。这也应当是本书的长处和特点之一。

本书选用了大量图片,其中有不少是洛阳出土的,具有重要历史、科学、艺术价值。这些图片从不同角度、不同侧面展示了丰富多彩的洛阳历史和洛阳文化,有助于广大读者进一步直观形象地认识和了解洛阳。《洛阳十三朝》一书行文流畅,雅俗共赏,文图并茂,是一部寓科学性、知识性、可读性于一体的优秀著作。相信在洛阳市打造国际文化旅游名城、河南省打造中原华夏历史文明传承创新区的伟大工程中,本书一定会发挥十分积极的作用。

  洛阳是一座在中国历史乃至世界历史上具有重要地位、发挥过重要作用的古城,是研究了解中国历史、中国文化,乃至研究了解世界历史、世界文化无法绕开的古城。关注洛阳历史、洛阳文化的社会各界都希望更多地认识它、了解它,这就是《洛阳十三朝》一书出版的现实意义。本书的编著者,是十多位长期在洛阳从事文物考古、历史、文化研究和实际工作的人员,本书在一定程度上展现了他们研究和实际工作中的成果,可喜可贺。在《洛阳十三朝》面世之际,承编著者将书稿送我阅读并向我索序,由于我与洛阳朋友有长期密切的关系,实难推辞,于是就写了以上这些文字。一则表示我对本书出版的祝贺之意,再则我也衷心地期盼他们在各自的岗位上,今后能取得更多的成果,作出更大的贡献。

《客家与开封》序

"2014年世界客属第27届恳亲大会"即将在开封市召开,这是开封的一件大事,也是客家人的一件大事。客家人回归祖居地之一的开封恳亲寻根,将会受到开封人的热烈欢迎。

客家人是汉族中一支优秀民系。他们热爱祖国、团结对敌、开拓进取、兴家立业、崇文重教、仁义礼让、朴实厚道、吃苦耐劳、坚忍不拔的精神,早为国人所尊重。特别是客家妇女那种持家立身、相夫教子、侍奉公婆、勇挑重担、以勤俭为荣的品质,更是女界的楷模。总之,客家人传承了中华民族文化的优秀传统,是中国的骄傲。客家人现在分布于中国和世界各地,可以说:有人的地方必有中国人,有中国人的地方必有客家人。客家人把中华民族优秀传统文化传播于世界各地,不仅为中国增光,也为世界经济、文化发展作出了杰出的贡献。

研究客家文化,必须具有既求实又宽容的精神,因为研究客家文化尚存在一些意见分歧。如客家形成的时期问题、客家人是否与其他民族通婚的问题、客家人一词的来源问题……意见尚不一致。对客家文化作学问求研究时,必须各抒己见、实事求是,这是求实的一面;但在与客家人交往时,必须求同存异、一视同仁、互相宽容,不能彼此排斥,要心平气和地交换意见。

如客家形成时间问题,就有秦戍五岭形成说,有永嘉之乱北人南迁形成说,有唐中晚期形成说,有宋元之际形成说,明清之际形成说,等等。交换意见时要互相倾听,不能强加于人,以免影响同属客家人的"大同"关系。

关于客家人与外族人是否通婚问题,意见也很分歧。我有一位客家人朋友曾对我开玩笑地说:我们客家人与你们北方汉人不同,我们是纯种的汉族,未与外族通婚融合,你们北方汉人很早就与"五胡"、满蒙等族通婚了,不是纯粹的汉人。最近,我阅读有关研究客家人的论著,又说客家人到南方后就与当地的畲族、瑶族、黎族人通婚了。其实关于民族融合的问题,首先并不是血统融合,而是文化融合。已故陈寅恪先生在《隋唐制度渊源略论稿》中说:"胡汉之分,不在种族,而在文化。"意思是说,只要文化相同,就可以成为同一个民族。中国近代历史就有一个很好证明。清代的皇帝康熙、乾隆是满洲人,但他们的文化程度比汉族的才子还要高。清初满汉不许通婚,以后由于历史发展趋势,满汉也通婚了。中国历史上的民族融合,绝大多数都是文化先融合,然后才是血统融合。客家人到南方与当地少数民族杂居,必然有所接触,文化的交流也是很难避免的,这就必然形成以汉族文化为基础的客家文化,所以笔者认为是否与外族通婚并不能构成客家的必要条件,今天就更不在话下了。

还有个客家名称的来源问题,有的学者认为来源于晋代的"客户"制,有的学者认为来源于居住地"主"、"客"之分。

对以上三个分歧意见,最好的处理办法是,如果得不到彼此的理解,都可视为"一家之言",就不会大伤感情了。

《客家与开封》是作为"2014年世界客属第27届恳亲大会"的特展大纲而撰写的,目的是让来开封的客家人了解根在中原,了解八朝古都开封的辉煌历史和现状,了解客家人海内外精英的光辉业绩,了解客家人的先祖留在开封的遗迹。本书所介绍的39位古今名人,有的本身就是客家人,有的并不是客家人,但他们的后裔迁至南方后就成为客家人或与客家人有密切关系。了解他们的业绩,对研究客家人的身世、历史有重要意义。

本书还介绍了中原人五次大规模南迁的时期和路线,这对研究客家人的形成时期和在海内外分布状况大有裨益。对研究客家人在海内外居住地，在促进经济、文化发展有重要价值，尤其是在近代，太平天国革命、辛亥革命都是由客家人发起、领导的，这对冲击和推翻反动的清王朝都起到了举足轻重和决定性作用。客家人在历史上所创建的丰功伟绩，永远值得中国人铭记和尊重。客家人还善于经营管理工商业，在世界各地的客家精英中涌现出很多声名卓著的富豪，显示了他们对世界经济、文化发展的卓越贡献。

由于《客家与开封》是迎接乡亲而办的"特展"，就不可能对客家文化研究中的各种问题作出详细的介绍和阐述，这应该是一个遗憾。作者把大纲的草稿拿来让我看，并向我索序，我当然以先读为快，读后写出几点体会，权作小序。